Christoph Bausenwein

Die letzten Männer

Zur Gattungsgeschichte und Seelenkunde der Torhüter

CHRISTOPH BAUSENWEIN

DIE LETZTEN MÄNNER

ZUR GATTUNGSGESCHICHTE UND SEELENKUNDE DER TORHÜTER

VERLAG DIE WERKSTATT

Bibliografische Information der Deutschen Bibliothek

Die Deutsche Bibliothek verzeichnet diese Publikation in der Deutschen Nationalbibliografie; detaillierte bibliografische Daten sind im Internet über www.dnb.ddb.de abrufbar.

2003 2004 2005 3 2 1

Lotzestraße 24a, D-37083 Göttingen
www.werkstatt-verlag.de

Satz und Gestaltung: Verlag Die Werkstatt, Göttingen
Druck und Bindung: Westermann Druck, Zwickau
ISBN 3-89533-425-1

INHALT

DAS SPIEL UND SEINE LETZTEN MÄNNER

Vor Selbstbewusstsein strotzend laufen am 16. Juli 1950 elf brasilianische Nationalspieler ins ausverkaufte Maracanã-Stadion von Rio de Janeiro ein. Das Spiel gegen Uruguay ist das letzte und entscheidende der Weltmeisterschaft, und kaum jemand zweifelt daran, dass die in den Wettbüros als 1000:1-Favorit gehandelten Brasilianer den Sieg davontragen werden. Sie haben die Weltrekordzahl von rund 200.000 Zuschauern auf ihrer Seite, zudem genügt ihnen zum Gewinn des WM-Titels ein Remis. In den Spielen der Endrunde hatten sie ein Torverhältnis von 21:4 erreicht. Vorne hatten unaufhaltsam die Stürmer gewirbelt, und hinten im Tor hatte sich ihr Keeper Moacyr Barbosa als schier unüberwindlich gezeigt. Erwartungsgemäß steht denn auch nicht der Brasilianer Barbosa, sondern Uruguays Schlussmann Roque Maspoli vom Anpfiff an im Zentrum des Geschehens. Zunächst jedenfalls.

Nach vorne gepeitscht von den Anfeuerungsrufen ihrer Fans bestürmen die Brasilianer Maspolis Tor. Und er hat viel zu tun. Kurz hintereinander stellen ihn Ademir, Jair und Zizinho mit gefährlichen Schüssen auf die Probe. Dreimal gelingt es dem glänzend aufgelegten Keeper aus Montevideo, mit beherztem Eingreifen seine Mannschaft vor einem Rückstand zu bewahren. Auf der anderen Seite kommt Uruguays Perez zu zwei Konterchancen – einmal schießt er knapp daneben, das andere Mal trifft er nur die Latte. Zur Pause steht es 0:0. Gleich nach dem Wiederanpfiff geht es weiter mit dem Sturmlauf der Brasilianer. Ein Angriff über Zizinho bringt Rechtsaußen Friaca in Schussposition, der zieht flach in die rechte Ecke ab, und diesmal ist Uruguays Torwart machtlos. Die Chancen der Nationalauswahl des kleinen Landes am Rio de la Plata sind damit nahezu auf den Nullpunkt gesunken.

Aber ans Aufgeben denkt keiner. Maspoli erklärte nach dem Spiel: „Auch als die Brasilianer das 1:0 schafften und alles entschieden schien, weil unser Gegner für den Titelgewinn nur ein Remis benötigte, gaben wir nicht auf. Der Höllenlärm im Maracanã ließ uns kalt. Wir machten uns

Uruguays Ghiggia hat abgezogen, Brasiliens Barbosa wirft sich vergebens.

gegenseitig Mut und verlegten uns nun auf den totalen Angriff. Keiner in unserer Mannschaft wollte mehr ein Star sein." Tatsächlich gelingt Schiaffino in der 66. Minute nach einer Flanke von rechts das 1:1. Und von einer Sekunde auf die andere herrscht in dem eben noch brodelnden Hexenkessel im Zentrum von Rio de Janeiro eine Stimmung wie bei einem Begräbnis. „Wir wussten", so Uruguays Torwart, „dass diese Kulisse Himmel und Hölle zugleich sein könnte. Sie wünschte Brasilien den Sieg, aber sie würde dieser Mannschaft auch kaum einen Fehler verzeihen." Erschüttert über die „plötzliche Kühle auf den Rängen" habe sich im Gesicht eines jeden Brasilianers „unglaublicher Schrecken" gespiegelt. Die sensiblen Ballvirtuosen vom Zuckerhut, von ihren Anhängern urplötzlich im Stich gelassen, bekommen weiche Knie. Ihr Spiel wird immer zerfahrener, kaum eine Kombination will mehr gelingen. Erst als Zizinho und Ademir nach verzweifelten Einzelaktionen wieder zu Chancen kommen, hat sich das Stadion nach minutenlanger Pause von seiner tiefen Depression erholt.

Doch kaum ist das Dröhnen der Anfeuerung wieder auf Touren gekommen, da verstummt es elf Minuten vor dem Abpfiff endgültig – der Ball hat seinen Weg ins falsche Tor gefunden. Während Torwart Barbosa geschlagen am Boden liegt, verbreitet sich im Stadion lähmendes Entsetzen, und später, als die Menschen immer noch weinen, schleicht Brasiliens Trainer Flavio Costa als Kindermädchen verkleidet aus dem Stadion. Jahre später fand der Schütze des Tores, ein Mann namens Alcides Ghiggia, folgende Worte zur

Umschreibung dieses Ereignisses: „Es hat nur drei Personen gegeben, die das voll besetzte Maracanã-Stadion zum Schweigen bringen konnten: Frank Sinatra, Papst Johannes Paul II. und mich." Für den Journalisten Carlos Maranhao handelte es sich nicht nur um ein Schweigen; für ihn waren es die „Augenblicke finsterster Stille seit der Ankunft der Portugiesen 1565".

Uruguay war Weltmeister, und nicht Brasilien. Daran war in den Augen der Brasilianer nur einer schuld: Torwart Moacyr Barbosa. Dem unglücklichen Mann wurde, obwohl von allen Experten als bester Keeper des Turniers angesehen, die ganze Last der Niederlage aufgebürdet. Ein einziger Fehler beim Siegtreffer Uruguays hatte genügt, um aus dem möglichen Helden einen Versager zu machen. Die entscheidende Szene: Ein Pass von Perez bringt den von Bigode nicht eng genug gedeckten Ghiggia am rechten Flügel ins Spiel; Barbosa rechnet mit einer Flanke und löst sich etwas von der Linie; kaum hat sich der brasilianische Keeper bewegt, erkennt Ghiggia die Lücke im kurzen Eck und zieht aus spitzem Winkel entschlossen ab; Barbosa, zu weit vor seinem Tor stehend, kann sich nur noch vergebens werfen. Der entscheidende Fehler des Keepers war, dass er eine Doublette des ersten Treffers erwartet hatte. Deswegen hatte er sich frühzeitig auf das Abfangen einer hohen Flanke vorbereitet und dadurch Ghiggia die Möglichkeit zum direkten Torschuss eröffnet.

Die Schmach der brasilianischen Niederlage von 1950 „klebt" bis heute am Namen Barbosa. Selbst noch Jahrzehnte später hatten ihm seine Landsleute nicht verziehen, dass er diesen einen Ball, den er noch mit den Fingerspitzen touchierte, nicht mehr um den Pfosten hatte lenken können. 1993 drehte ein Team der BBC einen Film über den ehemaligen Nationaltorwart und lud ihn vor dem entscheidenden Qualifikationsspiel für die WM, in dem Brasilien wieder auf Uruguay treffen sollte, ins Trainingslager nach Teresópolis ein. Kaum eingetroffen, erhielt Barbosa von Trainer Parreira die Anweisung, sich unbedingt von Torhüter Taffarel fern zu halten. Der Anti-Held von 1950 beobachtete das Training also nur aus sicherer Entfernung, und Taffarel würdigte ihn nicht einmal von Ferne eines Blickes. Auf Nachfrage erstaunter britischer Journalisten sagte Parreira: „Ja, ich habe Taffarel verboten, mit Barbosa zu sprechen. Das hätte uns überhaupt nichts gebracht – außer vielleicht Unglück." Am nächsten Tag, noch vor dem Anpfiff des Spiels, fuhr Barbosa, „einsam und in Tränen aufgelöst", wie es heißt, nach Hause, und wollte nie mehr irgendwelche Interviews geben. Erst 1998, vor der WM in Frankreich, empfing er dann doch wieder Reporter. Immer noch, berichtete er denen, werde er behandelt wie ein Verdammter. „Die Höchststrafe für ein Verbrechen liegt in Brasilien bei

30 Jahren", sagte er. „Ich büße nun bereits 48 Jahre für ein Verbrechen, das ich nicht einmal begangen habe."

Das Schicksal des ehemaligen brasilianischen Nationalkeepers, der zu seiner Zeit als einer der besten überhaupt galt – mit seinem Verein Vasco da Gama gewann er fünf Meistertitel und die Südamerika-Meisterschaft – ist in seiner Tragik zwar außergewöhnlich, im Prinzip aber geradezu beispielhaft für die Situation des Torwarts. Der Mann zwischen den Pfosten heißt auch Torsteher, Torhüter, Tormann, Schlussmann oder letzter Mann. Er trägt die Nummer „1" auf dem Rücken, ist aber eigentlich der „Letzte", das heißt, die letzte Station für den Gegner auf dem Weg zum Torerfolg. Hinter ihm steht niemand mehr. Weil er nicht darauf hoffen kann, dass ein anderer seine Fehler noch ausbügelt, kann bereits eine einzige Unaufmerksamkeit zur Niederlage führen. Wenn er eingreift, steht immer alles auf dem Spiel: Entweder ist der Ball drin oder er ist nicht drin. Es gibt kein Dazwischen, keine Schattierungen, keine Punktwertung von eins bis zehn. Es gibt keine Halbheiten, sondern nur ein Ja oder Nein.

Als einziger Spieler, der ein Treffen ganz allein verlieren kann, ist der letzte Mann so gefährdet wie kein anderer. Er kann eine hervorragende Partie liefern und ein Dutzend „Unhaltbare" noch aus dem Eck fischen – wenn er beim 13. Schuss danebengreift, ist er dennoch der Depp. Jede gute Parade ist nur so gut wie die nächste gute Parade, denn gemessen wird er zuletzt nur daran, dass er keine Fehler macht. Das ist sein Schicksal, und nur selten wird er dafür gelobt, wenn er es meistert. Selbst wenn der Mann mit der Nummer eins ohne Fehl und Tadel bleibt – wie Uruguays Roque Maspoli im geschilderten Spiel gegen Brasilien – kann er allenfalls zum Helden Nummer zwei werden. Als Zuständiger für die Verhinderung von Minuspunkten kann ein Torhüter einen Sieg des Gegners unmöglich machen, aber er kann auf seiner Position durch eigene Anstrengungen keine Tore erzielen und Pluspunkte sicherstellen. Ein letzter Mann kann ein Spiel nicht gewinnen. Held Nummer eins ist immer der Stürmer, der den Siegtreffer erzielt. 1950 hieß er deswegen Ghiggia und nicht Maspoli. Und weil es die Tore sind, die ein Spiel entscheiden, werden verhinderte Tore auch kaum einmal erzählt. Im kollektiven Fußball-Gedächtnis sind in der Regel nur die Treffer verzeichnet, und an denen sind die Torhüter entweder nur als Statisten oder – siehe Barbosa – als Versager beteiligt. Was von einem Torwart in Erinnerung bliebt, das sind vor allem seine Fehler.

Dennoch ist der letzte Mann der wichtigste seines Teams. Er ist der Einzige, der, sofern er fehlerlos bleibt, eine Niederlage verhindern kann. Damit er überhaupt eine Chance hat, das „zu null" für seine Mannschaft zu retten, gelten für den Torhüter spezielle Regeln. Nur er allein besitzt eine Sondererlaubnis: Er ist der einzige Fußballer, der im Spiel seine Hände benutzen darf. Einsam und allein wartet er auf die Schüsse, die auf sein Tor abgefeuert werden. Dürfte er bei seinen Abwehrversuchen die Hände nicht benutzen, hätte er kaum eine Chance, seine Aufgabe mit Erfolg zu erfüllen. Denn das Tor ist riesig: zwei Pfosten, je 2,44 Meter hoch, und ein Querbalken, 7,32 Meter breit. Die Trefferfläche, fast so groß wie die Seite eines Reisebusses und größer als manches Wohnzimmer, beträgt 18 Quadratmeter. In dieses Rechteck soll der Ball hinein. 300 Fußbälle könnte es aufnehmen. Das sind 300 Einschussmöglichkeiten, die der Torwart ganz allein verhindern muss.

Wie groß das Tor dem Gegner erscheint, hängt dennoch vor allem von dem Mann ab, der es bewacht. Manchmal ist es groß wie ein Scheunentor, und manchmal erscheint es den Stürmern so, als müssten sie den Ball in einer Streichholzschachtel unterbringen – je nachdem, ob ein zitterndes Nervenbündel zwischen den Pfosten steht oder ein souveräner Supermann.

Trotz Torhütern von sehr unterschiedlicher Qualität fallen meist nur sehr wenige Tore. Die Fußball-Regeln sind so eingerichtet, dass der Durchschnitt der pro Spiel geschossenen Tore bis heute gleich bleibend bei etwa drei liegt. Dieser erstaunlich konstanten Torquote entspricht das 2:1 als häufigstes Spielergebnis. Statistisch gesehen hat damit jede Mannschaft pro Spiel eine „sichere" Trefferchance. Ein einziges Tor kann zwar eine Partie entscheiden, aber solange das erfolgreiche Team keinen zweiten Treffer drauflegt – siehe Brasilien gegen Uruguay –, ist die Wahrscheinlichkeit größer, dass der Gegner zum Ausgleich kommt und sich damit die Chance auf den Sieg erhält. Beim Fußball sind Treffer demnach Höhepunkte, auf die hin sich die gesamte Dramaturgie des Spiels zusammenzieht. Jedes Tor kann die Entscheidung bringen. Aber es ist nie klar, wann es fällt und wie es fällt. Genau das macht die Spannung aus. Was wäre ein Spiel ohne das Raunen des Publikums, ohne jene „Aaahs" und „Ooohs", die einen Schuss begleiten, der knapp am Gehäuse des Torwarts vorbeizieht, was wäre der „Sound" eines Stadions ohne jenes Stöhnen und tiefe Durchatmen, wenn der letzte Mann einen „unhaltbaren" Ball aus der Ecke fischt, wenn der schon sicher geglaubte Treffer sich im letzten Moment als Lattenschuss oder Pfostenknaller entpuppt, oder wenn der Stürmer in aussichtsreicher Situation den Ball stümperhaft verstolpert. Viele Chancen können vorübergehen, und doch kann noch in der letzten Sekunde des Spiels der letzte und entscheidende Treffer fallen.

Die Garantie dafür, dass das Spiel spannend bleibt, ist in die Position des Torwarts gleichsam eingebaut. Er ist nicht nur der wichtigste Mann seiner Mannschaft, sondern die zentrale Komponente in der Konstruktion des Fußballspiels. Weil er die Hände benutzen darf, ist er gegenüber dem Schützen zwar stark im Vorteil, aber auch nicht so übermächtig, dass die Trefferchance gegen null geht. Beim Fußball sind die Größe der Tore, die Fangsicherheit des Torhüters und das Schussvermögen der Stürmer in ihrer Relation zueinander so perfekt abgestimmt, dass man zwar in jedem Spiel Tore erwarten darf, gleichzeitig aber sind sie selten genug, um höchst erregend zu wirken, wenn sie denn fallen. Der Torwart hält das Spiel insgesamt in der Waage; und zugleich ist er selbst in jedem Match – weil jeder seiner Fehler unmittelbar bestraft wird – das Zünglein an derselben.

„Tore sind das Salz in der Suppe", meinte der ehemalige Torjäger Klaus Fischer. Man mag darüber streiten, ob diese Ausdrucksweise gelungen ist. Unbestritten dürfte sein, dass der gemeinte Inhalt der Aussage richtig ist. Tore machen den Reiz des Fußballspiels aus. Das bedeutet aber für den Torhüter, dass seine Suppe immer versalzen ist. Die meisten Fußballfotos zeigen Tore. Und auf denen sind die Torhüter im besten Fall Statisten. Meist sieht man sie, wie sie sich vergeblich strecken oder geschlagen am Boden liegen. Jeder kennt das übliche Bild aus der Zeitung: Der Ball zappelt im Netz, der Torhüter beißt ins Gras.

Torhüter, so lässt sich zusammenfassen, sind spezielle Typen. Sie betreiben einen Mannschaftssport und sind doch auch Einzelsportler. Sie sind Mitglieder eines Teams und bleiben doch allein verantwortlich für alles, was sie tun. Sie können so gut sein, wie sie wollen – ihr Schicksal ist es, dass sie immer wieder bezwungen werden. Nur schwer werden sie zu Helden, sehr leicht werden sie zu Versagern. Aber gerade deswegen ruht auf den Schultern der letzten Männer die Verantwortung für das Gelingen des Fußballspiels. Im Positiven wie im Negativen, mit grandiosen Taten genauso wie im tragischen Versagen, sind sie die Garanten dafür, dass die „schönste Nebensache der Welt" funktioniert.

Kein Wunder ist es, dass die Torhüter innerhalb der Familie der Fußballspieler so etwas wie eine eigene Gattung bilden. Ihre besondere Position bildet auch besondere Typen mit einer besonderen Psyche heraus. Und auch die Geschichten, die sie zu erzählen haben, sind zuweilen sonderbar. Es lohnt sich also, der faszinierenden Figur des Torhüters auf den Grund zu gehen, nicht nur in Analysen, sondern auch in Anekdoten, nicht nur historisch, sondern auch psychologisch. Denn in der Seele der letzten Männer zeigt sich der ganze Geist des Fußballspiels, und, nebenbei, auch eine ganze Menge vom richtigen Leben.

KAPITEL 1

RITTER UND GENTLEMEN

Ein Spiel ohne Torhüter

London, 8. Dezember 1863. In der „Freemason's Tavern" in der Great Queen Street, Lincoln's Inn-Fields, wird von den Mitgliedern der „Football Association" (F.A.) die Gründungsurkunde des modernen Fußballspiels unterzeichnet. Sechs Wochen zuvor hatten die Vertreter von elf Londoner Vereinen den englischen Fußballverband gegründet, und nun, viele Diskussionsstunden später, haben sie sich endlich auf die Regeln geeinigt, nach denen das neue Spiel betrieben werden soll. Aus heutiger Sicht ist es ein seltsames Paket von Vorschriften. Es unterscheidet sich in erstaunlich vielen Aspekten von dem, was man heute unter „Fußball" versteht. Weder über die Zahl der Spieler noch über die Dauer des Spiels findet sich ein Wort. Sonderbar wirkt vor allem der Paragraf 6: „Hat ein Spieler den Ball gestoßen, so ist jeder Spieler derselben Partei, welcher sich näher an der gegnerischen Torlinie befindet, abseits („out of play"), und darf weder den Ball berühren noch irgendeinen anderen Spieler am Spielen hindern…" Zum Spielziel, dem Torerfolg, ist im Paragraf 4 festgelegt: „Ein Tor ist gewonnen, wenn der Ball zwischen den Torpfosten oder durch den Raum oberhalb derselben – in welcher Höhe, ist nicht von Bedeutung – ohne Anwendung von Schlagen, Tragen oder Werfen, gegangen ist." Das Tor ist definiert durch „zwei aufrechte, acht Yards auseinander stehende Pfosten, die weder durch ein Band noch durch eine Querstange verbunden sind". Ein Spieler, der mit dem „Hüten" dieses Tores beauftragt wäre, ist nirgends erwähnt.

Bis aus diesem Entwurf der Gründungsväter der F.A. jener Regelset geworden war, der heute vom internationalen Fußballverband FIFA für alle Mitgliedsverbände vorgeschrieben ist, sollten noch einige Jahrzehnte ins Land gehen. Erst gegen Ende des Jahrhunderts waren die 17 Regeln, die man heute kennt, im Wesentlichen klar definiert – also Spielerzahl, Spieldauer, Tor, Einwurf, Eckstoß und Elfmeter. Bis zur endgültigen Festlegung der Abseitsregel, die 1866 erstmals reformiert worden war, dauerte es sogar bis 1925. Dieses allmähliche Herantasten an eine endgültige Definition der Regeln zeigt, dass man nicht von einem Ort und einem Zeitpunkt ausgehen kann, an dem sich eine „Erfindung" des Fußballspiels punktgenau festmachen lässt. Das, was man heute als Fußball kennt, ist Ergebnis eines lang andauernden Prozesses. Und genauso verhält es sich mit der wohl wichtigsten Figur des Spiels, dem Torwart.

Für den heutigen Betrachter ist es verwunderlich, dass im Regeltext von 1863 an keiner Stelle ein „Goalkeeper" erwähnt ist. Für die damaligen Verhältnisse war es geradezu selbstverständlich. Man hatte keinerlei Veranlassung, auf einen Torhüter gesondert einzugehen. Denn im Jahr 1863 war es sämtlichen Feldspielern erlaubt, den Ball mit der Hand zu stoppen, nicht nur zur Verteidigung des Tores, sondern überall auf dem Feld. Zwar war es verboten, den Ball zu werfen oder ihn aufzuheben, unter den Arm zu klemmen und loszustürmen, zulässig aber war es, einen vom Gegner kommenden Ball abzufangen. Eine solche Aktion wurde als „Fair Catch" bezeichnet. Wer einen „Fair Catch" machte, war zu einem „Free Kick" berechtigt, sofern er die Fang-Stelle sofort mit dem Absatz markiert hatte. Ein Spieler, der sich den Ball als „letzter Mann" seiner Mannschaft mit einem „Fair Catch" sicherte, wurde als „Goalkeeper" bezeichnet. Als Bezeichnung für den letzten Mann der Abwehr war der Begriff also, obwohl im Regeltext nicht eigens erwähnt, durchaus schon geläufig. Die strategische Funktion des „Goalkeepers" innerhalb eines Teams war bekannt, nur war für den Akt des letzten, in höchster Not rettenden Griffes noch kein „Spezialist" vorgesehen.

Ein Torwart legt sich den Ball für einen Freistoß zurecht (1908).

Als Spieler mit einer klar definierten Sonderfunktion wurde der „Goalkeeper" im Jahr 1871 eingeführt. Der Regeländerung vorausgegangen war ein Versuch, das Handspiel komplett zu verbieten. Es hatte sich offensichtlich als so wenig funktionstüchtig erwiesen, dass man das Experiment schon nach wenigen Monaten wieder aufgegeben hatte. Die neue Vorschrift bestimmte nun, dass kein Spieler außer dem Torwart den Ball mit der Hand tragen oder schlagen darf. Einzig und allein ihm „steht es frei, zum Schutz seines Tores die Hände zu benutzen". Wie lange die übrig gebliebenen zehn Feldspieler brauchten, um sich den reflexartigen Griff nach dem Ball abzugewöhnen, ist nicht überliefert. Überliefert ist jedoch, dass ein Torhüter namens Baird auf recht seltsame Weise seine Hände „zum Schutz seines Tores" benutzte. Im schottischen Pokalhalbfinale des Jahres 1894 gegen die Glasgow Rangers musste der Keeper von Queens Park einen Ball passieren lassen, weil er gerade dabei war, sein Tornetz zu ordnen und dann seine Hand nicht mehr rechtzeitig freibekommen hatte.

Zu seiner Entschuldigung sei hinzugefügt, dass Netze damals erst seit kurzem im Einsatz und noch nicht „ausgereift“ waren. Seine Premiere hatte das Tornetz im Jahr 1890 in Liverpool. Der von der Firma J.A. Brodie entwickelte Prototyp wurde noch nicht am Torrahmen befestigt, sondern hinter dem Tor aufgespannt, etwa so, wie die heutigen Schutznetze vor den Zuschauerrängen. Weiterentwicklungen dieses „Urnetzes“ waren möglicherweise nicht auf Anhieb funktionstüchtig.

Die Funktionen und Aufgaben des Torhüters wurden in zahlreichen Detailreformen Schritt für Schritt näher bestimmt. Der heutige Torraum („Fünf-Meter-Raum“) wurde 1902 definiert, zehn Jahre später wurden die bis heute gültigen Maße des Strafraums („16-Meter-Raum“) festgelegt. Seitdem ist es dem Torhüter, dem das Handspiel in des Gegners Spielhälfte bereits 1887 verboten worden war, nur noch innerhalb dieses „Sechzehners“ erlaubt, seine Hände zu benutzen. Ausschlaggebend für die neuerliche Regelverschärfung war allem Anschein nach, dass sich die Torhüter zu häufig auch als Torjäger hervorgetan hatten. Torhüter-Tore waren jedenfalls bis dahin keine Seltenheit. Im Jahr 1900 gelang Manchester Citys Charlie Williams gegen Sunderlands Ned Doig ein Feldtor, 1910 versenkten im Spiel zwischen Third Lanark und Motherwell sogar beide Keeper den Ball im Goal ihres Gegners. Solche Torhüter, die ihre Funktion nicht erfüllten und durch ihre Ausflüge Gefahren für das eigene Team heraufbeschworen, sahen die Offiziellen nicht gerne. Man legte Wert darauf, dass jeder Spieler diszipliniert auf dem ihm vorgegebenen Platz seine Pflicht tat. Und für Torhüter bedeutete das eben, dass sie gefälligst ihr Tor zu verteidigen hatten, und nichts anderes sonst. In diesem Sinne hieß es in einem Artikel der „Edinburgh Evening News“ aus dem Jahr 1907, dass das offensive Torhüterspiel vollkommen in Verruf gekommen sei. Ausdrücklich wegen seines Hangs zum exzessiven Feldspiel sei Harry G. Rennie von Greenock Morton, damals der wohl beste Torhüter Schottlands, in der Nationalmannschaft nicht mehr berücksichtigt worden.

Vielen Torhütern floss in diesen Anfangsjahren noch Stürmerblut in den Adern, und nur wenige hatten die Lust und die Geduld, nur auf ihrem Posten auszuharren und Angriffe des Gegners abzuwarten. Nichtsdestotrotz war die Erfindung des Tores und seines Hüters der wohl wichtigste Meilenstein in der Entwicklung des modernen Fußballspiels. Hundert Jahre nach der Einführung des Torhüters feierte der Sporthistoriker Nicholas Mason diese Regeländerung als das „Meisterstück“ schlechthin, als geniale Erfindung, die es erst ermöglicht habe, dass sich der Fußball zum mit Abstand erfolgreichsten Sportspiel überhaupt entwickeln konnte:

„Abgesehen von einigen Zufallstreffern sorgte die Regel für ein Gleichgewicht der Kräfte von Sturm und Abwehr, das sich für mehr als ein Jahrhundert bewährt hat, ohne dass es jemals danach aussah, dass es sich auflösen könnte." Denn als die Schussfähigkeiten der Stürmer besser wurden, nahm, wie von Geisterhand gesteuert, auch das Können der Torhüter zu. Ohne Tor und Torhüter, so Nicholas Mason, „wäre der Fußball nie zu dem Spiel geworden, das er jetzt ist".

Wie wenig selbstverständlich die Erfindung des Fußball-Torwarts ist, zeigt ein Vergleich mit anderen Ballspielen. Weder Handball noch Basketball oder Football kennen eine derartige Ausnahmefigur, für die ganz eigene Regeln gelten. Nur im Fußball gibt es einen letzten Mann, der als einziger seines Teams außergewöhnliche Sonderbefugnisse hat. Er ist die einzigartigste Erscheinung des modernen Mannschaftssports, ein einsamer Fremdkörper, zugleich aber auch ein König des Spiels. Um dem Geheimnis dieser seltsamen Figur auf die Spur zu kommen, lohnt es sich, die Ur- und Frühgeschichte von Tor und Torwart noch etwas genauer zu durchleuchten.

Ritter zwischen den Pfosten

Die Metapher vom Torhüter als „Ritter zwischen den Pfosten" findet sich in vielen Texten über Fußball. Der Sportjournalist Hans Blickensdörfer hat sie besonders oft verwendet. Torhüter, so schrieb er, seien „Recken, die mit den Nibelungen konkurrieren" könnten, vor allem die Großen ihrer Zunft, wie in den 1930er Jahren der Italiener Giampiero Combi, der Spanier Ricardo Zamora, der Österreicher Rudi Hiden oder der Tscheche Frantisek Plánicka: „Niemand hätte sich gewundert, wenn sie sich mit Helm und Hellebarde zwischen die Pfosten gestellt hätten." Den umgekehrten Weg – nämlich vom Ritter auf den Fußball zu schließen – beschritt der niederländische Historiker Johan Huizinga Ende der 1930er Jahre. In seinem berühmten Buch „Herbst des Mittelalters" vertrat er die Ansicht, dass in einem „Fußballwettkampf von heute viel mehr von den Gefühlswerten eines mittelalterlichen Turniers" stecke, „als den Mannschaften und Zuschauern bewusst ist".

Hans „Buffy" Ettmayer, der Anfang der 1970er Jahre für den VfB Stuttgart 34 Tore erzielte, war wegen seiner Schusshärte derart gefürchtet, dass sich mancher Torhüter zum Schutz eine Rüstung gewünscht haben mag. Um die Sache für die Fotografen richtig ins Bild zu bekommen, stellte sich einmal ein Torwart-Ritter in voller Rüstung ins Tor, um sich der gleich

„Buffy“ Ettmayer testet einen gepanzerten Torwart-Ritter.

Lanzenstößen heransausenden Schüsse Ettmayers zu erwehren. Ob damit freilich die These Hans Blickensdörfers bewiesen werden konnte, dass der Torhüter „in gewisser Hinsicht“ einiges „mit der Ritterrüstung der einstigen Unbezwingbaren zu tun“ habe, mag man bezweifeln. So weit hergeholt, wie es zunächst erscheint, ist das Bild des ritterlichen Torwächters jedoch keineswegs.

Richtig ist zunächst, dass der Begriff „Torwart“ bereits zu Ritterzeiten geläufig war. Das Wort Torwart, althochdeutsch „turiwart“, ist seit dem Mittelalter im Sinne von „Wächter eines Tores“ gebräuchlich. Der Torwart ist derjenige, der einen Durchlass durch eine befestigte Umhegung bewacht. Dementsprechend gibt es in den Ritterromanen einen Burg-, Schloss- oder auch Turmwart. Die Bedeutung von „Bewachen einer Tür bzw. Öffnung“ steckt auch im englischen „keeper“, im französischen „gardien“, im spanischen „portero“ und im italienischen „portiere“. Der Wärter und Wächter ist auch ein Hüter. Er behütet, was ihm anvertraut ist, und er ist immer auf der Hut, ob sich eine Gefahr nähert. Weil natürlich nicht pausenlos etwas passiert, verbringt er die meiste Zeit mit Warten. Er wartet auf Bedrohungen, ja, da jederzeit mit ihnen zu rechnen ist, erwartet er sie in gewisser Weise sogar. Nur deswegen, weil er nicht nur wartet, sondern auch erwartet – ein Zusammenhang, der auch im englischen „wait/await“

gegeben ist – kann er zu einem wirkungsvollen Wächter werden. Wenn es zu Angriffen kommt, greift er ein und wehrt sie ab. Warten, auf der Hut sein, abwehren – das sind die Aufgaben des (Burg-)Torhüters, und genau dasselbe gilt auch für den (Fußball-)Torhüter.

Die Gemeinsamkeiten von Torwart-Ritter und Fußball-Torwart beschränken sich keineswegs nur auf die Begriffsgeschichte. Tatsächlich lässt sich in manchem Ritterroman die ein- oder andere Fußballszene nachweisen, so in dem aus dem 14. Jahrhundert stammenden Epos „Sir Gawain und der Grüne Ritter". Höhepunkt dieses im Sagenkreis um König Artus' Tafelrunde angesiedelten Werkes ist eine Enthauptung, die mit dem Satz endet: „Der schöne Kopf löste sich vom Hals und schlug auf die Erde, und viele stießen ihn mit dem Fuß, als er fortrollte." Zwar kann diese Szene, die von dem britischen Autor Francis Peabody Magoun als spontaner Kick interpretiert wurde, nicht als Ursprungsszene des modernen Fußballspiels angesehen werden, aber die These, dass der moderne Fußball auf sportähnliche Veranstaltungen des ausgehenden Mittelalters zurückgeführt werden muss, ist dennoch ernst zu nehmen.

Die militärischen Übungen der adligen Oberschicht, die ritterlichen Turniere, haben sich von Frankreich aus – dort sind sie spätestens seit dem 11. Jahrhundert nachweisbar – in ganz Europa ausgebreitet. Nach Auffassung des Linguisten Heiner Gillmeister war von diesen im einzelnen jeweils sehr klar geregelten Übungen vor allem eine, nämlich der so genannte „Pas d'armes", ball- und insbesondere fußballhistorisch entscheidend. Bei dieser Übung hatten einige Ritter die Aufgabe, eine Engstelle (einen Pass, eine Brücke, eine Straße, das Tor einer Burg oder einer Stadt) in voller Rüstung gegen eine gleiche Anzahl von Angreifern zu verteidigen. Nach dem französischen Sporthistoriker Jusserand wurden in den hochmittelalterlichen Spätformen dieser Pas d'armes in theatralischer Vergegenwärtigung romantischer Dichtungen oft ganze Szenen aus dem Sagenkreis um Karl den Großen nachgestellt, vor allem das legendäre Gefecht Rolands, des berühmtesten der Paladine, der bei der heldenhaften Verteidigung eines Pyrenäenpasses (der „Rolandspforte") gefallen sein soll. Dass das Halten bzw. Erobern der Stellung der zentrale Zweck des Ritterspiels war, wird auch in der englischen Variante deutlich, wo die Parteien als „Holders" und „Comers" unterschieden wurden: Auf der einen Seite waren die Verteidiger, die „Halter der Stellung", auf der anderen Seite die „Ankömmlinge", die Angreifer und Eroberer. Es war also nicht die Auswärtsmannschaft, die wie so viele heutige Fußballteams „hinten dicht machte", sondern die Heimmannschaft war es, die ihr Tor verbarrikadierte, um gegen die Offensivkraft der Fremden zu bestehen.

„Hold!“, riefen sich die Verteidiger zu, wenn einer durchzubrechen und sich hinter der „Torlinie“ in einer Art Touchdown niederzuwerfen drohte.

Wie ein kurzer Vergleich zeigt, sind die Ähnlichkeiten zwischen dem Ritterspiel und dem heutigen Fußballsport verblüffend. Beim Pas d’armes liegt die Aufgabe der Verteidiger darin, den Pass zu halten („tenir le pas“), während das Ziel der Angreifer darin besteht, den Pass zu nehmen. Nicht das unmittelbare Besiegen eines Gegners steht also im Vordergrund, sondern die Eroberung bzw. Verteidigung eines „Tores“. Genauso gilt auch beim Fußball der Angriff nicht dem Gegner, sondern dem Toreschießen bzw. -verhindern, und dies lässt sich ja in gewisser Weise als „Öffnen“ bzw. „Verbarrikadieren“ eines Durchgangs(tores) beschreiben. Wie das Ritterspiel ist auch der Fußball eine Form des „Massenkampfes“, so der Spieltheoretiker Karl Groos, „bei dem man nicht den Feind selbst bekämpft, sondern einen von diesem verteidigten Platz symbolisch zu erobern versucht“. Die Grundsituation des Fußballspiels – Tore verhindern und Tore erzielen – und die Rollenverteilung zwischen Angreifern und Verteidigern ist im Pas d’armes klar vorgeprägt.

Lediglich in zwei Aspekten scheint sich das Fußball- vom Ritterspiel elementar zu unterscheiden: Zum einen muss beim Fußball nicht der „Ritter“ selbst ins Tor rennen, sondern der Ball muss ins Tor treffen, und zum anderen verteilen sich die Rollen der Angreifer und der Verteidiger nicht auf zwei Parteien. Beim Fußball gibt es zwei Tore, und insofern haben beide Parteien die Aufgabe, das Burg- bzw. Stadttor des Gegners zu erobern sowie das eigene zu beschützen. Trotzdem lebt die „Idee“ des Torwächters im modernen Torhüter weiter. Und klar ist auch, dass die letzten Männer des Fußballspiels nicht nur in einem metaphorischen und etymologischen Sinn als „letzte Ritter“ betrachtet werden können. In gewisser Weise sind sie es tatsächlich. Zumindest lassen sich deutliche historische Spuren nachweisen, die vom Torwart-Ritter zum Fußball-Torwart führen, und in diesem Sinne kann er als letzter Überlebender einer ausgestorbenen Gattung betrachtet werden.

Als die Ballfänger noch Balljäger waren

Greift man die Frage nach der Entstehung des Fußballspiels nicht vom Tor und Torwart her auf, sondern vom Ball und den Ballspielern, so landet man bei ziemlich wilden Ereignissen, die im Mittelalter fast in ganz Europa verbreitet waren. Wettkämpfe um einen Ball oder einen ballähnlichen Gegenstand – siehe den Kopf des „grünen Ritters“ –, die zwischen verschiedenen Gemeinden, Dörfern, Sippen und anderen Gemeinschaften mit oft Hunderten von Teilnehmern ausgetragen wurden, lassen sich sogar bis in die Antike zurückverfolgen. Wilde, kaum regulierte Raufspiele, die spontan, oft aber auch zu festlichen Anlässen ausgetragen wurden – besonders beliebt war etwa der Fastnachts-Termin – waren das „Soule" in Frankreich und der „Calcio" in Italien. In England wurden solche Volksspiele im Jahr 1314 erstmals unter der Bezeichnung „Football" erwähnt. So hießen sie vermutlich deswegen, weil der dabei verwendete Ball einen Durchmesser von einem Fuß hatte. Diese „Football-Spiele" waren äußerst brutal. Weil man Ausschreitungen und Aufruhr befürchtete, wurden sie von der Obrigkeit immer wieder untersagt. Trotz der pausenlos erneuerten Verbote blieben sie bis zum Anfang des 19. Jahrhunderts weit verbreitet.

Ein Augenzeugenbericht aus dem Jahr 1829 über ein „Football-Spiel" in der englischen Stadt Derby, ausgetragen zwischen den Gemeinden von St. Peter und All Saints, macht auf drastische Weise deutlich, wie es bei diesem volkstümlichen Fußball zuging: „Das Spiel beginnt auf dem Marktplatz, wo die Parteigänger jeder Gemeinde gegeneinander aufgestellt werden; dann, ungefähr um Mittag, wird ein großer Ball in ihre Mitte geworfen. Diesen versuchen sogleich einige der stärksten und aktivsten Männer jeder Partei zu ergreifen. Der Rest der Spieler schließt sich unverzüglich über ihnen zusammen, und schon hat sich eine dichte Masse geformt. Es ist dann das Ziel jeder Partei, die Menge in die Richtung des für sie bestimmten Tores zu zwingen. Der Kampf um den Ballbesitz … ist dann gewalttätig, und die Bewegung dieser menschlichen Welle, die sich ohne die geringste Bekümmernis um Konsequenzen auf- und niedersenkt, ist ungeheuerlich. Gebrochene Schienbeine, Schädelbrüche, zerrissene Jacken und verlorene Hüte gehören noch zu den geringeren Unfällen dieses fürchterlichen Wettkampfs, und häufig passiert es, dass Personen in Folge des enormen Drucks hinfallen und kraftlos und blutend zwischen den Füßen des sie umringenden Mobs liegen bleiben."

Von der spielerischen Raffinesse des heutigen Fußballs, so zeigt dieser Bericht, hatte man Anfang des vorletzten Jahrhunderts noch keine Vorstellung. Alle Mittel waren erlaubt, und ob man nun die Hände oder die Füße benutzte, war einerlei. Tatsächlich war das Kicken des Balles mit dem Fuß eher die Ausnahme denn die Regel. Bei diesen regellosen und gewalttätigen Auseinandersetzungen versprach es wesentlich mehr Erfolg, den Ball mit Händen zu kontrollieren und per Wurf sicher abzugeben. „Football" hießen diese Spiele, aber sie glichen mehr Raufereien mit eingestreuten Elementen des Handballs. Jeder der Beteiligten betätigte sich also in einer

Weise, wie man es heute bei einem Torwart sehen kann, der den Ball in seinem Strafraum gegen Angreifer zu behaupten versucht. Insofern scheint es nicht unberechtigt, den Torwart als ein Überbleibsel aus der Zeit zu interpretieren, als der Fußball noch nicht in der heute üblichen Form organisiert war. Weil er immer noch, anders als die Feldspieler, hauptsächlich mit der Hand spielt, ist er sozusagen bis heute „archaisch" geblieben. Der Torwart-Historiker Francis Hodgson bezeichnete den „Goalkeeper" daher wohl nicht zu Unrecht als „Relikt" und „Fossil". Einzig der Hüter des Tores spielt nach den alten Regeln, nämlich mit den Händen. Und wenn er sie benutzt, um den Ball zu fangen und zu kontrollieren, sieht er sich immer bedrängt von einer Schar lauernder Gegner.

Gewalt und Handspiel sind jedoch nicht das Einzige, was diesen „Volksfußball" vom heutigen Spiel unterscheidet. Spiele diese Art hatten auch eine andere Wertung. In Derby fungierten Mühlenräder bzw. Steine als „Tore", anderswo waren es Bäume, Mauern oder Ackergrenzen. In anderen Varianten kam man sogar ganz ohne Tore aus. So wurde in Dorking der Sieger dadurch bestimmt, dass eine Mannschaft zu einem vorher bestimmten Zeitpunkt den Ball in Besitz hielt. Beiden Spielweisen gemeinsam war, dass man nicht mehrere Punkte bzw. Tore erzielen konnte. Es gab nur einen einzigen Durchgang, und wer in dem siegreich blieb, hatte auch das ganze Spiel gewonnen. Das endgültige Ballfangen hatte genauso wie der entscheidende Torschuss die Funktion, einen Sieger zu ermitteln. Allein darauf kam es an.

Es ist zu vermuten, dass die meisten solcher Spiele auf alte Kulte zurückzuführen sind, in denen entweder die Berührung magischer Symbole oder die Inbesitznahme eines Symbols als Zeichen dafür genommen wurde, dass sich eine Partei gute Ernten, Fruchtbarkeit und zukünftiges Glück erkämpft hatte. Und natürlich ging es für die jungen Männer immer auch darum, sich auf dem Heiratsmarkt eine gute Position zu erkämpfen. Zuweilen konnte es sogar vorkommen, dass ein Fußballverrückter dem Ergebnis vorgriff. In George Chapmans „Sir Gyles Goosecap" (1601) heiratet der Held bereits vor dem Anpfiff, um in einem zwischen den Parteien der Verheirateten und Unverheirateten angesetzten Match auf der Seite seiner – sämtlich bereits verehelichten – Freunde spielen zu können. Einer seiner Kameraden beglückwünscht ihn zu dieser Entscheidung mit den Worten: „Der beste Grund für eine Heirat, den ich je hörte, Sir Gyles." Doch auch wenn die Spiele nicht mit Hochzeitsglocken verbunden waren, wurde in jedem Fall derjenige Spieler, der seiner Mannschaft den Sieg gebracht hatte, hernach als „Ballheld" ausgiebig gefeiert. Und dabei spielte es im Prinzip keine Rolle, ob es sich nun um einen „Torjäger" oder einen

Beim alten englischen Volksfußball wurde hauptsächlich mit der Hand gespielt. In Ashbourne wird diese Tradition bis heute gepflegt (Spielszene aus den 1950er Jahren).

„Ballfänger" handelte. Man sieht also: Solange es noch keine richtigen Tore gab, machte man zwischen den „letzten Männern", die den Ball festhalten und den „ersten Männern", die das Ziel treffen – also zwischen (Tor-)Hütern und (Tor-)Schützen – noch keinen Unterschied.

Das oben geschilderte Spiel in Derby war eines der letzten seiner Art. Je mehr im Verlauf der Industrialisierung die herkömmlichen dörflichen Gemeinschaften und mit ihnen die traditionellen Feste ihre soziale Verbindlichkeit eingebüßt hatten, und je größer zugleich der Disziplinierungsanspruch der modernen Gesellschaft und die Durchsetzungskraft der staatlichen Organe geworden waren, desto effektiver konnten die Verbote von wilden Football-Raufereien durchgesetzt werden. Um die Mitte des 19. Jahrhunderts waren diese rauen Vergnügungen des Volkes nahezu vollständig von der Bildfläche verschwunden, wobei zur Durchsetzung des endgültigen Verbotes teilweise sogar Sondereinheiten der Polizei eingesetzt werden mussten. Heute zeugen vom alten Volksfußball lediglich noch Veranstaltungen wie der alljährliche „Shrovetide-Football" in Ashbourne (Derbyshire). Der hat jedoch mit dem ehemals wilden Spiel ungefähr so viel zu tun wie ein für japanische Touristen organisiertes Mittelalter-Fest in Rothenburg ob der Tauber mit einem tatsächlichen Ritterturnier.

Die Letzten halten die Stellung

Neben den Ritterturnieren für den Adel und den rauen Spielen für das Volk hatte sich im Lauf des 15. Jahrhunderts in Italien ein Spiel herausentwickelt, das dem geregelten Ballsport, wie wir ihn heute kennen, schon sehr nahe kam. Während der den englischen Raufspielen ähnelnde gewöhnliche Calcio eine Sache des einfachen Volkes blieb, war die neu entwickelte Form des „Edelcalcio" (Calcio a livrea) den Adligen vorbehalten. Wie aus den Regelbüchern von Antonio Scaino (1555, für den Calcio in Parma und Venedig) und Giovanni de Bardi (1580, für den Calcio in Florenz) hervorgeht, lassen sich diese Spiele, die mit 20 bis 40 Teilnehmern pro Partei auf öffentlichen Plätzen betrieben wurden, wohl am ehesten mit dem heutigen Rugby vergleichen. Der Anstoß erfolgte, wie der Name sagt, mit einem Fußtritt (Calcio = ital. für „Fußtritt"). Dann ging es recht derbe weiter. Die norditalienische Calcio-Variante bot nach Scaino „gleichsam das Bild einer wirklichen Schlacht". Das Spiel woge bei „häufigem Glückswechsel" hin und her, die Spieler fielen „bald hier bald dort heftig übereinander", wälzten sich „drüber und runter", so dass es nicht selten auf die ankomme, „die im Ringen geschickt und kräftig sind". Etwas gesitteter ging es offensichtlich bei der vornehmeren Variante in Florenz zu. Hier war das Spielen des Balles mit dem Fuß nicht nur erlaubt, sondern galt als besonders gewitzte Möglichkeit, Geländegewinne zu erzielen. Laut de Bardi war das Werfen des Balles mit offener Hand als „dumme und unschöne Art" verpönt. Alle Aktionen hingegen, die eine besondere Geschicklichkeit verlangen – wie zum Beispiel das Vorantreiben eines Balles mit dem Fuß – galten als besonders vornehm. Entscheidend für den Spielerfolg sollte nicht, wie im derben Volksspiel, die rohe Gewalt sein, sondern kluges Vorgehen und tänzerische Eleganz. Es wurde als edle Kunst angesehen, wenn es gelang, eine mit allen Mitteln verteidigte Torlinie auf möglichst raffinierte Weise zu erobern. Vor allem für Florenz lässt sich sagen, dass der Calcio nach dem Verlust der militärischen Bedeutung des Rittertums in gewisser Weise jene Funktion übernahm, die früher das Turnier inne hatte. Das Spiel, in dem nun statt gekonnter Lanzenstöße furiose Dribblings angesagt waren, war für die jungen Adligen einerseits ein körperliches und geistiges Training, andererseits diente der „campo di calcio" dem Hofmann (Cortegiano) aber auch als Bühne, auf der er seine Tugenden zur Schau stellen konnte.

Die Taktik und Aufstellung beim Calcio ist durchaus vergleichbar mit modernen Sportspielen. In der Florentiner Variante kannte man Stürmer, Zerstörer, Läufer und Verteidiger. Die Betonung lag in der Offensive (15

Stürmer, nur drei Verteidiger). Umgekehrt war die Aufstellung in Norditalien, wo zwischen Vorhut, Läufer und Nachhut unterschieden wurde. Hier sollten sich die Spieler in der Abwehr „massieren", um dem gegnerischen Sturmkeil entgegenzutreten. Zum Torerfolg notierte Scaino, dass der Ball „in einen gekennzeichneten Raum an den Grundlinien getrieben werden" müsse. Diese Tore konnten auch „echte" Torbögen bzw. diesen nachempfundende „Zielgehäuse" sein. Eine spezielle Position des Torhüters war jedoch in keinem Regelwerk vorgesehen. Die „Nachhut" bzw. „Verteidigung" bestand aus mehreren Spielern, und die Taktik sah es vor, dass man wie bei einem militärischen Manöver im Trupp agierte. Wenn der Ball in die Nähe des Tores komme, so Scaino, sollten sich alle „sämtlich sehr gut vereinigen". So konnte es sich wohl nur zufällig einmal ergeben, dass sich einer allein als „letzter Mann" dem Angriff der Gegner ausgesetzt sah.

Szene vom Calcio in Venedig mit „echten" Toren. Kupferstich nach einem Wandbild von Gabriele Bella in der Querini-Stampali-Bibliothek in Venedig (18. Jahrhundert).

Inwieweit dieser geregelte und edle Calcio die Fußballspiele in England beeinflusste, ist nicht eindeutig geklärt. Klar ist immerhin, dass die Werke von de Bardi und Scaino auch auf den britischen Inseln bekannt waren. Von der Möglichkeit, die rauen Spiele durch klare Regeln zu veredeln, macht man dort jedoch zunächst noch kaum Gebrauch. Unbeeindruckt von allen Verboten pflegte man die alte Leidenschaft des „wilden" Football, bei großen Festveranstaltungen genauso wie bei kleinen „Balltreffen" im Alltag. Die mündlich tradierten Regeln blieben rudimentär und konnten von Ort zu Ort stark variieren. Während der italienische Calcio, einhergehend mit dem Machtverlust der städtischen Fürsten (z.B. der Medici in Florenz), im Lauf des 18. Jahrhunderts von der Bildfläche verschwand, gab es in England unter den vielen Spielen, die als „Football" firmierten, immer noch solche, die der von den Ritterturnieren her bekannten Grundstruktur des „Holders" gegen „Comers" entsprachen. So müssen bei einem Match im Jahr 1793 sechs ausgewählte „Verteidiger" aus Sheffield verhindern, dass die sechs „Angreifer" aus Norton den Ball durch das von ihnen gehütete Tor (in diesem Fall offensichtlich das von einem Brückenbogen gebildete „Loch") treiben. Die Sheffielder erweisen sich dabei als derart begnadete Defensivkünstler, dass es den Nortonern auch nach drei Tagen (!) erbitterten Kampfes noch nicht gelungen ist, das Tor zu erobern. Damit das Spiel überhaupt so lange dauern kann, muss man, gleichsam aus der Not geboren, bereits das Prinzip der Auswechslung anwenden. Am dritten Tag hat schließlich der Unmut unter den mittlerweile zahlreich versammelten Auswechselspielern und Zuschauern derart zugenommen, dass das Match unter Tumulten abgebrochen werden muss.

Die Variante, dass nur auf ein Tor gespielt wird, das von einem Team angegriffen und vom anderen verteidigt wird, war freilich die Ausnahme. Meist wurde auf zwei Tore gespielt, so dass beide Parteien Stürmer und Abwehrspieler aufstellten. Der Spielverlauf konzentrierte sich jedoch auch hier so stark auf die Eroberung bzw. Verteidigung der Tore, dass man das Spiel „a goal at football" und nicht „a game at football" genannt habe. Dies betonte jedenfalls Joseph Strutt in seiner 1801 erschienenen ersten Sportgeschichte Englands. Auch bei den frühen Football-Spielen an den englischen Eliteschulen, den Public Schools, lässt sich der Einfluss der bei den Ritterturnieren üblichen Struktur noch ablesen. Beispielhaft sei das seit 1815 als organisiertes Spiel nachweisbare Eton Wall Game herausgegriffen, das traditionell zwischen den Collegers (den im Schulgebäude wohnenden Schülern, den „Holders") und den Oppidans (den in der Stadt wohnenden Schülern, den „Comers") ausgetragen wurde. Hier wie in anderen vornehmen Internaten war es zudem üblich, dass die älteren Schüler die Rolle der Angreifer übernahmen, die jüngeren hingegen die der Verteidiger. Anders als bei den alten Ritterspielen war hier das Hüten des Tores mit keinerlei Prestige verbunden. In der Schule waren die tapferen Hüter des Tores nicht mehr Helden des Spiels, sondern Prügelknaben, die den gewalttätigen Attacken körperlich weit überlegener Stürmer ausgesetzt waren.

Prügelknaben und Regelmacher

Die bereits im 15. Jahrhundert eingeführten Public Schools hatten für die Entwicklung des modernen Fußballs in etwa die Funktion eines Labors. Ursprünglich waren diese Schulen zur Ausbildung der Staatsbeamten geschaffen worden, später versammelte sich dort die gesamte jugendliche Elite Großbritanniens, um sich das Rüstzeug eines künftigen Gentleman anzueignen. Durch zahlreiche Dokumente ist belegt, dass in diesen von der

Außenwelt weitgehend abgeschotteten Institutionen bereits seit dem 16. Jahrhundert der „wilde" Fußball als beliebte Freizeitbeschäftigung verbreitet war. Während das mit Verboten belegte raue Spiel in der Öffentlichkeit allmählich verschwand, überlebte es in den geschützten Bereichen hinter den Mauern von Schulen wie Eton, Harrow, Shrewsbury, Winchester, Charterhouse, Westminster oder Rugby. Und in einem komplizierten Prozess „mendelte" sich hier jenes Fußballspiel heraus, das wir heute kennen.

Zunächst organisierten die Schüler ihren „Football" eigenverantwortlich und ohne bis ins Detail ausgearbeitete Vorschriften. Ähnlich wie beim Volksfußball waren die Spiele weitgehend regellos und ziemlich gewalttätig. Eine spezielle Note bekamen sie dadurch, dass sie eingebunden waren in das Selbstverwaltungssystem der Schüler, das auf einer Unterdrückung der Jüngeren (der 13- bis 14-jährigen „Fags") durch die Älteren (den etwa 18- bis 19-jährigen „Prefects") beruhte. Die Jüngeren und Schwächeren mussten den Älteren und Stärkeren Dienste leisten und erhielten als Gegenleistung Schutz vor dem Zugriff anderer. In Eton war es z.B. ungeschriebenes Gesetz, dass der Fag dem Prefect mindestens ein halbes Jahr lang als eine Art Knecht diente. Dieses System entsprach genau den Männlichkeitsvorstellungen der Oberschicht dieser Zeit und wurde daher auch von den Eltern durchaus begrüßt. Die erwünschten Erziehungsziele – Männlichkeit, Durchsetzungskraft, Unabhängigkeit – sollten sich in einem harten „Sozialtest" herausbilden, gemäß dem Motto: Wer zur Elite gehören will, der muss da durch. Das Leben an diesen für heutige Verhältnisse als „bizarr" zu bezeichnenden Institutionen war also vor allem für die Jüngeren hart und ungesund. Gewalt war eine alltägliche Erscheinung, und insbesondere körperliche Freizeitbetätigungen wie der „Football" zeichneten sich durch eine ungehemmte Brutalität aus, die immer zu Lasten der „Kleinen" ging. Jeder Fag, der neu an eine Schule kam, musste gleich einem Initiationsritus durch die Feuerprobe solcher Spiele gehen, bevor er von den anderen als „Mann" akzeptiert wurde.

Eine gute Vorstellung von der Situation zu Anfang des 19. Jahrhunderts vermittelt das „Fagging Out" beim Fußball in Westminster. Die kleinsten Jungs, die Trottel und die „Schisser", zwölf bis 15 auf jeder Seite, müssen sich als „Goalkeeper" an den 20 Yard breiten Grundlinien des Platzes aufstellen. Jeder Feldspieler, der nicht richtig zur Sache geht, wird zur Strafe ebenfalls ins Tor gestellt. Nicht nur für diesen Tag, sondern als dauerhafte Degradierung. Aber nach einer guten Parade oder einem guten Tackling darf er wieder im Feld spielen – zumindest so lange, wie er sich dort nicht als Feigling zeigt. Auch in Charterhouse haben die Fags in dieser Zeit die Tore zu blockieren und werden von den mit eisenbeschlagenen Stiefeln „bewaffneten" Prefects oftmals grün und blau getreten. In Winchester, wo man die Fags unter anderem als Torpfosten missbraucht, indem man jeweils einen mit gespreizten Beinen an ein Ende des Spielfeldes postiert, ist das Spiel so brutal, dass wiederholte Male einer der „Kleinen" mit gebrochenen Knochen ins Hospital eingeliefert wird. Am konsequentesten schließlich ist man in Shrewsbury, wo man das Spiel gar nicht mehr Fußball, sondern – seinem Sinn unmittelbar entsprechend – „Sklavenspiel" (Douling) nennt.

Die Brutalität der Schülerspiele nahm erst ab, als zu Beginn des 19. Jahrhunderts eine umfangreiche Reformbewegung einsetzte, die als „Muscular Christianity" geläufig ist. In erster Linie ging es darum, die Gewalt und Brutalität auf dem Sportplatz einzuschränken. Einige Lehrer erkannten aber auch, dass gerade Mannschaftssportarten hervorragend dazu geeignet sind, undisziplinierten Schülern das Ethos eines christlichen Gentleman zu vermitteln. Es war ein Ethos, in dem sich aristokratische und bürgerliche Verhaltensnormen mischten und ergänzten. In den verschiedenen Varianten des Fußballspiels sah man ein probates Mittel, der jugendlichen Elite des britischen Empire Tugenden wie Selbstbeherrschung, Pflichtbewusstsein, Gruppenloyalität und Gerechtigkeit anschaulich zu demonstrieren. Die schriftliche Fixierung der bis dahin nur mündlich tradierten Regeln diente dabei nicht nur der Disziplinierung der Schüler, sondern auch dem höheren Ziel, sie auf einen Ehrenkodex zu verpflichten. Tatsächlich tat die Reformierung der Spiele ihrer Beliebtheit keinen Abbruch. Im Gegenteil. Vor allem die Jüngeren hatten durch die Einführung richtiger „Gesetze" nicht mehr so stark unter den Brutalitäten des herkömmlichen Unterdrückungssystems zu leiden. Ob Fag oder Prefect – alle waren sie nun stolz auf „ihre" Schule und „ihr" Spiel.

Als man in der ersten Hälfte des 19. Jahrhunderts in zahlreichen Schulen schriftliche Regeln festlegte, kam dabei natürlich nicht ein einheitliches Fußballspiel heraus. Jede Schule hatte ein ureigenes Spiel, das sich von den Varianten der anderen sehr stark unterschied. Am bekanntesten wurden die Regeln von Rugby (1845), die vorsahen, dass der Ball vor allem zu tragen und nur im Ausnahmefall mit dem Fuß zu kicken sei. Als ein Gegenentwurf dazu betonten die Varianten beispielsweise in Eton (1849) und Harrow (1853), dass das Handspiel zu vermeiden und der Ball mit dem Fuß dribbelnd voranzutreiben sei. Auch die Spiele in den Public Schools von Charterhouse und Westminster ähnelten dem heutigen Fußball und kannten sogar eine modern anmutende Abseitsregel, die später auch vom englischen Fußballverband übernommen werden sollte.

Dass man nun zwar ein ganzes Bündel unterschiedlichster Football-Regeln, aber keinen allgemeingültigen Football-Code gefunden hatte, erwies sich sehr bald als äußerst hinderlich. Nachdem die Jugendlichen ihre Schulausbildung absolviert hatten, trafen sich viele von ihnen an Universitäten wie Oxford und Cambridge wieder. Um dort die gewohnten Sportspiele fortsetzen zu können, mussten sie sich aber erst einmal auf ein bestimmtes Spiel einigen. Da kein ehemaliger Eton-Schüler bereit war, etwa nach Harrow-Regeln zu kicken – umgekehrt galt natürlich dasselbe –, wurden vor jedem Match Kommissionen gebildet, die einen für alle Beteiligten akzeptablen Mischcode ausarbeiteten. Bei diesen vor beinahe jedem Spiel hartnäckig geführten Verhandlungen ging es natürlich auch immer um die Frage, ob der Ball mit Händen gespielt bzw. getragen werden dürfe oder nicht. Mindestens genauso wichtig aber war das Problem, wie viel Gewalt im Spiel zugelassen werden sollte. Das alte Prinzip eines brutalen Männlichkeits-Tests hatte immer noch zahlreiche Anhänger. In Rugby etwa wurde das „Hacking", das Treten in die Beine des Gegners, als elementarer Bestandteil des Spiels betrachtet, und so war es nicht erstaunlich, dass sich lautstarker Protest breit machte, als in Cambridge Regeln vereinbart wurden, die das „Hacking" ausdrücklich verboten.

Beim Streit um die „richtigen" Regeln, der in den letzten Monaten des Jahres 1863 die Gründungsmitglieder der Football Association in Atem hielt, stand das „Hacking" derart im Zentrum aller Diskussionen, dass die Frage nach der Zulässigkeit des Handspiels nur als Marginalie abgehandelt wurde. Am 1. Dezember 1863, eine Woche vor dem historischen Regelbeschluss, schwang sich F. W. Campbell, der Wortführer der Rugby-Fraktion, zu einem vehementen Plädoyer für den „wahren" Fußball auf: „Auch nach dem Gegner zu treten, das ist wahrer Fußball. Die in Cambridge hatten kein Recht, dagegen eine Regel einzuführen. Sie scheint für jene gemacht, die lieber ihre Pfeife, ihren Grog und ihren Schnaps mögen als das mannhafte Spiel. Ich glaube, die Einwände gegen das Treten kommen von Leuten, die einfach zu alt für den Geist dieses Spiels sind." In der Abstimmung setzte sich schließlich die Fraktion des später so genannten „Soccer" durch. Der Sieg des Soccer (eine Abkürzung für „Association-Football") machte deutlich, dass das brutale Spiel mit seinem Ideal des harten Burschen unter der Masse der bürgerlichen Gentlemen keine Chance mehr hatte. Der Bruch zwischen beiden Parteien war danach nicht mehr zu kitten. Die Anhänger des Rugby traten aus dem Fußballverband aus und gründeten wenig später ihren eigenen Verband.

„Ein Tor würde dem Spiel gut tun"

Wie die Frage nach dem Handspiel und dem „Hacking" wurde in den verschiedenen Varianten der „Football-Spiele" natürlich auch die Frage nach dem Spielziel – was als Tor oder Punkt zählen sollte – verschieden beantwortet. Wie die Spiele insgesamt war an den Public Schools auch das, wo der Ball hin bzw. hinein sollte, ganz unterschiedlich definiert. Die Tore differierten in der Breite – zwischen 3,0 Meter in Eton über 5,5 Meter in Harrow und mehr als 20 Meter in Winchester war alles möglich –, sie waren zum Teil in der Höhe nicht begrenzt, und in Rugby war vorgeschrieben, dass der Ball nicht unter, sondern über die Latte zu schießen ist. Man kann sich also vorstellen, dass es nicht einfach war, sich auf eine verbindliche Torgröße zu einigen. Die ersten von den Absolventen verschiedener Schulen gemeinsam beschlossenen Regeln, die so genannten „Cambridge-Rules" von 1848, ließen die Frage nach der Torgröße offen und enthielten lediglich die Vorschrift, dass der Ball „unter die Schnur" geschossen werden muss. Eine erste genaue Tor-Definition findet sich in dem Regelset, das im November 1862 für ein Spiel zwischen ehemaligen Schülern von Eton und Harrow vereinbart wurde. Die Tore hatten kuriose Ausmaße: Sie bestanden aus zwei extrem langen Stangen von 20 Fuß (6 Meter) Höhe, die in einem Abstand von 12 Fuß (3,6 Meter) aufgestellt und an ihrem Ende mit einer Schnur verbunden werden sollten.

Einen Durchbruch an der Universität brachten schließlich die „Cambridge Universities Rules", die von den Vertretern von nicht weniger als sechs Public Schools anerkannt wurden. Als sie am 20. November 1863 in Kraft traten, hatte man sich in der Torfrage auf ein Maß geeinigt, das weniger extrem war. Sie sollten 15 Fuß (4,5 Meter) breit sein, eine Begrenzung nach oben war nicht vorgesehen. Um einen gültigen Treffer zu erzielen, musste der Ball zwischen die Pfosten gehen, egal, in welcher Höhe; die gedachte Linie genügte. Weil es die Rugby-Fraktion nicht abschreckte, war es dieses „nach oben offene Tor", das im Regelfindungsprozess der zeitgleich gegründeten „Football Association" als Diskussionsgrundlage herangezogen wurde. Dass in den Regeln der F.A. letztlich eine andere Torbreite beschlossen wurde als die von den Studenten aus Cambridge vorgesehene, ist allem Anschein nach auf den Einfluss der Brüder Alcock zurückzuführen. Charles William, der spätere Erfinder des F.A.-Cups und Organisator der ersten Länderspiele, war wie sein Bruder John F., der Mitbegründer der F.A., ein „Old Harrovian". Beide Alcocks hatten nach ihrem Schulabschluss keine Universitäts-Laufbahn

Ein Spiel, drei Tore: Mit Schnur zwischen den Pfosten (um 1880); im Stil eines Hasenstalls, mit Maschendraht verkleidet (1913); mit viereckigen Holzpfosten und Netz (1940er Jahre).

eingeschlagen und avancierten außerhalb der studentischen Kreise zu den wohl wichtigsten Pionieren des modernen Fußballs. 1859 gründeten sie in Epping Forest den Vorläufer der später so berühmten „Wanderers", den „Forest F.C.". Diesem Klub gaben sie, in Anlehnung an die Harrow- und die Cambridge-Regeln, eine eigene „Verfassung". Eines der wichtigsten Details betraf die Torgröße: Die Distanz zwischen den Torpfosten sollte acht Yards – also die bis heute üblichen 7,32 Meter – nicht übersteigen. In den vielen Testspielen hatte sich offenbar ergeben, dass acht Yards ein ideales Maß sind, um eine funktionstüchtige Relation der Chancen von Stürmern und Verteidigern zu erhalten.

Die Höhe der Verbindung zwischen den Pfosten – ab 1866 eine Schnur, seit 1875 eine Querlatte – wurde wohl ebenfalls aus eher pragmatischen Gesichtspunkten festgelegt. Acht Fuß, also rund 2,44 Meter, kann jeder normal große Mann mit seinen Fingerspitzen relativ mühelos erreichen. In Sheffield, wo man lange Zeit nach eigenen Regeln kickte, war die Torhöhe zunächst auf neun Fuß festgelegt. Dann aber hatte man, nach dem Vorbild der Londoner, die Querlatte um einen Fuß tiefer gelegt.

Seit 1875 sind die Tore gleich geblieben. Das heißt: In einzelnen Fällen entsprachen sie auch seitdem nicht den vorgeschriebenen Maßen. Dazu ein kleiner Exkurs in die moderne Zeit. Am 1. April 1998 stürzt im Madrider Bernabeu Stadion, kurz vor dem Anpfiff des Champions-League-Halbfinales gegen Borussia Dortmund, plötzlich ein Tor ein. Die Fans in der berüchtigten Kurve „Ultrasur" haben am Zaun gerüttelt, der war umgefallen, und mit ihm das Tor, weil man die Tornetze mit Seilen am Zaun befestigt hatte. Anschließend dauert es geschlagene 75 Minuten, bis ein Ersatztor aufgebaut ist. Der Sender RTL bleibt die ganze Zeit live dabei. Marcel Reif im Stadion und Günter Jauch im Studio kommentieren die Aufbauarbeiten. Sie sorgen für einen Quotenhit. Zur (vorgesehenen) Anpfiffzeit um 20.45 Uhr sitzen gerade mal 6,4 Millionen Zuschauer vor den Bildschirmen. Kurz vor dem tatsächlichen Anpfiff um 22 Uhr sind es doppelt so viele. Bis Spielende – Real gewinnt mit 2:0 – sinkt die Zahl wieder auf den Ausgangswert.

Die launigen Sprüche der TV-Kommentatoren waren offensichtlich unterhaltsamer als das Spiel selbst. Höhepunkt der mit dem „Goldenen Löwen" prämiierten Vorstellung war der Reif-Spruch: „Noch nie hätte einem Spiel ein Tor so gut getan." Die Dortmunder freilich waren erbost und erwogen einen Protest. Zwei Offizielle der Borussia liefen auf den Platz und maßen die Tore nach. Ergebnis: Das Ersatztor war okay. Genau 2,44 Meter hoch. Aber das verbliebene Originaltor war zu klein, um drei

Zentimeter. In offiziellen Spielen müssen die Maße jedoch auf den Zentimeter genau stimmen. Das Spiel hätte demnach neu angesetzt werden müssen. 1997 hatte es den Präzedenzfall gegeben. Da war der FC Sion gegen Spartak Moskau im UEFA-Cup ausgeschieden (0:1 zu Hause in der Schweiz und 2:2 in Moskau) und legte Protest gegen die „zu kleinen russischen Tore" ein. Tatsächlich ergab sich, dass sie nur 2,36 bzw. 2,32 m hoch waren. Es kam zum Wiederholungsspiel. Aber die größeren Tore nutzten nur Moskau. Es gewann mit 5:1. Anders als die Schweizer verzichteten die Dortmunder auf den möglichen Protest. Die Bedingungen, so begründeten sie sportlich fair, seien schließlich für beide Parteien die gleichen gewesen.

Diese „Garantie auf gleiche Bedingungen" gab es erst seit der Einführung von Seitenwechsel und Halbzeitpause. Das geschah im Jahr 1875, also bezeichnenderweise genau in dem Jahr, in dem das Fußballtor endgültig definiert wurde. Nicht ganz eindeutig geklärt war – und ist in gewisser Weise bis heute – die Begrenzung des Tores nach vorne. Beim WM-Finale 1966 hatte Schiedsrichter Gottfried Dienst der Regel zu folgen, dass ein Tor nur dann erzielt ist, wenn der Ball die Linie „vollständig" überschritten hat. Keiner konnte sehen, dass das nach Hursts Schuss der Fall war, Dienst pfiff dennoch und zeigte auf den Anstoßpunkt. Das 3:2 der Engländer gegen Deutschland, das „Wembley-Tor", bietet bis heute Stoff für Diskussionen. Im 19. Jahrhundert, als der Ball einfach nur „drin" sein musste – egal, ob nun vollständig oder nicht –, dürfte es noch mehr zweifelhafte Treffer gegeben haben. Einer davon fiel im Jahr 1877 beim F.A.-Cupfinale zwischen den Wanderers und Oxford. Im Zentrum des Geschehens stand Lord Arthur Fitzgerald Kinnaird, erster Präsident der englischen Football Association und Goalkeeper der favorisierten Wanderers, die den seit 1872 ausgespielten Wettbewerb bereits dreimal gewonnen hatten. In einer Szene des Spiels pickt er einen langen Ball eines Oxford-Spielers auf und geht dann, um zu einem Abschlag auszuholen, einen Schritt zurück. Es ist ein Schritt zu weit. Der Schiedsrichter entscheidet auf Tor, da der Ball, in der Hand des Lords, die Linie überschritten habe. Die Wanderers gewinnen zwar noch mit 2:1, Kinnaird aber war untröstlich wegen seines peinlichen Fehlers. In Sorge, dass seine Karriere nun auf ewig vom Makel eines Eigentors befleckt bliebe, machte er seine Präsidenten-Macht geltend und überredete den F.A.-Ausschuss, das Spiel mit 2:0 für die Wanderers zu registrieren. Bis zum heutigen Tag ist Kinnairds Lapsus in den offiziellen F.A.-Ergebnislisten nicht vermerkt. Aber ein findiger Fußballhistoriker hat den Betrüger dann eben doch noch entlarvt.

W. R. Moon, Torhüter des Gentlemen-Teams Corinthians.

Die Maße des Tores und die Funktion des Torwarts waren erst in den 1870er Jahren offiziell geregelt. Über die Position eines Torhüters hatte man sich freilich schon viel früher Gedanken gemacht. Bereits in den 1860er Jahren hielten sich die meisten Mannschaften an eine feste Mannschaftsaufstellung. Charles William Alcock erläuterte, dass man üblicherweise jede Abwehr in drei Verteidigungslinien aufstellte: „Die letzte Linie war natürlich der Torwart, und vor ihm stand nur ein einziger Verteidiger, der lediglich zwei weitere Läufer vor sich hatte, die Vorstöße der gegnerischen Stürmer unterbinden sollten." Besonders beliebt war die Position des „letzten Mannes" zu diesem Zeitpunkt freilich noch nicht. Die Erinnerung an die Zeiten, als die kleinen Hosenscheißer an den Public Schools als Schießbudenfiguren missbraucht wurden, waren noch zu frisch. So wurden meist die Ängstlichsten, Schwächsten und fußballerisch wie läuferisch Schlechtesten ins Tor gestellt. Wenn sich ein Feldspieler verletzte und etwa humpeln musste, war es üblich, dass er den Torwart auslöste und sich selbst ins Tor stellte. Wie ein Vorfall bei einem Spiel zwischen dem F.C. Sheffield und Hallam am 29. Dezember 1862 zeigt, konnte das Hüten des Tores zuweilen auch als „Strafe" regelrecht verordnet werden. In einer Szene dieses Matches wird Sheffields Stürmer Major Nathaniel Creswick von zwei Hallam-Spielern gehalten. Creswick befreit sich mit einem Schlag gegen einen seiner Gegner, einen Mann namens Waterfall. Waterfall entledigt sich seiner Weste und gibt es ihm im Stil eines Boxers zurück. Die folgende wilde Schlägerei kann nur durch das beherzte Eingreifen einiger älterer Zuschauer geschlichtet werden. Als sich die Gemüter wieder beruhigt haben, beschließen Hallams Spieler, Waterfall zu bestrafen. In Schimpf und Schande wird er zurückgeschickt und muss für den Rest des Spiels das Tor hüten.

Es dauerte jedoch nicht lange, bis sich die Torhüter Respekt verschafften. Schließlich konnte niemand die Augen davor verschließen, dass sie die wichtigste Position besetzen. Bald wurden die ersten „letzten Männer" zum Gegenstand von Erstaunen und Bewunderung. Zum Beispiel Willingham Franklin Rawnsley, der Keeper der Schulmannschaft von Uppingham. Am 21. Dezember 1865 erwies er sich in einem Spiel gegen ein Team von „Old Boys" als schier unüberwindlich. Rawnsley, so hieß es in der Schulzeitung, habe mit einer hervorragenden Leistung seine Mannschaft nach dem 0:1 vor weiteren Treffern bewahrt: „Rawnsley stand gelassen und wachsam im Tor. Kein Ball kam an seinen allgegenwärtigen Händen und Füßen vorbei." In manchen Teams bildeten sich bereits regelrechte Spezialisten auf der unbeliebten Position heraus. Einer der Ersten, der sich einen Ruf als exzellenter Goalkeeper erwarb, war ein Mann namens Grant, der zwischen den Pfosten des Glasgower „Queen's Park Football Club" stand. Zwischen der Gründung des Klubs im Jahr 1867 und 1872 ließ er keinen einzigen Treffer zu.

Rawnsley und Grant waren keine Ausnahmeerscheinungen. Bereits erwähnt wurde der letzte Mann der berühmten Wanderers, der ehrenwerte Lord Kinnaird. Captain William Merriman, später ein Colonel, war ein respektierter Gentleman und gefürchteter Torhüter eines der besten Teams der 1870er Jahre, der Royal Engineers. Kinnairds Nachfolger auf dem Stuhl des F.A.-Vorsitzenden, Major Sir Arthur Francis Marindin, hütete, wenn er nicht gerade als Kapitän seiner „Royal Engineers" aufs Feld lief, das Tor der „Old Etonians". W.R. Moon, ein beeindruckender Anwalt und imposanter Sportsmann mit mächtigem Schnurrbart, hatte den Fußball als „Fag" in Westminster kennen gelernt und wurde in den 1880er Jahren zum allseits verehrten Torhüter des berühmten Gentlemen-Teams „Corinthians". Als „Prince of Goalkeepers" wurde in den 1880er Jahren James McAulay gehandelt, der Keeper des schottischen Dumbarton F.C. Er wurde gerühmt für seine Unerschrockenheit und seine Gelassenheit, seine zahllosen Rettungstaten per Hand und Fuß wurden an zahllosen Stammtischen zu wahren Heldentaten hochstilisiert.

Die Tatsache, dass sich der Ruf des „Goalkeepers" so schnell änderte, deutet darauf hin, dass es sich beim Hüten des Tores um eine janusköpfige Angelegenheit handelt. Einerseits ist der letzte Mann ein Prügelknabe, so wie der Fag in der Public School. Die moderne Figur des Torhüters, so scheint es, begann ihre Karriere als Paria des Fußballspiels. Und es ist heute noch so, wenn man Kinder und Jugendliche bei der Mannschaftswahl zu einem informellen Spiel auf der Wiese beobachtet. Die Unbegabtesten und Langsamsten, die Dicksten und die Kleinsten werden als Letzte gewählt und müssen ins Tor. Andererseits wurzelt der Stammbaum des Torhüters im Rittertum. Vom Ethos des Wächters im Turnier hat er sich bis heute einiges bewahrt. Er ist der unüberwindliche letzte Verteidiger, der noch im tollsten Getümmel Ruhe bewahrt und edle Tugenden beweist. So kommt in diesen beiden Urbildern des „Ritters" und des „Fags", des erwachsenen und des kindlichen Torhüters, die bis heute empfundene Doppelbödigkeit der Torwart-Figur zum Ausdruck: Der „letzte Mann" hat etwas von der Würde eines letzten Ritters, er kann aber auch der letzte Depp sein, der von allen nur veräppelt wird. Und so gilt bis heute für jeden, der sich ins Tor stellt: Es ist leicht, sich lächerlich zu machen, aber man kann auch zum Helden werden. Viele spätere Könner haben sich nur deswegen zwischen die Pfosten gestellt, weil sie als Fußballer nichts taugten. Aber sie konnten dennoch Karriere machen. Seit sich veritable Gentlemen ins Tor trauten und dafür Ruhm ernteten, wird bewährten Hütern gehöriger Respekt entgegengebracht. Manche kommen sogar in den Genuss äußerster Bewunderung.

Das war in den 1920er Jahren beim Nürnberger Heiner Stuhlfauth der Fall, das war in den 1950er Jahren beim WM-Helden Toni Turek nicht anders, und das gilt auch heute für einen wie Oliver Kahn.

Giganten zwischen den Pfosten

Die ersten letzten Männer, die sich ordentlich Respekt verschaffen konnten, waren stattliche Erscheinungen. In der Anfangszeit des Fußballspiels standen meist Typen im Tor, die schon durch ihre bloße Körperstatur zu garantieren schienen, dass kein Ball durchkam. In England war William Foulkes, Keeper von Sheffield United und Chelsea, zwischen 1894 und 1907 der im wahrsten Sinne des Wortes größte Spieler. Foulkes, zu Beginn seiner Karriere 1,90 Meter groß und 94 Kilogramm schwer, erfüllte das bis heute geforderte Standard-Maß für Top-Torhüter. Wenn ein Torhüter besonders groß und eindrucksvoll aussieht, so die nach wie vor gültige Ansicht, haben die Stürmer schon allein deswegen die Hosen voll. Ein großer Typ füllt nicht nur viel Raum aus, sondern er schüchtert den Gegner auch ein. Frank Swift („Big Swifty"), in den 1930er und 1940er Jahren der berühmteste Keeper Englands, war 1,94 Meter groß und wurde als „Gigant" gerühmt, aber auch Ricardo Zamora, die Torhüter-Legende der 1920er Jahre war, genauso wie sein deutscher Konkurrent Heiner Stuhlfauth, alles andere als ein Hänfling. Stuhlfauths Nachfolger Hans Jakob, ein

„geborener" Zehnkämpfer, wurde wegen seiner „Hünengestalt" allseits bewundert. Beeindruckende letzte Männer gab es auch in den 1960er Jahren und später. José Angel Iribar, der beste Torhüter Spaniens nach Zamora, wurde wegen seiner bemerkenswerten Größe auf den Namen „El chopo", die Pappel, getauft. Die Fingerspitzen des bis heute populärsten Spielers von 1860 München, Petar Radenkovic, reichten aus dem Stand über die 2,44 Meter der Torlatte hinaus. Nordirlands Pat Jennings verschaffte sich als „Gentle Giant", als sanfter Riese, überall Respekt. Polens Jan Tomaszewski, ein ehemaliger Basketball-Spieler, galt als physisches Wunder. Und Manchester Uniteds Peter Schmeichel (1,93 m, 100 kg) war ein Athlet, wie ihn sich jeder Bildhauer im alten Griechenland als Modell gewünscht hätte.

Der beeindruckende William „Fatty" Foulkes im Jahr 1905.

Anders als die genannten Keeper aus neuerer Zeit machte William Foulkes vor hundert Jahren jedoch nicht nur mit seiner Größe, sondern vor allem mit seinem Volumen Eindruck. Dass man ihm den Spitznamen „Fatty" und den Ehrennamen „Mammut von United" verpasste, hatte nämlich weniger mit seiner Größe als vielmehr mit seinem Gewicht zu tun. Das Idealgewicht seiner Anfangsjahre konnte er nicht lange halten. Von Jahr zu Jahr wuchs der Mann zu geradezu gigantischen Ausmaßen in die Breite. 1899 wog er bereits 124 Kilogramm, und als er seine Karriere beendete, war er mit 178 Kilo Körpergewicht zum wohl schwersten Nationalspieler aller Zeiten avanciert. Was für ein enormer Brocken „Fatty" war, wird aus etlichen Geschichten deutlich, die für viel Unterhaltung sorgten und ihn enorm populär machten. Als er bei einem Match im Februar 1897 einen Ball verfehlt, hängt er sich im Sprung an den Torbalken. Unbeabsichtigter Nebeneffekt: Der Balken, zu schwach für Foulkes, bricht krachend entzwei. Ein anderes Mal muss er seinen Sweater ausziehen, weil der dieselbe Farbe hat wie die Trikots des Gegners. In der Eile kann man kein Kleidungsstück finden, das der Körperfülle Foulkes' Herr geworden wäre. Die Lösung: Er wird in ein riesiges weißes Badehandtuch eingewickelt und so auf den Platz geschickt. Ein anderes Mal knallt er nach einer Parade hart auf den Boden und bleibt verletzt liegen. Zwei Sanitäter kommen, um ihn wegzutragen. Sie haben keine Chance. Erst als sechs Mann anpacken, gelingt es, ihn vom Platz zu transportieren.

Trotz seiner Figur war Foulkes ein sehr beweglicher Klasse-Torhüter und ließ nur sehr wenige Tore zu. In der Saison 1898 wurde er mit Sheffield United Meister, zweimal, 1899 und 1902, gewann er den F.A.-Cup. Mit hohen Schüssen war er nicht zu überwinden, auch bei tiefen reagierte er trotz seiner Masse äußerst schnell. Ein Kommentator schrieb, er sei nur dann überwindbar gewesen, wenn der Schütze ihn zuerst mit einem Schuss auf seine verwundbarste Stelle, den Bauch, außer Kraft gesetzt habe, um dann den Ball an ihm vorbeizuschieben. Foulkes war ein unterhaltsamer Typ, der mit seiner Körperfülle nicht nur kokettierte, sondern sie auch clever zu nutzen wusste. Bemerkenswert war zum Beispiel sein Trick, hinter dem Tor zwei kleine Jungs zu postieren. Er wirkte noch größer, wenn die rechts und links neben ihm standen. Mancher Schütze mag den Eindruck bekommen haben, dass es vollkommen unmöglich sei, eine Lücke für den Ball zu finden. So eindrucksvoll und gewieft er war, ein sportliches Vorbild war Foulkes gleichwohl nicht. Mit 33 Jahren beendete er seine Karriere und wurde Wirt des „The Duke Inn" in Sheffield. Foulkes wurde kränklich – zur Verfettung des Herzens gesellte sich eine Leberzirrhose – und starb, gerade mal 42 Jahre alt, am 1. Mai 1916.

Kragenpullover und Schiebermützen

In früheren Zeiten beeindruckten die Torhüter nicht nur durch ihre Größe, sondern auch durch ihr Outfit. Der Schriftsteller Vladimir Nabokov, während des Ersten Weltkrieges in Cambridge selbst als Torhüter auf dem Sportplatz, verfasste eine kleine Hymne über die „Aura" des Goalkeepers: „Er wetteifert mit dem Matador und dem Flieger-Ass als Objekt hingerissener Bewunderung. Mit seinem Pullover, seiner Schiebermütze, seinen Knieschützern und den aus seiner Hosentasche ragenden Handschuhen hebt er sich ab von allen anderen Spielern seines Teams. Er ist der einsame Adler, der Hüter des Geheimnisses, der letzte Verteidiger."

Traten die letzten Männer in den Anfangsjahren des Spiels noch im selben Trikot auf wie ihre Mitspieler, so war seit Juni 1909 vorgeschrieben, dass sich die Kleidung des Torwarts von der seiner Mitspieler unterscheiden musste. Die meisten englischen Keeper bevorzugten dicke Rollkragenpullis, und die waren in der Regel „naturfarben" bis gräulich. Der voluminöse „Torwartpullover" blieb bis in die 1950er Jahre das typische Erkennungsmerkmal der Männer zwischen den Pfosten. Wichtig war vor allem die Funktionalität: Das Kleidungsstück sollte bei dem in der Regel kühlen Insel-Wetter – der Fußball war ja ein Winterspiel – warm halten, ansonsten musste es sich lediglich in der Farbe von den Mitspielern und Gegnern unterscheiden. Vielleicht war aber auch noch etwas anderes beabsichtigt. Auf alten Porträtbildern wirkt es, als trügen die Tormänner keine Wolle, sondern bleischwere Kettenhemden. Wollten sie im hochgeschlossenen Kragenrolli größer und stärker erscheinen, um den Gegner zu beeindrucken? Verlieh ihnen ein dicker Pullover ein Gefühl der Unverwundbarkeit? Sicher ist jedenfalls, dass es um mehr als nur Kälteschutz ging. Englands Nationalkeeper Bert Williams wollte selbst bei der WM 1950 im warmen Brasilien nicht auf seine gewohnte Kostümierung verzichten.

Im Sommer zogen viele natürlich auch mal dünnere Klamotten an, viel farbenfreudiger aber waren die Trikots zunächst nicht. In Deutschland bevorzugten die Top-Torhüter der 1920er und 1930er Jahre, der Nürnberger Heiner Stuhlfauth und der Regensburger Hans Jakob, sommers wie winters ein schlichtes Grau. Weiter südlich allerdings machte mancher Torwart-Gentleman aus der Kleidungsfrage ge-

Arsenal-Keeper George Burdett mit Schiebermütze und Pullover (1911).

radezu eine Show. Der Spanier Ricardo Zamora trat in immer wieder anderen Pullovern an, nicht selten wechselte er sie sogar während des Spiels mehrmals. Über Giampiero Combi, seinen Konkurrenten im Tor Italiens, bemerkte Cesare Trentini: „Seine Kleidung war eleganter als die der anderen, vielleicht auch deshalb, weil ein Torwart sich Extravaganzen erlauben kann; immer wieder wechselte Combi die Farbe seiner Pullover und Stulpen, wobei er darauf achtete, die Farbnuancen harmonisch aufeinander abzustimmen. Um sich in ‚Schale' zu werfen, benötigte Combi stets viel Zeit."

Für Mitteleuropa stilbildend wurde ab 1930 Rudi Hiden, der Tormann des österreichischen „Wunderteams". Er verstand es wie kaum ein Zweiter, seine Auftritte wirkungsvoll durch seine Kleidung zu unterstützten. Ein schwarzer Pullover mit weißen Ärmeln und weißem Kragen hob ihn aus der Masse der Mitspieler hervor. Vermutlich war die Marotte des äußerst populären Hiden der Auslöser dafür, dass „Schwarz" für Jahrzehnte zur Modefarbe unter den Torhütern wurde. Die Österreicher Peter Platzer und Rudi Raftl, der Schweizer Erwin Ballabio, später die Deutschen Wolfgang Fahrian und Hans Tilkowski, der Russe Lew Jaschin, der Uruguayer Ladislao Mazurkiewicz – alle traten sie ganz in Schwarz an. Warum? „Weil's so elegant aussah", begründete Sepp Maier, der sich zu Beginn seiner Karriere ebenfalls nur „ganz schwarz" ins Tor stellte.

Will man den Pullover als „Rüstung" und „Gala-Gewand" des Torwart-Ritters interpretieren, so war die Mütze so etwas wie sein „Helm". Torhüter ohne Mütze waren in früheren Zeiten kaum vorstellbar. Die Mütze war ein Markenzeichen des Keepers. Legendär war in den 1920er Jahren die graue Mütze Heiner Stuhlfauths. Jedes Kind, das Torwart spielte, besorgte sich zuallererst eine Mütze. Der Journalist Hanns Schödel berichtete einmal von einer Begegnung mit spielenden Kindern auf einer Wiese. Zwischen zwei Bücherranzen sah er ein Wesen „von der Größe eines ausgewachsenen Erdflohs", das wortgewaltig den Stuhlfauths Heiner imitierte: „Der Erdfloh hat eine unförmig große Sportmütze auf dem Kopf, dass man die Ohren überhaupt nicht mehr sehen kann. Man sieht zur Not noch das Mündchen und eine Rotznase." Mützen waren damals keine Marotte der Torhüter, sondern erfreuten sich allgemeiner Beliebtheit. Auf alten Fotos, vor allem aus England, sieht man, dass die Schiebermütze für einen männlichen Stadionbesucher ein absolut übliches Utensil war. Als Stuhlfauths Nachfolger Georg Köhl bei einem Spiel im Jahr 1938 verletzt ausscheiden musste, bat sein Ersatzmann, der Verteidiger Abel Übelein, die hinter ihm stehenden Zuschauer, ihm eine

Mütze zu leihen. Ein Dutzend Mützen flogen über die Barriere. Weil ihm keine passte, musste Übelein schweren Herzens seinen Job dann doch ohne das Keeper-Markenzeichen verrichten.

Das Wichtigste bei einer Torwartmütze war weniger die funktionale Nutzung als Schutz gegen die tiefstehende Sonne, sondern die psychologische Wirkung. Hünen wie dem Schalker Hans Klodt, der in der Fußballwelt der 1930er Jahre als „Mann mit der Schirmmütze" firmierte, verlieh sie eine gravitätische Würde. Stuhlfauths „graue Mütze" war in Deutschland ein Markenzeichen für Qualität wie in Spanien die elegante „weiße Mütze" von Ricardo Zamora, oder wie in den 1950er und 1960er Jahren die Mütze des großen Russen Lew Jaschin, der in keinem Spiel seine Kopfbedeckung missen mochte – auch wenn er sie oft nicht aufsetzte, sondern, weil sie ihm vor allem als Talisman diente, nur neben sein Tor legte.

Zu Jaschins Zeit hatte die Mütze als Symbol der Torhüter-Würde bereits an Bedeutung verloren. Da sie allgemein aus der Mode kam, verschwand sie allmählich von den Köpfen der Torhüter genauso wie von den Köpfen der Zuschauer. Wenn sie noch getragen wurde, dann vor allem als Sonnenschutz. Bis Ende der 1950er Jahre tauchte sie bei entsprechenden Umständen als übliches Utensil auf. Bei der WM 1958 in Schweden wurden die Gruppenspiele um 19.00 Uhr angepfiffen, die nordische Sonne stand regelmäßig sehr tief. Beim Match Nordirland gegen Deutschland warfen die Spieler lange Schatten, und wie viele andere stand Harry Gregg bemützt im Tor. Gleich zweimal fiel er mit seiner Kopfbedeckung in besonderer Weise auf: Denn zweimal gewann er in diesem Spiel außerhalb des Strafraums ein Kopfball-Duell gegen Uwe Seeler – ohne die Mütze abzunehmen!

Heute spielen alle Torhüter barhäuptig. Allenfalls setzen sie sich, wenn die Sonne tief steht, eine Kappe mit Blendschutz auf. Wolfgang Fahrian schützte sich 1962 gegen die chilenische Sonne mit einer schlichten Stirnklappe. Durchgesetzt hat sie sich nicht. Die meisten Torhüter sind der Auffassung, dass ein solcher Sonnenschutz kontraproduktiv ist: Die Augen liegen im Schatten, aber in vielen Situationen kann man es doch nicht vermeiden, in die Sonne zu gucken, und ist dann plötzlich geblendet. Auch die klassische Torwartkleidung gibt es heute nicht mehr. Als das schwarze Outfit zum Privileg des Schiedsrichters erklärt wurde, führte das unmittelbar zum Aussterben der „schwarzen Panther". 1973 errang Sepp Maier noch in einem schwarzen Trikot mit rotem Kragen den Titel eines Deutschen Meisters, 1974 wurde er in „gedecktem Hellblau" Weltmeister. Seitdem sind die Torhüter immer bunter geworden, und es wird getragen, was gefällt.

Kleine Wunder im großen Tor

Um ein Torhüter von Klasse zu sein, reicht es natürlich nicht aus, nur groß zu sein und elegant gekleidet. Größe allein ist kein Qualifikationsmerkmal. Denn wer zu groß ist, wird zu unbeweglich, verliert an Hüftbeweglichkeit, Sprung- und Schnellkraft. So gibt es denn auch Gegenbeispiele. Über seinen Kollegen Andreas Köpke äußerte Stefan Klos: „Andy ist das beste Beispiel dafür, dass man als Torwart kein Riese sein muss, um über Jahre hinweg Topleistungen zu bringen.“ Und ein Kritiker schrieb über den langjährigen Nationaltorwart: „Seine für einen Torhüter relativ geringe Körpergröße von 1,82 Meter kompensiert er durch seine enorme Sprungkraft und Fangsicherheit.“ Auch Köpkes Nachfolger im Tor des 1. FC Nürnberg, der als großes Talent gehandelte Darius Kampa, ist, ähnlich wie sein Kollege Timo Hildebrand im Stuttgarter Tor, weder groß noch schwer (1,85 Meter, 77 Kilo). „Ein leichter Keeper“, so Kampa, „muss eben einen Schritt schneller sein. Man braucht nicht unbedingt Masse, um Flanken abfangen zu können.“ Die hatte auch der zwergenhafte Rudolf Raftl nicht, der mit 1,60 Meter Körpergröße der kleinste Keeper ist, der jemals das deutsche Tor hütete.

Klein war auch Ned Doig, neben Fatty Foulkes der wohl populärste englische Keeper in den Anfangsjahren des Fußballs. Trotz seiner nur 1,74 Meter Körpergröße war er ein Klassemann. Mit Sunderlands „Team of All The Talents“ wurde der Gentleman-Keeper zwischen 1892 und 1902 viermal Meister. Kleiner Wuchs hinderte auch deutsche Torhüter nicht an großen Leistungen. Zwei der frühen Nationaltorhüter, Ludwig Hofmeister von Bayern München und Christian Schmidt von den Stuttgarter Kickers, waren zwar baumlange Kerle, denen man eine entsprechend gute Übersicht bescheinigte; gerühmt für ihr beeindruckendes Torwartspiel wurden aber andere, kleinere: Paul Eichelmann von Union 1892 Berlin und Adolf „Adsch“ Werner von Holstein Kiel.

Eichelmann stand im November 1899 beim ersten inoffiziellen Länderspiel gegen England im deutschen Tor. Er musste in diesem Spiel zwar 13 Treffer hinnehmen, galt aber dennoch zu diesem Zeitpunkt als talentiertester und bester deutscher Torhüter. Bei einer Reise, die eine Berliner Auswahl im Jahr 1901 nach England führte, lobten die Gastgeber den kleinen, aber äußerst wagemutigen und enorm sprungkräftigen „Ikelman“ als „das kleine Torwartwunder“. In einem Artikel hieß es nach einem Spiel gegen Aston Villa: „Dem Torwächter wurde eine Ovation gebracht, als er das Feld verließ.“ Villa-Direktor Cook schenkte ihm völlig begeistert den Spielball und

„Adsch" Werner in Aktion (Zeichnung im „Kicker").

machte ihm das Angebot, einen Profivertrag zu unterzeichnen. Doch der lediglich mit Fußballausrüstung, Zahnbürste und sechs Mark Bargeld angereiste Torhüter wollte lieber an der Spree seinen (Trink-) Gewohnheiten treu bleiben.

Der Klempnergeselle Eichelmann trank gerne mal eine „Molle" (ein Glas Bier) mehr als ihm gut tat, und auch auf dem Fußballplatz erregte er mit seinem überschäumenden Temperament immer wieder Aufsehen. Wenn er bei einem Heimspiel einen seiner Wutausbrüche hatte, dann, so wird erzählt, sei seine mit einem Besen bewaffnete Ehegattin hinter dem Tor hervorgekommen und habe resolut eingegriffen. Am 20. Mai 1905 war sie in Köln offenbar nicht dabei und konnte daher nicht verhindern, dass sich ihr Mann selbst um den größten Erfolg seiner Karriere brachte. An diesem Vorabend des Endspiels um die Deutsche Meisterschaft zwischen Union Berlin und dem Karlsruher FV hatte der Paule nämlich wieder einmal zu tief ins Glas geguckt. Der Berliner Kapitän Kurt Heinrich, der die Eskapaden des Schlussmannes satt hatte, erklärte ihm vor dem Anpfiff des Spiels: „Aus Disziplinargründen bleibst du heute draußen." Mit Ersatzmann Krüger im Tor sicherten sich die Berliner einen 2:0-Sieg und damit ihre erste und bis heute letzte Meisterschaft.

Wie Eichelmann war auch Adsch Werner ein eher kleiner „letzter Mann". Charakterlich jedoch unterschied er sich von dem cholerischen Berliner gewaltig. Er war alles andere als aufbrausend und wurde vor allem für seine ruhige, sachlich-nüchterne Ausstrahlung gerühmt. Trotz vieler Gegentreffer – das Spiel in Oxford endete 0:9 – konnte Werner bei seinem ersten Länderspiel 1909 gegen die Amateure Englands beeindrucken. Der „Daily Telegraph" kommentierte: „Das einzige Hindernis für England war Adsch Werner." Wie vor ihm Eichelmann erhielt auch er Anfragen von britischen Profiklubs. Der Schornsteinfeger aus Norddeutschland konnte sich jedoch ein Profidasein in England nicht vorstellen. Er blieb in Kiel und feierte dort im Jahr 1912 zwei große Erfolge: Mit Holstein Kiel, den wegen ihrer roten Stutzen so genannten „Störchen", wurde er Deutscher Meister, und bei den Olympischen Spielen desselben Jahres in Stockholm durfte er bei dem bis heute gültigen Rekordsieg der Nationalmannschaft das Tor hüten. Aber was heißt da hüten – bei diesem 16:0 gegen eine vom Trinkgelage am Vorabend sichtlich erschöpfte russische Mannschaft hätte Adsch Werner sich auch einen Liegestuhl ins Tor stellen können. Danach beendete er seine internationale Karriere. 13 Länderspiele, damals Rekord, hatte er auf dem Buckel.

Ein Torwart moderner Prägung war Adsch Werner, Deutschlands bester und berühmtester Torwart vor dem Ersten Weltkrieg, noch nicht. Nach flachen Bällen warf er sich überhaupt nicht gern. Wenn es irgend ging, kickte er sie mit dem Fuß. Bewundert wurde er aber für seine eindrucksvollen Faustabwehren. „Dank ausgezeichneter Armkräfte", so ein Journalist, „war es ihm möglich, die Bälle weit in das Feld, mitunter bis in die Mitte zurückzuschlagen."

Auch in Großbritannien fanden die meisten Fußball-Kommentatoren um 1900 kaum ein Wort des Lobes für den Torhüter, wenn er den Ball sicher fing. Ähnlich wie Abwehrspieler für weite Kicks gelobt wurden, wurde es als besondere Qualität eines Torhüters angesehen, wenn er den Ball möglichst weit vom Tor wegboxen konnte. Laut „Times" soll ein Mann

Ned Doig vom FC Sunderland faustet den Ball.

wie Doig den Ball mit seinen Fäusten weiter geboxt haben als andere ihn mit dem Fuß hätten stoßen können. Auch Matthew Reilly, Nationaltorhüter von Irland, wurde hauptsächlich dafür gerühmt, dass er den Ball bis zur Mittellinie dreschen konnte. Genau solche Aktionen waren das, was man damals von einem Keeper sehen wollte.

Faustschläge und Robinsonaden

Die typische Torwartszene, den Hechtsprung nach dem Ball, gab es bei den Torhütern der Frühzeit kaum einmal zu sehen. Hohe Bälle traktierten sie mit der Faust, kam der Ball flach aufs Tor, schlugen sie ihn mit dem Fuß weg, in höchster Not riskierten sie auch mal einen Spagat. Gefangen wurde er nur, wenn das ohne einen spektakulären Hechtsprung möglich war. Im Grunde orientierten sie sich noch an der alten Regel des „Fair Catch". Damals, als es noch keinen Torwart gab (1863 bis 1871), durfte bekanntlich jeder Spieler nach dem Ball greifen. Er tat es aber nur dann, wenn er ihn aus dem Stand sicher fangen konnte und dadurch in der Lage war, mit seiner Ferse sogleich seine Freistoß-Marke in den Boden zu hacken. Da in diesem Sinne nur absolut sichere Bälle gefangen wurden, blieb das Fausten die Regel. In späteren Zeiten wurde es zur Ausnahme, auch wenn es einige Torhüter gab, die es zu ihrem Markenzeichen machten. Insbesondere galt es als Spezialität von Hans Jakob, Deutschlands Nationalkeeper in den 1930er Jahren. „Prachtvoll war Jakobs Fausten der hohen Bälle, namentlich der ungemein gefährlichen Ecken", hieß es nach dem 3:2 über Österreich bei der WM 1934 über den Mann, der den Ball bis zu 40 Meter weit befördern konnte, wenn er ihn mit beiden Fäusten aus der Gefahrenzone boxte.

Heinz Kwiatkowski, Toni Tureks Ersatzmann bei der WM 1954, war dann einer der letzten, der für kräftige Faustschläge, bei denen er den Arm aus der Schulter heraus mit voller Wucht zum Ball schleuderte, gelobt und gerühmt wurde. Danach kam das Fausten allmählich in Verruf. Heute gilt es, genauso wie die Fußabwehr, nur als Notlösung. Beim Fausten, so Sepp Maier, sei die Ungenauigkeit der Abwehr das große Problem. Wohin der Ball gehe, könne man schwer berechnen. Man solle es daher nur bei Schüssen aus kurzer Distanz oder bei Regen und schlammigem Boden anwenden, immer zur Seite, und immer nur mit einem Arm. Wenn man mit beiden Armen hinkomme, dann könne man den Ball auch fangen.

Die ersten Torhüter, die sich in „halsbrecherischer" Weise nach dem Ball warfen, wurden bestaunt wie die Hauptattraktion eines Kuriositätenkabinetts auf dem Jahrmarkt. Als im Sommer 1905 die Qualifikation zur ersten Punktspielrunde im so genannten „Gau Nordbayern" des Süddeutschen Fußball-Verbandes startete, schrieb ein damals jugendlicher Augenzeuge: „Die ‚Goal-Keeper', die man heute Torhüter nennt, hatten keine Ahnung, dass man jeden Ball möglichst sicher fangen und bei Gefahr an den Körper pressen muss. Sie spielten mehr Faust- als Fußball, kam der Ball flach, wurde er einfach mit dem Fuß weggeschlagen. Dabei wurden die prächtigsten ‚Kisten' fabriziert, wie man die Fehlschläge nannte. Vom Hinwerfen, vom Hecht- oder Kopfsprung, hatten die Keeper keine Ahnung. Und es war eine Sensation, als der Würzburger Torwart Klotz ... dieses verwegene Experiment für die damaligen Zeiten so glänzend demonstrierte, dass die ganze Nürnberger Fußball-Welt Kopf stand ob dieser neuen Torwart-Arbeit." Dieser „erste Exzentriker unter den Hütern" sei, so der selbst im Nachhinein noch staunende Journalist Josef Michler, wie eine „menschliche Kugel" zwischen den Pfosten hin- und hergesaust.

Nur einige Jahre später war das „Hechten" zu einer Standard-Technik geworden, die das Publikum von jedem Torwart erwartete. In der Arbeiter-Sportzeitschrift „Moderne Körperkultur" waren am 15. September 1912 folgende aufmunternde Worte für künftige Meister zwischen den Pfosten zu lesen: „Zuletzt sei noch das Werfen des Torstehers nach dem Ball erwähnt. Dieses ist keineswegs so mit Gefahr verknüpft, wie es aussieht. Um sein Heiligtum zu bewahren", so der Autor, scheut sich „ein mutiger, aufopfernder Torsteher nicht, diese Mittel in Anwendung zu bringen". Für dieses „Mittel" gab es nun auch einen Fachausdruck: Man nannte es „Robinsonade".

„Robinsonade" – diese Bezeichnung für den wagemutigen Hechtsprung ist heute beinahe vergessen. Der Begriff hat nichts zu tun mit Daniel Defoes berühmten Roman „Robinson Crusoe", bezeichnet also nicht, wie man vermuten könnte, ein „einsames" Umherirren in der insularen Abgeschlossenheit des Torraumes. Es handelte sich vielmehr um die Abwehrtechnik, die John „Jack" Robinson, der Keeper des FC Southampton, im Jahr 1899 bei einem 6:0-Sieg seines Teams in Wien gegen eine Stadtauswahl gezeigt hatte. Die Wiener waren damals so begeistert von seiner Art, in die Ecken zu tauchen, dass er sich nach dem Spiel für eine Sondervorführung seiner Künste noch einmal ins Tor stellen musste. Mit sechs Bällen gleichzeitig wurde sein Tor bombardiert, Robinson meisterte mit atemberaubenden Hechtsprüngen fast alle Schüsse. Danach, so der ehemalige Tormann Willy Meisl in seinem Buch „Soccer Revolution" (1955), habe sich der Ausdruck „Robinsonade" als Bezeichnung für eine elegante Flugparade in ganz Europa ausgebreitet.

Torhüter beim Sprung in die Ecke (1912).

Derartige Hechtsprünge waren in den Anfangsjahren des Fußballs, wie oben dargestellt, ganz und gar nicht selbstverständlich. Was Robinson tat, war für das Publikum absolut erstaunlich. Aber selbst ein Robinson, das soll hier nicht vergessen werden, war noch ein Mann der alten Technik. Seine Kunststücke waren Showeinlagen, und die vermied er, wenn es in einem Spiel wirklich um etwas ging. Im F.A.-Cupfinale 1902, als er mit seinem FC Southampton gegen Fatty Foulkes' Sheffield United mit 1:2 verlor, wurde er vom Zeichner mit einer Faustabwehr verewigt, nicht mit einer Robinsonade. Die Zukunft des Torhüter-Spiels lag dennoch nicht im Fausten, sondern im wagemutigen und eleganten Hechtsprung. Der Robinsonade eben.

Der Erste, der in Deutschland für den neuen Torwartstil berühmt wurde, war nicht der bereits erwähnte Torhüter Klotz vom FV Würzburg 04 und auch nicht ein Schlussmann namens Hofmann, der etwa zur selben Zeit beim FC Pfeil Nürnberg seine Fangkünste in zirkusreifer Weise an Eichhörnchen erprobte. Der erste große Torwart-Star auf dem Kontinent war ein Österreicher. Er stand im Tor des „First Vienna Football Club“ und hieß Karl Pekarna. Seinen großen Auftritt hatte er im Jahr 1904 bei einem Pfingstturnier in Wien. Als die dänische Mannschaft des BK 1893 Kopenhagen gegen die Stargäste der Veranstaltung, die Rangers aus Glasgow, antreten will, stehen sie ohne Torwart da. Für den verletzten dänischen Keeper springt Pekarna von der Vienna ein. Die Dänen verlieren zwar mit 3:5, doch die Verantwortlichen der Rangers sind begeistert von Pekarna, der zahllose Chancen der Schotten zunichte gemacht hat.

Karl Pekarna (links), der erste Torwart-Star des Kontinents, im Dress des FC Bayern.

Weil sie offensichtlich ihrem eigenen Torhüter nichts zutrauen, machen sie ihm ein Angebot.

Wie gut der Rangers-Keeper war, ist ungeklärt. Er hatte während des Turniers nie viel zu tun. Beim 8:0 gegen den Wiener AC hat er sogar die Muße gefunden, ein Postkärtchen für die Daheimgebliebenen zu schreiben. Ob eine solche Verhaltensweise damals erlaubt war, ist heute nicht mehr nachprüfbar. Geklärt ist aber seit einem Vorfall, der sich 1999 in England begab, dass dem Torhüter das Benutzen eines Mobiltelefons während des Spiels untersagt ist, und des Weiteren ist geklärt, dass Pekarna, anders als zuvor Eichelmann und Werner, den Lockungen des Geldes nicht widerstand. Als der Torhüter zur Jahreswende 1903/04 zu den Glasgow Rangers wechselte, war das eine im ganzen deutschsprachigen Raum heftig diskutierte Sensation: der erste österreichische Legionär, der erste Professional aus Zentraleuropa überhaupt! Pekarna machte zwar nur wenige Spiele, dennoch wurde er bei seiner Rückkehr auf das kontinentale Festland als weltbester Torhüter gehandelt. Im Frühjahr 1905 heuerte der vom Heimweh Geplagte beim FC Wacker München an. Sein Wechsel zum Lokalrivalen Bayern im Jahr 1910, zu dem er mit nicht unerheblichen Zahlungen ermuntert worden sein soll, führte zwar zu einem der ersten Skandale im deutschen Fußball – vorübergehend wurde er sogar gesperrt –, seinem sportlichen Ruf jedoch schadete die Sache nicht. Schließlich war er in Deutschland der erste letzte Mann, der mit „richtigem“ Torwartspiel zu begeistern wusste: mit Paraden, die nicht nur effekt-, sondern auch wirkungsvoll waren.

KAPITEL 2

GÖTTER UND TEUFEL

Von Pantherkatzen und sonstigen Schleichtieren

Am 21. August 1955, als Deutschland gegen die UdSSR in Moskau vor 80.000 Zuschauern mit 2:3 verlor, wurde Torwart Fritz Herkenrath von dem Journalisten Hannes Berger mit folgenden Worten gelobt: „Die Zuschauer auf den weiten Rängen des riesigen Moskauer Dynamo-Stadions halten für einen Moment den Atem an: Ein Bombenschuss des russischen Mittelstürmers Parschin jagt auf das Tor der Deutschen zu, unaufhaltsam. Plötzlich schnellt wie eine Pantherkatze ein im Sprung federnd durchgebogener Körper durch die Luft, streckt sich nach dem Ball und dreht das Leder hauchdünn um den Pfosten. Für ein, zwei Sekunden ist nur der herrlich fliegende Körper Herkenraths das scheinbar einzig Lebende auf dem Rasen und den Rängen des Stadions, dann bricht tosender Beifall die Stille, Beifall für eine wundervolle Robinsonade. Wieder einmal hat der ‚letzte Mann' seine Aufgabe gemeistert."

Diese Schilderung eines geschmeidigen Hechtsprungs von Fritz Herkenrath entspricht voll und ganz dem, was man als „typische" Torwartaktion vor Augen hat. Unzählige Male sind solche atemberaubenden Paraden der letzten Männer von Fotografen im Bild festgehalten worden. Wenn sie einen Torwart darstellen wollen, wählen auch Maler und Bildhauer meist das Sujet „Robinsonade". Antonio Carbajal, der wohl berühmteste Torwart Mexikos, ist auf diese Weise in einem bunten Mosaik neben dem Haupteingang des Stadions von León verewigt. Torhüter erscheinen zuallererst als Artisten, und Journalisten, die über sie schreiben, bezeichnen sie nicht selten als „Akrobaten zwischen den Pfosten". In gewisser Weise sind sie darstellende Künstler, und als solche können sie – vor allem dann, wenn es sich um Virtuosen der Bewegung handelt – dem Betrachter visuelle Erlebnisse von außergewöhnlicher Ästhetik verschaffen. Einer wie Simon Jentzsch, Keeper von 1860 München, bewies zwar in der Bundesligasaison 2002/03, dass er Bälle jeden Schwierigkeitsgrades meistern kann, wirkte aber im Bewegungsablauf immer etwas unorthodox und linkisch. Bei einem wie Vladimir Beara, dem 60-fachen Nationaltorhüter Jugoslawiens in den 1950er Jahren, sahen Paraden anders aus. Er beherrschte die Torwart-Kunst mit vollendeter Meisterschaft. Beara hatte eine Grundausbildung im Ballett, und so waren seine Sprünge und Flüge nicht nur elegant, sondern geradezu eine Augenweide. Auch seine Spitznamen wurden dem fremden Metier entlehnt: „Fliegende Ballerina" oder „Balletttänzer auf der Torlinie" wurde er genannt.

Im Fall von Beara war es naheliegend, den Torraum als Bühne eines Tanzkünstlers zu interpretieren. Üblicherweise jedoch wird zur dichterischen Verherrlichung der Nachfolger Robinsons auf „tierische" Metaphern zugegriffen. Das, was gute Torhüter auszeichnet – außergewöhnliche Geschmeidigkeit und die Fähigkeit, nach schwierigen Situationen rasch das Gleichgewicht wiederherzustellen – „besitzen im Tierreich", so erläutert der Autor Fritz Hack, „in höchster Potenz die Katzen". Auch in der „Jagdtechnik" ähneln die letzten Männer den Landraubtieren. Dem tollkühnen Hechten nach dem Ball und dem Zupacken der Hände entsprechen der entschlossene Sprung auf die Beute und der gezielte Biss. Schon die Grundstellung des Torwarts ist vergleichbar mit der Gespanntheit einer Raubkatze, bevor sie sich auf die Beute stürzt. In leichter Grätschstellung, die Knie leicht angewinkelt, die Arme seitlich abgespreizt und die gesamte Körperhaltung etwas gebückt, lauert der Torhüter wachsam auf den Ball, um sich dann blitzschnell auf ihn zu stürzen. Weil der Vergleich mit der Katze so nahe liegt, wimmelt es in der Torhüter-Geschichte nur so von Schleichtier-Metaphorik. Schmückende Beinamen werden besonders häufig der Gattung der Großkatzen entlehnt. Zu dieser zählen allerlei Arten, Löwen zum Beispiel und Tiger. Solche Arten finden sich auch zuhauf unter den letzten Männern, in den Torräumen am weitesten verbreitet ist aber sicherlich der Panther und speziell die Unterart des schwarzen Panthers.

Unter den englischen Nationaltorhütern der Nachkriegszeit gab es gleich drei Keeper mit dem Spitznamen „Cat" – Bert Williams, Reg Matthews und Peter Bonetti. Die vielleicht schönste Parade all dieser „Cats" lieferte Bert Williams im Jahr 1950 beim traditionellen Länderspiel gegen Schottland. Zumindest ist es die am schönsten beschriebene. Die Schilderung stammt aus der Feder von Geoffrey Green, dem Nestor des englischen Fußball-Journalismus: „Stellen sie sich diesen Bombenschuss vor, ein Volley, wie ihn nur Liddell abfeuern kann – wer so einen Schuss von ihm schon einmal gesehen hat, wird wissen, was ich meine – und dann diesen unwillkürlichen Reflex von Williams. Es war ein atemberaubender Moment. Es war eine Reaktion so schnell wie der Gedanke selbst, und Williams gab ein Bild unendlicher Grazie ab, als er flink wie eine Katze schräg nach oben zur Seite sprang, sein gelber Jersey im Abendlicht leuchtend. Es war eine Aktion, die aussah wie ein aufklappendes Taschenmesser. Mit einer Hand berührte er den heranflitzenden Ball und lenkte ihn über den weißen Querbalken, dann fiel er in sich zusammen und war nur noch ein gelber Farbspritzer auf dem grünen Rasen. Über diese Aktion reden sie im Hampden Park heute noch…"

Erster deutscher Tormann mit den Beinamen „Katze" war vermutlich Hans Riso von Wacker Leipzig. Im Jahr 1910 stand er einmal im Tor der

Nationalmannschaft. Den Tschechen Frantisek Plánicka nannte man die „Katze aus Prag". Nach dem Finale der WM 1934, das die Tschechen mit 1:2 gegen Italien verloren, schrieb „Paris Soir": „Plánicka ist ein phänomenaler Torwart, zweifellos der beste des Kontinents. Seine geschmeidigen, katzenhaften Sprünge gehören zu den großen Erlebnissen für jeden, der etwas vom Fußball versteht." Der Letzte der letzten Männer, dessen Name mit dem Beiwort geradezu verschmolz, war in den 1980er Jahren Ralf Zumdick vom VfL Bochum. Obwohl sich die Ähnlichkeit mit dem Raubtier bei „Katze" Zumdick sogar bis in die Gesichtszüge hinein zu verlängern schien, bleibt das berühmteste deutsche Exemplar aus der Gattung der Feliden bis heute die in den 1970er Jahren springende „Katze aus Anzing", Sepp Maier.

Kommen wir zu den Großkatzen. Liverpools Tommy Lawrence, ein eher gedrungener Typ, ging als „Flat Cat", als „platte Katze", in die britische Fußballhistorie ein, der stämmige Bert Williams hingegen war wegen seiner imposanten Erscheinung von einem italienischen Journalisten zur „großen Katze" ernannt worden. Als die Farbe schwarz zum Standard der Torhüter-Mode wurde, gab es weniger Katzen, dafür etliche Panther bzw. – siehe Herkenrath – „Pantherkatzen". Heinz Flotho, Schalkes Meister-Torwart von 1942, war ein „schwarzer Panther". Erwin Ballabio, zwischen 1939 und 1947 der beste Schweizer Torhüter, ist als „Der schwarze Panther von Grenchen" in die Fußballgeschichte eingegangen. Wolfgang Fahrian, Deutschlands Nationaltorwart bei der WM 1962, erzählte noch 2002 mit kindlichem Stolz: „Man nannte mich den schwarzen Panther." Bei der WM 1982 begeisterte der erste afrikanische Keeper, Kameruns Thomas N'Kono, mit seinen Panthersprüngen die ganze Welt und insbesondere die Verantwortlichen von Español Barcelona, die ihn sofort verpflichteten. Weil er auch im Verein Paraden zeigte, die nach dem Urteil seines Mannschaftskameraden Wolfram Wuttke „auf der ganzen Welt unerreicht" seien, wurde ihm der höchste Ehrentitel verliehen, der in Spanien für einen Torhüter denkbar ist: „El Zamora negro".

Recht selten unter den letzten Männern ist die südamerikanische Großkatzenart. Der brasilianische Keeper „El Jaguar" Vasconcellos, der Ende der 1930er Jahre bei Olympique Marseille zwischen den Pfosten stand, gehört zu den wenigen Exemplaren. Brasiliens Nationaltorhüter der 1970er Jahre, Emerson Leao, hatte trotz seiner Herkunft und seines löwenartigen Nachnamens den Ehrennamen „El Tigre". So hatte man auch den Vorgänger von Lew Jaschin im Tor von Dynamo Moskau gerufen, Alexej „Tiger" Chomitsch, und im Tor von Rapid Wien stand in den 1950er Jahren der

„Tiger von Hütteldorf“, Walter Zeman. Lew Jaschin selbst erhielt zunächst, seinem Vornamen entsprechend, den tierischen Ehrentitel „Löwe“, später wurde er zuweilen, wegen seiner schwarzen Kleidung und seiner ausgezeichneten Sprungkraft, auch „Panther“ genannt. „Ein Teufelskerl auf der Torlinie, ein wahrer ‚Panther‘ im Strafraum“, schrieben deutsche Zeitungen im üblichen Jargon auch nach der tollen Leistung des Nordiren Harry Gregg beim 2:2 im Vorrundenspiel gegen Deutschland bei der WM 1958. Sein Gegenspieler Uwe Seeler, der ihn pausenlos mit Schüssen beharkte, erschien er wie ein „Riese mit tausend Armen“. Eine schwedische Zeitung erfand zum gleichen Anlass die etwas kryptische Wendung vom „Fabeltier“. Und das wirft die Frage auf: Können Torhüter sich etwa auch noch in andere Tiere verwandeln?

Froschhüpfer und Lachssprünge

Wollen Sportjournalisten bei einem Torhüter weniger die Geschmeidigkeit der Bewegung, sondern die pure Sprungkraft und Dehnungsfähigkeit herausstellen, so greifen sie manchmal zu eher technischen Metaphern. Über Gilmar, den brasilianischen Weltmeister von 1958 und 1962, wurde gesagt, dass er „sich mit der Schnellkraft einer Stahlfeder nach den Bällen werfen“ konnte. Andere, die sich vom Boden abdrücken können, als seien sie von einem Katapult abgeschossen worden, wurden als „Gummimänner“ bezeichnet. Von dem berühmten Roque Maspoli, Torhüter von Peñarol Montevideo, hieß es, dass er „wie ein Gummimann die schwierigsten Bälle, ob flach oder in die Torkreuze gezielt, meisterte“. Als Rot-Weiß Essen eben jenes Peñarol während einer Südamerika-Tournee mit 3:0 besiegte, flog zur Überraschung aller Beteiligten nicht Maspoli, sondern Essens Keeper Fritz Herkenrath „wie ein Gummimann von einer Ecke zur anderen. Kopfschüttelnd verfolgten die sieggewohnten Peñarol-Stürmer die Abwehrparaden des Esseners.“ Warum der Mann, der zwischen 1945 und 1951 im Kasten des VfB Stuttgart stand, als „Gummi-Schmid“ berühmt wurde, bedarf nun wohl keiner Erläuterung mehr. Beschrieben werden soll allerdings die zirkusreife Aktion, die dem ebenfalls häufiger als „Gummimann“ beschriebenen englischen Nationalkeeper Peter Shilton im Jahr 1973 im Länderspiel-Klassiker gegen Schottland gelang. Shilton hechtet sich in die linke Ecke und macht sich lang, um einen Schuss von Kenneth Dalglish zu erreichen, doch als er in Sekundenbruchteilen erkennt, dass der Ball zu hoch ankommt, um ihn mit der linken Hand noch zu erreichen, vollzieht er mit einer Biegsamkeit, als habe er keine Knochen im Leib, eine fulmi-

CCCP

„Parade der Paraden": Lew Jaschin (links oben), Fritz Herkenrath (links unten), Walter Zeman (oben), Gordon Banks (rechts).

nante Rotation im Oberkörper und faustet den Ball wie ein Boxer beim K.-o.-Schlag mit seiner Rechten aus der Gefahrenzone.

Für Leute vom Schlage eines Otto Schmid oder Peter Shilton hätte das bekannte Gummi-Männchen von Michelin Pate stehen können. Zur Umschreibung von Qualitäten, wie sie diese beiden an den Tag legten, muss man freilich nicht unbedingt auf einen Werbecomic zurückgreifen, sondern kann sich durchaus auch aus der realen Fauna bedienen. Sergio Livingstone-Pohlhammer, Chiles Nationaltorhüter bei den Weltmeisterschaften 1950 und 1954, ein Mann englischer Abstammung, erhielt aus ähnlichen Gründen wie die beschriebenen „Gummimänner" einen tierischen Ehrennamen: „El Sapo", der Frosch, wurde er von seinen Fans getauft. Durch intensives und gezieltes Spezialtraining hatte er sich eine sagenhafte Sprungkraft angeeignet. Von der Eigenart, sich mit angegrätschten Beinen in die Luft zu schrauben – eben ganz so wie ein Frosch –, schwärmen die chilenischen Fußballfans heute noch. Denn durch sein letztes Spiel, im November 1959, als Chile erstmals den Erzfeind Argentinien besiegen konnte, war „El Sapo" in den Olymp der unsterblichen Nationalhelden aufgestiegen.

Die Ehre, einziger Frosch im Lexikon der Torwart-Metaphern zu sein, kann er gleichwohl nicht für sich beanspruchen. Der vermutlich Erste, den ein Sportjournalist hüpfen ließ, findet sich in einem Spielbericht aus dem Jahr 1919. Der 1. FC Nürnberg lag damals in Jena mit 0:2 zurück und versuchte dann in der zweiten Halbzeit, mit einem Sturmlauf auf das Tor des FC Carl-Zeiss das Blatt noch herumzudrehen. „Der Goal-Keeper von den Zeisswerken", so der Kommentar des Berichterstatters Theo Riegler, wird derartig mit Schüssen eingedeckt, dass er „wie ein galvanisierter Frosch in seinem Kasten herumspringt, um die drohende Katastrophe abzuwenden". Doch alles elektrisierte Herumhechten ist vergeblich – neunmal muss er hinter sich greifen.

Dass die tierischen Vergleiche auch heute noch nicht ausgestorben sind, zeigt das Beispiel von Deutschlands Nationalhelden des Jahres 2002, Oliver Kahn. Die Metaphorik, die ein Reporter der „Süddeutschen Zeitung" zur Beschreibung der Fähigkeiten des in Top-Form befindlichen Keepers heranzog, war allerdings etwas gewagt: „Seine Fanghände schnellen momentan so punktgenau zum Ball wie die Zunge eines Frosches in Richtung Fliege." Ob man Hände wie eine Froschzunge haben kann, bleibe einmal dahingestellt – Fakt ist in jedem Fall, dass Kahns Fähigkeiten nicht den Qualitäten seiner Arme, sondern denen seiner Beine entspringen. In diesem Sinne stellte sein Spezialtrainer Sepp Maier fest: „Ich habe noch nie einen Torwart gesehen, der von unten heraus so wegspringen kann." Wie seinerzeit „El Sapo" hat auch Oliver Kahn zusammen mit seinem Trainer Sepp Maier besondere Trainingstechniken entwickelt, um noch weiter und höher zu hüpfen. „Wir stellen Hürden auf, damit ich auf dem Weg in den Winkel richtig hoch weggehe. Die meisten Torhüter stehen beim Fliegen mit der Körperachse gar nicht waagerecht in der Luft." Im Grunde, bemerkte Kahn naserümpfend, handele es sich bei den meisten eher um ein „Umfallen" denn um ein Springen. „Sie prallen bei der Landung auch nicht mit dem Körper auf, sondern setzen zuerst mit dem Fuß auf. Das tut natürlich nicht weh, aber es bringt auch keine Weite."

Erweckt ein Torhüter den Eindruck, dass er schier unüberwindbare Hindernisse bewältigen könnte, ist der Gedanke an die tollsten Springer im Tierreich, die Salmoniden, nicht mehr weit. Als Petar Radenkovic, Torwart von 1860 München, 1965 im Europapokal-Finale gegen West Ham United trotz einer 0:2-Niederlage eine überragende Leistung gezeigt hatte, formulierte ein deutscher Beobachter im Überschwang, dass er sich verwandelt habe „ zum hinaufschnellenden Lachs". Selbst ein englischer Sportjournalist zeigte sich restlos begeistert: „Seit 20 Jahren gehe ich auf Fußballplätze; ich habe alle großen Mannschaften erlebt. Den besten Torwart, den ich je sah, sah ich heute: Radenkovic."

Die wohl berühmteste aller Paraden zeigte allerdings der Engländer Gordon Banks bei der WM 1970 in Mexiko im Spiel gegen Brasilien. Pelé schwärmte in seiner Autobiografie: „Jairzinho flankte den Ball wunderbar vor das Tor. Ich köpfte den Ball genau in die Ecke, während der englische Torhüter Banks in der anderen stand – ich startete bereits meinen Torschrei, als Banks mit einem Sprung, wie man ihn bei einem Lachs in der Stromschnelle beobachtet, den Ball mit den Fingerspitzen über die Latte lenkte! Es war meiner Meinung nach die größte Leistung, die ein Torhüter in diesem Turnier vollbrachte."

Reflexe im Blindflug

Wo Säugetiere und Fische sind, dürfen nun auch die Vögel nicht mehr fehlen. Unter den Torhütern der Welt finden sich einige komische Flattermänner – eine Ente etwa (Ubaldo Fillol, Argentinien) oder ein Kondor (Roberto Antonio Rojas, Chile). Mit irgendwelchen torwartspezifischen Fähigkeiten haben diese Ehrennamen jedoch nichts zu tun. Zu seinem Spitznamen „El Pato" kam Fillol rein zufällig. Sein Vorgänger bei Quilmes, Iglesias, wurde wegen seines watschelnden Gangs „Ente" genannt. Als Fillol sein Nachfolger wurde, musste er auch gleich den Namen seines Vorgängers mit übernehmen. Treffender war da schon der Beiname „El Condor" für Chiles Torhüter Rojas: Er zeichnete sich durch sehr lange Arme aus, mit denen er durch die Luft ruderte, als seien es die Schwingen eines Kondors. Aus ähnlichen Gründen hat der langarmige Stefan Brasas vom SV Werder Bremen (1998-2001), mit 2,02 Meter Körpergröße längster Bundesliga-Keeper aller Zeiten, den Beinamen „Adler" erhalten. Vor ihm gab es bereits einen anderen „Adler von Bremen", den eleganten Dieter Burdenski. Anders als Brasas benannte man ihn nicht wegen seiner Spannweite, sondern wegen seiner schönen Flüge und seines raubvogelartigen Herabstürzens auf die Beute nach dem edlen Wappentier.

Davon, dass ein Torwart auch ein gutes Sehvermögen haben muss, dass er seine Beute erst einmal mit den „Augen eines Adlers" erkennen muss, bevor er blitzschnell angreifen und mit seinen Krallen zupacken kann, ist kaum einmal die Rede. Joe McGinnis, Verfasser des Fußballromans „Das Wunder von Castel di Sangro", gehört zu den Wenigen, die ihre Aufmerksamkeit den Augen eines Torhüters widmeten. „Sie waren wie die Augen eines wilden, stolzen Tieres", schrieb er über den Portiere eines italienischen Zweitligisten, „unentwegt in Bewegung und alles registrierend, was in ihr Blickfeld geriet, immer auf der Hut vor möglicher Gefahr." Solche Beobachtungen kann man natürlich nur aus nächster Nähe machen. Im Stadion bleibt dieses Lauern des Torhüters völlig unbemerkt. Dass es von Experten kaum einmal entsprechend gewürdigt wird, ist dennoch unverständlich. Denn ein Top-Torhüter benötigt nicht nur die Sprungkraft eines Lachses und die Geschmeidigkeit einer Katze. Um den Ball sicher zu fangen, muss er Entfernungen ab- und Geschwindigkeiten rasch einschätzen können. Kurz: Er muss Augen haben wie Liverpools Elisha Scott, einer der besten Torhüter Englands in den 1920er Jahren und einer der raren Männer, die der seltenen Keeper-Spezies mit „Adleraugen" zugerechnet wurden.

In der Regel werden die Augen eines Torhüters nur dann zu einem sportjournalistischen Thema, wenn er offensichtliche Probleme hat. Was passieren kann, wenn die Sehkraft eingeschränkt ist, zeigt der Fall des Brillenträgers Johannes Schneider vom VfB Leipzig, der im Jahr 1913 gleich zweimal enormes Pech hatte. Der damals 25-jährige Schneider galt als reaktionsschneller Schlussmann, dennoch ließ er in seinen beiden Länderspielen gegen Dänemark und Belgien zehn Bälle durch. Sein Pech: Bei beiden Spielen regnete es. Seine Brillengläser beschlugen, und so konnte er manchen Ball erst zu spät erkennen. Im Jahr 1976, vor dem Europacup-Halbfinale Bayern München gegen Real Madrid, schien sich ein ähnliches

Problem anzukündigen. Während des Fluges nach Spanien erläuterte Sepp Maier einem Journalisten, dass seine Sehkraft nachgelassen habe. Das Problem bestünde nun darin: Mit Brille können er nicht spielen, die Kontaktlinsen aber würden vor dem Spiel nicht mehr fertig. Der Journalist formulierte prompt die Schlagzeile: „Blinder Torwart im Bayern-Tor – Sepp Maiers Haftschalen werden erst am Donnerstag fertig."

Maier spielte dann doch. Ohne Haftschalen. Es handelte sich bei der Hiobsbotschaft nur um einen der typischen Maier-Witze. Aber vielleicht hätte sich Maier sogar dann ins Tor stellen können, wenn seine Geschichte gestimmt hätte. Das jedenfalls legt die Geschichte des blinden Torwarts Mike May nahe. Der Kalifornier war Zeit seines Lebens völlig blind. Anfang des Jahres 2000 gab ihm eine neuartige Operation auf dem rechten Auge das Sehvermögen zurück. Das heißt: nicht ganz. Er musste erst lernen, mit der ungewohnten Fähigkeit umzugehen. Er sah verwirrende Schatten, verwischte Flecken, verschwommene Umrisse. Oft war er überfordert, sie zu interpretieren. Seine blonde Frau verwechselte er mit einer blonden Fremden, eine Cola-Dose mit einem Pfirsich, ja, er war nicht einmal in der Lage, einen Würfel von einer Kugel zu unterscheiden. Als Fußball-Torwart jedoch gab er dennoch eine gute Figur ab. Den Ball, den man ihm zuwarf, konnte er zwar nicht erkennen, aber mit dem Fangen hatte er keinerlei Problem. Alles, was sich bewegte, erfasste er problemlos, immer war er in der Lage, blitzschnell zu reagieren.

Der Grund für das Phänomen wird von Wissenschaftlern damit erklärt, dass Bewegungssignale auf einem anderen Pfad durchs Sehzentrum geschleust werden als die Signale, die mit dem Sinn von Formen, dem Erkennen von Entfernungen und der Tiefe von Räumen zu tun haben. Und dieser „Bewegungspfad" ist stammesgeschichtlich sehr alt. Natürlich lässt er sich bei Adlern nachweisen, aber auch bei Katzen, die Bewegungen ebenfalls besonders rasch und genau erfassen können. Völlig zu Recht wird also die Katze spontan von beinahe jedem genannt, wenn man eine Metapher für herausragende Torhüter-Aktionen sucht. Nur muss man, wie das Beispiel May zeigt, die Betonung anders legen, als das gemeinhin getan wird: Nicht in erster Linie die Geschmeidigkeit der Reaktionen, sondern das Tempo der Wahrnehmung rechtfertigt den Vergleich. Nur weil die Schnelligkeit der Reflexe vom raschen Erkennen der Bewegungen unmittelbar abhängt, ist Mike May, der Mann mit dem Katzensinn, als Torwart durchaus ernst zu nehmen. Und nebenbei bemerkt: Da in der Katzen-Metapher bereits alles ausgedrückt ist, kann man bei der Beschreibung von Torhüter-Qualitäten auf das ohnedies wenig gebräuchliche

„Adlerauge" auch getrost verzichten. Jedenfalls, sofern damit nicht die Fähigkeit gemeint ist, die allerkleinsten Bewegungen – zum Beispiel die Fußdrehung eines Stürmers – zu erkennen und daraus die Richtung, in die der Schuss kommen wird, bereits aus großer Entfernung zu antizipieren.

Englands Torwart-Idol Gordon Banks wusste nichts von diesen Zusammenhängen, als er 1973 einen schweren Autounfall hatte und auf einem Auge erblindete. Er beendete zunächst seine Karriere und versuchte sich in England als Jugendtrainer. Doch er konnte sich nur schwer an den Gedanken gewöhnen, dass mit dem aktiven Sport Schluss sein sollte. Er begann wieder zu trainieren und versuchte ein Comeback in den USA. 1975 erhielt er von den Fort Lauderdale Strikers in Florida einen Zweijahresvertrag. Es ging erstaunlich gut. Zwar waren die Ansprüche in dieser „Operettenliga" sicher nicht so hoch wie in der englischen ersten Liga, aber damit, dass er so gut würde mithalten können, hatte nicht einmal er selbst gerechnet. Banks stellte fest, dass es immer besser ging, je mehr Übung er hatte: „Das gesunde Auge hatte sich mit der Zeit daran gewöhnt, die Geschwindigkeit des Balles zu berechnen." Zu seinem Abschied im Jahr 1977 wählte die US-Fachpresse den mittlerweile 40-Jährigen sogar zum „Torhüter des Jahres".

Zamora, Turek und andere Götter

Im Jahr 1970, als Banks seine erstaunliche Rettungstat gegen Pelé vollbrachte, war er noch im Vollbesitz seiner Sehkräfte. Der Schriftsteller John Moynihan feierte diese Super-Parade überschwänglich als „The World's Greatest Save". In seiner Schilderung lief sie so ab: „Banks war blitzschnell am rechten Pfosten und lag seitwärts da, das linke Bein lang ausgestreckt, das rechte Bein um 90 Grad abgewinkelt, und seine tastende rechte Hand schaufelte den Ball hoch und über die Querlatte hinweg. Was er getan hatte, war nicht weniger, als einen mit ungeheuerem Tempo heransausenden Ball von einer Position aus zu erreichen, von der aus sich andere Torhüter nicht einmal bewegt hätten." Banks hat nicht nur auf schier unfassbare Weise den Ball erreicht, unheimlich war auch seine Berechnung: Er musste nicht nur die riesige Strecke zum anderen Pfosten überwinden, sondern sich dabei auch noch zugleich nach hinten werfen, um in der Lage zu sein, den kurz vor der Torlinie aufprallenden Ball von unten zu erwischen und über die Latte zu baggern.

Paraden dieser Art sind es, die Sportjournalisten rund um den Erdball dazu verleiten, Torhütern geradezu übermenschliche Qualitäten zuzuschreiben. Wenn einer solche Taten in Serie hinlegt, ist vom „Teufelskerl" und vom „Hexer" die Rede, vom „Zauberer" und vom „Magier". Tatsächlich scheint es bei manchen Taten so, als hätte sich da einer übernatürliche Kräfte dienstbar gemacht, so dass das attestierte „tierische" Bewegungsvermögen weniger wie eine Metapher, sondern eher wie die Beschreibung einer Verwandlung wirkt. In früheren Zeiten, als sich die Sportmetaphorik noch stark an der klassischen Bildung orientierte, war meist der „Zerberus", der dreiköpfige Wachhund der Unterwelt aus der griechischen Mythologie, Namensgeber für die Männer, die in ihrem Kasten schier unüberwindlich schienen. Heute sind die grimmigen Zerberusse ausgestorben, bevölkert werden die Torräume stattdessen von „Außerirdischen" wie Fabien Barthez, Frankreichs Welt- und Europameister der Jahre 1998 und 2000, oder „Überirdischen" wie Oliver Kahn, Deutschlands WM-Held des Jahres 2002.

Nicht nur Superstars können so halten, als seien sie nicht mehr von dieser Welt. Auch in mittelmäßigen Mannschaften können Torhüter zu Wundertätern werden, mehr noch sogar als in Spitzenteams. Je schlechter eine Elf, desto mehr hat der letzte Mann zu tun und desto wichtiger wird, dass er herausragende Leistungen zeigt. Nicht selten entscheidet im Abstiegskampf die Qualität der Männer zwischen den Pfosten. Oft werden sie zu den Rettern, die ihr Team vor dem Abstieg bewahren. „La salvezza", Errettung, heißt der Fachausdruck in Italien, und für „la salvezza" des eben sensationell in die Seria B aufgestiegenen Teams von Castel di Sangro war in der Saison 1996/97 natürlich in erster Linie ein Torwart verantwortlich. Das erstaunliche Geschehen – nach dem Aufstieg bereits das zweite Wunder, das dem Verein aus dem kleinen 5.000-Einwohner-Ort in den Abruzzen widerfuhr – beschrieb Joe McGinnis in seinem bereits erwähnten Erfolgsroman als „dramatische Offenbarung, die in Gestalt von Torwart Massimo Lotti erschienen war". Wie Jesus Christus, der Sohn Gottes, der Menschheit zum Heilsbringer wurde, so sorgte der eigentlich nur für die Ersatzbank geholte Lotti für die Erlösung von allen Abstiegsängsten. „Lotti zeigte in einem einzigen Spiel all die fantastischen Paraden, von denen er seit Monaten geträumt haben muss", schrieb die „Gazetta dello Sport" einmal, und ein anderes Mal jubelte sie: „Sie sollten diesem Mann ein Denkmal auf ihrem Marktplatz errichten, und jeder, der den Fußball liebt, sollte sich täglich davor verneigen." Noch höher hinaus ging „Il Tempo": „Ein Außerirdischer unter Sterblichen", formulierte die Zeitung, offensichtlich im Bemühen, so Mc Ginnis, „die Bezeichnung ‚Gott' zu vermeiden".

Herbert Zimmermann hatte keine Hemmungen, von einem „Gott" im Tor zu sprechen. Unvergessen ist, was der Reporter des WM-Endspiels von 1954 in sein Mikrofon brüllte, als die Ungarn nach dem 2:2-Ausgleich Deutschlands alles nach vorne warfen: „Czibor flankt nach innen, aber da ist Liebrich, immer wieder Liebrich, der klärt. Diesmal vor drei Ungarn aus dem Strafraum heraus, ins Aus, Einwurf für Ungarn, in der Mitte der deutschen Hälfte. Kohlmeyer ist dazwischen, wieder Einwurf, zurückgespielt zu Buzanszky, der versucht Kocsis anzuspielen, kommt nicht an den Ball, die Verteidiger rücken auf, heben den Ball in den deutschen Strafraum, da ist Hidegkuti – drei Meter vor dem deutschen Tor – Schuss! – abgewehrt, abgewehrt zur Ecke! Turek, du bist ein Teufelskerl, Turek, du bist ein Fußball-Gott!" Als Rahn das 3:2 geschossen und Turek auch noch die letzten Chancen der Ungarn mit Fäusten und Füßen abgewehrt hatte, war Deutschland Weltmeister und das Wort „Fußball-Gott" vom Namen Turek nicht mehr zu trennen. Jahre später soll Turek gesagt haben, dass ihm der Erfolg von Bern „ein zweites Leben" geschenkt habe. „Ohne den Sieg wäre ich heute nicht mehr", meinte der Mann, der die letzten Jahre seines Lebens, gelähmt und von zahlreichen Operationen geschwächt, im Kampf gegen eine schwere Krankheit verbringen musste.

Der gefeierte Toni Turek, dem die Erinnerung an sein großes Spiel ein schweres Schicksal ertragen half, war freilich nicht der erste „Gott" im Fußballtor. Was im Grunde auch nicht überraschend ist. Schon im Alten Testament ist allenthalben von der „starken", „mächtigen", „herrschenden" Hand Gottes die Rede. Muss man sich also wundern, wenn den Fußballfans die letzten Retter wie göttliche Wesen erscheinen? Das Schicksal ihrer Sekte liegt, für alle sichtbar, in den Händen ihres Torhüters. Und wenn diese stark sind und mächtig, gar sich zu vermehren scheinen, dann heißt es eben: „Gott selbst stand im Tor."

Drei der besten Torhüter der Vorkriegszeit waren anerkannte Götter: Der Italiener Giampiero Combi, der Deutsche Heiner Stuhlfauth und der Spanier Ricardo Zamora. Die Torwart-Legende aus Barcelona wurde gar auf ewig mit dem Beinamen „Der Göttliche" geschmückt. Eine seiner besten Paraden zeigte der gebürtige Katalane 1925 in Budapest, als Spanien mit 1:0 gegen Ungarn gewann. Zamora hat soeben einen aus kurzer Entfernung abgefeuerten scharfen Ball abgewehrt, da muss er schon wieder die Fäuste nach oben reißen, um den Nachschuss abzuwehren; der Ball prallt von einem seiner Verteidiger ab und segelt in Richtung Tor. Zamora wirft sich, Banks Glanzparade gleichsam vorwegnehmend, rückwärtsstürzend herum und fischt auch diesen Ball noch heraus.

Toni Turek im Finale 1954 bei einer Fußabwehr.

In ähnlicher Weise verzweifelten die Stürmer immer wieder an dem Wunder-Torwart, der mit einer nach ihm benannten speziellen Abwehrtechnik auch Eingang ins Lexikon der Fußball-Fachausdrücke fand: Wenn ein Torwart Schüsse aus der Nahdistanz mit den Unterarmen unschädlich macht, spricht man in Spanien bis heute von einer „Zamorana“. Einen Portugiesen, ausgerechnet mit dem Namen Jesus Christus, trifft es bei einem Länderspiel in Lissabon besonders schlimm. Zamora zieht in diesem Spiel alle Register seines Könnens und lässt Christus selbst bei einem Elfmeter keine Chance. Als der Portugiese sein Heil im Protest sucht und daraufhin vom deutschen Schiedsrichter Peco Bauwens mit einem Platzverweis bedroht wird – „Auch wenn sie Jesus Christus heißen!“ –, ist er restlos entnervt, und für den Rest des Spiels gelingt ihm gar nichts mehr.

Zamoras Götterkollege, der Deutsche Heiner Stuhlfauth, soll mancher Aussage nach noch besser gewesen sein als der Spanier. Das jedenfalls behauptete der Österreicher Karl Kanhäuser, dem gegen beide Schlussleute Treffer gelungen waren. Der Torhüter des 1. FC Nürnberg, der in fünf siegreichen Endspielen um die Deutsche Meisterschaft nicht weniger als fünfmal ohne Gegentreffer geblieben war, habe „auf die Gegenspieler und den Ball wie ein Hexenmeister“ gewirkt. Am 24. April 1929, beim Länderspiel gegen Italien in Turin, hatte er seinen allergrößten Tag. Dem Nationaltorhüter kommt es in diesem Spiel so vor, als wäre „ich allein gegen die elf Italiener". Nach zwei schnellen Toren zum Spielstand von 1:1 bestürmen die Azzurri wie entfesselt das deutsche Tor. Stuhlfauth hüpft in seinem Kasten herum „wie ein geölter Blitz" und hält einfach alles. Während der zweiten Halbzeit bringt der Schlussmann die italienischen Stürmer schier zur Verzweiflung. In der 83. Minute fällt nach einem überraschenden Konter die 2:1-Führung Deutschlands, drei Minuten später scheint es so, als müsse sich der „Hexer" doch noch geschlagen geben, als ein aus kürzester Entfernung abgezogener Ball auf sein Tor zuschießt. „Alle sahen wir den Ball schon innen", schrieb die „Fußball-Woche", „als Stuhlfauth sein linkes Bein verlängerte, als wäre er ein Schlangenmensch, und zum Eckball abwehrte." Wenige Minuten zuvor hat der Mann im grauen Pullover seine größte Tat vollbracht. Reporter Dr. Paul Laven, der das Spiel im Rundfunk schilderte, fasste den erregenden Moment, der „entscheidend für den Ausgang des Spiels" gewesen sei, in folgende Worte: „Ein wuchtiger Schuss Schiavios krachte von seinen abwehrenden Fäusten zurück. Aber Conti sauste heran, hatte den Ball vor den Füßen. Die deutschen Verteidiger wussten, überlastet, nicht mehr, wohin sie laufen sollten. Contis Nachschuss kam hart und platziert. Stuhlfauth stürzte in die Ecke und schlug den Ball, sich streckend, aus dem Winkel heraus. Aber da jagte Rivolta heran, der breitschultrige, einer der schussgewaltigsten Stürmer Italiens. Den hüpfenden Ball nahm er sofort ‚volley', im ‚dropkick'. Wie aus dem Rohr geschossen sauste die Kugel in die andere Ecke. Und Stuhlfauth, der große Nürnberger Torwart, machte instinktsicher und stählern hinüberschnellend eine Abwehrbewegung. Er hatte im Auge des italienischen Schützen Ansatz und Richtung des Schusses erspäht. Stuhlfauth, im grauen Wams, stieß den Ball mit der äußersten Spitze seiner Finger aus der entgegengesetzten Ecke heraus. … Das alles hatte sich in wenigen Sekunden abgespielt. Noch sehe ich die Azzurri wie vom Donner gerührt dastehen, gebannt und wie verhext. Und ich behaupte, dass diese Abwehrleistung ihnen den Nerv tötete." Nach dem Spiel wurde Stuhlfauth von der internationalen Presse als bester Torhüter der Welt gefeiert – nicht nur als Held, Hexer und Gott, sondern auch noch, in einer besonders fantasievollen Variante, als „achthändiger Buddha".

Eleganz und Stil à la Hiden & Co.

Kaum ein Jahr nach seiner Glanzleistung, am 2. März 1930, gab der 35-jährige Stuhlfauth als damaliger Rekordinternationaler (21 Einsätze) seine Abschiedsvorstellung in der Nationalmannschaft. Gegner bei diesem Spiel in Frankfurt war erneut Italien, erneut verlor die gastgebende Mannschaft, und erneut gab es hernach einen „Gott“ zu loben. Der hieß diesmal Giampiero Combi und war Garant eines 2:0-Auswärtssieges eines Teams, das die Schmach von Turin überzeugend zu tilgen vermochte. Der an diesem Tag indisponierte Stuhlfauth erhielt keine weitere Berufung ins Nationalteam mehr und erlebte daher die nun anbrechende ganz große Zeit der letzten Männer als Aktiver nicht mehr mit. Zwar besaß auch der Nürnberger bereits eine enorme Popularität, nun aber eroberten die Torhüter mit einer extravaganten Weise der Selbstinszenierung gleich im Dutzend die Herzen des Publikums. Zu denen, die ihren gesamten Auftritt wie Künstler inszenierten, gehörte auch Stuhlfauths Nachfolger beim 1. FC Nürnberg, Georg „Hauptmann“ Köhl. Seinen Spitznamen „Hauptmann“ erhielt er, da seine Art, besonders geschmeidig durch den Torraum zu fliegen, die Zuschauer an den damals berühmten Ozeanflieger Hauptmann Köhl erinnerte, der mit seiner Junckers als erster Deutscher den Atlantik überquert hatte. Auch außerhalb des Platzes war der städtische Angestellte eine auffallende Erscheinung. Ähnlich wie der Österreicher Rudi Hiden, der sich vom feinsten Schneider Wiens regelmäßig Maßanzüge teuerster Qualität schneidern ließ, war Köhl stets perfekt gekleidet und, das Haar mit viel Pomade sorgfältig nach hinten gekämmt, modisch frisiert. Bei Männern dieses Schlages sah es manchmal so aus, als mutiere der Torraum zu einem Laufsteg und als sei das Fotoshooting wichtiger als die Leistung beim Wettkampf.

Berühmter als Köhl, der es nur zu einem einzigen Länderspiel brachte, waren allerdings andere. Als „WM der Torhüter“ in die Annalen eingegangen ist das Turnier von 1934 in Italien. Vor der WM wurde vor allem der Franzose Alexis Thépot von Red Star Olympique Paris als einer der möglichen Stars gehandelt. Dann aber lief der Tscheche Frantisek Plánicka dem Franzosen und allen anderen Konkurrenten den Rang ab. Nach dem Turnier war Plánicka, der Kapitän des tschechischen Teams, in ganz Europa als „König der Robinsonaden“ berühmt. Und das, obwohl die Tschechen das Endspiel gegen die Italiener – bei denen übrigens mit Combi ebenfalls der Torhüter Kapitän war – verloren hatten. Neben Plánicka waren in Italien aber auch noch andere Größen aufgetreten: der Österreicher Peter Platzer, der Schwede Anders Rydberg, der Schweizer

Frank Séchehaye, der in Deutschland wie ein Filmstar verehrte Willibald Kress und – last but not least – der große Spanier Ricardo Zamora.

Auch wenn bei der WM mit Plánicka ein anderer die Heldenrolle inne hatte, so war es doch Zamora, der mit seinem typischen Stil für viele Torhüter das große Vorbild war. Immer legte er Wert darauf, jede Aktion mit vollendeter Grazie zu zelebrieren und zugleich spektakulär aussehen zu lassen. Er spielte so, hieß es einmal, dass leichte Paraden schwer und schwere Paraden menschenunmöglich erschienen. Neben Zamora war vor allem der Österreicher Rudi Hiden ein typischer Galeriespieler. Immer war er darauf bedacht, dem Publikum zu gefallen. Wenn er durch den Torraum hechtete, dann wollte er nicht nur den Ball erwischen, sondern es sollte auch so toll aussehen, dass die Zuschauer seinen Flug mit einem lauten Raunen begleiten. Hiden, 1927 vom Grazer AK zum Wiener AC gewechselt, hatte sich mit hervorragenden Leistungen und seinem extravaganten Auftreten schon nach kurzer Zeit in die Herzen der Wiener gespielt. Der Journalist Hannes Berger schrieb über ihn: „Seine Spezialität: unhaltbar erscheinende Flachschüsse. Wenn es galt, blitzschnell in die Ecke zu tauchen, war Rudi in seinem Element. Gewiss, er achtete sehr darauf, dass seine Paraden gut aussahen, aber er ließ bei allem Sinn für das Posenhafte den Ball, das eigentliche Objekt seiner Bemühungen, nicht aus den Augen."

Bei der „WM der Torhüter" war Hiden nur deswegen nicht dabei, weil er kurz zuvor zu Racing Paris gewechselt war. Statt Hiden kam daher der Mann, der lange Jahre in seinem Schatten gestanden hatte, der Admira-Keeper Peter Platzer, zum Einsatz. Ähnlich wie Hiden hatte auch Platzer, genannt „der schöne Peter", das Image eines Lebemannes. Der Schweizer Stammtorhüter Séchehaye, ebenfalls ein Typ, der blendend aussah und sich gut verkaufen konnte, glänzte nicht nur mit verwegenen Paraden, sondern darüber hinaus mit einem extravaganten Outfit. Wie alle seine Kollegen aus dem „Showkeeper-Business" stellte er sich nur geschniegelt und gestriegelt ins Tor. Natürlich zierte auch eine perfekt sitzende Schirmmütze seinen Kopf, eine ganz persönliche Note aber verlieh seiner Erscheinung ein breiter Ledergürtel, der, jeweils im auffälligen Kontrast zu seinem Trikot, entweder in Rot oder in Weiß gehalten war.

Selbstverständlich gehörte auch der erste deutsche WM-Keeper, Willibald Kress, in diese Reihe der „Dressmen" zwischen den Pfosten. Der Stil des „schönen Willibald" war durch und durch geprägt von modischem Schick und geschmackvoller Kultivierung des sportlichen Auftritts. Hannes Berger beschrieb ihn so: „Willis Eleganz war ebenso sprichwörtlich wie sein hellgrauer Pullover. Ob er im Strafraum schwierige Bälle abfing oder auf der

Vor dem WM-Finale 1934: Die Kapitäne Combi (Italien) und Plánicka (Tschechoslowakei) bei der Platzwahl.

Torwart-Show: der Spanier Ricardo Zamora.

Linie parierte, ob er die Stürmer durch sein manchmal riskantes, aber insgesamt unerreicht wirkungsvolles Stellungsspiel verblüffte – die Zuschauer auf den Rängen bekamen etwas zu sehen." Andere schrieben begeistert von der „Grandezza", die seine Spielweise ausgestrahlt habe, und von der unnachahmlich ästhetischen Art, wie er die Bälle an sich brachte: „Keiner arbeitet so sicher mit den Händen, greift so weich nach den Bällen."

Ein Höhepunkt seiner Karriere war das Länderspiel gegen England am 10. Mai 1930 in Berlin. Nach einem 0:2-Rückstand reißen die Deutschen das Spiel an sich und biegen die Sache zu einem 3:2 um. Nun stürmen die Engländer, und nun ist immer wieder Kress der Turm in der Schlacht. Immer wieder erntet er brausenden Beifall für seine Art, sich in „wundervoller Schräglage" dem Leder entgegen zu strecken. 30 Sekunden vor Schluss passiert es dann aber doch: Ein Kopfball des berühmten David Jack findet den Weg ins Netz. Kress war an diesem Ausgleichstor unschuldig. Anders lief es jedoch bei der WM 1934 im Halbfinale gegen die Tschechoslowakei. Bei allen drei Gegentreffern – Endstand 1:3 – hatte der elegante Flieger den bereits abgewehrten Ball nicht festhalten können. Nach dem Spiel war der einst mit Lob überschüttete Star der große Buhmann.

Doppelt bitter war, dass sich seine schwache Leistung im unmittelbaren Vergleich zu seinem grandios aufspielenden Gegenüber den Beobachtern umso deutlicher eingeprägt hatte. Der „Kicker“ kommentierte: „Deutschland verlor gegen Plánicka. Mit vertauschten Torhütern hätten wir gewonnen.“ Nicht von ungefähr hatte Plánicka auf den deutschen Ersatzmann Hans Jakob „den gewaltigsten Eindruck unter allen Torhütern“ gemacht. Und der Tscheche war einer, der zwar spektakuläre Paraden zeigte, aber nie darauf achtete, wie sie aussahen. Sie sollten wirken, und das taten sie.

Keep cool like Hardy and Hibbs

Die Briten, die bei der WM nicht teilgenommen hatten und in ihrer „splendid isolation“ verharrten, hatten für die kontinentale Torwart-Show überhaupt nichts übrig. In einem berühmten Text mokierte sich John Macadam über Aldo Olivieri – den Nachfolger Combis im Tor Italiens, einen Mann, der 1938 immerhin Weltmeister wurde –, weil der selbst Schüsse, die ein Kind in seinem Spielzeugauto mühelos aufgehalten hätte, als Gelegenheit für atemberaubende Paraden missbrauche. In einem Länderspiel beobachtete der Brite, wie der Ball auf den tänzelnden Olivieri zuhüpft. Was tut er? „In dramatischer Erwartung der ungeheuren Auseinandersetzung, die da auf ihn zukommt, rudert er weit ausholend mit seinen Armen. Als der Moment der Entscheidung naht, drückt er sich ab und springt – der Ball ist nun nur noch einen Meter von ihm entfernt – hoch in die Luft. Auf dem Scheitelpunkt seiner Flugkurve geht ein Freudenschrei durch die Menge, und der Schrei steigert sich zu einem ohrenbetäubenden Jubel der Bewunderung, als der Athlet in einer plötzlichen Verdrehung panthergleich zu Boden hechtet und, exakt im richtigen Moment, den Ball erwischt. Seine Hände greifen fest zu, seine Knie und Füße sinken auf den Rasen. Er hat ihn! Eine knappe Sekunde verharrt er so totenstill, dann springt er, als sei er von einem elektrischen Schlag getroffen worden, wieder auf seine Füße. Mit schnellen Schritten tänzelt er nach links und rechts und lässt dabei den Ball vor sich aufspringen, dann packt er ihn noch einmal mit festem Griff, und schließlich, die Erregung hat ihren Höhepunkt nun überschritten, schlägt er ihn mit eleganter Bewegung weit in das Feld – irgendwohin.“

Bei einem richtigen Torhüter, bei einem von der Insel eben, sieht die Aktion, so Macadam, ganz anders aus. „Ein britischer Torhüter – Dawson etwa, Swift, Merrick oder Williams – erwartet einen heranpreschenden Stürmer. Erschrocken vermasselt der Stürmer seinen Schuss und der Ball kullert langsam zum Torhüter. Was tut er? Als letzte Linie der Verteidigung gegen den hüpfenden Ball macht er erst mal die Beine eng. Dann bückt er sich und ‚löffelt' den Ball, beide Hände zu einer Schüssel geformt, konzentriert und sicher vom Rasen. Anschließend wirft oder kickt er den Ball so schnell wie möglich ins Feld, und zwar dorthin, wo ihn ein Spieler seines Teams erreichen kann." Ein britischer Keeper hechtet auch nur dann, wenn es notwendig ist, und wenn er es tut, dann fängt er den Ball – und klatscht ihn nicht ab oder lenkt ihn ins Aus, wie es, so jedenfalls die Meinung in Britannien, die kontinentalen Keeper zu tun pflegen. Auf der Insel sollten die Keeper die Zuverlässigkeit in Person sein, ohne Pomp und ohne alle Galeriespiel-Allüren.

Der Torhüter, der als „Erfinder" dieses coolen, auf das Notwendige beschränkten Torwartstils gilt, heißt Sam Hardy und spielte in der Zeit vor dem Ersten Weltkrieg beim FC Liverpool. Hardy agierte nüchtern und unaufdringlich, einmal wurde sogar gesagt – und das war als Lob gemeint –, dass seine Anwesenheit auf dem Feld kaum auffalle. Auf der Linie bewegte er sich nicht, bis der Schuss abgefeuert war. Dennoch hatte er akrobatische Sprünge nicht nötig. Ein kurzer Zucker mit seinen schmalen Hüften, und schon war er da und hatte den Ball wie selbstverständlich an seine Brust gepresst. Hardys Nachfolger bei Liverpool, Elisha Scott, war zwar körperlich ein anderer Typ – beweglich, zierlich, beinahe wie ein Tänzer wirkend –, aber er agierte ebenfalls sehr ruhig und bedächtig. Als Scott im Jahr 1934 – nach fast 500 Spielen in 18 Jahren – seine Karriere beendete, galt die unprätentiöse und zuverlässige Torwart-Arbeit bereits als typisch britisch.

Torwart-Handwerk: der Engländer Harry Hibbs.

Perfektioniert wurde der britisch-coole Stil in den 1930er Jahren von Harry Hibbs. Der langjährige Keeper von Birmingham City war absolut unspektakulär. Wenn er die Bälle hielt, sah es oft so aus, als würden die Stürmer ihn absichtlich anschießen. Die Versager hingegen entschuldigten sich, indem sie ihm übersinnliche Kräfte zuschrieben: Er ziehe die Bälle an sich wie ein Magnet. Hibbs fing die Bälle aber auch ohne Magnet und jedes Brimborium fast immer sicher. Wenn er den Ball einmal in Händen hatte, ließ er ihn nicht mehr los. Denn er wusste, wie seit ihm alle britischen Torhüter, von Frank Swift bis zu Gordon Banks, dass die Gefahr erst dann beseitigt ist, wenn man den Ball fest in Händen hält. Harry Hibbs' Nachfolger im Tor von Birmingham, Gil Merrick, holte den Ball in einer Art und Weise herunter, dass es aussah, als würde es ihn keinerlei Mühe kosten. Deswegen erhielt er den Ehrennamen „Der Greifer" („The Clutch"). Als „Greifer" mit frappierender Sicherheit betätigte sich am 26. Mai 1956 auch Reg Matthews vor 95.000 Zuschauern in Berlin bei einem Länderspiel gegen den amtierenden Weltmeister Deutschland. Einmal fing er einen scharfen, aus kurzer Distanz abgefeuerten Schuss von Fritz Walter, der eigentlich nur abzuklatschen, zu fausten oder um den Pfosten zu lenken war, völlig souverän. England hatte selbst nur drei Chancen, gewann aber dank Matthews' toller Leistung mit 3:1.

Das Stuhlfauth-Rezept: „Ein guter Torwart wirft sich nicht!"

Das Geheimnis des „coolen" britischen Stils lag in erster Linie im Stellungsspiel, wie es von Harry Hibbs perfektioniert wurde. Der groß gewachsene Frank Swift, einer von Hibbs' Nachfolgern im Tor der englischen Nationalelf, bewunderte an seinem Vorgänger vor allem, dass man dessen Kleinwüchsigkeit im Spiel kaum bemerkt habe. Er habe Bälle genauso souverän runterfischen können wie ein „Großer", weil er in der Lage gewesen sei, mit einem absolut perfekten Stellungsspiel seinen körperlichen Nachteil auszugleichen. Das Harry-Hibbs-Modell – Motto: Gute Torhüter müssen nie große Paraden machen – blieb für alle britischen Torhüter verpflichtend. Keeper wie Swift, Ted Ditchburn (Tottenham Hotspurs), Bert Williams (Wolverhampton Wanderers) oder Gil Merrick (Birmingham City) waren zwar größer als Hibbs, wurden aber in ähnlicher Weise gelobt. Bernd Trautmann, Swifts Nachfolger im Tor von Manchester City, spielte gar, obwohl ein Deutscher, beinahe britischer als ein Brite. Gerd Seehase schrieb über ihn: „Trautmann flog nicht in die bedrohten Ecken, wenn es ein, zwei Schritte auch taten. Und er stand meistens richtig."

Ganz im Sinne der britischen Torwart-Schule postulierte Sepp Maier, dass ein letzter Mann zwar wie ein Panther lauern, es aber, wann immer möglich, vermeiden muss, wie ein Panther zu springen. Der schöne Flug nach dem Ball, so Maier, ist nicht unbedingt Zeichen für herausragende Torhüter-Qualitäten, denn gutes Stellungsspiel macht „Hechtsprünge und Flugparaden überflüssig". Genau solche Sätze haben schon lange vor Maier

Der Nürnberger Stuhlfauth warf sich fast nie. Hier, beim berühmten „endlosen Endspiel“ 1922, in Leipzig gegen den Hamburger SV, musste er seinem Motto häufiger untreu werden als ihm lieb war.

auch etliche andere deutsche Torleute von sich gegeben, zum Beispiel der in den 1930er Jahren enorm populäre Hans Jakob. Die so genannten „Publikums-Torhüter“ kritisierte er mit deutlichen Worten: „Die fliegen von einer Ecke in die andere wie Gummibälle und stürzen sich in den verwegensten Robinsonaden auf das Leder. In Wirklichkeit hätten sie aber dort stehen müssen, wo sie erst hinfliegen mussten, und diese Paraden demonstrieren oft nichts anderes als mangelndes Stellungsspiel.“

Es war also auch auf dem Kontinent schon vor dem Zweiten Weltkrieg durchaus bekannt, was richtiges Stellungsspiel ist. Über Jakobs Vorgänger Heiner Stuhlfauth schrieb der „Kicker“-Herausgeber Walter Bensemann nach einem Spiel im August 1921: „Der beste Mann der Elf war entschieden Stuhlfauth. Der internationale Torwächter spielte mit einer ganz merkwürdigen prophetischen Gabe. Er schien die Bälle anzulocken und sah genau voraus, wohin der Schuss gehen würde. Er konnte ihn daher mit Leichtigkeit abfangen.“ Auch ein Zamora hatte ein untrügliches Gespür für die richtige Stellung auf der Linie. Und für den Russen Lew Jaschin fand sein Landsmann Andrej Starostin folgende Worte: „Er erriet gleichsam, in welche Ecke der Gegner seinen Schuss richten würde. Mit der Genauigkeit einer Fotozelle hielt er den Ball an jedem Punkt fest und ließ das Leder die Linie nur selten überschreiten.“ Über den italienischen Weltmeister-Torwart Giampiero Combi urteilte sein Mannschaftskamerad Giuseppe Meazza: „Mir ist vor allem eine außergewöhnliche Fähigkeit Combis in Erinnerung: Er verfügte im Tor über ein so perfektes Stellungsspiel, dass man unwillkürlich den Eindruck gewann, es gäbe auf der Welt keinen einfacheren Beruf als Fußball-Torhüter. Combi stand immer an der richtigen Stelle, dort, wo er dem Flug des Balles im Wege war."

Die drei Götter im Tor unterschieden sich somit weniger durch ihr Können, sondern vor allem durch ihren Stil. Zamora machte immer wieder mal, weil es so schön aussah, auch dann eine Parade, wenn er es gar nicht nötig gehabt hätte. Stuhlfauth hingegen warf sich nur dann, wenn es gar nicht mehr anders ging, ansonsten handelte er stets nach seinem Motto: „Ein guter Torwart wirft sich nicht!" Ähnlich hielt es Combi. „In all den Spielen", so Meazza über den Juventus-Torhüter, „die ich mit Combi zusammen im Nationaldress oder gegen ihn im Inter-Dress bestritt, erlebte ich nur ganz selten, dass er den Ball im Werfen mit einer Robinsonade zu fangen trachtete. Für Effekte hatte er nichts übrig, als Torwart war er die Zweckmäßigkeit selbst."

Selbst wenn sich also ein Zamora mal effektvoll nach einem leichten Ball warf – fest steht, dass die Taten der kontinentalen Torwart-Götter der 1930er Jahre keineswegs nur ein akrobatisches Spektakel waren, sondern, wie die der britischen Torhüter auch, auf verborgenen Talenten beruhten: auf der Gabe nämlich, jede Spielsituation richtig zu interpretieren und entsprechend auf der Linie die Position mit der größten Abwehrchance einzunehmen. So war es vor allem eine Frage des Stils und der Show, die den britischen vom kontinentalen Stil unterschied. Und dass ein Torhüter gut und zugleich unterhaltsam sein kann, imponierte letztlich sogar den Engländern selbst. Der Österreicher Rudi Hiden hatte im Jahr 1930 in den drei Länderspielen gegen England (0:0), Schottland (5:0) und Deutschland (6:0) einen derart überwältigenden Eindruck hinterlassen, dass Herbert Chapman, der Manager von Arsenal London, alles daran setzte, den Mann auf die Insel zu holen. Der Wechsel scheiterte nur daran, dass die englischen Behörden dem Österreicher keine Arbeitserlaubnis erteilten, nachdem die Spielergewerkschaft der englischen Profis gegen die Anstellung des Starkeepers vom Kontinent heftig protestiert hatte.

In Augenschein nehmen konnten die Engländer Hiden dann doch noch. Am 7. Dezember 1932 begaben sich Österreichs Kicker, die sich auf dem europäischen Kontinent durch Siege am Fließband den Ruf eines „Wunderteams" erworben hatten, nach London-Chelsea. In der Höhle des Löwen verlor Österreich mit 3:4 Toren. Doch die Männer aus Wien hatten sich trotz der Niederlage gehörig Respekt verschafft. Das einhellige Urteil der englischen Presse lautete: „Die Österreicher waren die moralischen Sieger.“ Auch Hiden wurde gelobt, obwohl er keineswegs fehlerfrei geblieben war. Bereits in einer der ersten Szenen des Spiels warf er sich fotogen nach einem Ball, der knapp neben das Tor gegangen wäre. Weil er ihn nicht festhalten konnte, gab es eine Ecke, und die führte zum 1:0 für England. So hatten sie also am Ende doch Recht, die Engländer. Wäre Rudi Hiden ein Brite gewesen, ein Torhüter wie sein Gegenüber Harry Hibbs, dann hätte er sich nur dann nach dem Ball geworfen, wenn er ihn auch wirklich hätte festhalten können. Oder er hätte ihn einfach ins „Aus“ gehen lassen und es hätte Abstoß gegeben.

Banks und Jaschin: Stürmer vor verschlossenen Pforten

Nach dem Zweiten Weltkrieg wurde der schmucklose, nicht auf Show bedachte Torwart-Stil auch in Kontinentaleuropa allmählich zum Standard. Ein Mann wie Toni Turek war, obwohl er die Ungarn im Endspiel 1954 mit tollen Paraden verblüffte, eigentlich keiner, der auf tolle Sprünge und Effekte setzte, sondern darauf, den Ball in aller Ruhe dort zu erwarten, wohin er gezielt war. Wie Turek galt auch der deutsche Endspiel-Torwart bei der WM 1966 in England, Hans Tilkowski, „als Prototyp des besonnenen Schlussmanns und als ein Meister des Stellungsspiels“ (Jürgen Bitter). Tilkowski selbst war einverstanden mit dem Bild, das man sich von ihm machte: „Von mir sagt man, ich sei so, wie sich die deutschen Zuschauer einen Torhüter wünschen. Sachlich, zuverlässig, gewissenhaft. Ich gebe zu: Warum soll man nach einem Ball hechten, den man durch geschicktes Stellungsspiel weit mühe- und risikoloser erreichen kann?“ Schnörkellos sachlich, zuverlässig – das war der Torwart-Stil, der sich in den 1960er Jahren allgemein durchgesetzt hatte. Gordon Banks, Tilkowskis Gegenüber beim Endspiel, meinte rückblickend, dass damals „Erfahrung und Abgeklärtheit“ gefragt gewesen seien: „Coole Torhüter eben. Wie Jaschin, Tilkowski oder Banks.“ Im Jahr 1966 war der Verzicht auf atemberaubende Paraden unter den besten Torhütern der Welt zum Prinzip geworden. Alle hatten die Fähigkeit, stets im richtigen Augenblick an der richtigen Stelle aufzutauchen und verzichteten auf jegliche Effekthascherei, wie sie noch Nordirlands „Wilder“ Harry Gregg bei der WM 1958 in Schweden demonstriert und damit das Publikum begeistert hatte.

So sehr sich die großen Drei bei der WM im Mutterland des Fußballs vom Prinzip her ähnelten, so unterschieden sie sich doch in Qualität und

Stil. Bei keinem sahen die Aktionen so leicht und selbstverständlich aus wie bei Banks, meinte Eric G. Batty. Keiner wirkte auf so frappierende Weise unüberwindlich wie der Mann, von dem gesagt wurde, er sei so sicher wie die Bank von England. Er faustete die Bälle praktisch nie, und kaum jemand hat ihn einmal nach einer missglückten Parade hilflos auf dem Boden krabbeln sehen. Was er hatte, hatte er: Der Ball blieb an seinen Händen kleben, als hätte er sie mit „Uhu“ eingeschmiert. Selbst Konkurrent Jaschin zeigte sich vom „Banks of England“ schwer beeindruckt. „Er unternimmt nicht einmal den Versuch, spektakulär zu wirken.“ Auch der Russe spielte vollkommen schnörkellos, verzichtete auf jede überflüssige Bewegung und Geste. Nach dem 2:1 gegen die UdSSR im Halbfinale war Deutschlands „Uns Uwe“ Seeler von Jaschin hellauf begeistert: „Jaschin, der lange, so ungemein sympathische Sowjetrusse, behielt die Ruhe im wildesten Getümmel, entschärfte mit frappierender Eleganz, mit unglaublicher Leichtigkeit die schärfsten Schüsse, beherrschte seinen Strafraum und stand fast immer richtig. Ich kann es beurteilen. Dreimal zog ich in Liverpool 1966 aus kurzer Distanz ab, dreimal flog Jaschin in die Schussbahn.“ Der deutsche Ersatz-Torwart Sepp Maier war von der Art und Weise, wie sich Jaschin auf den Ball warf – er zog den Kopf ein und die Schultern hoch, so dass es aussah, als wolle er den Ball schützen – dermaßen begeistert, dass er fortan versuchte, diese Technik zu kopieren.

Und Hans Tilkowski? Der musste sich damit begnügen, dass ihn die französische Sportzeitung „L'Équipe“ als „eine Art Jaschin“ vorstellte, „ohne allerdings dessen körperliche Vorzüge ganz zu besitzen“. Anders als Banks und Jaschin, die in ihren Aktionen mit stilistisch bestechendem Minimalismus absolute Souveränität ausstrahlten, agierte Tilkowski derart unaufgeregt, dass jegliche Ausstrahlung fast schon im Ansatz erstickt wurde. Der Torwart war ein Mann, dem man die Mentalität eines Bürobeamten zuschreiben konnte. „Bei aller Reaktionsschnelligkeit blieb er kühl bis ans Herz, bei jeder Parade sachlich wie ein aufgeräumter Schreibtisch“, meinte der Journalist Jo Viellvoye, „von der Mütze bis zur Nockensohle“ sei er ein „deutscher“ Torwart gewesen, einer, der „dem Zuschauer wenig und seiner Mannschaft viel“ gegeben habe. Dem damaligen Ersatzmann Sepp Maier fielen zu seinem Konkurrenten ähnliche, wenngleich weit weniger nette Worte ein. „Hans Tilkowski war ein Torwart ohne Feuer, ohne Temperament, ohne Ausstrahlung. Seine Popularität ist denn auch nie besonders groß gewesen.“

Dass Tilkowski mit einem Banks und einem Jaschin nicht ganz konkurrieren konnte, lag aber in der Hauptsache nicht daran, dass er langwei-

„Spinne" Jaschin erwartet einen Ball.

liger war. Anders als der Dortmunder, dem selten mehr als das Erwartbare gelang, konnten ein Banks und ein Jaschin auch mal einen so genannten „Unhaltbaren" herausfischen. Kurz: Tilkowski war ein sehr guter Schlussmann, Banks und Jaschin aber waren außergewöhnlich gut. Bei der WM 1966 wurde Jaschin vor Banks zum besten Torhüter des Turniers gewählt – obwohl der Engländer Weltmeister geworden und nahezu fehlerlos geblieben war. Der Russe hatte diese Wahl nicht zuletzt wohl auch deswegen gewonnen, weil er sich schon in den Jahren zuvor den Nimbus erarbeitet hatte, der Beste zu sein. Immer wieder war er nach herausragenden Länderspielen – je nach Perspektive – als „märchenhafter Jaschin" und „furchtbarer Jaschin" gelobt bzw. beklagt worden. Den Höhepunkt seiner Karriere hatte er 1963 mit der Wahl zu „Europas Fußballer des Jahres" erklommen. Der Russe war der erste Torhüter überhaupt, dem diese Ehre zuteil geworden ist, und er ist bis heute, trotz eines Oliver Kahn, der Einzige geblieben.

Nur selbstverständlich war, dass die Sportjournalisten aus aller Herren Länder darin wetteiferten, für den großen Russen einen passenden Ehrennamen zu finden. In seinen frühen Jahren wurde er in den Printmedien, seiner schwarzen Kleidung wegen, wie erwähnt als „Panther" vorgestellt. Als man allmählich erkannte, dass Hechtsprünge eigentlich nicht das Typische seines Stils ausmachten, erfand man treffendere Beinamen. Britische Journalisten nannten ihn „Schwarzer Polyp", weil seine Arme und Beine zwischen den drei Balken allgegenwärtig zu sein schienen. Nach einer Südamerika-Tournee der UdSSR im Jahr 1961 erhielt er aus ähnlichen Gründen einen weiteren Tiernamen: „Die schwarze Spinne" (Arana Negra). Und das trifft das Gemeinte wohl am besten. Bei Jaschin hatte man den Eindruck, als zöge er die Bälle mit lang ausgestreckten Armen geradezu magisch an sich – eben so, wie eine Spinne mit ihren Fäden das Opfer.

Pat-Phantom und Computer-Zoff

Der Name „Spinne" für Torhüter, die immer am richtigen Ort zu stehen scheinen, tauchte noch zweimal auf. Der beste russische Torhüter seit Jaschin, Rinat Dassajew, erhielt wohl vor allem seinem großen Vorbild zu Ehren diesen Spitznamen. Jaschin selbst lobte seinen Nachfolger, der 1988 Vize-Europameister wurde, mit den Worten: „Er denkt jeden Spielzug mit, handelt unauffällig, mutig und entschlossen." Walter Zenga, Ende der 1980er Jahre die Nummer eins im italienischen Tor, war der „Spiderman". Weitere „Spinnen" hat es, zumindest im Bereich der Top-Torhüter, offensichtlich nicht gegeben. Aber natürlich jede Menge Keeper, die sich durch ihr hervorragendes Stellungsspiel auszeichneten. Der beste von ihnen, Dino Zoff, Zengas Vorgänger im italienischen Tor, war wohl britischer als alle Briten – zuverlässig, schmucklos, ökonomisch. Alles war bei ihm auf Effektivität ausgerichtet, und immer sah es kinderleicht aus. Einlagen für die Galerie, wie in Italien sonst üblich, gab es bei ihm nie. Selten war ein Lob so ehrlich gemeint wie das von Enzo Bearzot, dem Trainer der italienischen Weltmeister-Elf von 1982: „Torhüter wie Dino Zoff sind für Trainer ein Geschenk des Himmels." Ähnliches, wenn auch nicht in ganz so herausragender Qualität wie bei Zoff, galt 1990 für den Spanier Andoni Zubizaretta. Der Nationaltrainer Jugoslawiens, Ivica Osim, äußerte über den völlig unspektakulären Torhüter: „Ein Land, das solch einen Torhüter hat, kann sich glücklich schätzen. Für mich war Zubizaretta die Nummer eins bei der WM 1990." Sein Land zum WM-Titel brachte Zubizaretta allerdings nicht. Das schaffte nur „Dino Nationale" Zoff.

Sepp Maier beschrieb voller Ehrfurcht die Gefühle, die ihn befielen, als er Jaschin beobachtete: „Zugegeben, ganz geheuer war mir der Bursche nicht. Mit seinen langen Spinnenarmen, die die Bälle wie ein Magnet anzogen – ob es mit dem Namen ‚schwarzer Magier', den man ihm gegeben hat, tatsächlich was auf sich hatte?" War da etwa schwarze Magie im Spiel? Magnetismus? Übersinnliches? Liegt in den Metaphern, wie sie für die Kunst von Zamora und Stuhlfauth, Hibbs und Trautmann, und bis heute für all die Torhüter gefunden werden, die ein perfektes Stellungsspiel zeigen, eine tiefere Wahrheit? Sepp Maier spekulierte: „Irgend jemand hat mal behauptet, Jaschin sei so gut gewesen, weil er übernatürliche Kräfte besessen habe." Tatsächlich haftet der Fähigkeit, immer genau dort zu stehen, wo der Ball hinkommt, etwas Übersinnliches an. Auch wenn man weiß, wie Fußball funktioniert, scheint es oft unerklärlich, wie ein Torhüter den Weg des Balles vorausgeahnt hat. Manchmal wirkt es fast, als würde er sich vervielfältigen, so dass es einem Stürmer ergeht wie in der Fabel dem Hasen mit dem Igel. „Es ist gleich, wohin du schießt", lächelt der unverwundbare Torhüter den Schützen an, „ich bin immer schon da." Der nordirische Nationaltorwart Pat Jennings war so ein „Mister Überall". In einem Qualifikationsspiel für die WM 1986, als die Nordiren gegen England in Wembley ein Unentschieden schafften, hielt er so unglaublich, dass er in den anschließenden Schlagzeilen als „Phantom" gefeiert wurde.

In eine technisch-taktische Sprache übersetzt, ist ein „Phantom" ein Torwart, der sich immer rechtzeitig dort hinbegeben hat, wo der Ball hinkommt, der jede Gefahr im Ansatz korrekt interpretieren und daher im Keim unschädlich machen kann, der in allen Situationen weiß, wie ein

Spielzug laufen und welche Schusschance sich für einen Schützen eröffnen wird. Spielbeobachtung, Spielanalyse und entsprechende Reaktion erfolgen im Tempo und mit der Präzision einer Maschine. Die treffende Metapher für einen derart perfekten Torhüter, an dem alle Schüsse abprallen, wäre nicht das „sich rasend drehende Mühlenrad", in das sich, sportjournalistischer Fantasie zufolge, 1860-Keeper Radenkovic einst in einem Bundesligaspiel gegen Borussia Dortmund verwandelt hat, sondern ein Computer. Otto Janik hat diese Metapher am Beispiel Dino Zoffs eingeführt: „Zoff verfügt über ein fantastisches Stellungsspiel. Es ist, als würde ein Computer in ihm jeden Ball millimetergenau vorausberechnen. Ja, das ist es wohl, sein Geheimnis, bloß er kennt es nicht: Dino Zoff ist ein Computer." Wenn in diesem Sinne beim Fußball alles wissenschaftlich zuginge, gäbe es, insofern es ja tatsächlich für jeden Schuss einen richtigen Ort und einen richtigen Zeitpunkt des Reagierens gibt, im Grunde genommen für jede Schuss-Herausforderung auch eine entsprechende Torhüter-Antwort.

Kein Ball ist unhaltbar

Jeder, der sich etwas intensiver mit der Kunst des Tore-Verhinderns beschäftigt, weiß: Wenn das Publikum eine Parade beklatscht, wenn es aussieht, als habe der Torhüter einen „Unhaltbaren" aus der Ecke gefischt, dann hat er vorher in der Regel einen Fehler gemacht. Toni Schumacher fand klare Worte: „Die schönsten Paraden sind paradoxerweise meistens die Folgen von Fehleinschätzungen." Daraus folgt: Torhüter sind im Prinzip dann am besten, wenn man ihre Leistung gar nicht sieht, wenn sie – wie das bereits über Harry Hibbs gesagt wurde – auf dem Platz gar nicht auffallen. Denn wenn der Ball den Fuß des Schützen verlässt, dann muss der Torwart den Hauptteil seiner Arbeit bereits getan haben. Die Parade, das Halten und Abwehren des Balles, ist nur der Schlusspunkt einer Aktion, die viel früher begonnen hat. Und deswegen merkt man es unter Umständen gar nicht, wenn ein Weltklassekeeper mit perfektem Stellungsspiel wie nebenbei einen Ball hält, den ein Schlechterer nur mit einer Glanzparade hätte parieren können.

Da es prinzipiell immer möglich ist, genau da zu sein, wo der Ball hinkommt, kann es konsequenterweise auch keine unhaltbaren Bälle geben. Zwar hat man oft den Eindruck, ein Ball sei unhaltbar gewesen, wenn er nach einer artistischen Parade dennoch im Netz zappelt. Dies sei aber lediglich eine „optische Täuschung", meinte der ehemalige Klasse-Torhüter vom Hamburger SV, Uli Stein. Zu spät oder zu kurz fliegt jedoch nur der, so Stein, der zuvor zu wenig gelaufen ist. Sein Konkurrent Toni Schumacher pflichtete ihm bei: „Fliegen und Springen ist immer langsamer als Laufen. Deshalb versuchen Hürdenläufer ja auch, so schnell wie möglich wieder auf der Bahn aufzusetzen. Auch Skiabfahrtsläufer versuchen, nach kleinstmöglichen Sprüngen schleunigst wieder auf die Piste zu kommen." Nur wenn man rechtzeitig und schnell genug in die richtige Position gelaufen ist, hält man Bälle, die man auch mit der tollsten Parade nicht mehr erwischt hätte.

Überall sein, jeden Schuss halten – das ist der Traum aller Torhüter. Und tatsächlich behaupten alle Topleute – ob sie nun Stein, Schumacher, Jaschin, Dassajew oder Shilton heißen –, dass es keine unhaltbaren Bälle gibt. „Ich hasse es, wenn die Leute sagen: ‚Oh, da hatte der Torhüter aber überhaupt keine Chance'", bekannte Peter Shilton. „Offensichtlich ist es in manchen Fällen zwar richtig, aber manchmal sehe ich Torhüter, die so genannte ‚Unhaltbare' reinlassen, und ich weiß genau, dass sie solche Bälle hätten halten können, wenn sie gut genug gewesen wären." Was Shilton ausdrücken will, ist: Die Schüsse, die wirklich unhaltbar sind, lassen den Torhüter meist schlecht aussehen. Sie landen als „unwahrscheinliche" Möglichkeiten im Tor und überraschen den Keeper, der sich auf die wahrscheinlichste Variante vorbereitet hat. Kein Torhüter kann immer richtig stehen. Richtig zu stehen bedeutet, sich auf die wahrscheinlichste Möglichkeit einzurichten. Es gibt aber natürlich für einen Schützen immer mehrere Möglichkeiten, und ein Torhüter kann sich nicht für jede zugleich in der besten Position befinden.

Da es beim Fußball immer zu viele Möglichkeiten gibt und da kein Torhüter tatsächlich ein Computer werden kann, werden Fußballfans auch künftig auf Paraden nicht verzichten müssen. Und manchmal kann ein Torhüter das Glück haben, dass er einen Ball nur deswegen hält, weil er im Vorfeld unaufmerksam war. Wenn er richtig steht und sich auf das Abdecken des größtmöglichen Raums konzentriert, ist ein in den äußersten Winkel gezirkelter Ball kaum haltbar. „Nur wenn ich falsch stehe, ganz nah am Schusswinkel", sagte Toni Schumacher, „dann fange ich solche Bälle."

Wie gut Torhüter auch immer sein mögen – am Ende bleiben sie immer in einer paradoxen Situation. Zwar werden sie bewundert für tolle Paraden, aber am besten sind sie oft genau dann, wenn sie eben die nicht zeigen. Zirkusreife Aktionen sind im Repertoire des Torhüters lediglich so etwas wie die Spitze des Eisbergs. Was seine Qualitäten auszeichnet, sieht man nicht. Das, was man am meisten bewundern müsste, geschieht im Verborgenen. Der Zuschauer sieht nur das Offensichtliche, den Abschluss der Handlung, nicht aber deren Vorbereitung. Will man Torhütern also gerecht werden, will man sie in allen ihren Qualitäten angemessen würdigen, so muss man auf ihre heimlichen Künste achten. Denn gerade diese unsichtbaren Fähigkeiten sind es, die sie manchmal so unheimlich machen, als besäßen sie Zauberkräfte.

Vergessene und teuflische Taten

Werden Torhüter als „Helden" und „Götter" gefeiert, die quasi im Alleingang einen Triumph sicherstellen – „Stuhlfauth schlägt Norwegen!", hieß es 1924, „UEFA-Pokal für Dino Zoff!", lautete eine Schlagzeile 1977 –, dann standen sie in der Regel in der schwächeren Mannschaft.

Im Jahr 1953 war Walter Zeman Garant eines mehr als schmeichelhaften 1:1-Unentschiedens der Österreicher gegen Ungarn. Reporter Willy Meisl schrieb: „Wenn man es genau nimmt, so hat gestern gar nicht Österreich, sondern ein Österreicher namens Walter Zeman gegen Ungarn 1:1 gespielt. Mit jedem anderen Torhüter hätte Österreich das Spiel mit 1:3, 1:4 oder noch höher verloren, woraus schon hervorgeht, dass das 1:1 nicht ganz unverdient war, denn immerhin, Zeman ist ein Mitglied der österreichischen Mannschaft gewesen, und mit ihm mussten die Ungarn eben rechnen." Umgekehrt wird der letzte Mann in einem genialen Team nahezu verzichtbar. 1970 wurde ein Mann namens Felix Weltmeister, ohne dass irgendjemand hätte behaupten können, die Brasilianer hätten ihn zum Titelgewinn benötigt. Je schlechter der letzte Mann, so könnte man sagen, umso gerechter ist das Ergebnis. Wenn ein Sieg nur aufgrund einer überragenden Torwart-Leistung möglich ist, dann geht damit immer einher, dass die eigentlich bessere Mannschaft verloren hat.

Ist ein Torhüter quasi allein verantwortlich für einen Sieg, so wird das durchaus registriert. Die tollen Aktionen jedoch, die er vollbracht hat, sind meist recht schnell wieder vergessen. Hans Tilkowski stellte fest: „Geschossene Tore lassen sich zählen und registrieren. Wir Torhüter haben es da etwas schwerer. Wir rücken erst in den Mittelpunkt, wenn wir viele Tore verhindern. Einen Pferdefuß aber hat diese Fußball-Faustregel: Geschossene Tore lassen sich haargenau am Ergebnis ablesen. Verhinderte Tore kann man nicht einmal schätzen." Man weiß eigentlich nie genau, was ein Torhüter wirklich vollbracht hat. Alles bleibt im Dunklen und Ungefähren, man kann nur schwer eine positive Leistungsbilanz ziehen. Das führt dazu, dass seine Taten auch in der Wahrnehmung des Publikums rasch verblassen. Im Stadion und während einer Fernsehübertragung kann man die

Paraden zwar sehen, aber sie bleiben nicht bestehen. Die Erinnerungsarbeit orientiert sich an den Treffern, und die haben eben nie einen Tormann zum Helden. Niemand kann die Paraden-Serie nacherzählen, die Oliver Kahn zum weltbesten Torwart machte. Ähnlich erging es Sepp Maier, der 1974 nach einhelliger Expertenmeinung der Hauptverantwortliche für den WM-Triumph Deutschlands war. Während des Endspiels gegen die Niederlande waren alle Deutschen fasziniert von den tollen Paraden Maiers. Hinterher erinnerte sich kaum einer mehr daran, dass er die 2:1-Führung gerettet hatte. Sportreporter Waldemar Hartmann: „Der Sepp bedauerte deswegen, dass in den Kurzzusammenfassungen des Endspiels auch meist nur die Fouls zu den Elfmetern und die Tore von Neeskens, Breitner und Müller gezeigt werden. Alle Paraden von Maier habe ich dann ein paar Jahre später in einer anderen Sendung dem Sepp vorgespielt. Das hat ihm sehr gefallen."

„Für Sieg gibt es keinen Ersatz". So ist ein Buch des amerikanischen Generals Mc Arthur betitelt, und der Satz gehört heute zum Standard-Wortschatz deutscher Fußballtrainer. Er beschreibt punktgenau das Grundproblem des Torhüters. Er kann einen Sieg allenfalls retten, aus seiner Position heraus aber nie selbst bewirken. Eduardo Galeano, Schriftsteller aus Uruguay, hat es so ausgedrückt: „Das Tor ist festlicher Höhepunkt des Fußballspiels: Der Torschütze produziert Freude, der Torhüter, der Spielverderber, macht sie kaputt." Selbst wenn er als Torvernichter zum Helden stilisiert wird oder zum Gott – im Grunde bleibt er immer ein Anwalt der Negation. „Turek, du bist ein Fußballgott!", schrie Zimmermann zuerst, als „weiße" Variante, und fügte sogleich die „schwarze" hinzu: „Turek, du bist ein Teufelskerl!"

Der Teufel ist das als Person gedachte „schwarze" Prinzip. Schwarz ist die Farbe, die jede Lichtstrahlung vollkommen absorbiert, die Farbe der Nacht, des Todes und des Bösen, die Farbe der Vernichtung und des Nichts. Der Teufel ist als Widersacher Gottes, als Antichrist, als gefallener Engel, als oberster der bösen Geister vor allem ein Verneiner. Meist erscheint er als Ziegenbock, doch kann er auch andere Gestalten annehmen. Beispielsweise die einer allen gegnerischen Stürmern Unglück bringenden „schwarzen Katze". In diesem Sinne passte der einst so beliebte schwarze Aufzug am besten zu dem Mann, der sich den dunklen Kräften der Verneinung verschrieben hat. Er ist der Verteidiger der „Null", des Nichts. Würden in jedem Spiel beide Torhüter ihre Sache perfekt machen, hätte man es mit „schwarzer Magie" zu tun: Es gäbe null Freude, null Tore, null Fußball. Heraus käme nicht nur Langeweile, sondern eine Leere. Man könnte einpacken und mit dem Fußball Schluss machen.

Der gängigen Auffassung, die im Schiedsrichter den sprichwörtlich „schwarzen Mann“ sieht, ist heftig zu widersprechen. Schiedsrichter können parteiisch sein, sie können Fehler machen und ein Spiel verpfeifen. Aber von ihrer Aufgabe her sind sie ganz und gar nicht die bösen „Vernichter“ des Spielgedankens. Im Gegenteil. Indem sie über die Regeln wachen und sie durchsetzen, sorgen sie dafür, dass das Spiel funktioniert. Gäbe es keine Schiedsrichter, würde man sich ständig darüber streiten, was erlaubt ist und was nicht – und käme gar nicht mehr zum Fußballspielen. Wenn ein Schiedsrichter versagt, dann erfüllt er seine Aufgabe nicht. Das heißt: Wenn er Fehler macht, sind es immer nur individuelle Fehler. Auch ein Torhüter kann natürlich individuelle Fehler machen. Seine Aufgabe aber ist es, keine Fehler zu begehen. Es ist eine paradoxe Aufgabe. Denn würde er sie perfekt erfüllen und überhaupt keine Tore mehr zulassen, wäre das Spiel zerstört. Mit anderen Worten: Der Torhüter-Auftrag, fehlerlos zu bleiben, ist ein genereller Fehler im Fußball-Code. Aus lauter „Nullen“ lässt sich nämlich kein Spiel mehr programmieren.

Doch jeder Fußballfan ist sich des Trosts gewiss: Jede „Zu-Null-Serie“ findet ihr Ende, die nächste Niederlage kommt bestimmt, und es ist nur eine Frage der Zeit, bis der Torhüter wieder einen Fehler macht. Es mag keine unhaltbaren Schüsse geben, genauso wenig aber gibt es einen allmächtigen Torhüter. Denn er steht auf einer „unmöglichen“ Position. Er kann mal zum Helden werden, doch prinzipiell steht er auf verlorenem Posten. Er will unverwundbar und fehlerlos sein, er muss aber verletzlich und fehlbar bleiben. Selbst wenn er Super-Paraden in Serie hinlegt – die Schüsse sind so unberechenbar und das Tor ist so groß, dass immer wieder mal ein Ball reingeht. Weil er, zum Wohle des Spiels, reingehen muss. Den Unüberwindlichen darf es nicht geben. Eine unendliche Reihe von göttlichen Taten wäre eine teuflische Sache. Deswegen muss die Unverwundbarkeit der letzten Männer auf dem Altar des Fußballs geopfert werden. Deswegen ist jeder Treffer ins Tor auch ein Akt der Teufelsaustreibung und ein Pfahl, der ins Herz des Dämonen getrieben wird. Deswegen ist es das Schicksal und die Tragik der letzten Männer, dass sie immer wieder geschlagen am Boden liegen.

KAPITEL 3

HELDEN UND KERLE

Graue Mäuse und leuchtende Farben

Manchmal, wenn sogar die besten Schüsse keinen Weg ins Netz finden, erscheint die Fläche zwischen Querlatte und Pfosten wie eine undurchdringliche Wand. Agiert der dafür verantwortliche Torwart ohne jedes Spektakel, kann man den Eindruck gewinnen, dass das nicht an seinem Können, sondern am Unvermögen der Stürmer liegt. Solche geradezu „unsichtbaren" Meister des Stellungsspiels, die ihre Leistung nicht erkennen lassen, werden von den Angreifern am meisten gefürchtet. Zwar stellen sie sich selbst in den Schatten, zugleich aber sorgen sie dafür, dass jeder gescheiterte Schussversuch aussieht, als sei er ein Fehler des Schützen. Oft können es die Gegner selbst nicht glauben, dass ein Torhüter immer richtig steht, und machen sich Gedanken, warum das Tor wie mit Brettern vernagelt ist. Bei Heiner Stuhlfauths großem Auftritt des Jahres 1929 in Turin gerät seine unscheinbare Oberbekleidung, das berühmte „graue Wams", während der Halbzeit plötzlich ins Zentrum des Interesses. Einige erregte Italiener stürmen in die Kabine der Deutschen und bedrängen den Nationaltorhüter, dass er unbedingt seinen grauen Pullover ausziehen müsse, weil man ihn darin so schlecht sehen könne. Stattdessen solle er sich ein knallrotes Trikot überstreifen, das die Italiener denn auch gleich mitgebracht haben. Stuhlfauth widersetzt sich vehement: „Ich denke nicht daran, das rote Trikot anzuziehen! In meinem alten Dress spiele ich schon fast 20 Jahre!"

Die Italiener waren offensichtlich der Meinung, dass ihre Stürmer beim Torschuss eher erfolgreich wären, wenn sie den Torwart besser sehen könnten, wenn er sich also vom umgebenden Hintergrund – grauer Beton, graue Zuschauermassen – besser abheben würde. In Lehrbüchern wird die Ansicht, dass ein unauffälliger „grauer" Torwart schwerer zu überwinden ist, unter dem Titel „Theorie der Tarnfarbe" abgehandelt. Wenn der Torwart unauffällig gekleidet ist, so die These, fehle dem Schützen das „negative" Ziel, also die Orientierung dafür, wo er auf keinen Fall hinschießen darf. Ein „unsichtbarer" letzter Mann könne plötzlich wie aus dem Nichts auftauchen und den Angreifer in die Irre führen. Diese These klingt einigermaßen plausibel. Ob die Italiener aber gewonnen hätten, falls sich Stuhlfauth dazu hätte überreden lassen, zur zweiten Halbzeit in einem auffälligen roten Trikot anzutreten, kann man trotzdem mit guten Gründen bezweifeln. Vermutlich wären noch mehr Bälle direkt auf ihn zugekommen. Bereits im Jahr 1926 stellte der Psychologe H.G. Hartgenbusch fest, dass Torhüter öfter angeschossen werden, als es ein nichtpräzises Treten der Schützen allein erklärlich macht. Er erklärte dieses Phänomen damit, dass der Torwart die Aufmerksamkeit des Schützen bindet und „durch seine bloße Anwesenheit die Richtung des Balles bestimmt". Um erfolgreicher zu sein, müsse also der Schütze sein Blickfeld umstrukturieren und sich auf nichtstrukturierte Punkte konzentrieren. Erst dann sei er in der Lage, dorthin zu zielen, „wo der Gegner nicht steht". In diesem Sinne zitierte Hartgenbusch einen Stürmer, der alles richtig gemacht hatte, mit den eindrucksvollen Worten: „Ich sah nur Loch!"

Lehmann mit „glänzendem" Trikot.

In der modernen Psychologie wird das beschriebene Phänomen unter dem Oberbegriff „Figur-Grund-Problematik" abgehandelt. Der Stürmer, so die Sportpsychologin Birgit Jackschath, muss die Leistung vollbringen, den Hintergrund, also „den Zwischenraum zwischen Torwart und Pfosten bzw. Latte als ‚Figur', nämlich als zu treffendes Objekt, zu interpretieren". Es ist eine Aufgabe, die nicht leicht zu erfüllen ist. Denn die Wahrnehmung von im Raum nicht ausgezeichneten Stellen erfordert eine Umkehrung der normalen Sehgewohnheiten. Für den Spieler, meint die Psychologin, ist es „viel naheliegender", den Torwart zu treffen als ins Tor hinein.

Nimmt man diese psychologische These ernst, so liegt es für jeden Torwart auf der Hand, diese Tendenz durch eine auffällige Spielkleidung zu verstärken. Der spätere „Kicker"-Herausgeber Dr. Friedebert Becker vertrat schon im Januar 1935 in einer Ausgabe des „Fußball" unter der Überschrift „Greller Sweater? Grauer Sweater?" vehement die Ansicht, dass eine unscheinbare Kleidung für den Torwart äußerst unvorteilhaft sei. „Steht zwischen den Pfosten ein düster getarnter Torwart, der sich tatsächlich chamäleonhaft dem ebenso düsteren Hintergrund anpasst, dann geniert und ‚rührt' er den Stürmer überhaupt nicht. Er ist für ihn beinahe Luft! Hat der Torwart aber einen grellgrünen oder grellroten, grellgelben oder blauorange karierten Sweater an, dann lenkt er suggestiv die Blicke des Stürmers auf sich, ob der schussgewaltige Herr Angreifer will oder nicht!“ Und diese kleine Schrecksekunde, so Becker, führe zumindest zu einer Verunsicherung des Schützen. „Leider können sich die deutschen Torhüter den ‚Trick‘ zur Erhöhung ihrer Unwiderstehlichkeit nicht zunutze machen“, bemerkte der Sweater-Experte etwas frustriert am Ende seines Artikels. Nach der Spielordnung des DFB durften deutsche Torhüter zu dieser Zeit nämlich nur graue oder schwarze Sweater tragen. Stuhlfauth hätte also 1929 in Turin sein „graues Wams“ gar nicht gegen ein rotes Trikot tauschen dürfen.

In den Zeiten nach Stuhlfauth lockerten sich nicht nur die Farb-Vorschriften des DFB, sondern es kamen nun auch viele Torhüter – ohne Kenntnis des Becker-Artikels und ohne Psychologiestudium – zu der Ansicht, dass eine „Tarnkleidung“ nicht die richtige Torhüter-Garderobe sein kann. Der Streit drehte sich jetzt weniger um die Frage, ob ein Torwart überhaupt auffällig sein soll, sondern um die Art der Farbe, die am besten geeignet schien, die Bälle anzuziehen. Edi Schaffer, der Meistertorwart des 1. FCN vom Jahr 1948, schwor auf die Farbe Grün. Grün war zu seiner Zeit die in England am weitesten verbreitete Torwart-Farbe, und englische Torhüter galten als die besten. Also, so sein Gedanke, musste am Grün schon was Besonderes dran sein. Uruguays Nationalkeeper der 1960er Jahre, Ladislao Mazurkiewicz, trug immer Schwarz – ausdrücklich aus dem Glauben heraus, dass der Torschütze in Tornähe unbewusst auf eine schwarze Fläche und nicht in die Torecken zielen würde. Nach dem Verbot der Farbe Schwarz probierten es viele Torhüter mit knalligen und grellen Signalfarben. Wie bei der Mimikry mancher Tiere wurde das Torhüter-Trikot zu einer Art „Warntracht“, die dem Gegner mitteilen sollte: Seht her, wie groß und stark, wie gefährlich und unüberwindbar ich bin.

Ob Torhüter in grellen Farben den Schützen tatsächlich eher zu Fehlschüssen verleiten als solche in mattem Gewand, hat noch niemand ausgerechnet. Viele bevorzugen bis heute eher unauffällige Farben. Denn die psychologische Wirkung von Signalfarben hat auch negative Effekte. Ein leuchtender Torwartpullover, meint Sepp Maier, bietet vor allem bei Schüssen aus der Distanz einen Orientierungspunkt. „Schon aus dem Augenwinkel sieht der Gegner die Leuchtfarbe. Das Ziel wird angepeilt, der Schuss abgegeben. Bei Schüssen aus größerer Distanz ist immer mit einer Abweichung von zwei bis drei Metern zu rechnen. Und das ist genau die Entfernung, die der Torwart auch bei schneller Reaktion nicht mehr überwinden kann.“ Die Signalfarbe würde nur dann etwas nützen, wenn die Schützen immer dorthin träfen, wohin sie zielen. Da sie das aber in der Regel nicht tun, erweist sich der Torwart keinen Gefallen, wenn er seinen Gegnern einen Anhaltspunkt zum unbeabsichtigten Danebenschießen gibt.

Von den verschiedenen Theorien, die aus der Wahl der Trikotfarbe bestimmte Vor- bzw. Nachteile ableiten, hat sich bislang keine wissenschaftlich erhärten lassen. Auch die These, dass die Schockwirkung greller Farben bei Flutlichtspielen einen gewissen Effekt hervorbringt, ist auf ihre Stichhaltigkeit noch nicht abschließend überprüft worden. Der Dortmunder Jens Lehmann spielt unter künstlicher Beleuchtung meist in einem leuchtenden Orange und erhofft sich davon eine nützliche Wirkung. Wie die aussehen könnte, hat Frans Hoek in einem aktuellen Torwart-Lehrbuch ausgeführt: „Die gelbe Farbe erweist sich u.a. als vorteilhaft bei Flutlichtspielen, da sie einen reflektierenden Effekt hat. Es gibt eine Theorie, die besagt, ein Torwart in hellfarbenem Trikot (gelb oder orange) könne einen Angreifer in seiner Aktion beeinflussen. Als Beispiel wird dazu meist angeführt, dass ein Spieler während eines Flutlichtspiels auf den Torwart zukommt und plötzlich einen ‚Blitz' vor sich sieht. Der Angreifer schießt dann oft aus einer Art Schreckreaktion den Ball sofort in Richtung des ‚Blitzes'."

Starke Muskeln und brutaler Blick

Für den Posten zwischen den Pfosten kann man sich bis heute nur Typen vorstellen, die eine entsprechende Masse und vor allem Größe mitbringen. Von grotesken Übertreibungen einmal abgesehen – der bereits im Jahr 1907 von Fatty Foulke aufgestellte Rekord von 178 Kilogramm Torhüter-Lebendgewicht ist aus verständlichen Gründen bis heute nicht überboten worden –, sind es in der Regel meist knorrige Athleten, die sich für den Job des Keepers entscheiden. Es gibt zwar auch Gegenbeispiele, in der Regel jedoch haben es Hänflinge schwer, sich als „First Man" Respekt zu verschaffen. Wer eine entsprechende Figur mitbringt, hat es leichter, sich durchzusetzen. Typen wie Heiner Stuhlfauth, Frank Swift, Amadeo Carrizo und Pat Jennings zeichneten sich nicht nur durch Körpergröße, sondern auch durch riesige Hände aus. So groß wie Teller seien sie gewesen, gar riesig „wie Bratpfannen". „Was der Heiner einmal zwischen seinen Pranken hielt", schrieb der „Kicker" über die legendäre Fangsicherheit Stuhlfauths, „das ließ er nicht mehr los! Immer wieder hatte man das Gefühl, dass so ein Fußball eigentlich zu klein für den großen Mann wäre!" Ähnlich verhält es sich bei Frank „Fäustel" Rost, über den seine einstigen Bremer Fans die Mär in die Welt setzten, dass er das Tor mit einer Hand verdunkeln könne.

Wie die Flug-Akrobaten, die mit ihrer Eleganz beeindrucken, werden auch die letzten Männer, die durch ihre imposante Erscheinung hervorstechen, mit Ehrennamen aus der Welt der Raubtiere bedacht – wobei die Betonung selbstverständlich anders gesetzt ist. Kalle Svensson, Vize-Weltmeister von 1958, bezeichnenderweise ein ehemaliger Ringkämpfer, stemmte seinen massigen Körper jedem Gegner in Furcht erregender Weise entgegen und hieß deswegen „Der Löwe im schwedischen Tor". Der Lehrmeister des großen Lew („Löwe") Jaschin, Alexej Chomitsch, hatte wegen ähnlicher Eigenschaften den Ehrennamen „Tiger" erhalten. Amadeo Carrizo, Argentiniens Top-Torhüter der Nachkriegszeit, hatte schon als Jugendlicher eine Figur wie ein Kleiderschrank. Johnny Weissmüller war in dieser Zeit als „Tarzan" auf der Filmleinwand zu sehen, und so hatte Carrizo seinen Spitznamen weg: „El Tarzan" nannten ihn seine Schulkameraden.

In seiner Wirkung übertroffen wurde „Tarzan" noch von dem 1,93 Meter großen 100-Kilo-Mann Peter Schmeichel von Manchester United, der Anfang der 1990er Jahre als weltbester Torhüter galt und seine körperlichen Vorteile im Zweikampf mit den Stürmern immer voll zum Einsatz brachte. Zum „Tarzan" mutierte auch der einst recht schmächtige Gerald Ehrmann vom 1. FC Kaiserslautern, nachdem er sich Ende der 1980er Jahre durch eisenhartes Training entsprechend in Figur gebracht hatte. Im Vergleich zu dem dänischen Zwei-Zentner-Riesen Peter Schmeichel, der ab 1991 im Tor von Manchester United eine beeindruckende körperliche Präsenz entwickelte, wirkte aber selbst einer wie Ehrmann eher kümmerlich. Über den britischen Modellathleten schrieb die „FAZ" einmal: „Die blonden Haare so kurz geschnitten, dass sie auch den Modevorstellungen eines Korporals der amerikanischen Eliteeinheit Ledernacken entsprechen, sieht Peter Schmeichel aus wie der Instrukteur eines Fitness-Centers." Begünstigt durch seine Statur, aber vor allem durch das, was er daraus machte, wirkte Schmeichel auf jeden Gegner Furcht einflößend. Wegen seiner Coolheit bekam er den Spitznamen „Eisbär", wegen seines rücksichtslosen Draufgehens, bei dem er weder auf sich noch auf den Gegner Rücksicht nahm, wurde er auf den Namen „Rambo" getauft.

Viele, die von der Natur etwas vernachlässigt wurden, haben nachgeholfen, weil, wie sie meinen, ein Feldspieler rein von der Optik her einen schmächtigen Torwart weniger fürchtet als einen Giganten. Manche ziehen Trikots an, in denen ein spezieller Schulterschutz eingearbeitet ist, um dadurch breiter zu wirken. Andere helfen mit Bodybuilding nach. Nicht nur Schmeichel stemmte regelmäßig Eisen. Gerald Ehrmann, Toni Schumacher, Uli Stein, Bodo Illgner, Oliver Kahn – alle gingen sie ins Fitness-

Schumacher beim Eisenstemmen und Kahn, grimmig.

studio und trainierten sich Muskeln an. Nationaltorwart Schumacher und sein Nachfolger Illgner arbeiteten mit derart übertriebenem Ehrgeiz an den Kraftmaschinen, dass es Teamchef Beckenbauer zu viel wurde. Über Schumacher spöttelte er, dass der „in seinem Körper wie in einem Gefängnis“ lebe, und im Fall lllgner beauftragte er Bundes-Torwarttrainer Sepp Maier, mit ihm mehr Schnell- und Sprungkraft zu trainieren, „sonst kann der bei Bodybuilding-Meisterschaften gewinnen, aber keinen Ball fangen“.

Maier pflichtete Beckenbauer bei: „Wir brauchen keine Gewichtheber im Tor.“ Er machte aus Illgner, bei dem die Muskeln bereits zu einem mechanischen Hindernis zu werden drohten, einen passablen Torhüter. Und bei seinem Stammverein Bayern München sorgte er dafür, dass Oliver Kahn, der sich ebenfalls bereits steif trainiert hatte, heute nicht nur mit seiner Athletik, sondern auch durch seine Beweglichkeit beeindrucken kann. Mit dem Krafttraining hat Kahn dennoch nie aufgehört. „Der Körper ist mein Panzer“, so seine Begründung. „Er nimmt mir Angst und gibt mir Selbstvertrauen.“

Laut Kahn besteht eine der Hauptaufgaben des Torhüters darin, „groß und stark“ zu sein und unüberwindlich zu wirken. Körperlich wie psychisch. Von Typen mit körperlichen Vorteilen ist bekannt, dass sie diese auch auf psychologisch geschickte Weise einzusetzen wissen. Wenn Keeper wie Swift oder Carrizo den Ball scheinbar mühelos mit nur einer Hand fingen, war das nicht nur eine Show, sondern auch eine Geste der Überlegenheit, hervorragend dazu geeignet, den Gegner mutlos zu machen. Körperlich weniger gut ausgestattete Torhüter helfen durch entsprechende Mimik und Gestik nach. Toni Schumacher bemerkte immer wieder, dass ein letzter Mann mit allen Mitteln versuchen müsse, die gegnerischen Stürmer einzuschüchtern. „Also muss Respekt geschaffen werden, unter Einsatz aller verfügbaren Mittel: Muskeln, angriffslustige Mimik, ein brutaler Blick." Der türkische Nationaltorwart Rüstü Recber ist bekannt für seine schwarze Kriegsbemalung unter den Augen. „Die Farbe soll verhindern, dass mich das Flutlicht blendet", so seine Erklärung, „aber vielleicht jage ich damit auch den gegnerischen Stürmern etwas Furcht ein." Würden die Regeln es erlauben, stünde er womöglich mit einer dämonischen Maske im Tor, um seine Gegner wie ein Buschkrieger bereits durch seine bloße Erscheinung zu erschrecken.

Eine martialische Erscheinung wie Kahn braucht nur „Buh" zu machen und schon sucht der Stürmer mit schlotternden Knien das Weite. So jedenfalls funktioniert es in dem Werbespot des Münchners für den Schokoriegel „Lion". Im echten Torwartleben hat er freilich schon immer wie ein Löwe gebrüllt, seine Krallen gezeigt und als König des Strafraums gegnerische Stürmer gerissen wie der König der Tiere in der Serengeti hilflose Gazellen-Kälber. Als „Löwe" bekannt geworden ist er freilich nicht. Lange bevor er für „Lion" Werbung machte und sich die Haare zur Mähne ondulieren ließ, verglich Harald Schmidt Oliver Kahn mit einem Gorilla. Das war eher nicht als Lob zu betrachten. Immerhin: Ein Gorilla flößt jedem, der sich ihm nähert, gehörigen Respekt ein. Recht eingeschüchtert waren zum Beispiel im Champions-League-Finale 2001 Valencias Stürmer, als sie beim Elfmeterschießen an Kahn scheiterten. Sein Gegenüber Santiago Canizares hingegen, immerhin ein „Drachen", vermochte Bayerns Vollstrecker nicht zum Zittern zu bringen. Wenn einer wie Kahn im Tor steht, bleiben die Torjäger oft harmlos, weil sie sich machtlos wähnen.

Ob die Stürmer ähnlichen Respekt vor den Talenten Timo Hildebrand und Darius Kampa, zwei von Kahns potenziellen Nachfolgern, je haben werden, ist noch nicht heraus. Der eine sieht aus wie die „schwäbische Antwort auf Leonardo di Caprio" („Stuttgarter Zeitung"), der andere hat „eine Konfirmandenfrisur, die keinen Gegner erschreckt" („Berliner Zeitung"). Solche freundlich-braven jungen Männer wirken eher wie Schoßhündchen und nicht wie gefährlich-bissige Wachhunde, die auf Strafraum-Eindringlinge dressiert sind.

Duelle vor der Linie

Egal, wie groß und stark ein letzter Mann ist, und einerlei, wie Furcht erregend auch immer seine Ausstrahlung sein mag – es hilft ihm alles nichts, wenn er sein Tor nicht richtig abdeckt. Vor allem unmittelbare Duelle zwischen Torwart und Stürmer – die so genannten „1:1-Situationen" – zeigen, dass diejenigen die Hilflosesten und Kleinsten sind, die auf der Linie kleben bleiben. Wenn ein Gegner alleine mit dem Ball auf ihn zustrebt, muss ein Torhüter sich „größer" machen, indem er ihm entgegen läuft. Dieses „Sich-größer-machen" heißt in der Fachsprache „den Schusswinkel verkürzen". Je kürzer der Abstand zwischen Torhüter und Schütze ist, desto breiter ist die abgeschirmte Fläche und desto schmaler sind die Lücken, die als Einschussmöglichkeiten übrig bleiben. Beim Herauslaufen muss der Torhüter jedoch ein gutes Timing beweisen. Läuft er zu spät, bleibt der Schusswinkel zu weit; läuft er zu früh, kann ihn der Gegner überlupfen. Nur wenn er im richtigen Moment rasch herausläuft und den Stürmer „stellen" kann, hat er eine Chance. Die Duell-Situationen, die im Raum vor dem Tor entstehen können, und das Timing beim Herauslaufen haben Harald Schumacher und sein Torwarttrainer Rolf Herings zu einem besonderen Trainingsschwerpunkt gemacht. Schumacher: „Es ist gar nicht so schwer zu berechnen, wie man kurze oder lange Ecken verschieben kann, wie man dem Stürmer nur ein begrenztes Plätzchen für seinen Ball überlässt. Wir haben zusammen Hunderte von verschiedenen Stellungskonstellationen und Möglichkeiten simuliert. Zuerst an der Tafel, dann auf dem Feld. Bis mir die errechneten Positionen in meinem Tor als Reflex in Fleisch und Blut übergegangen waren."

In den 1930er Jahren war der Tscheche Frantisek Plánicka dafür gefürchtet, dass er nicht nur seinen Torraum, sondern das gesamte Strafraum-Rechteck zum „Jagdgebiet auf Stürmer" erklärt hatte. Keiner lief so oft wie er heraus, keiner stürzte sich derart unerschrocken den Gegnern vor die Füße, keiner stiebitzte ihnen mit solch einem traumwandlerisch sicheren Griff den Ball von den Füßen. Später galt das mutige Herausstürmen und sich Hineinwerfen in den Schuss vor allem als Spezialität der britischen Torhüter. Bernd Trautmann von Manchester City beherrschte das perfekt und besaß zudem noch die Begabung, selbst aus kürzester Entfernung abgefeuerte Bälle mit seinen „magnetischen Händen" sicher festzuhalten. Über den größten Könner in dieser Beziehung, über Gordon Banks, schrieb Eric G. Batty: „Er besaß ein außergewöhnliches Talent, sich dem Angreifer in den Schuss zu werfen: Im letzten Augenblick, wenn es schon schien, als würde dessen Fuß gerade den Ball berühren, tauchte Banks urplötzlich auf. Dann sah alles so leicht und selbstverständlich aus; eher wie ein Fehler des Stürmers als wie das Geschick des Torhüters."

Andere Meister im Herauslaufen und im Verkürzen des Schusswinkels warfen sich fast nie. „Wenn ich hinauslaufen musste, dann habe ich mich nur ganz selten vor die Füße des heranstürmenden Angreifers geworfen", erläuterte Gyula Grosics, Ungarns Meister-Torwart der 1950er Jahre. Der Grund ist klar: Verfehlt ein Torhüter beim Sprung vor die Beine den Ball, liegt er hilflos am Boden und hat keine Reaktionschance mehr. Bei direkten Duellen mit einem Angreifer habe er sich immer bemüht, so Grosics, den Winkel vor dem Stürmer durch eine schnelle Bewegung abzuschneiden. „Oft und gerne habe ich in solchen Situationen mit viel Erfolg die Waffe der Körpertäuschung angewandt. Ich ließ mich so fallen, dass zum Beispiel der Eindruck entstand, ich würde mich nach rechts hinwerfen, im letzten Moment änderte ich jedoch die Richtung, und das frappierte oft den Gegner."

Der Argentinier Amadeo Carrizo hatte die Angewohnheit, schnell herauszulaufen, plötzlich abzustoppen und dann zur Salzsäule zu erstarren. Perfektioniert wurde diese Taktik, den Stürmer durch stoische Ruhe zu entnerven, vom Nordiren Pat Jennings. Er blieb so lange stehen wie nur möglich und vermied jede vorzeitige Bewegung. Auf diese Weise zwang er seinen Gegner, die Entscheidung zu treffen. Jennings Prinzip lautete: „standing up well". Der Kopf, die „coolness", wurde dadurch wichtiger als der Ball; denn ein Keeper, der stehen bleibt, muss die Situation vor allem im Kopf für sich entscheiden. Wenn es ihm gelungen ist, den Gegner zu irritieren und zu verunsichern, ist es umso leichter, ihm den Ball wegzuschnappen.

Das Jennings-Prinzip ist heute die gängige Torwart-Lehre zur Lösung von 1:1-Situationen. Die Anweisung lautet ungefähr so: herauslaufen; zum Stand kommen; auf Aktionen des Angreifers warten; sich aufplustern und den Eindruck suggerieren, man sei unüberwindbar; sich nur auf den Ball konzentrieren; nicht auf täuschende Bewegungen des Angreifers reagieren. Wenn der Stürmer dann aus kürzester Entfernung schießt, muss die Reaktion blitzschnell kommen. Oliver Kahn, der bei 1:1-Situationen kaum zu schlagen ist, übt daher ständig das reflexartige Reagieren auf die kurzen, trockenen Schüsse aus zwei bis vier Metern. Als bester Torwart in 1:1-Situationen erwies sich im Jahr 2002 jedoch nicht Kahn, sondern der zart gebaute Darius Kampa vom Abstiegskandidaten 1. FC Nürnberg. Keiner stand so oft wie er alleine einem Stürmer gegenüber, und keiner behielt dabei so oft wie er die Oberhand.

Trautmann: Ein Deutscher als Held von Wembley

Ein Deutscher, der in den 1950er Jahren im Tor von Manchester City stand, galt im direkten Duell mit dem Angreifer nahezu als unschlagbar. „Er deckt das Tor wie die Spartaner den Thermophylenpass", äußerte ein Bewunderer, „und wenn er herausläuft, ist der Stürmer immer Zweiter." Dieser Leonidas des Fußballs hieß im wirklichen Leben Bernd Trautmann und war auch körperlich eine beeindruckende Erscheinung. „Ein Mann wie ein Berg", schrieb Gerhard Seehase: „Breite Schultern, blonde Haare und Hände, denen man ansieht, dass sie zupacken können." Anfang der 1950er Jahre träumte der Deutsche vom englischen Cupfinale. „Ein einziges Mal hier in Wembley spielen zu können, das wäre der Höhepunkt meiner Laufbahn", sagte er wiederholt zu Reportern. 1955 war es so weit. Da durfte der gebürtige Bremer im Tor von Manchester City auf dem „heiligen Rasen" des englischen Fußballs eine Kostprobe seiner Künste abgeben. Tatsächlich lieferte er eine tadellose Leistung ab. Dreimal jedoch war er chancenlos geblieben, seine Kollegen trafen nur einmal, und so ging die Trophäe an den Gegner, an Newcastle United. Nach dem Spiel drückte ihm Prinz Philipp die Hand und sagte auf deutsch: „Jetzt habe ich also Ihre berühmte magnetische Hand gedrückt." Trautmann antwortete: „Und Ihr Händedruck, Königliche Hoheit, wird mich sicher noch gefährlichere Schüsse halten lassen."

So kam es auch. In der Saison 1955/56 avancierte der Bremer nicht nur zum besten Torhüter Englands, sondern zum besten Fußballer überhaupt. Er war der erste Torhüter in England, der zum „Fußballer des Jahres" gewählt wurde. Kurz nach der Verleihung der Auszeichnung hat sich Manchester City erneut für das Cupfinale qualifiziert. Gegner ist Birmingham. In der 3. Minute des Spiels erzielt Hayes für City die Führung, kurz darauf gelingt Kinsey der Ausgleich. Birmingham attackiert ununterbrochen, aber Trautmann lässt keinen weiteren Treffer mehr zu. „Er ist immer gut und oft ist er fabelhaft. Und dann gibt es noch Tage, an denen er übernatürliche Dinge verrichtet." Das hatte einmal ein Kritiker über ihn geschrieben. Und einen seiner besten Tage hat er in diesem Finale, das Manchester City am Ende mit 3:1 gewinnt. Nach dem Abpfiff ist Bernd Trautmann schwer gezeichnet vom harten Kampf. Von zwei Mannschaftskameraden gestützt wird er zur Loge der „Royals" geleitet. Als ihm Prinz Philipp die Hand schütteln will, hält der verwundert inne und fragt: „Warum halten Sie eigentlich den Kopf so schief?" Trautmann presst schwerfällig die Antwort heraus: „Habe einen steifen Hals."

Trautmann „taucht" vor die Füße von Birminghams Halblinken Peter Murphy. Seine Hände greifen nach dem Ball, sein Nacken liegt, blank und schutzlos, neben Murphys linkem Bein. Das rechte holt gerade aus – einen Moment später ist es passiert.

Ursache war eine Szene aus der 73. Minute, als er sich mit ganzem Einsatz dem heranpreschenden Peter Murphy vor die Füße geworfen und dieser ihn mit dem Knie am Nacken getroffen hatte. „Ein fürchterlicher Schmerz durchzuckte mich. Ich wurde bewusstlos, und als ich wieder auf die Füße kam, konnte ich nur stammeln: ‚Ich glaube, ich habe mir das Genick gebrochen.'" Da eine Auswechslung damals noch nicht erlaubt war, spielte er weiter. Und obwohl er benommen war wie ein Boxer nach einem schweren Wirkungstreffer, konnte er noch zwei Scharfschüsse abwehren. Eine erste Röntgenaufnahme am Tag nach dem Spiel zeigte nichts Verdächtiges. Trautmann wurde daher zum Chiropraktiker geschickt. Der ver-

suchte, ihm die angeblich herausgesprungen Halswirbel wieder einzurenken. Trautmann fiel in Ohmacht, und der „Knochenbrecher“ spöttelte über die Wehleidigkeit der modernen Profisportler. Weil die Schmerzen nicht weggehen wollten, ließ er sich schließlich – seit dem Endspiel waren mittlerweile vier Tage vergangen – im Krankenhaus eingehend untersuchen. Diagnose: Der zweite Halswirbel war angebrochen. Der Torhüter hatte nur überlebt, weil der darunter liegende Wirbel den gebrochenen gestützt hatte.

Nach der Operation trug der Held des Cupfinales ein Gipskorsett von der Gürtellinie bis zum Kopf. Trotzdem verließ er bereits nach 14 Tagen das Krankenhaus, um am 26. Mai als Gast des DFB nach Berlin zum Länderspiel gegen England zu fliegen. Unterwegs erreichte ihn die Nachricht, dass sich sein fünfjähriger Sohn bei einem Autounfall schwer verletzt hatte. Trautmann buchte sofort einen Rückflug. Doch als er in England ankam, war sein Sohn bereits gestorben. „Und ich hatte geglaubt", schrieb er in seiner Autobiografie, „dass ich dem Schicksal schon genug Opfer gebracht hätte..." Die Ärzte hatten ihm nämlich nach der Operation offenbart, dass er sich mit dem Gedanken vertraut machen müsse, nie mehr im Tor zu stehen.

Bernd Trautmann sah nur einen Weg, diese traumatischen Erlebnisse zu verarbeiten: ein Comeback. Nach vier Monaten konnte er das Gipskorsett abnehmen, nach einem weiteren Monat, in dem er eine Ledermanschette um den Hals trug, begann er wieder mit dem Training. Anfang Dezember – seit seinem Unfall war kaum mehr als ein halbes Jahr vergangen – stand er wieder im Tor der Reservemannschaft von Manchester City. Weitere 18 Monate musste sich der zu diesem Zeitpunkt bereits 33-jährige Torwart in mühevollen Übungsstunden all das wieder aneignen, was er einst wie im Schlaf beherrscht hatte. Seine Zähigkeit wurde belohnt. Am Ende der Saison 1958/59 waren sich die Journalisten einig, dass wieder der „alte" Trautmann im Tor von City stand. Im Jahr darauf wurde er für seine Leistung mit der Ehre belohnt, die englische Ligaauswahl als Kapitän aufs Feld zu führen.

Keine Angst vor scharfen Schüssen

Nicht nur seine heldenhafte Tat beim Cupfinale 1956, sondern sein gesamter Lebensweg hat Bernd Trautmann in England zu einer Legende werden lassen. Während des Zweiten Weltkrieges war er in der deutschen Wehrmacht als Fallschirmjäger eingesetzt. Mehrmals wurde er für Tapferkeit vor dem Feind ausgezeichnet. Zweimal wurde er gefangen genommen – einmal von Partisanen, einmal von der Resistance –, beide Male konnte er fliehen. Nach der Kapitulation geriet er in russische Gefangenschaft. Auch dort entkam er, fiel anschließend den Franzosen, dann den Amerikanern in die Hände. Nach einem Verhör wurde er von zwei Soldaten abgeführt. Nun wurde es dramatisch. Trautmann: „Sie entsicherten ihre Maschinenpistolen, stießen mich ins Freie und befahlen mir, die Hände hinter dem Kopf zu verschränken. Über die mondbeglänzten Felder ging es auf eine allein stehende Eiche zu, wo ich mich, mit dem Gesicht gegen den Baumstamm, aufstellen musste. Ich hörte das Klicken und Klacken der Maschinenpistolen und wartete auf das Lospeitschen der Schüsse. So ist das Ende, dachte ich. Aber nach einer Weile kam der eine Amerikaner auf mich zu, rief: ‚Mack snell!' und bedeutete mir, zu verschwinden. Ich lief, so schnell mich die Füße trugen. ‚Auf der Flucht erschossen ...', ging es mir durch den Kopf. Aber nichts geschah – ich war frei. Frei für ein paar Minuten. Denn als ich über eine Hecke sprang, war ich geradewegs in englische Kriegsgefangenschaft gesprungen: Hinter der Hecke lagen britische Feldtelefonisten." Die waren völlig relaxed und empfingen ihn mit den Worten: „Hallo Fritz – wie wäre es mit einer Tasse Tee?" Trautmann nahm die Einladung an und versuchte fortan nicht mehr zu fliehen.

Im Kriegsgefangenenlager bewährte sich der ehemalige Fallschirmjäger als Torhüter und verdingte sich nach seiner Entlassung im Jahr 1948 beim Amateurclub St. Helens in der Grafschaft Liverpool. Trautmann hielt so gut, dass das durchschnittliche Team in der Bezirksmeisterschaft den zweiten Platz belegte. Als ein Talentspäher auf ihn aufmerksam geworden war, hatte er wenig später einen Profivertrag von Manchester City in der Tasche. Der Anfang einer erstaunlichen Karriere war damit gemacht. Von Jahr zu Jahr wurde der von den Engländern als „Bert" adoptierte Deutsche populärer, nach dem Cupfinale von 1956 war er endgültig ein Held. Die enorme Durchsetzungsfähigkeit, die Trautmann an den Tag legte, hat wohl nicht wenig mit seiner Lebensgeschichte zu tun. Schon bevor er im Tor von City stand, war er ein Draufgänger. Wer als Fallschirmjäger den Krieg und mehrere Gefangenschaften überlebt hat, der hat keine Angst mehr vor einem Getümmel im Strafraum. Bernd „Bert" Trautmann beendete am 15. April 1964 nach 508 Liga-Einsätzen für Manchester City seine aktive Laufbahn. 53.000 Zuschauer im überfüllten Stadion an der Maine Road verabschiedeten ihn bei seinem letzten Spiel. Im Programmheft wurde ein Journalist zitiert, der einst über ihn geschrieben hatte: „Ich würde den britischen Soldaten gern vor einem Kriegsgericht sehen, der ihn seinerzeit gefangen nahm. Er gehörte erschossen im Interesse aller englischen Mittelstürmer."

Der gebürtige Rhodesier Bruce Grobbelaar, in den 1980er Jahren Torhüter-Legende des FC Liverpool, war auch so ein Typ, den nichts mehr erschrecken konnte. Im Kampf der weißen Rhodesier gegen die schwarzen Guerilleros der Patriotischen Front von Mugabe und Nkomo hatte er die ganze Brutalität des Buschkrieges erlebt. In einer beiläufigen Bemerkung stellte er einmal die Relationen klar: „Wenn ich einen Fehler im Tor von Liverpool mache, bin ich niedergeschlagen, aber immerhin bin ich nicht tot." Wem schon mal echte Kugeln um die Ohren geflogen sind, den kann es eben nicht mehr erschüttern, wenn es sich bei dem, was da an ihm vorbeizischt, lediglich um einen Ball handelt. Das soll natürlich nicht heißen, dass man nur mit der Mentalität eines Söldners ein guter Torhüter werden kann. Der Beweis, dass man ein echter Kerl ist, lässt sich auch anders erbringen. Auf bewundernswerte Weise zeigte der Nordire Harry Gregg, dass der Mut und die Entschlossenheit, die ihn zwischen den Pfosten auszeichneten, sich nicht auf den Fußballplatz beschränkten. Am 6. Februar 1958 gehörte er zu den Überlebenden eines Flugzeugunglücks in München-Riem, bei dem acht Spieler von Manchester United ums Leben kamen. Gregg half aufopferungsvoll bei der Bergung der Verletzten und wurde dafür mit dem Orden „Member of the British Empire" ausgezeichnet.

Natürlich gibt es unter den letzten Männern nicht nur mutige Typen vom Kaliber eines Trautmann, Grobbelaar oder Gregg. Es gibt auch ziemliche Hasenfüße. Während der WM 1978 in Argentinien sorgte eine nächtliche Szene vor dem Quartier der schottischen Auswahl bei den Lesern der heimischen Boulevardpresse für viel Heiterkeit. Nationalkeeper Alan Rough ist mit einigen Kumpanen ausgebüchst. Als sie von ihrer Sauftour zurückkommen, schleichen sie sich bei tiefer Dunkelheit durch ein Loch im Zaun auf das Hotelgelände. Plötzlich werden sie von bewaffneten Sicherheitsbeamten überrascht. Der völlig verängstigte Rough kreischt ihnen entgegen: „Don't shoot, I'm the goalkeeper!" Rough hatte damit die Sammlung von Torhüter-Anekdoten um einen bemerkenswerten Beitrag bereichert, doch als unerschrockenes Raubein, wie es sein Name nahelegen würde, hatte er sich gewiss nicht gezeigt.

Viel Arbeit für Plánickas Ärzte

Ob ehemaliger Elitesoldat, ob Mann der Zivilcourage oder was er sonst so im „richtigen Leben" anstellte – als „Weichei" darf sich ein letzter Mann auf dem Fußballplatz jedenfalls nicht erweisen. In früheren Zeiten rümpfte mancher Freund des „männlichen" Spiels verächtlich die Nase, wenn ein Torhüter nach einem Zusammenprall theatralisch den sterbenden Schwan markierte. Zu denen, die als „Schauspieler" verschrieen waren, gehörte auch der berühmte Spanier Ricardo Zamora. Es war von daher wenig überraschend, dass er, als er im Jahr 1927 bei einem Länderspiel gegen Frankreich zu Boden ging und dann liegen blieb, umgehend mit gellenden Pfiffen bedacht wurde. Das Publikum glaubte, er würde simulieren. Das Pfeifen hörte erst auf, als er schwer verletzt vom Platz geführt wurde. Es war ein klassischer Kinnhaken des Stürmers Boyer, der Zamora matt gesetzt hatte. Auch wenn er gerne den Showman gab – Zamora konnte einiges wegstecken, ohne mit der Wimper zu zucken. 1930, kurz nach seinem Wechsel von Barcelona zu Real Madrid, erwischte es ihn am übelsten. Bei einem Zusammenprall im Strafraum hatte er sich etliche Rippen und das Schulterblatt gebrochen, doch der tapfere Spanier ließ sich davon nicht unterkriegen: „Laut Ansicht der Ärzte hätte ich damals nie wieder spielen können. Doch nach sechs Monaten stand ich wieder im Tor." Als er seine Karriere beendete, war sein Körper gezeichnet wie der eines Toreros nach hundert Stierkämpfen. Außer den Verletzungen von 1930 blieben ihm noch etliche weitere Knochenbrüche, eine zerschlagene Nase, eine gespaltene Zunge, mehrfach genähte Lippen und eine lädierte Hand als „Andenken" an seine aktive Zeit als Fußballtorwart.

Frantisek Plánicka hatte guten Grund, sich dick zu polstern. Es half nicht immer.

Zamoras Krankenakte liest sich beeindruckend. Dabei war er gar nicht einmal ein Keeper vom Typus des Draufgängers. Aber damals mussten alle Torhüter etwas aushalten können. Ganz besonders der für seine „kühne Spielweise" bewunderte deutsche Nationaltorwart Hans Jakob. Der Torhüter „muss ein mutiger Kerl sein", schrieb „Reichstrainer" Otto Nerz mit Blick auf seine Nummer eins. Ein Kerl, so die ursprüngliche Bedeutung des Wortes, ist ein grober Mann. Im Spiel wird der letzte Mann in diesem Sinn auch oft zu einem Mann fürs Grobe. Einer wie Jakob liebte es, sich mit voller Wucht ins Getümmel zu werfen. „Schon immer befand ich mich in umso besserer Spielstimmung, je turbulenter es vor meinem Kasten zuging", meinte er einmal. Der imposante „Kleiderschrank" aus Regensburg schonte weder sich noch andere. Angreifer, die ihn mit aller Entschlossenheit andampfen sahen, bliesen meist freiwillig zum Rückzug, manchmal aber musste er auch selber etwas einstecken. Es kümmerte ihn wenig: „Ich habe teures Lehrgeld bezahlt und mein Kopf hat allerhand aushalten müssen. Ein Glück, dass er besonders hart war!"

Keiner war allerdings so hart im Nehmen wie Frantisek Plánicka. Der Name des tschechischen Nationaltorwarts war in den 1930er Jahren geradezu ein Synonym für einen Torhüter, der ohne Rücksicht auf Verluste dazwischen geht. „Er kannte keine Furcht", schrieb der Journalist Vaclav Folprecht, „unerschrocken warf er sich den Stürmern vor die Stiefel." Wie ein Springteufel hechtete sich der klein gewachsene, drahtige Tscheche auf jeden Ball, ganz gleich, wie viele gegnerische Füße gerade in der Nähe waren. Das hinterließ natürlich Spuren. Viermal erlitt Plánicka auf dem Fußballfeld schwere Gehirnerschütterungen, einmal musste er nach einem schweren Zusammenstoß bewusstlos ins Krankenhaus eingeliefert werden. Zu den Kopfverletzungen kamen zwei Armbrüche, zahlreiche Rippenbrüche, ein Schlüsselbeinbruch, und von seinen Fingern ist in seiner langjährigen Karriere kein einziger heil geblieben.

Am schlimmsten erwischte es Plánicka gegen Brasilien, in seinem 73. Länderspiel. In dieser Vorrundenbegegnung der WM 1938 in Frankreich stand es fünf Minuten vor Schluss 1:1. Da passiert es. Den überlegen spielenden Tschechoslowaken unterläuft ein Fehlpass. Der Brasilianer Hercules schnappt sich den Ball, spielt den sträflich ungedeckten Peracio an, und der sprintet sofort Richtung Tor. Plánicka stürzt ihm in seiner bekannten Weise entgegen und wirft sich ihm ungebremst in den Weg. Der Zusammenprall ist fürchterlich, beide bleiben einen Augenblick benommen liegen. Doch dann rappeln sie sich auf, und der Schiedsrichter gibt das Spiel wieder frei. „Ich hatte höllische Schmerzen im linken Arm und konnte ihn überhaupt nicht mehr bewegen", erinnerte sich Plánicka später. Nur mit Mühe übersteht er die letzten Minuten bis zum Ende der regulären Spielzeit, und danach erwartet ihn auch noch die Verlängerung. Plánickas Arm ist mittlerweile so stark angeschwollen, dass er ihn nicht mehr einsetzen kann. Zum Glück stellen ihn die Brasilianer kaum noch auf die Probe. Es bleibt beim 1:1. Nach dem Spiel wurde er ins Krankenhaus gebracht und geröntgt. Sein Arm war gebrochen. Ohne ihren gefürchteten Tormann verlor die Tschechoslowakei das Wiederholungsspiel gegen Brasilien mit 1:2. Ein Comeback in der Nationalmannschaft schaffte der damals bereits 34 Jahre alte Haudegen nicht mehr.

Echte Kerle jammern nicht

Leigh Richmond Roose, Keeper von Sunderland, hatte im Jahr 1908 nicht zu Unrecht den Satz geäußert: „Bevor du in den Krieg ziehst, spreche ein Gebet; bevor du zur See fährst, spreche zwei Gebete; bevor du heiratest, spreche drei Gebete; und bevor du beschließt, Torhüter zu werden, spreche vier Gebete." Torhüter müssen harte Jungs sein. Fast so wie Boxer. Ted Ditchburn, Trautmanns Konkurrent im Tor der Tottenham Hotspurs, profitierte davon, dass er seine Sportlerkarriere als Faustkämpfer und nicht als Fußballer begonnen hatte. Er genoss im Strafraum bei seinen Gegnern entsprechenden Respekt. Der Ire Pat Jennings hat als Jugendlicher mit dem äußerst brutalen „Gaelic Football" begonnen: „Das Spiel hat mir die Angst genommen, mich ins dickste Getümmel zu werfen, und es hat mich körperlich hervorragend auf meine spätere Tätigkeit als Schlussmann vorbereitet."

Auch das Training von Torhütern ist oft ganz auf die Härte dieses Berufes abgestellt. Das war Anfang des 20. Jahrhunderts so, als Harry Rennie von Greenock Morton vor jedem Match im Umkleideraum 30 Minuten lang das Tauchen auf hartem Boden übte, um sich gegen Schmerzen abzuhärten, und das ist immer noch so am Anfang des 21. Jahrhunderts, da ein Oliver Kahn im Training daran arbeitet, bei Hechtsprüngen über Hindernisse den Aufprall nicht mit dem Fuß abzufangen. Das unabgefederte Landen ermöglicht größere Weiten, tut aber noch mehr weh. Kahn ist's egal: „Was ich noch als normal empfinde, da sind andere schon beim Arzt."

Mit seiner Fähigkeit, die Zähne zusammenzubeißen, ist der Kapitän von Bayern München im Kreis der Weltklasse-Torhüter keineswegs eine Ausnahme. Sepp Maier spielte 1972 beim legendären 3:1 in Wembley gegen England trotz einer äußerst schmerzhaften Schleimbeutelentzündung im Ellenbogen. „Vor dem Spiel riss ich mich zusammen wie nie zuvor im Leben. Den Arm mit dem Schaumgummiverband konnte ich gar nicht richtig abbiegen. Deshalb verzichtete ich auch auf Gymnastik. Dann kam der Anpfiff, und ich hatte eine Menge zu tun. Jedes Mal wenn ich mich werfen musste, brannte der Arm wie Feuer, trotzdem, an dieses Match in Wembley werde ich mich immer erinnern als eines meiner besten Länderspiele." Der Kaiserslauterer Ronnie Hellström erlitt 1980 in einem Bundesligaspiel bei Eintracht Braunschweig eine Gehirnerschütterung. Er blieb im Tor und wurde erst ausgewechselt, als Lautern das 1:0 erzielt hatte. Kaiserslautern gewann das Spiel, Hellström allerdings konnte sich an den Siegtreffer nicht mehr erinnern. Und natürlich konnten auch Oliver Kahn die diversen Verletzungen, die er in seiner Laufbahn erlitten hat, nie aufhalten. „Ich kann mich quälen ohne Ende, ich habe da fast schon eine masochistische Ader."

Berühmtester Schmerzensmann des deutschen Fußballs dürfte allerdings Toni Schumacher sein. „Wehleidigkeit kann ich nicht ausstehen", sagte der Torhüter des 1. FC Köln einmal, oder, ein wenig spätpubertär: „Ich will wie Rocky sein." Von Beginn an stand Schumacher mit einer vererbten Schwäche im Kniebereich, so genannten X-Beinen, im Tor; bei einem frühen Sportunfall erlitt er einen schwerwiegenden Schaden an den hinteren Kreuzbändern, der ihm dauerhaft ein „Wackelknie" bescherte. Hart zu sich selbst verweigerte er eine Operation, die möglicherweise seine Karriere gefährdet hätte, sondern machte stattdessen Krafttraining zur Stärkung des Quadrizeps und zur muskulären Stabilisierung des Knies. Nur die Schmerzen konnte er sich nicht abtrainieren. Um mit ihnen fertig zu werden, vermittelte er sich per autogenem Training, dass das alles nur Einbildung sei. Zum Beweis ließ er sich dann schon mal demonstrativ von seiner Frau eine Zigarette auf dem Arm ausdrücken. „Ich habe nicht mit der Wimper gezuckt und den Arm nur bewegt, um, wenn nötig, meine ohnmächtige Marlies aufzufangen."

Alle Bänder im Knie gerissen, fünf Gehirnerschütterungen, zahllose Knochenbrüche – nichts warf den Toni um. „Soweit ich zurückdenken kann, habe ich gegen meine Schmerzen gespielt. Muskelfaserrisse, Meniskusoperationen, chirurgische ‚Reparationseingriffe' in meinen Ferien. Die sehen dann so aus: Samstags spiele ich noch das letzte Saisonspiel. Montags klettere ich auf Professor Schneiders Operationstisch in Köln. Nach einem zweiwöchigen Krankenhausaufenthalt bleibt mir dann eine Woche ‚Erholung' zu Hause." Nie gönnte er sich lange Pausen, oft stellte er sich trotz Verletzung ins Tor. So spielte er ungerührt die Saison zu Ende, obwohl er sich nach einem harten Schuss von Dieter Hoeneß den Zeigefinger gebrochen hatte. Ein Nasenbeinbruch nach einem Zweikampf mit dem Holländer Nico Jansen im UEFA-Pokalspiel gegen den FC Amsterdam blieb ebenfalls ohne Konsequenzen. Schumacher trat drei Tage später beim VfB Stuttgart an und parierte zwei Elfmeter von Ettmayer und Ellmer. „Solche Dinge muss man wegstecken", pflegte er zu sagen. „Wer das nicht kann, der wird nie ein Großer." Klar, dass er auch nicht kniff, als er bei der Europameisterschaft 1980 seinen ersten großen internationalen Auftritt hatte. Kurz vor dem Endspiel brach er sich im Training den linken Ringfinger. Schumacher erzählte niemandem etwas und ließ sich heimlich einen Spezialhandschuh anfertigen. Ergebnis: „Der gebrochene Finger hielt tadellos. Der restliche Schumacher auch."

Comebacks und Invaliden

Torhüter lassen sich nicht so schnell unterkriegen. Die Karrieren von manchen der letzten Männer gleichen mittelalterlichen Heldensagen. Im Zentrum der alten Epen standen durch Tapferkeit herausragende edle Menschen wie die Ritter Gawain, Parzival und Tristan aus König Artus' Tafelrunde. Helden ziehen aus, um einen übermächtigen Gegner ganz allein zu besiegen. Bevor sie gewinnen, müssen sie viele Proben bestehen, oft müssen sie ein tiefes Tal der Tränen durchschreiten. Doch sie lassen sich nie entmutigen. Je schwieriger die Aufgabe, desto größer ist hernach die Ehre. Wer am Boden ist und dennoch wieder aufsteht, erntet mehr Ruhm als der, dem alles leicht gelingt. Erst nach einer ganzen Serie von Prüfungen hat Parzival die moralische Qualität erlangt, selbst das Amt des Königs zu übernehmen. Und selbst wenn alle Anstrengung umsonst ist, bleibt dem, der sie unerschrocken auf sich genommen hat, immer noch die Rolle des tragischen Helden. So wie Tristan, der durch einen Minnetrank mit der zauberkundigen Isolde unlöslich verbunden ist und sich erst im Tod mit ihr vereinigen kann, nach zahlreichen Wirrungen und leidvollen Erfahrungen. Eine dichterische Überhöhung sind auch die Geschichten der Gequälten allemal wert. Nicht anders verhält es sich bei den modernen Epen des Sports.

Der Franzose Joel Bats hatte sich, ähnlich wie später der Radrennfahrer Lance Armstrong, selbst von der Diagnose „Krebs" nicht aus der Bahn werfen lassen. Er nahm den Kampf auf und besiegte die Krankheit. Der Wille zum Überleben führte noch einmal zu sportlichen Höchstleistungen, die er bei der WM 1986 im Viertelfinale gegen Brasilien eindrucksvoll einem Weltpublikum präsentieren konnte. Im Spiel parierte er alles, was zu halten war, und dann „killte" er im Elfmeterschießen auch noch den entscheidenden Schuss von Socrates. Auch nach schweren Verletzungen schafften viele Torhüter, die bereits abgeschrieben waren, noch ein Comeback. Und das, obwohl sich gerade für den letzten Mann eine Rückkehr in die erste Mannschaft meist als äußerst schwierige Aufgabe erweist. Ist er nämlich nach einer harten Rehabilitation wieder fit, kann er das Pech haben, dass ihn niemand vermisst, weil inzwischen sein Stellvertreter im angestammten Gehäuse gute Arbeit geleistet hat. So erging es dem Gladbacher Wolfgang Kleff, der 1976/77 nach einer Leistenoperation ein Jahr lang pausieren musste und danach, obwohl er wieder in Form war, nur noch Ersatzmann für Wolfgang Kneib sein durfte. Ein weiterer Nackenschlag war der neue Vertrag, der ihm „angeboten" wurde: Garantie des vollen Gehaltes, stand darin, gibt es nur bei permanentem Einsatz. Kleff floh zu Hertha BSC, kehrte nach einer Saison, in der er als Stammkeeper mit durchweg überzeugenden Leistungen aufgetreten war, wieder nach Gladbach zurück, und Kneib wich vor dem nun übermächtigen Konkurrenten nach Bielefeld aus. Auch viele andere zeigten eine enorme Willenskraft, wenn es galt, den verlorenen Posten zwischen den Pfosten wieder zurückzuerobern. Der Kaiserslauterer Ronnie Hellström erlitt im Sommer 1981 einen Bruch des Schultergelenks; im Februar 1982, als er sich gerade wieder herangearbeitet hatte, warf ihn ein Trümmerbruch am linken Ringfinger zurück. Der Schwede arbeitete hartnäckig an seinem Comeback und schaffte es. Kaum einer war so oft verletzt wie der Braunschweiger Bernd Franke, aber egal, was er hatte – gebrochene Rippen, Sehnenrisse an drei Fingern, Kinn- und Augenbrauenverletzungen, zwei Meniskusoperationen, Nasenbeinbruch, Knorpelschäden im Knie, Gehirnerschütterung, Fuß- und Fingerbruch, Oberschenkelbruch –, er kehrte immer wieder zurück.

Manchmal freilich gelingt das Comeback nicht mehr. Vladimir Beara, der Balletttänzer im Tor Jugoslawiens, ging 1960 nach Deutschland, um dort das große Geld zu verdienen. Er spielte zunächst bei der Alemannia in Aachen, dann bei Viktoria Köln. Dort musste er 1965 nach einer Serie schwerster Verletzungen das Handtuch werfen. Eine Schulterverletzung, eine Gehirnerschütterung mit Schädeloperation und zwei Beinbrüche an derselben Stelle machten schließlich eine Fortsetzung der Karriere unmöglich. Nicht besser erging es seinem Landsmann Milutin Soskic, der Ende der 1960er Jahre das Tor des 1. FC Köln hütete. In zwei Spielen, jeweils gegen den 1. FC Kaiserslautern, – am 11. Juni 1968 und am 1. Februar 1969 – erlitt er einen Schienbeinbruch. Die Verletzungen führten zum Ende seiner Karriere.

Roland Wabra, Torwart des 1. FC Nürnberg in der Meistersaison 1967/68, musste nur ein Jahr nach dem Titel-Triumph wegen eines Muskelabrisses im rechten Arm seine Karriere beenden. Der ehemalige Nationaltorwart Rudi Kargus wurde 1990 wegen einer Hüftverletzung zum Sportinvaliden. Österreichs Rekord-Nationaltorwart Friedl Koncilia – der Mann, der 1978 beim legendären 3:2 gegen Deutschland in letzter Sekunde den Ausgleich verhinderte, als er Karl-Heinz Rummenigge entschlossen den Ball vom Fuß fischte – war berühmt für seine waghalsige Art, sich ins Kampfgetümmel zu werfen. Den Zuschauern hat es gefallen, seinem Körper hat es weniger gut getan. Trotz fürchterlicher Bandscheibenschmerzen brachte er es nicht übers Herz, seinen Job aufzugeben. Zuletzt, da war er bereits 37 Jahre alt, kämpfte er mehr gegen seine Schmerzen als gegen seine Gegner und verließ schließlich sein geliebtes Tor.

Selbst außerordentliches Durchhaltevermögen, so zeigt das Beispiel Koncilia, ist bei Torhütern kein Zeichen für Gesundheit. Alle bezahlen sie ihre Karrieren mit einem geschundenen Körper. „Alles ist ramponiert", bilanzierte Sepp Maier, „die Bandscheibe, der Rücken, die Leisten, bei mir vor allem die Knie – kein Wunder, wenn man bedenkt, dass ich mich im Laufe meiner Karriere sicher öfter als eine halbe Million Mal auf den Boden, manchmal auf sehr harten Boden, geschmissen habe." Schlimmer noch traf es den Wiener Peter Platzer. Der Nationalspieler der 1930er Jahre litt nach Beendigung seiner Karriere jahrelang an Gleichgewichtsstörungen und starb im Dezember 1959. Ursache für seinen Tod waren vermutlich Spätwirkungen von Verletzungen, die er sich bei gewagten Paraden zugezogen hatte. Österreichs Wunderteam-Torwart Rudi Hiden wurde nach jahrelanger Leidenszeit und mehreren vergeblichen Operationen – die er, weil nicht versichert, selbst bezahlen musste – im Jahr 1969 ein Bein amputiert. Ursache war Knochenmarkserweichung, die Folge einer nicht richtig auskurierten Verletzung, bei der ein Stück vom Oberschenkelknochen abgesplittert war. Am 11. September 1973 starb er, verarmt und vergessen.

Einer der tragischsten Aspekte des Torhüter-Daseins ist, dass am Beginn einer großen Laufbahn nicht selten das Unglück eines anderen steht. Im Jahr 1974 zog sich Gerhard Welz im Tor des Bundesligisten 1. FC Köln eine schwere Verletzung zu, die für ihn das plötzliche „Aus" bedeutete. Welz' Pech wurde zur großen Chance für Toni Schumacher, sich als

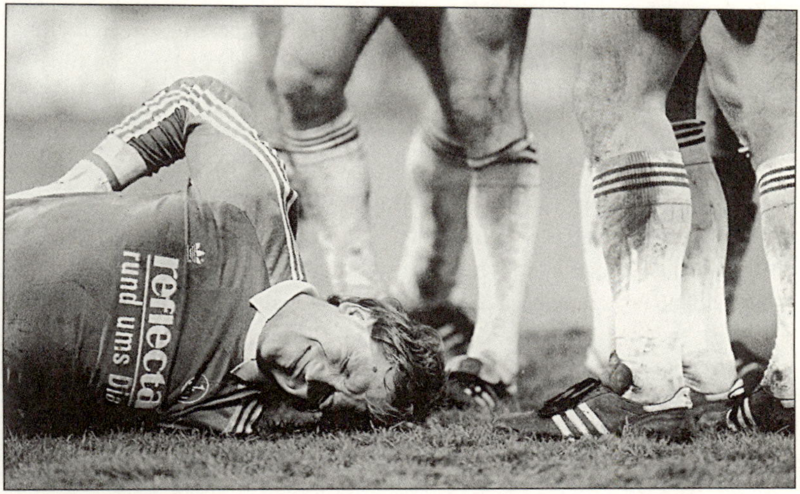

Häufiges Schicksal von Torhütern (hier Andreas Köpke): Verletzt am Boden liegen, vor den Füßen der Gegner.

Keeper zu bewähren. Eine schwere Schulterverletzung vernichtete 1985 alle Ambitionen des eben mit dem 1. FC Nürnberg aufgestiegenen Torwarts Herbert Heider. Heider wurde zum Sportinvaliden, und als neue Nummer eins im Tor des Club konnte sich nun Andy Köpke profilieren. Eine Karriere kann aber auch beendet sein, noch bevor sie richtig begonnen hat. Am 24. September 1974 prallte Walter Spangler, Amateurtorwart des 1. FC Nürnberg und designierter Keeper der Profimannschaft, in einem Landesligaspiel mit einem Gegner so unglücklich zusammen, dass er danach 29 Tage lang im Koma lag. Spangler trug eine dauerhafte Lähmung davon, die eine Fortsetzung seiner Karriere unmöglich machte. Aufgeben kam für ihn dennoch nicht in Frage. Dreimal nahm er bei den Paralympics teil und gewann 1988 in Seoul die Silbermedaille im Diskuswerfen und die Bronzemedaille im Kugelstoßen.

Schwere Verletzungen ziehen sich Torhüter meist beim Zusammenprall mit heranstürmenden Gegnern zu. Gefährlich kann aber auch das Equipment werden. Nicht selten kollidieren sie mit dem Gestänge, das sie bewachen. Manch einer hat sich dabei schlimme Kopfschmerzen zugezogen, so zum Beispiel Albert Weber, Tormann des FC Vorwärts Berlin, beim Olympiaturnier 1912 in Stockholm. In der 52. Minute des Spiels Deutschland gegen Österreich prallt er an den Pfosten und ist anschließend längere Zeit benommen. Die Österreicher nutzen seine Verwirrtheit und schießen schamlos zwei Tore. Als Weber zusammenbricht, wird endlich allen deutlich, wie stark er angeschlagen ist. Der Berliner muss vom Platz getragen werden. Mittelstürmer Willi Worpitzky, der sich für ihn ins Tor stellt, fängt sich noch drei weitere Tore ein, Deutschland verliert mit 1:5.

Ähnlich wie Weber erging es 75 Jahre später Hans-Jürgen Gundelach, dem Keeper von Eintracht Frankfurt, in einem Bundesligaspiel gegen den FC Homburg. Nachdem er bei einer verunglückten Parade an den Pfosten gekracht und sich eine Gehirnerschütterung zugezogen hatte, war er vollkommen orientierungslos. Zuerst griff er bei einem haltbaren Ball daneben und kurz darauf boxte er sich einen weiteren selbst ins Tor.

Zuweilen erweist sich aber auch, dass der Keeper härter ist als das Material. 1981 hechtete Chesters Keeper Grenville Millington in einem Cupspiel gegen Plymouth Argyle nach einem Kopfball und prallte dabei an den Pfosten. Das Tor stürzte zusammen, und das Spiel musste abgebrochen werden. Im Wiederholungsspiel eine Woche später gab es ein neues Tor, aber den alten Torhüter. Ähnliches passierte im August 1970 dem Brentford-Keeper Chic Brodie in einem Spiel gegen Lincoln. Er stolpert nach einer Rettungstat ins Tornetz, die Pfosten gehen krachend entzwei, und zusammen mit

Lincolns Kapitän Derek Trevis sieht er sich eingewickelt wie in einem Tunfischnetz. Brodie blieb unverletzt, hatte aber nur wenig später, im Oktober, weniger Glück, als er sich bei einer Parade den Arm brach. Kaum genesen, stand er zwei Monate nach dem Unfall wieder auf dem Platz. Lange dauerte es auch diesmal nicht, bis er erneut nicht nur kein Glück, sondern auch noch – frei nach Jürgen Wegmann – unglaubliches Pech hatte, als er bei einem Spiel in Colchester zum Opfer des wohl kuriosesten aller Torwart-Unfälle wurde. Die Partie ist in vollem Gange, als ein schwarz-weiß gefleckter Terrier in dem Moment auf das Spielfeld läuft, da der Ball gerade zu Brodie unterwegs ist. Der Hund rennt wie wild geworden hinterher und springt den Keeper mit voller Wucht an. Während der Ball ins Aus kullert, stürzt Brodie mit schmerzverzerrtem Gesicht zu Boden. Seine Kniescheibe war zerschmettert. Der Unglücksrabe erholte sich nie mehr von dem Hunde-Attentat und hatte auch noch den Spott zu tragen. Alle Fußballfans in England lachten sich über einen Spruch kringelig, der nach dem Unglück sofort in Umlauf gekommen war: „Neun von zehn Hundehaltern behaupten, dass ihre Lieblinge Brentfort-Hüter bevorzugen."

Ein tödlicher Job

Die deutsche Torwart-Legende Heiner Stuhlfauth zählt zu den wenigen letzten Männern, die nie ernsthaft verletzt waren. Er vertrat die Ansicht, „dass ein Fußballspieler, der etwas intelligent spielt und seinen Körper in jeder Lage beherrscht, kaum verletzt wird. Karambolagen bin ich immer aus dem Weg gegangen und habe immer die Fußabwehr bevorzugt." Wären solche Äußerungen einem Briten zu Ohren gekommen, hätte sich der Nürnberger vermutlich als Angsthase und Hosenscheißer bezeichnen lassen müssen. 1952, nach einem 3:2-Sieg über Österreich, warf Englands Gil Merrick seinem Gegenüber Walter Zeman vor, dass ihn die Schuld am entscheidenden Tor von Nat Lofthouse treffe, weil er sich dem Stürmer auf die falsche Weise, nämlich mit den Füßen voraus, entgegengeworfen habe. Das war vier Jahre vor Bernd Trautmanns folgenreichem Kopfsprung im Cupfinale. Wer gedacht hätte, dass die Engländer nun ihre Ansicht über die richtige Art des Intervenierens ändern würden, sah sich getäuscht. Noch 1982 schrieb Peter Shilton in seinem Buch „The Magnificent Obsession": „Ein Torhüter muss bereit sein, sich mit dem Kopf voran zwischen trampelnde Füße zu werfen. Feldspieler müssen solche Risiken nie eingehen. Es hat keinen Sinn, mit den Füßen voran zu springen und zu versuchen, den Kopf rauszuhalten. Wenn man das tut, ist das Verletzungsrisiko noch viel größer. Wenn du mutig bist und zu dem stehst, was du eben tun musst, ist die Gefahr, verletzt zu werden, wesentlicher geringer."

Hans Tilkowski wäre da im März 1965 nach einem Länderspiel in Hamburg gegen Italien sicher anderer Meinung gewesen. Bei einem italienischen Angriff warf er sich mit dem Kopf voran dem Stürmer Orlando vor die Füße und wurde dabei so unglücklich getroffen, „dass ich zusammensackte und ins Krankenhaus in Hamburg-Altona gebracht werden musste. Ich hatte mir eine Gehirnerschütterung und Risswunden am Mund zugezogen." Oder Arsenals Torhüter Jack Kelsey: Der musste seine Karriere beenden, nachdem er 1962 nach einem Hechtsprung vom Brasilianer Vava im Nacken getroffen worden war. Oder Oliver Kahn: Am 29. April 2001 wurde er von Manchester Uniteds Stürmer Andy Cole mit der Schuhspitze am Kinn getroffen. Er blieb einige Minuten lang bewusstlos liegen. Wenige Monate zuvor hatte er bei einem Zusammenprall mit seinem Verteidiger Sammy Kuffour die Zunge verschluckt und wäre beinahe erstickt. Aber selbst solche Unfälle konnten ihn nicht davon abhalten, dass er sich weiterhin anstürmenden Gegnern in „Kamikaze-Aktionen" entgegenwirft. Weil bei ihm der Adrenalinspiegel in jedem Match den Ausnahmezustand erreiche und er daher sowieso „nicht ganz normal" sei, wäre er eben auch „fähig, solche Dinge zu tun".

Auch wenn es Peter Shilton zufolge die richtige Technik ist – die schlimmsten Unglücke passierten in der Regel doch dann, wenn sich ein Torwart mit dem Kopf voraus ins Getümmel warf. Im Februar 1930 zog sich der für Interventionen dieser Art bekannte John „Jock" Thomson, schottischer Nationalkeeper in Diensten von Celtic Glasgow, nach riskantem Einsatz einen Kiefer- und Rippenbruch zu. Eineinhalb Jahre später, am 5. September 1931, wagte er beim Lokalderby gegen die Rangers vor 80.000 Zuschauern im Ibrox Park erneut eine halsbrecherische Aktion. Fünf Minuten nach der Halbzeitpause bricht Rangers-Stürmer Sam English durch und steht auf Höhe des Elfmeterpunkts frei vor dem Celtic-Tor. Der 23-jährige Thomson rast aus dem Kasten und wirft sich ihm, mit dem Kopf voraus, im Hechtsprung vor die Füße. English, der eben zum Schuss ausgeholt hat, lässt sich davon nicht beeindrucken, zieht voll durch und trifft den Celtic-Keeper mit dem Knie am Kopf. Als der Ball über die Linie kullert, liegt Thomson bereits regungslos am Boden. Der sofortige Transport ins Krankenhaus, wo man einen Schädelbruch diagnostiziert, kann ihn nicht mehr retten. Nach dem tragischen Vorfall gab es Trauerfeiern in ganz Schottland. Und unschöne Auseinandersetzungen zwischen den verfeindeten Klubs Celtic und Rangers. Ausgelöst worden waren sie von Celtic-Manager Willie Maley, der in einem Interview geäußert hatte, er könne nur hoffen, dass das ganze lediglich ein Unfall gewesen sei. Derselbe Maley schrieb in „The Story of Celtic“: „Nie gab es einen Torhüter, der die härtesten Schüsse mit solcher Grazie und Leichtigkeit abwehren und fangen konnte wie er.“ Dem Torhüter zu Ehren riefen die Celtic-Verantwortlichen ein Jugendturnier – „The John Thomson Trophy“ – ins Leben.

Thomson war weder der Erste noch der Letzte, den der bedingungslose Einsatz in seinem Job das Leben kostete. Bereits im November 1921 hatte der Fall von Joshua Wilkinson Aufsehen erregt. Der Keeper von Dumbarton hatte bei einem Zusammenprall einen Riss im Dünndarm erlitten und war wenig später an den Folgen der Verletzung gestorben. Besonders gefährlich scheinen die britischen Fußballplätze aber erst in den 1930er Jahren geworden zu sein. Im Dezember 1935 starb James Utterson, Keeper der Wolverhampton Wanderers, im Alter von 21 Jahren nach einem Schlag gegen das Herz. Im Februar 1936 endete das Match Sunderland gegen Chelsea für Sunderlands Keeper Jimmy Thorpe tödlich. Thorpe hatte bei einer Attacke eine innere Verletzung erlitten. Zwar hielt er bis zum Schlusspfiff durch, war jedoch so benommen, dass er zwei haltbare Bälle passieren lassen musste. Als man nach dem Spiel den Ernst der Lage erkannte, war es bereits zu spät.

„Schwimmer“ im Torraum

Nach dem Unfall von Thorpe gab es in England heiße Diskussionen. Es müsse sichergestellt werden, so Kritiker, dass Torhüter nicht mehr so brutal attackiert werden. Doch die Empörung war schnell verflogen, und die letzten Männer blieben weiterhin bevorzugtes Ziel gefährlicher Angriffe. Im Jahr 1957 wurde Ray Wood, Torhüter von Manchester United, bei einer Abwehraktion von Birmingham-City-Stürmer Peter McParland so brutal gefoult, dass er mit gebrochenem Kinn den Platz verlassen musste. Ein Jahr später traf es beim Cupfinale zwischen Manchester United und Bolton Wanderers Woods Nachfolger Harry Gregg. Gregg ist gerade dabei, einen steil nach oben abgewehrten Ball zu fangen, als ihm Nat Lofthouse den Ellbogen ins Gesicht rammt und ihn samt Ball über die Linie drückt. Mit schmerzendem Nacken und gezeichnet mit einem blauen Auge bleibt Gregg eine Weile benommen liegen; Lofthouse lässt sich indessen von seinen Mannschaftskameraden für seinen Torerfolg bejubeln.

Englische Schiedsrichter weigerten sich in dieser Zeit noch, den Torhütern jenen Schutz zu gewähren, der auf dem Kontinent schon lange üblich war. „In seinem Torraum", schrieb Carl Koppehel in seiner Schiedsrichter-Fibel, die seit ihrer Erstveröffentlichung im Jahr 1952 viele Neuauflagen erfuhr, hat der Torhüter „erhöhten Schutz. Dort darf ihn ein Gegner nur behindern und rempeln, wenn er den Ball hält oder einen Gegner hindert, an den Ball zu kommen." Aber auch außerhalb des Torraums müsse dem letzten Mann eine besondere Fürsorge zuteil werden: „Der Schiedsrichter muss besonders darauf achten, dass dem Torwart bei den Angriffen auf ihn keine Verletzung droht. Insbesondere soll er darauf achten, dass er nicht mit dem Fuß angegriffen oder beim Springen nach dem Ball unterlaufen wird." In den 1950er Jahren war also klar, dass das Unterlaufen des springenden Torwarts nicht erlaubt ist. Es geschah vor allem in England dennoch sehr oft und wurde meist, siehe Lofthouse, nicht bestraft. Es sollte noch eine Weile dauern, bis auch auf britischen Fußballplätzen die Grenzen des Erlaubten enger gezogen wurden.

In den ersten Jahrzehnten des Fußballspiels gab es keinerlei Schutzvorschriften für die letzten Männer. Bis 1892, als man bestimmte, dass Attacken auf den Goalie nur noch gestattet sind, wenn er gerade den Ball spielt oder einen Gegner blockiert, war praktisch alles erlaubt. Deswegen wählte ein Mann wie Major Francis Marindin – Kapitän der berühmten Royal Engineers, der Mannschaft der „Royal School of Military Engineering" in Chatham – seine Stürmer nicht nur nach ihren fußballerischen Fähigkeiten, sondern auch nach Gewicht aus. Viele Tore der Royal Engineers, so heißt es, seien dadurch gefallen, dass man die Keeper einfach samt Ball ins Tor gestoßen habe. Es war sogar üblich, den Torhüter auch dann zu attackieren, wenn er gar nicht in Ballbesitz war. Viele Teams hatten regelrechte Spezialisten („Rusher"), die extra dazu abgestellt waren, den Torhüter zu attackieren, wenn ein anderer Stürmer in aussichtsreicher Schussposition war. Angriffe dieser Art waren teilweise von einer Heftigkeit, die außerhalb eines Fußballfeldes zweifellos zu Strafanzeigen geführt hätten. Ausschlaggebend dafür, dass direkte Angriffe auf den Torwart verboten wurden, war letztlich die zum System geronnene Taktik des Meisters von 1889 und 1890, Preston Northend. „Die Unbesiegbaren" hatten die meisten Tore nach einem brutalen System erzielt: Ein Mittelfeldspieler schlug einen langen Ball vors Tor; dort drängten zwei Stürmer den Torhüter ab, während ein dritter einlochte.

Wesentlich ungefährlicher war die Arbeit im Torraum eines Fußballfeldes auch nach der Modizfierung der Regeln noch nicht. Wie hart das Torhüter-Dasein sein konnte, erfuhr Sunderlands Ned Doig mehr als einmal. 1897/98 blieb er nach einem Zusammenprall mit Evertons Stürmer

Als das Rempeln des Torhüters noch erlaubt war. Darstellung aus dem Jahr 1900.

Divers einige Minuten lang benommen liegen, das Spiel musste unterbrochen werden. Am 7. Januar 1899 stürzten sich vor 20.000 Zuschauern in Liverpool gleich sechs (!) Gegner auf den nach einer Parade am Boden liegenden Keeper und begruben ihn unter sich. Aus heutiger Sicht kaum zu glauben ist, dass der Vorfall keineswegs etwas Ungewöhnliches war. Es war eine vollkommen übliche Taktik. Wenn sich der Torhüter auf den Ball geworfen hatte, versuchten fast immer einige Gegner, ihn vom Ball wegzuziehen. Findige Keeper reagierten auf solche Angriffe mit einer Methode, die als „Schwimmen" („Crawling") bekannt war, und Doig galt als Meister darin. Auch bei dem erwähnten Vorfall in Liverpool widerstand er, wie es in einem Artikel hieß, „erfolgreich allen Versuchen eines trainierten Rudels von Gegnern, ihn für ein paar Momente herunterzuziehen. Letztendlich rollte er dann seitlich am Torpfosten vorbei und entledigte sich seiner Verantwortung, indem er den Ball über die Torauslinie boxte."

Erst 1991, also fast hundert Jahre nach der ersten expliziten Schutzbestimmung für Torhüter, kam es wieder zu einer relevanten Neufassung des „verbotenen Spiels" (Regel 12). War es bis dahin nur verboten, „den Ball zu treten, während der Torhüter ihn hält", so wurde nun die Definition der „Ballkontrolle" durch den Torwart wesentlich erweitert. „Es gilt als Kontrolle des Balles durch den Torwart", so die bis heute offizielle Formulierung, „wenn dieser ihn mit irgendeinem Teil des Armes oder der Hand berührt.“ Auch diese Regel ist natürlich keine Garantie dafür, dass schwere Verletzungen nicht mehr vorkommen. Das Torwartspiel wird nie vollkommen ungefährlich werden. Und zuletzt liegt es beim Torhüter selbst, wie viel Risiko er eingeht. Auf einer englischen Webseite schrieb ein Schiedsrichter im Jahr 2002: „Wenn sich ein Torhüter unbedingt in leichtsinniger Weise vor die Füße eines Angreifers zu werfen wünscht, dann muss er die Konsequenzen eben auch tragen.“ Kein Schiedsrichter sei in der Lage, einen verrückten Torhüter vor sich selbst zu schützen.

Schumacher und Battiston: Ein Aufprall mit Folgen

„Ist es für dich oder für den Gegner gefährlich, wenn du rausgehst?“, überlegte Toni Schumacher. „Keine Frage“, meinte er: „Ich muss ihm den Ball abjagen, ohne lange darüber nachzudenken, wer auf der Strecke bleibt. Ich stürze aus dem Tor, um die Beute zu fangen, um zu provozieren, so dass der Gegner versucht, den Ball in mein Tor zu schießen. Bei solchen Aktionen ist die Verletzungsgefahr groß. Für beide Balljäger.“ Gefährliches Spiel ist nicht nur das Treten des Stürmers nach dem Ball, wenn der Torwart ihn hält. Auch der Torwart selbst kann gefährlich spielen. Verboten ist insbesondere, beim Ballfangen das Bein nach vorne zu strecken und so den Gegner zu gefährden. Tatsächlich trifft es beim Zweikampf nicht immer nur den Torhüter. Schon um die Jahrhundertwende verstand es ein Ned Doig, die Opferrolle gelegentlich umzukehren. Der Keeper von Sunderland zog es vor, Streitigkeiten auf rüde Art selbst zu regeln, statt auf den Pfiff des Schiedsrichters zu warten. Einmal, gegen West Bromwich Albion, liegt er am Boden, und der gegnerische Stürmer Bassett tunkt ihn mit dem Gesicht voran in den Schlamm. Wenig später, als Doig wieder mit Bassett aneinander gerät, revanchiert er sich. Er schleudert ihn zu Boden, setzt sich auf seinen Kopf und warnt ihn, so etwas nie wieder zu tun. Ein anderes Mal, als er vom Villa-Stürmer Hampton bei einem Eckball gerammt wird, weicht Doig gewandt aus, stößt seinen Widersacher mit einer Hand an den Torpfosten und faustet den Ball mit der anderen weg.

Auch Jahrzehnte später war rustikales Eingreifen bei der letzten Rettung durchaus nicht unüblich. Über den Österreicher Walter Zeman, jenen Keeper also, der meist „verkehrt herum“ – also mit den Füßen voran – seinen Gegnern entgegensprang, wurde im Dezember 1950 nach einem Sieg der Austria-Kicker über Schottland im Glasgower Hampden-Park geschrieben: „Durch die Wucht seiner Ausflüge hinaus zum Fünfmeter fällte er die Bröckerln McPhail, Liddell und Turnbull…" Im Januar 1995 war es Jürgen Klinsmann, der in einem Spiel Tottenhams von Aston-Villa-Keeper Mark Bosnich „gefällt" wurde. Nachdem Bosnich ihn angesprungen und mit den Knien am Kopf getroffen hat, blieb Klinsmann vier Minuten lang bewusstlos liegen, der Schiedsrichter gab nicht einmal einen Freistoß. Glücklicherweise hatte sich Klinsmann nicht ernsthaft verletzt. Glimpflich, mit einer Gehirnerschütterung, kam am 18. August 2001 auch der Stürmer Budun Budunow von Andschi Machatschkala davon, als er in einem Meisterschaftsspiel der russischen Liga mit Sergej Perchun, dem Torhüter von ZSKA Moskau, zusammenprallte. Perchun hingegen war von seinem Schutzengel verlassen. Er erlag nach zehntägigem Koma den Kopfverletzungen, die er sich bei seinem ungestümen Eingreifen zugezogen hatte.

Aber zurück zu Schumacher, zu seiner Beschreibung der Situation im Halbfinale in Sevilla gegen Frankreich bei der WM 1982. Es ist die 57. Minute, Spielstand 1:1. „Ich schnelle also vor. Battiston kommt auf mich zu. Aus Erfahrung weiß ich, der will den Ball über mich heben. Ich springe hoch. Patrick trifft den Ball nicht genau. Wenn man in der Luft ist, kann man den eigenen Schwung nicht mehr abbremsen, höchstens noch ein bisschen wegdrehen."

Mit angezogenen Knien fliegt Schumacher auf Battiston zu, kurz vor dem Aufprall dreht er sich zur Seite und trifft ihn mit der Hüfte voll am Kopf. Beide fallen hin, der Ball rollt am Tor vorbei. Schumacher steht auf und geht in aller Ruhe in sein Tor zurück. Nur einen Moment lang überlegt er, sich um den regungslos am Boden liegenden Battiston zu kümmern, doch da stehen bereits die Franzosen Tresor und Tigana, die in Richtung des deutschen Tors schimpfen und drohen. „Wenn du da jetzt hingehst, gibt's Stunk", befürchtet Schumacher und rührt sich daher nicht vom Fleck, und er steht immer noch im Tor, als der bewusstlose Battiston auf einer Bahre vom Platz getragen wird. 15 Minuten lang liegt er ohnmächtig in der Kabine. Erst nach dem Spiel wird er ins Krankenhaus gefahren. Die Diagnose: Schwere Gehirnerschütterung, ein angebrochener Halswirbel, zwei Schneidezähne abgebrochen.

Schumacher rechtfertigte sein brutales Foul damit, dass er nicht mehr habe abbremsen können. Immerhin gab er zu, dass er nach dem Foul Fehler gemacht hatte: „Der erste Fehler war also, dass ich mich nicht um den verletzten Patrick Battiston gekümmert habe. Ich stand im Tor, spielte verlegen mit dem Ball. Das war Feigheit. Vielleicht war ich da zum ersten Mal in meinem Leben wirklich feige. Ich wollte mir einreden, dass mich keine Schuld traf. Wie ein Kind, das eine große Dummheit gemacht hat und versucht, mit der größten Selbstverständlichkeit weiterzuspielen. So, als sei nichts gewesen. Ich wollte einfach kein Foul begangen haben. Der Schiedsrichter gab mir übrigens Recht: Er zeigte weder die gelbe noch die rote Karte."

Nach dem Abtransport Battistons fallen in der regulären Spielzeit keine Treffer mehr. In der Verlängerung aber scheint es so, als würden die Franzosen Schumacher bestrafen wollen – sie ziehen auf 3:1 davon. Dann kommt Karl-Heinz Rummenigge ins Spiel und erzielt den Anschlusstreffer. Klaus Fischer gleicht aus zum 3:3, es kommt zum Elfmeterschießen. Der Kölner Schlussmann ist voll auf dem Posten. Kühl und konzentriert hält er zwei Elfmeter und stellt damit den deutschen Sieg sicher. „Wir waren im Finale, dank meiner Paraden und eines Fouls", formulierte ein nachdenklicher Toni Schumacher in seinem Buch „Abpfiff". „Eine schlimmere Konstellation konnte es nicht geben. Davon hatte ich zwar noch nichts gespürt – aber dann kam mein zweiter, mein Kardinalfehler, begangen aus Unwissenheit oder, deutlicher gesagt: aus Dummheit. Auf dem Weg zur Kabine ließ ich mich anstecken von der Siegesbegeisterung meiner deutschen Mitspieler. Gleichzeitig hagelten Fragen auf mich ein. Deutsche Journalisten zum Beispiel schnaubten mich an: ‚Weißt du, dass der Battiston zwei Zähne verloren hat?' ‚Wenn es nur das ist, bin ich gerne bereit, ihm Jacketkronen zu kaufen', habe ich geantwortet." Schumacher hätte auch jetzt noch alles gutmachen können, wenn er sofort ins Krankenhaus gefahren wäre, um sich nach Battiston zu erkundigen. Aber nun kam der dritte Fehler: „In der Euphorie des Sieges habe ich dann Battiston total vergessen."

„Sevilla", so Schumacher, „war in meinem Leben die Zäsur." Der Zwischenfall, gerade mal drei Sekunden lang, war im Jahr 1982 das Medienereignis schlechthin. „Kopfballduell zwischen Vorstopper und Stürmer. Der Ball wird verfehlt, zwei Köpfe prallen aneinander. Brutale Zeitlupenaufnahme. Man sieht, wie die Köpfe sich verformen. Man kennt das vom Boxen. In meinem Fall, so hat man mir erzählt, war der Eindruck genauso brutal. Der Hüftknochen ist um vieles solider als der Gesichtsknochen. Die Verformung von Battistons Kopf … unerträglich. Diese Bilder sind ein-, zwei-, zehn-, hundertmal gezeigt worden. Mit immer größeren, immer langsameren Zeitlupenaufnahmen. Und je öfter man diese Bilder dem Zuschauer servierte, desto größer wurde der Hass auf Toni Schumacher." Er war öffentlich zum Zyniker gestempelt, zum Unmenschen, zum „bösen Deutschen" schlechthin – gewalttätig, brutal, unfähig zu Mitleid, ignorant.

Schumacher bemühte sich um Wiedergutmachung. Er fuhr nach Metz, um sich mit Battiston zu versöhnen. Battiston hatte dort einen Freund,

Schumachers epochales Foul gegen Battiston.

einen Lokalredakteur, dem er die exklusive Story der „Verbrüderung“ schenken wollte. Der Franzose trug immer noch eine Halskrause. Schumacher sagte: „Die Presseschelte nach Sevilla 1982 habe ich sicherlich verdient, wenn ich auch … Patrick Battiston nicht ‚foulen‘ wollte.“ Die französischen Journalisten waren jedoch unversöhnlich. Sie werteten die Entschuldigung als „Werbeaktion ohne innere Anteilnahme“. Einer schrieb: „Schumacher ist ein Marmorklotz, kalt, gefühllos, lebt nur für seinen Käfig.“

Am 18. April 1984 war in Straßburg das erste Länderspiel Deutschland-Frankreich seit der WM angesetzt. Schumacher geht absichtlich als Erster auf den Platz, um sich warm zu machen und um die größte Wut bereits vor dem Spiel abzufangen. Er wird von Pfiffen und einem Hagel von Eiern, Kartoffeln, Äpfeln und Steinen empfangen. Auch nach dem Anpfiff hören die Proteste nicht auf. In der ersten Phase des Spiels haben die Franzosen einige Eckbälle, die Schumacher mühelos herunterpflückt. Nach einem dieser Eckbälle läuft Battiston auf ihn zu und gibt ihm einen freundschaftlichen Klaps. In der zweiten Halbzeit bekommt Schumacher sogar Applaus für seine Aktionen. Durch einen Treffer von Genghini in der 79. Minute, bei dem Schumacher machtlos ist, entscheiden die Franzosen das Spiel für sich. Nach dem Abpfiff gratuliert Battiston dem deutschen Torwart zu seiner hervorragenden Leistung. Der von den Franzosen als „wildes Tier" beschimpfte Schumacher war wieder unter den Menschen angekommen. Aber noch bei der WM 1986 wollten ihn französische Fans am liebsten am Galgen sehen, und die Bilder von Sevilla ist er bis heute nicht losgeworden.

Wenn er vor Sevilla hart eingestiegen war, hatte sich Schumacher immer mit den Worten gerechtfertigt: „Ein Torwart muss den Stürmern zeigen, wer Herr im Hause ist." Nach dem Foul an Battiston hatte er gezeigt, dass er im eigenen Haus keineswegs der Herr war. Wie es aussehen kann, wenn man in einer brenzligen Situation die Nerven behält, zeigte Nordirlands Pat Jennings. Die Szene ereignete sich ebenfalls bei der WM 1982, und zwar im Vorrundenspiel gegen Spanien. Sein Team führt 1:0, da starten die Spanier in der letzten Minute einen letzten Angriff. Jennings bleibt cool bis unter die Haarspitzen. Was dann kommt, hat er in seinen Erinnerungen festgehalten: „Der Ball sprang einen Meter vor mir auf, hinter ihm preschte Juanito heran, um zu vollstrecken. Ich konnte sehen, dass Juanito den Ball mit dem Kopf nicht mehr erreichen konnte, und zugleich spürte ich, dass es bei einem Zusammenprall einen Elfmeter geben und deswegen das Spiel für uns verloren gehen könnte. Ich wusste also genau, was ich tat, als ich ihn mit meinen Fingerspitzen über seinen Kopf spitzelte und anschließend nach ihm tauchte, um ihn mir sicher zurückzuholen. Später wurde mir erzählt, dass Millionen von Fernsehzuschauern überall in Großbritannien in diesem Augenblick das Herz stehen geblieben sei. Ich kann nur wiederholen, wie immer es auch aussah: Ich hatte die Situation absolut unter Kontrolle." Jennings Aktion beweist: Es gibt immer eine Möglichkeit, auf elegante und souveräne Weise einem Zusammenprall aus dem Weg zu gehen.

KAPITEL 4

DENKER UND STRATEGEN

Flankenfänger im Strafraum

Viele Torhüter brillieren mit einem hervorragenden Spiel auf der Linie und machen nahezu jeden Ball unschädlich – sei es, dass sie großartige Paraden vollführen und ihn elegant fangen, sei es, dass sie ihn mit traumwandlerisch sicherem Stellungsspiel geradezu teilnahmslos abgreifen, sei es, dass sie ihn mit einem fantastischen Reflex noch am Gehäuse vorbeilenken. Andere erweisen sich als wahre Kampfhunde, wenn sie vehement herausstürmen und sich unerschrocken dem Gegner vor die Füße werfen. Alle diese typischen Torhüter-Aktionen sind aber im Grunde nur Notlösungen. Richtige Top-Torhüter agieren so, dass sie kaum einmal zu Aufsehen erregenden Aktionen genötigt werden. Während weniger gute Wächter pausenlos als Feuerwehr unterwegs sind, weil es vor ihrem Tor ständig lichterloh brennt, haben die besten bereits mögliche Brandherde gelöscht, bevor eine Flamme zu sehen ist.

Spezialisten des präventiven Spiels sind in erster Linie Denker. Sie wägen ihre eigenen Möglichkeiten ab. Sie analysieren die Möglichkeiten des Gegners. Sie bedenken die Konsequenzen jeder Entscheidung. Sie wissen, wann die Zeit zum Eingreifen reif ist. Solches Mit- und Vorausdenken ist die Grundlage für die Beherrschung des Strafraums. Das, was man auf dem Platz zu sehen bekommt – die scheinbar mühelos abgefangene Flanke –, ist nur der Endpunkt eines Prozesses, der lange zuvor begonnen hat. Bei weitem nicht alle Torhüter sind in der Lage, ihn rechtzeitig einzuleiten und praktisch umzusetzen. Helmut Jahn etwa, immerhin Nummer eins der deutschen Nationalmannschaft von 1939 bis 1942, brillierte zwar auf der Linie mit hervorragenden Reaktionen, war aber immer dann ziemlich hilflos, wenn es darum ging, gefährliche Situationen bereits vor dem Torschuss durch beherztes Intervenieren zu entschärfen. Auch sein Nachfolger Toni Turek war ein Linientorwart mit großen Schwächen in der Strafraumbeherrschung. Ein Mann wie Rudi Kargus, bis heute der beste Elfmeter-Killer der Bundesliga, klebte mit einer Ängstlichkeit auf der Linie, als könnte ihm beim Verlassen des Fünfmeterraums die Lebensversicherung gekündigt werden. Als der junge Uli Stein zum Hamburger SV kam, bemerkte er an den Reaktionen im Stadion, was die Fans von seinem Vorgänger hielten: „Ihm trauen sie auf der Linie alles, im Fünfmeterraum wenig, im Sechzehner gar nichts zu.“ Männern wie Jahn, Turek und Kargus fiel es schwer, die Entwicklung von Spielsituationen weit vorauszudenken, und so warteten sie lieber ab, wie sich die Dinge entwickelten.

Ein Flankenfänger bei der Arbeit.

Neben solchen „Linientorhütern“, die sich voll und ganz auf ihre Reflexe verlassen, gibt es aber auch ausgesprochene „Strafraumtorhüter“. Der spätere Bundestrainer Helmut Schön schwärmte als Aktiver im Trikot des Dresdner SC von seinem Mitspieler Willibald Kress: „Er war im Sinne des Wortes ein Beherrscher des Strafraums.“ In ähnlicher Weise urteilte Herbert Völker über Rudi Hiden: „Er besaß einen ungewöhnlichen Orientierungssinn für das Spiel, lief stets im richtigen Augenblick heraus und klärte so die verzwicktesten Situationen, wenn nötig, auch außerhalb des Strafraums. Sagenhaft war die Art, wie er Eckbälle in ‚erster Instanz‘ abzutöten verstand.“ Auch ein Dino Zoff, ein Peter Shilton oder ein Mann wie der DDR-Nationaltorwart Jürgen Croy waren bekannt dafür, beinahe jeden Flankenball ruhig und sicher abzufangen.

Der erste regelrechte Wissenschaftler in dieser Disziplin war vermutlich Harry Rennie von Greenock Morton. Rennie, einer der besten schottischen Keeper in den Jahren vor dem Ersten Weltkrieg, war nicht nur bekannt dafür, die Bälle bereits weit vor der Torlinie abzufangen, er hatte auch eine spezielle Technik. Vor Spielbeginn ritzte er mit seinen Schuhen eine Linie vom Elfmeterpunkt bis in die Mitte des Tores in den Boden ein, um die Flugkurve von Flankenbällen besser berechnen zu können. Noch heute kann man die Technik des Schotten immer wieder beobachten: Viele Torhüter nutzten die Phase des Warmmachens vor dem Spiel, um in ihrem Strafraum eine Markierungslinie zu ziehen, die ihnen genau anzeigt, wo sich die Mitte des Tores befindet.

Die „Flankenfänger“ unter den Torhütern laufen zum richtigen Zeitpunkt zum richtigen Ort, wo sie genau im richtigen Moment abspringen, um ihn sicher abfangen zu können. Ein Eingreifen dieser Art beruht auf einer intensiven Beobachtung des Spiels, einer punktgenauen Vorausberechnung der Flugkurve des Balles – dabei muss unter Umständen auch der Wind einkalkuliert werden –, sowie der Fähigkeit zur schnellen Entscheidung und dem Mut, den einmal gefassten Entschluss konsequent durchzuführen. Sepp Maier ist bis heute berühmt dafür, dass er Flanken so sicher und schier teilnahmslos heruntergepflückt hat, als handele es sich um die Arbeit eines Bauern bei der Obsternte. Horst-Dieter Höttges, der in der Nationalmannschaft jahrelang vor Maier als Verteidiger arbeitete: „Mit Maier im Tor konnte man sich, wenn geflankt wurde, umdrehen und nach vorn laufen.“ Maier schnappte sich die Bälle sogar noch an der Strafraumgrenze mit einer derart frappanten Sicherheit, dass es oft so aussah, als habe ihm der Gegner den Ball absichtlich vor die Greifarme hingelöffelt.

Dass so viele Torhüter mit dem Herauslaufen Probleme haben, hängt, anders als bei Duell-Situationen, weniger mit der Angst vor eventuellen Gefahren zusammen. Ein Unfall, wie er Ludwig Pekarna, Vienna-Torwart und Bruder des berühmten Internationalen Karl Pekarna, im Jahr 1920 bei einem Spiel in Duisburg passierte, ist eine tragische Ausnahme. Pekarna war gerade dabei, eine Flanke abzufangen, da wurde er von einem Gegenspieler unterlaufen, verlor das Gleichgewicht und landete so unglücklich, dass er sich einen Wirbel brach und wenig später an den Folgen seiner Verletzung starb. Ein Torhüter, der auf der Linie „kleben" bleibt, hat nicht vor dem Gegner Angst, sondern vor der Blamage, nach dem Verfehlen einer Flanke dumm auszusehen. Er will die Kübel von Spott vermeiden, mit denen er überschüttet werden könnte, wenn er herausläuft und sich vom Lupfer eines Stürmers übertölpeln lässt.

In der Strafraumbeherrschung sind ganz andere Eigenschaften gefordert als beim Linienspiel. Auf der Torlinie reagiert der Keeper reflexartig. Er antwortet lediglich auf Aktionen anderer. Kurzum: Sein Kopf hat dabei nicht viel zu tun. Hier genügen Talent – angeborene Reaktionsgeschwindigkeit – und Erfahrung. Das Stellungsspiel im Tor, die intuitive Ausrichtung zum möglichen Schützen, automatisiert sich im Lauf der Zeit. Anders sieht es aus, sobald sich der Torhüter von der Linie wegbewegt. Beim Herauslaufen entsteht eine völlig neue Problematik, denn hier muss er bewusst und bestimmt handeln. „Er reagiert hier nicht einfach", so die Psychologin Birgit Jackschath, „sondern handelt auf der Grundlage der von ihm selbst getroffenen und zu verantwortenden Entscheidung. Während des Herauslaufens bleibt ihm relativ viel Zeit zum Nachdenken über die Richtigkeit seiner Entscheidung." Je mehr er zweifelt und zögert, desto schneller wird aus dem Nachdenken über einen möglichen Fehler ein tatsächlicher. „Die Verführung zum ‚Klebenbleiben' auf der Linie", fasst Jackschath zusammen, „ist daher groß und nahe liegend."

Tatsächlich hat ein Torhüter die größte Entscheidungsmacht, je näher er an der eigenen Linie steht. Sobald er herausläuft, werden seine Optionen geringer. Auf der Linie kann er noch überlegen: Geh ich ein Stückchen weiter nach rechts oder nach links? Soll ich im Tor bleiben? Muss ich herauslaufen? Doch in dem Moment, wo er losgeht, ist die Entscheidung getroffen, und dann muss er sie konsequent durchziehen. „Wenn er sich zum Herauslaufen entschlossen hat", betont Sepp Maier, „dann muss er den Ball unter allen Umständen erwischen. Dann darf er es sich nicht wieder anders überlegen." Die Fähigkeit, den richtigen Moment zum Herauslaufen nicht nur zu erkennen, sondern auch ohne jede Zögerlichkeit wahrzunehmen, ist nicht jedem in die Wiege gelegt. Die meisten Torhüter werden erst mit gewachsener Erfahrung sicherer.

Unsicherheit und Unentschlossenheit kann man gezielt bekämpfen. Die Strafraum-Phobie, die Leverkusens Torwart Rüdiger Vollborn in den 1980er Jahren quälte, konnte durch eine gezielte sportpsychologische Therapie weitgehend geheilt werden. Hoffnung auf Genesung können Angstkranke vor allem aus dem Beispiel Sepp Maier ziehen. Lange Zeit hatte er Probleme mit der Beobachtung des Spiels und der Berechnung von Bällen. Bei der WM-Endrunde in Mexiko 1970 verpasste er so manche Flanke, und er war auch, wie der „Kicker" kritisierte, „nicht immer klar im Stellungsspiel". Erst danach wurde er durch intensives Üben zum Herrscher der Lüfte im 16-Meter-Raum. Als der neue Bayern-Trainer Gyula Lorant im Jahr 1977 versuchte, dem bereits 34-jährigen Maier das Torwartspiel beizubringen, war dieses Unterfangen geradezu lächerlich. „Musst du stehen an rechtes Pfosten, wenn Flanke kommt von rechts", wies Lorant Maier an. Maier kommentierte schroff: „So ein Schmarrn. Wenn ich am Außenpfosten stehe, und der Ball kommt mit Effet, muss ich ja rückwärts laufen, um ihn zu erwischen. Hinten habe ich keine Augen. Ein Kinderspiel für einen Kopfballspezialisten, mich dann auszutricksen." Lorant gab schließlich auf, nachdem er einsehen musste, dass einem Maier in dieser Hinsicht nichts mehr beizubringen war.

Mit Handschuhen alles fest im Griff

Zum Beherrscher seines Strafraums wird ein Torhüter nur dann, wenn er die Flankenbälle nicht nur abklatscht oder wegfaustet, sondern so sicher fängt, als hätte er Saugnäpfe an den Fingern. „Wichtig beim Fangen ist die Haltung der Hände", betonte Sepp Maier. „Sie sollten wie eine Schaufel den Ball umklammern. Es ist wichtig, dass die Finger weit gespreizt sind und der Daumen und der Zeigefinger hinter den Ball kommen. Sonst rutscht vor allem ein nasser Ball sehr leicht durch die Hände." Hat er einen hohen Ball aus der Luft gefischt, muss ihn der Keeper sofort an die Brust ziehen. Nur so ist er vor einer möglichen Attacke des Gegners sicher geschützt.

Neben der entsprechenden Technik können auch Handschuhe gute Dienste leisten für den sicheren Griff. Handschuhe, die vor Kälte schützen sollen, sind in Nordeuropa schon sehr lange verbreitet. Die ältesten, die man gefunden hat, sind mindestens 10.000 Jahre alt. Es waren Fäustlinge aus Tierhaut, die bis zum Ellbogen reichten. Vor 100 Jahren, als der Fußball zum Massensport wurde, gab es nicht nur grobe Schutzhüllen für kalte

Wintertage, sondern ein breit gefächertes Angebot eleganter Fingerlinge aus Leder, die vor allem aus modischen Gründen getragen wurden. Um seine Hände zu schützen und die Extravaganz seiner Erscheinung zu unterstreichen, streifte sich auch mancher Torhüter solche vornehmen Teile über. Eine Funktion als Greifhilfe sah man in ihnen weniger, sie galten vor allem als Accessoire eines Gentleman. Die meisten Torhüter verzichteten denn auch auf solchen Schnickschnack und spuckten lieber in die Hände – gemäß der Erfahrung, dass mit Speichel befeuchtete Haut, die auf das trockene Leder eines Balles trifft, eine „griffige" Kombination bildet.

Der junge Zamora in voller Montur.

Nur im Winter oder bei Regen gab es Probleme. Mit steif gefrorenen Fingern lässt sich nicht gut fangen, feuchte Bälle werden extrem glitschig. Also experimentierten die Torhüter mit Handschuhen aus Wolle. So zum Beispiel Sam Bartram oder Heiner Stuhlfauth. Einem Zeitungsreporter gegenüber plauderte der Nürnberger einmal „aus der Schule": „An Regentagen trug ich stets ganz raue, wollene Handschuhe! An diesen findet ein nasser Ball den nötigen Widerstand und bleibt hängen! Dieser kleine Trick hat sich immer glänzend bewährt. Ich habe ihn dem Leben abgelauscht; denn ich wusste, dass man z.B. einen Aal, den man in bloßen Händen nicht halten kann, mit einem rauen Tuch anfassen muss." Charlton-Athletic-Keeper Bartram entdeckte in den 1930er Jahren, dass ihm die Wollüberzieher das Gefühl gaben, seine Hände wären größer. Also behielt er sie oft auch dann an, wenn es gar nicht nötig gewesen wäre.

Einer, der auf Lederhandschuhe schwor, war Lew Jaschin. Bereits bei einem seiner ersten ganz großen Auftritte, dem Olympiasieg der UdSSR in Melbourne 1956, trug er welche. Im Endspiel hatten die Russen die Jugoslawen mit 1:0 geschlagen. Bei denen stand, noch ohne Handschuhe, ein

Torhüter im Kasten, der in Deutschland schon bald für Furore sorgen sollte: Petar Radenkovic. Bei der Verabschiedung im olympischen Dorf kam Jaschin zu Radenkovic und schenkte ihm seine Handschuhe. „Du spielst mit Handschuhen besser. Du musst dich nur erst daran gewöhnen! Vor allem wirst du viel sicherer halten können, sobald es regnet und der Ball glitschig ist. Außerdem kannst du mit Handschuhen mit der ganzen Handfläche fangen, während du ohne Handschuhe automatisch, um den härtesten Anprall aufzufangen, erst mit den Fingerspitzen zugreifst, bevor der Ball in die Handflächen klatscht. An die neue Fangtechnik wirst du dich schnell gewöhnen!"

Radenkovic probierte es aus. Und war so angetan von dem neuen Fang-Gefühl, dass er es nie mehr missen mochte. Als die von Jaschin geschenkten Handschuhe nach einer Saison kaputt waren, besorgte er sich maßgeschneiderte Überzieher. Der Jugoslawe hatte ungewöhnlich schmale und langfingrige Hände, so dass ihm die normalen Größen nie richtig passten. Wichtig war ihm aber nicht nur die Passform, sondern auch die Eignung für die torwartspezifischen Anforderungen. Radenkovic erwies sich als pfiffiger Tüftler und hatte schon bald seine ersten „richtigen" Torwarthandschuhe kreiert. Sie bestanden aus sehr weichem Leder, das an den Innenseiten der Finger und auf der Hand mit speziellen Gummiflächen versehen war. „Diese Gummiflächen stoppen das Leder wirkungsvoller als unbedeckte Fingerspitzen und Handflächen", war er überzeugt.

Zur Zeit von Radenkovics Experimenten mit verbesserten Leder-Überziehern wurden in England gewebte Handschuhe mit genoppten Gummistreifen bereits industriell hergestellt. In Deutschland gelang nicht Radenkovic, sondern Wolfgang Fahrian eine erste Vermarktung von Torwarthandschuhen. 1966 brachte er zusammen mit der Firma Kurt Kränzle aus dem oberfränkischen Kirchenlamitz einen Handschuh auf den Markt, bei dem der Belag von Tischtennisschlägern Verwendung fand. Besonders griffig waren diese Fanghilfen allerdings noch nicht. Die Panther zwischen den Pfosten waren mit solchen künstlichen Krallen dennoch zufrieden, solange sie ausschließlich nach Lederkugeln greifen mussten. Als man jedoch dazu überging, spezielle Beschichtungen zu entwickeln und das Leder durch Kunststoffe zu ersetzen, änderte sich die Situation. Ein Vorteil der neuen Bälle war, dass sie „genormter" waren als die herkömmlichen Lederkugeln. Früher hatte sich der Torwart auf jedes individuelle Ball-Exemplar erst einmal einstellen müssen, bei Regen hatte er darüber hinaus mit unterschiedlichem Flugverhalten zu rechnen, je nachdem, wie sehr sich das Leder mit Wasser vollgesogen hatte. So etwas passierte mit den neuen Bällen nun nicht mehr. Sie konnten aber immer noch sehr unterschiedlich sein (bis heute darf der Druck von 0,6 bis 1,1 Atmosphären variieren), und zudem hatten sie einen ganz gravierenden Nachteil: Kunststoff ist wesentlich glatter als Leder. Für einen sicheren Griff reichten Speichel und einfache Gumminoppen nun nicht mehr aus.

Andreas Köpke präsentiert seine Reusch-Handschuhe.

Für Abhilfe sorgten der Torhüter des VfB Stuttgart, Gerhard Heinze, sowie Nationaltorwart Sepp Maier. Heinze brachte ab 1972 bei seiner eigenen Sportartikel-Firma einen Handschuh heraus, der mit einem griffigen „Waben-Gummi" versehen war. Das war offensichtlich eine Herausforderung für Sepp Maier, der im Selfmade-Verfahren mit verschiedenen Schaumgummi-Sorten herumexperimentierte. Nachdem er einige Zeit mit selbst angefertigten Handschuhen gespielt hatte, initiierte er 1973 eine Zusammenarbeit mit der Lederhandschuh-Firma Reusch aus dem schwäbischen Metzingen. Reusch, bis dahin ausschließlich im Mode- und Wintersportbereich tätig, entwickelte aus einem medizinischen Gummihandschuh die ersten Reusch-Torwarthandschuhe. Es dauerte nicht lange, bis Maier, der als der erste Torhüter gilt, der nie auf seine Handschuhe verzichtete, nicht nur wegen seiner Leistungen, sondern auch wegen seines Aussehens berühmt wurde. Im Gegensatz zu früheren Exemplaren waren seine Hilfsmittel nämlich keineswegs unscheinbar: Es waren riesige fünffingrige „Mistgabeln", die an seinem schmalen Körper geradezu grotesk wirkten. Seine Begründung: „Auch wenn's komisch aussieht – Torwarthandschuhe sollten immer um ein oder zwei Nummern größer genommen werden als normale Handschuhe. Das hat folgenden Effekt: Zwischen Handschuh und Finger entsteht ein Luftpolster, das die Geschwindigkeit des Balles abbremst." In Maiers Riesenhandschuhen fühlte sich jeder Ball so geborgen, dass er keinerlei Anlass mehr hatte, abzuprallen und vor einschussbereite Füße zu kullern. Für die „Abstauber" unter den Stürmern brachen schwere Zeiten an.

Maier stand auch Pate bei der Entwicklung des Haftschaum-Handschuhs, der Anfang der 1980er Jahre von den Firmen Reusch und Uhlsport auf den Markt gebracht wurde und sich durch eine bis dahin nicht gekannte Griffigkeit auszeichnete. Seit dieser „Haftschaum-Revolution" auf dem Torwarthandschuh-Markt wurde beständig weiter mit neuen Materialien und Fertigungsverfahren experimentiert, wobei auch die Torhüter selbst immer wieder bei Neuentwicklungen mithalfen. Besonders findig war Maiers Nachfolger im deutschen Tor, Toni Schumacher. Eines Tages, so erzählte er, saß er in einem Londoner Doppeldeckerbus „vor einer Glasplatte, die fest auf einer Gummischicht ruhte. Die Scheibe hielt ohne Saugnäpfe, ohne Einfassung; sie rutschte nicht, sondern hielt. Bombenfest. Tief beeindruckt riss ich ein Stück von diesem Gummi ab und brachte es Herrn Reusch mit. Der ließ es von seinen Chemikern analysieren." Ergebnis: Es handelte sich um ein extrem griffiges Material, das ab sofort zur Fabrikation der „Schumacher-Handschuhe" verwendet wurde.

Im kleinen Segment Torwarthandschuhe kämpfen heute die Firmen Reusch, Uhlsport, Derbystar und Adidas um die Marktanteile und die attraktivsten Werbehände. Neben optimaler Griffigkeit für unterschiedlichste Bedingungen – die Auswahl reicht hier vom „Absolutgrip" über den „Mega-Grip" und „Duo-Mega-Grip" bis hin zum „X-Condition-Grip" – legen die Hersteller neuerdings besonderen Wert auf speziellen Schutz für zarte Torwart-Hände. Während sich der um seine Finger besorgte Argentinier Nery Pumpido noch beim WM-Finale 1986 die Hände wie ein Boxer bandagieren musste, gibt es heute ausgetüftelte „Protektionstechnologien", die unter klingenden Namen wie „Fingersave", „Ortho-Tec", „Ultimate Finger Protection" und „Supportframe" angeboten werden. Wie angesichts solcher Super-Handrüstungen mit „Over-Grip" überhaupt noch Bälle ins Tor gehen können, bleibt fast ein Rätsel.

Kluge Strategen, lautstarke Dirigenten

Nicht nur den Ball, auch seine Abwehrspieler muss ein Torhüter sicher im Griff haben. Flanken können nur dann einigermaßen risikolos abgefangen werden, wenn die Verteidiger richtig organisiert sind. Bei jedem Verlassen der Linie ist der letzte Mann mit dem Problem konfrontiert, dass ihm meist ein Pulk von Spielern im Weg steht. Er weiß, dass er den Ball erreichen kann. Aber wie soll er hinkommen? Erst die rechtzeitige Kommunikation mit den Verteidigern eröffnet den Korridor, den er auf dem Weg zum sicheren Zugriff durcheilen muss. Nur der Torwart selbst kann dafür sorgen, dass er bei hohen Bällen den nötigen Aktionsspielraum hat. Und natürlich ist er, weil er als hinterster Mann seines Teams den besten Überblick hat,

Sepp Maier dirigiert seine Abwehr.

auch dafür verantwortlich, dass die Defensivspieler die richtigen Wege gehen, um Deckungslücken zu vermeiden. Die Rufe, mit denen er seine Abwehr lenkt, sind knapp und klar. Da heißt es: „keeper's ball!", „Meiner!" oder „Deiner!" Manchmal sind sie aber auch zu knapp. Denn es gibt Situationen, da reicht ein kurzer Schrei nicht aus. „Links decken!" ist zu ungenau. Die Verteidiger müssen erst überlegen, wer von ihnen sich um den vermutlich gemeinten Gegenspieler kümmern soll. Besser ist also: „Hans, die 10 links!" Das kann sofort umgesetzt werden. Je präziser der Torwart zuruft, desto schneller und eindeutiger fügen sich die Abläufe zu einem gelungenen Zusammenspiel.

Seit am Heldenlied der Torhüter gedichtet wird, werden sie auch als lautstarke Dirigenten geschätzt. Italiens Fußballheros der 1930er Jahre, Giuseppe Meazza, lobte seinen Keeper Giampiero Combi mit den Worten: „Was ihn von allen übrigen Torleuten seiner Zeit unterschied, das war die angeborene Intelligenz; ihr entsprang seine Fähigkeit, das Spiel seiner Vorderleute als perfekter Taktiker zu dirigieren." Ähnliches sagte der Verteidiger Willi Steffen im Züricher „Sport" über das Schweizer Torwart-Idol Erwin Ballabio: „Man wusste genau, was man zu tun hatte, von der ersten bis zur 90. Minute. Ballabio dirigierte das Spiel und uns, wie das kein zweiter Hüter so geschickt verstanden hat. Diese akustische Führung von hinten ist für jeden Verteidiger äußerst wichtig."

In den 1960er Jahren wurde ein Hans Tilkowski oft kritisiert, weil er als stiller Typ galt. Immer wieder musste er sich dafür rechtfertigen, dass er zu ruhig sei. In seinem Buch „Keine Angst vor scharfen Schüssen“ versuchte er sich zu rechtfertigen: „Nach einem Länderspiel fragte mich der frühere Bundestrainer einmal: ‚Haben Sie eigentlich gerufen?‘ – ‚Natürlich‘, antwortete ich stolz, ‚wenn immer es erforderlich war!‘ Herberger konterte: ‚Ich habe aber kein Wort von Ihnen gehört. Ein Torhüterruf soll laut vernehmbar sein!‘ – Bei diesem Spiel hatte Herberger auf der Tribüne gesessen…“. Anders als Tilkowski konnte man seinen Nachfolger Maier auch von Weitem gut hören. Im Gegensatz zum eher schüchternen Tilkowski war der selbstbewusste Maier allenthalben als Autorität akzeptiert. Selbst dann, wenn er still war und nur die Hand erhob. Taktische Anweisungen des Rekord-Nationaltorhüters hatten die Qualität von militärischen Kommandos. Oft gelang es ihm, seine Mitspieler so rechtzeitig in die richtigen Positionen zu dirigieren, dass er gar nicht mehr eingreifen musste.

Dass auch ein Oliver Kahn mit erheblicher Phonstärke entsprechende Wirkungen erzielt, kann man an jedem Bundesliga-Spieltag bemerken. Neben dem Dänen Peter Schmeichel, der von Nationaltrainer Möller-Nielsen für seine „wunderbaren Zwischenrufe“ besonders gelobt wurde, gilt Kahn, „das brüllende Zentralorgan“ („FAZ“) des deutschen Fußballs, als lautstärkster Keeper überhaupt. „Wir brüllen beide so laut“, sagte der Münchner Keeper einmal über sein Phon-Pendant bei Manchester, „dass wir uns übers Spielfeld unterhalten können.“ In Anbetracht der Hörschäden, die jedem Lauscher bei den Duellen zwischen Bayern und ManU drohten, ist es wohl nicht ganz richtig, wenn der gleichfalls keineswegs stille Ex-Dortmunder Jens Lehmann bemerkt, dass dieser Aspekt des Torwartspiels „oftmals gar nicht wahrgenommen“ werde. Richtig ist und bleibt, dass es sich beim Dirigieren um eine der zentralen Aufgaben des Torhüters handelt. „Er ist als wichtigster Organisator des Defensivverhaltens der Mannschaft dafür verantwortlich, möglichst gar keine Bälle aufs Tor zu bekommen“, betont Lehmann. „Was ich mehr rede, brauche ich weniger zu halten“, lautet sein Motto. Deswegen ist auch Lehmann, in ähnlicher Weise wie Kahn, für gebieterische Gesten und scharf herausgebellte Befehle bekannt.

Flatterbälle und Schüssestopper

Wie das Schreien kann man auch das sichere Abfangen von Flanken lernen. Aber es ist heutzutage weitaus schwieriger, als es noch zu Sepp Maiers Zeiten war. In einem Interview bemerkte der einstige Strafraumkönig: „Früher hast du von 100 Flanken 70 abfangen können, heute sind es noch 30.“

Weshalb, so fügte er hinzu, es natürlich nicht unnötig geworden sei, das Abfangen von Flanken zu üben: „Einen guten Torhüter zeichnet aus, dass er sich diese 30 schnappt." Warum es mit dem Flankenfangen seit Maiers aktiver Zeit schwieriger geworden ist, erläuterte sein Nachfolger im Tor der Nationalelf, Toni Schumacher: „Unsere Spielweise ist nicht gut vergleichbar – auch wenn manche sagen, Maier hätte besser Flanken runtergeholt als ich. Zu seiner Zeit wurden Flanken etwas anders geschlagen: langsam, langgezogen. Es blieb mehr Zeit, rauszugehen, die Bälle zu pflücken. Heutzutage werden sie mit Wucht und stramm gespielt. Da bleibt kaum eine Chance, weil die Stürmer ihre Flanken wie Freistöße schießen: Richtung Tor, mit Pfeffer dahinter, Topspineffekt, angedreht." Sein unmittelbarer Konkurrent Uli Stein beklagte in ähnlicher Weise, dass die Zeiten der souveränen Herrscher im Strafraum passé seien. Früher habe man genügend Zeit gehabt, die in hohem Bogen hereingeschnibbelten Flanken in Ruhe abzugreifen, heute jedoch werde schärfer und tiefer geflankt. „Heute kommen die Flanken halbhoch als Torschüsse ins Getümmel", so Stein im Jahr 1993, da habe man als Torwart „nur Sekundenbruchteile, um zu reagieren". Je schärfer, schneller und flacher die Bälle in den Strafraum kommen, desto weniger Zeit bleibt dem Torwart, sie sicher zu fangen. Also muss er sie, um nicht Gefahr zu laufen, dass sie ihm aus der Hand prallen, sicherheitshalber über die Latte lenken oder wegfausten.

Die Veränderungen hatten nicht nur mit einer neuen Spielauffassung, sondern auch mit neuen Spielgeräten zu tun. Bei der WM 1986 wurde mit dem „Azteca" von Adidas erstmals ein komplett synthetischer Ball benutzt. Heute sind solche Bälle Standard. Vor allem von den Torhütern wurden sie wegen ihres unberechenbaren Flugverhaltens kritisiert. „Nicht zuletzt durch die Kunststoffbeschichtung flattern sie häufig", stellte Uli Stein fest. Die früher üblichen Lederbälle standen lange in der Luft, und nur deswegen bekam ein Torhüter die Zeit, sie in aller Ruhe abzugreifen. Die modernen Synthetikbälle hingegen zischen mit einem enormen Tempo heran. Flanken, aber auch Weitschüsse sind deswegen für den Torhüter weitaus tückischer als zu früheren Zeiten. „Zu leicht", „zu schnell", „zu flatterhaft", lautete auch bei der WM 2002 die Kritik der Torhüter am neuen „Fevernova" von Adidas. Verwundert sah man bei Oliver Kahn, dass er den Ball ungewöhnlich oft faustete. Seine Begründung hatte aber Hand und Fuß: Die Bälle hätten enorm geflattert, deswegen sei ihm das Fangen zu riskant gewesen.

Im Lauf der Zeit hat sich also beim Fußballspiel viel geändert, und auch die Torhüter sind davon nicht unberührt geblieben. Es wäre zwar möglich, dass ein Sepp Maier „von früher in Normalform", auch heute „keine Schwierigkeiten“ hätte, in der Bundesliga mitzuhalten – was Maier von sich selbst behauptet –, ganz sicher aber könnte er das nicht in dem Stil, den er in den 1970er Jahren pflegte. Die Zeit der „Ballgreifer“, der Torhüter, die den Ball unter allen Umständen festhalten, scheint vorbei. Heute seien die Torhüter, meint Francis Hodgson, nicht mehr Flankenfänger, sondern „Schüssestopper“ („shotstoppers“). Den Ruf des Torwarts bei Flanken – „keeper's ball“ – könne man auf Fußballplätzen kaum mehr hören. Weil die Chancen, Bälle sicher unter Kontrolle zu bringen, abgenommen haben, müssen moderne Keeper mehr denn je auf ihre Reflexe vertrauen.

Ablesen lassen sich diese Veränderungen unter anderem am Stil des Nordiren Pat Jennings. Zwar rühmte der Züricher „Sport“ den Nationalkeeper noch bei der WM 1986 in Mexiko für seine „Fangsicherheit“ und seine „Sicherheit bei hohen Flanken“, doch es war gerade Jennings, der bereits in den 1970er Jahren begonnen hatte, das britische Credo – „der Ball muss in jedem Fall gefangen werden“ – aufzugeben. Während beispielsweise Alex Stepney von Manchester United Ende der 1960er Jahre in einem Europacupspiel gegen Benfica Lissabon einen wie ein Geschoss abgefeuerten Ball von Eusebio in unglaublicher Weise mit seinen Händen sicher abfing, hielt Jennings, wenn der Ball nahe an seinen Körper kam, einfach das Bein raus. Für ihn ging es nur um die Wirkung. Das Aussehen war ihm egal. Genauso hielt es auch Harald Schumacher: „Ästhetik ist Nebensache, die Suche nach Bewegungsschönheit gehört ins Ballett.“ Ihm gehe es einzig und allein darum, den Ball zu halten. „Dazu sind mir alle Mittel recht, die ich einsetzen kann – Kopf, Beine, Hintern, Rücken.“

Als eine Art „Schlüsselereignis“ für den neuen Torwartstil kann das entscheidende WM-Qualifikationsspiel zwischen England und Polen im Jahr 1974 angesehen werden. Polens Torhüter Jan Tomaszewski wehrte gegen die ungestüm anrennenden Engländer nicht weniger als 35 Schüsse ab. Mit allem, was er hatte, auch mit den Ellenbogen und den Knien. Nur ein Schuss fand den Weg in sein Tor. Auf der anderen Seite stand Peter Shilton, der kaum etwas zu tun hatte. Als ein relativ harmloser Schuss auf ihn zukam, wollte er alles richtig machen. Er tauchte ab und wollte den Ball festhalten – aber er rutschte ihm durch, und er war drin. Hätte er ihn, weniger elegant, gefaustet, wäre er ins Aus gegangen. Shilton hatte nach der damaligen Torwart-Lehre alles richtig gemacht und verloren. Tomaszewski hatte alles falsch gemacht und gewonnen. Durch das 1:1 hatte sich Polen qualifiziert, England war ausgeschieden.

Ein zusätzlicher Libero

Die WM 1974, für die sich die Polen qualifizierten, gewann bekanntlich die Bundesrepublik Deutschland. Im Halbfinale gegen Polen, der berühmten „Wasserschlacht von Frankfurt", siegten die Deutschen durch ein Müller-Tor mit 1:0. Zum Helden des Spiels avancierte diesmal nicht der Pole Tomaszewski, sondern Sepp Maier, der eines seiner besten Spiele überhaupt ablieferte. Maier garantierte auch im Endspiel gegen die Niederlande, dass die – natürlich von Müller besorgte – Führung aus der 43. Minute nicht mehr abgegeben werden musste. „Ohne den Sepp wären wir nicht Weltmeister geworden", sagte der Kapitän und Libero Franz Beckenbauer nach dem 2:1-Sieg im Endspiel. Genauso unstrittig wie die Superleistung von Maier war allerdings auch, dass die vom genialen Johan Cruyff angeführten Niederländer damals den eindeutig besseren und vor allem attraktiveren Fußball spielten.

Die Niederländer waren nicht nur besser, sondern auch innovativer. In ihrem System des „totalen Fußballs" sollte prinzipiell jeder Spieler auf jeder Position einsetzbar sein. Einseitige Spezialisten wurden daher gar nicht erst zur Weltmeisterschaft mitgenommen. Der Verzicht auf die Mitwirkung von Jan van Beveren, dem wohl besten Torhüter der „Oranjes", hatte ebenfalls mit der neuen Fußball-Philosophie zu tun. Eindhoven-Keeper van Beveren war zwar leicht verletzt, entscheidender Grund für seine Nichtberücksichtigung war aber, dass Johan Cruyff einen Mann mit anderen Eigenschaften haben wollte. Auf Anraten Cruyffs nominierte „Bondscoach" Rinus Michels den bereits 34-jährigen Jan Jongbloed vom FC Amsterdam. Jongbloed hatte es bis dahin nur auf ein einziges Länderspiel gebracht, war aber wegen seiner Fähigkeiten als Fußballspieler gefragt. Für den „totalen Fußball", bei dem auf die Position eines freien Mannes verzichtet wurde, benötigte man einen Torhüter, der wie ein Libero agieren konnte. Mit diesem elften Feldspieler auf dem Platz konnten die Niederländer bereits aus der Defensive ein Kombinationsspiel aufziehen, wie man es bis dahin noch nicht gesehen hatte.

Trotz des deutschen Sieges lag die Zukunft nicht im eher klassischen Torwartspiel Maiers hinter einem Libero, sondern im aktiven Mitspielen des Keepers selbst. Als Ernst Happel in den 1980er Jahren beim Hamburger SV seine Philosophie des „Pressing" predigte, kam dabei dem Torhüter eine zentrale Funktion zu. Beim Pressing versuchen die Stürmer zusammen mit den Mittelfeldspielern, sich ballorientiert zu verschieben und zu massieren, um so den Gegner frühzeitig beim Spielaufbau zu stören, möglichst bereits in dessen eigener Hälfte („Forechecking"). „Happel trichterte uns ein", so Torwart Uli Stein, „in unregelmäßigen Abständen den Gegner nach Möglichkeit in der eigenen Hälfte einzuschnüren. In diesen Phasen, die manchmal eine Viertelstunde, manchmal nur fünf Minuten dauerten, stand und fiel die Rückraumdeckung mit dem blinden Verständnis der Akteure untereinander." Der Torhüter musste dabei weit vor dem Tor stehen, um einerseits in das Passspiel mit einbezogen zu werden, und andererseits mögliche Steilpässe noch im Mittelfeld vor dem gegnerischen Stürmer abzufangen. Intelligenz, hohe Konzentration und ein Auge für das optimale Stellungsspiel ohne Ball waren dafür unabdingbare Voraussetzungen. Dem balltechnisch versierten Stein, den auch ein hohes Spielverständnis auszeichnete, kam diese Spielweise „vom Naturell her sehr entgegen. Bereits in Bielefeld war ich für gelegentliche Ausflüge bekannt, für mein direktes Eingreifen in den Spielbetrieb."

Uli Stein war kein Einzelfall. Beim FC Liverpool agierte Bruce Grobbelaar im Stil eines Liberos und gab den wohl offensivsten Keeper in der Fußballgeschichte Großbritanniens. Beim IFK Göteborg sorgte Schwedens Nationaltorwart Thomas Ravelli ab 1989 hinter einer Viererkette für die „Vorneverteidigung". Göteborgs Trainer Sven Göran Eriksson vertrat eine ähnliche Fußballphilosophie wie vor ihm Ernst Happel beim HSV. Ravelli: „Er war überzeugt davon, dass erfolgreicher Fußball nur mit der Raumdeckung zu spielen ist. Wir haben stundenlang Pressing geübt, die Viererkette in der Abwehr hin- und hergeschoben. So lange, bis keine Maus mehr durchschlüpfen konnte." Ravelli war der richtige Mann für diese Taktik, die in jeder Sekunde hohe Aufmerksamkeit erfordert: „Mir hat dieses Vorausdenken immer gefallen." Heute vertritt unter anderem der niederländische Nationaltorwart Edwin van der Sar den Typ des modernen, mitspielenden Torhüters. Mit seiner ausgezeichneten Fußtechnik ist er in der Lage, hinter einer Vierer-Abwehrkette gekonnt als zusätzlicher Verteidiger zu agieren.

Seit der Rückpassregel, die 1992 eingeführt wurde, werden allen Torhütern vermehrt Feldspieler-Qualitäten abgefordert. Jens Lehmann kommentierte im Vorwort eines Torhüter-Lehrbuches: „In jüngster Vergangenheit ist insbesondere der Stellenwert des ‚letzten Mannes' auch international gestiegen. Ausschlaggebend hierfür war sicherlich auch die Regeländerung der FIFA, wonach der Torwart bei Rückpässen nicht mehr den Ball in die Hand nehmen darf. Nun muss man als Torwart auch über gute fußballerische Qualitäten verfügen." Andere Torhüter, vor allem in England, protestierten: Es sei ein Angriff auf die Rolle des Torhüters überhaupt, wenn man dem, der sein Tor mit Händen verteidigen soll, plötzlich das Recht beschneide, eben diese Hände zu benutzen. Mittlerweile haben sich die Wogen geglättet. Alle haben die Regel akzeptiert und kommen gut damit zurecht. Vor allem diejenigen Torhüter, die, wie Lehmann, fußballerisch stark sind. Der ehemalige englische Nationaltorwart Peter Bonetti bedauerte in einem Interview, dass er diese Regel nicht mehr als Spieler hat erleben dürfen. Gerne hätte er, als balltechnisch starker Spieler, einen Torhüter-Libero gespielt.

Einer wie Bonetti hätte gut in das Profil gepasst, das von einem modernen Keeper gefordert wird. Mit der neuen Regel wurde der Torhüter aus seiner Isolation gerissen und ist seitdem als aktiver Teil der Mannschaftstaktik wichtiger denn je zuvor. Die Rückpassregel kann betrachtet werden als Teil eines Prozesses, in dem die Arbeitsteilung auf dem Platz – siehe den „totalen Fußball" der Niederländer – immer mehr abgenommen hat. Heute muss sogar der größte Spezialist des Spiels Verantwortung für das Funktionieren des Teamworks übernehmen. Er muss sich aktiv am Feldspiel beteiligen und beispielsweise Steilpässe abfangen, oder er muss Rückpässe, die ihm unter Druck geratene Manndecker zuspielen, sicher verarbeiten. Keiner kann sich mehr darauf beschränken, nur auf der Linie zu warten und Bälle zu fangen.

Der dritte und der vierte Verteidiger

Die Idee, Angriffe bereits weit vor dem eigenen Tor abzufangen, ist mit der Rückpassregel zu einer allgemein anerkannten Strategie geworden. Ganz neu ist sie allerdings nicht. Einige herausragende Torhüter haben ähnliches schon vor Jahrzehnten praktiziert. Bereits in den 1920er Jahren hat Heiner Stuhlfauth das Herauslaufen zu seinem Markenzeichen gemacht. Wann immer es die Situation irgendwie erlaubte, lief er aus dem Tor heraus und fuhr dem Gegner kompromisslos zwischen die Beine: „Ich bin dem Ball oft 20 und 30 Meter entgegengelaufen und habe den Angriff unterbunden, indem ich den Ball weggeschlagen habe." Statt zu warten, bis er sich nach einem Schuss hätte werfen müssen, zog Stuhlfauth die Taktik der präventiv angewandten Fußabwehr vor. Denn ein Stürmer, der gar nicht erst zum Schuss kommt, so seine Überlegung, ist der ungefährlichste Stürmer. Stuhlfauth hielt viel auf sein Timing: „Im richtigen Moment aus dem Tor herausgehn – das muss einem gegeben sein. Manchmal hängt es von Bruchteilen von Sekunden ab, um früher als der Gegner am Ball zu sein. Von der Tribüne aus hatte es oft den Anschein, als ob es ein Fehler wäre, wenn ich herausgelaufen bin. Der Gegner kann vom Ball ruhig nur zwei oder drei Meter weg sein und der Tormann 15. Wenn der Tormann die Entfernung richtig abschätzen kann, wird er schneller am Ball sein, weil der Ball ja zum Tormann kommt, während ihm der Gegner nachlaufen muss."

Zum Ende seiner Karriere hatte Stuhlfauth sein Herauslaufen zu einer regelrecht strategischen Spielanlage ausgebaut. Damals spielte man noch mit nur zwei Verteidigern, und da Stuhlfauth meist eher vor als in seinem Tor agierte, wurde er gleichsam zum „dritten Verteidiger". Aus Anlass seines 60. Geburtstages schrieb der Düsseldorfer „Mittag" am 11. Januar 1956: „Man möchte beinahe sagen, Stuhlfauth war als strafraumbeherrschender Tormann der Vorläufer des heutigen Stoppers – und gab zudem seinem Mittelläufer die Bewegungsfreiheit für die Offensive." Dass der 1. FC Nürnberg mit dem spielbestimmenden Hans Kalb in den 1920er Jahren so erfolgreich sein konnte, beruhte also nicht zuletzt auf Stuhlfauths für damalige Verhältnisse sehr ungewöhnlichen Interpretation der Rolle des letzten Mannes. Im Juni 1929 brachte er in Berlin auch als Torhüter der Nationalmannschaft die gegnerischen Stürmer gleich reihenweise zur Verzweiflung. „Die Schotten konnten sich mit dieser Methode nicht abfinden", frohlockte er nach dem 1:1 gegen die britischen Profis. „Sie gaben auch nachher ihrem Erstaunen über ein derartiges, ihnen unbekanntes Torwart-Spiel unverhohlen Ausdruck."

Mit dem „dritten Verteidiger" hatte es ein Ende, als das W-M-System eingeführt wurde. Nun spielte auch die deutsche Nationalmannschaft mit drei Verteidigern, der Raum des Torhüters für Ausflüge ins Feld wurde kleiner. Stuhlfauths Nachfolger Hans Jakob war zwar ebenfalls bekannt dafür, dass er bei seinem Verein Jahn Regensburg oft weit vor dem eigenen Tor spielte, in der Nationalmannschaft jedoch unterließ er seine Ausflüge meist. Erst als das W-M-System nach vielen Jahren der Übung allen Spielern in Fleisch und Blut übergegangen war, konnte man wieder an eine Revolutionierung der Spielweise denken. In der ungarischen Supermannschaft Anfang der 1950er Jahre, die mit ihrem offensiven Kombinationsspiel in ganz Europa für Furore sorgte, erfand Gyula Grosics das Spiel als „vierter Verteidiger". Während alle „normalen" Torhüter zu dieser Zeit die Trainer-Warnung beherzigten, niemals an der 16-Meter-Linie zu stehen, scherte sich Grosics keinen Deut darum, was die damalige Taktiklehre als „richtiges" Torwartspiel ansah. „Ich stand eigentlich nur höchst selten auf der Torlinie: nur dann, wenn ganz in der Nähe unseres Tores gespielt wurde. Waren wir im Angriff, so postierte ich mich meist auf der 16-Meter-Linie. War das Zentrum des Spieles im Mittelfeld, stand ich zumeist auf der 5-Meter-

Stuhlfauth bei der Fußabwehr.

Marke. Warum? Fünf Meter sind eigentlich keine allzu große Entfernung, doch dieser Vorsprung wurde uns oft zum Vorteil, wenn ich aus dem Tor laufen musste. Manchmal entfernte ich mich sogar noch etwas weiter von meinem Gehäuse. Das schien mir nicht gefährlich, da ich ja schnell genug war, um gleich wieder ins Tor zurückkehren zu können." Grosics „Vorneverteidigung" machte es möglich, dass er eventuelle Gefahren für sein Tor frühzeitig unterbinden konnte; zudem war seine Mannschaft schneller wieder im Ballbesitz und konnte nach der Abwehr gleich wieder einen Konterangriff einleiten. Im Jahr 1953 führten die Ungarn bei ihrem 6:3-Sieg in Wembley – dem ersten Sieg eines europäischen Nationalteams auf der Insel – den Engländern diese völlig neue Art des Torwartspiels vor. Die rieben sich verwundert die Augen und fanden kein Gegenmittel.

Der erste Brite, der nicht nur ein paar Meter, sondern manchmal bis über die Strafraumgrenze hinauslief, war der Nordire Harry Gregg. In seinem Buch „Wild About Football" begründete er: „Ich sehe keinen Sinn darin, in meinem ‚Verschlag' zu warten und dabei zuzusehen, wie der Stürmer den Ball unter Kontrolle bringt und alle Zeit der Welt hat, ihn an mir vorbei ins Netz zu schlenzen." Aus dieser eher spontanen Erkenntnis leitete er dann Grundsätzliches ab: „Ein Torhüter, der meint, seine ausschließliche

Aufgabe sei es, zwischen den Pfosten zu stehen und Schüsse mit tollen Paraden unschädlich zu machen, ist nicht von internationalem Kaliber. Er muss herausrennen, nicht nur, um durch die Verkürzung des Schusswinkels die Chancen des heranstürmenden Angreifers auf einen erfolgreichen Torschuss zu reduzieren, sondern auch, um ihm den Weg abzuschneiden. Kurz: Er muss in jeder Sekunde so viel wie möglich vom Spiel mitbekommen, mehr als jeder andere Spieler."

Während Gregg es bei eher sporadischen Ausflügen beließ, perfektionierte Russlands Nationalkeeper Lew Jaschin das Spiel als „vierter Verteidiger" zu einem ausgeklügelten System. „Er hat sich zu einem Torwart entwickelt, der in entscheidendem Maße auch die Funktion eines Verteidigers ausübt", schrieb Andrej Starostin in einer Würdigung des großen Russen. „Das Wesen der Sache besteht darin, dass diese Aktionen auf einer fehlerlosen Berechnung des Ballflugs und des Entwicklungsverlaufs des Angriffs fußen. Jaschins Mitdenken beim Spiel ist beispielhaft." Fast immer agierte er dabei weit vor seinem Tor. „Bei der Entwicklung eines Angriffs seiner Mannschaft bewegt er sich zusammen mit allen anderen Spielern vom Tor weg in das Feld hinein, als wolle er die notwendige Verbindung mit seinen Verteidigern sichern. Beginnt ein Gegenangriff, weicht er elastisch zurück, und zwar genau um so viel, dass der Gegner keine Chance hat, den Ball mit einem Steilschuss über seinen Kopf hinweg in das ungeschützte Tor zu schicken, und er im notwendigen Moment den Pass abwehren kann, den die Verteidiger nicht zu verhindern vermochten."

Jahrelang war Jaschin dafür berühmt-berüchtigt, dass er die Angriffsversuche seiner Gegner bereits in ihrer Entwicklung unschädlich machte. Bei der WM 1966 in England jedoch wartete das Publikum vergeblich auf

Der nordirische Nationaltorhüter Harry Gregg im Duell mit Uwe Seeler beim Vorrundenspiel der WM 1958 (BR Deutschland – Nordirland, 2:2).

seine Interventionen im Stil eines Verteidigers. „Es war nicht mein freier Wille, dass ich die Ausflüge eingestellt habe“, erläuterte der Russe. „Vielmehr ergab sich diese Konsequenz zwangsläufig aus dem gegenüber früheren Zeiten völlig veränderten Spielschema im Weltfußball. Da sich heute vor dem Tormann eine zahlenmäßig starke Abwehr und obendrein noch ein Ausputzer befindet, entfällt für den Tormann selbst die Aufgabe, diesen ‚Ausputzer' zu spielen. Denn nichts anderes bedeuteten in der Praxis meine einst viel diskutierten Ausflüge.“ Jaschin war der vierte Verteidiger bis zu der Zeit, als fast alle Mannschaften darauf umstellten, in der Zentrale mit zwei Verteidigern – Stopper und Ausputzer – zu spielen. Es war im Strafraum zu eng geworden, und so musste er zum Ende seiner Karriere diesen Stil wieder aufgeben. Erst mit dem „totalen Fußball“ der Holländer und der offensiven Philosophie des „Pressing“ wurden dann in den 1970er Jahren wieder Freiräume geschaffen, die eine Renaissance des Feldspiels von Torhütern einleiteten.

Angriff ist die beste Verteidigung

„Der Ball ist rund, damit das Spiel die Richtung ändern kann“, betitelten Christoph Biermann und Ulrich Fuchs ein Buch, in dem sie das Funktionieren des modernen Fußballs beschrieben. Die letzten Männer sind in diesem Sinne die Ersten, die nach dem Abschluss eines Angriffs dem Ball eine neue Richtung geben. Da das Spiel immer von hinten eröffnet wird, wäre es grundverkehrt, den Torhüter nur als Verteidiger zu sehen. Sepp Maier betonte in seinem Torwartbuch: „Der Torwart ist der Ausgangspunkt eines jeden Angriffs. Deshalb muss sein Zuspiel genau den eigenen Mann treffen.“ Die Offensive geht also bereits beim Abschlag, Abstoß oder Abwurf los. Wenig sinnvoll für die Einleitung eines Angriffs sind weite Abstöße und Abschläge. Der Torhüter wird den Ball damit zwar los, aber die Mitspieler können die hoch herunter kommenden Bälle nur sehr schwer verwerten. Meist landet der Ball bei Abschlägen gleich wieder beim Gegner. Sicherer sind genau gezielte Abwürfe. Je flacher sie kommen, desto schneller und leichter kann sie der Mitspieler stoppen und weiterverwerten.

Das A und O bei der Einleitung eines Angriffs ist also das kontrollierte Zuspiel. Seit Einführung der Rückpassregel müssen die Torhüter jederzeit auch in der Lage sein, einen mit dem Fuß abgefangenen Ball aus dem Spiel heraus sinnvoll weiterzuleiten. Welchen Wert er für seine Mannschaft hat, hängt mehr denn je von seinen fußballerischen Fähigkeiten ab. Sie entscheiden nämlich darüber, ob er den Ball nur unkontrolliert nach vorne hauen kann oder ob er in der Lage ist, mit einem klugen Pass das Angriffsspiel der eigenen Mannschaft einzuleiten. Kurzum: Die letzten Männer sind zu den ersten Strategen ihrer Mannschaft geworden. Mehr denn je sind sie gefordert, Spielzüge mit Sinn und Verstand einzuleiten. Als Feldherren, die den Angriff von hinten aufbauen, müssen sie einen Plan haben, wie man den Ball gefährlich nach vorne bringen und dem Gegner seinen Willen aufzwingen kann.

Gute Fußballer unter den letzten Männern haben freilich nicht bis zur Einführung der Rückpassregel gewartet, um sich als Feldspieler bei der überlegten Angriffseröffnung zu bewähren. Einer wie Uli Stein betätigte sich bereits in den 1980er Jahren als Filigrantechniker: „Oft beschwören Torhüter durch unpräzise herausgedonnerte Befreiungsschläge Konterangriffe herauf, die die eigene Abwehr unvorbereitet treffen. Sehe ich die Chance nicht, den Ball an einen freistehenden Mitspieler weiterzugeben, nehme ich eben lieber das Dribbling mit einem Gegner in Kauf. Zumindest will ich dann ein, zwei Stürmer auf mich ziehen, damit die eigenen Abwehrspieler anspielbar werden." Die Äußerung des Mannes, der laut einem Kritiker im Jahr 1988 Eintracht Frankfurt zum Pokalsieg gegen Bochum gepeitscht hat, könnte auch von Lew Jaschin stammen. Wie Stein war auch Jaschin bekannt dafür, Angriffe mit dem Ball am Fuß wie ein Feldspieler einzuleiten und wie ein Feldherr seine Mitspieler zu dirigieren. Keine seiner Aktionen war sinnlos, immer achtete er darauf, dass jeder Ball, den er nach vorne trat, zu einer Vorlage für einen Mitspieler wurde. Im Jahr 1961 erregte Jaschin beim Länderspiel Argentinien gegen UdSSR in Buenos Aires großes Aufsehen, als er die Angriffe seiner Mannschaft wie ein Spielmacher von hinten aufbaute und mit beiden Füßen sichere Pässe schlug. Zu Beginn des Spieles hatte der Präsident des argentinischen Fußballverbandes seinen russischen Kollegen gefragt: „Ist er verrückt?" Hinterher war er nur noch begeistert: „So etwas habe ich noch nie gesehen. Dieser Jaschin ist einfach großartig!"

Mexikos Nationalkeeper Jorge Campos spielte Ende der 1980er Jahre, als Trainer Mejia Barón sein Team eine moderne Form des Pressing lehrte, grundsätzlich eher einen Libero denn einen Torhüter. Es gab und gibt aber auch Torhüter, die noch offensiver spielten als es die taktische Variante des Torwart-Liberos eigentlich erlaubt. Stürmend wagten sie sich ganz weit nach vorne, sogar bis in den gegnerischen Strafraum. Aus den 1930er Jahren wäre da natürlich Hans Jakob zu nennen, der bei Jahn Regensburg immer dann, wenn es im Sturm gar nicht klappen wollte, seine eigentliche Aufgabe vergaß und torhungrig nach vorne preschte – laut eigener Aussage

Auch Oliver Kahn wagt zuweilen einen Ausflug nach vorn.

„mal ohne, mal mit Erfolg“. Der berühmteste Torwart-Feldspieler in Deutschland war aber mit Sicherheit Petar Radenkovic von 1860 München. In der Saison 1962/63 machte er am sechsten Spieltag im Derby gegen Bayern München den ersten seiner später so berühmten Ausflüge: Mit dem Ball am Fuß dribbelte er bis ins Mittelfeld.

Auch in Südamerika machten „spielende Torhüter“ von sich reden. Einer der ersten war der Argentinier Amadeo Carrizo. Oft fing er Angriffe weit vor dem eigenen Strafraum ab, manchmal trickste er sogar gegnerische Spieler aus. Weitere Torhüter, die in diesem Stil agierten, waren der Peruaner Ramon Quiroga, der Kolumbianer René Higuita und José Luis Chilavert aus Paraguay. Alle hatten sie, wie in Südamerika üblich, jede Menge Ballgefühl im Fuß. Und das wollten sie so oft wie möglich präsentieren: „Ich denke, Torhüter sollten mehr Freiheiten haben“, meinte Higuita. „Wenn wir angreifen, liebe ich es, in den Mittelkreis zu gehen und dort ein paar Bälle zu verteilen.“ Sein Gesinnungsgenosse Chilavert machte sich regelmäßig über die traditionelle Spielweise der europäischen Kollegen lustig. Wenn man sehe, wie die den Ball mit Füßen traktieren, ätzte er einmal, bekäme man Schmerzen.

Torhüter als Torschützen

Manche Torhüter suchen die Offensive gleichsam im „Nebenberuf" auch als nominelle Stürmer. Willibald Kress kickte während seiner großen Torhüter-Zeit regelmäßig in der Reservemannschaft als Stürmer. Hans Jakob wurde bei Jahn Regensburg oft sogar in der ersten Auswahl im Sturm eingesetzt. James McAulay von Dumbarton begann als Stürmer, startete dann eine Karriere als Torwart. Auf beiden Positionen brachte er es in den 1980er Jahren zum schottischen Nationalspieler. Wenn Bedarf war, konnte Erich Burgener bei Lausanne Sports auch mal Mittelstürmer spielen. Einmal, in einem Spiel gegen Servette Genf, sorgte er tatsächlich mit einem Bombenschuss für die 2:1-Führung. Dafür kassierte sein Stellvertreter im Gehäuse von Lausanne sieben Treffer. Das Experiment hatte sich nicht bewährt. In anderen Fällen lief es besser, wenn ein Torwart in den Sturm ging. Im Pokalwettbewerb 1942/43 gewann Schalke 04 in der Vorrunde bei SV 06 Kassel mit 8:1. Drei Tore erzielte der als Linksaußen angetretene Torhüter Heinz Flotho.

In der Saison 1995/96 versuchten sich gleich zwei Bundesligakeeper – Richard Golz vom Hamburger SV und Jörg Schmadtke vom SC Freiburg – als Kurzzeit-Stürmer in der Schluss-Viertelstunde, konnten dabei jedoch keine Erfolge verbuchen. Manchmal aber kann beim spontanen Einsatz eines Torwart-Stürmers durchaus auch Zählbares herausspringen. Harry Gregg verletzte sich 1961 bei einem Ligaspiel von Manchester United gegen Tottenham. Er verließ den Platz, kam dann, mit einem Arm in der Schlinge, wieder und erwies sich mit zwei astreinen Torvorlagen als durchaus brauchbarer Stürmer. Noch besser machte es Arsenal-Hüter Frank Moss im März 1935 in einem Spiel gegen Everton. In der ersten Halbzeit, das Spiel stand zu diesem Zeitpunkt 1:0, überließ er nach einer Verletzung Stopper Hapgood seinen Kasten. Nach dem Wiederanpfiff lief Moss mit bandagierter Schulter als Linksaußen auf und schoss das 2:0.

Frank Swift schrieb in seiner Autobiografie, dass Torhüter ein grauenvolles Schicksal hätten: „Sie müssen ihr Leben damit verbringen, den Leuten vor ihrem Kasten dabei zuzugucken, wie sie versuchen, Fußball zu spielen." Es ist schwer, das auszuhalten. Newcastle-Keeper Shaka Hislop sagte einmal: „Wenn ich sehe, wie ein Stürmer eine Chance vergibt, denke ich mir immer, ich hätte ihn reingemacht." Es gibt Typen, die so was nicht nur denken, sondern es auch tun; die nicht warten, bis sie als Stürmer eingesetzt werden, sondern einfach ihr Tor verlassen, nach vorne rennen und das Ding reinmachen. Meistens geschieht das gegen Ende eines Spiels, wenn es darum geht, mit den allerletzten Mitteln den Ausgleichs- oder Siegtreffer zu erzwingen.

Gerald Hillringhaus, Torwart des Bayernligisten Türk Gücü München, gelang am 23. September 1989 im Spiel gegen den MTV Ingolstadt kurz vor dem Abpfiff per Fallrückzieher der 1:1-Ausgleich. Mit diesem spektakulären Treffer kann der spätere Bayern-Schlussmann die Ehre für sich in Anspruch nehmen, als erster Torwart ein „Tor des Monats" erzielt zu haben. Das war offensichtlich für Stefan Kuhnert, den Keeper des Amateur-Oberligsten FSV Mainz 05, eine richtige Herausforderung. Am 29. Oktober 1989 stürmte er im Spiel gegen Borussia Neunkirchen bereits in der 28. Minute nach vorne, setzte den Ball zum 2:0 ins Netz, und erneut war ein Torwart Torschütze des Monats. 1994 erzielte Otto Konrad von Casino Salzburg das österreichische „Tor des Jahres": Ein Kopfball in der 85. Minute zum 1:1-Endstand gegen Linz. Berauscht von Taten dieser Art, die dem Spiel gleichsam eine neue Partitur gaben, verstieg sich ein schreibender Bewunderer sogar zu der Behauptung, es handele sich bei Konrad um einen „Mozart im Fußballtor".

Treffsichere Mozarts gab es aber auch noch andere. In einem UEFA-Cup-Spiel der Saison 1995/96 gegen Rotor Wolgograd köpfte ManU-Keeper Peter Schmeichel in der letzten Minute zum 2:2 ein. Am 20. Dezember 1997 stürmte Schalkes Torhüter Lehmann in der Schlussminute des Spiels gegen Dortmund im Westfalenstadion nach vorne. Schalke hat Eckball, Thon führt ihn aus, Möller verlängert unfreiwillig, Linke leitet per Kopf weiter – da braust Lehmann heran und wuchtet das Leder per Kopf wie ein Mittelstürmer zum 2:2-Endstand ins Netz. Es war das erste Tor, das ein Schlussmann aus dem Spiel heraus in der Bundesliga erzielte und zugleich das erste „Tor des Monats", das ein Bundesliga-Torhüter schaffte. Im März 2002, im Spiel Werder Bremen gegen Hansa Rostock, sorgte Frank Rost beim Stand von 2:3 in der 89. Minute für den Ausgleich und den zweiten Torwart-Treffer. Es war der erste mit dem Fuß. In derselben Saison fiel auch in der italienischen Seria A ein Keeper-Feldtor. Es gelang Francesco Toldo von Inter Mailand gegen Juventus Turin.

Natürlich brillierten auch die weltbekannten Offensiv-Keeper aus Lateinamerika mit sehenswerten Treffern. Der Kolumbianer René Higuita erzielte für seinen Verein Vera Cruz als Stürmer etliche Tore, machte aber auch einige als nomineller Torwart. Genauso der Mexikaner Jorge Campos, der bei seinem Club UNAM abwechselnd im Tor und im Sturm spielte. In der Saison 1989/90 war er mit 14 Treffern bester Torschütze seines Teams. Campos kommentierte die Sache unaufgeregt: „Als Kind bin ich immer Torhüter und Stürmer zugleich gewesen. Als Profi spiele ich vor allem Torhüter und gehe nur noch ab und zu in den Sturm.“ Der mit Abstand torgefährlichste Keeper der Welt ist allerdings José Luis Chilavert, der Nationaltorhüter von Paraguay. Zwar schoss er die meisten der über 60 Tore seiner Karriere per Elfmeter und Freistoß, aber es waren auch schon veritable Fernschüsse dabei. Einmal wurde er Torschütze des Jahres in Argentinien. Prämiert wurde ein Treffer gegen River Plate, bei dem er aus 60 Metern abgezogen hatte.

Herausläufer und Hinausgelaufene

Der wohl bekannteste Fehler, den ein offensiver Torhüter beging, passierte bei der WM 1990 dem Kolumbianer René Higuita im Spiel gegen Kamerun. Higuita treibt den Ball weit nach vorn und will Roger Milla ausdribbeln. Doch der gewiefte Nationalheld aus Kamerun nimmt ihm den Ball vom Fuß, sprintet los und schiebt die Kugel völlig unbedrängt ins Netz. Das Beispiel zeigt: Ein Torhüter, der sich weit vor dem eigenen Kasten herumtreibt, lebt gefährlich. Wenn er den Ball verliert, ist das Tor offen wie ein Scheunentor. Es kann schon ausreichen, dass er nur einen Meter zu weit vor dem Tor steht – und schon ist er gegen eine Bogenlampe chancenlos. Immer wieder wurden Torhüter bestraft, wenn sie das Prinzip der „Vorneverteidigung“ zu exzessiv betrieben. Besonders schlimm erwischte es Jorge Campos beim US-Cup 1995, als die Mexikaner gegen entschlossen konternde US-Amerikaner eine 0:4-Schlappe einstecken mussten. Aber auch bessere Keeper als Campos ließen sich überrumpeln. Bei der WM 1962 wurde Jaschin im Spiel gegen Chile gleich zweimal von langen Bällen überrascht. Die UdSSR verlor 1:2 und schied aus, dem 33-jährigen Jaschin wurde nahegelegt, seine Karriere zu beenden. Hinterher stellte man fest, dass Jaschin sich bereits zu Beginn des Spiels eine Gehirnerschütterung zugezogen hatte. Nach einem weiteren Fehler dieser Art in einem Länderspiel gegen Ungarn war Jaschins Nationalmannschaftskarriere dennoch vorerst beendet.

Auch Heiner Stuhlfauth war mit seinem offensiven Spiel nicht immer glücklich. Im August 1921 gegen Sparta Prag glänzte er noch mit seiner Taktik des dritten Verteidigers. Beim Rückspiel in Prag verlor der Club mit 0:5. Jetzt hatten sich die Tschechen auf sein Spiel eingestellt. Und die Journaille fiel über ihn her: „Stuhlfauth ein glatter Versager!“ Ein anderer schrieb: „Sein unglaublicher Leichtsinn ist schuld an der hohen Niederlage. Er muss geglaubt haben, dass er als Läufer spielt, anders ist sein unverantwortliches Hinauslaufen nicht zu erklären. Die Tschechen, die sich dadurch

Ein Ausflug Jakobs (direkt über dem Ball) wird bestraft.

in Nürnberg übertölpeln ließen, manövrierten ihn in Prag kaltlächelnd aus." Ob der Journalist absichtlich vom „Hinauslaufen" sprach und nicht vom „Herauslaufen", kann heute nicht mehr ermittelt werden. Klar war jedenfalls, dass Stuhlfauth in diesem Spiel nicht nur aus seinem Tor heraus, sondern weit ins Feld hinaus gelaufen war, und dass eben diese Übertreibung das Verhängnis nach sich gezogen hatte. Ein Jahr später, als der Club die starken Tschechen mit 3:2 geschlagen hatte, schwenkte die Meinung wieder um. Jetzt hieß es: „Es gibt nur einen Stuhlfauth!", oder: „Stuhlfauth bleibt Stuhlfauth!" Und so ging es hin und her, wobei er als Nationaltorhüter noch mehr kritisiert wurde, da er sich hier in der Regel nicht auf eine eingespielte Abwehr verlassen konnte. Auch bei seinem letzten Länderspiel im Frühjahr 1930, das gegen Italien in Frankfurt mit 0:2 verloren ging, soll er mit unnötigem Hinauslaufen viel zur Niederlage beigetragen haben. Stuhlfauth rechtfertigte sich hinterher einigermaßen sauer mit den Worten: „Ich aber sage: Die Partie wurde durch Glücksumstände zu Gunsten der Italiener entschieden."

Natürlich ging es auch beim „Serien-Ausflügler" Petar Radenkovic nicht immer gut, wenn er seinen Radius wieder mal zu weit ausdehnte. Im Frühjahr 1963 leistete sich der „Löwen"-Keeper Ausrutscher gegen den 1. FCN, Tasmania Berlin und den HSV, am 25. Mai verlor er gegen Borussia Dortmund erneut als Feldspieler den Ball. Radenkovic schilderte die Situation selbst: „Kurz nach der Pause bin ich die Zielscheibe des Spottes, der Kritik, des Tadels. Ich versuche – als ‚Dribbelkünstler', wie es später heißt – eine Situation in der Nähe der Eckfahne zu klären, habe Pech, verliere das Leder an Cyliax, der zur Konietzka flankt, der seinerseits spielend leicht einschießt." Nach der Fehlerserie war Radenkovic nur noch ein „Nervenbündel ohne Selbstvertrauen" und wurde gegen Ersatztorwart Herrnleben ausgetauscht. Niemand hatte mehr Vertrauen in ihn – außer Hans Schiefele vom „Münchner Merkur". Er wusste, was die Sechziger ihrem Torwart zu verdanken hatten: „Ohne Radenkovic wäre 1860 nicht in der Endrunde, wären die Löwen nicht in der Bundesliga."

In seinem Buch „Bin i Radi…" rechtfertigte Radenkovic seine weiten Ausflüge ins Spielfeld unter der Überschrift „Stil-Mathematik" mit folgender Berechnung: „In einem Jahr nehme ich an 50 Spielen teil. In diesen 50 Spielen mache ich 120 ‚Ausflüge' aus dem 16-Meter-Raum, um zu klären. Hätte ich diese 120 Ausflüge nicht unternommen, wären den Gegnern etwa 60 Torchancen mehr zugefallen, als ihnen auf diese Weise beschieden waren. Aus den verbleibenden 60 Torchancen können die Gegner unter Umständen 20 Tore machen. Für mich gilt es nun, auch noch diese 20 Tore nach Möglichkeit zu verhindern. Ich kann nicht alle 20 Treffer verhindern, sondern in einem Jahr vielleicht 18, in einem anderen Jahr gar nur 15. Immerhin aber gelingt es mir durch mein Intervenieren außerhalb des 16-Meter-Raumes aber doch, 120 gegnerische Torchancen auf nur 2 bis 5 Treffer zu beschränken. Dabei zähle ich die ‚normalen' Torchancen und Treffer, die sich aus Ecken, Straf- oder Freistößen und Nahschüssen ergeben, nicht mit. Durch mein Hinauslaufen ist es 120 zusätzliche Male zu einem solchen Getümmel gar nicht erst gekommen. Drei- bis fünfmal im Jahr geht es durch mein Hinauslaufen, durch das Klären weit vor der Torlinie, schief, das gebe ich natürlich zu. Aber ich habe die vielfache Anzahl an Toren verhindert, gewissermaßen ‚im Keime erstickt' – und zwar dadurch, dass ich hinausgelaufen bin!"

Mit einer „Wahrscheinlichkeitsberechnung" rechtfertigte auch Heiner Stuhlfauth, dass seine bekannten Ausflüge keineswegs ein Spaß, sondern eine durch und durch logische Sache seien. Anders als bei Radenkovic galt sie jedoch nur fürs Herauslaufen, nicht aber fürs Hinauslaufen. „Wenn ich herausgelaufen bin", so das Rechenergebnis des Nürnbergers, „war ich durchschnittlich 95-mal erfolgreich und 5-mal bin ich zu spät gekommen." Uli Stein, dem von seinem Trainer-Vater Ernst Happel eingetrichtert worden war, dass sein Libero-Spiel „kein Freischein für Spinnereien" sei, war wesentlich besonnener als Stuhlfauth und vor allem Radenkovic. Er kann die wenigen Tore aufzählen, die als „Bestrafung" für seine offensive Spielweise gerechnet werden müssen: „In 17 Jahren Profifußball ist es dreimal danebengegangen. Herget und Augenthaler waren die Killer mit Zielfernrohr, die an der Mittellinie abgezogen haben, während ich an der Strafraumgrenze auf Steilpässe wartete. Und Thom nutzte ein misslungenes Dribbling von mir gegen Kirsten ausgerechnet im Pokalspiel gegen Leverkusen, um den Ball schamlos ins leere Gehäuse zu schieben. Wie viele Tore ich jedoch durch diese Spielweise verhindert habe, wie viele Angreifer dadurch entnervt aufgaben, steht in keiner Statistik."

Fehlschüsse machen Denker machtlos

Für denkende Torhüter wird die Fehlerquote zu einer Frage der Mathematik. Aber welche Rechnung die richtige ist, ist nie ganz sicher. Wer zu früh herausläuft oder zu weit vor dem Tor steht, riskiert, was einem Stuhlfauth, Radenkovic oder Stein passierte. Auch umgekehrt kann es lange Zeit gut gehen, wenn man abwartet. Italiens Zenga machte bei der WM 1990 bis zum Halbfinale gegen Argentinien alles richtig, dann wartete er einmal gegen Caniggia zu lange mit dem Herauslaufen und wurde sofort bestraft. Kein Torhüter kann immer alles richtig machen, und manchmal ist guter Rat teuer. 1973 sah sich Frankfurts Torwart Dr. Peter Kunter gegen Essens Schlitzohr „Ente" Lippens einer schier ausweglosen Situation gegenüber. Nach einem Steilpass steht Lippens plötzlich vor ihm und versucht, ihn aus seinem Kasten zu locken („Komm doch, komm doch"). Kunter macht einen Schritt nach vorne – und der Heber landet im langen Eck. Wäre er stehen geblieben, hätte Lippens den Ball vielleicht ins kurze Eck geschossen. Oder ins lange. Vielleicht hätte er ihn hoch geschossen oder flach. Oder durch die Beine. Oder er hätte ein Dribbling versucht. Oder er hätte den Ball doch noch abgegeben. Man sieht: Nichts ist leichter, als ein Duell zu verlieren, bei dem alle Optionen beim Stürmer liegen.

Trotz der Vielzahl der Angriffs- und Schussmöglichkeiten behaupten etliche Torhüter – siehe Kapitel 2 – , dass man sich auf jede Attacke gleichsam per Hochrechnung vorbereiten kann. Deren Daten ergeben sich aus der Beobachtung von Haltung und Bewegung des Schützen sowie der Richtung, die der Ball nimmt, wenn er den Fuß des Schützen verlassen hat. Vom Gehirn-Computer werden sie dann so verarbeitet, als sei dort ein völlig fehlerfreies Programm Marke „Endstation" installiert. In diesem Sinne war das „Phantom" Pat Jennings überzeugt, dass alle absichtlichen und perfekt durchgeführten Schüsse locker zu halten seien. Der Torwart könne sich darauf einstellen und rechtzeitig die entsprechenden Vorbereitungen für eine angemessene Reaktion treffen. In seiner Autobiografie diskutierte er drei seiner besten Paraden, von denen jede einzelne als „beste der Saison" bejubelt wurde. Darunter waren zwei voll getroffene, akkurat gezielte Volleys und ein Scharfschuss aus vollem Lauf. Jennings konnte sie alle unschädlich machen. In allen drei Fällen, so Jennings, hätten die Schützen den Ball perfekt getroffen, so dass er genau die Flugbahn nahm, die sie beabsichtigt hatten. Und genau deswegen, weil die Schüsse so ankamen, wie es zu erwarten war, sei er in der Lage gewesen, sich in der richtigen Weise vorzubereiten und zu reagieren. Kaum eine Chance jedoch hätte er gehabt, wenn einer den Ball falsch getroffen hätte. Bälle, die mit unberechenbarem Effet, in einer unerwarteten Richtung und mit veränderter Geschwindigkeit aufs Tor kommen, lassen den Torwart immer „alt" aussehen.

Misslungene Schüsse sind am schwersten zu halten. Leider, meint Pat Jennings, seien sie keine Seltenheit: „Ein Fehlschuss landet in der Regel immer dann als Kullerchen im Netz, wenn du dich darauf vorbereitet hast, eine Bombe zu entschärfen. Und, Sie können es mir glauben, selbst die Stars aus der ersten Liga hauen daneben wie Schuljungen, wenn sie es auch nicht immer zugeben. Mehrmals habe ich miterlebt, wie der Schütze eines wichtigen Tores nach dem Spiel mit unbewegter Miene vor den Fernsehkameras erklärt hat, wie er den Ball an mir vorbeigezirkelt habe – obwohl wir beide wussten, dass sein Schuss in die entgegengesetzte Ecke gezielt war." Ein wunderschönes Beispiel zur Erhärtung dieser These bot im Jahr 1934 Raimondo Bibiano Orsi, der wohl beste Stürmer der italienischen Weltmeisterelf. In der 81. Minute des Finales gegen die Tschechoslowakei bezwingt er Torhüter Plánicka mit einem Schuss aus zehn Metern. Am nächsten Tag versucht Orsi zwanzigmal, den allgemein als besonderes technisches Kabinettstückchen wahrgenommenen Schuss für die Fotografen nachzustellen. Es gelingt ihm nicht. Der Ball war nämlich nur deshalb im rechten oberen Toreck gelandet, weil er ihm unabsichtlich über den Spann gerutscht war. Auch Gerd Müllers 2:1 im Endspiel 1974 gegen die Niederlande beruhte auf Zufall. Müller gab es immerhin zu: „Ich hatte viel Glück, denn der Ball sprang mir vom linken auf den rechten Fuß. So konnte ich direkt schießen. Und wer weiß, was passiert wäre, wenn ich den Ball richtig getroffen hätte. Doch mein Hoppelball landete plötzlich im Tornetz."

Neben solchen Gurkenschüssen, die durch eine Fehlbehandlung des Arbeitsgeräts verursacht sind, werden von Torhütern insbesondere so genannte „Aufsetzer" gefürchtet, bei denen der Ball in völlig unberechenbarer Weise vom Boden abspringt. Und dann gibt es natürlich noch die abgefälschten Schüsse. Viele entscheidende Tore sind auf diese Weise nur durch Glück und Zufall gefallen, auch bei Bierhoffs berühmtem „Golden

Letzte Möglichkeit des Abprallers: Vom Pfosten ins Tor.

Goal" im EM-Finale 1996 gegen Tschechien fand der Ball seinen Weg wohl nur deswegen ins Netz, weil er von einem Verteidiger-Bein abprallte und dadurch seine Richtung änderte. Am 1. Juni 1968, beim historischen ersten Sieg Deutschlands gegen England, lenkte Verteidiger Brian Labone Beckenbauers Schuss ins Netz. Torhüter Banks war darüber besonders unglücklich, denn er hatte Beckenbauer reinlegen wollen. „Ich machte meine linke Seite etwas auf, damit Beckenbauer dorthin zielte und er akzeptierte meine Einladung. Er war in meine Falle getappt und ich wusste, dass ich den Ball haben würde, als ich mich nach links bewegte. Aber dann streckte Brian ein Bein aus, um den Ball zu blocken, der traf sein Knie und flog in hohem Bogen ins rechte Eck und wölbte das Netz."

In der Zeitschrift „Turnen, Spiel und Sport" vom Mai 1917 schrieb ein Autor unter dem Pseudonym „Rudulus", dass man es dem Torhüter verzeihen müsse, wenn er abgefälschte Bälle kassiert. „Ihr wisst nämlich nicht", wandte er sich an seine Leser, „dass der Tormann bei Rücksichtnahme auf Zufälle einen großen Teil seiner Energie verschwenden würde, die ihm dann bei seinen regulären Aktionen fehlen müsste." Heute ist man da anderer Meinung.

Um auch bei abgefälschten Bällen und Schüssen aus kürzester Distanz noch eine Chance zu haben, trainieren Torhüter ganz gezielt solche Situationen. Sepp Maier führt mit Oliver Kahn regelmäßig ein spezielles Reaktionstraining durch. „Dazu ballere ich aus wenigen Metern mit voller

Wucht auf ihn; lasse Flachschüsse von auf den Rasen befestigten Rohren oder umgelegten Bierbänken abfälschen; oder werfe die Bälle verdeckt hinter einem Leinentuch oder einer mobilen Mauer." Die Reaktionsschnelligkeit kann auf diese Weise zwar kaum verbessert werden, geübt werden kann aber das automatische Abrufen von Reflexen. Im Europapokal 1999/2000 konnte Kahn gegen die Glasgow Rangers einen aus kürzester Entfernung abgezogenen Ball noch parieren. „Der Ball war für das Auge praktisch nicht mehr zu sehen", erläuterte Kahn in einem Interview, „meine Hand zuckt reflexartig hoch, von dort springt der Ball an die Latte und zurück ins Feld. Und wissen Sie was, die Zuschauer im Stadion haben das gar nicht begriffen, die dachten, Gott sei Dank schießt der gegen die Latte! Das ging so schnell, dass es überhaupt nicht zu sehen war."

Um so einen Ball zu halten, braucht man natürlich auch Glück. Wie unberechenbar Bälle aufs Tor kommen können, so dass auch die allerbeste Reaktion nichts mehr hilft, zeigen zwei Vorfälle aus England. Im November 1968 war Plymouth-Keeper Pat Dunne beim Spiel in Barrow völlig machtlos, als der Ball von einem gegnerischen Angreifer nach Billard-Art über Bande gespielt und eingelocht wurde. Die „Bande" war der Schiedsrichter. Noch kurioser fiel ein Tor im November 1985 in Stoke-on-Trent. Der Keeper der Gäste aus Newcastle hat in diesem regionalen Cupspiel zunächst einen ruhigen Nachmittag verlebt – sein Team führt mit 2:0 –, als plötzlich ein Stürmer der Gastgeber allein vor seinem Tor auftaucht. Auf Höhe der Strafraumlinie zieht er ab, doch er trifft den Ball nicht richtig. In hohem Bogen fliegt er durch die Luft, als plötzlich ein Hund wie wild geworden auf den Platz rennt, und, dabei steil in die Höhe springend, den Ball in der Manier eines Goalgetters ins Tor köpft. Nach dem Vorfall gibt es natürlich heftige Diskussionen, ob es sich um einen regulären Treffer handelt. Die Fußballregeln sehen ja schließlich keine Hunde-Tore vor. Der Schiedsrichter entscheidet sich, das Tor zu geben, obgleich der Hund auf keinem Mannschaftsbogen gemeldet war. Was aus dem talentierten Vierbeiner geworden ist, weiß man nicht. Andrew Ward, der diese Geschichte schriftlich festgehalten hat, kommentierte bedauernd: „Der Hund, ein Mischling, verschwand, bevor irgendein Vereinsgeschäftsführer die Gelegenheit hatte, ihn zu verpflichten."

Spätestens nach dieser Geschichte muss jeder der Behauptung von Hertha-Keeper Gabor Kiraly recht geben, dass das Torwartspiel nie langweilig wird. „Es gibt ja keine gleichen Flanken, keine gleichen Torschüsse", sagte der Ungar. „Ich würde immer wieder Torwart werden."

KAPITEL 5

MEMMEN UND VERSAGER

Sieben in einem Spiel

Kaum hatte das kleine Schneiderlein, so erzählen die Brüder Grimm, das süße Mus auf sein Brot geschmiert, da ließen sich die Fliegen in Scharen darauf nieder. Vergeblich versuchte es, sie zu verjagen, schließlich packte es wutentbrannt ein Tuch und schlug unbarmherzig drauflos. „Als er es abzog und zählte, so lagen nicht weniger als sieben vor ihm tot und streckten die Beine." Nicht selten werden auch Fußballtore von Bällen so umschwirrt wie des Schneiderleins Brot von den Fliegen. Und manchmal kommt es vor, dass ein Torwart hilflos nach den Bällen patscht und keinen einzigen erwischt. Wenn schließlich abgepfiffen wird und er die Bälle zählt, die den Weg ins Netz gefunden haben, dann waren es zuweilen sieben in einem Match. „Fliegenfänger" nennt man solche Torhüter, die sich, anders als das tapfere Schneiderlein, nicht zu helfen wissen. Das, was sie erleben, ist denn auch nicht märchenhaft, sondern gleicht eher einem Albtraum.

Eine Siebener-Packung gab es für Giampiero Combi bei seinem ersten Spiel für Juventus Turin – am 5. März 1922 gegen Pro Vercelli. Bei seinem Länderspiel-Debüt am 6. April 1924 gegen Ungarn in Budapest schlug es erneut sieben Mal hinter ihm ein. Sein katastrophaler Auftritt blieb nicht ohne Folgen. Ein Jahr lang wurde er vom Nationaltrainer nicht mehr berücksichtigt. Selbst Ricardo Zamora, der anerkannt beste Schlussmann seiner Zeit, musste Erfahrungen als „Fliegenfänger" machen. Beim Länderspiel gegen England im Dezember 1931 in London lieferte der Mann, der ungefähr sechsmal soviel verdiente wie sein Gegenüber Harry Hibbs, eine miserable Leistung ab. Siebenmal musste auch er hinter sich greifen, bei einigen Aktionen hatte er sich geradezu lächerlich gemacht. Als ihm nach dem Spiel der englische Torjäger Dixie Dean die Hand reichte, brach er in Tränen aus.

Am 23. Mai 1954 erwischte es die Engländer selbst, und zwar in Budapest gegen Ungarn mit 1:7. Englische Zeitungen schrieben vom „Desaster an der Donau". Im Tor stand der damals beste Keeper der Insel, Gil Merrick von Birmingham City. Auch einer seiner Nachfolger im Kasten der englischen Nationalmannschaft, Peter Shilton, hatte einmal einen ähnlich schwarzen Tag. Nachdem er mit seinem FC Southampton gegen Luton Town mit 0:7 verloren hatte, schrieb die „Times": „Peter Shilton hasst es, Tore zu kassieren, wie es die meisten Menschen hassen, zum Zahnarzt zu gehen. Am Sonnabend müssen ihm alle Zähne wehgetan haben, und es war so, als ob sie ihm alle, und zwar unbetäubt, gezogen wurden." Der beständigste Torhüter Deutschlands, Bayern Münchens Sepp Maier, musste in

Schwarzer Tag für Zamora: Beim 1:7 gegen England rutscht ihm der Ball unter den Armen durch.

der Bundesliga sogar drei Spielzeiten hintereinander je eine Siebener-Packung hinnehmen: 1976/77 und 1977/78 jeweils zu Hause gegen Schalke 04, 1978/79 in Düsseldorf gegen die Fortuna. Der siebte Treffer der Rheinländer war nach einer 4:5-Pokalpleite im vorhergehenden Pflichtspiel gegen den VfL Osnabrück das zwölfte Gegentor, das der sieggewohnte Maier innerhalb einiger Tage zu verkraften hatte.

Manchmal genügen weniger Tore, um den Keeper nachhaltig zu frustrieren. Sepp Maier nennt als seine schwärzeste Stunde das 0:4 im Europapokal 1973 gegen Ajax Amsterdam. „Vier Tore habe ich kassiert, drei Tore hätte ein Sepp Maier in Normalform halten müssen. Und in Superform hätte es überhaupt kein Tor geben dürfen." Fünf war die Depressions-Zahl für Österreichs Wunderteam-Torwart Rudi Hiden im Jahr 1929. Nach der Niederlage gegen eine süddeutsche Auswahl in Nürnberg standen ihm Tränen in den Augen: „Ich würde unsere Niederlage gar nicht so tragisch nehmen", sagte er zu „Kicker"-Herausgeber Walther Bensemann, „aber fünf Tore hab' ich noch nie in mein Häusel hineingekriegt!" Weit schlimmer noch war der Sechser-Pack für Argentiniens Torwart-Tarzan Amadeo Carrizo gegen die Tschechoslowakei, der bei der WM 1958 in Schweden für sein Team das „Aus" bedeutet hatte. In der Presse hagelte es derbe Kommentare, und als er nach der Rückkehr in Buenos Aires aus dem Flugzeug stieg, ging ein Hagel von Apfelsinen, Tomaten und Eiern auf ihn nieder. Carrizo war so enttäuscht und entnervt, dass er sich fast ein Jahr lang in keinem Fußballstadion mehr blicken ließ.

Weniger als sieben genügen, oft werden's aber sogar noch mehr. Der Tscheche Frantisek Plánicka musste im September 1937 gegen Ungarn in

Budapest acht Tore hinnehmen. „Eines war schöner als das andere", sagte Plánicka später zu seiner Rechtfertigung, was aber am Faktum leider nichts änderte. Noch schlimmer traf es den Österreicher Peter Platzer. Der Torhüter von Admira Wien stand in jener Mannschaft, die gegen Schalke 04 im Endspiel 1939 mit 0:9 unterging. Noch im selben Jahr beendete der Mann, der nicht nur österreichischer, sondern auch „großdeutscher" Nationaltorwart war, seine Karriere. Konnte Platzer noch darauf verweisen, dass er wegen einer Verletzung gehandicapt war, so hatte der beste deutsche Torhüter der 1930er Jahre, der Regensburger Hans Jakob, keine Entschuldigung parat, als er mit seinem Verein gegen Bayern München 0:10 untergegangen war: „Ich war nicht nur schlecht, ich war verheerend."

Die größten Fliegenfänger

Keiner der genannten Torhüter war ein wirklicher Fliegenfänger. Jeder zählte zu seiner Zeit zu den Besten seines Faches. Solche Niederlagen waren für sie seltene Ausrutscher. Und sie ließen sich dadurch nicht aus der Ruhe bringen. Der Italiener Combi kehrte nach guten Leistungen im Verein am 22. März 1925 gegen Frankreich in die Nationalmannschaft zurück. Wieder fielen auf einer Seite sieben Tore. Doch diesmal war der französische Torwart der Unglückliche. Combi ließ keinen Treffer zu und war fortan Stammkeeper Italiens. Zamora fand nach dem Fiasko gegen England ebenfalls wieder zu seiner Form, und dem Engländer Merrick war, trotz der sieben Gegentore, sowieso eine Glanzleistung bescheinigt worden! Ungarns Torjäger Puskas hatte nach dem Spiel geäußert, dass er und seine Kollegen, wären sie nicht von einem überragenden Merrick immer wieder gebremst worden, mindestens zwölf Tore geschossen hätten. Was sie allerdings, nebenbei bemerkt, sowieso schon getan hatten: Das Hinspiel in London hatten sie mit 6:3 gewonnen.

Es bleibt also festzuhalten: Tore im Dutzend bedeuten noch nicht zwingend eine katastrophale Leistung. Selbst deprimierende Niederlagen im zweistelligen Bereich sind noch kein sicherer Beweis für mangelnde Qualität des Mannes zwischen den Pfosten. Dafür steht das Beispiel des Richard Taylor. Im Dezember 1984 glänzte der Torhüter von Selkirk, wie es in den Berichten heißt, im schottischen Cup-Spiel gegen Stirling Albion mit zahlreichen Paraden. Dennoch hieß es am Ende 0:20! Was auf den ersten Blick unfassbar scheint, ist also möglich: Ein Torhüter kann sogar fast zwei Dutzend Bälle in seinen Kasten kriegen und dennoch eine überzeugende Partie abliefern. Ähnlich erging es dem Keeper des Jugendteams

1953, England – Ungarn 3:6. Das fünfte Tor für die Ungarn. Torwart Merrick hat erneut keine Chance.

von Nantwich Town, George Westwell. Im Herbst 1952 stand er, von seinem Team im Stich gelassen, auf verlorenem Posten, als er gegen die Super-Elf von Manchester United – darunter viele der späteren „Busby Babes", unter anderem der berühmte Duncan Edwards – nicht weniger als 23-mal hinter sich greifen muss. Die Talentspäher von ManU waren von Westwell in diesem Spiel dennoch so angetan, dass sie ihm umgehend einen Vertrag anboten. Etablierte Keeper allerdings haben nur selten das Glück, nach hohen Niederlagen auch noch gelobt zu werden. Die Regel ist eher, was Andoni Zubizaretta nach dem 0:4 seines FC Barcelona im Europapokal-Finale 1994 gegen AC Mailand passierte. Obwohl ihn an allen vier Treffern keine Schuld traf, fiel er bei seinem Trainer in Ungnade und wurde zum FC Valencia abgeschoben.

Zappelt es hinter einem Keeper extrem häufig im Netz, ist das natürlich meist ein Zeichen dafür, dass ein Versager zwischen den Pfosten steht. „He couldn't even catch a bleeding cold" – etwa: „Der Typ kriegt ja nicht mal 'ne verdammte Erkältung" – heißt es in Alan Silitoes „Die Einsamkeit des Langstreckenläufers" über einen Torwart, der nicht einmal in der Lage ist, einfachste Bälle zu erwischen. Karrieren solcher Leute dauern in der Regel nicht lange. Am 21. Januar 1928 unterschrieb Freddie Bryce einen Vertrag bei den Wolverhampton Wanderers. Im ersten Match kassierte er fünf Treffer, im zweiten, für das Reserve-Team, waren es sechs, im dritten sieben.

Dieses dritte, am 4. Februar 1928, war bereits sein letztes. 18 Tore in 15 Tagen – das war, in knappen Zahlen, die Karriere des Erstliga-Torwarts Freddie Bryce. Noch schneller machte es Steve Milton, als er 1934 in der dritten englischen Liga für Halifax gegen Stockport debütierte. Er erhielt auf einen Schlag 13 Gegentore.

Vom Ergebnis her etwas weniger schlimm traf es Pat Kelly, Nordirlands ersten Nationaltorwart. Was die Folgen angeht, erging es ihm jedoch nicht besser, im Gegenteil. Im Jahr 1949 hütete er in Belfast im Länderspiel-Debüt der Nordiren gegen Schottland den Kasten. Aber was heißt da hüten? Bis zur Halbzeit lässt er fünf Bälle passieren – mindestens drei davon gehen auf sein Konto. Nach dem Wiederanpfiff holen die Nordiren – die übrigens in diesem Spiel die deutlich bessere Mannschaft sind – zwei Tore auf, dann tritt wieder die Geheimwaffe der Schotten, Pat Kelly, in Aktion. Kelly sprintet aus seinem Tor, einem langen Ball entgegen; plötzlich stoppt er unmotiviert ab; Schottlands Morris nimmt das Geschenk an – 2:6. Kurz darauf das 2:7, schließlich der Höhepunkt: Morris, aus dem Gleichgewicht gekommen, fabriziert ein Rollerchen in Richtung Kelly. Und der macht einen völlig lächerlichen Versuch, das Schüsschen zu parieren. 2:8. Kein Jubel im Stadion, nur Stille. Nicht einmal die härtesten schottischen Fans können sich über solch ein Tor freuen. Kurz darauf wird Kelly endlich vom Schlusspfiff erlöst. Der Torwart-Debütant in einer Debütanten-Mannschaft sollte nie mehr Gelegenheit erhalten, seine Mannschaftskameraden um den Erfolg zu bringen.

Die in diesem Spiel bei ihren Schussversuchen kräftig unterstützten Schotten sollten allerdings später selbst noch häufig Anlass haben, über ihre eigenen Torhüter zu jammern. Jedenfalls handelt es sich der englischen Fußball-Mythologie zufolge bei Keepern, die zur Fliegenfängerei neigen, vornehmlich um solche schottischer Herkunft. Ursache ist wohl die Vorstellung Frank Haffeys im April 1961. Als die Schotten beim traditionellen Länderspiel in Wembley gegen England mit 3:9 untergegangen waren, wurde der Name des Torwarts in ganz London zum Gegenstand eines spöttischen Bonmots, das immer dann die Runde machte, wenn man sich über die angeblich minderbemittelten „Highlander" lustig machen wollte: „What's the time?", stieß ein englischer Fußballfan den anderen an, und der antwortete: „Nine past Haffey", oder, etwas eleganter: „Nearly ten past Haffey". Für Engländer ist es daher kaum verwunderlich, dass der Award für die meisten Gegentreffer in einem Spiel nach Schottland vergeben werden muss. Andrew Lornie, Keeper von Bon Accord, musste am 12. September 1885 in der ersten Runde des schottischen Cups gegen Arbroath so viele Treffer hinnehmen, dass es der Exekution durch eine Maschinengewehr-Salve glich. 36-mal musste er den Ball aus dem Netz holen, sein Gegenüber, Jim Milne, berührte ihn während des gesamten Spiels nicht ein einziges Mal.

Den offiziellen Weltrekord in einem internationalen Spiel hält Australien mit einem 31:0 über Amerikanisch Samoa, erzielt am 11. April 2001 während der Qualifikation zur WM 2002. Auch die 16 Tore zur Halbzeit sind Rekord, ebenso die 13 Tore, die Australiens Stürmer Archie Thompson zum Sieg beisteuerte. 3.000 Zuschauer seien, so ein Bericht, Zeugen einer „zirkusreifen Freak-Show“ gewesen, in deren Mittelpunkt der bedauernswerte Schlussmann von Amerikanisch Samoa gestanden habe. Seinen persönlichen Höhepunkt hatte er ab der 66. Minute, als es ihm erstaunliche zwölf Minuten lang gelang, den Torhagel zu unterbrechen. Zu diesem Zeitpunkt stand es freilich bereits 24:0. Für die größte Aufregung in der auf Dauer doch eher langweiligen Auseinandersetzung sorgte kurz vor Schluss der Bediener der Anzeigetafel im International Sports Stadium von Coffs Harbour. Durch die schnelle Torfolge verwirrt, gab er aus Versehen ein Tor zu viel. Gewissenhaftes Nachzählen ergab schließlich, dass es nicht 32, sondern eben nur 31 Tore waren.

Die Torfolge beim 36-Treffer-Spiel Bon Accord gegen Arbroath ist leider nicht bekannt. Man kann sich jedoch ausrechnen, dass es im Schnitt alle 2,5 Minuten hinter Lornie einschlug. Es ist durchaus möglich, dass es zeitweise in schnellerem Tempo klingelte. Nicky Salapu, der Keeper von Amerikanisch Samoa, kassierte die ersten vier Treffer der Australier innerhalb von vier Minuten und hätte damit einen Eintrag im Guinness-Buch der Rekorde verdient. Europäischer Titelhalter in der Kategorie „Die meisten Tore in kürzester Zeit“ ist Ted Hufton von West Ham United. Im November 1931 kassierte er gegen West Bromwich Albion vier Tore in fünf Minuten. Kaum denkbar, dass die Bälle noch schneller in ein Tornetz einschlagen können. Gäbe es da nicht noch den Argentinier Guruciaga von Gimnasia y Esgrima. Im Jahr 1973, zu Beginn der zweiten Halbzeit im Spiel gegen Indepediente, musste der Keeper innerhalb von einer Minute und fünfzig Sekunden dreimal hinter sich greifen. Selbst ein Salapu konnte dieses Tempo nicht übertreffen.

Gegenüber solchen Rekorden muten die gravierendsten Negativ-Leistungen der Bundesliga-Torhüter geradezu schlapp an. Die höchste Klatsche in der Geschichte der Bundesliga, ein 0:12, gab es am letzten Spieltag der Saison 1977/78. Der Mann, der sie zuließ, heißt Jürgen Endrulat und stand im Tor von Borussia Dortmund, Gegner war Borussia Mönchengladbach.

Kaum jemand kennt heute noch Jürgen Endrulat. Und was haben Jupp Elting, Willi Ertz, Jürgen Rynio, Olli Isoaho und Waldemar Josef mit Endrulat gemeinsam? Klar, es sind allesamt Torhüter. Aber ganz spezielle. Es handelt sich um die Namen derjenigen Keeper, die in einem einzigen Bundesligaspiel zehn und mehr Gegentreffer kassiert haben. Der Schalker Elting, der Neunkirchener Ertz und der Braunschweiger Josef teilen mit Endrulat sogar das Schicksal, ihre Debakel jeweils gegen die Gladbacher Torfabrik kassiert zu haben. Das kurioseste Spiel war wohl das 11:1 von Borussia Dortmund gegen Arminia Bielefeld in der Saison 1982/83. Bielefeld führte in diesem Spiel sogar mit 1:0, zur Halbzeit stand es 1:1. Für Bielefelds Keeper Olli Isoaho war es die erste und letzte Bundesliga-Saison. Der Keeper mit der schlechtesten Bundesliga-Torbilanz überhaupt stand jedoch im Kasten des Siegers: Eike Immel. Zwischen 1978 und 1995 ließ Immel im Tor von Dortmund und Stuttgart 829 Tore zu – so viele wie kein anderer.

Die schlechteste Bundesliga-Saisonbilanz – es handelt sich um die 108 Treffer, die Tasmania Berlin in der Saison 1965/66 einstecken musste – teilten sich Heinz Rohloff (18 Spiele / 63 Gegentore), Klaus Basikow (14 Spiele / 43 Gegentore) und Oldie Hans-Joachim Posinski, der nach einer für Tasmanen-Verhältnisse hervorragenden Bilanz (2 Spiele / 2 Gegentore) verletzungsbedingt zu keinen weiteren Einsätzen mehr kam.

Blieben noch die Bremer Ersatztorhüter Hermann Rulānder und Robert Frese zu erwähnen. Bei seinem Debüt am 7. November 1981 wurde Ruländer kurz vor Schluss für den verletzten Dieter Burdenski eingewechselt. Prompt kassierte er noch den Kölner Ausgleich. Im nächsten Spiel, gegen Eintracht Frankfurt, musste Ruländer von Beginn an ins Tor. In der 78. Minute, beim Stand von 2:7, wurde er ausgewechselt. Für ihn kam der zweite Ersatztorwart Robert Frese, der noch zwei weitere Treffer kassierte. Weder Ruländer noch Frese kamen jemals zu einem weiteren Bundesliga-Einsatz.

Viele Tore, faule Tore

Immer wieder gab es nach Torwart-Fehlern und hohen Niederlagen Bestechungs-Gerüchte. Konnte es mit rechten Dingen zugehen, als Dortmunds Jürgen Endrulat am letzten Spieltag der Saison 1977/78 zwölf Gladbacher Tore zuließ und damit den „Fohlen“ beinahe noch zur Meisterschaft verholfen hätte? Hätte der Konkurrent 1. FC Köln beim FC St. Pauli statt mit 5:0 nur mit 1:0 gewonnen, wären die Borussen nach dem Kantersieg sogar noch Meister geworden. Heftige Spekulationen machten daher nach dem

Spiel die Runde. Dortmunds Trainer Rehhagel, in „Otto Torhagel" umbenannt, musste gehen. Torhüter Endrulat wurde zu Tennis Borussia Berlin abgeschoben. Das 0:12 war sein siebtes und letztes Bundesligaspiel. Aber bewiesen werden konnte ihm nie etwas.

Endrulat war nicht der einzige Torhüter, den man der Bestechung verdächtigte. War Jürgen Rynio 1969 am Abstieg des 1. FC Nürnberg, des amtierenden Meisters, schuld? Jedenfalls ging er als Einziger nach der entscheidenden 0:3-Niederlage in Köln lachend vom Platz, hatte schon vor Saisonende einen Vertrag mit Dortmund in der Tasche und darf sich daher in der Frankenmetropole bis heute nicht blicken lassen. Oder was war mit dem gebürtigen Argentinier Ramon Quiroga, der vier Wochen vor dem WM-Turnier 1978 die peruanische Staatsbürgerschaft erwarb und dann im Spiel gegen Argentinien auffällig patzte? Die Argentinier benötigten gegen Peru einen 4:1 Sieg, um anstelle der Brasilianer ins Finale vorzudringen. Sie gewannen, Quiroga sei Dank, 6:0. Das Ergebnis ließ sofort den Verdacht einer Manipulation aufkommen, denn dass die Peruaner keine Schießbudenmannschaft waren, hatten sie zuvor bei Siegen gegen Schottland und Iran sowie einem Unentschieden gegen die starken Niederländer deutlich unter Beweis gestellt. Trotz großer Zweifel an Quirogas Unschuld konnte eine Bestechung nie bewiesen werden. Ähnlich war es 1993 im Fall von Liverpools Bruce Grobbelaar. Aufgrund mehrerer haarsträubender Fehlgriffe wurde er verdächtigt, einige Spiele verschoben zu haben. Nach Untersuchungen blieben starke Verdachtsmomente, die er nicht ausräumen konnte, aber zu einer Verurteilung reichte die Beweislage nicht.

Dass Torhüter des Betruges überführt werden, kommt selten vor. Im Zuge des Bundesliga-Skandals 1971 hatten einige Spieler von Schalke 04 für die 0:1-Niederlage gegen Arminia Bielefeld am 17. April 40.000 DM kassiert. Als der Skandal ruchbar wurde und es zur Verhandlung kam, sagten die Gelsenkirchener unter Eid aus, kein Geld erhalten zu haben. Die Sache zog sich hin, bis der Erste am 18. Mai 1972 gestand. Es war der Mann, der gegen Bielefeld im Tor stand, Dieter Burdenski. Obwohl er von den Absprachen gar nichts gewusst hatte, wurde er, weil er hinterher dann eben doch eine „Prämie" kassiert hatte, zu einer Geldbuße von 2.300 DM und einer mehrmonatigen Sperre vergattert. Schwerwiegender war der Fall von Enrico Albertosi, dem italienischen Nationaltorwart. Ende der 1970er Jahre wurde er zu zwei Jahren Gefängnis verurteilt, als man ihm nachweisen konnte, dass er, um im illegalen Totogeschäft sein Scherflein auf die Seite zu bringen, einige Spiele seines Vereins AC Mailand verschoben hatte. Ungeklärt blieb der Fall von Gregor Quasten, dem Keeper des SV Waldhof

Mannheim. Von einem Anonymus wurde er bezichtigt, am vorletzten Spieltag der Saison 1986/87 die 1:2-Niederlage seines Vereins gegen den FC Homburg absichtlich verursacht und damit den Abstieg des Konkurrenten Blau-Weiß 90 Berlin besiegelt zu haben.

Der erste Torhüter, der sich dem Vorwurf des Betruges ausgesetzt sah, war Jimmy Warner. Im März 1892 hatte er auf einen Sieg von West Bromwich Albion im Cupfinale gegen Aston Villa gesetzt. Obwohl Aston Villa in diesem Spiel deutlich überlegen war, gewann West Brom mit 3:0. Warner konnte die Gewinnsumme einstreichen. Aber die Sache hatte einen kleinen Haken: Der Keeper von Aston Villa war im Spiel allzu auffällig bemüht, die Bälle ins Tor hinein zu komplimentieren. Beim ersten Angriff von West Brom fängt Warner den Ball, dann aber hantiert er so ungeschickt, dass er ihm aus den Händen gleitet und über die Torlinie flutscht. In der 20. Minute patzt er erneut. 2:0 für West Brom. In der 55. Minute fegt ein Weitschuss über den allzu weit vor seinem Tor stehenden Warner hinweg ins Netz. Nach dem Desaster entschuldigte sich der Keeper, normalerweise einer der Stars des Teams, dass er eben einen rabenschwarzen Tag gehabt habe. Dass er die Bälle absichtlich reingelassen hatte, konnte ihm nicht bewiesen werden. Warner durfte seinen Wettgewinn einstreichen. Der Klub-Vorstand indes wusste genug. Das Cupfinale war Warners letztes Spiel für Aston Villa.

„Pannen-Olli" und „Steirer-Goal"

Misslingt die erste Aktion, misslingt meist das ganze Spiel. Alle Torhüter reden daher permanent davon, wie wichtig es sei, über eine gute Aktion früh ins Spiel zu kommen. Sie brauchen einen Ball, um warm zu werden und Selbstvertrauen zu tanken. Aus diesem Grund spielten die Verteidiger, als es noch keine Rückpassregel gab, ihrem Keeper während der ersten Minuten oft einen Ball zu. So geschah es im Falle des Frank Swift beim englischen Cupfinale des Jahres 1934. „Was mir Sicherheit und Ruhe gab, war ein Vorfall gleich in der ersten Spielminute. Der Ball kam zu dem rechten Läufer, der ihn normalerweise einem Flügelstürmer zugespielt hätte. Statt dessen kickte er ihn zu mir zurück und rief: ‚Da hast du, Big Swifty, damit du weißt, wie sich der Ball in Wembley anfühlt!' Von da ab wusste ich, dass ich dazugehörte." Manchmal kann so etwas aber auch daneben gehen. Ende Dezember 1965 stand Les Surman von Charlton Athletic, gerade 18 Jahre alt geworden, zum ersten Mal im Tor der ersten Mannschaft. Einige Sekunden nach dem Anpfiff entschließt sich der Abwehr-Routinier Billy Bonds, dem jungen Greenhorn ein wenig Ballgefühl zu

Weltmeister Gilmar rutscht der Ball durch die Beine.

geben und macht eine Rückgabe. Surman steht wie angewurzelt und sieht zu, wie der leicht geköpfelte Ball das Netz wölbt. Anschließend kassiert er noch zwei weitere haltbare Bälle. Damit war seine Karriere nach dem ersten Spiel bereits beendet.

Ähnliches wie Surman widerfuhr auch Bundesliga-Keepern. In der Saison 1963/64 war Dieter Feller von Preußen Münster der Dumme, und am 11. Juli 1993, kurz nach Einführung des Rückpass-Verbotes, gelang Hertha-Schlussmann Walter Junghans sogar eine Fehlleistung der Extraklasse: In einem Zweitliga-Spiel gegen Carl-Zeiss Jena säbelte er bei einer Rückgabe derart formschön über den Ball, dass die Fernsehzuschauer der ARD den Lapsus gleich zum „Tor des Monats" kürten. Weitaus weniger attraktiv, dafür aber wesentlich folgenreicher war der Fehler, den sich HSV-Keeper Mathias Schober in der Nachspielzeit des letzten Saisonspiels 2000/01 gegen Bayern München leistete. Statt den Ball wegzuschlagen, nahm der ehemalige Schalker einen Rückpass mit der Hand auf. Den fälligen indirekten Freistoß hämmerte Andersson zum 1:1-Ausgleich ins Netz, und damit waren mal wieder die Bayern Meister und nicht Schalke 04.

Doch nicht nur Rückpässe können gefährlich werden. Viele Torhüter haben sich schon bei Schüsschen, die im Zeitlupentempo heranhoppeln und von jeder Großmutter gehalten werden könnten, düpieren lassen. Besonders peinlich wird die Sache, wenn solch ein Ball auch noch mitten durch die gespreizten Torwart-Beine rutscht. Selbst ein Weltklassemann wie Gilmar, Brasiliens bester Torhüter aller Zeiten, hatte so ein Schreckerlebnis. Vier Monate nach ihrem WM-Triumph in Schweden spielten die Brasilianer in Buenos Aires gegen Argentinien um den Titel des Südamerika-Meisters. Wenige Minuten vor Schluss führt Brasilien mit 1:0. Die meisten der 80.000 Zuschauer haben sich bereits mit der Niederlage abgefunden. Doch da passiert es. Der letzte argentinische Angriff rollt auf das Tor von Gilmar zu. Eine vom rechten Flügel geschlagene Flanke senkt sich in den Strafraum. Brasiliens Keeper macht einen zögerlichen Versuch herauszulaufen, bleibt dann aber doch stehen. Argentiniens Kapitän Pizzutti kommt an den Ball, bringt aber nur einen schwächlichen und unplatzierten Kopfstoß zustande. Gilmar steht wie gelähmt und lässt den harmlosen Ball zwischen seinen Beinen hindurch ins Tor flutschen.

Ein Schuss durch die Beine ist für jeden Torhüter ein Albtraum. Schon ein Verteidiger ist blamiert, wenn er beim Dribbling vom Stürmer „getunnelt“ wird. Noch weit schlimmer ist es für einen letzten Mann, wenn ihm der Ball „durch die Hosenträger“ ins Netz rutscht. Passiert einem Keeper so etwas, ist er doppelt gestraft. Er hat ein Tor verschuldet und sich darüber hinaus auch noch lächerlich gemacht. Das Foto, auf dem der peinlichste Moment in Gilmars Karriere festgehalten ist, wurde gar mit einem Preis gekrönt. Auf ähnlich tragische Weise erwischte es in den 1960er Jahren drei weitere Top-Torhüter. Englands Ron Springett erlebte seinen schlimmsten Moment bei der WM in Chile gegen Brasiliens Vava, Mönchengladbachs Wolfgang Kleff kassierte gegen Alemannia Aachen einen Beinschuss, und der spanische Nationalkeeper José Araquistain wurde bei einem 0:1 seines Vereins Real Madrid gegen Athletic Bilbao zur öffentlichen Witzfigur. Das Foto, das hernach alle Gazetten zierte, zeigt den armen Mann in der lächerlichen Pose eines „Ballkackers“.

Manchmal sind die Fehler nicht nur peinlich, sondern geradezu grotesk. Jürgen Croy, wegen seiner Zuverlässigkeit gerühmtes DDR-Torwart-Denkmal aus Zwickau, lieferte einst in einem Oberligaspiel gegen Stahl Riesa eine seltsame Vorstellung. Ein Schuss kommt in seine Richtung, Croy verlässt sein Tor, läuft vorauseilend um den Pfosten herum, um den vermeintlich danebengehenden Ball schnellstmöglich wieder ins Spiel zu bringen – und genau in diesem Augenblick schlägt es im Torwinkel ein. Noch idiotischer schaut der Torwart aus, wenn er den Ball ins eigene Netz patscht, wie etwa der Kölner Paul Heyeres am 1. April 1969 im Europapokal-Halbfinale gegen den FC Barcelona, oder der Kolumbianer René Higuita in einem Länderspiel gegen Brasilien. Im Jahr 2002 fiel der Paraguayer José Luis Chilavert bei der WM durch ähnliche Fehlgriffe auf, in der Bundesliga waren es Nürnbergs Keeper Darius Kampa und Cottbus' Tomislav Piplica. Während Kampa einmal eine Flanke ins eigene Netz boxte und ein anderes Mal die Rückgabe eines Mitspielers an sich vorbeiwinkte, um den Bremer Torsten Frings freundlich zum Torschuss einzuladen, vollbrachte der desorientierte Piplica das Kunststück, einen harmlosen Weitschuss des Gladbachers Marcel Witeczek auf der Schädeldecke aufprallen zu lassen und hinter sich ins Tor zu köpfen. „Ich dachte, der Ball geht auf die Latte", entschuldigte sich der Torhüter, der dann in der nächsten Saison die rekordverdächtige Zahl von drei Eigentoren zustande brachte und damit einer weiteren Bundesliga-Karriere selbst ein Ende setzte.

Torhüter, denen solche Kunststücke gleich in Serie gelingen, haben ein schweres Leben. Gary Sprake von Leeds United und Oliver Reck von Werder Bremen erreichten als Verursacher lächerlicher Tore vorübergehend beinahe Kultstatus. Zwischen 1963 und 1973 schaffte es Gary Sprake, sich durch konsequente Fehlleistungen in ganz Großbritannien zum Gespött zu machen. Einmal wurde er von einem gegnerischen Stürmer getunnelt, in einem anderen Spiel ließ er das bereits gefangene Leder durch seine Arme gleiten, mehrmals bat er mit elegantem Ausweichschwung schüchtern herantänzelnde Bälle ins Tor, und wie zum Höhepunkt seiner Pleiten-Show warf er sich die Kugel dann auch noch mit Verve eigenhändig ins Netz. In Deutschland lieferte Oliver Reck solche Klöpse ab der Saison 1989/90 in derart dichter Abfolge, dass der „Lachnummer Oliver Reck" von der Presse der Spottname „Pannen-Olli" verpasst wurde. Fotogen ließ er einen Kullerball über seine Hand ins Netz rollen, tapsig ließ er sich im Rückwärtsgang auf den Hosenboden fallen, um einer Flanke den Weg ins Tor frei zu machen, voller Ungestüm boxte er sich Bälle selbst in den Kasten, artistisch köpfte er Lattenabpraller und harmlose Eckstöße in den Winkel, mit ungebremster Wucht haute er Löcher in den Rasen, ohne Not schoss er den Rücken eines Verteidigers derart unglücklich an, dass es so aussah, als habe er die Kugel über Bande im eigenen Loch versenken wollen. Reck bot zwar ein durchaus unterhaltsames Programm, andererseits durfte der „Kicker" aber auch mit Recht fragen: „Hat's mit Reck noch Zweck?"

Die Namen von Oliver Reck und Gary Sprake wurden zu Synonymen für vom Torwart verschuldete, dumme und überflüssige Tore. Dabei waren

Diesmal hat er ihn: Oliver Reck mit Ball.

beide alles andere als Katastrophen-Torhüter. Ihr Problem bestand lediglich darin, dass sich in ihren Karrieren unbestreitbare Fähigkeiten gelegentlich mit einem fatalen Mangel an Konzentration gefährlich mischten. Sprake bestritt stattliche 507 Spiele für Leeds United, für sein Heimatland Wales brachte er es auf 37 Länderspiele. Er war ein Klassemann, genauso wie Oliver Reck. In der Bremer Meistersaison 1987/88 schaffte Reck 641 Minuten ohne Gegentor. Das war ein Bundesligarekord, der erst 1999 von Oliver Kahn übertroffen wurde. Ein anderer Rekord besteht weiter: Reck kassierte in dieser Saison überhaupt nur 22 Tore.

Trotz solcher Fakten denkt man beim Namen Reck meist an „Pannen-Olli". Weil er sich trotz seiner Fehler nicht hat entmutigen lassen und sich wieder zu tollen Leistungen aufgeschwungen hat, hätte er eigentlich einen Platz im Pantheon der Torwart-Helden verdient. Sein Pech und Schicksal ist nur, dass ausgerechnet sein Versagen sagenhaft war. Gäbe es eine orthodoxe „Hall of Fame", in der die Leidensgeschichte des „letzten Mannes" in typischen Situationen zur Darstellung gebracht würde, so hätte man wohl kein Problem, jedem Kultbild einen bestimmten Torwart zuzuordnen. Trautmanns Szene wäre die aus dem Cupfinale 1956, vor den Füßen Murphys, und Reck wäre einer der ersten Kandidaten für den Platz, der den kuriosen Eigentoren vorbehalten ist. Jede Erinnerung ist an starke Bilder gebunden, und deswegen kann die Reck-Ikone nur einen Patzer zum Thema haben. Drunter könnte man dann eine der viele Reck-Würdigungen platzieren. Die wohl schönste stammt von Helmut Schümann: Der Nicht-Perfektionist Reck sei Trost und Hoffnung „in einer Szene, die sich ansonsten so kalt, perfekt und geschäftsmäßig geriert".

Immerhin: Einen Platz in der Ruhmeshalle hätte Reck allemal verdient. Sein Nachfolger bei Werder Bremen, Pascal Borel, der sich in der Saison

2002/03 redlich mühte, in seine Fußstapfen zu treten, muss eine entsprechende Klasse – sowohl als Komödiant wie als Ballfänger – erst noch beweisen. Auch viele andere, die wirklichen Fliegenfänger eben, hätten in einer Galerie der denkwürdigen Torleute nichts zu suchen. Weil sie sich nur durchschnittliche Peinlichkeiten und keine herausragenden Slapstick-Fehler leisteten, sind sie sowieso schon fast völlig in Vergessenheit geraten. Kari Laukkanen etwa und Mladen Pralija, die zwischen 1987 und 1989 bei den Stuttgarter Kickers bzw. beim Hamburger SV in den Kategorien „Fehlgriffe und Blindflüge" eifrig um die höchste Punktzahl wetteiferten, oder der zuweilen geradezu atemberaubend unsichere Walter „Popper" Junghans, der, trotz zweier Meistertitel (1980 und 1981), bis heute als der schlechteste Torwart gilt, der je im Kasten von Bayern München stand.

Sprake und Reck zum Trost sei noch erwähnt, dass auch einer der größten Heroen der Torwart-Geschichte, der berühmte Keeper des österreichischen „Wunderteams" der 1930er Jahre, Rudi Hiden, in seiner Anfangszeit beim Wiener AC zunächst nur wegen seiner Klöpse bekannt war. Immerhin hatte der aus der Steiermark stammende Torhüter Glück, dass AC-Verteidiger Karl Sesta seine Fehler nicht mit dem Satz bestrafte: „Das war ja wieder mal ein typisches Hiden-Tor", sondern mit dem Ausruf: „Na ja, halt wieder so ein Steirergoal". In den Fußballerkreisen der Donau-Metropole machte daraufhin das Wort vom „Steirergoal" die Runde, Hidens Name blieb jedoch so unbefleckt, dass er später zum Synonym für perfekte Torwart-Arbeit werden konnte. „Der hält ja wie der Hiden!", hieß es in Österreich immer dann, wenn ein Torhüter eine gute Parade machte.

Die Opfer der tollen Tore

Für Torhüter sind nicht nur die Treffer frustrierend, die sie zu lächerlichen Figuren machen. Beinahe genauso schlimm sind solche, bei denen sie zu Statisten degradiert werden. Eines der schönsten Tore erzielte der brasilianische Dribbel-König Garrincha in einem Testspiel vor der WM 1958 gegen den AC Florenz. Zuerst dribbelt er im Strafraum drei Verteidiger und den Torwart aus, dann verweilt er ein wenig vor dem unbewachten Tor, um seinen Gegnern Gelegenheit zu geben, sich wieder aufzurappeln. Als sie sich wieder formiert haben, setzt er sein Dribbling fort. Mit einem blitzartigen Haken bringt er einen Verteidiger derart aus dem Gleichgewicht, dass der völlig irritiert an den Pfosten kracht. Nun hat er erneut nur den Torwart vor sich. Er schiebt ihm den Ball durch die Beine, kurvt um ihn herum und kickt das Leder ins gähnend leere Tor.

Ein ähnlich herrlicher Treffer gelang dem Nigerianer Jay-Jay Okocha am 31. August 1993 in der 87. Minute zum 3:1-Endstand im Bundesligaspiel Frankfurt gegen Karlsruhe. Im Kasten des KSC stand kein Geringerer als Oliver Kahn. Eine schier endlose Minute lang krabbeln und hechten er und seine Verteidiger im Strafraum hin und her, bis sich Okocha endlich entschließt, dem Leiden ein Ende zu machen. Wenn Kahn an diesen Treffer denkt, dürfte ihm noch heute schwindlig werden.

Nicht schwindlig, eher ohnmächtig dürfte manchen Schlussmann die Erinnerung an Tore machen, die wie „aus heiterem Himmel" fielen. Schüsse von der Mittellinie – also aus rund 50, 60 Metern Entfernung – sind für Torhüter in der Regel keinerlei Gefahr. Solche Schüsse sind lange unterwegs und es bleibt genug Zeit, sich richtig zu positionieren. Zumindest im Normalfall. Pech hatte Watfords Keeper Russell Crossley im April 1959 bei einem Abendspiel gegen Shrewsbury, als ihn keiner seiner Mitspieler vor einem Fernschuss, der zu ihm unterwegs war, gewarnt hatte. Kurz zuvor war nämlich das Flutlicht ausgefallen, und obwohl es stockfinster war, hatte man beschlossen, das Spiel fortzusetzen. Niemand machte Crossley einen Vorwurf. Wenn solche Bälle allerdings bei Tageslicht reingehen, rettet den Keeper keine noch so listige Ausrede vor den Vorwürfen seiner Mitspieler.

Wenn ein Fernschuss einschlägt, ist immer der Torwart schuld. Entweder, weil er gerade unaufmerksam ist, oder, weil er zu weit vorm Tor steht. Opfer von Weitschüssen wurden aber nicht nur offensive Torhüter wie Radenkovic oder Stein, es traf auch „Linientorhüter" wie Liverpools Tommy Lawrence – Libuda schlenzte 1966 den Ball aus 40 Metern zu Dortmunds Europapokalsieg – oder Andy Köpke, der als Keeper der Frankfurter Eintracht von Bernd Schuster düpiert wurde. Das Unglück pur erwischte Keeper Reine von Atlético Madrid im Jahr 1974. Bis zur 120. Minute des Finales im Europapokal der Landesmeister gegen Bayern München war er 869 Minuten lang ohne Gegentor geblieben. Dann schlägt Schwarzenbecks Verzweiflungsschuss von der Mittellinie zum 1:1-Ausgleich ein, im Wiederholungsspiel setzen ihm die Münchner gleich vier Bälle in den Kasten. Völlig perplex war auch Bayern Münchens Jean-Marie Pfaff, als er in Uerdingen das „Tor des Monats" vom August 1985 hinnehmen musste: Schütze des Balles, der aus rund 30 Metern auf ihn zugeflogen kam, war Helmut Winklhofer, sein eigener Verteidiger. Eine ähnliche Überraschung brachte Pfaffs Nachfolger Raimond Aumann im Europapokal-Halbfinale 1990/91 bei Roter Stern Belgrad total aus dem Konzept. Die Münchner lagen in der 89. Minute mit 2:1 in Führung, da senkte sich ein

Querschläger von Libero Augenthaler aufs Bayern-Tor, und der verdatterte Aumann boxte den Ball ins eigene Nerz statt über die Latte.

Ungekrönter König der K.o.'s durch Distanztreffer ist ausgerechnet ein Mann, den normalerweise eine Aura absoluter Unüberwindlichkeit umgab: der Italiener Dino Zoff. Seinen ersten groben Schnitzer in einem wichtigen Spiel leistete sich der Portiere von Juve 1973 im Finale des Europapokals der Landesmeister gegen Ajax Amsterdam. Juventus Turin verlor damals in Belgrad mit 0:1. Das Tor durch Rep fiel bereits nach vier Minuten. Zoff haderte: „Es war ein saudummes Tor. Erstens, weil es gleich zu Beginn des Spieles fiel, wo man noch nicht richtig warm ist, und zweitens, weil es ein Bogen-Kopfball war, der haargenau in den langen Winkel passte. Da sieht jeder Torhüter schlecht aus." Im Jahr darauf musste Zoff bei der WM in Deutschland erneut eine Enttäuschung erleben. Im entscheidenden Spiel gegen Polen (1:2) wurde er von Szarmach und Deyna mit Fernschüssen überwunden. Kalt erwischte es ihn dann wieder bei der WM 1978. Bereits in der ersten Minute des ersten Spiels gegen Frankreich schlug ein Kopfball von Lacombe ein. In der zweiten Finalrunde gegen die Niederlande sah er bei Weitschüssen von Brandts und Haan nicht gut aus. Italien verlor mit 1:2. Im Spiel um den dritten Platz setzte ihm der Brasilianer Nelinho einen langen Schlenzer ins Netz. Zoff entschuldigte sich: „Darauf sind wir italienischen Torhüter nicht vorbereitet, weil unsere Stürmer bis in den Torraum kombinieren." Außerdem sei er mit dem neuen Adidas-Ball, der sehr geflattert habe, nicht zurecht gekommen. Auf Kurzsichtigkeit, wie der bei Weitschüssen ebenfalls öfters unsichere Ron Springett von Sheffield Wednesday, konnte er sich nicht berufen. Trotz eines heftigen Presse-Gewitters blieb Zoff Nationaltorwart und errang 1982, mittlerweile 40 Jahre alt, den Weltmeistertitel.

Des alten Seamans verpasste Flanken

Nicht immer gelingt es Torhütern, bei Flanken sicher zuzugreifen. Der walisische Nationaltorwart Dai Davies konnte Ende der 1970er Jahre ein Lied davon singen. Sein erster Lapsus passierte ihm in Wembley gegen England bei einer 2:1-Führung der Waliser. Eine Minute vor dem Abpfiff verpasste Davies eine Flanke, Englands Stürmer Thomson vollstreckte per Kopf. Nachdem ihm wenig später gegen Nordirland das Gleiche passiert war, vergaßen die Journalisten seinen Nachnamen und nannten ihn nur noch „Dai the Drop".

Beim WM-Endspiel Deutschland gegen Argentinien 1986 in Mexiko erwischte eine Flanke Toni Schumacher auf dem falschen Fuß. „Du bist der beste Torwart der Welt. Du wirst jeden Ball halten. Du bist ein Raubtier …". Solche und ähnliche Sätze hämmert er sich vor dem Anpfiff ein. So wie er es eben im autogenen Training gelernt hatte. Es gibt einen Freistoß von der Seite. „Ein Argentinier legt sich den Ball fußgerecht hin. Meine Beute! Sie fliegt in meine Richtung. ‚Jetzt holst du dir deine Beute, egal was kommt. Den Ball kriegst du. Den schnappst du dir!' Flanke. Ich schieße vor. Nach dem ersten Schritt weiß ich es: Den kriegst du nicht. Hundertstelsekunden dauern Ewigkeiten. Ich segle durch den Strafraum wie Lohengrin, der seinen Schwan verpasst hat. Letzte Hoffnung: ‚Vielleicht kriegt ein Deutscher den Ball auf den Kopf.' Der liebe Gott hat es aber wohl nicht so gewollt. Eine argentinische Stirn kam dazwischen. Ich sehe das Leder ins Tor fliegen und schreie stumm nach innen auf."

Statt eines Panthersprungs brachte der indisponierte Schumacher nur einen „lächerlichen Ziegenbockhupfer ins Leere" zustande. Die bekannteste verpasste Flanke der neueren Zeit geht dennoch nicht auf sein Konto, sondern auf das des Keepers von Arsenal London, David Seaman. Zur 1:2-Niederlage im Viertelfinale der WM 2002 gegen Brasilien trug er maßgeblich mit einem klassischen Stellungsfehler bei. In der 50. Minute segelt Ronaldinhos Freistoß aus 35 Metern Entfernung über Seaman hinweg. Seaman hätte noch genug Zeit gehabt, vier Schritte zurück in Richtung Torlinie zu gehen. Hinterher standen ihm die Tränen in den Augen: „Es ist mir damals im Parc des Princes von Paris passiert, ich hätte es wissen müssen. Ein Albtraum." Zaghaft versuchte er, sich zu rechtfertigen: „Ich kann mir nichts vorwerfen." Seine Begründung: „Es war ein Freak-Tor. Ich schwöre, Ronaldinho wollte flanken, der Ball rutschte ihm ab. Ich habe den Ball falsch gelesen, und es war ein Tor." Ronaldinho selbst widersprach und behauptete, dass der Ball genauso kam, wie er es beabsichtigt hatte: „Ich habe gesehen, dass er weit vor dem Tor stand und mit einer Flanke gerechnet hat."

Ob Flanke oder nicht – Seaman ließ den Ball jedenfalls rein. Genauso wie damals im Parc des Princes, wie 1995 im Europacupfinale der Pokalsieger gegen Saragossa. Da war es allerdings eindeutig ein beabsichtigter Weitschuss. In der allerletzten Minute der Verlängerung warten beim Spielstand von 1:1 alle nur noch auf das Elfmeterschießen. Der ungeduldige Seaman ist in Erwartung des Schlusspfiffs schon mal bis zum Rand des Strafraums vorgelaufen. Da kommt Saragossas Mohammed Amar, genannt Nayim, an den Ball. Er befindet sich nur wenige Meter in der Hälfte Arsenals, fast an der Außenlinie, und sieht, dass Seaman weit, sehr weit vor seinem Tor steht. Da zieht er, aus fast 50 Metern Entfernung, ab. In einer hohen Kurve flieg der Ball über Seaman hinweg und senkt sich ins

Ronaldinhos Ball senkt sich ins Tor, Seaman hat keine Chance.

Tor. Saragossa hatte gewonnen, Seaman lag nach einem hilflosen Rettungsversuch wie eine zerlegte Marionette im Netz. Pat Jennings, der das Spiel fürs Fernsehen kommentierte, war gerade dabei, seinen Hörern zu erläutern, welch ein Topkeeper Seaman sei, der beste von allen in England. Nach dem Lapsus blieb ihm nur noch das Torhüter-Lamento: Nirgendwo sonst liegen Ruhm und Schmach so nahe beieinander wie bei dem, der zwischen den Pfosten steht. Nach dem Nayim-Treffer jedenfalls war Seaman die längste Zeit einer der besten Torhüter Englands gewesen. Seine Fehler häuften sich. Im Wembley-Abschiedsspiel gegen Deutschland will er einen haltbaren Hamann-Freistoß parieren – langsam und schwerfällig plumpst er auf den Boden und lässt den aus 35 Metern recht gemächlich herankommenden Ball passieren. Kurz darauf setzt ihm Leeds United' Ian Harte einen Freistoß in den Kasten – Seaman blickt dem Ball nur hilflos hinterher. Dann kam der entscheidende Fehler bei der WM.

„Das Wichtigste ist mir", jammerte Seaman nach dem Ronaldinho-Tor zerknirscht, „mich bei den Fans zu entschuldigen." Immerhin blieb ihm der bittere Trost, dass wenigstens seine Mannschaftskameraden nicht über ihn herfielen. „Die Mannschaft war großartig in der Kabine", berichtete der unglückliche Torhüter. „Keiner machte mir Vorwürfe. Sie sagten, nur wegen mir wären wir so weit gekommen, ich solle die Sache vergessen – aber das wird schwer." David Beckham meinte: „Für mich ist er immer noch ein Weltklassetorhüter."

Auch Bob Wilson, Seamans Torwarttrainer bei Arsenal London, verteidigte seinen Schützling. „Ich arbeite mit ihm jeden Tag und weiß, dass er immer noch mindestens so gut ist wie irgendein anderer." Ganz anderer Meinung war hingegen Seamans Vorgänger Peter Shilton. Seaman, so der einst „Peter Perfect" gerufene Keeper, solle seine Karriere beenden: „Die besten Torhüter machen die wenigsten Fehler. David macht zu viele."

Der 37-jährige David hörte nicht auf. Sondern er nahm sich vor, gleich Dino Zoff auch als Torwart-Methusalem noch erfolgreich zu sein. Sein Traum, mit dann 41 Jahren in Deutschland doch noch Weltmeister zu werden, war schneller ausgeträumt als gedacht. Zum Ende der Saison 2002/03 wurde der Keeper von Arsenal London zu Manchester City abgeschoben. Anlass waren weitere Fehler, die sich der reaktionslahm gewordene Oldie nach der WM geleistet hatte: In einem Liga-Spiel gegen die Bolton Wanderers hatte abermals eine verunglückte Flanke den Weg in sein Tor gefunden, und im EM-Qualifikationsspiel gegen Mazedonien hatte sich ein Eckball von Artim Sakiri über ihn hinweg ins Netz gesenkt. Als Nachfolger Seamans verpflichtete Arsenal den deutschen Nationaltorhüter Jens Lehmann von Borussia Dortmund. Seaman kann nun seinen Ruhestand dazu nutzen, seine bereits erschienene Biografie „Safe Hands" zu überarbeiten und mit einem anderen, treffenderen Titel neu herauszugeben.

Sündenböcke und Pechvögel

Sprake und Reck hatten das Pech, dass ihnen immer wieder blöde Tore unterliefen. Leute wie Seaman hatten das Pech, dass ihnen blöde Fehler immer in entscheidenden Spielen unterliefen. Noch mehr Pech ist es, wenn man für die Fehler einer blöden Mannschaft büßen muss. Letzteres widerfuhr Hans Jakob beim 0:2 Deutschlands gegen Norwegen am 8. August 1936 bei der Olympiade in Berlin. Die völlig überraschende Niederlage gegen den Fußballzwerg war, so der Torwart, „die größte Enttäuschung in meiner Fußballer-Laufbahn." Gegen einen berühmten Gegner kann man eventuell auch mehrere Gegentore wegstecken, ist der Gegner aber ein Nobody, ist selbst ein 0:1 ein Debakel. Diese Erfahrung blieb auch Englands Bert Williams nicht erspart. Er war der Unglückliche, der in der WM-Vorrunde 1950 beim sensationellen 0:1 der hoch favorisierten Engländer gegen die USA im Tor stand. Vorne stürmen die Cracks aus der englischen Profiliga stümperhaft, Williams hat fast gar nichts zu tun, da trifft ein lan-

WM 1950, Vorrunde. Im Spiel gegen die USA verliert England mit 0:1. Betreten schaut Keeper Williams dem Ball hinterher.

ger Ball den aus Haiti stammenden US-Mittelstürmer Larry Gaetjens über dem linken Ohr, und von dort springt er an dem verdutzten Keeper vorbei ins Tor. Auf der Insel hatte man nach der Übermittlung des unfassbaren Ergebnisses an einen Fehler geglaubt, viele englische Zeitungen hatten daher gemeldet: England – USA 10:1.

Ein noch größeres Unglück ist es vermutlich, als Ersatzspieler lange auf seinen Einsatz zu lauern, endlich eine Chance zu bekommen – und dann den Kasten voll zu kriegen. So erging es 1974 Imbi Tubilandu. Im WM-Spiel Zaires gegen Jugoslawien wurde er beim Stand von 0:3 für Muamba Kazadi eingewechselt. Mit Tubilandu im Tor endete das Spiel 0:9. Am Torwart also scheint es nicht gelegen zu haben. Aber wer glaubt ihm das hinterher noch? 1954 bei der WM in der Schweiz sollte der Dortmunder Heinz Kwiatkowski für den bis dahin nicht unbedingt überzeugenden Toni Turek im Vorrundenspiel gegen Ungarn zum Einsatz kommen. Bundestrainer Sepp Herberger teilte ihm vor dem Spiel mit: „Heinz, ich habe Sie beobachtet. Sie sind gut in Form. Und wir werden die Ungarn taktisch dazu zwingen, von der 16-Meter-Linie zu schießen." Doch es kam ganz anders. Kwiatkowski: „Oft standen sie frei vor meinem Tor und hatten noch so viel Zeit, dass sie mich hätten fragen können: In welche Ecke – bitteschön – sollen wir den Ball schießen?" 3:8 endete das Spiel, und es war klar, dass Herberger einem Torwart, der acht Tore kassiert hatte, nicht mehr vertrauen würde. Hinterher hatte der Keeper von Borussia Dortmund auch noch den Spott zu tragen. Nach Hause zurückgekehrt wurde er von Angestellten der städtischen Badeanstalten mit einem bösen Geschenk erwartet: Sie überreichten ihm einen Gutschein für kostenlosen Schwimmunterricht.

Vier Jahre später hatte Kwiatkowski erneut einen schlechten Part bei der WM in Schweden. Nur einmal durfte er ins Tor, beim Spiel um den dritten Platz gegen Frankreich. Erneut klingelte es gewaltig. Die 3:6-Niederlage sorgte dafür, dass Kwiatkowski von der Nationalmannschaft genug hatte: „Da bin ich zu Herberger gegangen und hab' ihm gesagt, ich möchte künftig nicht mehr aufgestellt werden. Er hat es akzeptiert, ohne dass wir Feinde geworden wären." Kwiatkowski war wohl der unglücklichste Nationalspieler, den Deutschland je hatte. Denn abgrundtief schlecht war der Dortmunder keineswegs. „Armer Kwiatkowski", dachte sich Fritz Walter nach der Niederlage gegen Frankreich: „Heinz hatte das Pech, meist gegen Gegner zu spielen, die eine umformierte deutsche Abwehr antrafen, in der nichts klappen wollte."

Eine andere Form von Pech ist es, eine Serie von Spitzenleistungen abzuliefern und dann im entscheidenden Spiel an seinen Nerven zu scheitern. 1934, als die Deutschen erstmals bei einer Weltmeisterschaft teilnahmen, stellten die Neulinge auch sogleich einen tragischen Torwart: Willibald Kress. In den Spielen gegen Belgien und Schweden war er die Zuverlässigkeit in Person. Beide Spiele wurden gewonnen. Erst im Halbfinale unterlag Deutschland der Tschechoslowakei mit 1:3. Der Sündenbock hieß Kress. Der „schöne Willibald" schilderte die entscheidende Situation so: „Wir mussten eigentlich gewinnen, so klare Chancen hatten wir. Aber beim Stand von 1:1 geschah es, dass Haringer und ich bei einer Abwehr zusammengerieten, der Ball prallte zum Linksaußen Puc, der ihn sofort aufs Tor schoss. Im Zurücklaufen wollte ich den Ball übers Tor lenken, da sprang mir der Mittelstürmer Sobottka mit vorgestrecktem Fuß auf den Oberschenkel. Ich kam nicht an den Ball heran, der von der Latte zurückprallte und von Nejedly eingeköpft wurde." Aber auch beim ersten und beim dritten Tor der Tschechen hatte er keine gute Figur abgegeben. Beide Male war ihm das Leder aus den Fingern gerutscht. Reichstrainer Otto Nerz, der sich vor der WM sehr für die Berufung von Kress stark gemacht hatte, verzieh ihm diese Fehler nie. Kress' internationale Karriere war mit diesem Spiel beendet.

Bei der WM 1966 in England kam es bereits in der Vorrunde zu einem Torhüter-Drama. Betroffen waren die Sieger der Turniere von 1958 und 1962, die Brasilianer. Sie waren als klarer Favorit an den Start gegangen, doch diesmal sollte alles anders kommen. Beim 2:0-Sieg gegen Bulgarien bewies der mittlerweile 36-jährige Keeper des FC Santos, Gilmar dos Santos Neves, seine Extraklasse, doch dann folgte das 1:3 gegen Ungarn. Der zweifache Weltmeister wurde zum Sündenbock für diese Niederlage gestempelt. Die drei Tore wurden allein ihm angekreidet. Im letzten Gruppenspiel gegen Portugal krempelte Trainer Feola die Mannschaft völlig um. Für Gilmar kam Botafogo-Torwart Manga ins Tor. Brasilien verlor wieder mit 1:3 und durfte die Heimreise antreten. Für Gilmar war es im Nachhinein betrachtet ein Segen, dass er in diesem Spiel nicht im Kasten stand. Manga hatte im Grunde nur einen schweren Fehler begangen – einmal war er falsch herausgelaufen –, aber dieser Fehler hatte genügt, damit das unrühmliche Ausscheiden Brasiliens für immer mit seinem Namen verbunden blieb. Seit 1966 spricht man in Brasilien nach Torwartfehlern nur noch von „mangueiradas".

Vier Jahre später in Mexiko hätten die Engländer Gelegenheit gehabt zur Wortschöpfung „Bonettifaults". Im Viertelfinale gegen Deutschland musste Stammtorhüter Gordon Banks wegen einer Magenverstimmung pausieren. Er wurde durch Peter Bonetti vom FC Chelsea ersetzt, der bis dahin lediglich sechs Länderspiele bestritten hatte. Bis heute gilt er in seiner Heimat als Alleinverantwortlicher für die Niederlage Englands in seinem siebten Spiel. Zunächst hat er wenig zu tun. England dominiert, liegt bis zur 50. Minute mit 2:0 in Führung. In der 68. Minute stürmt Franz Beckenbauer auf der rechten Seite nach vorne und schießt aufs Tor. Der Ball springt kurz vor Bonetti auf und rutscht unter seinem Körper hindurch ins Netz. Dann die 82. Minute. Uwe Seeler platziert einen Ball mit seinem Hinterkopf. Bonetti ist überrascht. Zwei Jahre zuvor hatte er in seinem Buch noch davon geschrieben, dass man als Torhüter immer das „Unerwartete erwarten müsse". Mit Seelers von hinten angesetztem Kopfball hatte er nicht gerechnet. Bonetti stand zu weit vorne und konnte den Ball, der sich ins lange Eck senkte, nicht mehr erreichen. Hätte er auf der Linie gestanden, wäre es ihm ein Leichtes gewesen, den Ball über die Latte zu lenken. In der Nachspielzeit macht schließlich der plötzlich mutterseelenallein vor dem englischen Tor auftauchende Gerd Müller alles klar.

Bei der WM 1962 in Chile stand der Pechvogel in den Reihen der CSSR. Viliam Schroijf, ein enorm reaktionsschneller Torhüter, gilt bis heute als der Hauptverantwortliche für die Vizeweltmeisterschaft der Tschechen. Bis zum Endspiel galt er bei den Experten unzweifelhaft als bester Torhüter des Turniers. Aber eben nur bis zum Endspiel. Die CSSR verlor mit 1:3 gegen Brasilien. Ähnlich wie Kress im Jahr 1934 hatte Schrojif mehrmals den Ball nicht festhalten können und musste alle drei Gegentreffer auf seine Kappe nehmen. Als bis dahin unbestritten besten Torhüter des WM-Turniers erwischte es im Finale 1986 auch Toni Schumacher gleich im Dreierpack. Der schlimmste Gegentreffer war der erste, als Schumacher, wie bereits beschrieben, eine lächerliche Flanke verpasste. Aber auch bei den beiden anderen Toren sah der an diesem Tag ungewohnt zögerliche Schlussmann nicht gut aus. Schumacher war untröstlich: „Ich bin sicher: Wenn ich im Finale meine normale Form hätte bringen können, hätte ich wohl alle drei Tore gehalten." Und dann „wären wir Weltmeister".

Ein einziger Fehler genügt

Wie viele seiner Torwart-Kollegen hatte Seaman nach seinem Fehlgriff bei der WM in Asien gejammert: „Die meisten von uns bleiben nur für ihre Fehler in Erinnerung." In seinem Fall könnte man hinzufügen: Man kam gar nicht dazu, die alten Fehler zu vergessen, weil er die Erinnerung durch neue permanent wieder auffrischte. Aber berechtigt ist sein Wehklagen natürlich schon. Aus dem Munde beinahe jeden Torhüters sind ähnliche Aussagen überliefert. Peter Bonetti formulierte es so: „Ein Keeper kann 89 Minuten grandios halten, macht er in der letzten Minute einen Fehler, wird man sich nur daran erinnern. Beim Stürmer ist es gerade umgekehrt. Er kann 89 Minuten lang einen Scheißdreck spielen – macht er in der 90. Minute das entscheidende Tor, ist er der Held." Mit einem erfolgreichen Schuss ins Tor kann ein Stürmer, so Toni Schumacher, „über hundert Schüsse in die Sterne vergessen machen"; ein Torwart hingegen „kann keinen Fehler wieder wettmachen". Ein einziges Versagen, im Foto eingefroren und auf dem Bildschirm in Zeitlupe hundertmal wiederholt, brennt sich ins Gedächtnis eines Millionenpublikums ein. Im schlimmsten Fall, wenn er einen entscheidenden Treffer verschuldet hat, bleibt dieser Fehlgriff das einzige Bild von ihm, das Aufnahme findet in die Galerie der großen Fußball-Legenden.

Die Fußball-Erinnerungsarbeit ist auf Tore fokussiert. Der Torhüter kommt da immer unvorteilhaft weg, selbst wenn er keinen Fehler macht. Und wenn er einen Fehler macht, dann wird kaum einmal bemerkt, dass dieser in der Regel erst dann passieren kann, wenn vorher bereits andere

Fehler gemacht haben. Sepp Maier stellte fest, dass Torhüter die Fehler ihrer Vorderleute mit einer Erfolgsquote, die zwischen 80 und 90 Prozent liegt, ausbügeln. Trotzdem werde den Stürmern zugejubelt, deren Erfolgsquote lediglich 10 Prozent betrage. Maiers Aussage wird bestätigt vom Statistiker Roland Loy. Ihm zufolge fielen bei der WM 2002 lediglich 11,2 Prozent aller Tore aufgrund schwerer Torwartfehler. 1998 waren es sogar nur 5,8 Prozent.

Alle Statistik verhindert nicht, dass ein einziger Fehler über Wochen konsequent erbrachte Weltklasseleistungen mit einem Schlag zunichte machen kann. Oliver Kahn hatte sich bei der WM 2002 bis zum Finale als schier unüberwindlich gezeigt. So wie Schroijf 1962, so wie Schumacher 1986. Vor dem Endspiel wurde Kahn als erster Torhüter der WM-Geschichte zum „Spieler des Turniers“ gewählt. Er erhielt 147 Stimmen vor Ronaldo mit 128 Stimmen. Selbstverständlich wurde ihm auch der „Jaschin-Award“ verliehen, die Auszeichnung für den besten Torhüter des Turniers. Entsprechend selbstbewusst tönte er den Brasilianern vor dem Endspiel entgegen: „Sie müssen mich erst überwinden und zeigen, ob sie es fertig bringen.“

Sie brachten es fertig. In der 67. Minute ist es so weit. Didi Hamann verliert den Ball kurz vor dem eigenen Strafraum an Ronaldo, der passt zu Rivaldo. Rivaldo schießt aufs Tor, ein Allerweltsschuss, wie er alle Tage vorkommt, ein Ball, wie ihn Kahn schon zu Tausenden gehalten hat. Doch diesmal rutscht ihm das Plastik aus den Fingern. Der Abpraller rollt

Gegen Ronaldos Nachschuss hatte Kahn keine Chance mehr.

Ronaldo vor die Füße, Kahn rappelt sich auf, streckt sich mit letzter Kraft, aber er kann das Unglück nicht mehr verhindern. Der Torschützenkönig der WM hat keine Mühe, den Ball an Kahn vorbeizuschieben. 1:0. Gute zehn Minuten später setzt Ronaldo noch einen darauf, und das Spiel ist entschieden. Nach dem Schlusspfiff pfeffert der Geschlagene seine Trinkflasche ins Tornetz, sitzt dann acht Minuten lang am Pfosten gelehnt auf dem Boden. Alle kommen, um ihn zu trösten. Thomas Linke, Jens Jeremies, Rudi Völler, sogar Schiedsrichter Collina. Kahn, mit Tränen in den Augen, nimmt sie fast nicht wahr, und er bemerkt auch kaum den Schmerz im kleinen Finger, der von einem Bänderriss herrührt. So sehr tut die Niederlage weh. Und vor allem die Tatsache, dass ausgerechnet ein Fehler von ihm entscheidend war. „Oliver Kahn", kommentierte Bob Wilson nach der WM, „kostete Deutschland den Titel." Es sei daher ungerecht, wenn man einen wie David Seaman kritisiere und den Deutschen von jeder Kritik ausnehme.

Die Niederlage allein wäre schon schlimm genug gewesen. Bei der WM 1962 in Chile schied Deutschland im Viertelfinale mit 0:1 gegen Jugoslawien aus. Für Torwart Wolfgang Fahrian war der Treffer der schmerzlichste, den er in seiner gesamten Karriere hat hinnehmen müssen. Obwohl ihm niemand einen Vorwurf machte. „Das Leder kam so urplötzlich, so wuchtig, so unberechenbar über die Köpfe und doch fehlten nur wenige Zentimeter und ich hätte den Ball über den Balken lenken können. Es war fast zum Weinen. Wer eine solche Schrecksekunde erlebt, kann kaum mehr einen Gedanken fassen, ist einfach seelisch erschüttert." Jeder Treffer ist für den Torhüter deprimierend. Denn über jeden Treffer lässt sich diskutieren. Immer gibt es ein „hätte", „wenn" und „aber", immer kann behauptet werden, dass der Ball vielleicht hätte gehalten werden können. Und ganz gleich, ob der Tormann Schuld hat oder nicht – jedes Mal, wenn der Ball im Netz zappelt, bleibt er einsam zurück und muss den Schock ganz allein verkraften. „In diesem Moment fühlt man sich sehr sehr einsam", gestand Oliver Kahn. „Daran habe ich mich nie gewöhnt, im Gegenteil: Es wurde von Jahr zu Jahr schlimmer. Auswärts jubeln 80.000 Zuschauer, im eigenen Stadion ist es totenstill, und du bist da unten ganz alleine, nur mit dem Ball. Diese Situation zu erleben, immer wieder, über Jahre hinaus, das hat schon eine gewaltige Brutalität an sich. Versetzen Sie sich mal in meine Lage: Ein Tor fällt, ich hebe den Ball auf, ich drehe mich um, und ich blicke auf die Rücken meiner Mitspieler, die alle nach vorne laufen, weg von mir."

Es gehört zum Alltag des Torwarts, dass er es wegstecken muss, wenn er bezwungen wird. Da er keine Chance hat, alle Schüsse abzuwehren, steht er gewissermaßen auf verlorenem Posten. Ein Torhüter kann nie alles richtig machen. Ist es schon schlimm genug, einen Schuss durchzulassen, bei dem es heißt, der Torwart sei machtlos gewesen, so kommt es einer Katastrophe gleich, wenn alle Schuld für den entscheidenden Treffer dem letzten Mann aufgebürdet wird. Am schlimmsten traf es im Jahr 1950 Brasiliens Moacyr Barbosa, dessen Malheur am Anfang dieses Buches geschildert wurde. Nur ein einziges Mal war er bei der Weltmeisterschaft in seinem Heimatland ein wenig unaufmerksam, als er ein wenig zu früh ein wenig zu weit aus seinem Tor herausging. Es genügte den Uruguayos zum 2:1-Sieg und zum Titelgewinn. Und es genügte Barbosas Landsleuten, dem Torwart auf ewig das Kainsmal des Versagers aufzustempeln. Bis zu seinem 79. Lebensjahr, bis zu seinem Tod am 7. April 2000, blieb Barbosa in der Öffentlichkeit eine Unperson. Erst in seinem Todesjahr erschien ein schlicht „Barbosa" betiteltes Buch des brasilianischen Journalisten Roberto Muylaert. Es ist ein Requiem auf einen Verdammten geworden.

Die Angst spielt immer mit

Selbstmord begangen hat Barbosa nicht. Obwohl das, nach Lage der Dinge, durchaus nachvollziehbar gewesen wäre. 1993 hatten argentinische Fans ihrem Nationaltorhüter Sergio Goycoechea aus einem weitaus geringeren Anlass nahe gelegt, seinem Leben ein Ende zu bereiten. Es war eine 0:5-Niederlage gegen Kolumbien, die erste nach 30 Spielen in Folge, die Argentinien ungeschlagen geblieben war. Wie hoch die Suizidrate unter Torhütern ist, hat niemand dokumentiert. Das, was die „Daily Mail" im Jahr 1929 aus Warschau meldete, dürfte jedoch kein Einzelfall geblieben sein: „Hugo Wiese, der Torwächter der Lodzer Fußballmannschaft, hat Selbstmord begangen, weil er bei einem Fußballspiel das entscheidende Tor verschuldet hatte und nachher von der Mannschaft schwere Vorwürfe zu hören bekam. Der Schuss ging mitten durch das Herz."

Falls also ein Torwart nach einem Treffer gelassen bleibt und scheinbar gleichgültig lächelt, sollte man sich nicht darüber mokieren. „Lasst ihn lächeln, wenn er seine Treffer bekommt", beschied der Autor eines Artikels aus dem Jahr 1917 seine Leser, „denn in Wirklichkeit weint er. Dass auch der allerbeste Tormann manchmal ‚ungefährliche' Schüsse durchlässt, darf vorkommen. Der Tormann ist auch nur ein Mensch." Es ist ja tatsächlich schlimm genug, was selbst international anerkannte Klasse-Keeper durchmachen müssen, die sogar dann, wenn man ihnen kaum einen Fehler nachweisen kann, auf ewig zu Versagern abgestempelt werden. So war es

1950 im Fall Barbosa, so war es 1966 auch mit Manga, so war es 1970 mit Bonetti. Barbosa hatte einen „halben" Fehler begangen, Manga war nur einmal beim Herauslaufen einen kurzen Moment unaufmerksam, und auch Bonetti hat kein Katastrophenspiel abgeliefert: Das erste Tor war ein Aufsetzer, das zweite völlig ungewöhnlich, dem dritten war ein 1:1-Duell vorausgegangen, das ein Torwart keineswegs zwingend gewinnen muss.

Obwohl Kahn im Endspiel 2002 ein klarer und eindeutiger Fehler unterlaufen war, fiel bei ihm die Reaktion ganz anders aus als in den Fällen Barbosa, Manga und Bonetti. „Es ist natürlich bitter, wenn der einzige Fehler im Turnier so bestraft wird", meinte ein zerknirschter Kahn. „Dass Fehler passieren, ist normal, aber dass es ausgerechnet im Finale passiert, ist zehnfach bitter. So einen Ball muss man festhalten." Kahn war schuld, Kahn war frustriert, aber Kahn wurde nicht verdammt. Franz Beckenbauer kommentierte: „Schade, dass Oliver Kahn dieser Fehler beim 0:1 passiert. Aber es war ein Flatterball von Rivaldo und der Ball war glitschig. Ich habe mich sofort an die WM 1986 in Mexiko erinnert. Da unterlief Torhüter Toni Schumacher im WM-Endspiel gegen Argentinien der Fehler zum 0:1." Ähnlich Schumacher, und diesen sogar noch übertreffend, war Kahn gleichsam der Alleinverantwortliche dafür, dass es Deutschland überhaupt so weit gebracht hatte. In Anbetracht seiner tollen Leistung traute sich daher zu Recht niemand, den Stab über ihn zu brechen.

Gleichwohl: Zu einer öffentlichen Freisprechung von aller Schuld kam es auch im Fall Kahn nicht. Dabei wäre es möglich gewesen. In der 51. Minute des Endspiels, genau 16 Minuten vor seinem entscheidenden Fehlgriff, als er Rivaldos Ball nicht festhalten konnte, hatte er einen Fußtritt von Gilberto Silva erhalten – ein Bänderriss, verbunden mit starken Schmerzen, war die Folge. Zwei Stunden nach dem Abpfiff zeigte Kahn vor der versammelten Weltpresse den geschienten Finger an seiner rechten Hand. Aber keiner tat ihm den Gefallen, die Frage zu stellen, die er zu seiner Entschuldigung hätte nutzen können. Immerhin: In einem Kommentar zum Endspiel wurde er mit dem legendären Bernd Trautmann verglichen, der bekanntlich im Jahr 1956 das englische Cup-Finale mit gebrochenem Halswirbel durchgestanden hatte. Ein Bänderriss im Finger wirkt im Vergleich dazu freilich etwas lächerlich. Die Verletzung war denn auch den meisten Journalisten nicht mehr als eine Randnotiz wert.

Kahn wurde nicht als „Flasche" veräppelt. Die einzige unmittelbare Konsequenz seines Fehlgriffs war, dass er bei der Wahl zum Weltfußballer des Jahres hinter seinem Bezwinger Ronaldo nur auf Rang zwei landete. Dennoch schwebt auch über Kahn, wie über jedem Torwart, das Damoklesschwert, zum Versager zu werden. Weil jedes Spiel mit einer Niederlage enden kann, und weil es immer eine Möglichkeit gibt, daneben zu greifen, kennt auch Kahn die Angst, zum Alleinschuldigen zu werden. „Wenn einer die Angst kennt“, so Oliver Kahn, „dann ich. Angst vor dem Versagen, Angst vor der Niederlage. Man ist damit nicht mehr fähig, klar zu denken. Sie lässt einen total verkrampfen. Ich habe lange daran gearbeitet, gegen die Angst anzugehen. … Wenn ich merke, sie kommt, die Angst, dann sage ich mir: Sie wird mich beflügeln, die Angst, sie ist gut, sie wird mich zu besonderen Reaktionen treiben! Den einen blockiert die Angst, mich aktiviert sie. Ich habe die Angst zu meinem Motor gemacht.“ Ob es tatsächlich so ist, weiß nur Kahn selbst.

Glücksbringer, Schnuller und Maskottchen

Manch ein Torhüter erweist sich vor einem wichtigen Match als Feigling, als Muttersöhnchen und Memme (von lat. Mamma = Mutterbrust). Während Kahn in Notsituationen zwar froh ist, wenn er seinen Vater im Stadion weiß, ansonsten aber offensichtlich unmittelbar aus der Angst selbst Stärke zu ziehen vermag, gibt es andere, die nach jedem nur möglichen Beistand greifen und sich schutzsuchend gleichsam an einen Busen schmiegen. Torleute seien besonders abergläubisch, meinte der ehemalige Bayern-Trainer Dettmar Cramer, weil ein einziger Schuss ihr Schicksal besiegeln könne. Beispiele für Versuche, den Schicksalsgott gnädig zu stimmen, finden sich denn auch zur Genüge. Gläubige Katholiken versuchen es meist mit einer direkten Anrufung des Herrn. Wolfsburgs Claus Reitmaier etwa, in der ehemalig fürstbischöflichen Residenzstadt Würzburg christlich erzogen, vertraut auf ein Spezialgebet: „Ich bitte um Verschonung von Verletzungen und um ein gutes Spiel.“ Der Mexikaner Antonio Carbajal stellte sich vor dem Anpfiff mit dem Rücken zum Spielfeld ins Tor, faltete seine Hände und betete. Gilmar, Barbosas Nachfolger im Tor Brasiliens, zelebrierte vor jedem Spiel statt eines Gebetes ein komplexes Ritual: Mit den Stollen seines linken Schuhs markierte er eine Linie zwischen den beiden Torpfosten; dann erhielt jeder Pfosten mit dem linken Fuß drei Tritte und anschließend auf jeder Seite einen Kick mit der Ferse; schließlich markierte er noch genau die Mitte der Torraumlinie.

Der Engländer Gordon Banks musste vor dem Verlassen der Kabine unbedingt allen Spielern die Hand geben und Glück wünschen. Der Bremer Dieter Burdenski betrat stets mit dem rechten Fuß das Spielfeld und tätschelte dann mit seinen Händen die Torlatte. Sepp Maier hatte die Angewohnheit, sich vor jedem Spiel zu rasieren. Einmal hatte er es aus einer zufälligen Laune heraus vor einem Spiel in Kaiserslautern getan, wo die Bayern bis dahin nie gewonnen hatten. Mit dem rasierten Maier gab es einen Sieg, und so gab es fortan einen Bayern-Torwart, der glaubte, ohne Stoppeln im Gesicht besser fliegen zu können. Ein ähnlich seltsames Ritual pflegte Ende des 19. Jahrhunderts der berühmte Jack Robinson. Der Erfinder der „Robinsonade" bestand darauf, vor jedem Spiel einen Reispudding zu essen. Und Elisha Scott vom FC Liverpool kam immer wesentlich früher als die anderen, um noch Zeit zu haben, den Ball im Kabinengang eine Stunde lang gegen die Wand zu prellen.

Andere Torhüter versuchten sich mit Nikotin zu beruhigen. Weil er so nervös war, griff der Kettenraucher Ricardo Zamora vor dem Anpfiff, in der Halbzeitpause und oft sogar während eines Spiels zur Zigarette. Zur Beruhigung trank er manchmal auch einen Cognac. Der Russe Alexeij Chomitsch bevorzugte natürlich Wodka. Sein Nachfolger im Tor von Dynamo Moskau, Lew Jaschin, meinte einmal, das Geheimnis seiner Torwartkunst bestünde darin, dass er vor jedem Spiel eine Zigarette rauche, um die Nerven zu beruhigen, und einen ordentlichen Schnaps trinke, um die Muskeln zu lockern. Jaschin: „Ich habe schon mit acht Jahren geraucht und mir beinahe in jeder Spielpause auf der Toilette eine angesteckt." Die Folgen solchen Auflockerungstrainings blieben natürlich nicht aus. Zamora, der während seiner aktiven Laufbahn mehr als 60 Zigaretten täglich rauchte, bekam in seinen Vierzigern schwerwiegende gesundheitliche Probleme. Jaschin erlitt zwei Schlaganfälle, 1984 wurde ihm, um einem Herzinfarkt vorzubeugen, ein Bein amputiert, sechs Jahre später hatte sein Leiden ein Ende. Als Toni Schumacher den großen Russen wenige Monate vor seinem Tod traf, war er sehr erschüttert: „Es ist alles sehr vergänglich, schoss es mir durch den Kopf. Auch Jaschin, der Größte. Und ich?"

Weniger gesundheitsschädlich als das Saugen an Zigaretten ist das Vertrauen in Maskottchen. Zamora qualmte nicht nur wie ein Schlot, er hatte darüber hinaus die Angewohnheit, bei jedem Spiel eine große Puppe hinter dem linken Toreck zu platzieren. Toni Schumacher stellte sich ebenfalls nie ohne Glücksbringer in den Kasten. Er vertraute auf eine gestrickte Puppe, ein kleines Schwein oder einen Glückspfennig. Lew Jaschin mochte seine alte Mütze um nichts in der Welt missen. „Seit vielen Jahren spiele ich praktisch mit derselben Mütze, und die ‚Vorgängerin' ist bereits so zerschlissen, dass ich mich nicht mehr trauen würde, sie beim Spiel aufzusetzen. Doch die Reisen macht sie auch mit." Seine Begründung: „Sie ist schließlich mein Talisman. Während eines schweren Spiels lege ich die ausgediente Mütze unauffällig neben mein Tor, so dass es niemand bemerkt." Für Frank Swift waren die Fußballstiefel seines Bruders, die er versehentlich vor dem Cupfinale 1934 eingepackt hatte, nach dem Gewinn des Pokals ein unverzichtbarer Glücksbringer. Antonio Carbajal schließlich war nicht nur ein fleißig betender Katholik, sondern auch ein Anhänger kabbalistischer Zahlenmagie. Bei jedem Spiel als Nationaltorwart trug er unter seinem Pullover ein zerrissenes grünes Trikot seines Vereins FC León mit der Nummer 4, und zwar verkehrt herum, so dass die 4 nach vorn zeigte.

Ricardo Zamora bei einem Zigarettenpäuschen.

Abergläubische Torhüter, die sich ohne glückbeschwörendes Ritual oder Talisman in den Kasten stellen mussten, haben natürlich keine Mühe, eine dann erfolgende Niederlage zu erklären. Als Derby County im September 1894 gegen Sunderland mit 0:8 verloren hatte, war für Derby-Keeper Robinson klar, dass es gar nicht anders hätte sein können – schließlich hatte er vor dem Spiel auf seinen gewohnten Reispudding verzichten müssen. Ähnlich war es im Fall von Amadeo Carrizos Mütze. Eduardo Galeano erzählt die Geschichte: „Der argentinische Torwart Amadeo Carrizo hatte bei acht Begegnungen jeden Ball gehalten, dank der Zauberkräfte einer Mütze, die er bei Sonne und Regen nicht vom Kopf nahm. Jene Mütze trieb die Torteufel aus. Eines Nachmittags nahm Angel Clemente Rojas, Spieler bei Boca Juniors, ihm die Mütze weg. Carrizo, seines Talismans beraubt, kassierte zwei Treffer, und die Mannschaft von River verlor das Spiel."

Eine andere Form des Aberglaubens soll helfen, nach einer erlittenen Niederlage negative Einflüsse für künftige Spiele zu verhindern. Viele gedemütigte Keeper pflegen gleichsam ein Ritual der Reinwaschung. Der Bremer Dieter Burdenski wechselte nach einem schlechten Spiel grundsätzlich den Pullover. Sein Konkurrent Sepp Maier kommentierte die Angewohnheit einmal spöttelnd mit den Worten: „Es gab eine Zeit, da hatte er fast jeden Samstag einen andersfarbigen Pullover an. Muss er da unzufrieden gewesen sein." Maier hielt allerdings auch selbst nichts von durch Niederlagen „versauten“ Klamotten. 1973, nach dem 0:4 in Amsterdam gegen Ajax, warf er seine komplette Torwartausrüstung in eine Gracht. In der ersten Wut wollte er sogar ganz mit dem Fußball aufhören: „Wenn mir jemand 3.000 Mark Monatsgehalt bietet, sattele ich sofort um.“ Er machte dann doch weiter, musste aber einige Zeit kämpfen, um seine Form wieder zurückzugewinnen. 1978, nach der schmachvollen 2:3-Niederlage gegen Österreich bei der WM in Argentinien, hatte er erneut eine Krise. Diesmal verschenkte er seine Torhüterausrüstung an die Putzfrauen im Mannschaftsquartier.

Im Endeffekt hilft natürlich alles nichts. Ängstliche letzte Männer, die sich zu sehr auf imaginäre Hilfen verlassen, werden recht schnell zu verlorenen Männern. Erst verlieren sie die Konzentration, dann das Spiel und schließlich ihre Reputation. Ob Carrizos Mütze 1958 in Schweden fehlte, als er beim deprimierenden 1:6 gegen die Tschechoslowakei den Kasten voll bekommen hatte, ist nicht überliefert. Falls er sie dabei hatte, hätte er allen Grund gehabt, sich schnellstens von ihr zu trennen. Überliefert ist, dass Zamora im Dezember 1931 in London beim fürchterlichen 1:7 gegen England seine Puppe dabei hatte. Da sie ihm überhaupt nichts half, konnte es sich natürlich ein englischer Journalist nicht verkneifen, diesbezüglich einen Kübel voller Häme über den unglücklichen Spanier auszuschütten: „Statt Zamora hätte auch sein Maskottchen im Tor stehen können. Der berühmte Katalane war aufgeregt wie ein unvorbereiteter Schüler im Examen. Aber vielleicht sind die spanischen Torhüter keine solchen Schüsse gewöhnt, wie sie unsere Stürmer abfeuern.“

Nicht mal als Versager tauglich

In Spielen gegen England war Zamora regelmäßig vom Pech verfolgt. Selbst bei einem der größten Siege Spaniens, dem 4:3 gegen eben jene Engländer im Mai 1929, war der wegen eines gebrochenen Brustbeins gehandicapte Zamora von den eigenen Zuschauern ausgepfiffen und von den heimischen Zeitungen verrissen worden. Selbst bei Siegen kann also der Torhüter schlecht dastehen. Italiens Giampiero Combi musste das bei der Olympiade 1928 in Amsterdam erfahren. Dass er das 2:3 gegen Argentinien verschuldete und deswegen kritisiert wurde, war normal. Als dann aber seine Kameraden im Spiel um den dritten Platz elf Tore geschossen hatten und Combi danach dennoch in der Kritik stand, war ungewöhnlich. Die immer noch von der Halbfinal-Niederlage enttäuschten Journalisten konnten sich über den Sieg nicht freuen und kreideten Combi alle drei Gegentreffer an.

Können sich manche Keeper selbst nach Siegen nicht freuen, so gibt es andere, die gerne verloren hätten – und sich dadurch blamierten, dass ihnen selbst dieses so einfach scheinende Vorhaben nicht gelingen wollte. So geschah es mit Manfred Manglitz, dem Keeper des 1. FC Köln, im Zuge des Bundesligaskandals 1971. Am Freitag vor dem letzten Spiel gegen die abstiegsgefährdeten Offenbacher trifft sich Manglitz mit Kickers-Präsident Horst-Gregorio Canellas auf einer Autobahnraststätte bei Bonn. Canellas bietet ihm 100.000 DM, die er sich mit fünf Spielern teilen soll. Die Gegenleistung: Manglitz und seine Spießgesellen sollen dafür sorgen, dass Offenbach gewinnt. Doch dann lässt Canellas am nächsten Morgen die ganze Sache als Bluff auffliegen. Manglitz kriegt kalte Füße und will beim letzten Spiel nicht mehr ins Tor. Drei Stunden vor dem Anpfiff bittet er seinen Trainer Ernst Ocwirk: „Lassen sie den Soskic ins Tor." Der „saubere" Soskic hält zuverlässig und Köln gewinnt 4:2. Einen Tag später lädt Canellas zu einer „Enhüllungsparty" in den Garten seiner Villa, bei der er den Gästen Tonbandaufzeichnungen vorspielt, die den ganzen Skandal dokumentieren. Auch ein entlarvendes Gespräch mit Manglitz ist dabei. Nur wenige Wochen später wurden der Kölner Torhüter, aber auch Offenbachs Präsident, lebenslang gesperrt. Canellas' Verteidigung, er habe alle Kontakte nur zum Schein hergestellt, damit die Öffentlichkeit von den Bestechungspraktiken in der Liga erfahre, wollte der DFB nicht akzeptieren.

Misslungene Bestechung ist wohl das Schwachsinnigste, was einem Torhüter passieren kann. Und es kann sogar noch schlimmer kommen als im Fall Manglitz. Ein Keeper mit dem schönen Namen Esmond Million von den Bristol Rovers ließ sich im April 1963 mit 300 Pfund bestechen, um eine Niederlage seines Teams gegen Bradford sicherzustellen. Million hatte jedoch nicht damit gerechnet, dass seine Kameraden ein außergewöhnlich gutes Spiel hinlegten. Rasch gehen sie mit 2:0 in Führung. Auf sein Tor hingegen kommt kaum ein Ball, den er sozusagen „unauffällig" durchlassen kann. In seiner Not lässt er schließlich einen leichten Rückpass durch seine Finger gleiten, kurz darauf faustet er absichtlich an einem hohen Ball vorbei. Zur Pause steht es 2:2. Dabei bleibt es. Bristols Stürmer bringen zwar nun vorne nichts mehr zuwege, aber auch Bradfords Angreifer kommen zu keinem einzigen Schuss mehr. Und einen Rückpass wagt nach den Vorfällen in der ersten Hälfte keiner der Bristol-Verteidiger mehr. Million sieht keinen einzigen Ball mehr und hat keine Chance, die kriminelle Abmachung zu erfüllen. Nach dem Spiel hatte er doppeltes Pech: Weil er nicht, wie verabredet, für eine Niederlage gesorgt hatte, bekam er die 300 Pfund nicht; weil er jedoch so auffällig schlecht „gehalten" hatte, wurde die

Bestechung ruchbar. Die Sache kam zur Verhandlung, und Million wurde zusammen mit zwei weiteren Verantwortlichen lebenslang gesperrt.

Manglitz und Million mussten ihre Karriere beenden, obwohl sie nicht einmal eine Niederlage zustande gebracht hatten. Weniger kriminell, dafür aber ganz im Sinne seines Namens ging es im Fall von Albano Bizzari zu, des Torhüters von Real Valladolid, der nicht in der Lage war, den Ball seines Lebens durchzulassen. Ende Dezember 2001 spielte Valladolid bei Real Madrid. Bizzari hatte vor dem Spiel für die gesamte Mannschaft einen Toto-Gemeinschaftstipp abgegeben. Zehn von elf Spielen waren richtig. Nur das eigene nicht. Pessimist Bizzari hatte für sein Team eine Niederlage vorhergesagt. Der richtige, der 2:2-Tipp, hätte ihm und seinen Mitspielern sechs Millionen Euro gebracht.

Zum Abschluss dieses Kapitels über Versager blieben noch jene Bizarrerien zu erwähnen, die ohne jede Betrugsabsicht und ohne jede Gegnerbeteiligung stattfanden. Santiago Canizares vom FC Valencia setzte sich kurz vor dem Beginn der WM 2002 in seinem Badezimmer selbst schachmatt. Beim missglückten Jonglieren mit einer Parfümflasche fügte er sich so schwere Schnittverletzungen am Fuß zu, dass er auf seinen Einsatz verzichten musste und der Platz im spanischen Tor für seinen Konkurrenten Iker Casillas von Real Madrid frei wurde. Ein ähnliches Missgeschick widerfuhr, man wird es sich denken können, natürlich auch „Pannen-Olli" Reck. In einem Trainingslager von Werder Bremen dilettierte er unter der Dusche beim Versuch, die herabfallende Seifenschale mit dem Fuß aufzufangen, und erlitt dabei eine Platzwunde auf dem Spann, die ihn mehrere Wochen außer Gefecht setzte.

Einen Beitrag zur Sammlung der dümmsten Todesarten lieferte Alex Wright von Charlton Athletic im Jahr 1934. Nach einem 2:1-Sieg über Torquay demonstrierte er am Strand seine Paraden und warf sich ins Meer, nicht bedenkend, dass da Felsen sein könnten. Wright starb an einem Genickbruch.

KAPITEL 6

ZOCKER UND PEDANTEN

Abschläge und Anschläge

Zu den unspektakulärsten Handlungen eines Torhüters gehört das „Ins-Spiel-Bringen" des Balles. Die Standard-Variante ist der Abstoß. Er wird immer dann fällig, wenn der Gegner den Ball über die Torauslinie bugsiert hat. Ziel ist es, den Ball vom Eckpunkt des Fünf-Meter-Raums möglichst sicher zu einem Mitspieler zu bringen und damit einen Angriff der eigenen Mannschaft einzuleiten. Das klingt nicht schwer. Mit Selbstverständlichkeit wird vom Torhüter eine korrekte Ausführung erwartet, und entsprechend konzentriert geht er zu Werke, um sich nur ja nicht zu blamieren. Viele pflegen vor der Ausführung eines Abstoßes ein geradezu pedantisches Ritual, um ihre Konzentration zu erhöhen. Sie greifen sich den Ball, drehen ihn in der Hand, lassen ihn mehrmals aufprellen, legen ihn bedächtig auf den Rasen, gehen langsam ein paar Schritte zurück, hacken mit der Fußspitze in den Boden, winken ihren Mitspielern – dann laufen sie wild entschlossen an und hauen mit voller Wucht drauf.

Was auf den ersten Blick so einfach wirkt wie das morgendliche Brötchenholen, erweist sich jedoch schwieriger als gedacht. Die Fehlerquote ist erstaunlich hoch. Oft landet der Ball beim Gegner, manchmal kann es sogar zu ganz bösen Überraschungen kommen. Anfang der 1960er Jahre erntet Milwalls Alex Stepney von seinen Mitspielern verachtungsvolle Blicke, als er in Shrewsbury beim Spielstand von 1:1 zwei Minuten vor dem Schlusspfiff beim Abstoß-Versuch den Rasen umpflügt. Der nur schwach getroffene Ball kullert zu einem Shrewsbury-Stürmer, und der schiebt ihn mühelos ins Tor. Aber auch besser getroffene Bälle landen häufig im Nirgendwo oder sogar im „Aus". Dass einer, nach einem Flug von über hundert Metern, im Tor des Gegners einschlägt, ist nur in Ausnahmefällen möglich. Es kam in den letzten hundert Jahren vermutlich kaum einmal vor, zudem war es auch sinnlos: Denn bis 1996 war es verboten, per Torabstoß ein Tor zu erzielen. Als erster Schütze eines regulären Abstoß-Tores gilt der schottische Amateurtorwart Darren Castle. Er erzielte es im November 1997 auf einem – freilich recht kurz geratenen – Fußballplatz bei Aberdeen.

Hat der Torwart nach einem Angriff den Ball abgefangen, so darf er ihn per Abschlag wieder ins Spiel bringen. Der Abschlag erfolgt entweder aus der Hand oder als Dropkick. Beim Abschlag aus der Hand wird der Ball direkt aus der Luft geschlagen, beim Dropkick hingegen erst dann, wenn er auf den Boden aufgetupft ist. Da diese Technik vor allem bei unebenen Plätzen ein hohes Risiko birgt – ein unberechenbar zurückprellender Ball

Torhüter vor dem Abschlag (1913) und danach (1911).

kann nur schwer präzise getroffen werden –, bevorzugen die meisten Torhüter den Abschlag aus der Hand. Er ist die sicherste Variante, um den Ball kontrolliert und weit ins Feld zu schlagen. Weite Abschläge sind leichter zu bewerkstelligen als weite Abstöße, da der Ball aus der Luft wesentlich genauer und wuchtiger mit dem Spann getroffen werden kann als einer, der am Boden liegt. In der Regel dreschen die Torhüter den Ball ohne jedes Problem bis in die gegnerische Hälfte. Je weiter, desto besser, lautet das Prinzip. Weite Abschläge werden vor allem dann angewandt, wenn eine Mannschaft unter Druck steht, denn je mehr Meter zwischen dem eigenen

Kasten und dem Spielgerät liegen, desto geringer ist die potenzielle Gefahr. In diesem Sinne war die Sportpresse im Jahr 1934 nach einem 3:2-Sieg über Österreich vom deutschen Nationaltorwart begeistert: „Jakobs weite Abschläge entlasteten wieder die Verteidigung und verhalfen dieser zu den notwendigen Verschnaufpausen." Jakob war berühmt für seine weiten Bälle, wurde aber dennoch übertroffen. Andrew Ward berichtet in seinem sehr unterhaltsamen Buch über die merkwürdigsten Fußballspiele („Football's stranges Matches") von einem Vorfall während eines Spieles in Rotterdam, als Feyenoords Torhüter bei einem Abschlag eine Taube im Flug getroffen haben soll – sie sei tot zu Boden gefallen.

Anders als im Fall des Abstoßes liegt beim Abschlag keine Spielunterbrechung vor. Das hat zur Folge, dass der Torwart auf Angriffe von Gegnern gefasst sein muss. Bernd Meier, Torwart des TSV 1860 München, befand sich im Lokalderby des Jahres 1998 gegen die Bayern in der Vorbereitung eines sicheren Abschlages, als er überrascht wurde: Gerade hat er den Ball losgelassen und zum Stoß ausgeholt, da kommt von hinten ein Fuß heran und spitzelt das Leder ins Tor. Bayerns Carsten Jancker war nach einem Angriff ins „Aus" gerutscht und anschließend vom Sechziger-Torwart sofort vergessen worden. So konnte er sich leise anschleichen und ein völlig korrektes Tor erzielen – anders als Bremens Manfred Burgsmüller, dem Ähnliches einige Jahre zuvor nur unter irregulärer Verwendung der Hand gelungen war.

Weil der Ball beim Abschlag schon „im Spiel" ist – und nicht, wie beim Abstoß, nach einer Unterbrechung erst wieder ins Spiel gebracht werden muss –, wurden per Abschlag erzielte Tore schon immer als Treffer gewertet. Solche Hammer-Schläge kamen auch gar nicht selten vor. Im Jahr 1967, beim Spiel des F.A.-Cup-Siegers Tottenham Hotspurs gegen den Meister Manchester United, machte Spurs-Keeper Pat Jennings in der achten Minute einen weiten Abschlag. Der Unglückliche auf der anderen Seite hieß wieder einmal Alex Stepney. Es war eine Szene, die ihm für lange Zeit schlaflose Nächte bereitet haben dürfte: Der Ball prallt kurz vor ihm auf und fliegt in hohem Bogen, mit deprimierender Langsamkeit, über den hilflosen Keeper hinweg und senkt sich ins Netz. Im August 1980 machte der Belgier Marc de Clerk das Jennings-Kunststück in seinem ersten Spiel für Aberdeen nach. Auch in diesem Fall fand der Ball als Aufsetzer seinen Weg ins Ziel.

In der Bundesliga war in der Saison 1988/89 Bayer Uerdingens Manfred Kubik bei einem Abschlag des Hamburgers Heinz-Josef Koitka der Dumme, im Juli 1998 ließ sich KSC-Keeper Simon Jentzsch in einem Vorbereitungsspiel gegen Hertha BSC von einem Super-Schlag seines Gegenübers Gabor Kiraly mattsetzen. Die Tatsache, dass Kiraly für seinen tollen Treffer als zweiter Bundesliga-Torhüter nach Jens Lehmann zum „Torschützen des Monats“ geehrt wurde, dürfte Jentzsch nur wenig getröstet haben.

Jeder Torhüter, der Opfer eines Abschlags wird, wirkt wie ein Trottel. Doch es kann jeden treffen. Auch Lew Jaschin, dem wohl keiner Ungeschicktheit und Dilettantismus vorwerfen kann, erwischte es, und zwar ausgerechnet bei seinem Debüt in der ersten Mannschaft von Dynamo Kiew: „Der gegnerische Torwart machte einen Abschlag bis an unseren Strafraum. Ich lief heraus, stieß mit einem Verteidiger zusammen, und der Ball sprang über uns hinweg ins Tor. Alles lachte, doch mir war zum Heulen zumute.“ Man kann sich vorstellen, wie befriedigt Jaschin war, als ihm Jahre später selbst einmal so ein Kunststück gelang. Treffer nach Abschlägen sind jedoch eine absolute Seltenheit.

Bis heute wird der weite Abschlag, der ja tatsächlich beeindruckend aussieht, als wichtiger Bestandteil des Torhüter-Repertoires angesehen. Uruguays José Luis Chilavert erwarb sich Ruhm mit gleichermaßen weiten wie präzisen Abschlägen, die oft gefährliche Angriffe einleiteten. Peter Shilton hingegen bekam in dieser Disziplin Probleme, als er im fortgeschrittenen Torwart-Alter war. Im Jahr 1996 feuerten die Verantwortlichen von Leyton Orient den Oldie mit der Begründung, dass sein Abschlag nicht mehr weit genug käme. Ob seine Abschläge den Adressaten erreichten, interessierte sie offensichtlich weniger. Dabei dürfte auch dem Laien einsichtig sein, dass die Zielgenauigkeit wesentlich wichtiger ist als die Weite. Gerade die brachial nach vorne gedonnerten Abschläge, die steil herunterkommen und von den eigenen Stürmern nur schwer unter Kontrolle zu bringen sind, werden in der Regel von der gegnerischen Abwehr rasch geklärt.

Abwürfe, punktgenaue und orientierungslose

Besser als ein Abschlag, weil genauer, ist daher ein Abwurf. Der sichere Abwurf gehört zu den wenig gewürdigten Torwart-Aufgaben. Denn es ist keineswegs einfach, den Ball dem Mitspieler punktgenau zu servieren. Früheren Torhütern war diese Technik gar nicht bekannt.

Mit weiten Abwürfen machte zwar bereits ein Fatty Foulkes von sich reden, als „Erfinder“ des Auswerfens des Balles mit der Hand wird jedoch Rudi Hiden gehandelt. Er war jedenfalls der Erste, der den Ball regelmäßig weit und zielgerecht auswarf, statt ihn per Abschlag einfach blind nach vorn zu dreschen. 1948 wurde der 1. FC Nürnberg mit Torwart Edi Schaffer Deutscher Meister. Schaffer hatte im Krieg jahrelang Gelegenheit gehabt, sich im Werfen von Handgranaten zu üben und wuchtete den Ball locker über die Mittellinie. 1953 in Wembley wurden die ungarischen Angriffe von perfekten Abwürfen von Grosics eingeleitet. In den späten 1950er und frühen 1960er Jahren waren ein Amadeo Carrizo (River Plate Buenos Aires) oder ein Jim Standen (West Ham United) bekannt für Fünfzig-Meter-Abwürfe, die trotz solcher Weite punktgenau adressiert waren.

Viele Torhüter haben Probleme mit dem sicheren Abwurf. Selbst ein Sepp Maier war zu Anfang seiner Karriere in dieser Hinsicht nicht besonders gut und wurde daher von Bundestrainer Helmut Schön angehalten, sich „im schnellen Abwurf“ weiterhin recht fleißig zu üben. Später wurde Maier besser. Um Angriffe einzuleiten, bevorzugte er meist den flachen Abwurf. Dieser hat den Vorteil, dass der adressierte Spieler den Ball mit dem Fuß aufnehmen und sofort weiterleiten kann. Hohe Abwürfe müssen erst mit der Brust heruntergestoppt werden, kosten mehr Zeit und bergen das Risiko, dass sich ein attackierender Gegner in Ballbesitz bringt. Die sicherste Technik ist es daher, den Ball einem Mitspieler über kurze Distanz zuzurollen.

Obwohl beim Zurollen eigentlich gar nichts passieren dürfte, hat es dennoch schon mancher Torhüter fertig gebracht, dem Gegner den Ball vor die einschussbereiten Beine zu servieren. Immerhin: Ins eigene Tor gerollt hat ihn noch keiner. In der Kunst, sich den Ball selbst ins Netz zu werfen, haben sich jedoch schon einige hervorgetan. Diese einzig korrekte Art und Weise, in der beim Fußball ein Tor per Wurf erzielt werden kann, ist in England unter dem Namen „Sprake“ in die fußballerische Fach-und Ankedotensprache eingegangen. Der historische Lapsus des „Mishap-Gary“ von Leeds United war Ende der 1960er Jahre die größte Lachnummer in England. 40.000 Zuschauer an der Anfield Road in Liverpool sehen, wie Sprake einen Rückpass von Jack Charlton aufnimmt und den Ball zu seinem Verteidiger Terry Cooper abwerfen will. Im Begriff, das zu tun, bemerkt er, dass Cooper von einem gegnerischen Stürmer bedrängt wird. Sprake will die Aktion stoppen – zu spät. Der Ball gleitet aus seiner Hand und hoppelt über die Linie. Einen beinahe identischen Fehlwurf fabrizierte der Frankfurter Jürgen Pahl im Dezember 1982 in einem Bundesligaspiel bei Werder Bremen. In der 3. Minute will er den Ball weit abwerfen. Doch mitten in der Bewegung bricht er ab, dreht sich, da er den Schwung nicht mehr abbremsen kann, um die eigene Achse. Als ihm die nasse Kugel aus den Fingern rutscht, sieht es so aus, als sei der Wurf ins eigene Netz volle Absicht.

Vielleicht wäre Sprake sein berühmter Fehler nicht passiert, wäre zu seiner Zeit bereits die Rückpassregel in Kraft gewesen. Dann hätte er nämlich den Ball von Charlton gar nicht mit der Hand aufnehmen dürfen. Umgekehrt sind andere Fehler, die zu Sprakes Zeiten passierten, heute nicht mehr möglich. Zu ihnen zählen Verfehlungen, die sich aus der so genannten „Vier-Schritte-Regel" ergaben. Die Vorschrift war zur Saison 1967/68 eingeführt worden, um das Zeitschinden von Torhütern beim Abschlag zu verhindern. Mit einem indirekten Freistoß wurde bestraft, wenn ein Torhüter im Strafraum „vom Moment an, wo er den Ball mit seinen Händen kontrolliert, mehr als vier Schritte in irgendeine Richtung macht". Es sollte einige unglückliche Opfer dieser Regel geben. Im Oktober 1972 führt Stoke City mit 1:0 an der Anfield Road in Liverpool. City-Torwart Gordon Banks, der eben einen Ball gefangen hat, will mithelfen, den Vorsprung zu sichern. Bedächtig bewegt er sich zwei Schritte, gemächlich schaut er sich um, macht noch zwei Schritte, schaut wieder, in Vorbereitung eines Abschlages macht er noch einen Schritt – da pfeift der Schiedsrichter. Liverpool verwandelt den fälligen Freistoß und gewinnt mit 2:1. Banks nahm das Geschehen offenbar derart mit, dass er noch am nächsten Tag sehr unsicher mit dem Auto in der Gegend herumfuhr. Er baute einen Unfall und erblindete auf dem rechten Auge. Dai Davies, den Nationaltorhüter von Wales, erwischte es drei Jahre später in einem Länderspiel gegen Schottland. Er machte einen Schritt zu viel, und die Schotten hatten ein Tor mehr.

Dino Zoff rollt den Ball zu.

Im Lauf der Zeit stellten sich die Torhüter besser auf diese Regel ein. John Lukic von Arsenal London führte den Trick ein, den Ball auf dem Boden zu rollen und erst nach einer ganzen Weile wieder aufzunehmen. Sein Nachfolger David Seaman baute die Roll-Methode zu einem Markenzeichen aus. Heute, da die „Vier-Schritte-Regel" nicht mehr gilt, hat das Rollen ausgedient. Nach den neuen Regeln wird es mit einem indirekten Freistoß geahndet, wenn der Torhüter den Ball länger als sechs Sekunden in Händen hält, oder, nachdem er ihn freigegeben hat, erneut mit der Hand berührt.

Um Abschläge und Abwürfe machten sich die Regelgeber erstaunlich viel Gedanken. Für die Trainingslehre hingegen spielten sie nie eine große Rolle. Dabei kann man sich durchaus mal überlegen, welche Bedeutung sie für den Ausgang eines Spiels haben. Egil Olsen, der Trainer der norwegischen Nationalmannschaft, die bei der WM 1998 das Achtelfinale erreichte, will ermittelt haben, dass statistisch gesehen mehr Tore nach Abschlag oder Abwurf des gegnerischen Torwarts erzielt werden als nach der Einleitung von Angriffen durch den eigenen. „Laut Olsen", schreibt Christian Eichler in seinem „Lexikon der Fußballmythen", „ist es wichtiger, wo der Ball ist, nämlich in der Gefahrenzone für den Gegner, als wer ihn hat." Das ist weniger unlogisch, als es auf den ersten Blick scheint: Wenn der Torwart den Ball hat, befindet sich dieser immer ganz nah an der Gefahrenzone für das eigene Tor. Von daher ist es durchaus klug, den Gegner frühzeitig, sozusagen „an der Wurzel des Angriffs" zu attackieren – dann nämlich, wenn der Torwart versucht, den Ball ins Spiel zu bringen. Welche Konsequenz aus dieser Erkenntnis zu ziehen ist, bleibt freilich unklar. Sicher, ein Torhüter sollte es vermeiden, den Ball dem Gegner zuzuwerfen oder einen Spieler beim Abschlag so anzuschießen, dass sich die Kugel als Abpraller gleichsam selbst im Tor versenkt. Aber ansonsten bleiben so ziemlich alle Fragen offen. Soll der Torwart die Bälle möglichst weit oder möglichst genau abschlagen? Weite Bälle landen weit weg von der Gefahrenzone, werden jedoch meist sehr schnell vom Gegner erobert; kurze Bälle sind genauer, bleiben aber innerhalb der Gefahrenzone. Wie auch immer der Torwart die Kugel ins Spiel bringt – es gibt kein Patentrezept.

Eck- und Freistoß: Standard-Situation und Ausnahme-Frust

Nach Ermittlungen des Statistikers Roland Loy fällt rund ein Viertel aller Tore nach Standardsituationen. Die kuriosen Tore, die oben geschildert wurden, hat er nicht mitgerechnet. Denn obgleich sie zur Routine eines jeden Spiels gehören, werden Abstöße und -schläge genauso wie Ab- und Einwürfe gemeinhin nicht zu den Standardsituationen gezählt. Mit den Toren nach Standardsituationen sind Treffer gemeint, die nach Frei- und Eckstößen – also bei „ruhendem" Ball – erzielt werden. Mit Abstand am gefährlichsten sind Freistöße, die von der Grenze des 16-Meter-Raums geschossen werden. Hier kommt es nicht nur darauf an, dass das Stellungsspiel des Torhüters selbst stimmt. Mindestens genauso wichtig ist die richtige Positionierung der Mauer. Die eigenen Spieler müssen als „lebender Wall" den kurzen Weg zum Tor sicher abschirmen, damit sich der Torhüter auf das lange Eck konzentrieren kann. Kommt der Schuss auf die Seite des Keepers, hat er meist kein Problem, den Ball sicher abzufangen. Anders sieht es aus, wenn er über die Mauer kommt.

Auch Thomas Häßler beherrschte den perfekten Freistoß – hier bei der EM 1992.

Beim Freistoß sehen sich Torhüter oft mit Spezialisten des „Anschneidens“ konfrontiert, die in der Lage sind, den Ball um die vor dem Tor postierte lebendige Mauer aus Spielerleibern „herumzudrehen“. Gelingen solche Schüsse, die manchmal einer unglaublichen Flugbahn folgen, stehen die Männer zwischen den Pfosten meist auf verlorenem Posten. Englands Gordon Banks musste einst in einem Spiel gegen Brasilien diese Erfahrung machen, als der geniale Freistoßschütze Pelé den Ball perfekt über die Mauer zirkelte: „Pelé nahm tänzelnd Anlauf und schlug den Ball ungeheuer kraftvoll mit dem Außenrist seines linken Fußes. Ich sah, wie er in einer Linkskurve über die Mauer flog, aber als ich mich bewegte, um die linke Ecke abzudecken, drehte der Ball plötzlich auf einen vollkommen anderen Kurs, und ich musste hilflos zusehen, wie er hoch oben im rechten Toreck einschlug. Ich konnte es überhaupt nicht fassen. Ich wäre jede Wette eingegangen, dass niemand in der Lage ist, dem Ball in der Luft einen solchen Drall zu geben, und genauso, dass kein Torhüter auf der Welt so einen Ball hätte stoppen können. … Nach diesem Freistoß hatte das Torwartspiel für mich keinen Sinn mehr.“

Gegen einen perfekt gezirkelten Freistoß-Ball ist ein Torhüter, so scheint es, vollkommen machtlos. Auch wenn ihm die Fähigkeit des Schützen bekannt ist, und selbst wenn er weiß, dass ein „Effetkünstler" immer versucht, sein Können auch zu zeigen, gibt es kein Gegenmittel. In leidvoller Weise musste dies beispielsweise der Torwart von Epa Larnax (Zypern) bei einem Europapokalspiel gegen Mönchengladbach in den 1970er Jahren erfahren, als er in furchtsamer Erwartung eines Netzer-Freistoßes seine Mauer in einem Bogen neben dem Torpfosten aufstellte. Womit er nicht gerechnet hatte: In Anbetracht dieser ungewöhnlichen Situation brachte es Netzer dann über sich, den Ball ausnahmsweise einmal schnurgerade ins Tor zu schießen.

Um bei Freistößen eine Chance zu haben, bleibt dem Torhüter im Prinzip nur die Hoffnung, dass der Schütze sein Geschäft nicht sicher beherrscht. Tatsächlich gelingt es auch den besten „Schnibblern" bei weitem nicht immer, den Ball à la Pelé im Tor zu versenken. Selbst dem Franzosen Michel Platini, der als einer der besten Freistoß-Schützen aller Zeiten gilt, ging mal was daneben. Im EM-Endspiel 1984 gegen Frankreich hatte Spaniens Keeper Miguel Arconada offensichtlich nicht damit gerechnet, dass ein von Platinis Fuß abgesandter Ball völlig verunglücken kann. Arconada hatte das harmlose Schüsschen schon gefangen, da ließ er, offenbar verwirrt vom unerwarteten Unvermögen des Schützen, den Ball wieder fallen und über die Linie gleiten.

Neben Kunstschüssen können auch harte Freistoß-Bomben einen Torhüter zum Zittern bringen; zumal dann, wenn sich die Spieler in der Mauer feige wegducken und dem letzten Mann ganz allein die Entschärfung eines Geschosses zumuten, das mit einem Tempo von über 100 km/h auf ihn zukommt. Ähnlich wie Rekordhalter Roberto Carlos (Schusshärte: 142 km/h) wegen harter und präziser Schüsse gefürchtet waren die Nationalspieler Paul Janes in den 1930er und Rainer Bonhof in den 1970er Jahren. Beide zusammen erzielten im Nationaldress mehr als ein Dutzend Tore auf diese eher brachiale Art. Besonders eindrucksvoll war Bonhofs Treffer im Europapokal-Halbfinale 1977/78 gegen den FC Liverpool. In der 89. Minute zischt der Ball an der schlecht postierten Mauer vorbei zum 2:1 ins Netz, Liverpools Keeper Ray Clemence scheint aus Angst um seine Finger die Hände absichtlich wegzuziehen. Manager Paisley hat Verständnis: „Selbst eine solide gebaute Mauer wäre wohl bei diesem Schuss kaputtgegangen." Der Einzige, der vor harten Schuss-Granaten offensichtlich keine Angst hat, ist Oliver Kahn. Weil Bälle nach einer kurzen Beschleunigungsphase schnell langsamer werden, stellen sie seiner Meinung nach ab einer bestimmten Entfernung keine Gefahr mehr dar. Deshalb fasste er den Beschluss: „Ab 27 Meter keine Mauer mehr."

Eckstöße sind weitaus harmloser als Freistöße. Sie gehören zur Routine eines jeden Spiels. Meist nehmen die Abwehrspieler eine im Training abgesprochene Position ein. In der klassischen Grundaufstellung ist ein Mann etwa neun Meter vor dem Schützen postiert, einer am vorderen Torpfosten und ein weiterer etwa drei Meter vor dem hinteren Pfosten. Dreht sich ein Eckball in weiter Kurve in den Strafraum, stehen die Verteidiger in der Pflicht. Bälle, die nahe vor das Gehäuse kommen, kann sich ein Torhüter mühelos herunterpflücken. Das heißt: Meist kann er es. Manchmal unterläuft er auch den Ball. Mitunter hat er Probleme, ihn festzuhalten. Und in seltenen Fällen kann er auch ganz dumm ausschauen. So wie Sepp Maier, der einmal einen vom Frankfurter Bernd Nickel mit dem Außenrist hereingezirkelten Ball direkt passieren ließ. Kein anderer Spieler hatte ihn vorher noch berührt. Werder Bremens Super-Mario Basler, 1994/95 Bundesliga-Torschützenkönig, war gefürchtet dafür, dass er sich bei Eckbällen immer wieder an dieser wohl schwersten Möglichkeit des Torschusses versuchte. Als einer wissen wollte, wie man die Bälle vom Eckpunkt aufs Tor und Keeper in Verlegenheit bringt, gab er die bestechend schlichte Antwort: „Das Ventil des Balles muss immer oben liegen und die Markierung des Herstellers rechts – und da haue ich drauf, fertig."

Nicht ganz so perfekt wie Basler musste am 31. August 2002 der Ecken-Spezialist der dritten Mannschaft von SW Röllinghausen sein. Bei dem Treffer sah „Katze" Garwerman, Keeper des TSV Marl-Hüls II, laut Spielbericht gar nicht gut aus – was, wie entschuldigend angemerkt wurde, „an der Gestaltung der vorangegangenen Nacht liegen mochte". Keine Entschuldigung konnte im Jahr 1953 Arsenal-Keeper George Swindin geltend machen. Nach einem demütigenden Eckball-Treffer wurde er auf die Bank verbannt, und die neue Nummer eins hieß fortan Jack Kelsey. Ähnliches geschah 1987 mit Schalkes Dieter Heimen, nachdem er sich im Spiel gegen Bayern München bereits beim ersten Eckstoß vergeblich als Ballfänger versucht hatte, denn dieses sein zweites Bundesligaspiel blieb auch sein letztes.

In früheren Zeiten war das direkte Verwandeln von Eckstößen noch verboten. Bei den Olympischen Spielen 1924 in Paris traf Uruguays Hector Scarone zweimal vom Eckpunkt aus direkt ins Tor. Zweimal wurde kein Treffer gegeben. Obwohl sie auch ohne diese Tore Olympiasieger wurden, waren die Uruguayer so erbost, dass sie einen Antrag auf Regeländerung stellten. Am 1. Oktober 1924 wurde dem stattgegeben. 24 Stunden später verlor Uruguay gegen Argentinien 1:2. In der 10. Minute dieses Spiels verwandelt der Argentinier Cesar Onzari eine Ecke von links mit dem rechten Fuß. Direkt. Die Uruguayer maulen: Torwart José Andres Mazali sei unfair bedrängt worden, Onzari habe gar nicht aufs Tor schießen wollen, der Treffer sei vom Wind hereingedrückt worden. Aber das Tor, sie hatten es ja selbst so haben wollen, zählte. Bis heute wird ein verwandelter Eckball in Südamerika spöttisch „Olympisches Tor" genannt.

Mazali blieb, siehe oben, nicht der einzige Unglückliche, der ein „Olympisches Tor" hinnehmen musste. Noch dümmer sah im Jahr 1982 Jean-Marie Pfaff bei seinem ersten Spiel für Bayern München aus. Da ließ er nämlich ein Tor zu, das erst durch sein unglückliches Eingreifen möglich wurde. Die Szene: Bremens Uwe Reinders macht einen langen Einwurf, der Bayern-Torwart greift nach dem Ball, kann ihn noch mit den Fingerspitzen berühren, doch aufhalten auf seinem Weg ins Netz kann er ihn nicht mehr. Pfaff hatte in diesem Moment vergessen, dass er den Ball ganz ruhig hätte durchlassen können. Es wäre ein direktes Einwurf-Tor und daher nicht regelkonform gewesen. Durch seinen Ballkontakt aber war es ein Treffer, und noch dazu der einzige und entscheidende in diesem Spiel.

Die Freude des Torwarts beim Elfmeter

Jeder Torwart muss Angst davor haben, dass ein Frei- oder Eckstoß direkt den Weg ins Tor findet. Bei einem Strafstoß hingegen hat er damit nicht wirklich ein Problem. Selten lag ein Buchtitel mehr daneben als der von Peter Handke: „Die Angst des Tormanns beim Elfmeter" aus dem Jahr 1970. Jeder Freizeitfußballer, der schon mal versucht hat, den Ball vom ominösen Punkt ins Tor zu treffen, weiß, dass es natürlich der Schütze ist, der Angst hat. Fritz Walter hat sich vor fast jedem Spiel übergeben müssen, bei Elfmetern starb er beinahe vor Angst. Ein Schütze kann durch einen verwandelten Elfmeter kaum zum Helden werden. Im Training verwandeln gute Fußballer Elfmeterschüsse in Serie. Torhüter haben kaum eine Chance, selbst wenn sie sich noch so sehr anstrengen. Das musste auch der Torwart-Darsteller Sylvester Stallone während der Produktion des Kriegsgefangenen-Dramas „Flucht oder Sieg" erfahren. In einer Drehpause des Films, der die deutsche Besetzung Frankreichs im Zweiten Weltkrieg zum Hintergrund hat, forderte der amerikanische Schauspieler die ebenfalls mitwirkende Fußball-Legende Pelé zu einem Elfmeterschießen heraus. Einen, meinte er, würde er bestimmt halten. Er hielt keinen. Nur einen einzigen Ball konnte er überhaupt berühren, aber der war so scharf geschossen, dass er sich den Finger brach.

Weil's im Prinzip so einfach ist, wird von einem Elfmeterschützen auch im Spiel nichts anderes als ein souveräner Schuss ins Netz erwartet. Aber da wird für einen erschöpften oder nervösen Spieler aus der kinderleichten Sache plötzlich eine Aufgabe, die schwieriger zu lösen ist als die, im ZDF-Sportstudio in eines der beiden kleinen Löcher der bekannten Torwand zu treffen. Einen Elfmeter zu verschießen ist peinlich und unverzeihlich. Die Angst vor der Blamage wächst sich bei manchem gar zu einem psychischen Trauma aus. Auf die Frage, warum Elfmeter verschossen werden, antwortete Fritz Walter: „Meistens ist es Versagensangst, vor allen Dingen, wenn dann noch eine längere Pause entsteht, und viele Torleute provozieren ja absichtlich eine längere Pause: Auf einmal kriecht diese Angst körperlich hoch."

An die erfolgreichen Elfmeter-Schützen kann man sich kaum erinnern. Was im Kopf bleibt, sind die Bilder der Versager. Uli Hoeneß mit hängendem Kopf, nachdem er im EM-Finale 1976 den Ball in den Nachthimmel von Belgrad geschossen hat; der niedergeschlagene Lothar Matthäus, der für zwei verschiedene Vereine – 1984 für Gladbach, 1999 für Bayern – in einem Pokalfinale einen Elfmeter verschoss; die erschütterten Pearce und Waddle nach dem WM-Halbfinale 1990; Italiens entzauberter Roberto Baggio nach dem Schuss in die Wolken beim Finale 1994; oder der bedauernswerte Gareth Southgate, dem nach seinem Fehlschuss im EM-Halbfinale 1996 gegen Deutschland von der Boulevardpresse die ganze Schuld an der Niederlage Englands aufgebürdet wurde.

Von einem Torwart hingegen wird beim Elfmeter nicht viel erwartet. Wenn der Ball reingeht, ist das im Grunde nur selbstverständlich. „Deshalb", so die Ansicht Sepp Maiers, „ist auch die Nervenbelastung für einen Tormann nicht so groß. Man kann ganz locker an die Sache herangehen, denn man kann nur gewinnen." Beim Strafstoß wird der Mannschaftssport reduziert auf ein Duell Mann gegen Mann. Die Chance, dass der Torhüter gewinnt, liegt in der Bundesliga durchschnittlich bei etwa 10 Prozent. Gewinnt der Schütze, geht man meist gleich zur Tagesordnung über, gewinnt aber der Torwart, darf er sich über diese ungewöhnliche Tat ganz besonders freuen. Geradezu überirdisch waren die Taten Bernd Trautmanns im Jahr 1950. Da hielt der Keeper von Manchester City im Match gegen Sunderland vier Elfmeter hintereinander. Alle vier Fehlschüsse gingen auf das Konto von Sunderland-Verteidiger Jack Stelling. „Ich glaube es auch heute noch nicht", berichtete er Jahre später einem Journalisten, „und wenn ich mich daran erinnere, meine ich, ich hätte einen Albtraum gehabt."

Weil Jack Stelling seine Nerven in unvernünftiger und sturer Weise viermal hintereinander auf die Probe stellen musste, stellte er unabsichtlich die Geburtsurkunde aus für den Mythos des unüberwindlichen Deutschen im City-Tor. Immerhin hatte er Glück, dass die Sache nicht seinem Unvermögen, sondern Trautmanns exorbitanten Qualitäten zugeschrieben wurde. Im Falle des Gareth Southgate lief es 1996 gerade anders herum. Aber hatte Southgate tatsächlich so schlecht geschossen? Buchautor Francis Hodgson jedenfalls meinte, dass Deutschlands Nationaltorwart Andreas Köpke den Schuss mindestens ebenso sehr rettete wie Southgate ihn versemmelte. Bis dahin hatte Köpke in der Bundesliga von 41 Elfmetern 15 gehalten. Das bedeutet eine sagenhafte Quote von 36,58 Prozent. Mehr als jeden dritten Schuss vom Elfmeterpunkt hatte er gehalten! Von daher war es also keineswegs eine Schande, an Köpke zu scheitern. Der deutsche Nationaltorwart war einfach gut. Ein Elfmeter-Killer. Womöglich aber war Southgate auch besonders nervös, weil er schon vor dem Schuss wusste, wie toll Köpke auf der Linie reagiert.

Köpke war natürlich nicht der erste Elfmeter-Spezialist der deutschen Fußballgeschichte. Noch erfolgreicher als der gebürtige Kieler hielt Rudi Kargus, der langjährige Torwart des Hamburger SV. Eine schier unfassbare „Killer-Quote“ von 53,85 Prozent erreichte er in den Jahren 1974 und 1975, als er von 13 Strafstößen sieben parierte. In der Saison 1982/83, nun im Trikot des 1. FC Nürnberg, meisterte er im Spiel gegen den VfB Stuttgart zwei Strafstöße hintereinander. Insgesamt machte er in seinen 15 Erstligajahren 23 Schüsse vom Elfmeterpunkt unschädlich, mehr als jeder andere Torhüter der Bundesliga. Elfmeter-Spezialisten gibt es natürlich auch in anderen Ländern. So gilt zum Beispiel die Nummer eins Italiens, Gianluigi Buffon von Juventus Turin, als absoluter Könner auf diesem Gebiet. Zwar konnte der Schuss vom Strafstoßpunkt, den er im Achtelfinale der WM 2002 gegen Südkorea parierte, die Niederlage nicht verhindern, doch als Elfmeter-Töter blieb er gefürchtet. Reihenweise brachte er Superstars, unter anderem Luis Figo von Real Madrid, zum Scheitern.

Als besonders gut gewappnet gegen die Vollstrecker von der Strafmarke erwiesen sich insbesondere die südamerikanischen Torhüter. Während seiner 16-jahrigen Karriere im Dress der brasilianischen Nationalelf hielt Gilmar zwölf Elfmeter, in den Spielen mit Santos mehr als 100. Der, den er 1963 gegen den AC Mailand parierte, war der wichtigste: Er sicherte dem FC Santos den Weltcup-Titel. Neben dem Brasilianer Gilmar galten vor allem die Keeper des argentinischen Klubs River Plate Buenos Aires als nahezu unüberwindlich. In den 1960ern „tötete“ Amadeo Carrizo in Meisterschaftsspielen nicht weniger als 18 Strafstöße, sein Nachfolger im Tor von River Plate, Ubaldo Fillol, war in den 1970ern ein Elfmeter-Killer, und in seine Fußstapfen trat in den 1980ern Sergio Goycoechea. Der Weltrekord parierter Strafstöße liegt allerdings nicht bei einem Südamerikaner, sondern

Elfmeter-Killer Rudi Kargus bei der Arbeit.

beim weltbesten Torhüter persönlich, bei Lew Jaschin. Während seiner Laufbahn soll er sage und schreibe 150 Elfmeterbälle abgewehrt haben!

Man kann sich vorstellen, wie einem Schützen das Herz in die Hose rutscht, wenn er gegen einen Keeper dieser Qualität anzutreten hat. Beim WM-Endspiel 1990 gegen Argentinien war eigentlich Lothar Matthäus als Schütze vorgesehen, falls es einen Elfmeter geben sollte. Als Schiedsrichter Mendez dann in der 85. Minute tatsächlich pfeift, kneift Matthäus vor der Aufgabe, gegen Goycoechea anzutreten. Seine Entschuldigung: In der ersten Halbzeit war ein Stollen an seinem rechten Schuh abgebrochen, so dass er in der zweiten mit einem neuen antreten musste. Er fühle sich unsicher, sagt er zu seinem Freund Andreas Brehme, und bittet ihn zu schießen. Brehme hat das Selbstbewusstsein. „Dass vor mir der so genannte Elfmetertöter

Goycoechea stand“, erzählte er später, „machte mir nichts aus. Auch die Tatsache, dass dieser Keeper auf Grund seiner Heldentaten und die damit verbundene Fanpost-Flut eine eigene Postleitzahl in Argentinien besaß, schüchterte mich nicht ein. Der Ball musste rein – egal, wer da zwischen den Pfosten stand. ... Fünf Schritte nahm ich Anlauf, ich wusste, dass ich in die von mir aus linke Ecke schießen würde. Er auch. Denn Goycoechea, dieser Teufelskerl, hatte die Ecke erahnt, kam aber glücklicherweise um wenige Augenblicke zu spät. Mein Schuss war einfach zu präzise gewesen.“

Weil es der Schuss zum WM-Titel war, wurde in diesem Fall ausnahmsweise mal der Schütze zum Helden. Der ganz große Held wäre Goycoechea hingegen selbst dann nicht geworden, wenn er den Ball pariert hätte. Es wäre ihm ergangen wie Ubaldo Fillol, seinem Vorgänger in der argentinischen Nationalmannschaft. Als Fillol bei der WM 1978 im Spiel gegen Polen einen entscheidenden Elfmeter parierte, wurde er zwar umjubelt. Allerdings nur als „Held Nummer zwei“, wie eine Zeitschrift schrieb. „Held Nummer eins“ war selbstverständlich ein Stürmer: der zweifache Torschütze Mario Kempes. Selbst wenn der Torhüter beim Elfmeter ins Zentrum der Aufmerksamkeit tritt und mit einer tollen Parade glänzen kann – seinem Schicksal, nur ein Toreverhinderer zu sein, entkommt er nicht. Um ein Spiel zu gewinnen, braucht es einen erfolgreichen Torschützen, und nur der kann der ganz große Held sein. Der letzte Mann hingegen muss nach dem Spiel, selbst wenn es gewonnen wurde, wieder ins Glied zurücktreten. Besonders bitter traf es am 13. Februar 1909 Walter Scott, den Keeper von Grimsby Town im Spiel gegen den FC Burnley. Er war überragend und hielt drei von vier Elfmetern, aber Burnley gewann dennoch 2:0.

Nur im Kino läuft es für den Torhüter perfekt, zumal wenn er Sylvester Stallone heißt. Höhepunkt des von Starregisseur John Huston inszenierten Epos „Flucht oder Sieg“ ist ein Fußballmatch zwischen alliierten Kriegsgefangenen und ihren deutschen Bewachern. In der Halbzeit, als man eigentlich wie vorher geplant durch einen Tunnel flüchten will, steht es 1:4. Doch dann fühlen sich alle plötzlich an der Ehre gepackt und beschließen, zur zweiten Hälfte anzutreten. Nur Stallone weigert sich. Michael Caine redet mit Engelszungen auf ihn ein: „Wir können nicht ohne den Torhüter zurückgehen.“ Stallone, vom Deppen des Teams plötzlich zum wichtigsten Mann mutiert, akzeptiert und spielt bis zum 4:4-Ausgleich eine Klassepartie. Dann folgt der Showdown. Stallones Sportskamerad Osvaldo Ardiles begeht ein leichtes Foul, die Deutschen bekommen einen Strafstoß. Im Stadion erklingt die Marseillaise. Stallone hält den Elfer, die Zuschauer stürmen den Rasen, und den Tumult nutzen die Gefangenen zur Flucht.

Hampelmänner auf der Linie

Elfmeter-Duelle waren für das Publikum offenbar schon immer besonders reizvoll. Um die Jahrhundertwende waren sie auf vielen Jahrmärkten eine besondere Attraktion. Vor dem Ersten Weltkrieg verdiente sich unter anderem der zu dieser Zeit noch ärmlich bezahlte Profi-Keeper William Foulkes im Seebad Blackpool als „Elfmeterkiller" ein Zubrot. Für einen Penny pro Schuss durfte sich jeder Feriengast, der dazu Lust hatte, an dem Mann ausprobieren, der als Keeper von Chelsea im Jahr 1905 die damalige Rekordzahl von zehn Strafstoßschützen blamiert hatte. Unmittelbar nach dem Zweiten Weltkrieg gab sich auch ein anderer Superstar der Torwartkunst als Held einer Fußball-Show die Ehre. Es war kein Geringerer als der für seine Reaktionsschnelligkeit gerühmte Rudi Hiden, der sich nach Beendigung seiner Karriere in der schwierigen Nachkriegszeit beim Zirkus Renz als Strafstoß-Künstler über Wasser hielt. Unter dem Gegröle des Publikums ließ er sich von den Besuchern mit Elfmeterschüssen bombardieren. Für jede erfolgreiche Parade gab's eine kleine Prämie.

Bevor das Strafstoß-Schießen zum Spaß werden konnte, musste es natürlich erst mal im richtigen Spiel erfunden sein. Der erste Schütze, der einen „penalty kick" im Netz versenkte, hieß Mc Luggage und spielte bei Royal Albert. Sein Opfer war der Keeper des FC Airdrie, James Connor. Das Debüt gelang ihm am 6. Juni 1891, kurz nachdem die englische Football Association die Strafstoß-Regel eingeführt hatte. Bereits im Jahr darauf, als Aston-Villa-Keeper Dunning im Spiel gegen Stoke City kurz vor Spielende die Ausführung eines Elfmeters unmöglich gemacht hatte, war die erste Regeländerung fällig. Dunning hatte den Ball über die Zuschauerränge hinweggedroschen, und da kein Ersatzball aufgetrieben werden konnte, musste das Spiel beendet werden. Seitdem gilt die Regel, dass jeder Elfmeter unbedingt noch ausgeführt werden muss. Zur Art und Weise der Ausführung gab es allerdings im Lauf der Zeit mehrere Regeländerungen.

In den Anfangsjahren wurden Strafstöße von einer 12-Yard-Linie ausgetragen, die sich quer über das ganze Spielfeld zog, und zwar von der Stelle aus, die dem Foulspiel am nächsten lag. Hinter der 12-Yard-Linie gab es eine 18-Yard-Linie. In dem Raum zwischen beiden Linien durfte sich bei der Ausführung des Strafstoßes nur der Schütze aufhalten. Der für den Torhüter vorgesehene Bereich war mit zwei Halbkreisen markiert, die im Radius von 6 Yards von jedem Pfosten aus gezogen waren. Im Jahr 1902 wurden die Torraum-Halbkreise durch die Sechs-Yard-Box – den Fünf-Meter-Raum – ersetzt. Er hatte, wie zuvor die Halbkreise, nur als Schutzzone während des Spiels eine Funktion. Bei der Ausführung eines Strafstoßes war es einem Torhüter erlaubt, nach dem Pfiff auf den Schützen zuzurennen und sich ihm in den Weg zu werfen. Erst als die Torhüter mit dieser Taktik offensichtlich zu erfolgreich waren – der riesige „Fatty" Foulkes hielt einmal in einer Saison zehn Elfmeter –, wurde im Jahr 1906 bestimmt, dass der Torwart beim Elfmeter den Torraum nicht verlassen darf.

Innerhalb des Torraumes behielten die Torhüter weiterhin jede Freiheit. Manche kasperten herum wie die Affen, um den Schützen zu irritieren. Bekannt für diese Taktik war in England insbesondere Preston Northends Keeper J. F. Mitchell. Erfolg hatte er damit nicht immer. Beim Cup-Finale des Jahres 1922 gegen Huddersfield sprang er wie ein Verrückter umher und brüllte aus vollem Hals. Doch der Schütze Smith ließ sich nicht verwirren und schob den Ball völlig unbeeindruckt ins Netz. In Deutschland war der Meistertorwart des 1. FC Nürnberg, Heiner Stuhlfauth, berühmt-berüchtigt für seine „Zappelphilipp-Taktik". Im Januar 1924 war Österreichs Vollstrecker bei einem Länderspiel in Nürnberg davon derart überrascht, dass er kläglich vergab. Im Jahr 1929 beschloss die internationale Regelkommission der FIFA, dem Gehupfe engere Grenzen zu ziehen. Die neue Vorschrift bestimmte, dass der Torwart nach der Freigabe des Balles durch den Schiedsrichter die Linie nicht mehr verlassen darf. Weitere neun Jahre später hatte es schließlich mit den wild gewordenen Männern im Kasten endgültig ein Ende. Nun durfte sich der Torwart überhaupt nicht mehr von der Stelle rühren. Diese Regel galt fast 60 Jahre lang. 1997 wurde die Passage gestrichen, in der es hieß, dass der Torhüter bis zum Stoß des Balles auf der Torlinie stehen muss, „ohne seine Füße zu bewegen". Seitdem lautet die Vorschrift, dass der Torwart „mit Blick zum Schützen auf seiner Torlinie zwischen den Pfosten bleiben" muss, bis der Ball mit dem Fuß gestoßen ist.

Strafstoß-Verweigerer, die dem Schützen ihren Rücken zukehren, sind mit dieser Regel nun ausgeschlossen. Erlaubt ist es aber wieder, zwischen den Pfosten hin- und her zu rennen. Der Dortmunder Jens Lehmann hat auf diese Weise im März 2003 den Hannoveraner Popescu so verwirrt, dass der daneben schoss. Auch die „Zappelphilipp-Taktik" könnte wieder in Mode kommen. Ganz ausgeschlossen war sie nicht einmal unter der alten Regel. Die Psychologin Birgit Jackschath brachte Leverkusens Torwart Rüdiger Vollborn auf die Idee, durch Körperbewegungen die vom Schützen subjektiv wahrgenommene Trefffläche zu „verkleinern". Vorbild war das Verhalten retournierender Tennisspieler, die durch Schaukelbewegungen ihres Oberkörpers versuchen, den aufschlagenden Spieler zu irritieren. Durch die Schaukelbewegung deckt der Oberkörper einen größeren Be-

Rudi Hiden pariert einen Elfmeter. Als er seine Länderspiel-Karriere begann (1928), durften die Torleute noch nach Lust und Laune im Torraum herumhüpfen.

reich an der Grundlinie ab, die „Lücke", in die der Ball kommen könnte, erscheint kleiner. Vollborn durfte natürlich die Beine nicht bewegen. Aber es blieb immer noch genug Bewegungsspielraum übrig. Birgit Jackschath: „Diese Idee entwickelte Rüdiger Vollborn schließlich soweit zur Perfektion, dass es ihm gelang, beim dramatischen Elfmeterschießen im UEFA-Cup-Finale 1988 seine Gegner durch Rudern mit den Armen und Schaukeln mit dem Oberkörper derart zu verunsichern, dass sie unplatziert schossen, den Ball sogar am Tor vorbei droschen."

Helden im Elfmeterschießen

In seinem Buch „Beruf: Fußball-Profi" schrieb der ehemalige Bundesliga-Keeper Jürgen Rollmann: „Der Torwart, möchten wir meinen, scheint nicht prädestiniert für große Einsichten noch für große Fußballerliteratur, zu gering ist sein Einfluss auf spektakuläre Spielsituationen, das Elfmeterschießen ausgenommen.“ Der erste Teil der Aussage mag auf Rollmanns eigenen Schriftstellerversuch zutreffen, scheint jedoch, betrachtet man die zahlreichen und im Vergleich zu den Machwerken ihrer Feldspieler-Kollegen oft auch lesenswerten Bücher von Fußball-Torhütern (siehe Literaturverzeichnis), recht unangemessen. Der zweite Teil der Aussage ist jedoch durchaus zutreffend. Beim Elfmeterschießen stehen die Torhüter im Zentrum des Geschehens, hier können sie, für alle sichtbar, das Zünglein an der Waage sein und zum Helden werden. So wie Oliver Kahn. Allen Fußballfans noch in Erinnerung sind seine Elfmeter-Paraden im Europapokal-Endspiel 2001 gegen Valencia, als er die Schüsse von Zahovic, Carboni und Pellegrino in beeindruckender Manier abwehrte. Es war die Geburtsstunde des Mythos vom unüberwindlichen Kahn. Jedenfalls drängt sich dem aufmerksamen Betrachter der Eindruck auf, dass die Nummer eins der Bayern erst durch seine Taten von Mailand zu jenem übermenschlichen Groß-Kahn wachsen konnte, zu dem er dann während der WM 2002 stilisiert wurde.

Eingeführt wurde das Elfmeterschießen (damals noch Strafstoßschießen genannt) im Jahr 1970. Gedacht war es nicht als Testserie zur Ermittlung der psychischen Belastbarkeit der letzten Männer – das zeitgleiche Erscheinen von Peter Handkes Buch „Die Angst des Torwarts beim Elfmeter“ war rein zufällig –; die dahinter stehende Absicht war vielmehr, ein taugliches und einigermaßen gerechtes Mittel zur Verfügung zu haben, um Spiele ohne endlose Verlängerungen und ohne Los entscheiden zu können. 1970/71 gab es im Europapokal das erste Elfmeterschießen nach der bis heute gültigen Regel: „Wenn nach je fünf Schüssen beide Mannschaften keine oder gleich viele Tore erzielt haben, werden die Schüsse in der gleichen Reihenfolge so lange fortgesetzt, bis eine Mannschaft nach gleich vielen Schüssen ein Tor mehr erzielt hat.“ Jeder Schuss muss von einem anderen Spieler ausgeführt werden. Ein zweites Mal darf ein Spieler nur antreten, wenn es zu einem zweiten Durchgang kommt. Beim ersten Elfmeterschießen, dem Achtelfinale im Meistercup zwischen dem FC Everton und Borussia Mönchengladbach (1:1 n.V.), war das nicht nötig. Evertons Schützen trafen gegen Wolfgang Kleff vier Mal, die Gladbacher brachten es nur auf drei Treffer.

Im Jahr 1972 wurde der Schalker Norbert Nigbur im DFB-Pokal-Halbfinale gegen den 1. FC Köln zum ersten deutschen Torwarthelden im Elfmeterschießen. Köln hatte das Hinspiel 4:1 gewonnen. Im Rückspiel vor 35.000 Zuschauern in der Glückaufkampfbahn führt Schalke nach 41 Minuten mit 3:0. Köln kommt durch zwei Löhr-Tore wieder auf, und als der Schalker Beverungen in der 80. Minute einen Elfmeter verschießt,

Norbert Nigbur, erster deutscher Held im Elfmeterschießen. Hier ist er allerdings gegen einen Schuss von Günter Netzer chancenlos.

scheinen die Königsblauen endgültig geschlagen. Doch fünf Minuten vor Schluss gibt es erneut einen Elfmeter für Schalke. Helmut Kremers verwandelt sicher. In der Nachspielzeit, Schiedsrichter Heckeroth hat die Pfeife zum Abpfiff bereits im Mund, wird Rüßmann von Kapellmann im Strafraum umgerissen. Wieder verwandelt Helmut Kremers. Damit steht es 5:2, in der Zusammenrechnung von Hin- und Rückspiel heißt es nun 6:6 – Verlängerung. In dieser hat Köln zehn Minuten vor Schluss die große Chance, das Spiel endlich zu entscheiden. Biskup schießt den fünften Elfmeter dieses Spiels – doch Nigbur pariert. Ein Elfmeterschießen muss die Entscheidung bringen. Fischer und Löhr verwandeln in der ersten Runde sicher. Dann vergibt Libuda. Jetzt schlägt die große Stunde von Norbert Nigbur. Erst hält er den Schuss von Overath, anschließend setzt er selbst den nächsten Elfer ins Netz. Aber das Spiel ist immer noch nicht entschieden. Die nächsten sieben Elfer werden allesamt versenkt. Dann ist Schalkes Beverungen an der Reihe – und vergibt seinen zweiten Elfmeter in diesem Spiel. Siegessicher läuft der Kölner Glowacz an, um jetzt alles klar zu machen. Doch Nigbur hält seinen dritten Elfmeter in diesem Spiel. Danach geht alles ganz schnell: van Haaren trifft für Schalke ins Netz, der Kölner Cullmann nur den Pfosten – Schalke ist nach Schuss Nummer 16 und insgesamt 21 Elfmetern im Endspiel.

Das erste Elfmeterschießen für die Nationalmannschaft gab es 1976 im Europameisterschafts-Finale gegen die CSSR. Deutschland verlor durch Hoeneß' Fehlschuss, und die DFB-Funktionäre ärgerten sich. Das damals noch mögliche Wiederholungsspiel hatten sie – obwohl Sepp Maier nicht gerade als Elfmeter-Töter bekannt war – in einer Attitüde der Überlegenheit einfach abgelehnt. Nach dem deprimierenden Auftakt hatte die DFB-

Elf jedoch in allen darauf folgenden Elfmeterschießen die Nase vorn. 1982 kam es beim Halbfinale Frankreich gegen Deutschland (3:3 n.V.) zum ersten Elfmeterschießen bei einer WM. Beim Stand von 3:2 für Frankreich versagt zunächst Uli Stielike, doch dann pariert Toni Schumacher den Schuss von Didier Six. Als beide Teams ihre vorgegebenen fünf Versuche beendet haben, steht es 4:4. Nun würde jedes einzelne Duell entscheidend sein. Für Frankreich tritt Bossis an, Schumacher bleibt erneut Sieger. Anschließend vollstreckt Hrubesch nervenstark zum 5:4.

1986 war Schumacher im Viertelfinale gegen Mexiko erneut der Elfmeter-Held. Beim Stand von 2:1 für seine Elf „tötet" der Kölner den Schuss von Quirarte, Matthäus erhöht auf 3:1, Schumacher hält auch den nächsten Elfmeter von Servin – Deutschland ist weiter. Bei der WM 1990 waren weniger die Leistungen Bodo Illgners entscheidend als vielmehr die Treffsicherheit der deutschen Schützen. Das 1:0 im Viertelfinale gegen die CSSR besorgte Matthäus per Foulelfmeter. Das Halbfinale gegen England endete nach Treffern von Brehme und Lineker 1:1 und wurde im Elfmeterschießen entschieden. Dann kam das Endspiel mit Brehmes verwandeltem Elfmeter. Deutschland war 1990 eigentlich nicht Fußball- sondern Elfmeter-Weltmeister. Und auf dem Weg zur Europameisterschaft 1996, dem letzten großen internationalen Titel der deutschen Nationalelf, wäre man möglicherweise gescheitert, hätte nicht der Elfmeter-Spezialist Andy Köpke die Finalteilnahme gesichert.

Elfmeter-Wahnsinn und Elfmeter-Wunder

Deutschland hat die besten Elfmeterkiller und -schützen, Helden im Elfmeterschießen kennen jedoch auch andere Nationen. Die Franzosen, die das erste WM-Elfmeterschießen gegen Deutschland 1982 verloren hatten, behielten 1986 im Viertelfinale gegen Brasilien die Oberhand. Joel Bats, der bereits in der regulären Spielzeit einen Strafstoß von Zico pariert hatte, machte beim Shoot-out mit seiner Parade gegen Socrates alles klar. Brasiliens Claudio Taffarel hielt im WM-Finale 1994 gegen Italien einen Elfmeter von Massaro und hatte dann Glück, als Roberto Baggio beim entscheidenden Ball weit drüberhielt. Auch 1998 in Frankreich zeigte er eine gute Vorstellung. Im Halbfinale gegen die Niederlande hielt er beim Elfmeterschießen zwei Strafstöße. Italiens Francesco Toldo hatte seinen größten Auftritt bei der Europameisterschaft 2000, als er nicht weniger als drei Elfmeter hielt – ebenfalls im Halbfinale, ebenfalls gegen die Niederländer. Bei der WM 2002 kam der Elfmeter-Held aus Spanien. Im Achtelfinale gegen die Iren hielt Iker Casillas im Spiel einen Elfmeter von Harte, im Elfmeterschießen parierte er zwei weitere harte Schüsse.

Als größte Elfmeter-Deppen erwiesen sich die Niederländer. Nicht nur bei der WM 1998 (Halbfinale gegen Brasilien) und bei der EM 2000 (Halbfinale gegen Italien) hatten sie Pech, sie erwiesen sich geradezu regelmäßig als große Schisser beim Shoot-out vom ominösen Punkt. Bereits bei der EM 1992 (Halbfinale gegen Dänemark) und der EM 1996 (Viertelfinale gegen Frankreich) waren sie nach Elfmeterschießen ausgeschieden. Bei allen Turnieren der letzten zehn Jahre hatten die „Oranjes" lediglich beim 2:3 gegen den späteren Weltmeister Brasilien im Viertelfinale der WM 1994 in der regulären Spielzeit den K.o. hinnehmen müssen.

Das regelmäßige Ausscheiden der spielstarken Niederländer zeigt, dass es beim Elfmeterschießen nicht unbedingt gerecht zugeht. Wenn eine Mannschaft zum Sieg ein Elfmeterschießen benötigt, bleibt das immer unbefriedigend. Noch unbefriedigender ist es, wenn diese Art der Spielentscheidung überhand nimmt. Tatsächlich hat bis 1970, als es das Elfmeterschießen noch nicht gab, kein einziges Spiel der WM-K.-o.-Runden mit einem Unentschieden geendet. 1986 wurden drei von vier Viertelfinals, 1990 beide Halbfinals per Elfmeterschießen entschieden. Nachdem 1994 sogar der Weltmeister nur durch Schüsse von der Elfmeter-Marke ermittelt werden konnte, wurde über Sinn und Unsinn der Regel heftig diskutiert. Um zu verhindern, dass Turniere nur noch per Elfmeterschießen entschieden werden, wurde das „Golden Goal" eingeführt. Erstmals angewandt wurde die Regel bei der EM 1996, allerdings nur für das Endspiel. Vorher waren drei der vier Viertelfinals und beide Halbfinals per Elfmeterschießen entschieden worden. Deutschland gewann das Finale gegen Tschechien bekanntlich durch Bierhoffs goldenen Treffer.

Die Problematik der Elfmeter-Inflation besteht natürlich nicht nur bei Wettbewerben der Nationalmannschaften. Elfmeter-Helden, die ihre Mannschaften zu Siegern und Titelträgern machen, gab es auch schon vor Kahns Glanztaten gegen Valencia. Als Torhüter von Schalke 04 gelang Jens Lehmann am 21. Mai 1997 im UEFA-Cup-Endspiel gegen Inter Mailand die entscheidende Elfmeter-Parade gegen Zamorano. Und 1999/2000 machte er, nun für Dortmund im Kasten stehend, in der dritten Runde des UEFA-Pokals gegen die Glasgow Rangers gleich drei Schussversuche unschädlich. Nicht nur Kahn kann also drei Elfmeter halten, Lehmann kann es ebenso, und 1995 ist es auch Arsenals Keeper David Seaman im Halbfinale des Europapokals der Pokalsieger gegen Sampdoria Genua gelungen. Noch mehr, nämlich vier, hielt Keeper Helmut Ducadam für

Steaua Bukarest im Landesmeister-Finale 1986 gegen den FC Barcelona. Alesanco, Pedraza, Alonso und Marcos scheiterten. Da auch die Rumänen Majaru und Bölöni nicht trafen, gewann Bukarest das schlechteste Elfmeterschießen aller Zeiten mit dem sensationellen Ergebnis von 2:0. Barca-Star Bernd Schuster, zu feige, um selbst an den Punkt zu gehen, verließ noch vor Beendigung des Dramas maßlos enttäuscht den Platz.

Dass es auch anders geht, zeigte das Halbfinale im Asien-Cup des Jahres 1977. Nordkorea entschied das Elfmeterschießen des Spiels gegen Hongkong, das nach Verlängerung 3:3 geendet hatte, mit 11:10 für sich. Insgesamt hatte es in dem Spiel 28 Elfmeter gegeben. Dass Hongkongs Keeper Chu Kwok-kuen zwei Duelle für sich entschieden hatte, mag man angesichts dieser Zahl geradezu als normal betrachten. Noch mehr Elfmeter gab es 1989 in einem Spiel der Argentinos Juniors gegen Racing Buenos Aires. 44 waren es am Ende, 39 fanden den Weg ins Tor, 20 davon in das von Racing. Einen Helden des Spiels gab es bei diesem Rekord-Marathon nicht. Alle waren froh, als die ermüdende Prozedur endlich vorbei war.

Vielleicht hätten sich diese Elfmeter-Inflationen vermeiden lassen, wenn sich eines der beteiligten Teams einen pfiffigen Trick zur Verunsicherung des Gegners hätte einfallen lassen. Im Jahr 1996, als es im entscheidenden Spiel gegen Ascoli um den Aufstieg in die italienische Seria B ging, hatte der Trainer von Castel di Sangro eine geradezu geniale Eingebung. Beim Spielstand von 0:0 wechselt er in der 119. Minute der Verlängerung den während der gesamten Saison – und auch in diesem Spiel – nahezu fehlerlos gebliebenen Torhüter Roberto de Juliis aus. Statt seiner kommt ein 34 Jahre alter Veteran, der Reservetorhüter Pietro Spinosa, aufs Feld. Sein letzter Einsatz liegt bereits zwei Jahre zurück. Doch ausgerechnet Spinosa sorgt im Elfmeterschießen für das von dem Amerikaner Joe McGinniss in seinem gleichnamigen Roman beschriebene „Wunder von Castel di Sangro". Der Ersatztorwart meistert, natürlich mit „katzenhafter Gewandtheit", den entscheidenden Schuss. Es war Spinosas letzte Aktion. Denn unmittelbar nach dem Spiel wurde er „im makellosen Glanz seiner Wundertat" in den Ruhestand versetzt.

Sich werfen oder stehen bleiben

Je mehr Erfahrung ein Torhüter hat, desto besser kann er sich auf Schüsse vom Elfmeter-Punkt einstellen; und je höher seine Erfolgsquote war, desto mehr Angst dürften die Schützen vor ihm haben. Klar ist dennoch, dass auch der routinierteste Elfmeter-Killer sich genauso wie der zittrigs-

Im UEFA-Cup-Finale 1997 parierte Schalkes Jens Lehmann den Elfer von Zamorano.

te Handke-Schüler vor jedem Schuss aufs Neue die Frage beantworten muss: Soll ich mich werfen oder soll ich lieber stehen bleiben? Sepp Maier empfahl in seinem mit Jean-Marie Pfaff herausgegebenen „Torwart-Buch“ als „bestes Mittel“ beim Elfmeter, „sich vor dem Schuss eine Ecke vorzunehmen“. Man dürfe dem Schützen natürlich seine Absicht nicht andeuten, so Maier weiter, sondern müsse ruhig und regungslos abwarten. Erst in dem Moment, in dem der Schütze den Ball berührt, „wirft man sich blitzschnell in die anvisierte Richtung. Jetzt muss der Elfmeter schon äußerst platziert getreten sein, um ins Tor zu gehen.“ Aber was ist, wenn der Ball ins andere Eck geht? Oder in die Mitte? Maiers Ratschlag bedeutet, dass sich der Torhüter als Zocker betätigen soll. Entweder rechts oder links. Das ergäbe eine Chance von Fifty-Fifty. Was ist aber, wenn der Ball in die Mitte geht? Solche Schüsse sind kaum mehr zu halten, wenn man sich für eine Ecke entschieden hat. Bei einer Drittelung der Torschüsse – in die beiden Ecken und in die Mitte – bliebe nur eine Chance von 1:3. Diese reduziert sich noch weiter, da der Torwart aus elf Metern selbst einen Ball, der genau ins anvisierte Eck kommt, keineswegs zwingend erwischen muss.

Maiers Vorentscheidung für eine Ecke war denn auch nicht selten falsch. Beim WM-Endspiel 1974 drosch der Niederländer Neeskens den Ball in die Mitte. Maier lag machtlos in der Ecke. Noch erniedrigender war für ihn die Situation beim Elfmeterschießen gegen die CSSR im EM-Endspiel 1976. Beim entscheidenden Strafstoß nimmt Panenka nur einen ganz kurzen Anlauf, täuscht rechts an, Maier hebt ab, und der geschlenzte Ball fliegt, ganz langsam, in die Mitte des Tores. Eine ganz bittere Erfahrung musste der Ecken-Flieger Andoni Zubizaretta im WM-Viertelfinale 1986 zwischen Spanien und Belgien machen. Bis zu diesem Spiel war der Baske als Elfmeter-Töter gefürchtet. Einige belgische Spieler hatten sich sogar geweigert, im Elfmeterschießen gegen ihn anzutreten. Obwohl sie nur mit schlotternden Knien die Herausforderung angenommen hatten, trafen dann völlig überraschend alle fünf Schützen. Eine spanische Zeitung mäkelte: „Dreimal zielten die Belgier auf die Tormitte. Wäre er stehen geblieben, hätte er mühelos abwehren können."

Hätten Maier und Zubizaretta also stehen bleiben sollen? In der Hoffnung, dass der Elfmeter so ablaufen wird wie der, der vom Romancier Handke geschildert wird? Der letzte Satz seines Buches lautet: „Der Schütze lief plötzlich an. Der Tormann, der einen grellgelben Pullover anhatte, blieb völlig unbeweglich stehen, und der Elfmeterschütze schoss ihm den Ball in die Hände." Vor dem Elfmeterschießen im WM-Halbfinale 1990 zwischen England und Deutschland hatte Ron Atkinson, Manager von ManU und ITV-Kommentator, für Englands Keeper Shilton eine entsprechende Elfmeter-Regel ausgegeben: „Bleib ruhig stehen, und einer von fünfen wird genau auf dich zukommen." Die Deutschen tun ihm den Gefallen nicht. Sie versenken jeden Ball in einem Eck. Stewart Pearce hingegen schießt Deutschlands Bodo Illgner an, anschließend drischt Chris Waddle den Ball über die Latte. Guter Rat für den Torhüter, so scheint es, ist also teuer. Stehen bleiben ist jedenfalls nicht unbedingt die beste Lösung. Tatsächlich werden neun von zehn Elfmetern in die rechte und linke Ecke geschossen, zumeist flach, seltener hoch. Dass ein Spieler den Ball à la Neeskens in die Mitte knallt, ist eher die Ausnahme. Nicht einmal Neeskens, ein gefürchteter Schütze, hatte das im WM-Endspiel 1974 beabsichtigt; dass der Ball in die Mitte kam, lag nur daran, dass er vor lauter Nervosität in den Rasen gehauen hatte.

Auch Toni Schumacher entschied sich 1986 gegen den Mexikaner Quirarte für eine Ecke. Quirarte ahnt nichts, denn Schumacher verrät nichts von seiner Absicht. „Es ist wichtig, ein verschlossenes Gesicht zu bewahren. Man darf dem Schützen nicht zeigen, in welche Ecke man fliegen will – bis zum letzten Sekundenbruchteil nicht, denn er kann die Abschussrichtung schneller ändern, als ich mit voller Wucht und dem ganzen Körper abschnellen und womöglich wenden kann." Quirarte nimmt Anlauf. „Reaktion verzögern, Harald", redet Schumacher auf sich ein. „Du musst verzögert starten – wie ein Jumbojet mit allen Triebwerken auf Vollschub am Start, aber noch blockierten Bremsen, die ihn für einen Moment zurückhalten. Der Ball kommt in die Mitte. Ich fliege nach rechts, kann ihn aber noch mit dem Knie erwischen und abwehren."

Schumacher hatte mehr Glück als Maier und Zubizaretta. Vielleicht hatte er aber auch mehr Geduld, hat die Tortur des Abwartens einen Tick länger durchgehalten, um „im letzten Sekundenhundertstel", wie er schrieb, noch einmal reagieren zu können. Vielleicht hatte er auch einfach nur bessere Reflexe. In jedem Fall macht Schumachers Parade deutlich: Besser als die schlichte Maxime „Stehenbleiben!" ist sicher der Vorschlag, möglichst lange ruhig abzuwarten, den Schützen genau zu studieren, anhand seiner Bewegungen Rückschlüsse auf die Schussrichtung zu ziehen und dann auf seine Reflexe zu vertrauen. Der 22-jährige Gilmar parierte auf diese Art in geradezu prototypischer Weise den ersten Elfmeter seiner internationalen Karriere. José Maria de Oliveira schilderte die Situation, die 1953 im Spiel um die Südamerika-Meisterschaft gegen Bolivien passierte. Gilmar war in der Halbzeit eingewechselt worden, es waren gerade zehn Sekunden seines ersten Spiels in der „Seleçao" vergangen, da pfiff der Schiedsrichter: „Foulelfmeter gegen Brasilien! Alle bangten um den jungen Torwart. Gilmar bewahrte Ruhe. Konzentriert beobachtete er den Schützen, den Anlaufwinkel und schloss aus seiner Körperbewegung blitzschnell, dass der Schuss in den rechten Torwinkel gehen würde. Einen winzigen Sekundenbruchteil vor dem Schuss warf er sich nach rechts, erreichte den Ball tatsächlich mit den Fingerspitzen ein paar Zentimeter über dem Boden unmittelbar neben der Torstange und drehte ihn zur Ecke."

Der Schwede Thomas Ravelli hielt nach dem Gilmar-Rezept eine ganze Reihe von Elfmetern. Man müsse regungslos abwarten und auf eine verräterische Bewegung des Schützen lauern, meinte er. Danach sei alles „eine Frage der Reaktion." Aber kann man sich immer auf seine Reflexe verlassen? Und besteht das Erfolgsgeheimnis der Elfmeter-Killer überhaupt in ihren überragenden Reflexen? Als Sportwissenschaftler der Universität Hamburg herausfinden wollten, ob das Paraden-Wunder Rudi Kargus auch ein Reaktionswunder ist, wurden sie schwer enttäuscht. Kargus, so kam heraus, reagiert so schnell bzw. so langsam wie irgendein Durchschnittssportler. Immerhin konnte man feststellen, dass er sehr schnell-

und sprungkräftig ist. Aber das sind Weit- und Hochspringer ebenfalls. Kargus selbst führte denn auch seine Erfolge nicht auf spezielle Fähigkeiten, sondern schlicht auf die Kategorie „Glück“ zurück. „Ein Geheimrezept oder irgendeinen Trick gibt es nicht“, stellte er achselzuckend fest.

Die Behauptung, dass er auf jegliche Hilfestellung verzichtet habe, ist freilich nicht ganz richtig. Denn eine kleine Besonderheit gab es doch. Der Hamburger war vermutlich der erste Torhüter, der exakt Buch führte über die Schussgewohnheiten, Stärken und Schwächen der Elfmeterschützen in der Bundesliga. „Anscheinend hat es ihm geholfen“, urteilte sein Konkurrent Sepp Maier mit leicht spöttischem Unterton über den Pedanten. Gerade Maier hätte aber eigentlich wissen sollen, dass er keinen Grund zum Spott besaß. Er hätte nämlich 1976 durchaus vermeiden können, dass ihn der Tscheche Panenka mit einem Elfmeter-Schlenzer in die Tormitte verlädt. Der Schütze gestand nach seinem Husarenstück den Journalisten: „In der Saison zuvor hatte ich bereits acht Strafstöße auf ähnliche Art und Weise versenkt.“ Hätte Maier Buch geführt, hätte er Panenkas Trick durchschaut und den Elfmeter vielleicht gehalten. Vielleicht wäre er dann auch zum Elfmeter-Helden geworden. Wie Toni Schumacher, der bekannt dafür war, dass er pausenlos Informationen über Elfmeterschützen sammelte. Oder wie Jens Lehmann. Dass der Schalker im UEFA-Cup-Endspiel 1997 gegen Inter Mailand den entscheidenden Elfmeter von Zamorano hielt, war nämlich auch alles andere als ein Zufall. Vor dem Spiel hatte Lehmann von Trainer Huub Stevens einen Zettel erhalten, auf dem die Tricks und Lieblingsecken der Inter-Schützen verzeichnet waren. „Bei langem Anlauf“, stand darauf, „schießt Zamorano meistens in die linke Torwartecke.“ Zamorano nahm einen langen Anlauf, Lehmann warf sich in die linke Ecke – und erwischte den Ball.

Raus aus dem Gedankenzirkel, rein in den Konzentrationstunnel

Fassen wir das Torwart-Verhalten bei Elfmetern zusammen. Zocker unter den Keepern überlegen nicht lange und entscheiden sich für eine Ecke. Ob sie dabei die richtige erwischen, bleibt naturgemäß immer ein Glücksspiel. Pedanten hingegen notieren bis ins kleinste Detail alles, was sie über mögliche Schützen in Erfahrung bringen können. Dabei können sie aber auch übergenau sein. Denn zu viele Daten führen manchmal zu keinen klaren Ergebnissen mehr. Was hat ein Torhüter davon, wenn er weiß, dass ein Schütze zwölfmal in die rechte und elfmal in die linke Ecke geschossen hat? Petar Radenkovic führte den Gedankenzirkel vor, in den ein Torhüter dann gerät: „Hat er beispielsweise bei fünf Elfmetern vier Tore erzielt – alle vier durch scharfe Schüsse in die linke Ecke –, dann richte ich mich darauf ein, in die linke Ecke zu fliegen. Hat er dagegen von den vier Toren zwei in die linke Ecke gesetzt und zwei in die rechte – was dann? Oder: Uwe (Seeler) hat seinen letzten Elfmeter scharf in die rechte Ecke geschossen. Das Spiel wurde im Fernsehen übertragen. Also wird sich Uwe seinerseits etwas überlegen: Radenkovic hat dieses Spiel bestimmt im Fernsehen angeschaut und weiß, dass ich in die rechte Ecke geschossen habe. Also schieße ich heute in die linke. Nun kann es aber auch sein, dass Uwe noch eine Frage weiterdenkt: Radenkovic weiß, dass ich weiß, dass er die Fernsehübertragung gesehen hat. Er wird vermuten, ich schieße deshalb heute in die linke Ecke – also schieße ich doch in die rechte…"

Selbst noch so ausführliches und spitzfindiges Räsonieren führt in der Elfmetersituation nicht in jedem Fall weiter. Immerhin mag es ein wenig hilfreich sein, wenn ein Torwart sich in die Lage eines Stürmers hineinversetzen kann. In den 1920er Jahren vertraute Heiner Stuhlfauth auf dieses Rezept: „Man muss sich in die Haut des Schützen versetzen, in sein Hirn, und herausfühlen, wohin er den Ball schießen wird. Ich habe so viele Elfer erwischt, weil ich nicht nur im Tor stand, sondern in Gedanken mit anlief und auf mein Tor zielte." Aber hilft das aus dem Gedankenzirkel heraus? Ein Ausweg wäre es, den Schützen durch eine Körperbewegung zu einem Schuss in eine bestimmte Ecke „einzuladen". So hielt es der Keeper des 1. FCN denn auch, wenn er sich weder auf die Einfühlungs- noch auf die Verwirrungstaktik (Herumhampeln) verlassen wollte. In einem Spiel des Jahres 1920 (gegen Frankfurt war's) hielt er einen Elfmeter nach dem Prinzip: rechts antäuschen, links halten. Ein wenig war sein Trick auch aus der Not geboren: Der Tormann hatte Probleme beim Abtauchen nach rechts und war daher immer bemüht, es soweit irgend möglich zu vermeiden. In ähnlicher Weise versuchte Lew Jaschin, den Schützen hereinzulegen: „Manchesmal will ich mich gegen den Penalty-Schützen psychologisch durchsetzen. Ich stelle mich auf der Torlinie näher zu einem Pfosten und will damit den Schützen verleiten, in die andere Torecke zu schießen. Dann konzentriere ich mich freilich total auf diese Seite."

Solche Tricks sind natürlich keine Garantie. Denn beim Fußball gilt genauso wie sonst im Leben: Wer anderen eine Grube gräbt, fällt oft selbst hinein. Außerdem haben auch die Schützen ihre Tricks und versuchen auf alle erdenklichen Weisen, den Torhüter zu verwirren oder zu verladen. Besonders frech war der, den Francis Lee 1972 anwandte. 15 Elfmeter hatte Lee in der englischen Saison für Manchester City verwandelt. Dann kam ein

Meazza hält sich beim Elfer gegen Brasiliens Walter die Hose fest (Zeichnung zum WM-Spiel Italien - Brasilien, 1938).

Spiel in Schweden, wieder gab es Elfmeter. Der Torwart prophezeit ihm, dass er nun verschießen werde. „Also gut", sagt Lee. „Ich werde ihn auf deine rechte Seite schießen, und nicht zu hart." Der Schwede springt nach rechts, Lee aber schiebt den Ball ungerührt in die linke Ecke. Andere Schützen verwirren den Torhüter eher unfreiwillig, indem sie ihn zum Lachen bringen. Am 28. Dezember 1958 hielt sich Hans Tilkowski den Bauch, als ein Mann namens Alla in der 26. Minute des Länderspiels gegen Ägypten „kurz vor der Exekution mit erhobenen Händen ein Stoßgebet zu Allah gen Himmel" schickte. Alla traf und Ägypten gewann mit 2:1. Im Halbfinale der WM 1938 gegen Italien hatte Brasiliens Torwart Walter, gegen einen Lachanfall ankämpfend, keine Chance beim Schuss von Giuseppe Meazza. Dem Italiener war kurz zuvor der Gummizug in der Hose gerissen. Er lief an, mit beiden Händen die Hose haltend, täuschte nach rechts und traf ins linke Eck.

Gerade solche Beispiele zeigen: Das Wichtigste beim Strafstoß ist die Konzentration. Ein Torhüter darf sich von nichts beeindrucken lassen – nicht vom Schützen, nicht von der Situation, nicht vom Drumherum. Der Russe Lew Jaschin schilderte eine Elfmeter-Situation aus dem Achtelfinale des Europacups der Nationalteams 1964 gegen Italien in Rom: „Als der italienische Mittelstürmer Mazzola am Elfmeterpunkt auftauchte, konzentrierte ich mich vollkommen auf ihn. In diesen Sekunden schaltete ich alles aus, ich hörte weder die Zuschauer, noch sah ich das Stadion. Ich vergaß sogar, dass ich mich in Italien befand. Vor mir stand der Gegner und ich hatte auszumachen, wie und wohin er das Leder platzieren wird. Ich hielt den Ball. Vielleicht hat mir dieses Sammeln, diese Konzentration auf einen Punkt, entscheidend geholfen, das Leder abzufangen."

Konzentration war auch im Jahr 2001 für Oliver Kahn das Entscheidende, als er sich auf das Elfmeterschießen gegen Valencia vorbereitete. „Ich habe mich nach dem Schlusspfiff auf den Mailänder Rasen gelegt.

Augen zu. Dann kommen zwei mentale Ebenen. Auf der einen stelle ich mir einen wunderschönen Ort vor, strahlend blauer Himmel, die Sonne scheint durch die Bäume auf einen herrlichen, ruhigen See, ich liege im warmen Gras, die Strahlen bedecken meinen Körper, das entspannt mich, das macht mich ruhig ... Szenenwechsel! Als nächstes stelle ich mir vor, ich fliege, fauste, ich halte alle Bälle, jeden Ball, der kommt, halte ich. Das ist mentale Arbeit, mehr als fünf Minuten war ja nicht Zeit dafür. Dann bin ich aufgewacht, total frisch, voll überzeugt von mir – und los geht's." Während des Elfmeterschießens sei er so konzentriert gewesen, „wie in einem Tunnel", dass er nichts um sich herum mehr wahrgenommen habe, nicht einmal das Ergebnis. Erst mit Verzögerung realisierte er, dass mit seinen drei gehaltenen Elfmetern Spiel und Titel gewonnen waren: „Mein Gott, habe ich gedacht, jetzt habe ich all mein Pulver verbraucht. Ich werde in meiner ganzen Karriere keinen Elfmeter mehr halten."

Kann man einen Elfmeter durch „pure Konzentration" halten? Dass er die drei Elfmeter gehalten hat, sei, so Kahn, jedenfalls keineswegs nur Zufall gewesen. Er wolle auch gar nicht von Glück reden, „sondern viel eher von: Eine Situation erzwingen! Das beschreibt diesen Moment besser." Wie hat er dann die Elfmeter gehalten? „Mit dem Willen. Die Grundvoraussetzung ist Konzentration, dazu kommen Intuition, Ausstrahlung, ein Überzeugtsein, die ganzen Erfahrungen eines langen Sportlerlebens also. Und das alles muss man im richtigen Augenblick abrufen können." Kahn wird von Toni Schumacher bestätigt. Beim Elfmeter müsse man „Denken und Überlegen einfach abschalten". Wie ein „Blitzefänger" müsse man sich fühlen, wie ein Magnet müsse man „die heranschwirrende Kugel auf seinen Körper lenken".

Das Geheimnis des Elfmeter-Töters ist also, dass er sich stark und unüberwindlich fühlt. Diese seelische Unerschütterlichkeit trägt er sozusagen „auf der Haut" und verunsichert damit den Schützen. „Du musst dem Schützen ins Auge gucken", so Schumacher, „ihn nahezu hypnotisieren, um ihm die Sicherheit zu rauben." Die Elfmeter-Situation ist demnach in erster Linie ein mentales Duell. Es gewinnt, wer die stärkeren Nerven hat. Und insofern könnte man sogar Schüsse, die neben das Tor gehen, als eigentlich vom Torwart gehaltene werten. An Ricardo Zamora scheiterten im Jahr 1928 acht Elfmeter-Schützen. Fünf davon hielt Zamora. Bei den anderen dreien, so heißt es, habe er die Schützen dazu gebracht, vorbeizuzielen. Das Erfolgsgeheimnis des Spaniers glaubte im Jahr darauf der portugiesische Stürmer Hermino lüften zu können, als er nach seinem Fehlschuss gegen Zamora erklärte: „Er hat mich hypnotisiert!"

Wenn der Torwart gegen den Torwart trifft

Man möchte meinen, dass gerade Torhüter wegen ihrer mentalen Stärke besonders dazu geeignet sind, selbst als Schützen anzutreten. Tatsächlich sind nicht wenige Keeper höchstselbst vom Elfmeterpunkt gegen einen Kollegen angetreten. Willy Jürissen, Oberhausens Torhüter der 1930er Jahre, war wohl der Erste in Deutschland, als dessen große Spezialität das Verwandeln von Elfmetern gehandelt wurde. Erfolgreich war er trotzdem nicht immer. Bei einem Spiel in Erkenschwick trat er zweimal zur Exekution an – und knallte den Ball beide Male an die Latte. Norbert Nigbur war der erste bundesdeutsche Torhüter, der bei einem Elfmeterschießen als Schütze erfolgreich war. Auftritte dieser Art wurden dann in den 1970er Jahren eine Spezialität des DDR-Nationaltorwarts Jürgen Croy. 1975 hielt der spätere Bürgermeister von Zwickau im Finale um den DDR-Pokal gegen den haushohen Favoriten Dynamo Dresden beim Elfmeterschießen zwei Strafstöße und verwandelte dann selbst zum entscheidenden 4:3. Anschließend verhalf er Sachsenring Zwickau im Europapokal der Pokalsieger zum größten Erfolg der Vereinsgeschichte. Im Achtelfinal-Rückspiel gegen den AC Florenz kam es wieder zum Elfmeterschießen, und Croy verwandelte erneut einen Elfmeter. Über Celtic Glasgow kam die Croy-Elf bis ins Halbfinale, wo sie knapp am späteren Sieger RSC Anderlecht scheiterte (0:3; 2:0).

Seither hat es bei Elfmeterschießen immer wieder mal Torwart-Tore gegeben. Im französischen Pokalendspiel 2001 verwandelte José Luis Chilavert für Racing Straßburg beim Elfmeterschießen zwei Strafstöße. Der Torhüter aus Paraguay kommentierte: „Ich habe für die Elfmeter all meine Erfahrung eingesetzt.“ Die hatte er tatsächlich. Kein letzter Mann hat so viele Tore erzielt, weder per Elfmeter, noch per Freistoß, und auch nicht aus dem Feld heraus. In der WM-Qualifikation 1998 traf er zweimal per Freistoß. Auch bei der WM in Frankreich hätte er beinahe getroffen – sein Freistoß gegen Bulgarien landete an der Latte – und wäre damit der erste Torhüter gewesen, der bei einer WM ein Tor erzielt. Im Qualifikationsspiel zur WM 2002 gegen Kolumbien hämmerte er Sekunden vor dem Abpfiff einen Freistoß zum 2:0 in die Maschen zum Treffer Nr. 54 seiner Karriere. Auch bei der WM selbst versuchte er sich im Achtelfinale gegen Deutschland bei einem Freistoß. Als Kahn merkt, was Paraguays Schlussmann vorhat, reagiert er ungewöhnlich ängstlich und beordert zur Sicherheit Verteidiger Linke neben sich auf die Torlinie. Es wäre nicht nötig gewesen. Chilavert schießt weit übers Tor. „Der wollte mich vernichten“, meinte Kahn hinter-

Hans-Jörg Butt verwandelt einen Elfmeter, hier im Champions-League-Spiel des HSV, gegen Juventus-Turin-Keeper van der Saar.

her und war erleichtert: „Wenn er mir einen reingeschossen hätte, hätte ich mit dem Fußball aufgehört."

Auf das Konto des treffsicheren Chilavert geht auch die wohl außergewöhnlichste Marke in Sachen „reguläre" Elfmeter. Im November 1999 gelang ihm beim 6:1-Sieg seines damaligen Vereins Vélez Sarsfield gegen Ferrocaril ein Elfmeter-Hattrick! So etwas hat ihm bis heute keiner nachgemacht, nicht einmal der „deutsche Chilavert" Hans-Jörg Butt. In der Spielzeit 1999/2000 kam dem treffsicheren Torwart der größte Anteil am sportlichen Erfolg des Hamburger SV zu. Er versenkte nicht weniger als neun Elfmeter. Kein einziger Versuch ging daneben! Kein HSV-Stürmer brachte den Ball öfter im Kasten unter! Daneben tat er auch noch seine Arbeit als Torwart. Er hielt konstant gut und parierte drei Strafstöße. Als Elfmeter-König hatte er sich schon in der Vorsaison einen Namen gemacht. Da waren ihm bei acht Versuchen sieben Treffer gelungen. Nur gegen Freiburgs Richard Golz hatte er das Duell Torwart gegen Torwart verloren. Insgesamt brachte es der zwischenzeitlich nach Leverkusen gewechselte Elfmeter-Experte bis zum Saisonende 2002 in Pflichtspielen auf 23 Treffer – bei 25 Versuchen vom ominösen Strafstoß-Punkt. Das ist eine Quote, bei der auch die besten Stürmer vor Neid erblassen. Die für einen letzten Mann außergewöhnlich guten balltechnischen Fertigkeiten und die besonders Torhütern eigene Nervenstärke haben sie ermöglicht. Gefragt, warum er beim Elfmeterschuss so erfolgreich sei, meinte Butt lapidar, er könne sich darauf verlassen, dass „ein Mechanismus automatisch abläuft".

Der erste erfolgreiche Torhüter-Elfmeterschütze in der Bundesliga war Butt nicht. Am letzten Spieltag der Saison 1967/68 verwandelte Manfred Manglitz, der Keeper des MSV Duisburg, den ersten Torwart-Elfmeter gegen Gladbachs Volker Danner zum 1:3. In den 30 Jahren zwischen Manglitz' Ersterfolg und dem Beginn von Butts Serie trafen lediglich sechs Torhüter vom Elfmeterpunkt aus ins Netz – Groß (Tennis Borussia), Burdenski (Bremen), Kneib (Bielefeld), Zumdick (Bochum), Köpke (Nürnberg) und Lehmann (Schalke). Seitdem sind es noch mehr geworden, in der Saison 2001/02 schaffte auch der mittlerweile für Schalke im Tor stehende Oliver Reck im Spiel gegen den FC St. Pauli sein erstes und letztes Bundesliga-Tor.

Der Einzige neben Butt, der mehrmals traf, nämlich genau zweimal, war Andy Köpke. Spektakulär war sein erster Treffer. Am 12. Spieltag der Saison 1992/93 liegt der 1. FC Nürnberg im Heimspiel gegen den 1. FC Köln mit 0:1 zurück. Als der Schiedsrichter nach einem Foul im Kölner Strafraum auf den ominösen Punkt zeigt, fordert das ganze Stadion mit „Andy,-Andy"-Rufen den Club-Torhüter als Exekutor. Köpke ignoriert das Risiko, sich durch einen Fehlschuss lächerlich zu machen, trabt entschlossen über den Platz und hämmert den Ball kompromisslos ins Netz. Es war eine Genugtuung. Denn im Tor von Köln stand kein Geringerer als Bodo Illgner, jener Mann also, dem Köpke seit Monaten die Position der Nummer eins in der deutschen Nationalmannschaft streitig zu machen versuchte. Der Club gewann das Spiel mit 2:1, Köpke jedoch stand in der Nationalmannschaft noch etliche Monate im zweiten Glied hinter dem Kölner. Erst der Rücktritt Illgners nach dem Viertelfinal-Aus bei der WM 1994 machte ihn zum Stammtorwart in der Auswahl Deutschlands. Bis dahin war Bundestrainer Berti Vogts trotz der nicht immer überzeugenden Leistungen von seinem Zögling Illgner derartig eingenommen, dass sich Köpke auch mit dem frechen Husarenstück gegen den Konkurrenten wohl nicht schaden konnte. Denn dass ein Torhüter gegen einen Torhüter antritt, zumal gegen den unmittelbaren Konkurrenten im Tor der Nationalelf, das sah man, bevor Butt dieses Bild zur Gewohnheit werden ließ, beinahe als unmoralisch an. Der erste erfolgreiche Elfmeter-Schütze, Manfred Manglitz, – derselbe Manglitz, der 1971 keine Hemmungen hatte, für eine absichtlich herbeigeführte Niederlage Bestechungsgeld zu kassieren – meinte noch im Ruhestand entschuldigend, dass er 1968 nur deswegen angetreten sei, „weil die Zuschauer das wollten". Denn einem Kollegen einen reinzutun, fügte er nachdenklich hinzu – „eigentlich gehört sich so was ja nicht".

KAPITEL 7

HERRSCHER UND KNECHTE

Wie wird man Deutschlands Nummer eins?

Seit 1939 hat sich die Durchnummerierung einer Fußballmannschaft von „1" bis „11" international durchgesetzt. Die Zahl des Torhüters ist die „1". Nicht alle trugen sie gleich auf dem Rücken, da sich die Kleidung des Torhüters ja sowieso von der seiner Mitspieler unterscheidet. Erst bei der WM 1950 in Brasilien waren fast alle Torhüter mit der „1" markiert. Später, als einige WM-Teilnehmer ihre Kader nach dem Alphabet bezifferten, gab es auch andere Zahlen: so 1974 den Holländer Jan Jongbloed mit der „8" oder 1978 den Argentinier Ubaldo Fillol mit der „5". Üblich für den Torhüter blieb jedoch die „1". In einem WM-Kader mit 22 Spielern erhalten die Reservetorhüter in der Regel die Nummern 12 und 22. Bei der WM 2002 in Japan und Korea trug Oliver Kahn die „1", auf der Ersatzbank saßen Jens Lehmann und Jörg Butt. Kahn war auch im übertragenen Sinn die „Eins": der Erste, der Beste, der Unangefochtene, der, wie die Engländer sagen, „First Man". Nur selten sind in der bisherigen WM-Geschichte Torhüter zum Zuge gekommen, die als Reservisten nominiert waren. Den Spieler mit der „1" bei einer WM zu verdrängen, ist in der deutschen Nationalmannschaft überhaupt nur einem Einzigen jemals gelungen. 1962 in Chile hatte Hans Tilkowski die „1", Wolfgang Fahrian die „22". Fahrian stand dennoch bei allen WM-Spielen der Deutschen im Tor.

Es war äußerst ungewöhnlich, dass Fahrian zum Zuge kam. Normalerweise legen sich Trainer vor einem großen Turnier eindeutig auf einen Torhüter fest. Der Keeper soll nicht nur die „1" auf dem Rücken haben, sondern auch im psychologischen Sinn eine klare „Eins" sein. Ständig den Torhüter zu wechseln, würde Nervosität provozieren. Ein Keeper, der weiß, dass ihm der Trainer nicht vertraut, neigt eher zu Fehlern als der, der sich seiner Position sicher sein kann. Oder anders ausgedrückt: Nur der, dem vertraut wird, kann auch anderen Vertrauen einflößen. Nichts ist so wichtig wie ein letzter Mann, bei dem sich die Mannschaft gut aufgehoben weiß. Wenn die „1" oft wechselt, ist das meistens ein sicheres Zeichen für ein Torhüter-Problem. So war es Ende der 1950er Jahre in England, als Alan Hodgkinson (Sheffield United), Eddie Hopkinson (Bolton Wanderers) und Ron Springett (Sheffield Wednesday) um den Posten des Nationaltorwarts konkurrierten. Über Hopkinson kursierte sogar der Witz, dass Walter Winterbottom ihn nur aufgrund einer Verwechslung mit Hodgkinson berufen habe. Die Leistungen des englischen Teams, das mit Springett bei der WM in Chile 1962 ausgeschieden war, wurden erst wieder ansprechend, als mit Gordon Banks ein eindeutiger „First Man" im Tor stand. Der

Wolfgang Fahrian mit der „22“ bei der WM 1962 in Chile.

neue Teamchef Alf Ramsey war von Banks überzeugt und blieb ihm selbst dann treu, wenn er sich mal einen kleinen Fehler erlaubte.

Stammtorhüter vom Format eines Banks sind nur sehr schwer von der Position der „1“ zu verdrängen. Selbst Torhüter, die allgemein anerkannt waren, mussten sich in der Nationalmannschaft oft für die Dauer ihrer gesamten Karriere hinten anstellen. Zu Banks Zeit gab es Manchester Uniteds Alex Stepney. Er durfte nur ein einziges Länderspiel machen. Sam Bartram, der in den 1930er und 1940er Jahren 579 Ligaspiele für Charlton Athletic absolvierte, gilt als der beste Torhüter, der nie für England spielte. Er hatte das Pech, dass es noch bessere gab, zunächst Ted Ditchburn von Tottenham Hotspurs, danach den legendären Frank Swift von Manchester City. Die „1“ auf dem Rücken eines Torwarts, so zeigt sich, ist mehr als nur eine Nummer. Sie ist ein Herrschaftszeichen, aufgepflanzt im Strafraum eines Fußballfeldes.

Wer einmal Herrscher im Torraum geworden ist, kann zu einer erstaunlich langen Regentschaft kommen. Manche Torhüter waren schiere Ewigkeiten unangefochten. Sieben Jahre – von 1947 bis 1954, bis zum 2:3 gegen Deutschland im Endspiel von Bern – stand Gyula Grosics ununterbrochen im ungarischen Tor, und in dieser Zeit kassierten die Ungarn keine einzige Niederlage! In elf Jahren in Turin verpasste Italiens Nationalkeeper Dino Zoff kein einziges Meisterschaftsspiel. Sepp Maier gab im Bayern-Tor schier unfassbare 13 Jahre lang – 442 Spiele in Folge – der jeweiligen Nummer zwei nicht eine einzige Chance, sich einmal zu bewähren.

Für Ersatzleute, für die Männer mit der „12" und der „22", ist das Hoheitsgebiet der Herrscher tabu. Sind es Jünglinge, so werden sie behandelt wie Knaben, die sich ihre Meriten erst noch verdienen müssen. In gewisser Weise sind die Nachwuchs-Ersatzkeeper für die Nummer eins so etwas ähnliches, wie es einst die Knappen für den Ritter waren. Problematischer noch ist die Situation für „ausgewachsene" Bankdrücker. Ihnen bleibt nur die undankbare Rolle des alt gewordenen Gesellen, der sein Meisterstück noch immer nicht abgeliefert hat. Sie sind dazu verdammt, sich zu fügen und zu warten, dass ihre Stunde vielleicht doch noch kommt. Zumal bei einer WM haben die Ersatzleute nur die Aufgabe von Hilfsknechten: Sie müssen sich bereithalten für den Fall, dass der Stammkeeper ausfällt.

Vor dem Turnier 1970 machte Dino Zoff alle Qualifikationsspiele mit. Bei der WM selbst bekam jedoch Enrico Albertosi vom amtierenden Meister US Cagliari den Vorzug. Cagliari war damals neben Inter Mailand der finanzkräftigste Verein und hatte daher bei der Aufstellung des Nationalteams ein gewichtiges Wörtchen mitzureden. Zoff, zu dieser Zeit Keeper des „armen" SSC Neapel, musste auf die Bank. Er fügte sich diszipliniert in sein Schicksal, weil er wusste, „dass übersteigerter Ehrgeiz des Zweiten nur Unruhe in die Mannschaft bringen würde". Auch der ehemalige Kahn-Ersatzmann bei Bayern München, Stefan Wessels, ist einer von der ruhigen Sorte. Er kam im Herbst 2002 nur kurzzeitig ins Tor, als Kahn verletzt war. Kaum war Kahn wieder da, räumte er seinen Platz wieder ohne Murren. Gefragt, ob er Probleme habe, nur die Nummer zwei zu sein, antwortete er: „Es ist okay weil es Oliver Kahn ist. Bei jedem anderen Torhüter hätte ich ein Problem damit, die Nummer zwei zu sein."

Im Gegensatz zu Wessels hatte Jürgen Rollmann im Jahr 1991 durchaus Probleme. Rollmann war zweiter Mann bei Werder Bremen, und vor ihm stand kein „Super-Olli" Kahn, sondern „Pannen-Olli" Reck. Bremens Trainer Otto Rehhagel hielt auch nach haarsträubenden Fehlern in Treue fest an Reck, und Rollmann hatte den Frust zu tragen. Die Situation, so Rollmann, sei „geradezu schizophren" gewesen: Hält Oliver Reck gut, dann stellt sich die Frage nach einem Torwartwechsel ohnehin nicht; hält er schlecht, stellt sich Otto Rehhagel demonstrativ vor ihn. „Das allerletzte Fünkchen Hoffnung auf das Trikot mit der Nummer 1 verglimmt bei mir im Herbst 1991. Am 26. Oktober verliert Werder in Köln 0:5. Reck hält, mehr als freundlich formuliert, nicht gut. Nach dem Spiel kommt Kölns

Torwart-Trainer Rolf Herings auf mich zu und meint: ‚Wie schlecht musst du eigentlich sein, dass du nicht spielst? Der Torwart ist doch eine Katastrophe.'" Rollmann musste weiterhin die Bank drücken, Reck brachte wieder gute Leistungen und durfte sich 1996 sogar für ein Spiel das Nationaltrikot überstreifen.

Die Torhüter-spezifische Situation, dass immer nur einer zwischen den Pfosten stehen kann, bedeutet für beide Stress. Für die Eins wie für die Zwei. Während das Torwartschicksal des Mannes auf der Ersatzbank darin bestehe, „auf Chancen zu lauern und auf Verletzung des Rivalen zu hoffen", so Toni Schumacher, bete der Mann auf dem Platz heimlich seinen Rosenkranz: „Du bist die Nummer eins. Die musst du auch bleiben. Existenzfrage! Du darfst dem zweiten Torwart keine Chance lassen, dir den Ast abzusägen." Aus dieser Situation heraus entstehen innerhalb eines Kaders große Spannungen. Keiner gibt gern den Platz auf der Bühne ab. Der größte Feind eines Torhüters steht nicht im Kasten des Gegners, sondern sitzt auf der Bank. Umgekehrt muss jeder, der etwas werden will, alles tun, die Nummer eins zu verdrängen. Auch die Knechte wollen an die Sonne. Hennes Weisweiler: „Zeig mir einen zufriedenen Zweiten, und ich zeige dir den ewigen Verlierer." Manchmal verlieren sie die Beherrschung und machen sich auf rüde Weise bemerkbar. Dann ist es nicht mehr weit bis zu einem wirklichen Zweikampf. Zwei Jahre lang hatten sich Raimond Aumann und Jean-Marie Pfaff bei Bayern München einen harten Konkurrenzkampf geliefert. Dann verletzte sich Aumann schwer und musste lange pausieren. Als er in der Saison 1987/88 zurückkehrte und nachhaltig seine Ansprüche auf das Trikot mit der „1" anmeldete, antwortete Pfaff auf dem Trainingsplatz mit einem Faustschlag mitten in Aumanns Gesicht. Der Vorfall bestätigt auf drastische Weise eine Aussage Sepp Maiers: „Die gnadenlose Auslese, die Woche für Woche nur den Besten auf dem Platz überleben lässt, ist genauso brutal und um einiges ehrlicher als die Machtkämpfe in den Chefetagen der großen Wirtschaftsunternehmen."

In der Regel hilft rohe Gewalt wenig, um zur Nummer eins zu werden. Meist braucht man viel Fleiß und Geduld. Selbst für die Besten war es nicht leicht, ins Tor zu kommen. Lew Jaschin, der Erste unter allen „First Men", kam mit 15 Jahren zu Dynamo Moskau. Sein Lehrmeister war der damals legendäre Alexej „Tiger" Chomitsch. Nach fünf Jahren harten Trainings kam er 1950 zu seinen ersten beiden Bewährungsproben. Jaschin versagte beide Male und wurde danach für drei Jahre auf die Reservebank verbannt. Erst seine zweite Chance konnte er schließlich nutzen. Mit 23 wurde er Stammtorhüter bei Dynamo und blieb es noch 18 Jahre lang.

Statt Geduld hat anderen ein Vereinswechsel geholfen. Schon oft mussten Ersatzleute gehen, um anderswo Karriere zu machen. Gerry Ehrmann war zwischen 1977 und 1984 Ersatzmann von Toni Schumacher beim 1. FC Köln. In dieser Zeit kam er nur zweimal in der Bundesliga zum Einsatz. Erst nach seinem Wechsel zum 1. FC Kaiserslautern wurde er Stammkeeper. Jürgen Rollmann wechselte 1992 nach seinem Reck-Frust in Bremen zum MSV Duisburg. Wer allerdings in der Nationalmannschaft Karriere machen will, der kann nicht einfach die Staatsangehörigkeit wechseln. Wer die Nummer 1 erobern und „Herrscher" werden will, muss sich dem Kampf stellen, um nicht auf ewig ein „Knecht" auf der Ersatzbank zu bleiben. Die Geschichte der deutschen Nationaltorhüter zeigt beispielhaft, wie hart um den Platz an der Sonne gerangelt wird – und wie sich der Stil, dessen sich die Kontrahenten bedienen, wandeln kann.

Es musste nicht immer der Beste sein

In der „Steinzeit" der deutschen Fußball-Nationalmannschaft gab die Frage nach dem besten Keeper noch keinen Stoff ab für erbittert geführte Diskussionen. Beim ersten offiziellen Länderspiel Deutschlands am 5. April 1908 in Basel gegen die Schweiz, das bei heftigem Gewitterregen mit 3:5 verloren ging, stand Fritz Baumgarten von Germania 1888 Berlin im Tor. Sein erstes blieb zugleich sein letztes Länderspiel. Die besten Torhüter nach Baumgarten waren Paul Eichelmann (Germania 88 und Union 92 Berlin) und Adolf Werner (Holstein Kiel). Eichelmann, bereits 1899 in einem der inoffiziellen „Ur-Länderspiele" zum Einsatz gekommen, die vom späteren „Kicker"-Herausgeber Walther Bensemann organisiert worden waren, brachte es als DFB-Nationalspieler lediglich zu zwei Berufungen. Einerseits hatte er seinen Zenit bereits überschritten und andererseits war er wegen seiner mangelhaften Disziplin beim DFB nicht besonders gut gelitten. Seine Nachfolge trat Adolf „Adsch" Werner an. Obwohl er überzeugen konnte, blieb Werner wegen der seltsamen Auswahlpolitik bei der Nominierung der Nationalmannschaft nicht ohne Konkurrenz. Vereine und Landesverbände bedrängten den DFB pausenlos, ihre Spieler zu nominieren. Weil deswegen immer wieder andere Torhüter eine Berufung erhielten, hatte der bei den Fachleuten unumstrittene Kieler Torwart-Star vorläufig keine Chance, sich als Stammkeeper zu etablieren.

Bis zum 4. April 1914, dem letzten Treffen vor dem Ersten Weltkrieg, wurden in insgesamt 30 Spielen nicht weniger als elf verschiedene Torhüter eingesetzt. Wie seltsam der DFB damals seine Auswahlspiele organisierte, zeigt das Beispiel eines Länderspiels gegen Belgien. Es war für den 16. Mai 1910 in Duisburg angesetzt – nur 24 Stunden nach dem Endspiel um die Deutsche Meisterschaft. Weil die vorgesehenen Akteure von Holstein Kiel und dem Karlsruher FV, den beiden Endspielteams, abgesagt haben, beruft der DFB etliche Ersatzspieler. Einer von ihnen ist der Torwart des 1. FC Pforzheim, Robert Faas. Aber selbst mit diesem Notteam gibt es noch Probleme. Viele haben die Benachrichtigung zu spät erhalten, so dass sie nicht rechtzeitig zum Anpfiff auf dem Duisburger Preußenplatz eintreffen. Um die Mannschaft zu komplettieren, werden in höchster Eile vier Duisburger Fußballer, die als Zuschauer nur zufällig anwesend sind, kurzerhand zu Nationalspielern erklärt. Mit Faas stehen in der Mannschaft nicht weniger als sieben Spieler, die ihr erstes und zugleich letztes Länderspiel machen. Unter ihnen Peco Bauwens, der berühmte Schiedsrichter und spätere Präsident des DFB. Dass das Spiel mit 0:3 verloren ging, kann unter diesen Umständen nicht verwundern.

Paul Eichelmann war in der Pionierzeit wohl der beste deutsche Torhüter.

Vom Duisburger Desaster beeindruckt, bemühte sich der DFB in der Folge, die Nationalmannschaft besser zu organisieren. Die Auswahl der Spieler erfolgte nun konsequenter nach sportlichen Gesichtspunkten. Das konnte im Fall der Position des „letzten Mannes“ nur heißen: „Adsch“ Werner muss in den Kasten. Tatsächlich avancierte der Kieler Keeper nun zum ersten Stammtorhüter der Nationalmannschaft. Zwischen 1909 und 1912 brachte er es auf die für die damalige Zeit fantastische Zahl von 13 Länderspielen. Hätte der DFB von Anfang an immer nur auf den besten Mann gesetzt, wären es sicher noch wesentlich mehr geworden.

Der legendäre Heiner und all die anderen

Als man in Deutschland nach dem Ersten Weltkrieg damit begann, in der Nationalmannschaft gezielt die besten Spieler zusammenzuziehen, herrschte erstmals wirklich ein „Kampf um die Nummer eins“. Beim ersten Länderspiel nach dem Ersten Weltkrieg, das am 27. Juni 1920 in Zürich gegen die Schweiz mit 1:4 verloren ging, stand der Mann im Tor, der soeben mit dem 1. FC Nürnberg Deutscher Meister geworden war: Heiner Stuhlfauth. Als Keeper jenes Vereins, der mit fünf Meistertiteln bis 1927 eine Dominanz erreichen sollte wie heute Bayern München, avancierte er zu einem der ersten richtigen Stars des deutschen Fußballs. Der Nürnberger Torwart besaß eine ungeheure Popularität – „Es gibt nur einen Stuhlfauth!", hieß es in den Zeitungen oft –, unumstritten war er gleichwohl nicht. In den ersten Länderspielen sah er nicht gut aus und machte viele Leichtsinnsfehler. Nun konnte man lesen: „Stuhlfauth überschätzt". Dass er ein Ausnahmekönner war, wurde dennoch von keinem Experten ernsthaft bestritten. Nach einem 1:1 gegen die Schweiz kommentierte ein englischer Journalist: „Auf deutscher Seite sah ich nur einen Mann von hoher internationaler Klasse: den Torwächter." So ging es hin und her zwischen Lob und Kritik. Mehrmals wurde er verbannt und musste anderen Platz machen, manchmal streikte er selbst. Aber er kehrte immer wieder zurück. Selbst dann, als er nach dem 1:4 Deutschlands bei der Olympiade 1928 gegen Uruguay bei Reichstrainer Dr. Otto Nerz endgültig in Ungnade gefallen zu sein schien. Seine beste Leistung hatte er nämlich noch in petto. Er zeigte sie am 28. April 1929 beim ersten Sieg Deutschlands über Italien in Turin. Danach war sich die internationale Presse einig, dass man an diesem Tag „den besten Torhüter der Welt" gesehen hatte.

Der populäre Heiner Stuhlfauth gibt Autogramme.

Am 2. März 1930 verabschiedete sich Heiner Stuhlfauth als Rekordnationalspieler (21 Einsätze) aus der DFB-Auswahl. Wenig später räumte er auch seinen Posten beim 1. FC Nürnberg. Dort hatte ihm in Benno Rosenmüller über Jahre hinweg ein zuverlässiger Ersatzmann gedient. Wenn Rosenmüller mal zum Einsatz kam, dann war er zuweilen so gut, dass ihn manch ein Journalist sogar für die DFB-Auswahl empfahl. Bei jedem anderen Verein wäre er vermutlich mühelos die Nummer eins geworden. Weil in Nürnberg die Kameradschaft so toll gewesen sei, zog es der treue Ersatzmann jedoch vor, lieber beim Club der Zweite zu bleiben. „Der Stuhlfauth", begründete er, „war die ‚Kanone', und mein Spitzname war ‚Kracherla', das war halt so. Er hat bei mir seine Kohlen gekauft und ich in seiner Weinstube an der Sebalduskirche meinen Wein."

In der DFB-Auswahl ging es nicht ganz so kameradschaftlich zu. Der erste große Konkurrent Stuhlfauths stand bei der SpVgg Fürth im Tor: Theodor „Teddy" Lohrmann. Bereits 1922 entspann sich, wie sich Stuhlfauth selbst erinnerte, „in der heimischen und übrigen deutschen Sportpresse ein Kleinkrieg und Rätselraten um den besseren Tormann". Der aus dem SV Waldhof hervorgegangene Lohrmann war eine imposante Erscheinung und konnte auch mit seinen Leistungen beeindrucken. In allen drei Länderspielen, die er absolvieren durfte, kassierte er kein einziges Tor. Dass Lohrmanns internationale Karriere nach dem 0:0 gegen Ungarn im Juli 1922 bereits beendet war, hatte seine Ursache darin, dass er kurze Zeit nach diesem Spiel zu den Wiener Amateuren (der späteren Austria) wechselte. In den Augen des DFB war er damit „Profi" und für die Nationalmannschaft untragbar geworden.

Im Jahr darauf, als die Inflation in der Weimarer Republik auf den Höhepunkt zutrieb, war Stuhlfauth selbst in die Kritik gekommen, weil er lieber mit seinem Verein zwecks Devisenbeschaffung eine lukrative Spanien-Tournee unternahm, statt um der Ehre willen für den DFB anzutreten. Vier Spiele in Folge war daher Carl Zörner vom Kölner Sportclub 1899 erste Wahl, ehe mit dem Nürnberger wieder die wahre Nummer eins zwischen den Pfosten der Nationalmannschaft stand. Bis zum nächsten Eklat um den eigensinnigen Torwart dauerte es jedoch nicht lange. Nach einem Länderspiel gegen die Schweiz am 14. Dezember 1924 in Stuttgart war es den Spielern vom DFB-Vorstand untersagt worden, beim anschließenden Bankett ihre Frauen mitzubringen. Als Stuhlfauth mit seiner Frau Liesel am Eingang des Speisaals abgewiesen wurde, zog er wutentbrannt ab und schmollte anschließend geschlagene eineinhalb Jahre lang.

Stuhlfauths Ersatzleute bekleckerten sich zunächst nicht mit Ruhm. Über den Kölner Karl Zolper beispielsweise hieß es nach einer 1:2-Niederlage in Amsterdam gegen Holland: „Zeitweise hielt er recht gut, aber internationales Format hat er nicht. Es gibt eben nur einen Stuhlfauth, und der muss bei einem Länderspiel dabei sein." Dann aber trat mit dem Münchner Georg Ertl, der beim 0:1 gegen Schweden am 21. Juni 1925 in Stockholm eine reife Debüt-Leistung ablieferte, ein ernst zu nehmender Widersacher auf den Plan. Am 20. Juni 1926, als die Schweden zur Revanche nach Nürnberg anreisten und ein 3:3-Unentschieden erreichten, war Stuhlfauth wieder ins Tor zurückgekehrt. Die Position einer unumstrittenen Nummer eins hatte er sich damit jedoch noch nicht zurückerobert. Zum nächsten Länderspiel gegen die Niederlande durfte er nur als Ersatzmann mitfahren. Geduldig wartete er, bis sich sein Konkurrent blamierte. Im Dezember tat ihm Ertl den Gefallen, als er für eine peinliche Niederlage gegen den Dauergegner Schweiz sorgte. Seine letzte Chance bekam der Münchner im Oktober 1927 gegen Dänemark. Er nutzte sie nicht. Nach dem 1:3 war Stuhlfauth wieder erste Wahl. Größere Probleme mit der Rolle des Ersatzmannes hatte er offensichtlich nicht gehabt. Als er einmal als Linienrichter eingesetzt wurde, kommentierte er, dass dieses Ehrenamt „gar nicht so einfach ist, wie es aussieht", und als er in Kopenhagen seinem Konkurrenten Ertl im Training assistieren musste, meinte er entspannt: „Was für andere Spieler wie eine bittere Pille empfunden wurde, das fasste ich als Spaß auf."

Der schöne Willibald und der starke Hans

Nach der Enttäuschung bei den Olympischen Spielen in Amsterdam war der im Oktober 1926 ins Amt gesetzte Reichstrainer Prof. Dr. Otto Nerz auf der Suche nach einem Stuhlfauth-Nachfolger. Am 10. Februar 1929 versuchte er es mit Willibald Kress von Rot-Weiß Frankfurt. Nerz hatte eine glückliche Hand, denn Kress gelang ein hervorragender Einstand. In Mannheim besiegte Deutschland die Schweiz mit 7:1. Die nächsten beiden Spiele verliefen für Neuling Kress ebenso erfolgreich. In Köln wurde Schweden mit 3:0 besiegt und in Zürich die Schweiz mit 5:0. Nur ein Gegentor in drei Spielen – Kress' Bilanz konnte sich sehen lassen. Dann, am 10. Mai 1930, stand im Grunewaldstadion zu Berlin die Begegnung mit den Profis aus England an. Stuhlfauth, der lange verletzt gewesen war, meldete seine Ansprüche an. Reichstrainer Nerz entschied sich jedoch für Kress. Und der enttäuschte nicht. Deutschland trotzte den Engländern in Berlin ein beachtliches 3:3-Unentschieden ab. Kress gehörte zu den besten Spielern. Keine Frage: Der Frankfurter war jetzt die Nummer eins.

Obwohl hin und wieder einmal ein anderer Keeper getestet wurde, blieb Kress absolut unumstritten. Der im November 1930 debütierende Regensburger Hans Jakob musste selbst anerkennen, dass seine Zeit noch nicht gekommen war: „Als ich Willibald Kress zum ersten Male spielen sah", so der bescheidene Tormann, „wusste ich, dass ich so schnell keine Chance, in die Nationalelf aufzurücken, haben würde. Sein elegantes Spiel, seine Stellungskunst, sein Leiten aller Vorderspieler mussten begeistern." Ein anderer, der ein gefährlicher Konkurrent hätte werden können, der Berliner Hertha-

WM-Halbfinale 1934 gegen die Tschechoslowakei. Kress kann den Ball nicht festhalten. Das bedeutet das „Aus“ für den Nationaltorwart.

Torhüter Paul Gehlhaar, hatte das Pech, dass ihm am 24. Mai 1931 in Berlin beim 0:6 gegen Österreich die Bälle um die Ohren flogen. Nach dieser höchsten Niederlage, die eine deutsche Nationalmannschaft je hinnehmen musste, war seine internationale Karriere nach nur zwei Länderspielen bereits wieder beendet. Dass dann Kress kaum ein Jahr später plötzlich kein Thema mehr war, hatte keine sportlichen Gründe, sondern monetäre. Der Frankfurter wurde Anfang 1932 wegen Verstößen gegen das Amateurstatut aus der Nationalelf verbannt und für zwei Jahre gesperrt.

Während Kress im französischen Mühlhausen sein Glück versuchte, stritten sich nun das süddeutsche Torwart-Idol von Jahn Regensburg, Hans Jakob, und der Keeper des kleinen niederrheinischen Vereins VfB Speldorf, Fritz Buchloh, um den Platz im deutschen Tor. Über ein Jahr lang teilten sie sich die Rolle der Nummer eins. Dann, wenige Monate vor dem Beginn der WM 1934 in Italien, kamen Nationaltrainer Dr. Otto Nerz plötzlich Zweifel. War Kress vielleicht nicht doch besser als Jakob oder Buchloh? Er ließ zwar ab und zu mal einen Roller passieren, aber die scharfen, harten Bälle hielt er immer zuverlässig. Die Lösung des Problems: Kress wurde vom süddeutschen Fußballverband begnadigt und war damit wieder spielberechtigt. „Der schöne Willibald“ zeigte sich zunächst dankbar und überzeugte mit guten Leistungen. Dann aber machte er schwerwiegende Fehler beim 1:3 gegen die CSSR im Halbfinale. Er stand als Sündenbock am Pranger und fand auch bei Otto Nerz keine Gnade. Beim Spiel um den dritten Platz im sonnenüberfluteten Stadion von Neapel gewann Deutschland mit einem überzeugenden Hans Jakob im Tor gegen Österreich 3:2.

Wie Kress war Jakob ein äußerst populärer Schlussmann. Wenn man in den 1930er Jahren jemanden fragte, was ihm zu Regensburg einfällt, dann hieß es: „Die Domspatzen, die Knackwürste und Hans Jakob." Trotz seines eher sachlichen Stils besaß er in allen Aktionen eine große Ausstrahlung. 1935 riss er in London beim 0:3 gegen die englischen Profis sogar das einheimische Publikum zu Begeisterungsstürmen hin. Konkurrenzlos war der Modellathlet jedoch auch nach dem Ausscheiden von Kress keineswegs. „Zu den weniger erfreulichen Daten in meiner internationalen Laufbahn gehörte u.a. die Berufung zum ‚Ersatzmann'", so der Regensburger in seiner Biografie. „Vierzehn Mal musste ich diese Rolle in der Ländermannschaft und oft auch in der süddeutschen Mannschaft spielen." Der Grund für diese „weniger erfreulichen Daten" hieß nach wie vor Fritz Buchloh. Obwohl Buchloh bei einem zweitklassigen Verein im Tor stand, brachte er es zwischen 1932 und 1936 auf die respektable Zahl von 17 Länderspielen. Während Jakob als harter und wuchtiger Spieler bekannt war, glänzte der ruhige Buchloh eher mit lässiger Eleganz. Der Journalist Hannes Berger: „Fritz Buchloh besaß ein ausgeprägtes Ballgefühl, er ähnelte in seiner ganzen Art mehr dem Stil des Frankfurters Kress." Nationaltrainer Nerz, den mit dem „schönen Willibald" eine Art Hassliebe verbunden hatte, gab ihm vielleicht gerade deswegen immer wieder eine Chance.

Jakob kam mit seiner Rolle als „halbe" Nummer eins offenbar gut zurecht. In der typischen Ausdrucksweise der damaligen Zeit formulierte er: „Niemals aber traten im Kreise meiner Kameraden deshalb Neid oder persönliche Differenzen auf." Zweimal mussten sich Buchloh und Jakob während eines Länderspiels wegen Verletzungen ablösen. Auch beim Olympischen Fußballturnier, das im Sommer 1936 in Berlin stattfand, standen sie abwechselnd im Tor. Im ersten Spiel, beim 9:0 gegen Luxemburg, hatte Buchloh praktisch nichts zu tun. Als die deutsche Mannschaft am 8. August mit 0:2 gegen Norwegen ausschied, stand Jakob zwischen den Pfosten. Es blieb das einzige wichtige Fußballspiel, das Adolf Hitler jemals besuchte. Und für Jakob war es „die größte Enttäuschung in meiner Fußballer-Laufbahn".

Ein paar Kleine und viele Namen

Trotz der „größten Enttäuschung" blieb Jakob in den folgenden Jahren Deutschlands Vorzeige-Torhüter. Nach der Abschiedsvorstellung Buchlohs im Jahr 1936 war die Konkurrenz schmal geworden. Willi Pesch von Fortuna Düsseldorf blieb der ewige Ersatzmann, der er schon seit Stuhlfauths Zeiten war, andere, wie der Oberhausener Willi Jürissen, hatten bei sporadischen Einsätzen nie restlos überzeugen können. Und dem Nürnberger Keeper Georg Köhl, der zwischen 1934 und 1936 vor allem in den Final- und Halbfinalduellen gegen Schalke 04 im Blickpunkt der Öffentlichkeit gestanden hatte, stand die Vorliebe des Reichstrainers für groß gewachsene Torleute im Weg. „Du kannst dich anstrengen wie du willst, du bist einen Kopf zu klein für den Nerz", meinte sein Mannschaftskamerad Richard Oehm. Nachdem Nerz im September 1936 von seinem bisherigen Assistenten Sepp Herberger abgelöst worden war, kam Köhl dann doch noch, im März 1937 gegen Luxemburg, zu einem Einsatz. Aber auch nur deswegen, weil Jakob gerade verletzt war.

Nach dem „Anschluss" Österreichs im Jahr 1938 waren dann kleine Torhüter kein Thema mehr. Sepp Herberger hatte den Auftrag, zur anstehenden WM in Frankreich aus den besten österreichischen und deutschen Spielern eine „großdeutsche" Mannschaft zu bilden. Beim ersten Spiel am 4. Juni in Paris gegen die Schweiz waren fünf deutsche und sechs Österreicher auf dem Platz. Im Tor stand Rudolf Raftl, zweifacher österreichischer Meister mit Rapid Wien und bereits sechsfacher österreichischer Nationalspieler. Raftl war nur 1,60 Meter groß, verfügte aber über eine außergewöhnliche Sprungkraft. Bei diesem Auftaktspiel, das auch nach der Verlängerung noch 1:1-Unentschieden stand, erledigte er seine Abwehrarbeit mit wienerischer Eleganz. Im Wiederholungsspiel verlor „Großdeutschland" auf

Hans Jakob als Nummer eins der so genannten „Breslau-Elf", die am 16.5.1937 in Breslau mit 8:0 gewann und im gleichen Jahr zehnmal unbesiegt blieb.

Hans Klodt bei einer wuchtigen Faustabwehr.

blamable Weise mit 2:4. An Raftl lag es wohl am wenigsten. Er sei, hieß es in der Presse, in einer schwachen Mannschaft noch der Beste gewesen.

Im nächsten Spiel, am 18. September 1938 in Chemnitz gegen Polen (4:1), war wieder Jakob erste Wahl. Nicht einmal ein Jahr später, am 1. September 1939, griffen deutsche Soldaten Polen an: Der Zweite Weltkrieg hatte begonnen. In den zehn Spielen dieses letzten Spieljahrs vor Kriegsbeginn standen nicht weniger als sieben verschiedene Torhüter im Kasten. Reichstrainer Sepp Herberger hatte ganz offensichtlich keinerlei Plan, wen er zu „Großdeutschlands" Nummer eins machen sollte. Jakob jedenfalls wurde es nicht mehr. Am 24. September gab er beim 1:5 in Budapest seinen Abschied aus der Nationalmannschaft. Sein letztes Länderspiel war das erste nach Kriegsbeginn und das 38. seiner Karriere.

Als aussichtsreichste Kandidaten für die Jakob-Nachfolge galten der Schalker Hans Klodt und Heinz Flotho vom VfL Osnabrück. Beide hatten jeweils gegen Luxemburg debütiert. Mit Klodt hatte es im März 1938 einen schwächlichen 2:1-Sieg gegeben, mit Flotho im März 1939 – trotz einiger unglaublicher Reflexe, die der „schwarze Panther“ gezeigt hatte – eine erbärmliche 1:2-Niederlage. Der Osnabrücker wollte auf dieses Länderspiel, das zugleich sein erstes und letztes war, nie mehr angesprochen werden. So wurde Klodt, ähnlich wie Jakob ein schnörkelloser Schlussmann mit wuchtiger Faustabwehr, zum Stammspieler in der Nationalelf. Sein letztes von 17 Länderspielen bestritt er am 5. Oktober 1941 in Stockholm gegen Schweden. Die Skandinavier gewannen 4:2. Kurze Zeit später erlitt er als Frontsoldat eine Schussverletzung am Bein. Während er verletzt im Lazarett lag, holten sich die Schalker den gescheiterten Nationaltorwart Flotho als Ersatz. Mit ihm sicherten sie sich ihre sechste Meisterschaft im Jahr 1942.

Nachfolger Klodts im Tor der „großdeutschen“ Mannschaft wurde der Mann, der im letzten Spiel des „Torhüter-Jahres 1939“, dem 3:1 gegen die Slowakei in Chemnitz am 3. Dezember, debütiert hatte: Helmut Jahn vom Berliner SV 1892. Vom Oktober 1941 bis zum letzten Kriegsländerspiel am 22. November 1942 in Preßburg gegen die Slowakei brachte er es auf 13 Einsätze in Folge. Unumstritten war er allerdings dennoch nicht. Besonders in seiner Heimat Berlin gingen die Meinungen über Jahn, der zwar als „Meister auf der Linie“ galt, in der Strafraumbeherrschung aber große Schwächen zeigte, weit auseinander. So wurde er, obwohl Nationaltorwart, in der Berliner Stadtauswahl kaum einmal berücksichtigt.

Glücks-Toni, Schulmeisters-Fritz und die anonymen Alkoholiker

Helmut Jahn, der inzwischen nach Stuttgart umgesiedelte bisherige Stammkeeper der Nationalmannschaft, wurde nach Kriegsende von dem nach wie vor als Nationaltrainer amtierenden Sepp Herberger zwar zu den ersten Lehrgängen eingeladen, doch dann wurde er nach einer Meniskusverletzung Anfang 1949 aussortiert. Beim ersten Nachkriegs-Länderspiel im Jahr 1950 stand der Düsseldorfer Fortune Toni Turek im Tor. Der spätere Held des Endspiels von Bern galt zu diesem Zeitpunkt allenfalls als sympathischer, aber nicht gerade als überragender Torwart. In Herbergers Notizbuch stand er trotzdem schon sehr lange. Am 27. September 1936 hatte er als Jugendlicher im Tor seines damaligen Klubs Duisburger SV 1900 bei einem Vorspiel eines Länderspiels gegen Luxemburg eine Serie toller Paraden hingelegt. Eine kontinuierliche Entwicklung seiner Karriere verhinderte dann vor allem der Krieg, bei dessen Beginn der junge Torwart gerade mal 19 Jahre alt war. 1945 stand Turek bei Eintracht Frankfurt im Tor, zwei

Jahre später wechselte er nach einem Krach mit dem Eintracht-Stürmer Adamkiewicz nach Ulm zur TSG 1846. Als er 1950 ins Rheinland zurückgekehrt war, zu Fortuna Düsseldorf, war er bereits 31 Jahre alt. Dennoch klopfte der Bundestrainer bei ihm an. Die Schweiz hatte als erstes Land den Boykott gegenüber dem Deutschen Fußball-Bund aufgehoben und wollte am 22. November in Stuttgart zum ersten Nachkriegsländerspiel antreten. Turek hielt seinen Kasten sauber, Deutschland gewann mit 1:0.

Spätzünder Turek, ein typischer Vertreter des ruhigen und nüchternen Torwarts, stand auch bei den nächsten vier Länderspielen im Tor, dann wollte Herberger auch mal die Torsteher der jüngeren Generation testen. Karl Bögelein vom VfB Stuttgart wurde nach einem nicht sonderlich überzeugenden Einsatz nur noch als Reservist eingeladen. Karl Adam vom TuS Neuendorf brachte es immerhin auf drei Länderspiele. Obwohl die allesamt zu null endeten, war der Torhüter für Herberger offensichtlich ebenfalls kein geeigneter Kandidat. In Neuendorf, einem Stadtteil von Koblenz, war Adam als ausdauernder Biertrinker bekannt. Manchmal, so geht ein bis heute in rheinländischen Fußballerkreisen kursierendes Gerücht, habe man ihn morgens aus der Kneipe zum Spiel abholen müssen. Vom Pirmasenser Heinz Kubsch, der im April 1954 bei einem Testspiel zwischen die Pfosten durfte, waren solch zweifelhafte Verhaltensweisen nicht bekannt. Kubsch durfte folgerichtig als dritter Mann mit zur WM in die Schweiz. Als Nummer zwei nominierte Herberger mit dem Dortmunder Borussen Heinz Kwiatkowski einen Mann ohne jegliche Länderspielerfahrung.

Wenige wissen, dass der heute nahezu vergessene Kubsch den späteren „Fußballgott" Turek beinahe aus dem Tor verdrängt hätte. Als Turek beim 4:1 gegen die Türkei nicht besonders gut ausgesehen hatte und Kwiatkowski gegen Ungarn acht Treffer hatte hinnehmen müssen, kam Herberger ins Grübeln. Er machte sich Gedanken über Kubsch: „Das ist ein Duseltorwart. An einem guten Tag ist der unschlagbar." Die Entscheidung traf schließlich nicht Herberger, sondern der Zufall: Kubsch verletzte sich bei einer Kahnfahrt auf dem Thuner See, Turek durfte im Tor bleiben. Gegen die Türkei (7:2), Jugoslawien (2:0) und Österreich (6:1) machte der bereits 36-jährige Schlussmann seine Sache gut, und beim Finale am 4. Juli in Bern gegen Ungarn stieg er auf in den Fußball-Olymp. Turek hatte einen guten Tag und war – ab der 11. Minute – unschlagbar. Nach der schnellen 2:0-Führung der Ungarn, als alle eine Katastrophe befürchteten, wuchs Turek über sich hinaus. Vorne trafen Morlock und Rahn, hinten hielt der Düsseldorfer alles, was zu halten war.

Sein 20. und letztes Länderspiel bestritt Turek kurz nach der WM, beim 1:3 gegen Frankreich am 16. Oktober 1954. Während der „Fußball-Gott“ selbst im Verein nur noch irdische Leistungen brachte und dort mit der Ersatzbank Vorlieb nehmen musste, und, nach seinem Wechsel zu Borussia Mönchengladbach, sogar in die 2. Liga abstieg, vertraute Bundestrainer Sepp Herberger dem Schlussmann von Rot-Weiß Essen, Fritz Herkenrath. Der wegen seiner Neigung zu spektakulären Hechtsprüngen zum „fliegenden Schulmeister“ ernannte Sport- und Volksschullehrer gab im Dezember 1954 beim 1:3 der deutschen Nationalmannschaft im Londoner Wembleystadion eine beeindruckende Kostprobe seines Könnens. Selbst der englische Stürmer Len Shakleton war begeistert: „Fritz Herkenrath war es zu danken, dass Deutschland mit drei Gegentoren davonkam.“

Fußballgott Turek nach dem Abpfiff 1954, gemeinsam mit Kapitän Fritz Walter.

Weil Herkenrath an guten Tagen zwar nahezu unschlagbar war, aber eben nicht immer einen guten Tag hatte, gab Herberger weiteren Torhütern eine Bewährungschance. Heinz Kubsch, der „dritte Mann“ von 1954, kam zu zwei Einsätzen. Zu weiteren Länderspielen wurde er nicht berufen, angeblich deswegen, weil ihn der militante Antialkoholiker Herberger nach einem Spiel gegen Aachen mit einer „Fahne“ ertappt hatte. Günter Sawitzki vom VfB Stuttgart, ein robuster Typ mit kompromissloser Faustabwehr, kam zu vier Spielen und war ein ernsthafter Kandidat für die WM 1958 in Schweden. Doch kurz vor Beginn der Endrunde stand er beim blamablen 1:4 der deutschen B-Elf gegen Luxemburg im Tor. Sawitzki durfte nicht einmal als Ersatzmann mitfahren. Heinz Kwiatkowski von Borussia Dortmund wurde 1956 zweimal eingesetzt, drängte sich dabei aber nicht unbedingt als Nummer eins auf. 1957 erhielt der junge Torhüter von Westfalia Herne, Hans Tilkowski, seine ersten Berufungen in die Nationalelf. Beim zweiten Spiel, das im Mai in Stuttgart gegen Schottland 1:3 verloren ging, machte er jedoch, wie er selbst zugab, „nicht gerade eine gute Figur. Es gibt Tage, an denen man, wie es im Volksmund heißt, mit dem verkehrten Bein aufsteht." So musste er auf den nächsten Einsatz in der Ländermannschaft 17 Monate warten.

Fritz Herkenrath, der „fliegende Schulmeister".

Nie in die Nationalauswahl berufen wurde Bernd Trautmann. Als er bei Manchester City zum Star der englischen Liga aufgestiegen war – Stanley Matthews und Bobby Charlton bezeichneten ihn gar als „besten Torwart aller Zeiten" –, bemühten sich zwar viele Journalisten, den Auslandsdeutschen in die Nationalmannschaft zu schreiben, Erfolg hatten sie damit jedoch nicht. Sepp Herberger wollte keine „Legionäre" unter den Männern haben, die Deutschlands Farben vertreten. Für die WM 1958 in Schweden nominierte der eigensinnige Bundestrainer schließlich Fritz Herkenrath als ersten Keeper. Als Ersatzmann durfte, wie schon 1954, Kwiatkowski mit. Der dritte Mann, Sawitzki, musste sich auf Abruf bereithalten. Im idyllisch gelegenen Hotel „Bjärreds Saltsjöbad" teilten sich Kwiatkowski und Herkenrath ein Zimmer. Lehrer Herkenrath, ganz Pädagoge, will zu seinem Konkurrenten gesagt haben: „Ich weiß, dass ich nicht besser bin als du. … Aber du musst auch verstehen, dass ich keinen Grund habe, zum ‚Seppl' zu gehen und zu sagen: ‚Herr Herberger, bitte lassen sie den Kwiat spielen.'" Kwiat durfte nicht spielen, auch nicht nach dem 2:2 im dritten Vorrundenspiel gegen Nordirland, wo Fritz Herkenrath an beiden Gegentoren nicht ganz unschuldig war. Erst nach dem Ausscheiden gegen die Schweden im Halbfinale wurde Kwiatkowski mit einem Einsatz „belohnt" – dem 3:6 im Spiel um Platz drei gegen Frankreich.

Fahrian versus Tilkowski, oder: Die Revolte der Nummer 22

Nach der WM verabschiedete sich Herkenrath aus der Nationalmannschaft. Seine Bilanz – zehn Niederlagen, drei Unentschieden und nur acht Siege – klingt wenig berauschend. Sein Ersatzmann Kwiatkowski hatte nach dem Scheibenschießen der Franzosen keine Lust mehr. Sawitzki durfte erneut zwischen die Pfosten, doch klebte ihm weiterhin das Pech an den Füßen. Nie war er bei großen Siegen dabei. In den zehn Länderspielen, die er insgesamt bestritt, reichte es nur zu drei Erfolgen. Zum ersten Mann hatte sich ab 1960 der mittlerweile zu einem Klassekeeper gereifte Hans Tilkowski gemausert. Im Jahr 1961 bestritt er alle Länderspiele. Doch dann geriet der Nationaltorwart wegen einer Verletzung in ein Formtief. Von der Sportjournaille wurde Sepp Herberger mit Vorschlägen bombardiert, wer als Ersatz taugen könnte. Statt etablierter Leute wie Sawitzki und dem Kölner Fritz Ewert kam plötzlich ein ganz neuer Name ins Spiel: Wolfgang Fahrian vom Zweitligisten TSG Ulm 46.

Der Name Wolfgang Fahrian steht für die wohl erstaunlichste Blitzkarriere in der Geschichte des deutschen Fußballs überhaupt. Ende März 1960 hütete Fahrian zum ersten Mal in seinem Leben ein Fußballtor – in der Reservemannschaft von Ulm 46. Im Jahr darauf begeisterte er im Junioren-Länderspiel gegen Polen in Gelsenkirchen (5:0) mit Glanzparaden. Auf der Torlinie schien der „schwarze Panther" fast unschlagbar. Am 11. April 1962 durfte er sein Debüt als Nationaltorhüter in Hamburg beim 3:0 gegen Uruguay geben. Fahrian erhielt von den Journalisten glänzende Kritiken. Und der Eintrag in Herbergers Notizbuch war so fett, dass der Ulmer den Sprung in den Kader für die WM in Chile schaffte. Selbst ein kurz nach dem Spiel erlittener Bänderriss, der ihm mehrere Wochen Gips aufnötigte, konnte ihn nicht mehr stoppen.

Tilkowski hatte mit Fahrian, obwohl dieser nur ein einziges Länderspiel auf dem Buckel hatte, einen ernsthaften Konkurrenten bekommen. Herberger war unentschlossen, wem er den Vorzug geben sollte, und beauftragte seinen Assistenten Helmut Schön, die Kandidaten auf Herz und Nieren zu prüfen. Im deutschen Vorbereitungsquartier, der „Escuela Militar" testete Schön die beiden Torhüter, bis ihm „der Arm allein vom Werfen lahm" wurde. In seiner Biografie schrieb der spätere Herberger-Nachfolger: „Beide Männer mussten vor mir niederknien – erst der eine, dann der andere. Aus nächster Nähe und mit voller Wucht warf ich den Ball direkt aufs Gesicht oder dicht neben den Kopf oder auf den Boden neben ihnen. Sie schnappten nach dem Ball, hechteten, robbten, keuchten, stöhnten und schwitzten. … Sie flogen, sie fingen, sie rasierten mit der Schulter den Pfosten, fraßen den Staub des Torraums. … Unbarmherzig versuchte ich, ihre Schwächen zu entlarven.“ Immer wieder kam Herberger hinzu und fragte: „Helmut, was meinen Sie denn?“

Helmut gab keine klare Auskunft. Wolfgang Fahrian schilderte das Geschehen in seinem Buch „…und wenn sie stürmen“ mit diesen Worten: „Dann fiel die Entscheidung; es war am Abend vor dem Italienspiel. Herberger rief mich zu sich. Was Helmut Schön vielleicht einige Tage vorher spaßhaft prophezeite und was ich nicht für bare Münze hielt, trat ein. Morgen, am 31. Mai 1962, am Tag meines 21. Geburtstages, werde ich mit anderen zehn Kameraden zum Auftakt unserer Weltmeisterschaftsaufgabe zwischen den Pfosten stehen. … Wie schwer musste ihm die Wahl gefallen sein. Gewiss bewährte ich mich im Training, aber hatten die beiden Kameraden, mit denen ich die Unterkunft teilte, nicht auch ein Anrecht? Einer konnte nur im Tor stehen.“ Grund genug zum Jubeln also, wie Fahrian trotz dieser schwülstigen Sätze auch zugab: „Mein 21. Geburtstag bei den Fußball-Weltmeisterschaften in Chile war wohl mein schönstes Erlebnis. Vor allem deshalb, weil die ganze Angelegenheit völlig unvorbereitet auf mich zukam.“ Falsch war die Entscheidung nicht. In den drei Vorrundenspielen leistete er gute Arbeit, musste nur einen Treffer hinnehmen. Am Ausscheiden der deutschen Mannschaft durch das 0:1 im Viertelfinale gegen Jugoslawien war er unschuldig. Bei dem Treffer von Radakovic war er noch mit den Fingerspitzen am Ball, ein anderer wäre vielleicht gar nicht mehr hingekommen. Fritz Walter lobte: „Selten habe ich einen Torwart mit so kühnen Paraden gesehen – mit wirkungsvollen Paraden, keine Show.“ Fahrian selbst formulierte es soldatisch. „Ich glaube, meine Pflicht so erfüllt zu haben, wie sie von mir verlangt wurde.“

Aber was war mit Tilkowski? Nahm er die Entscheidung einfach hin? Fahrian formulierte im Konfirmandenton: „Als Sepp Herberger mich aufstellte, mag es für Tilkowski und sicher auch für Sawitzki herb gewesen sein, von meiner Nominierung zu erfahren. Es eröffnete sich aber keine Kluft zwischen uns. Die Kameradschaft siegte; das gab mir Vertrauen.“ Ärger scheint es keinen gegeben zu haben. Oder war da doch was? „Dass es meine Freunde Tilkowski und Sawitzki schmerzte, draußen sitzen zu müssen, weil mich der Bundestrainer ins Tor stellte, dafür habe ich ein großes Mitgefühl. Wir sollten aber alle ein wenig bescheidener sein und uns immer wieder die Hände reichen, denn wir gehören ja zusammen.“ Aha. Also doch. Da war offensichtlich was. Fahrian weiter: „Unsere Kameradschaft der Torhüter hat doch nicht gelitten? Augenblickliche Verstimmun-

Sawitzki, Fahrian und Tilkowski beim Training während der WM in Chile.

gen gibt es immer wieder. Unser Ehrgeiz darf sich aber nur im Streben nach der Leistung zeigen. Alles andere wäre der sportlichen Fairness, die wir doch alle lieben und die unser höchstes Gut im Sport ist, abträglich." Aber was war es denn nun? Eine Nebensächlichkeit offenbar. Scheinbar nicht wichtig. „Was bedeuten denn die Kleinigkeiten am Rand eines Geschehens, das für uns alle so überwältigend war?"

Der geschasste Tilkowski resümierte drei Jahre später in seinem Werk „Keine Angst vor scharfen Schüssen" mit bitteren Worten die Tage von Chile: „1958 war ich den Verantwortlichen noch nicht alt und erfahren genug. Meine beiden ersten Länderspiele 1957 wogen zu leicht. Damals war ich 22. 1962 war es genau umgekehrt. Ich hatte in allen Länderspielen

1961 im Tor der Nationalmannschaft gestanden und war älter (inzwischen 26) und erfahrener geworden. Als sich die deutsche Expedition nach Chile begab, hatte sich die Zahl meiner Länderspiele auf 18 erhöht. Auf eine solche Zahl war nicht einmal Herkenrath gekommen, als er 1958 im Weltmeisterschaftstor stand. Und Toni Turek bestritt mit dem Weltmeisterschafts-Finale überhaupt erst sein 19. Länderspiel. Ich war felsenfest davon überzeugt, dass ich mich in Chile im Wettstreit der elf besten Fußball-Nationen bewähren könnte. Da traf es mich wie ein Keulenschlag. Nicht ich, sondern der damalige Ulmer Wolfgang Fahrian erhielt den Vorzug. Er hatte bis dahin erst ein einziges Mal im deutschen Tor gestanden."

Tilkowski war schwer beleidigt. „Helmut Schön und sein Bundestrainer-Vorgänger Sepp Herberger haben es stets klar ausgedrückt: Sprungbrett zur Nationalelf ist die gleichbleibend gute Form. Ebenso bringt einen ein schwaches Spiel nicht gleich wieder aus der Nationalmannschaft heraus." Nach diesen bekannten Gesetzen hätte er der Auserwählte sein müssen. „Ich hatte alle vier Ausscheidungsspiele mitgemacht. Vor allem nach dem 3:0 in Athen gegen Griechenland fand ich meinen Namen in den Zeitungsüberschriften wieder. Die höchsten Lobeshymnen gipfelten darin: Ohne Tilkowski wäre Deutschland wahrscheinlich gar nicht zur Weltmeisterschaft 1962 gekommen." Im Rückblick versuchte er die Sache zwar herunterzuspielen, dennoch quoll sein Unmut aus jeder Zeile: „Ich war nicht etwa neidisch. Neid kennen wir in der Nationalmannschaft nicht. Neider wären in unserem Kreis auch höchst unwillkommen. Es ist wie im Verein: Der Bessere soll spielen! Kurz gesagt jedoch, ich fühlte mich in Chile durchaus nicht als der Schlechtere. Aber mein Gefühl war nicht entscheidend."

Schamhaft verschwieg Tilkowski selbst noch in seinen „Memoiren", dass es nach Herbergers Entscheidung beinahe zum Eklat gekommen wäre. Die unmittelbaren Folgen des Herberger-Urteils handelte der geschasste Torhüter lapidar ab: „Vor Enttäuschung machte ich in der Nacht vor dem ersten Spiel kein Auge zu." Sein Mannschaftskamerad Hans Schäfer berichtete etwas deutlicher, Tilkowski habe „aus seinem Groll keinen Hehl" gemacht und obendrein alle Ersatzspieler „auf seiner Seite" gewusst. In Jürgen Bitters Lexikon der deutschen Nationalspieler ist zu lesen: „Tilkowski wollte ursprünglich gleich abreisen, ließ sich dann aber zum Bleiben überreden." „Spiegel"-Reporter Jürgen Leinemann verriet in seiner Herberger-Biografie noch mehr: „In der Nacht nach dem Spiel betrank er sich und schleuderte die Möbel seines Zimmers auf den Flur: ‚Ihr habt mich alle betrogen!', brüllte er." Auf dem Rückflug wollte er, so weiß es jedenfalls der Sportjournalist Karl-Heinz Huba, Sepp Herberger an den Kragen gehen. Mitspieler warfen sich dazwischen.

Zurück in der Heimat erklärte Tilkowski seinen Rücktritt aus der Nationalmannschaft. Noch Jahre später erklärte er unmissverständlich: „Selbst wenn Herberger mich für eines der nächsten Spiele aufgestellt hätte, ich hätte nicht gespielt." Herberger selbst gestand seinem damaligen Assistenten Schön, dass er sich „noch zehn Jahre lang dem Zorn Tilkowskis ausgesetzt" gefühlt habe. Leider sollte sich der Bundestrainer bis zu seinem Tod nie mehr darüber äußern, warum er sich für Fahrian entschieden hatte. Tilkowski versöhnte sich zwar später wieder mit Herberger, die „Chile-Frage" allerdings kam nicht zur Sprache: „Ich habe mich nie getraut, ihn danach zu fragen." Eine Vermutung äußerte im Jahr 2002 der Ex-Nationaltorwart Wolfgang Fahrian, der sich in Köln als allseits geachteter Spielerberater etabliert hat: Herberger sei bereits nach seiner tollen Vorstellung im Vorbereitungsspiel gegen Uruguay klar gewesen, „wen er bei der WM 1962 in Chile ins Tor stellen wollte".

Das Comeback der Nummer eins

Wie auch immer – das Blatt wendete sich jedenfalls nach der WM. Fahrian kam nur noch zu fünf weiteren Einsätzen in der Nationalmannschaft. Am 29. April 1964 bestritt er sein letztes Länderspiel. Kurz darauf wechselte er von Ulm zu Hertha BSC. Weil er dafür ein Handgeld erhalten hatte, wurde er zu einer Geldstrafe und einer zweijährigen Sperre verurteilt. Die wurde zwar später auf sechs Monate reduziert, der Makel aber war nicht auszuradieren. Fahrian: „Ich verlor das Image eines untadeligen Saubermanns, in dieser Zeit unumgänglich, wenn man sich das Trikot mit dem Adler auf der Brust überziehen wollte." So schnell, wie er gekommen war, war er auch wieder verschwunden. Dass seine Bemühungen um eine Rückkehr in die Nationalmannschaft scheiterten, hatte jedoch auch sportliche Gründe. Der „schwarze Panther" war nie ein kompletter Torwart. Seine große Schwäche, die Unentschlossenheit und das schlechte Timing beim Herauslaufen, konnte er niemals abstellen. Er war, ähnlich wie Herkenrath, nur ein Flieger, nur auf der Torlinie ausgezeichnet, aber kein spielender, mitdenkender Torwart.

Zwei Jahre lang musste Tilkowski in der Nationalmannschaft pausieren. Erst 1964 – bezeichnenderweise unmittelbar nach dem Ausscheiden Fahrians – kam es zu einem Comeback. Der Torwart, mittlerweile für Borussia Dortmund im Kasten stehend, schaffte erneut den Aufstieg zur

Hans Tilkowski kontrolliert den Ball.

Nummer eins und hielt Konkurrenten wie den Bremer Günter Bernard oder den Duisburger Manfred Manglitz in Schach. Wieder war er im Vorjahr der WM unumstritten, wieder bestritt er im Jahr vor der Weltmeisterschaft sämtliche Spiele. In Rio gegen Brasilien zeigte er vor 150.000 Zuschauern eine Weltklasseleistung. Deutschland verlor zwar 0:2, aber Tilkowski hatte eine Katastrophe verhindert. Das Chile-Trauma war trotzdem noch nicht überwunden. Wenige Monate, bevor es in England losgehen sollte, tauchte plötzlich wieder der Name eines neuen, jungen Mannes auf: Sepp Maier vom FC Bayern München. Elf Jugend-Länderspiele hatte der Münchner bereits bestritten, nach seinem Oberliga-Debüt 1962 gegen Frankfurt hatte die „Frankfurter Rundschau" geschrieben: „Ein junger Mann namens Maier kam den Zuschauern vor wie ein neuer Fahrian." Schon wieder! Tilkowski hätte da schon kreidebleich werden können. Aber zu diesem Zeitpunkt konnte er noch einigermaßen entspannt bleiben. Maier brauchte noch Zeit, um im Verein Fritz Kosar dauerhaft aus dem Tor zu verdrängen, außerdem mussten die Bayern, die sich für die Bundesliga nicht auf Anhieb qualifizieren konnten, erst mal aufsteigen. Das gelang 1965. Ein Jahr später, am 4. Mai 1966 gab der „neue Fahrian", eben 24 Jahre alt geworden, beim 4:0-Sieg in Dublin über Irland ein überzeugendes Debüt in der Nationalelf. Mit nur einem Länderspiel auf dem Buckel kam Maier in den WM-Kader. Dritter Tormann war Günter Bernard von Werder Bremen.

Der große Konkurrenzkampf „zwischen Til und mir", so Sepp Maier, „wurde vorwiegend in der Presse ausgetragen. Ich hatte eine Supersaison hinter mir. ‚Sepp in Superform. Die Nummer eins im deutschen Tor.' – Schlagzeilen vor dem WM-Turnier. Til war ganz schön sauer auf mich, obwohl ich nichts dafür konnte. Ich habe mich nie abfällig über Tilkowski geäußert, auch nie Anspruch auf das Trikot mit der Nummer eins erhoben.

Ich bin mit nach England gefahren, weil ich etwas lernen wollte. Dabei zu sein, damit war ich zufrieden. Aber Til hat in mir wohl immer den bösen Rivalen gesehen.“ Was Tilkowski gesagt hat, ist nicht überliefert. Veröffentlicht sind allerdings andere, weniger entspannte Sätze Maiers. Zum Beispiel: „Unsere damalige Nummer eins, Hans Tilkowski, war ein nicht aus dem Weg zu räumender Fels auf meinem Weg nach oben. Das Wort Frustration war noch nicht geläufig, die Bedeutung hätte ich jedem erklären können.“ Tilkowskis Glück sei gewesen, so Maier, dass der Bundestrainer nicht mehr Herberger, sondern Helmut Schön hieß. Schön habe dem Dortmunder nach dem Drama in Chile nicht noch einmal die Rolle des Ersatzmannes zumuten wollen. Tatsächlich entschied der Bundestrainer bereits im Vorbereitungslager in Malente, wer, ohne Wenn und Aber, der Stammtorhüter sein würde: Hans Tilkowski. Als sich Maier nach acht Tagen auf dem Trainingsplatz in Ashbourne die Mittelhand gebrochen hatte, war das Thema schließlich endgültig durch. Tilkowski spielte eine gute WM. Experten stellten fest, er habe einem Jaschin oder Banks kaum nachgestanden. Bis zum Endspiel kassierte er lediglich zwei Tore. Gegen die Engländer landete der Ball in der regulären Spielzeit ebenfalls zweimal im Netz. Entschieden wurde das Spiel durch das ominöse dritte Tor in der Verlängerung, bei dem Tilkowski den Ball jedenfalls nicht durchgelassen hatte. Der vierte Treffer hatte nur noch statistischen Wert.

Obwohl man Tilkowski kaum einen Fehler nachweisen konnte, behauptete Ersatzmann Maier, nur halbwegs scherzhaft: „Mit Maier wäre Deutschland Weltmeister geworden.“ Ob der Bayern-Torwart damals einem Tilkowski so viel voraus hatte, dass das Endspiel anders verlaufen wäre, mag man glauben oder bezweifeln. Nicht zu bezweifeln ist, dass er den Weltmeister-Pullover in seinen Besitz brachte. Gleich nach dem Abpfiff schnappte sich Maier den gelben Sweater von Gordon Banks. Stammkeeper Hans Tilkowski, der wenig später bei Banks auftauchte, ging leer aus.

Die ewigen Zweiten und ein idealer Ersatzmann

Tilkowskis letztes Länderspiel gegen Albanien in Dortmund war ein Geschenk des Bundestrainers. Er bestritt sein 39. Länderspiel und löste damit Hans Jakob als Länderspiel-Rekordler auf der Torhüterposition ab. Der neue Chef zwischen den deutschen Pfosten wurde Sepp Maier. „Und über die fast 15 Jahre der Maier-Regentschaft“, so Maier selbst, „habe ich viele Torhüter, die in Lauerstellung hinter mir gestanden haben, verschlissen. Über die Nummer eins wurde nie diskutiert, höchstens über die Nummer zwei und drei." Die gescheiterten Thronanwärter waren: Horst Wolter und Bernd Franke von Braunschweig, der Kölner Manfred Manglitz, Norbert Nigbur von Schalke, sowie der Gladbacher Wolfgang Kleff.

Ganz so schnell, wie Maier es darstellt, ging es allerdings doch nicht. Tilkowski war aus Altersgründen weg. Der andere England-Fahrer, Günter Bernard, konnte den ehrgeizigen Münchner nie ernsthaft gefährden. Bei den meisten Länderspielen saß Bernard nur als Reservist auf der Bank. 1968, nach nur fünf Einsätzen in sechs Jahren, hatte er keine Lust mehr auf die Rolle des ewigen zweiten Mannes und erklärte seinen Abschied. Härtester Konkurrent Sepp Maiers war zunächst Horst Wolter vom Überraschungsmeister des Jahres 1967, Eintracht Braunschweig. In 17 Spielen der Saison war der gelernte Versicherungskaufmann Garant für eine „weiße Weste" seines Teams, insgesamt kassierte er lediglich 27 Tore. Aufgrund der beständig hervorragenden Leistungen im Verein wurde Wolter Nationalspieler. Zwischen November 1967 und Dezember 1968 bestritt er sogar mehr Länderspiele als Maier und war dabei mitverantwortlich für die ersten Siege Deutschlands gegen England und Brasilien. Zu diesem Zeitpunkt also war Maier noch keineswegs der Souverän im deutschen Tor.

Als Braunschweig wieder in der Versenkung verschwand und Bayern München sich anschickte, in Serie Meisterschaften zu erringen, war klar, dass die Nummer eins auf Dauer nur Maier heißen konnte. Der bescheidene Wolter blieb ein verlässlicher zweiter Mann, durfte auch mit zur WM 1970 in Mexiko. Weil er sich so gut in seine Rolle fügte, wurde er sogar mit einem Einsatz belohnt. Im Spiel um den dritten Platz gegen Uruguay (1:0) hielt er seinen Kasten sauber. Nicht eingesetzt wurde der wegen seiner frechen Schnauze in Anlehnung an den berühmten Boxweltmeister nur „Cassius" gerufene Manfred Manglitz. Vor der WM 1966 war das Großmaul von Bundestrainer Helmut Schön ausgebootet worden. In Mexiko gehörte er zwar zum Kader, ein besonderer Freund des mittlerweile beim 1. FC Köln im Kasten stehenden Keepers war der Bundestrainer aber auch jetzt nicht.

Ähnlich lagen die Dinge im Fall Norbert Nigbur. Er war ein Riesentalent. 1966, da war er gerade mal 18 Jahre alt, lieferte er ein großartiges Debüt in der ersten Mannschaft des FC Schalke 04 ab und verdrängte auf Anhieb den bisherigen Stammtorwart Jupp Elting aus der Mannschaft. Nach Meinung etlicher Experten war der junge Schalker in vieler Hinsicht besser als Maier. Einige Enthusiasten aus dem Ruhrpott sagten sogar: Wenn Nigbur bei der WM 1970 im Tor gestanden hätte, wäre das Endspiel möglich gewesen. Wenn. Nigbur durfte nicht einmal mit nach Mexiko. Als er vor der WM nicht in die Nationalmannschaft, sondern zu den Junioren

Horst Wolter, Nachfolger Hans Tilkowskis.

einberufen worden war, hatte er sich mit Bundestrainer Helmut Schön angelegt. Erst 1974 kam er zu seinem Debüt in der Nationalelf, im selben Jahr wurde er als Torhüter Nummer drei auf der Ersatzbank Weltmeister. Den großen Durchbruch schaffte der Mann, der immer für einen arroganten Spruch gut war, jedoch auch danach nicht. Der gut aussehende Frauenschwarm und Schlagersänger – „Die Nummer 1 steht auf meinem Trikot, nur zwischen den Pfosten bin ich richtig froh" – brachte es insgesamt auf lediglich sechs Länderspiele. Als er 1975 nur zu einem B-Länderspiel eingeladen wurde, war er schwer beleidigt und überwarf sich mit Bundestrainer Helmut Schön. Trotz zum Teil überragender Leistungen in der Bundesliga – seit 1976 für Hertha BSC, ab 1979, nach einer triumphalen Rückkehr, wieder für Schalke – wurde er in der Nationalelf fünf Jahre lang nicht mehr berücksichtigt. Eine letzte Chance für ein Comeback bekam er Ende 1979. Nach drei Länderspiel-Einsätzen erwartete er sich bei der anstehenden Europameisterschaft in Italien eine späte Krönung seiner Karriere. Er hatte Pech: eine Meniskusverletzung machte seinen Einsatz unmöglich.

Nigbur war mit Sicherheit das größte Torwarttalent, das antrat, um Sepp Maier zu entthronen. Der Herthaner Volkmar Groß blieb hingegen eine Eintagsfliege, Wolters Nachfolger bei Eintracht Braunschweig, Bernd Franke, kam über die Rolle des Ersatzmannes nie hinaus. Dazu hatte er Pech: Als dritter Torwart hinter Maier und dem Gladbacher Wolfgang Kleff sollte er mit zur EM-Endrunde nach Belgien, doch in einem der letzten Bundesligaspiele vor dem Turnier erlitt er als Folge eines „Kopfschusses" eine Gehirnerschütterung und musste zu Hause bleiben. Auch bei der Weltmeisterschaft 1974 war er nicht dabei. Braunschweig war abgestiegen, und der Bundestrainer brachte es nicht über das Herz, einem Zweitliga-

Torwart das Vertrauen auszusprechen. Und als Braunschweig die Aufstiegsspiele zur Bundesliga bestreiten musste, konnte Franke an der zeitgleich angesetzten Vorbereitung der Nationalmannschaft nicht teilnehmen. Franke erwies sich auch in den folgenden Jahren als „Pechvogel vom Dienst“ (Jürgen Bitter). Zur Europameisterschaft 1976 in Jugoslawien wurden nur zwei Torhüter nominiert. Als zweiter Mann hinter Maier durfte der junge Rudi Kargus mit, der beim Hamburger SV mit großartigen Reflexen begeistert hatte. Zwei Jahre später, zur Weltmeisterschaft in Argentinien, gab es keine Frage: Bernd Franke war die Nummer zwei hinter Sepp Maier. Doch erneut klebte ihm das Pech an den Füßen. Im letzten Testspiel der Nationalmannschaft gegen eine Hessenauswahl vor dem Abflug nach Südamerika zog er sich eine schwere Verletzung zu. Wenn Franke dann doch einmal fit war, blieb ihm meist nur die harte Bank. Siebenmal spielte er für Deutschland, mehr als fünfmal so oft durfte er als Nummer zwei nur zuschauen. Sepp Maier war's zufrieden: „Bernd Franke war nie böse über diese undankbare Rolle. Er blieb stets ruhig und fair. Er muckte nie auf. Er drehte keine linken Touren oder spann Intrigen. Franke war ein echter Kumpel. Der beste Ersatztorwart der Welt.“

Maier und sonst keiner

Ein ganz anderer Typ, allerdings auch kein Störenfried, war Wolfgang Kleff vom großen Bayern-Widersacher in der Bundesliga, Borussia Mönchengladbach. Am 22. Juni 1971 kam das 22-jährige Torwarttalent beim 7:1 gegen Norwegen in Oslo zu seinem Debüt in der Nationalmannschaft. Zu einem ernsthaften Konkurrenten für Maier wurde Kleff jedoch erst zwei Jahre später, als sich der Münchner die wohl nachhaltigste Schwächephase seiner Karriere leistete. Ende 1973 stand der Gladbacher drei Spiele in Folge im Tor der DFB-Auswahl. Erstmals seit fünf Jahren musste Maier um seinen gewohnten Platz an der Sonne fürchten. Kleff hatte seine Leistung gebracht und durfte nun Witze machen. Einer ging so: „Warum hat Sepp Maier seinen Dackel verkauft?“ – „Weil er auf die Frage, wer der beste Torwart sei, immer ‚Kleff, Kleff‘ geantwortet hat.“ Am 24. November 1973 stand in Stuttgart gegen Spanien wieder Sepp Maier im Tor. Und kein Dackel kläffte mehr. Nach nur sechs Länderspielen war die kurze Nationalmannschaftskarriere des Wolfgang Kleff beendet. Kleiner Trost: Zusammen mit Nigbur wurde er 1974 Ersatzbank-Weltmeister.

Weltmeister wurde Deutschland in erster Linie wegen Maier. Vergessen war die Kritik von 1970, als er mit der Strafraumbeherrschung noch Pro-

Sepp Maier blieb bei aller Konkurrenz die Nr. 1.

bleme gehabt hatte. Aus seiner Schwäche hatte er jetzt eine Stärke, ja ein Markenzeichen gemacht. Nach der überragenden Leistung auf dem Weg zum WM-Titel 1974 schaffte es keiner mehr, am Thron Maiers zu rütteln. Weder der etablierte Dauer-Ersatzmann Bernd Franke noch die beiden Neuen, die 1978 als Reserve-Torhüter zur WM nach Argentinien fuhren: Rudi Kargus vom Hamburger SV und Dieter Burdenski von Werder Bremen. Während Kargus nur kurz in der Diskussion war, blieb Burdenski lange ein Thema in der Nationalmannschaft. 1977 absolvierte er sein erstes Länderspiel, bis 1984 brachte er es auf weitere elf Berufungen. Obwohl sein Talent durchaus bemerkt worden war – „wenn er das Zappelige abgelegt hat“, so sein Trainer Egon Piechaczek, werde er noch mal Nationaltorwart –, hatte er sich in Bremen lange gedulden müssen, bis er Günter Bernard als Stammtorwart ablösen konnte. In der Nationalmannschaft musste er, wie zuvor Bernd Franke, mit der Rolle des Stellvertreters vorlieb nehmen. Er konnte wohl damit leben. „Maier ist der Beste", meinte er ohne Groll, „da gibt es gar keinen Zweifel."

Seine Leistungen im DFB-Team waren wenig geeignet, seine eigene Ansicht zu widerlegen. Richtig überzeugen konnte der Bremer selten. Entweder hatte er nur wenig zu tun oder er zeigte Schwächen. Am 1. April 1979 durfte er in Izmir gegen die Türkei nur deshalb ran, weil Maier aus disziplinarischen Gründen pausieren musste. Der Bayern-Torwart hatte in München als Mannschaftskapitän eine Spielerrebellion gegen die Verpflichtung des ungeliebten Trainers Max Merkel angeführt und Präsident Neudecker zum Rücktritt veranlasst. Bundestrainer Derwall wollte keine Unruhe in der Mannschaft und berief deswegen Burdenski. Beim nächsten Länderspiel im Mai gegen Wales hatten sich die Wogen geglättet, so dass wieder Maier im Kasten stand.

Das Ende des Torhüter-Denkmals aus München-Haar kam plötzlich und tragisch. Am 14. Juli 1979 zog sich Maier bei einem Verkehrsunfall so schwere Verletzungen zu, dass er einen Antrag auf Sportinvalidität stellen musste. 13 Jahre und 95 Länderspiele hatte die Maier-Regentschaft angedauert.

Zappel-Harald kämpft sich durch

Maiers Nachfolger und neuer König wurde Harald Schumacher. Die Karriere des neuen Herrschers begann recht schleppend. Zwar hatte er es als Torwart des kleinen Vereins Schwarz-Weiß Düren sogar bis in die Jugend-Nationalmannschaft gebracht, nach seinem Wechsel zum 1. FC Köln aber sollte er sich erst einmal in Geduld üben. Fast zwei Jahre musste er auf der Ersatzbank schmoren. Gerhard Welz ließ sich von seinem Posten nicht verdrängen und besaß darüber hinaus in Trainer Rudi Schott einen Fürsprecher. Als sich Welz 1974 schwer verletzte, war der Weg immer noch nicht frei. Schumacher lieferte sich mit dem anderen Ersatzmann, Slobodan Topalovic, einen lang andauernden Kampf um den Stammplatz im Tor. Keiner konnte so recht überzeugen. Der 1. FC Köln hatte ein Torwartproblem. Immerhin: Köln gewann, mit Schumacher im Tor, 1977 den DFB-Pokal. Zu Beginn der nächsten Saison entschied sich Trainer Hennes Weisweiler für Topalovic. Er vertraute Schumacher nicht, der sich wegen seiner Nervosität den Ruf eines „Zappelphilipp" erworben hatte. Doch dann kam das Auswärtsspiel in Berlin. Die Mannschaft reiste per Flugzeug an, Topalovic war wegen Flugangst zu Hause geblieben. Schumacher hielt fantastisch. „Keine Patzer, glänzende Paraden. Das Ergebnis: 1:1 – mein Verdienst. Ich war die Nummer eins in Köln. Endlich."

Ehrgeizig: Harald Schumacher.

Am Ende der Saison war Köln Meister und Schumacher hatte einen neuen Namen. Weisweiler hatte ihm in Anlehnung an den WM-Helden Turek den Spitznamen „Toni" verliehen, um klarzumachen, dass Schumacher fortan die unumstrittene Nummer eins ist. So jedenfalls geht eine Geschichte über die „Toni"-Werdung. Es gibt aber auch noch zwei andere Versionen: Der einen zufolge hat er seinen Spitznamen von Anton „Toni" Schumacher, der bis 1968 Torhüter in Köln war; die andere behauptet, dass sein Mitspieler Heinz Simmet ihn auf den Namen „Toni" taufte, weil es mit Konopka schon einen Harald in der Mannschaft gab. Schumacher selbst schrieb in seiner Biografie, dass der „Toni" von seinem zweiten Vornamen Anton herrühre. „Vor allem aber", fügte er in Bekräftigung der Weisweiler-Variante hinzu, „war es eine Anspielung auf Toni Turek, den größten deutschen Torwart der Nachkriegszeit."

Harald „Toni" Schumacher hielt sich nach dem Gewinn des Meistertitels für so gut, dass er mit zur WM nach Argentinien wollte. „Was Nigbur, Franke und Burdenski halten, das fange ich auch", sagte er einem Journalisten. Schumacher durfte nicht mit. Er hätte wissen müssen, dass Helmut Schön – siehe Manfred Manglitz – Großmäuler nicht leiden konnte. Es war dann auch nicht Helmut Schön, sondern sein Nachfolger Jupp Derwall, der Schumacher eine erste Chance in der Nationalelf gab. Der Kölner durfte im Mai 1979 eine Halbzeit in Rejkjavik gegen Island für Sepp Maier ran. Dann kam Maiers Unfall. Und kurz darauf wurden eine Schwächeperiode des Bremers Burdenski und die Meniskus-Verletzung des Schalkers Nigbur sein großes Glück. Als er am 22. Juni 1980 in Rom Europameister wurde, hatte er gerade mal sieben Länderspiele absolviert. Schumacher resümierte zufrieden: „Wir wurden Europameister. Das war fast selbstverständlich. Von da an war ich die unangefochtene Nummer eins." Das stimmte, drei Jahre lang. Der Dortmunder Eike Immel und der auch nach dem Ende der Maier-Ära nach wie vor nur als Ersatzmann gefragte Bernd Franke, die ihn zur WM 1982 nach Spanien begleiteten, hatten keine Ambitionen, ihn vom Sockel zu stoßen. Die größte Gefahr für Schumacher stellte er selbst dar. Nach einem brutalen Foul gegen den Franzosen Battiston im Halbfinale hätte er sich fast um Kopf und Kragen geredet. Jupp Derwall hielt jedoch an seinem Keeper fest.

Nach dem WM-Turnier galt Schumacher unumstritten als unsympathischster Torwart der Welt. Einer der besten war er aber auch. Zu seinem größten Konkurrenten wurde einer, der seinerseits alles tat, um sich als unberechenbarer Hitzkopf einen Namen zu machen: Uli Stein. Als Stein 1983 mit dem Hamburger SV zum zweiten Mal Meister geworden war und anschließend auch noch beim Gewinn des Europapokals der Landesmeister herausragende Leistungen gezeigt hatte, durfte er im Juni desselben Jahres sein Debüt in der Nationalelf geben. Am Sockel von Schumacher konnte er jedoch erst mal nicht kratzen. Selbst die verpatzte EM 1984 in Frankreich, als Deutschland mit 0:1 an Spanien scheiterte, schadete nicht Schumacher, sondern nur Bundestrainer Jupp Derwall. Nachdem Derwall seine Koffer gepackt und Teamchef Beckenbauer die Geschäfte übernommen hatte, blieb Schumacher weiterhin im Tor.

Ein Stein des Anstoßes

Im Frühjahr 1986, als es in die Vorbereitung zur WM in Mexiko ging, schien es plötzlich so, als geriete der von Stein immer wieder verbal attackierte Schumacher ins Wanken. Im April durfte Stein gegen die Schweiz ran, und auch in der nächsten Begegnung gegen Holland, dem letzten Test vor der WM, stand der Hamburger im Tor. Schumacher bekam Fracksausen und beschwerte sich beim Teamchef wegen des Einsatzes des Konkurrenten. Es solle, argumentierte er, eine eingespielte Mannschaft nach Mexiko fahren. Er hätte auch sagen können: Ich bin die Nummer eins und werde es auch bleiben.

Schumacher blieb im Tor. Doch dahin wollte auch Stein, und zwar mit Macht. Schon im Trainingslager in Malente machte er mit letztem Einsatz deutlich, dass er in Mexiko nicht auf der Reservebank schmoren wollte. „Hier geht es nicht nach Leistung!“, beschwerte er sich, als sich abzeichnete, dass Beckenbauer Schumacher den Vorzug geben würde. Schumacher schrieb später: „Stein ist ein sehr guter Torwart, das erkenne ich gerne an. Ich erwarte nicht, dass er dasselbe über mich sagt. Völlig gegenteilige Bemerkungen über meine Leistungen aber sollte er sich – seiner eigenen Glaubwürdigkeit zuliebe – besser verkneifen.“ Stein stand noch 1993 in seinem Buch „Halbzeit“ zu den damaligen Vorwürfen. Die Details lauteten so: „Es waren wohl rein wirtschaftliche Gründe, die meinen Einsatz verhinderten. Adidas sponserte das deutsche Team im Allgemeinen und einzelne Spieler im Besonderen. Es handelte sich dabei um Privat-Verträge, die einige Mannschaftskollegen und Funktionäre des DFB mit dem Sportausrüster aus Herzogenaurach vor der Weltmeisterschaft abgeschlossen hatten. Als mir darüber hinaus noch zugetragen wurde, dass sowohl Toni Schumacher als auch Franz Beckenbauer zu den Werbeträgern gehörten, ging mir ein Licht auf: Es funktionierte alles nach der Logik der heutigen Konsumgesellschaft. … Mein Kapital: Ehrgeiz, Nervenstärke,

Ärgerte sich über sein Reservisten-Dasein: Uli Stein.

Reflexe und Strafraumbeherrschung, schien nutzlos." Sein Autoren-Kollege und Adidas-Werbeträger Schumacher konterte in seinem Werk „Anpfiff": „Quatsch ... Vertraglich sind alle Nationalspieler gehalten, Adidas-Artikel zu tragen, sobald sie für Deutschland spielen. ‚Puma'-Werbeträger wie Völler, Matthäus oder Allofs lassen also gezwungenermaßen ihre ‚Puma'-Klamotten in der Kabine zurück, wenn sie mit der Nationalmannschaft in internationalen Stadien antreten."

In Mexiko, einen Tag vor dem Auftaktspiel gegen Uruguay, eröffnete Beckenbauer seine Aufstellung: Schumacher spielt, Stein sitzt auf der Bank. Die Reaktion des Hamburgers: „Wenn mir einer ein Ticket gibt, fliege ich nach Hause." Danach eskalierte der Streit zwischen den Torhütern im Quartier „Mansion Galindo" immer mehr. Beide gingen sich demonstrativ aus dem Weg. Beim Essen gab es einen „Kölner Tisch" um Schumacher und Littbarski und einen „Tisch der Frustrierten" um die Ersatzspieler Jakobs, Augenthaler, Hoeneß und Stein. „Er hatte sich selbst zu meinem Rivalen erklärt", meinte Schumacher, „aber ich konnte ihn erfolgreich ignorieren: seinen Neid und seinen abgrundtiefen Hass. Aber weil ich kein Masochist bin, wollte ich ihn nicht unbedingt auch noch beim Essen neben mir haben."

Während sich die Auserwählten in den Vorrundenspielen nicht gerade mit Ruhm bekleckerten, widmeten sich die Ersatzspieler vornehmlich der nächtlichen Freizeitgestaltung. Weil Stein noch tief in der Nacht an der Bar gesehen wurde, verbannte Beckenbauer den Torhüter im Achtelfinale gegen Mexiko auf die Tribüne. Auf der Ersatzbank nahm Eike Immel Platz. Als die Ersatzspieler-Bande nochmals den Zapfenstreich überzog, kam es zu einer weiteren Verwarnung. Schumacher kommentierte im Rückblick: „Beckenbauers Engelsgeduld mit diesem Paket gebündelter Charakterfehler blieb mir rätselhaft." Als am Tag vor dem Viertelfinale gegen Gastgeber Mexiko mehrere Zeitungen Stein-Äußerungen zitierten – Beckenbauer sei ein „Suppenkasper", die Mannschaft eine „Gurkentruppe" –, war es genug. Stein wurde gefeuert. Am 21. Juni stieg er ins Flugzeug und flog nach Deutschland zurück.

In der Heimat setzte sich Stein vor den Fernseher und verfolgte, wie die deutsche Mannschaft bis ins Finale gelangte. Es interessierte ihn eigentlich wenig. „Zwischendurch jedoch", so Stein, „als sich Schumacher wegen eines groben Schnitzers das zweite Tor einfing, dankte ich dem Herrn lautlos dafür, dass es doch noch Gerechtigkeit auf Erden gibt." Die unausgesprochenen Hintergedanken: Mit ihm wäre Deutschland Weltmeister geworden. Schumacher hingegen grämte sich noch lange über Beckenbauers Unentschlossenheit vor der WM. Warum hatte er ihn nicht, ohne Wenn und Aber, zur Nummer eins gemacht? „Hätte nur eine der Hauptpersonen, nämlich Franz Beckenbauer, gleich von Anfang an mehr souveräne Überlegenheit bewiesen, wäre fast alles perfekt gewesen."

Mit Genuss dürfte Stein verfolgt haben, wie Schumacher, frustriert wegen seiner schwachen Vorstellung im Endspiel, in ein Formtief geriet und schließlich dem Stuttgarter Immel Platz machen musste. „Toni" fand Zeit für die Schriftstellerei. In seinem im März 1987 erschienenen Buch „Anpfiff" schrieb er viel über den Rivalen – siehe oben –, unter anderem auch dies: „Zwischen ihm und mir ist eine Verständigung nicht mehr möglich. Eigentlich wollte ich keine Zeile an diese Type verschwenden." Kurios war dann, dass sich Schumacher mit den Enthüllungen in diesem Werk, in dem neben dem Stein-Streit auch von Dopingsünden in der Bundesliga die Rede ist, für immer aus der Nationalmannschaft herausschrieb. Nach dem skandalösen Abgang Schumachers war der Weg für Stein nun eigentlich frei. Doch prompt leistete sich der HSV-Torhüter, der sich in herausragender Form befand, wieder einen Ausraster. Im Supercupfinale gegen Bayern München schlug er Jürgen Wegmann mit der Faust nieder. Das WM-Vorrundenspiel gegen Holland, über das sich Schumacher so sehr beschwert hatte, blieb sein letzter Auftritt im Nationaltrikot.

Yuppie-Bodo gegen Abstiegs-Andy

Die Nachfolge Schumachers trat die bisherige Nummer drei der deutschen Torhüter, Eike Immel, an. 1986 war er für die Torwart-Rekordablöse von fast zwei Millionen Mark von Borussia Dortmund zum VfB Stuttgart gewechselt. Im Schwabenland hatte sich Immel, der zuvor oft wegen seines lockeren Lebenswandels Schlagzeilen gemacht hatte, zu einem Vorzeigeprofi gewandelt. Die Belohnung: Er wurde Stammtorwart des EM-Teams von 1988. Als nach der EM Schumachers Nachfolger beim 1. FC Köln, Bodo Illgner, mehr und mehr in den Mittelpunkt rückte, gab Immel nach 19 Berufungen seinen Rücktritt aus der Nationalmannschaft bekannt. Später bereute er seinen Schritt. Doch da saß Illgner bereits fest im Sattel.

Bereits im September 1987, mit nur wenigen Bundesligaspielen auf dem „Buckel", kam der von Berti Vogts geförderte Jugend-Nationalspieler beim 1:0-Sieg gegen Dänemark zu seinem Debüt in der Nationalmannschaft. Schon zu dieser Zeit hatte der gerade mal 20 Jahre alte Keeper das Image eines „Yuppies". Sowohl auf dem Spielfeld wie hinterher, vor den Mikrofonen, überraschte der immer sachlich agierende Modellathlet mit einer für seine Jugend erstaunlichen Ruhe und Souveränität. Zur WM nach Italien fuhr er als Nummer eins, auf der Ersatzbank nahmen der Bayern-Torwart Raimond Aumann und der Nürnberger Andreas Köpke Platz. Illgner enttäuschte nicht. Viel Gelegenheit, sich auszuzeichnen, hatte er aufgrund der starken Abwehrleistung des Teams aber auch nicht. Außer im Halbfinale gegen England, als er beim Elfmeterschießen einen Strafstoß hielt. Nach dem gewonnenen Finale gegen Argentinien war er der jüngste Torwart aller Zeiten in einem Weltmeister-Team. Anschließend hielt er seinen Stammplatz und wurde von Beckenbauers Nachfolger Berti Vogts für die EM 1992 in Schweden nominiert. Nach dem mit 0:2 verlorenen Endspiel gegen die Überraschungsmannschaft aus Dänemark geriet er verstärkt unter Kritik. Der Vorsitzende des Bundesliga-Ausschusses, Mayer-Vorfelder, wetterte: „Ein guter Torwart hält auch mal einen Unhaltbaren. Das schafft der nie."

Einer, der das nicht selten schaffte, stand schon seit sechs Jahren, seit seinem Debüt im Mai 1990, in den Startlöchern: der mit enormen Reflexen ausgestattete Andreas Köpke. Sein „Makel": Er stand beim gar nicht mehr ruhmreichen 1. FC Nürnberg im Tor und hatte deshalb keine Lobby. Zudem hatte er in seiner Karriere bereits drei Abstiege hinnehmen müssen: mit Holstein Kiel, dem SC Charlottenburg und Hertha BSC. Dennoch: Weil die bisherige Nummer zwei, der Münchner Raimond Aumann,

Enorme Reflexe: Andreas Köpke.

immer wieder mit Verletzungspech zu kämpfen hatte, Köpke hingegen in Nürnberg reichlich Gelegenheit bekam, sich als bester Keeper der Bundesliga auszuzeichnen, stand vor der WM in den USA eigentlich ein Wachwechsel an. Bundestrainer Vogts konnte sich lange nicht entscheiden, welchem Torhüter er den Vorzug geben sollte. Unmittelbar vor dem Beginn des Turniers entschied er sich erneut gegen Köpke. Sein Argument für Illgner lautete: „Er war schon einmal Weltmeister…“. Auch Sepp Maier votierte für den Torwart mit der größeren internationalen Erfahrung. Entscheidender noch war vermutlich, dass Köpke mit dem 1. FCN soeben zum vierten Mal in seiner Karriere abgestiegen war. Ein Absteiger im Tor bei einer WM – das war undenkbar.

Illgner hielt nicht besonders überzeugend. Unmittelbar nach dem 1:2 gegen Bulgarien, mit dem die Nationalmannschaft bereits im Viertelfinale ausschied, erklärte er seinen Rücktritt – nach dem Duschen, mit frischem Gel im Haar, ohne dass irgendeine Erschütterung über das soeben Geschehene spürbar gewesen wäre. Berti Vogts, sein alter Förderer aus den Jugendjahren, war sauer: „Wäre er nicht zurückgetreten, hätte ich ihn rausgeschmissen. Ich habe mich bei Andreas Köpke dafür entschuldigt, dass ich die falsche Entscheidung getroffen habe.“ Den Keeper, mittlerweile bei Eintracht Frankfurt unter Vertrag, mochte das nur wenig trösten. „Enttäuscht war ich auch nicht darüber, dass Illgner zu WM-Beginn im Tor stand", so Köpke rückblickend, „sondern dass Vogts während des Turniers, als es nicht lief, den Wechsel nicht vollzogen hat."

Köpkes Zeit war jetzt endlich gekommen. Und Misserfolge, Abstiege und jahrelanges Versauern auf der Ersatzbank hatten seiner Leistungsfähigkeit keinen Abbruch getan. 1996 verlor er zwar auch mit der Eintracht den Kampf um den Klassenerhalt in der Bundesliga. Dennoch hielt Bundestrainer Vogts diesmal an ihm fest. Nicht nur durch zwei gehaltene Elfmeter trug Köpke erheblich zum Gewinn der Europameisterschaft in England bei. Die englische Zeitung „Guardian" schrieb, Köpke sei Deutschlands bester Faustkämpfer seit Max Schmeling. Sein Lohn: Neben Dieter Eilts und Matthias Sammer war er der dritte Deutsche, der in das EM-All-Star-Team gewählt wurde.

Der Europameister Köpke, mittlerweile bei Olympique Marseille im Tor stehend, blieb bei Vogts weiterhin gesetzt. Auch bei der WM 1998 in Frankreich stand er im deutschen Tor. Es war ein Turnier unter einem unglücklichen Stern: In seinem 56. Länderspiel, dem zweiten Gruppenspiel gegen Jugoslawien, unterlief ihm beim Treffer zum 0:2 der allererste grobe Fehler in seiner langen Karriere im Trikot mit dem Bundesadler. Nach dem Ausscheiden im Viertelfinale gegen Kroatien (Köpke: „Dieses Spiel hat gezeigt, wie brutal Fußball sein kann") machte er den Weg frei für den vehement nach vorne drängenden Bayern-Torhüter Oliver Kahn und verkündete seinen Rücktritt aus der Nationalmannschaft.

Kahn wird King

Oliver Kahns Weg zu der Ausnahme-Position, die er nach der WM 2002 einnahm, verlief weder schnell noch glatt. Sein Bundesliga-Debüt im Trikot des Karlsruher SC erfolgte im November 1987. Damals war er noch Vertragsamateur, und der Stammkeeper im Tor des KSC hieß Alexander Famulla. Der war zwar aufgrund häufig auftretender Unsicherheiten und vor allem wegen seines ungestümen Vorgehens im Strafraum – allein in der Saison 1987/88 verursachte er sechs Strafstöße – keineswegs unumstritten, dennoch musste sich der ehrgeizige Jungkeeper Kahn drei Jahre lang mit der Rolle des Ersatzmannes begnügen. Seine große Chance kam im November 1990. Nachdem Famulla in der ersten Halbzeit des Heimspiels gegen den VfL Bochum zwei Treffer verschuldet hatte, schickte Trainer Winfried Schäfer nach dem Wiederanpfiff den damals 21-jährigen Nachwuchstorwart zwischen die Pfosten. Kahn hielt großartig, der KSC gewann noch mit 3:2 und hatte ab sofort eine neue Nummer eins. Mit Kahn im Tor schafften die Karlsruher 1992/93 erstmals die Qualifikation für den UEFA-Pokal und kamen dort, nicht zuletzt aufgrund der Weltklasse-Leistungen ihres Schlussmannes, bis ins Halbfinale. Für Kahn war es nun Zeit, den Verein zu wechseln, denn anders als der wohl beste KSC-Keeper vor ihm, der 1983 in den Ruhestand getretene Rudolf Wimmer, wollte er mehr werden als nur ein „Jaschin vom Wildpark". Im Dezember 1993 verkündete er seinen Wechsel zu den Münchner Bayern, am Ende der Saison wurde er zum „Torhüter des Jahres" gewählt, und danach durfte er als dritter Mann, ohne auch nur ein einziges Länderspiel absolviert zu haben, mit zur WM in den USA. Alles schien ihm nun offen zu stehen. Doch der spätere Super-Olli musste sich noch gedulden.

Die Bayern waren unter Giovanni Trapattoni zunächst nur Mittelmaß, dann erlitt Kahn am 26. November 1994 im Spiel gegen Bayer Leverkusen einen Kreuzbandriss, der ihn zu einer sechsmonatigen Pause verurteilte. Nach seiner Genesung musste er nicht nur um eine eventuelle Nationalmannschaftskarriere, sondern auch um seinen Stammplatz bei den Bayern bangen, da Ersatzmann Sven Scheuer sich zwischenzeitlich sehr gut bewährt hatte und öffentlich Ansprüche auf die Position der Nummer eins anmeldete. In dieser wohl schwierigsten Situation seiner Karriere legte der künftige Superstar erstmals seine außergewöhnliche mentale Stärke an den Tag. Er pochte auf seinen Einsatz und wies den aufmüpfigen Scheuer mit starken Leistungen wieder ins zweite Glied. Während der talentierte Scheuer als Dauer-Reservist versauerte – in seiner über zehnjährigen Bayern-Zeit brachte er es bis zum Jahr 2000 auf lediglich 20 Bundesligaspiele –, drängte der selbstbewusste Kahn auf sein Debüt in der Nationalmannschaft. Am 23. Juni 1995 feierte er beim 2:1 gegen die Schweiz seinen Einstand. Doch an Andreas Köpke kam er noch nicht vorbei.

Wie zuvor beim KSC musste sich Kahn auch in der Nationalmannschaft drei Jahre lang gedulden, bis er sich als Nummer eins durchgesetzt hatte. Zur Europameisterschaft 1996 nach England fuhr er nur als Ersatzmann, und weil Köpke sich keine Blöße gab, blieb er es auch danach. Selbst außergewöhnliche Leistungen reichten nicht, um den Konkurrenten zu verdrängen. Am 30. November 1997 zeigte er in einer Bundesliga-Begegnung beim VfB Stuttgart eine der wohl spektakulärsten Torwart-Paraden überhaupt: Zuerst hechtete er mit einem sagenhaften Drehschwung um die eigene Körperachse nach einem abgefälschten Schuss von Frank Verlaat und wehrte den Ball an die Unterkante der Latte ab, dann, nur Sekundenbruchteile später und noch immer im Flug befindlich, entschärfte er den Nachschuss von Giovane Elber per Fallrückzieher. Trotz solcher Großtaten und beständig überdurchschnittlicher Leistungen musste er frustriert zur Kenntnis nehmen, dass Bundestrainer Vogts und Torwarttrainer Maier ihn auch vor der WM 1998 in Frankreich als „Nummer 1 b“ hinter Köpke einreihten. Erst nach dessen Rücktritt war Kahn endlich da, wo er schon immer hinwollte.

Kaum hatte der mittlerweile 29 Jahre alte Bayern-Schlussmann seinen Stammplatz im Nationalteam inne, ließ seine Konzentration spürbar nach. Am 10. Oktober 1998, beim EM-Qualifikationsspiel in Bursa gegen die Türkei, unterlief ihm ein folgenschwerer Lapsus: Er boxte sich einen harmlosen Kopfball ins eigene Netz, und Deutschland verlor mit 0:1. Eine türkische Kapelle spielte für die deutschen Fans Trauerlieder, und Kahn war am Boden. Als er auch in der Folgezeit schwächelte – vor allem bei der Fußabwehr offenbarte er immer wieder eklatante Unsicherheiten –, erfuhr Kahn, dass die Torwart-Arbeit „ein grausamer Job“ sein kann und dass es immer einen gibt, der einen vom Platz an der Sonne wegmobben will. Dieser Mann hieß Jens Lehmann. Am 28. April 1999 absolvierte der Dortmunder sein erstes Länderspiel über 90 Minuten und formulierte seine Ansprüche: „Ich bin in einem Alter, da kann ich mich nicht ausruhen und warten, bis Oliver Kahn abtritt.“ In den folgenden acht Länderspielen kamen beide Torhüter je viermal zum Einsatz. Die Diskussion über die Nummer eins bei der anstehenden Euro 2000 erledigte sich schließlich von selbst, als Lehmann am 26. April 2000 gegen die Schweiz einen harmlosen Fernschuss passieren ließ.

Vor der Europameisterschaft 2000 übernahm Oliver Kahn, der Welt-Torhüter des Jahres 1999, die Kapitänsbinde von Oliver Bierhoff. Die schlechteste Endrunde Deutschlands bei einem internationalen Turnier – ein Unentschieden gegen Rumänien und zwei Niederlagen gegen England und Portugal – konnte den dominanten Keeper auf Dauer nicht erschüttern. Zielstrebig erkämpfte er sich den Nimbus, nahezu unschlagbar zu sein. 2002 in Japan und Korea führte er Deutschland bis ins Endspiel der Weltmeisterschaft und blieb auch nach seinem Fehler, der die Niederlage gegen Brasilien einleitete, vollkommen unumstritten. Obwohl erst spät zu Ehren gekommen, wurde Kahn zu einem Herrscher zwischen den Pfosten, wie es vor ihm noch keinen gegeben hat. Sein ehemaliger Konkurrent Andreas Köpke stellte voller Anerkennung fest: „Oliver Kahn ist absolut unantastbar.“

Der ehrgeizige Jens Lehmann hatte die Hoffnung zwischendurch fast schon aufgeben, jemals mehr als eine „Nummer 1b“ zu werden. Zu einem Zeitpunkt, als Oliver Kahn noch ein geordnetes Eheleben führte, meinte

Weiß, wo's langgeht: Oliver Kahn.

der Torhüter von Borussia Dortmund resignierend, dass „ich nur dann die Nummer eins werde, wenn der Olli eine Affäre mit der Frau von Rudi Völler anfängt". Nach seinem Wechsel zu Arsenal London im Sommer 2003 ist er wieder zuversichtlicher geworden: „Ich habe über Jahre konstant gehalten. Irgendwann wird der Fußballgott ein Einsehen haben und mich dafür belohnen." Schon nach wenigen Wochen bei seinem neuen Arbeitgeber meinte der einst als „arroganter Schnösel" verschriene Torwart, dass er sich dort trotz seiner 33 Jahre noch verbessern werde: „Als Torwart in England wirst du in jeder Aktion attackiert, das ist von Vorteil." Ob er von England aus die Position des deutschen „First Man" wird erobern können, bleibt dennoch unwahrscheinlich. Wenn er seine Leistungsfähigkeit beibehält und seine bekannten Provokationen und Ausraster unterlässt, dürfte er jedoch bis 2006 als Nummer zwei hinter Oliver Kahn gesetzt bleiben.

Hinter Kahn und Lehmann scharrt die Konkurrenz mit den Füßen. Solange sich der „Super-Olli“ und „Über-Kahn“ nicht verletzt und sich keine gravierende Schwächephase erlaubt, wird aber aller Wahrscheinlichkeit nach bis zur WM 2006 keiner der Keeper aus der dritten Reihe eine Chance haben, an die Spitze durchzustarten. Leverkusens Jörg Butt und Schalkes Frank Rost sind schon zu lange auf die Rolle des Ersatzmannes festgelegt, und die jungen Keeper, die nachdrängen – Keeper wie Roman Weidenfeller, der Lehmann-Nachfolger bei Borussia Dortmund, oder Kaiserslauterns Tim Wiese – müssen sich ihre Sporen erst noch verdienen. Bis ein Torwart konstante Leistungen zeigen kann, vergehen normalerweise einige Jahre. Nicht einmal der enorm selbstbewusste Tim Wiese will an dieser Regel rütteln. Das Ende seiner Lehrzeit sieht er erst mit dem Ende der Karriere seines großen Vorbilds gekommen: „Mein Ziel ist es, nach der WM 2006 Oliver Kahn abzulösen.“

KAPITEL 8

NARREN UND VERRÜCKTE

Die Helden der Fans

Irlands Torwart-Heros Pat Jennings sagte einmal: „Die Leute kommen ins Stadion, um von mir und meinen Mitspielern eine gute Leistung zu sehen. Ich will sie nicht enttäuschen." Das ist eine löbliche Ansicht. Und natürlich ist es auch richtig, dass die Zuschauer gute Leistungen sehen wollen. Keiner weiß das besser als Oliver Kahn. Er hat sich bei den Bayern in München vor allem mit hervorragenden Leistungen in die Herzen der Fans gespielt. Als er vom Karlsruher SC zum FC Bayern kam, hatte er das Problem, dass sein Vorgänger Raimond Aumann, der sich bei den Fans großer Beliebtheit erfreut hatte, noch nicht vergessen war. Zwei Jahre benötigte der verbissene Torhüter, bis er sich bei den Bayern als Identifikationsfigur etablieren konnte. Der extrem ehrgeizige Keeper stieg während der Saison 1996/97 zur absoluten Führungspersönlichkeit auf. Während seine Mitspieler enttäuschten, war er der Einzige, der Leistung brachte. Damit hatte er die Fans für sich gewonnen. Auf Plakaten und in Gesängen taten sie kund: „Außer Olli könnt ihr alle gehn!" Den Höhepunkt seiner Popularität erreichte der Schlussmann mit dem ausgeprägten Siegeswillen allerdings nicht beim FC Bayern, sondern als Kapitän einer in ihrer Leistungsfähigkeit eher limitierten deutschen Nationalmannschaft bei der WM 2002. Danach war Kahn bei den Fans endgültig von der Reiz- zur Kultfigur mutiert. Und er war's zufrieden. „Was ich genieße, sind die Minuten auf dem Rasen. Ich spüre mehr denn je die Zuneigung der Fans, höre ihre Rufe, schaue in Kinderaugen."

Kahns Beispiel deutet an, dass insbesondere die Torhüter von eher schlechten Teams Kultstatus erreichen. Viele Klassekeeper spielten jahrelang bei Klubs, die keine Chance hatten, im Konzert der Großen mitzumischen. Im immerwährenden Abstiegskampf pausenlos gefordert, hatten sie reichlich Gelegenheit, ihr Können unter Beweis zu stellen. Früher waren es Leute wie Hans Jakob bei Jahn Regensburg, Frank Swift und Bernd Trautmann bei Manchester City, später spielten Gordon Banks und Peter Shilton bei Leicester City und Andreas Köpke beim 1. FC Nürnberg eine ähnliche Rolle. Der Ruf des Radioreporters Günther Koch – „Köpkeee!!!" – war ab 1986 in der ganzen Republik bekannt. „Wir haben eine Wand im Tor!", sangen die Clubfans auch dann noch, als der reaktionsschnelle Keeper mit dem Verein 1994 absteigen musste. Die Rückkehr Anfang 1999 zu „seinem" 1. FC Nürnberg wurde, nach fast fünfjähriger Pause, zu einem Volksfest. Über 3.000 Menschen stürmten zum ersten Training nach der Winterpause, um ihren „Andy" zu begrüßen. Und zu seinem Abschiedsspiel im Sommer 2001 war das Frankenstadion fast bis auf den letzten

Platz gefüllt. Dass Köpke so beliebt war, hatte nicht nur mit seinen Leistungen, sondern sicher auch mit seinem untadeligen Charakter zu tun. Einen großen Unterhaltungswert hatte der gebürtige Kieler allerdings neben seinen sportlichen Leistungen kaum. Er tat nie viel mehr, als tatsächlich zu winken, wenn die Fans riefen: „Andy, wink' doch mal!"

Der geradlinige und stille Köpke passte nach Franken. Genauso passte Volker Ippig ins Tor des FC St. Pauli. Der Mann, der 1981 in der damals drittklassigen Mannschaft des FC St. Pauli debütierte, wohnte in der Hamburger Hafenstraße und unterstützte die sandinistische Revolution in Nicaragua, indem er dort unter anderem beim Bau eines Krankenhauses half. So einer war genau nach dem Geschmack der Fans mit den Totenkopf-Fahnen. Von 1988 bis 1991 spielte der „autonome" Keeper in der Bundesliga und blieb seinen Idealen weiterhin treu. Bis heute ist Volker Ippig die St.-Pauli-Legende schlechthin.

Normalerweise reicht es allerdings nicht aus, nur gute Leistungen zu bringen und in der passenden Weise sympathisch zu sein, um vom Publikum anerkannt zu werden. Die Zuschauer wollen nicht nur zuverlässige und nette Typen sehen, sie wollen sich auch identifizieren. Und gerade unter diesem Aspekt spielen die Torhüter eine herausragende Rolle. Kein Spieler hat so engen Kontakt zu den Fans in der Kurve wie der letzte Mann, er wird, qua Position, gleichsam zur Speerspitze seiner Mannschaft. Der Argentinier Ubaldo Fillol formulierte es so: „Letzter Mann? Nein, letzter Mann bin ich nicht, ganz und gar nicht. Im Gegenteil, ich bin der vorderste Mann, einer der vordersten zumindest. Denn hinter mir stehen die, die eigentlich unsere Mannschaft sind, unsere Streitmacht. Hinter mir stehen unsere Anhänger."

Manche Torhüter werden klatschend und winkend zum Dirigenten der Anfeuerung. Andere greifen beschwichtigend und beruhigend ein, wenn das eigene Publikum, etwa durch das Abbrennen von Feuerwerkskörpern, über die Stränge schlägt. Wenn es langweilig wird, kann es schon mal vorkommen, dass sich ein Keeper ganz leger mit seinen Fans die Zeit vertreibt und ein kleines Pläuschchen hält oder Kaugummis auf die Ränge wirft. Als Unterhalter und „Brücke" der Mannschaft zu den Fans können die Kommunikatoren zwischen den Pfosten jedoch nur eine Halbzeit lang wirken. In der anderen haben sie nicht die eigenen Fans, sondern die des Gegners im Rücken. Und dort, in der feindlichen Kurve, werden sie zur ersten Zielscheibe des Spotts, der Aggression und etlicher Flugobjekte.

Im Fadenkreuz des Hasses

Torhüter sind gleichsam naturgemäß das bevorzugte Ziel von Attacken der gegnerischen Fans. In der Kurve sind die Stehplatz-Blöcke. Torhüter stehen da am nächsten dran. Und weil sie Gefangene ihres Kastens sind, können sie sich da auch nie wegbewegen. 45 Minuten lang. Jeder Fan weiß das und kann sich schon vor dem Gang ins Stadion mit entsprechenden Wurfgeschossen (z.B. Bananen) ausstatten, die als besonderer Gruß an den „feindlichen" Torhüter gedacht sind.

Wenn etwas auf den Platz fliegt, landet es also meist im Strafraum. Zum entscheidenden WM-Qualifikationsspiel trat Chile am 3. September 1989 im Maracanã-Stadion in Rio an. Kurz nach dem 1:0 durch Careca geht ein Feuerwerkskörper in der Nähe von Chiles Torhüter Roberto Rojas nieder. Der Torhüter sinkt so theatralisch zu Boden, als spiele er die Hauptrolle in einem Western von Sam Peckinpah. Er blutet stark im Gesicht, wird schließlich ausgewechselt. Als sich die Chilenen weigern, das Spiel fortzusetzen, kommt es zum Abbruch. Mit dem erhofften Sieg am grünen Tisch wurde es jedoch nichts. Eine Untersuchung ergab, dass Rojas gar nicht getroffen worden war und die Verletzung nur vorgetäuscht hatte. Die FIFA wertete das Spiel mit 2:0 für Brasilien. Während man am Zuckerhut Rosemary de Mello, die Urheberin des Feuerwerks, wie eine Volksheldin verehrte, herrschte in Santiago Trauer. Die Chilenen durften bis 1998 nicht mehr an einer WM teilnehmen, Rojas wurde lebenslang gesperrt. Erst Jahre später gab der Torhüter zu, dass er in seinem Handschuh ein Skalpell verborgen hatte, um sich die Verletzungen selbst zuzufügen.

Im Fall von „El Condor" Rojas hatte es sich um einen besonders perfiden Betrugsversuch gehandelt. Möglich war er nur deswegen, weil ein Torhüter immer damit rechnen kann, dass ihm in einem Spiel allerlei Gegenstände um die Ohren fliegen. In der 47. Minute der Achtelfinalbegegnung FC Everton - Borussia Mönchengladbach im Europapokal der Landesmeister 1970/71 war es eine Toilettenpapierrolle, die in der Nähe von Gladbachs Torhüter Wolfgang Kleff landete. „Ich da hin", berichtete der Torhüter im Telegrammstil, „konzentriere mich darauf, die dort wegzukriegen. Auf einmal höre ich einen Riesenschrei." Evertons Kendall hatte einen langen Ball abgefeuert. „Ich werf' die Klorolle weg, laufe, sehe auf und, ach je. Da hätte ich auch das Papier benutzen können." Es war kein unbedeutender Treffer. Das Spiel endete nach Verlängerung 1:1, und Gladbach hatte im anschließenden Elfmeterschießen, dem ersten der Europapokalgeschichte überhaupt, das Nachsehen. Für Kleff, der trotz

Kahn nach der Golfball-Attacke in Freiburg. Trotz dieses Vorfalls warb er im Jahr 2003 für „Tabac" mit dem Spruch: „60.000 Zuschauer. Alle gegen Dich? Einfach fantastisch."

des kuriosen Treffers das wohl beste Spiel seiner Karriere abgeliefert hatte, war es besonders bitter.

In der Regel kommen weniger harmlose Gegenstände als eine Toilettenpapierrolle angeflogen. Faules Obst, Feuerzeuge, Flaschen, Dosen oder sogar, wie je einmal in den Strafräumen von Sepp Maier und José Luis Chilavert, ein Messer. Brentfords Chic Brodie musste im Jahr 1965 sogar die Erfahrung machen, dass man als Torhüter nicht nur die von schussstarken Gegnern abgefeuerten „Bomben" entschärfen muss, sondern auch mit Handgranaten von erregten Fans zu rechnen hat. Zum Glück war das Kriegsgerät nicht funktionstüchtig. Gefährlich hätte es trotzdem werden können, wenn es nicht in den Maschen des Netzes hängen geblieben wäre.

Am 12. April 2000 genügt im Stadion des SC Freiburg ein gelber Golfball, um für riesige Aufregung zu sorgen. Abgeworfen aus der Hand eines 16-jährigen Schülers, trifft er kurz vor dem Abpfiff – Bayern liegt mit 2:1 in Führung – Oliver Kahn an der Schläfe. Blutüberströmt sackt er zu Boden, steht aber gleich wieder auf und spielt die letzten Minuten zuende. In der Kabine muss die Platzwunde genäht werden. Der Bayern-Torhüter hatte bei dem Vorfall äußerste Ruhe bewahrt, aber als ihn die Zuschauer auch noch als „Schauspieler" schmähen, wird es ihm zu viel. Er rastet aus, schreit und tobt. Manager Hoeneß schafft es nur mit Mühe, ihn zu beruhigen. „Der Frust, der Schock, die Angst, das Adrenalin", formulierte ein noch Monate später von der Erinnerung erregter Kahn, „das alles musste ich rausschreien."

Spätestens seit Freiburg hatte Kahn genug von Feindbildern und Provokationen. Jahrelang, gab er einmal zu, habe er das gebraucht, um sich zu motivieren. Zum Beispiel gegnerische Fans, die ihn mit Bananen bewerfen und dabei „uuh, uuh, uuh" rufen. Das habe Harald Schmidt nicht wissen können, als er ihn in seiner „Late Night Show" als Gorilla verulkt hatte und anschließend tonnenweise Südfrüchte unter entsprechender Background-Beschallung („Da steht ein Affe im Tor") im Bayern-Strafraum landeten. Dann aber sei es irgendwann öde geworden. Im Juli 2001 sagte ein friedlich gewordener Kahn in einem Interview: „Heute kann ich Leistung bringen, ohne diesen ganzen Klamauk. Ich brauche keine Feindbilder mehr, kein Geschrei nach dem Motto: Der Kahn ist ein Arschloch! Ich kann inzwischen Qualität liefern im Zustand des Zuspruchs."

„Big Swifty's" Auftritt in der „Hölle"

Kahn mag heute unter allen Bedingungen seine Leistung abliefern können. Und es wäre auch etwas verwegen zu behaupten, dass Torhüter sich nur dann zu tollen Leistungen aufschwingen, wenn sie angefeindet werden. Tatsache aber bleibt, dass Torhüter in der Regel bei Auswärtsspielen besonders glänzen. So war es auch im Mai 1948, als der 32-jährige englische Nationalkeeper Frank Swift in Turin zu seinem 20 Länderspiel antrat. Die Ausgangslage war alles andere als günstig: Der als Kapitän seiner Mannschaft angetretene Keeper hatte einen im vorhergehenden Länderspiel erlittenen Rippenbruch noch nicht ausgeheilt; die Italiener, Weltmeister von 1934 und 1938, galten damals als beste Mannschaft Europas; und überdies konnten die Azzurri in einer ausverkauften Arena auf die lautstarke Unterstützung von 55.000 heißblütigen und fanatischen Tifosi rechnen. Am Eingang des 1933 eröffneten „Stadio Communale" stand damals ein Satz aus dem „Inferno" von Dante Alighieri: „Ihr, die Ihr eintretet, lasset alle Hoffnung fahren." In Anlehnung daran hieß das Stadion im Volksmund die „Hölle von Turin", und als eben solche präsentierte es sich an diesem Tag auch.

Mit ohrenbetäubenden Schmähgesängen werden die Engländer empfangen. Doch sie lassen sich nicht einschüchtern. Kaum ist das Spiel ange-

Big Swifty's Auftritt in der Hölle.

pfiffen, spielen sie ganz cool ihr Spiel. Schon beim ersten Angriff überwindet Stan Mortensen den italienischen Torhüter Bacigalupo mit einem Schuss aus spitzem Winkel. Nun macht die „Hölle" ihrem Namen alle Ehre. Die Zuschauer, in gleichem Maße erstaunt wie erzürnt, treiben ihre Mannschaft mit wütenden Anfeuerungsrufen nach vorne. Ein Angriff nach dem anderen rollt gegen das englische Tor. Aus allen Himmelsrichtungen prasseln Schüsse, Volleys und Kopfbälle auf Swift hernieder. Der erfahrene Keeper bleibt die Ruhe selbst und macht mit geradezu aufreizender Lässigkeit eine Chance nach der anderen zunichte. Fast scheint es so, als würde er umso sicherer, je heftiger er bedrängt wird. Die Stimmung kocht über, als ein Kopfball des italienischen Mittelstürmers Gabetto von der Querlatte in der Art des „Wembley-Tores" von 1966 steil nach unten abgefälscht wird und auf der Linie aufprallt. Die Zuschauer pfeifen und toben und fordern ein Tor. Nachdem Swift den Ball wieder ins Spiel gebracht hat, lädt er freundlich lächelnd einen der hinter der Auslinie lauernden Fotografen ein, mal kurz in den Fünf-Meter-Raum zu kommen und den Abdruck des Balles – der sich nach Swifts Version natürlich vor der Linie befindet – in

Augenschein zu nehmen. Tatsächlich kommt der um den Pfosten herum und macht schnell ein Foto. Nach dieser Provokation verlieren die Zuschauer engültig alle Zurückhaltung. Tomaten, Eier und andere Gegenstände fliegen auf den Platz. Aber Swift und seine Kameraden sind auch davon nicht zu beeindrucken. Am Ende haben die Engländer, die aus der Defensive heraus immer wieder gefährliche Konter vortragen, in der „Hölle von Turin" einen nahezu unglaublichen 4:0-Sieg erreicht.

Swift hatte unter absolut extremen Bedingungen eine herausragende Leistung vollbracht. Noch brisanter war die Situation, mit der Sepp Maier am 7. November 1973 in Dresden fertig werden musste. Maier war wochenlang schlecht in Form gewesen, dazu war es im Vorfeld des Spiels zu einem peinlichen Eklat gekommen, weil Bayern Münchens Präsident Neudecker, von antikommunistischen Ängsten geplagt, angeordnet hatte: „Wir fahren nur bis Hof, bleiben dort bis zum Spieltag und reisen erst dann nach Dresden weiter." Man befürchtete, dass den Spielern in einem DDR-Hotel leistungshemmende Mittel ins Essen geschmuggelt werden könnten. Die von dieser arroganten Haltung enttäuschten Dresdner Fußballfans sorgten im Stadion für eine entsprechende Stimmung, wie sich Sepp Maier erinnert: „Wir liefen in ein Stadion ein, das vor Begeisterung über die eigene Mannschaft und vor Empörung über den unverschämten Gast nur so kochte." Der Bayern-Torwart war davon allerdings überhaupt nicht beeindruckt. Im Gegenteil: „Ich mag das. Das macht Stimmung, das weckt die Reflexe. Mein persönliches Tief war längst überwunden, ich wollte es heute den Zweiflern, den Kritikern zeigen. Draußen beim Warmschießen hatte ich im Urschrei der Massen regelrecht gebadet..." Darüber hinaus war Maier auch noch privat unter Druck. Am Vortag hatte ihm Neudecker mitgeteilt, dass es mit dem versprochenen Darlehen für seinen Tennispark nichts werden würde, wenn Bayern ausscheidet. Maier aber hatte mit dem Bau bereits begonnen und wäre bei Ausbleiben des Geldes in existenzielle Nöte gekommen. „Stell' sich mal einer vor, wie ich in das Spiel gegangen bin!", schrieb Maier in seinem Buch „Ich bin doch kein Tor!". Maier brachte eine tolle Leistung, das Spiel endete 3:3 und die Bayern waren weiter.

Die Beispiele von Swift und Maier zeigen: Außergewöhnlicher Druck, insbesondere die Feindseligkeit gegnerischer Fans, kann manchen Torhüter auch zu außergewöhnlichen Leistungen beflügeln. Eindrucksvoll schilderte Uli Stein seine erste Bewährungsprobe für Arminia Bielefeld im Spiel gegen Alemannia Aachen: „Mit mir geschah etwas Sonderbares: Ich fiel in einen Sinnesrausch. Er verwandelte jeden Beifall für den Gegner in eigene Stärke. Die Jubelstürme der entfesselten gegnerischen Anhänger lösten in

Heiner Stuhlfauth will dem Frankfurter Präsidenten Rothschild an den Kragen.

mir eine bisher nicht gekannte Körperlichkeit aus. Nicht die Fäuste gingen zum Ball, sondern die Handkanten. Das Leder jaulte unter meinen Hieben und suchte das Weite bis zur Mittellinie. Meine Abschläge flogen zu immer neuen Bestmarken. Der Stein wuchs zu einem unüberwindbaren Gebirge.“ Der englische Keeper David Icke – der Mann stand in den 1970er Jahren bei Hereford United und Coventry City im Kasten – drückte sich noch deutlicher aus. Auf einem fremden Platz im Tor zu stehen, das eigene Team mit 1:0 in Führung, den Atem der gegnerischen Fans im Nacken, die sich nichts sehnlicher wünschen, als dass der Ball im Netz zappelt – „das“, so Icke, „puscht dich in so ein ausgeflipptes ‚High‘, fast wie beim Orgasmus“.

Wenn Torhüter beleidigt werden …

Manchmal allerdings wird aus dem „High“ kein Orgasmus, sondern nur ein Ausflippen. Wehe dem, der dem Torhüter dann zu nahe kommt. Beim Endspiel um die Deutsche Meisterschaft des Jahres 1925 wurde ein Zuschauer Opfer eines tobenden letzten Mannes. Nürnbergs Torwart-Legende Heiner Stuhlfauth schilderte die Begebenheit im Match gegen den FSV Frankfurt mit eigenen Worten: „Bei einem Duell im Nürnberger Strafraum kam Strehlke, der Frankfurter Stürmer, gegen Popp zu Fall; der

Frankfurt-Berliner blieb am Boden liegen und markierte; Schiedsrichter Guyenz ließ sich auf kein Theater ein, er hatte die Zusammenhänge erkannt und sah keinen Grund zu strafen. Draußen johlten die Zuschauer ... Plötzlich lief ein Zivilist quer übers Feld an meinem Tor vorbei und rief mir eine beleidigende Äußerung zu. Ich war wie jeder Spieler in diesem mörderischen Kampf erregt und nahm mich sofort des Eindringlings in höchst liebenswürdiger Weise an, um seinen Namen zu erfragen. Die Antwort darauf wurde mir versagt; ich rief einen Ordnungsmann. Er sollte den Mann aus dem Felde weisen. Aber schnell hatte ich den Namen des von mir Sistierten erfahren. Der gegnerische Spieler Klumpp war herbeigesprungen und meinte, ich möge doch den Vorstand des Vereins gehen lassen ... Es war Dr. Rothschild, den ich gefasst hatte ..."

Hätte der Schiedsrichter vorher falsch gepfiffen, wäre sicher nicht der FSV-Vorsitzende und Klubmäzen David Rothschild, sondern der Mann mit der Pfeife zur Zielscheibe von Stuhlfauths Impulsivität geworden. Ungeachtet des Credos großer Torhüter, dass sich gerade ein letzter Mann von Ungerechtigkeiten nicht beirren lassen sollte, sind viele Konfliktfälle mit den Unparteiischen verbürgt. Pfeift der Schiedsrichter zu Unrecht einen Elfmeter, dann ist es immer der Torwart, den das unmittelbar betrifft. Von daher ist es nicht unverständlich, wenn dem was rausrutscht. Berühmt geworden ist das Sportfoto des Jahres 1981: Toni Schumacher geigt Schiedsrichter Pauly „hautnah" seine Meinung. Manchmal bleibt es allerdings nicht bei verbalen Äußerungen wie „Du Arsch!" oder „Du Blinder!". Einem K.o. für die Nerven eines Keepers kommt es gleich, wenn der Mann mit der Pfeife einen Treffer gibt, der gar keiner war. Im Europapokal-Halbfinale 1967/68 gegen den AC Mailand war es der normalerweise nicht eben als Wüterich bekannte Sepp Maier, den eine falsche Schiedsrichter-Entscheidung völlig aus der Fassung brachte. „Hohe Flanke. Ein Sprung. Ich habe den Ball sicher. Vorn am Sechzehner steht Gerd. Völlig frei. Ich hole weit aus, will ihm den Ball zuschießen. Da geht Sormani mich mit gestrecktem Bein an – ein übles Foul. Der Ball prallt von seiner Sohle ins Netz. Und der Schiedsrichter entscheidet auf Tor. In diesem Moment brannten alle Sicherungen bei mir durch. Nur durch einen roten Nebel sah ich den so genannten Unparteiischen. Ich stürzte auf ihn los, Mord im Blick. So haben mich jedenfalls der Bulle Roth und mein Kumpel Ohlhauser gesehen, die mir in letzter Sekunde in den Weg traten, mich zu Boden rissen und nur mühsam bändigen konnten."

Manches Mal bricht sich die Wut erst mit zeitlicher Verzögerung so richtig Bahn. So war es beim englischen Cupfinale 1902. In einem schwachen Spiel hatte Southampton-Stürmer Wood kurz vor Schluss die 1:0-Führung von Sheffield egalisiert. Es war ein Treffer aus klarer Abseitsposition. Der Schiedsrichter erkannte ihn dennoch an, kurz darauf war das Spiel beendet. Aber es sollte noch ein Nachspiel geben. Es begann im Entspannungsbad. Sheffields Keeper „Fatty" Foulkes räkelt sich im warmen Wasser. Er versucht, seine Erregung in den Griff zu bekommen. Doch es fällt ihm schwer. Vor seinem inneren Auge läuft wieder und wieder die entscheidende Szene ab. Plötzlich springt er wie von einer Tarantel gestochen auf, stürmt splitternackt durch die Korridore und beschimpft jeden, der ihm über den Weg läuft. Niemals, brüllt er, dabei wie ein Irrsinniger an die Tür der Schiedsrichter-Kabine hämmernd, sei das ein korrektes Tor gewesen. Glücklicherweise war die Tür stabil, und der Schiedsrichter konnte, nachdem Foulkes wieder abgezogen war, ungeschoren entkommen. Allerdings gab es in der Sache noch einen Nachschlag beim Wiederholungsspiel. In der „Athletic News" hatte der Journalist Tityrus von einem korrekten Tor geschrieben, weil der Ball von Sheffields Peter Boyle abgeprallt sei. Als der Journalist vor dem Anpfiff des Wiederholungsspiels an der Kabinentür Sheffields anklopfte, um ein paar versöhnliche Worte anzubringen, stellte sich ihm der schwergewichtige Riese Foulkes in den Weg: „Ich bin ihr Mann für den Kampf", meinte er, „Sie haben genau das passende Gewicht." Tityrus zog wieder ab, und Sheffield gewann vor der damaligen Rekordzahl von 130.000 Zuschauern mit 2:1.

Schläge für den Gegner

Hin und wieder spielen Torhüter auch selbst Schiedsrichter. So war es im September 2002, als Leverkusens Thomas Brdaric den Ball trotz eines Abseitspfiffes ins Bayern-Tor schoss.

Oliver Kahn rennt auf den Schützen zu, packt ihn im Genick und dreht seinen Kopf zum Linienrichter: Da, bedeutet er ihm, schau hin, es war Abseits. Die „FAZ" schrieb hinterher von der „Rocky Horror Olli Show", und Brdaric zeigte sich geschockt: „Ich hatte Todesangst, als ich die Pranke von Kahn in meinem Nacken spürte." Kahn sah es anders: „Meine Hand hat Brdaric nicht mal gedrückt, sie lag nur auf ihm drauf. Ich hatte das Gefühl, dass er die Aktion publicitymäßig ausgenutzt hat." So recht glauben mochte es ihm keiner. Alle Beobachter waren überzeugt, dass man in diesem Spiel wieder mal den „alten" Kahn erlebt hatte. Das „Monster Kahn", wie Journalisten schrieben, den „Vul-Kahn". Jenen Kahn, der 1995/96 erstmals durch ein platzverweiswürdiges Gerangel mit Olaf

Bodden (1860 München) auf sich aufmerksam gemacht hatte und sich in der Saison 1998/99 gleich in Serie als Wüterich in Szene setzte. Am 24. Spieltag flog er dem Dortmunder Stephane Chapuisat wie ein Kung-Fu-Kämpfer entgegen. Die Aktion, beschwichtigte Kahn rückblickend, sei „total kontrolliert" gewesen, „es konnte nichts passieren". Es passierte auch nichts, als dem Bayern-Keeper kurz darauf Heiko Herrlich vors Gesicht kam und er, wie die „Süddeutsche Zeitung" schrieb, am Ohr des Dortmunders „nagte". Nach „totaler Kontrolle" freilich sah die Szene ganz und gar nicht aus. Der „Spiegel" beschrieb sie so: „Kahn dockte am Hals des Dortmunders an, und man dachte: Gleich hat er die Schlagader freigelegt." Kahn selbst erläuterte lapidar: „Der Trainer hat gesagt, wir sollen uns am Gegner festbeißen. Das habe ich versucht zu beherzigen." Für seine bissige Vorstellung kassierte er nicht einmal eine gelbe Karte, dafür gab es dann am 29. Spieltag Gelb-Rot, als er nach einem Foul an Gladbachs Jörgen Pettersson den Ball wegschlug.

Auch wenn's martialisch aussieht – man muss Kahn für solche Aggressionen nicht an den Pranger stellen. Jedenfalls nicht allein. Auch sein Konkurrent Jens Lehmann ist ein Torhüter, der vor jedem Spiel in Adrenalin zu baden scheint. Im November 1999 zog er den Rostocker Timo Lange an den Haaren (Platzverweis), im März 2001 trat er wüst nach Freiburgs Coulibaly – kein Platzverweis, aber eine vierwöchige Sperre wegen Tätlichkeit. Und davor, dazwischen und danach machte er sich immer wieder mit Brutalo-Einlagen und derben Ellbogenchecks unbeliebt.

Geradezu programmiert waren Aussetzer dieser Art bei Österreichs Rekordinternationalem Friedl Koncilia. 1979 knockte er den Grazer Werner Gregoritsch per Kopfstoß aus. Der Keeper wurde wegen dieser Untat für ein halbes Jahr gesperrt. Paraguays Choleriker José Luis Chilavert verpasste im Jahr 2001 wegen einer Sperre wichtige Qualifikationsspiele für die WM. Der Grund: Er hatte Brasiliens Roberto Carlos ins Gesicht gespuckt.

Es wäre unangemessen, wegen solcher Vorfälle einen Maulkorb-Erlass für die letzten Männer zu fordern. Denn jeder Klassemann braucht heftige Aktionen dieser Art, um sich den richtigen Respekt zu verschaffen. Das galt auch schon vor 100 Jahren. Ein „Fatty" Foulkes zum Beispiel wäre ohne seine Brutalo-Einlagen niemals zum bekanntesten und gefürchtetsten englischen Torhüter seiner Zeit aufgestiegen. Seit er gleich zu Beginn seiner Karriere einem Stürmer von Derby die Zähne ausgeschlagen hatte, sorgte er regelmäßig für Diskussionsstoff. So 1897, als er den Everton-Stürmer Bell umstieß, sein Gesicht in den Matsch drückte, ihn anschließend mit einem Arm hochhob und Evertons Trainer aufforderte, das Würstchen auszuwechseln. Evertons Fans bewarfen Foulkes daraufhin mit Steinen, das Spiel musste minutenlang unterbrochen werden. Sheffields Torhüter indes blieb die Ruhe selbst und stellte den Vorfall einige Zeit später ganz entspannt so dar: „Genau in dem Moment, als ich dabei war, einen hohen Ball zu erreichen, prallte Bell auf mich. Als Folge des Zusammenstoßes stürzten wir beide zu Boden. Es war sein Pech, dass er direkt unter mich geriet und ich es nicht mehr verhindern konnte, dass ich mit beiden Knien auf seinen Rücken fiel."

Im Jahr darauf wurde Liverpools Stürmer George Allan ein Opfer Foulkes. Diesmal packte er seinen Gegner mit beiden Händen, drehte ihn um und rammte ihn mit dem Kopf nach unten in den Boden. Er habe Liverpools Stürmer, so ein Journalist, in den Strafraum gepflanzt wie eine verwelkende Aspidistra. Ein schönes Bild: ein Stürmer, der aussieht wie eine braungelbe Tulpe, deren Wurzelstöcke halb in der Erde stecken. „Gärtner" Foulkes beteuerte natürlich auch in diesem Fall seine Unschuld. Nach dem Spiel meinte er, Allan sei lediglich unglücklich gestolpert, und überhaupt sei der anschließende Elfmeter sowieso völlig unberechtigt gewesen.

Überliefert ist, dass Foulkes in diesem Spiel von Liverpools Allan mehrmals gerempelt und provoziert worden war. Tatsächlich dürfte es so sein, dass in den meisten Fällen, in denen ein Torhüter durchdreht, ein Stürmerfoul vorangegangen ist. Und das haben Zuschauer wie Schiedsrichter meist nicht gesehen. So erging es dem spanischen Nationalkeeper Ricardo Zamora im Spiel gegen Italien bei der Olympiade 1920 in Antwerpen. „Ein Spieler der italienischen Mannschaft hatte mich, obwohl ich den Ball nicht mehr in meinem Besitz hatte, mit den Füßen getreten", schilderte der „Göttliche" den Vorfall. „Als Reflexbewegung habe ich ihm damals eine heruntergehauen." Ähnlich erging es dem Keeper von Eintracht Trier, Werner Vollack, 1979/80 in einem Zweitligaspiel gegen den 1. FC Nürnberg. Keiner sah, wie er vom Nürnberger Herbert Heidenreich angespuckt wurde. Dafür sahen dann Tausende an den Bildschirmen, wie er Heidenreich per Faustschlag niederstreckte.

Der berühmteste Faustschlag der deutschen Fußball-Historie passierte am 28. Juli 1987 im Supercupspiel Hamburger SV gegen Bayern München. Der HSV geht in Führung. In der zweiten Halbzeit drehen die Bayern auf. Winklhofer flankt, Jürgen Wegmann setzt sich im Kopfballduell durch, 1:1. Hamburgs Torhüter Uli Stein deutet dem Schiedsrichter wütend an, dass drei Bayern im Abseits gestanden hätten. Was natürlich nichts hilft. Stein ist noch Minuten später so wütend, dass er einen Abschlag absichtlich ins Seitenaus drischt. Dann die 87. Minute. Nach einem Rummenigge-Freistoß kracht ein Pflügler-Kopfball an den Pfosten, Wegmann erwischt den Abpraller und erzielt das 2:1. Danach kracht es im Kopf von Stein. Er fährt die Faust aus, schlägt den am Boden sitzenden Torschützen nieder. Wegmann windet sich, Schiedsrichter Dieter Pauly zieht die rote Karte.

Nach dem Vorfall verhängte der DFB gegen Stein eine Sperre von zehn Pflichtspielen und eine Geldstrafe von 3.000 DM. Präsident Neuberger begründete: „Er ist ein Mann, der sich nicht beherrschen kann. Schade!" Stein beschwerte sich: „Dass in dem gleichen Spiel der Kaltz dem Pflügler vier Zähne ausgetreten hat, interessiert keinen. Aber über mich regen sich alle auf." Da der Faustschlag nicht der erste Ausraster Steins war, hatte man auch beim HSV genug. Stein wurde entlassen. „Individualisten wie ich, Nichtangepasste", kommentierte er bitter, „müssen von der Bildfläche verschwinden." Nun endgültig als „Enfant terrible" verschrien, hatte er Probleme, einen neuen Arbeitgeber zu finden. Einzig Sariyerspor Istanbul wollte ihn haben, allerdings nur unter der Bedingung, dass er sich einbürgern lasse und den türkischen Namen „Ünlü Tasch" (berühmter Stein) annehme. Stein schlug das Angebot aus und brachte schließlich nach Wochen des Wartens doch noch ein Engagement bei Eintracht Frankfurt zustande. 1994 folgte, nach etlichen, diesmal vor allem internen Reibereien, auch dort der Rausschmiss. Stein durfte noch mal für eine Saison beim HSV ins Tor und beendete dann schließlich 1997, erneut von Theaterdonner begleitet, seine Karriere bei Arminia Bielefeld.

Wut auf die Mitspieler

Als Oliver Kahn den Leverkusener Brdaric per Nackengriff in „Todesangst" versetzt hatte, kommentierte Günter Netzer, dass dieser Ausraster „weniger dem Gegner als der eigenen Mannschaft" gegolten habe. „Ich habe in den vergangenen Wochen ganz genau hingeschaut und gemerkt, wie es in diesem Kahn brodelt. Ich habe schon lange erwartet, dass da was kommt." Vermutlich hatte Brdaric lediglich das Pech, dass Kahn gerade keinen eigenen Spezi zu fassen bekommen hatte. In der Saison 1995/96 war das beim Gastspiel des FC Bayern München in Stuttgart anders. Da musste man um das Leben von Andreas Herzog fürchten, so sehr wurde er nach einem Deckungsfehler von einem wutentbrannten Oliver Kahn durchgeschüttelt. Der deprimierte Herzog kehrte nach einer missratenen Saison – nur fünfmal spielte er über die volle Distanz – nach Bremen zurück. „Ich wollte verhindern, dass ich meinen Stolz verliere", begründete er seinen Schritt.

Freut er sich, oder beißt er gleich? Bei Kahn weiß man nie so genau…

In Anbetracht dieses Beispiels mag man sich fragen, wie lange wohl noch Luigi di Biagio im Trikot von Inter Mailand spielen wird. Ende April 2003 hatte Inter-Torhüter Francesco Toldo in einem Champions-League-Spiel gegen Valencia einen Glanztag. Ganz anders seine Abwehr, die löchrig war wie ein Schweizer Käse. Nach einer Serie von drei Paraden rastete Toldo aus und ging wie ein Wahnsinniger di Biagio an den Kragen, weil der einen Deckungsfehler begangen hatte.

Für die Beschimpfung und unsanfte Behandlung von versagenden Mitspielern geradezu berühmt waren der Österreicher Friedl Koncilia und Liverpools Keeper Bruce Grobbelaar. „Der Kompromisslose" wurde der eine genannt, der andere wurde wegen seiner rüden Art mit dem Kampfnamen „der Schläger" („Bruiser") ausgestattet. Wenn sie vermeidbare Tore kassierten, hätten sie die Schuldigen am liebsten sofort hingerichtet. Völlig außer sich war Koncilia, als ihm die Nationalkicker der Alpenrepublik während der Vorrunde der WM 1978 zwei Eigentore ins Netz setzten. Der Keeper, der in drei Spielen hintereinander nur durch seine Mitspieler zu bezwingen war, schnaubte verächtlich: „Einmal möchte ich bei dieser WM ein normales Tor bekommen." Seine Vorderleute waren daraufhin so eingeschüchtert, dass sie ihn gleich im nächsten Spiel gegen die Niederlande beim Wort nahmen und die Oranjes dazu einluden, ihrem Goalie fünf Dinger in den Kasten zu setzen. Die Österreicher waren anschließend immerhin gut genug, um die deutsche Nationalmannschaft aus dem Wettbewerb zu werfen. Und das, obwohl die ohne den Eigentor-Spezialisten Franz Beckenbauer angetreten war. „Schau lieber zu, dass du den Franz ordentlich deckst, der ist der gefährlichste Gegner", hatte Sepp Maier einst Vorstopper Georg Schwarzenbeck angewiesen, als sich der Münchner Libero im Herbst seiner Karriere angewöhnt hatte, den Ball immer wieder mal an Maier vorbeizulotsen.

Am 22. Februar 2003 feierte der Dortmunder Jens Lehmann eine besondere Premiere: Er war der erste Torwart, der wegen „Zusammenscheißens" eines Mitspielers vom Platz gewiesen wurde. Bereits in der ersten Halbzeit des Spiels in der Arena „Auf Schalke" sieht Lehmann Gelb, als er seinen Strafraum verlässt, um dem verletzten Tomas Rosicky beizustehen. In der 80. Minute rennt er nach dem annullierten Treffer zum möglichen 3:2 Richtung Mittellinie und staucht Marcio Amoroso zusammen, der den Ball im Mittelfeld vertändelt hatte. In Anwendung der Regel 12, wonach auch das unsportliche Verhalten gegenüber einem Mitspieler geahndet werden muss, sieht er Gelb-Rot. Diesen vierten Platzverweis seiner Karriere, mit dem er einen Bundesliga-Rekord aufstellte, kommentierte er nach dem Duschen recht zerknirscht: „Ich hatte Amoroso was zu sagen und habe dann nicht damit gerechnet, dass er mich anfasst. Man kann das manchmal nicht so kontrollieren auf dem Spielfeld. Das baut sich manchmal mehrere Tage und Wochen auf und dann kommt eben eine etwas doofe Reaktion." Die Berechtigung der Strafe mochte er freilich nicht einsehen; der Fußball, sinnierte er, sei „so komisch" geworden. Die „Abendzeitung" hielt sich nicht damit auf, die Schuld in den Regeln zu suchen, sondern spottete in einer fetten Schlagzeile: „Vom Lehmann zum Blödmann".

Neben der primitiven Handgreiflichkeit und der lautstarken Schimpftirade wird von manchem Torhüter auch noch die provokante Arbeitsverweigerung als Mittel der internen Mannschaftskritik angewandt. Wenn er bockig war, konnte Wolfgang Kleff schon mal einen Ball absichtlich, aber natürlich mit eleganter Geste, vorbeilassen. Weil er sauer war auf seinen Vorstopper Kliemann, der ihn angeschnauzt hatte, sorgte der Hertha-Torhüter dafür, dass sein Team gegen den HSV mit 0:6 unterging. Uli Stein stellte die Arbeit immer dann ein, wenn seine Stürmer versagten. Bei einem Pokalspiel von Bielefeld in Duisburg zeigte er bei einem Schuss von Ronnie Worm keine Reaktion. „Ich wollte unseren Stürmern mal zeigen", so seine Rechtfertigung, „wie man Tore schießt." Beim HSV lehnte er sich einmal demonstrativ an den Pfosten, um seinen Mitspielern zu vermitteln, wie es aussieht, „wenn man nur faul rumsteht“, ein anderes Mal war er nach einem Foul im Strafraum so empört über die Blödheit seiner Mitspieler, dass er erst durch eine gelbe Karte des Schiedsrichters bewogen werden konnte, sich zum Elfmeter ins Tor zu stellen. Und am ersten Spieltag der Saison 1988/89, nun bei Eintracht Frankfurt im Tor stehend, wollte er nach einem frustrierenden 0:3-Rückstand gegen die Bayern nicht mehr Torwart einer Stümper-Mannschaft sein. Er setzte sich auf die Werbebande neben sein Tor und blieb dort so lange sitzen, bis ihm der Schiedsrichter die rote Karte zeigte.

Er müsse seine Verteidiger pausenlos zusammenscheißen, behauptete Peter Schmeichel, der Däne im Tor von Manchester United, weil ihm dies helfe, seine Konzentration zu wahren. Schmeichel wollte immer gewinnen, unbedingt. Und dieselbe Einstellung forderte er von seinen Mitspielern. Attacken gegen Spieler der eigenen Mannschaft sind, so lässt sich daraus schließen, nicht einfach negative Entgleisungen, sondern sie haben einen positiven Ursprung. „Bruiser“ Bruce Grobbelaar schimpfte einmal nach einer Niederlage: „Wir sind nicht nur geschlagen worden, wir waren fürchterlich.“ Er habe keine Lust, in einer Mannschaft zu spielen, die sich damit begnügt „Zweitbester“ zu sein. „Wo ist die Leidenschaft? Wenn die Jungs nicht für Liverpool spielen wollen, dann sollen sie abhauen und in den Mersey springen.“

Die Schläge Grobbelaars hatten ihre Ursache im extremen Ehrgeiz, und genauso verhielt es sich bei den Eskapaden eines Uli Stein. Weil er immer gewinnen wollte, stauchte er in Frankfurt immer wieder Leute vom Schlage eines Andy Möller zusammen – Spieler eben, die sich nicht genug anstrengen, die aus ihrem Talent nicht das machen, was sie machen könnten. Stein hatte das Pech, dass er mit seiner Art nicht ankam und am Ende von seinen Mannschaftskollegen regelrecht aus Frankfurt vertrieben wurde. Anders verlief es im Fall Jens Lehmann. Dortmunds Kapitän Stefan Reuter nahm sich seinen Torhüter unmittelbar nach dessen Ausraster gegen Amoroso zwar deftig zur Brust, fand aber nach dem Spiel auch lobende Worte: „Oliver Kahn wird gefeiert, wenn er Emotionen zeigt und für sein Team kämpft. Lehmann, der einen überragenden Siegeswillen hat, wird bestraft. Das kann ich nicht nachvollziehen.“ Torhüter-King Kahn bekam seine Neigung, den eigenen Kollegen Angst einzujagen, nach langen Flegeljahren besser in den Griff. Dennoch sah sich der Trainer des gereiften Kahn, Ottmar Hitzfeld, einmal zu der Bemerkung veranlasst: „Wenn alle Spieler so engagiert wären wie Kahn, wäre das gefährlich für die Mannschaft.“

Lauter Irre und Verrückte

Ein alter Fußballer-Witz geht so: „Eine Mutter hatte drei Söhne. Der eine war Torwart, der zweite Linksaußen, und der dritte war auch nicht normal." Tatsächlich scheinen die oben genannten Beispiele dieses Ur-Vorurteil gegen alle Torhüter zu bestätigen. Und manche scheinen sich nicht einmal dagegen zu sträuben. Von Bruce Grobbelaar ist der Ausspruch überliefert: „Ich bin ein Verrückter, aber ich spiele ja auch auf einer verrückten Position." Oliver Kahn pflichtete dem bei: „Es ist verrückt, was der Fußball aus mir macht." Mehrmals gab er zu, dass er während und kurz nach einem Spiel „nur bedingt zurechnungsfähig" sei. Nachdem er sich wieder einmal in den Oliver „Wahn" verwandelt hatte, lautete sein Kommentar: „Ich kann nicht garantieren, dass Augenblicke, in denen ich überziehe, nie wieder vorkommen." Sein Konkurrent Jens Lehmann, der ebenfalls nach jedem seiner Anfälle beteuerte, dass er „neue Ausraster nicht ausschließen" könne, behauptete, dass die Aufgabe des Torwarts per se verrückt sei. Denn vor jedem Spiel müsse er sich in einen Zustand versetzen, in dem es nicht nur normal, sondern geradezu erwünscht ist, sich „den Ball aus vier Metern ins Gesicht schießen zu lassen". Ein guter Torwart scheint eine spezielle Psyche mitbringen zu müssen. Und das, was er benötigt, um seine Leistung zu bringen – Impulsivität und Temperament – kann dann eben schon mal nach hinten losgehen. Auf den Vorwurf, er sei ein unberechenbarer Hitzkopf, reagierte der Österreicher Friedl Koncilia dementsprechend mit den Worten: „Kein Torwart von Sonderklasse ist Phlegmatiker."

Vom ehemaligen HSV-Trainer Ernst Happel stammt die mit typischem Wiener Schmäh vorgetragene Bemerkung: „Wenn'st samt Großhirn und Kleinhirn zwischen den Stangerln herumfliegst, hast an Schaden." Je größer der Schaden, so seine Folgerung aus dieser Grundthese, desto besser der Torhüter. Nachdem er den umstrittenen Uli Stein ins Tor der Hamburger gestellt hatte, lieferte er die Begründung: „Der Stein ist meine Nummer eins, weil der besessen ist, weil der einen Kopfschuss hat."

Manche Torhüter waren so verrückt auf ihren Job, dass sie für ihn sogar ihr Leben riskieren. Nürnbergs Torhüter Schorsch Köhl starb am 15. Januar 1944 an den Folgen einer schweren Kriegsverletzung. Er hatte an der Ostfront einen Durchschuss am Arm erlitten, die Wunde hatte sich stark entzündet. Nur eine Amputation hätte ihn retten können. Doch Köhl, die Fortsetzung seiner Torwartkarriere im Sinn, weigerte sich lange, den Arm abnehmen zu lassen. Zu lange. Er starb in einem Lazarett in Krakau an den Folgen der schweren Infektion. Sein Nachfolger Georg Lindner ließ sich auch von einer TBC-Erkrankung nicht abhalten, weiterhin das Clubtor zu hüten. Erst als es gar nicht mehr ging, verließ er seinen Posten. Er starb drei Wochen nach seinem letzten Spiel.

Extremer Ehrgeiz, in manchen Fällen total übertriebener Ehrgeiz, scheint einer der entscheidenden Schlüssel zur Torhüter-Psyche zu sein. Sich selbst fordern die letzten Männer eine „totale" Leistung ab, und innerhalb eines Teams zeigen sie sich mit dem unbezähmbarsten Siegeswillen. Wegen dieser Übermotivation fallen sie immer wieder durch extreme Aktionen auf. Am 24. Spieltag der Saison 2000/01 gab Oliver Kahn in Rostock eine bis dahin noch nie gesehene Vorstellung. Die letzte Spielminute war angebrochen, als die Bayern, die mit 2:3 zurücklagen, einen Eckstoß hatten. Kahn stürmte wild entschlossen nach vorne und boxte den Ball mit beiden Fäusten ins Hansa-Tor. Es war klar, dass diese Unsportlichkeit nur mit einem Platzverweis geahndet werden konnte. Aber warum hatte er es überhaupt getan? Weil er ein Exzentriker und Neurotiker ist? Nein, meinte Roland Zorn in der „Frankfurter Allgemeinen Zeitung": „Der Torwart der Bayern hat nur eine, nicht einmal besonders originelle Macke. Er ist kein guter Verlierer." Selbiges gilt auch für seinen Konkurrenten Jens Lehmann. Im Juli 2003 zog der Dortmunder im Halbfinale des Ligapokals gegen den Stuttgarter Kevin Kuranyi die Notbremse und handelte sich damit den fünften Platzverweis seiner Karriere ein. Als kurz darauf der Wechsel des umstrittenen Keepers zu Arsenal London bekannt gegeben wurde, meldete sich sogleich die deutsch-britische Torwartlegende Bernd Trautmann zu Wort. Auf der Insel könne sich ein Torhüter Disziplinlosigkeiten à la Lehmann nicht leisten, meinte er: „Er kann sich nicht so einfach Sachen herausnehmen, wie er es in Dortmund getan hat. Du musst mit Anstand verlieren können. Bei Jens Lehmann hatte ich manchmal den Eindruck, dass er es nicht konnte."

Man mag die Besten unter den letzten Männern zu Recht dafür kritisieren, dass sie problematisch sind, dass sie über die Stränge schlagen, dass sie sich bei Schiedsrichtern, Gegnern, Mitspielern und Zuschauern immer wieder unbeliebt machen – fest steht gleichwohl, dass es genau das ist, was sie so interessant macht. Der Stein-Biograf Broka Herrmann sagte über seinen Helden: „Der ist per se interessant, allein schon durch die Tatsache, dass er auf einer eindimensionalen Ebene so geniale Fähigkeiten entwickeln konnte. Dazu gehört ja nicht nur Reaktionsschnelligkeit, sondern auch das Vermögen, sich auf bestimmte Aufgaben optimal zu konzentrieren. … Er hat im Moment gelebt, immer im Moment. Jedesmal, wenn er ausgerastet ist, gelang ihm wohl die Verdrängung nicht mehr. Der Grund,

Uwe Wegmann eine in die Fresse zu hauen, war ein Lächeln. Wegmann hat gelächelt, hat Uli Stein angelächelt. Das konnte er vermutlich nicht ertragen, weil er Demütigungen ertragen musste, die heute noch nachwirken, und die stammen nicht vom Fußball. … Genau das macht den Uli Stein so interessant, als Leidensfigur wie als Helden."

Schlug Stein zu, weil er vaterlos aufgewachsen, weil er als schmächtiger Junge von seinen Spielkameraden gehänselt worden war? Der lebens- und welterfahrene Trainer Dettmar Cramer meinte, dass Uli Stein „von klein auf ein Problemspieler, aber auch eine Persönlichkeit" gewesen sei. Einer wie er brauche nur jemanden, der ihm sagt, wo's lang geht, „einen Chef. Bei dem wird er zwar immer noch über die Stränge schlagen, er wird ausbrechen aus dem Gespann, immer wieder mal, denn er ist und bleibt von Haus aus ein Problemspieler. Aber wenn er mitzieht, reißt er auch die ganze Mannschaft mit. Er will den Erfolg, auf den es ankommt." Als Stein am ruhigsten und erfolgreichsten war, in den ersten Jahren beim Hamburger SV, hatte er im „Grantler" Ernst Happel eine Vaterfigur, von der er sich führen ließ. Der Trainer hatte seinem Lieblingsschüler bereits frühzeitig eröffnet: „Dein größtes Problem ist dein nicht zu bändigender Ehrgeiz und der Maßstab, mit dem du die anderen gnadenlos an dir selbst misst. Hör' auf damit, oder du zerbrichst daran."

„Torhüter sind eine andere Rasse", schrieb der britische Autor Nick Hazlewood, dem die dickste Sammlung absonderlicher Torwart-Geschichten zu verdanken ist. Er meinte das im übertragenen Sinn, auf ihre Psyche bezogen. Temperamentvoll, unbeherrscht, extrem, sonderbar – Attribute dieser Art können sicherlich vielen Torhütern zu Recht verliehen werden. Als richtiggehend „verrückt" jedoch kann man sie aber wohl kaum bezeichnen. Bis auf einen, bis auf David Icke. Der aus einer Arbeiterfamilie stammende Erstliga-Torwart von Coventry City und Hereford United musste seine Laufbahn wegen rheumatischer Arthrose schon sehr früh, mit 21 Jahren, beenden. Er startete dann eine Karriere als Sportjournalist und Sportmoderator bei BBC. In den 1980er Jahren trat er der britischen Grünen Partei bei und wurde deren bekanntester Sprecher. Bis dahin war alles noch okay. Aber als er am 29. März 1990 eine „Geisterheilerin" besucht hatte, brannten bei ihm sämtliche Sicherungen durch. Sein öffentliches Coming Out hatte er 1991 in der Terry Wogan Show. Er behauptete dort, dass er als „Sohn Gottes" zum „Retter der Erde" bestimmt sei. Es war kein Scherz. In rascher Folge schrieb er – nun natürlich nicht mehr als Sprecher der Grünen – etliche seltsame esoterische Bücher mit rechtsradikalen und rassistischen Untertönen, in denen allenthalben Verschwörungen der Kräfte des Bösen aufgespürt werden. Natürlich hat er auch zum 11. September eines geschrieben. Trotz seines göttlichen Auftrages ist er sich nicht zu schade, weiterhin nebenbei auch den einen oder anderen Fußball-Kommentar abzuliefern. Warum auch nicht. Seine gescheiterte Hoffnung auf eine Torwart-Karriere, so habe ihm die Geisterheilerin eröffnet, hätten einem höheren Sinn gedient. Einerseits habe er im Sport zunächst die rechte Disziplin erlernen können, und andererseits habe er durch seine Krankheit die Möglichkeit erhalten, sich im Umgang mit Enttäuschungen zu üben.

Was Psychologen sagen

Eine psychoanalytische Durchleuchtung des Geisteszustandes von David Icke hilft kaum weiter, wenn man dem Torhüter auf den Seelengrund schauen will. Man muss auch nicht zur Tiefenpsychologie greifen, um Reaktionen wie den Stein-Schlag gegen Jürgen Wegmann erklären zu können. Der Getroffene selbst, der die Sache übrigens gar nicht so schlimm sah, sprach in einer Stellungnahme von einer „Reflexbewegung". Wegmann hat zwar keine Ausbildung als Torwart-Psychologe, könnte aber durchaus richtig liegen. Reflexe sind chemisch-physikalische Prozesse, die in aller Regel schnelle Muskelreaktionen und Bewegungsabläufe auslösen. Wissenschaftlich unterschieden werden natürliche (angeborene) und bedingte (erlernte) Reflexe. Die Reflexe, auf die sich ein Torhüter verlassen muss, sind zum großen Teil antrainiert. Hunderttausendfach muss er sie im Lauf seiner Karriere abrufen. Da kann es durchaus vorkommen, dass ihm mal einer in der falschen Situation rausrutscht. Es ist nichts weiter als das, was unter Psychologen als „fehlgeleiteter Reflex" geläufig ist. Und somit besteht kein Anlass, die Person, der so etwas passiert ist, gleich zum Therapeuten zu schicken. Oder gar als „Irren" abzustempeln und in die Psychiatrie einzuliefern.

Falsch wäre, jeden Ausraster eines Torhüters auf die Reflexe zu schieben. Genauso falsch wäre es aber auch, für all das, was nicht mehr als Reflex gewertet werden kann, eine torhütertypische „Verrücktheit" verantwortlich zun machen. Frank Swift sagte einmal: „Es wird immer gesagt, dass Torhüter entweder als Verrückte auf die Welt kommen oder durch ihren Job als Torhüter irgendwann verrückt werden. Ich muss da eine Ausnahme sein. Ich bin nicht verrückt, ich bin höchstens wütend auf mich selbst, wenn ich einen dummen Fehler gemacht habe. Der Torwartjob ist nicht anders als jede andere Position auf dem Spielfeld. Man muss seine Sinne darauf einstellen, dass man ein Torhüter ist, oder man muss das Spiel aufgeben und ‚Mensch ärgere dich nicht' spielen."

Sepp Maier pflichtete ihm bei. „Wir sind nicht die verrückten Fußballer, deren einzige Aufgabe es ist, einen Ball zu halten. Der Torwart ist der wichtigste Mann in einer Mannschaft." Genau in dem Satz, den Maier seinem Dementi sofort hinterherschickte, kommt das Besondere der Torwartposition deutlich zum Ausdruck. „Von der Leistung des Torwarts hängt ein Großteil des Erfolgs einer Mannschaft ab", begründete Maier. „Als einziger Spieler ist der Torwart in der Lage, der Mannschaft einen Punkt zu gewinnen." Das bedeutet extremen Stress. Weil ein einziger kleiner Fehler zu einem Tor führen kann, steht ein Torhüter unter einem ganz anderen psychischen Druck als ein Feldspieler.

Andere Aspekte kommen noch hinzu. Torhüter sind während eines Spiels in der Hauptsache zum Warten verdammt. Prof. Dr. Horst Thiewald vom Sportinstitut der Universität Hamburg bemerkte in diesem Sinne: „Ein Torhüter befindet sich ... in einer besonderen Lage. Psychische Spannungen können teilweise körperlich abgebaut werden, beispielsweise durch Laufen. Aber ein Torhüter steht größtenteils nur herum und beobachtet, ohne ins Geschehen eingreifen zu können. Er kann entstehende Aggressionen also nicht loswerden. Dadurch steht er unter einem ungleich höheren psychischen Druck als seine Mitspieler." Während sie darauf warten, einmal wie Pantherkatzen fliegen zu dürfen, können sie nur eines tun: wie im Käfig eingesperrte Tiger hin- und herlaufen. Der polnische Nationaltorwart Jan Tomaszewski wandte diese Technik sehr häufig an: „Ein Torwart erlebt das Spiel anders als alle anderen Beteiligten. Die Feldspieler können sich austoben, Energien und Aggressionen beim Kämpfen und Laufen abbauen. Ein Torwart kann das nicht. Doch auch ein Torwart muss Energie verbrauchen. Deswegen laufe ich andauernd im Strafraum herum und mache Kniebeugen und andere Bewegungen." Ein Torhüter auf der Suche nach seinem seelischen Gleichgewicht ist also zunächst weniger ein Irrer, als vielmehr ein (Umher-)Irrender. Um ihre Ruhe zu finden, laufen sie „wie die Irren" vor ihrem Kasten hin und her. „Der Begriff des Irrens und der Begriff der seelischen Erregtheit beruhen auf der Vorstellung der heftigen oder ziellosen Bewegung", weiß denn auch der „Duden" zu berichten.

Der größte Psychologe unter den lebenden Torhütern, Oliver Kahn, fasste beide Aspekte – die Angst vor dem Tor und das hilflose Warten – zusammen. „Als Feldspieler kann ich alles wettmachen. Kämpfen, grätschen, machen, tun. Der Torwart kann gar nichts machen. Halte ich den

Torwartarbeit – hier von Peter Sandhofe für Schalke 04 – ist Extrem-Stress.

ersten Ball, läuft es wie von selbst. Kommt aber nichts, und kommt nichts, und kommt nichts, du bist heiß, ohne Ende, und der Erste, der kommt, ist drin – das ist die besondere Situation beim Torwart.“ Es ist das alte Mantra des Torhüter-Daseins: Du musst ständig konzentriert sein, auch wenn du nichts zu tun hast; du darfst das Spiel keinen Augenblick aus dem Auge verlieren, denn die Gefahr ist ganz schnell da; du bist verwundbar, und du weißt, dass du dir keinen Fehler erlauben kannst. „Dieser ständige Kampf im Kopf“, stöhnte Kahn, mache das Torhüter-Dasein so anstrengend.

„Die Arbeit des Torwächters ist vorwiegend Nervenarbeit“, sagte der ehemalige Nationaltrainer Otto Nerz. 70 Jahre später formulierte der Nationaltorhüter Kahn die moderne Fassung: „Als Torhüter stehe ich auf einer Psychoposition.“ Denn zu Psycho-Männern werden die letzten Männer durch „die Aggressionen, die sich in ihnen ansammeln“. Für Kahn selbst sind die Situationen der Macht- und Hilflosigkeit am schlimmsten. „Ich habe das ganze Spiel nichts zu tun, dann kommen zwei Bälle, die sind drin, nichts zu machen. So eine Frustration! Und dann muss ich da stehn und stehn, das Adrenalin steigt immer mehr, du wirst aggressiv, und wie sollen sich meine Aggressionen entladen? Diese schreckliche Passivität!“ Es ist demnach vollkommen klar: „Das muss mal raus!“

Jede gefährliche Situation zerrt und zehrt an den Nerven. Selbst wenn kein Tor fällt, kann es schon mal eine Kurzschlusshandlung geben. Ein hartes Rempeln des Gegners, eine obszöne Geste oder die Nachlässigkeit eines eigenen Verteidigers können genügen, um das Spannungs-Fass zum Überlaufen zu bringen. Zum großen Ausraster kommt es in der Regel aber erst nach einem Treffer. Einer wie Kahn erlebt jedes Tor – selbst die tollen Tore, die ihn chancenlos lassen – als persönliche Beleidigung. Es kann aber noch schlimmer kommen. Wie extrem sich die Angelegenheit zuspitzt, hängt von zwei Faktoren ab: von der „Vorspannung" des Torhüters und von der „Nachspannung", die durch den Treffer selbst ausgelöst wird. Mit Vorspannung ist gemeint, dass der Mann im Kasten umso angespannter ist, je wichtiger das Spiel und je größer sein persönlicher Ehrgeiz ist. Mit Nachspannung soll gesagt sein, dass die Reaktion auf einen Treffer umso heftiger ausfallen wird, je „dümmer" er war. Tore, die nach einem Torwartfehler fallen, sind in diesem Sinne keine dummen Tore. Ein Torwart, der ein Tor selbst verschuldet hat, ist frustriert und neigt eher zu Depressionen als zu Aggressionen. Schaum steht ihm aber vor dem Mund, wenn er die „Dummheit" nicht selbst zu verantworten hat: weil es vorher ein Stürmerfoul gegeben hat, weil der Zufall seine Hand im Spiel hatte oder weil der eigene Vordermann den Ball verstolpert hat. Nach dieser Erläuterung kann nun die These aufgestellt werden: „Heiße" Keeper, die in wichtigen Spielen dumme Tore kassieren, können am leichtesten in eine „Überspannung" geraten. Wenn die psychische Belastung schier unerträglich geworden ist, genügt ein kleiner Auslöser für die Explosion.

Torhüter-Seelen stehen unter einem enormen Druck. Und genau das ist es, was die Torwart-Figur so außergewöhnlich interessant macht. Hätten es die letzten Männer einfacher, würde keine Faszination von ihnen ausgehen. Und wenn grundsätzlich gilt, dass ein Torhüter seine Aggressionen im Griff haben muss, so steht andererseits – jedenfalls für Oliver Kahn – unumstößlich fest: „Ein guter Torhüter muss dieses Aggressionspotenzial haben." Weswegen sich die Klasse eines Keepers auch darin zeigen kann, dass er zwar Wutausbrüche zulässt, diese aber so begrenzen kann, dass er seine Fassung nicht völlig verliert. Solange er ein gewisses Maß nicht überschreitet, gibt es keinen Grund, warum sich ein Torhüter für seine Ausraster schämen sollte. Einmal allerdings, das hat er zugegeben, war Oliver Kahn schon ein wenig vor sich selbst erschrocken. Da hat er im Fernsehen gesehen, wie er ekstatisch eine Eckfahne umarmte. Die Szene ergab sich im Hamburger Stadion, als sich die Bayern in letzter Sekunde den Meistertitel des Jahres 2001 sicherten. Es war ein irres Bild: Am Hamburger Strafraum liegt das jubelnde Knäuel der Bayern-Spieler, und am anderen Ende des Feldes liegt der einsame Kahn und wedelt mit der Eckfahne. Selbst das Jubeln, so scheint es, läuft bei einem Torhüter nicht normal. Selbst mit den positiven Emotionen muss er auf seine Weise und notfalls ganz alleine fertig werden.

Der Magier Higuita und sein „Skorpion"

Die Aktion mit der Eckfahne war eine der wenigen witzigen und grotesken Einlagen, die Kahn in seiner Karriere zustande brachte. Sein Unterhaltungswert besteht in der Hauptsache aus einem aggressiven Auftreten, und, was vor allem im Fernsehen zum Tragen kommt, seiner Furcht erregenden Mimik. Wie viele andere hat auch Kahn immer wieder betont, dass er Widerstände und Reibungen nötig hat, um sich in Stimmung zu bringen und seine Höchstleistung abrufen zu können. Seit seine Erfahrungen – positive und negative – ihn haben ruhiger werden lassen, sieht man ihn sogar ab und zu lächeln. Ein richtiggehender Entertainer, ein Publikums-Torwart, ist er darüber, trotz seiner ausufernden Rhetorik nach jedem Spiel, nicht geworden. Andere Torhüter haben eine andere, spielerischere Form gefunden, um mit dem Druck umzugehen, um die Luft rauszulassen, um nicht durchzudrehen und verrückt zu werden. Früher hieß das Irrenhaus auch Narrenhaus, heute zeigt sich vor allem in den Fünf-Meter-Räumen eines Fußballplatzes die Verwandtschaft des Verrückten mit dem Narren. Hier nämlich haben sich einige letzte Männer in das Prinzip vernarrt, lieber den Komiker, Spötter und Clown zu geben, als den Amokläufer und Gewalttäter. Wenn sie auf lustige Weise mit den Schiedsrichtern streiten, Gegner und Mitspieler beschimpfen, betreiben sie eine praktische präventive Psychohygiene, die ihnen hilft, in der Einsamkeit ihres Kastens zu überleben. Und nebenbei sorgt das Scherze-Machen, das Albern-Sein und das Streiche-Spielen auch noch für jede Menge Unterhaltung

Bruce Grobbelaar, der „Bruiser", war nicht nur für seine Aggressivität, sondern auch für seine extravaganten Einlagen berühmt: ein Dribbling quer über das Spielfeld, ein Tackling an der Eckfahne oder ein riskanter Flanken-Fang an der Strafraumlinie. Noch bekannter für solche Gags war der kolumbianische Exzentriker René Higuita, sinnigerweise auf den Namen „Der Verrückte" („El Loco") getauft. Bei der WM 1990 in Italien, als ihm der Kameruner Roger Milla bei einem seiner Dribbling-Versuche den Ball abluchste, machte er sich selbst lächerlich, doch wenn seine Tricks gelangen, erntete er tosenden Applaus. Im Juni 1993 musste Higuita wegen

Mitgliedschaft in der Drogenmafia und Beteiligung an einer Entführung eine Haftstrafe antreten. Noch rechtzeitig vor der nächsten WM, im Januar 1994, erpresste er per Hungerstreik seine Entlassung. Teilnehmen durfte er dann allerdings wegen seiner Vorstrafe nicht. Er wurde von den Freunden fußballerischer Leckerbissen schwer vermisst. Was er hätte bieten können, zeigte sich im September 1995, als der in die Nationalmannschaft zurückgekehrte Keeper bei einem Freundschaftsspiel Kolumbiens gegen England in Wembley den spektakulären „Skorpion“ zeigte. In der 22. Minute kommt ein hoher Ball von Jamie Redknapp auf sein Tor zu. Higuita taucht nach vorne unter dem Ball durch und lässt, waagerecht in der Luft liegend, seine Unterschenkel nach oben schnellen und kickt den Ball mit den Fersen ins Feld zurück. Englands Coach Terry Venables blieb der Mund offen stehen: „Ich habe noch nie etwas Vergleichbares gesehen.“ Einige wenige, Fritz Walter etwa oder George Best, konnten mit einem Schuss „Hacke über Kopf“ ein Tor erzielen, Higuita indes ist der Einzige, dem es auf diese Weise gelungen ist, ein Tor zu verhindern.

Gefragt, was ihn zu seinen eindrucksvollen Kunststücken treibe, antwortete „El Loco“: „Wenn ich einmal meine Karriere beendet habe, möchte ich als ein Spieler in Erinnerung bleiben, der das Leben normaler Leute mit einem kleinen Stückchen Magie bereichert hat.“ Torhüter, von denen solches nach Karriereende behauptet werden könnte, findet man heutzutage in der Bundesliga nicht mehr. Da ist weit und breit kein Typ wie Higuita zu sehen oder wie Arthur Warton, der dunkelhäutige Keeper von Darlington, der das Publikum mit der Einlage begeisterte, Flanken mit den Füßen abzufangen, während er sich wie ein Reckturner an die Querlatte hängte. Nur mangels Konkurrenz konnte sich Gabor Kiraly von Hertha BSC den Ruf eines Spaßvogels erwerben. Der Ungar fängt manchmal Bälle mit einer Hand und spielt auch schon mal einen gegnerischen Stürmer aus. Aber ist es Show? Kiraly sagte selbst: „Das ist kein Leichtsinn. Ich versuche immer, besser zu spielen, egal wie. Das sieht dann manchmal leichtsinnig aus.“ Der Hertha-Keeper wurde von seinen Mitspielern schon mal aufgefordert, mehr Späße zu machen; dadurch würden sie sich sicherer fühlen. Aber getraut hat er sich nie. Immer noch muss man darauf warten, dass er den großen Trick einmal zeigt, den er seit mehr als zehn Jahren im Training übt: ein „Abwurf über die Bande“. Im Training schafft er beim Ball-Schleudern gegen die Latte angeblich eine Trefferquote von 50 Prozent. Nur ein einziges Mal, beim letzten Saisonspiel 1998 gegen den Hamburger SV, hat er einen Versuch angedeutet. Kiraly: „Da war es auf einmal ganz still im Stadion. Aber es war nur ein Spaß.“

Der ehemals berühmte Schlussmann der Nationalelf, Hans Jakob, äußerte in seiner Autobiografie, dass zu seiner Zeit, also in den 1930er Jahren, „der Torwart einer Elf, ganz gleich ob er international spielte oder nicht, rascher die Herzen des Publikums und der begeisterten Jugend erobern konnte als ein Feldspieler". Das hatte wohl nicht zuletzt damit zu tun, dass die Torhüter früher mehr Wert auf Show und Unterhaltung legten. Selbst Jakobs Vorgänger Heiner Stuhlfauth, normalerweise ein eher bedächtiger Mann, wehrte sich bei Rangeleien öfter mal auf pfiffige Art. Manchmal packte er einen Gegner am Bein und warf ihn um, oder er schmetterte einem Angreifer den Ball an den Kopf, um ihn seelenruhig wieder aufzufangen und so zu tun, als sei nichts gewesen. Einmal, als ein Fotograf aufs Spielfeld gelaufen war, um einen gefoulten Spieler besser ins Bild zu bekommen, raste er sofort aus seinem Tor: „Ich nahm den Fotografen mit einer Hand hoch und hielt ihn zum Gaudi der Zuschauer, die vor Vergnügen außer Rand und Band waren, hoch in die Luft." Aufgefordert, den Mann wieder herunterzulassen, antwortete der Spaß-Heiner: „Nur, wenn er den Platz verlässt!" Der Fotograf rannte so schnell er konnte davon.

Weder Stuhlfauth noch Jakob waren Showmänner im eigentlichen Sinn, aber auch ihnen gelang es, ihre Tätigkeit in besonderer Weise zu sti-

Zamora zelebriert seine Show.

lisieren. Sie traten auf wie hünenhafte, unverwundbare Ritter. Populärer noch waren allerdings solche Hüter, die das Spiel für die Galerie, die Show und die Grazie zum Prinzip erhoben. Männer, die sich in ihrem Stil am großen Spanier Ricardo Zamora orientierten. Der „Göttliche" begriff die Torwart-Arbeit nicht nur als Sport, sondern vor allem als Show. Dabei nahm er sich die Art der Selbstinszenierung zum Vorbild, wie sie die großen Stierkämpfer in seinem Heimatland bis heute zeigen. Er zog ins Stadion ein wie ein Matador, mit breiter Brust, stolz gerecktem Kinn, gefolgt von einer Schar von Jüngern, die er wie Dienstboten herumkommandierte. Er ging ins Tor, wischte sich mit Schwamm und Handtuch den Schweiß ab, dann warf er sämtliche Utensilien achtlos hinter sich, wo sie von seinen eifrigen Getreuen aufgefangen wurden. Mit dem ganzen Brimborium machte er auch während des Spiels weiter. Bällen, die sein Tor verfehlten, sah er, scheinbar unerschütterlich, mit übertriebener Geste nach, als hätte er genau berechnet, dass sie vorbeisausen würden. Wenn er sich hatte werfen müssen und schmutzig geworden war, wechselte er unter Umständen auch mehrmals den Pullover oder seine berühmte weiße Mütze. Das Publikum dankte ihm seine Show mit rasender Begeisterung und Gesängen: Das bekannteste spanische Fußballlied dieser Zeit hatte den Refrain: „Cero a cero y Zamora de portero" („Null zu Null mit Zamora als Torhüter"). Schlüpfte ihm doch einmal ein Ball durch, raufte er sich so verzweifelt die Haare, als hätte ihn ein grausames und unabwendbares Schicksal ereilt. Erst zum Ende seiner Karriere, als er immer häufiger hinter sich greifen musste, konnte er sich diese Theatralik nicht mehr leisten und ging dazu über, den Gleichmütigen und Überlegenen zu spielen.

Als „die Personifizierung der attraktiven Fußball-‚Show' schlechthin" galt laut Herbert Völker Rudi Hiden. In Wien kamen viele Leute nur deswegen ins Stadion, um sich an der Vorstellung des feschen Rudi zu ergötzen. Hiden gab bei fast jedem seiner Auftritte eine riskante oder witzige Aktion zum Besten, die das Publikum bejubeln konnte. In ähnlicher Weise war auch der Frankfurter Willibald Kress immer für eine Einlage gut. Hiden wie Kress hatten allein schon von ihrer Erscheinung her, immer fesch gekleidet und topmodisch frisiert, einen gewissen Unterhaltungswert. Übertroffen wurden sie in dieser Hinsicht noch von „Pomaden-Willi" Jürissen. Von dem Oberhausener, der privat kaum einmal ohne weiße Handschuhe ausging, hieß es, er habe im Tornetz stets einen kleinen Spiegel hängen. Einer Anekdote zufolge soll Jürissen einmal in der Halbzeitpause seine Mitspieler aufgefordert haben, sich zu duschen und zu kämmen, „damit der Gegner meint, wir seien nicht verschwitzt und noch ganz frisch".

Die Grenze von der Eleganz zur Exzentrik war dabei zuweilen fließend. Manche machten sich mit der Übertreibung des „Stils“ beinahe zum Narren. Aldo Olivieri, der Torhüter des italienischen Weltmeister-Teams von 1938, trieb die Show geradezu ins Groteske. Einmal, in einem Spiel gegen die Niederlande in Amsterdam, hat er wenig zu tun. So sehr er auch ruft und winkt, die Gastgeber tauchen kein einziges Mal vor seinem Kasten auf. Olivieri bricht über diese Kasteiung fast in Tränen aus. Er bittet mit flehender Stimme um einen Schuss, er wirft die Arme hoch und versichert der Menge hinter seinem Tor, dass er an dieser Enttäuschung keinerlei Schuld trage. Als dann doch einmal ein läppischer Ball auf ihn zukommt, fängt er ihn in einer Art und Weise, als habe er soeben die größte Herausforderung seit der Erfindung des Fußballspiels gemeistert. Und nun folgt, in der Beschreibung John Macadams, der Höhepunkt der Show: „Kaum ist er damit fertig, sprintet er zurück in sein Tor, um dort sofort eine unbeteiligte und gleichgültige Haltung anzunehmen, eine Hand in die Hüfte gestemmt, die Füße übereinander gekreuzt, dabei einen Fuß wie eine Ballerina auf die Zehenspitzen gesetzt. Dann greift er mit der freien Hand nach seiner Mütze, um den Applaus entgegenzunehmen. Seine ganze Pose drückt aus: ‚Wartet einen Moment! Habt ein wenig Geduld! Gleich gibt es mehr!‘“ Zur Halbzeit, als die anderen Spieler in der Garderobe verschwunden sind, beordert Olivieri zwei Hilfstrainer zu sich – zehn Minuten lang müssen sie sein Tor beschießen, und Olivieri hechtet, faustet, springt in die Höhe und lenkt die Bälle über die Latte, dass es nur so dampft.

Die Engländer rümpften über diesen Stil verächtlich die Nase. Aber auch auf der Insel gab es manchen Showman. Geradezu als Altmeister aller Torhüter-Clowns kann William „Fatty“ Foulkes gelten. Die Fußball-Historiker Gibson und Pickford haben ihn mit den Worten porträtiert: „Ein Gigant mit der Beweglichkeit eines Fliegengewichts. Ungewöhnlich, aber trotzdem normal. Man kann sich keinen fröhlicheren Kameraden denken; er floss geradezu über vor guter Laune; aufgrund seiner Schlagfertigkeit im Reden ebenso schwer zu besiegen wie zwischen den Pfosten.“ Foulkes war in seinem Team nicht nur als Torwart wichtig, sondern auch als Unterhalter und Seelenarzt. Wenn seine Mannschaft ein Auswärtsspiel verloren hatte, betätigte er sich bei der Rückfahrt im Zug als Clown und Spaßmacher. Oft schmierte er sich z.B. Kohlestaub ins Gesicht und schnitt Grimassen. Manchmal machte er seine Scherze bereits vor dem Spiel. Einmal kamen Chelseas Spieler in den Frühstücksraum eines Hotels. Dort wurden sie von einem grinsenden Foulkes an einem leeren Tisch empfangen: Er hatte alle elf Portionen alleine verdrückt. Solange er satt wurde, war es Foulkes gleichgültig, ob seine Mitspieler schimpften. Seinen hungrigen Kameraden entgegnete er ungerührt: „I don't care what you call me as long as you don't call me late for dinner."

Zu noch größerer Popularität als Possenreißer brachte es in den 1930er Jahren Frank Swift von Manchester City. Wenn es die Situation zuließ, war er stets zu einem Scherz aufgelegt. Ähnlich wie der Deutsche Stuhlfauth war er nie um eine Idee verlegen, wenn es darum ging, seine Gegner zum Narren zu halten und zum Gespött des Publikums zu machen. Swift verstand sich nicht nur als Torwart, sondern auch als Unterhalter. „Ich machte immer ein bisschen Show", sagte er einmal, „um die Leute zu unterhalten." Der Journalist Hannes Berger charakterisierte ihn mit diesen Worten: „Swift war ein Komiker unter den Torhütern. Sein Gesichtsausdruck allein war sehenswert, wenn er etwa einem plötzlich vor ihm auftauchenden Stürmer mit unnachahmlicher Gebärde, fast mühelos, den Ball vom Kopf fischte, etwa in der Manier, in der ein Zauberer ein Kaninchen aus einem Zylinderhut ans Licht bringt." Oft wandte er eine spezielle Art des Abwehrens an. Wenn es irgend ging, lenkte er in den Winkel gezielte Weitschüsse nicht mit der flachen Hand ins Aus, sondern, weil das lässiger wirkte, mit dem Handrücken. Sein bekanntester Scherz bestand darin, heranstürmende Angreifer so zu Fall zu bringen, dass es vollkommen lächerlich aussah. Das ging dann etwa so: Swift fängt einen Ball, drückt ihn an die Brust; kommt ein Gegner heran, duckt er sich blitzartig ab, dabei zugleich nach vorne schnellend; schon segelt der hilflose Angreifer über Swifts Rücken hinweg, und landet, begleitet vom Hohngelächter des Publikums, unsanft auf dem Boden.

Aufgrund seiner komödiantischen Einlagen wurde Swift äußerst beliebt. Nach Beendigung seiner Karriere war es ihm nahezu unmöglich, seinem Beruf als Verkehrspolizist nachzugehen. Statt den Verkehr zu regeln, sorgte er meist für Menschenaufläufe. Eine Popularität von diesem Ausmaß erreichte in England seitdem keiner mehr. Keiner war mehr so witzig wie er, auch nicht Gordon „Fernandel" Banks. Die Benennung nach dem Darsteller des Don Camillo verdankte er lediglich seiner Physiognomie, nicht aber seiner Fähigkeit, Heiterkeitsstürme auszulösen.

Radi-Depp und Maier-Sepp

Vor dem Endspiel im Europacup der Pokalsieger des Jahres 1965 stellte die „Daily Mail" den deutschen Gegner von West Ham, 1860 München, vor. Über den Torhüter war zu lesen: „Roy Peskett sagt, Radi sei der beste Goalkeeper und der größte Clown auf einem Fußballfeld, den er seit Frank Swift gesehen hat.“ Radi – Petar Radenkovic. Radi, das ist in München der Name für das Wurzelgemüse Rettich. Und so war Radi auch, meinte Peter Wegner: „Herzhaft und oft so scharf, dass einem die Tränen kamen. Aber unentbehrlich als Zutat zu einer zünftigen Brotzeit.“ Radi war der erste Fußballer in Deutschland, der den Rasen eines Stadions als regelrechte Showbühne begriff. Er wusste, dass es nicht nur auf guten Sport allein ankommt, auf Erfolg und Sieg, sondern auch auf Effekte. Anders als Swift achtete er jedoch nicht in jedem Fall darauf, dass seine Späße nicht bestraft wurden. Nicht selten führten sie zu Gegentoren. Insbesondere dann, wenn es ihm langweilig wurde und er befürchtete, dem Publikum könnte es genauso ergehen. Dann lief er nämlich los und griff ins Spiel ein. Egal, wo sich der Ball gerade befand.

Gerieten des Öfteren aneinander: der „wahnsinnige“ Radenkovic und sein Trainer, der Grantler Merkel.

Am 28. Juli 1962 machte er beim 6:1 gegen Hessen Kassel den ersten seiner schon bald berühmt-berüchtigten Ausflüge, die, auch wenn Radi Gegenteiliges behauptete – siehe Kapitel 3 –, keineswegs immer nur einer speziellen Taktik geschuldet waren. Er schilderte ihn in seinem Buch „Bin i Radi, bin i König“: „Als keine ernstliche Gefahr droht, unternehme ich sogar einen Lauf bis fast zur überdachten Südtribüne hinüber, was das Publikum mit unterschiedlichen Ausrufen zur Kenntnis nimmt: ‚Bleib in deinem Kasten!‘ – ‚Bist wohl varruckt?‘ – ‚Sakra, sakra!‘ – ‚Der traut sich was!‘ – Omei, o mei!‘ – ‚Der is’ guuuaaat …‘. Ich kehre erheitert in mein Tor zurück. Das ist ein Publikum nach meinen Herzen!“ Radi war angefixt und trieb es in diesem Stil immer weiter. Je aufgeregter die Zuschauer wurden, je lauter sie riefen – „Bleib’ doch drin, du Depp“, „Jetzt spinnt er wieder“, „Geh doch ins Tor z’ruck“ – desto mehr scheint es ihm Spaß gemacht zu haben. Solche Kommentare, so Augenzeuge Manfred Fock, schienen

„den Radi eher weiter nach vorne zu treiben, als dass sie ihn dazu veranlassten, in seinen Strafraum zurückzukehren". Immerhin: So weit wie Leigh Richmond Roose lief er nie. Im Januar 1902 war der ebenfalls für weite Ausflüge bekannte Keeper von Stoke City in Liverpool sogar ganz vom Feld heruntergelaufen. Es war jedoch kein Spaß, sondern hatte einen natürlichen Grund. Roose musste auf die Toilette. Vor dem Spiel hatte er eine verdorbene Scholle verzehrt, und das war ihm schlecht bekommen.

Größtes Problem bei den verdorbenen Siegen durch Radenkovic' Ausflüge war weniger das Publikum – er bot ja gute Unterhaltung, selbst wenn mal etwas danebenging – sondern der Trainer. Radenkovic war für Max Merkel, der selbst als Entertainer unterwegs war, ein echter Konkurrent im Kampf um die Gunst der Fans. So schimpfte er auf seinen Torhüter, wo es nur ging. Oft stritten sich die beiden in aller Öffentlichkeit. Bei einem Training drohte Radenkovic dem Trainer sogar einmal Prügel an. Der aber höhnte nur: „Auf einem Esel ist er nach München geritten und hat trockenes Brot gegessen. Heute fährt er Mercedes und isst flambierte Bananen, dieser verrückte Hund." Merkel und Radenkovic waren Persönlichkeiten. Jeder hatte seinen Dickkopf. Und alle lachten. Über Radi, wenn er seine berühmten Ausflüge ins Spielfeld unternahm, dabei den Ball verlor, der Gegner ein Tor erzielte, und über Merkel, der dann tobte: „Diesem Wahnsinnigen habe ich meine Gallenerkrankung zu verdanken." Man schmunzelte über Radi, als er einem Schiedsrichter „Trunkenheit an der Pfeife" vorwarf, man schüttelte den Kopf über den DFB, der ihn deswegen zu einem Monat Sperre und 5.000 Mark Geldbuße verdonnerte, und man war auf solidarische Weise amüsiert darüber, dass der Torwart die humorlose Bestrafung mit einer Fotoaktion beantwortete, die ihn in Sträflingskleidung zeigt. Die Leute mochten den Clown, der sich in seinem im Herbst 1964 produzierten Lied „Bin i Radi, bin i König" – 400.000 verkaufte Singles, Platz fünf der Hitparade – selbst veräppelte: „Manchmal schimpft sogar / eigne Spielerschar, / wenn ich hab' zuviel riskiert / und nur komisch war. / Das macht mir nicht viel, / Spiel ist für mich Spiel, / doch wenn es drauf ankommt, / weiß ich, was ich will."

Merkel schimpfte trotzdem weiter. „Wenn er Müller geheißen hätte, oder Schmidt, dann wäre er nicht so verrückt geworden." Radi selbst blieb gegenüber solchen Anwürfen immer ziemlich cool. Er konnte sich das erlauben, weil seine Leistung, trotz wiederholter „Ausflugs-Unfälle", in der Regel stimmte. Die Münchner „Abendzeitung" wusste es zu würdigen: „Ja, der Radi! Sollen sie doch ruhig sagen, dass er ein Kasperl ist, der gerne Theater spielt und den wilden Mann markiert. Eines steht jedenfalls hinter seiner bühnenreifen Komik: Er hält, dass den gegnerischen Stürmern die Haare zu Berge stehen.“

Als es am vorletzten Spieltag der Saison 1965/66 zum „Endspiel“ zwischen Borussia Dortmund und 1860 München kam, hatte Radi seinen großen Tag. Er brachte mit seinen Paraden die Borussen-Stürmer zur Verzweiflung und war hauptverantwortlich für den 2:0-Sieg. „War wenig Arbeit für mich“, grinste er. „Emmerich hat tolle Klebe, aber stand Radi immer richtig. Wird Trainer zufrieden sein mit Radi.“ War er nicht. Noch im Jahr der Meisterschaft, im Dezember 1966, verließ ein entnervter Merkel die „Sechziger“. Radi blieb noch ein Weilchen. Seiner Popularität tat es auch keinen Abbruch, als es mit den ewig untereinander zerstrittenen „Sechzigern“ allmählich bergab ging. Erst 1970, als sie aus der Bundesliga abstiegen, war auch die Radi-Zeit in München vorbei.

Radenkovic war zu seiner Zeit der mit Abstand populärste Fußballspieler Deutschlands. Die „Sport-Illustrierte“ verlieh ihm den Narren-Titel: „Größtes Torwart von Welt.“ Eine Zeitschrift wollte ermittelt haben, dass der nebenberufliche Dressman neben John F. Kennedy, Winnetou und Albert Schweitzer zu den Vorbildern der deutschen Jugendlichen gehörte.

Seinem Konkurrenten im Tor von Bayern München, Sepp Maier, dürfte das wenig geschmeckt haben. Zwar behauptete er, er habe sich mit Radenkovic „stets prächtig verstanden“, trotz der sportlichen Konkurrenz, und

Spaßvögel: Sepp Maier und Petar „Radi“ Radenkovic.

trotz der Rivalität zwischen den Fans der beiden Münchner Vereine. Gefallen hat ihm aber sicher der Spottvers der Bayern-Fans, die Radis Schlager kurzerhand umgetextet hatten. Wenn die Sechziger gegen die Bayern aufliefen, schallte es im Stadionrund: „Bin i Radi, bin i Depp, König ist der Maier Sepp."

Maier gilt bis heute als größter Spaßvogel des deutschen Fußballs. Aber der Witz, den er verbreitete, war ein ganz anderer als der von Radenkovic. Geboren wurde er aus dem Frust des Ersatzmannes bei der WM 1966. Maier war nur als dritter Mann dabei und vertrieb sich seinen Ärger über das Bankdrücker-Dasein mit Späßen. Einmal tauschte er verbrauchte Feuerlöscher gegen volle aus und brachte den Hausmeister mit dem Schrei „Feuer" dazu, sie einzusetzen. Ein anderes Mal ließ er sich in eine Kiste verpacken, die mit dem Etikett „Expressgut aus Deutschland" seinen Kameraden zugestellt wurde. Drin waren dann natürlich nicht die erhofften Erotika, sondern ein Grinsen und der Maier-Sepp. Da diese „englischen Streiche" der Presse viel Futter gaben, war Maier im Nu zum Gaudiburschen der Nation aufgestiegen. „Ein Image, das ohne weiteres zu meinem Naturell passte", goutierte Maier die Entwicklung und beschloss, sein Markenzeichen weiter zu pflegen. Keiner war fortan vor Maiers Scherzen sicher, er witzelte drauflos und konnte schier nicht genug bekommen. In München versuchte er sich als Karl-Valentin-Imitator, in dem Film „Wenn Ludwig ins Manöver zog" agierte er neben dem Schauspiel-Star Gerd Müller als Wilderer, er veröffentlichte eine Reihe lustiger Bücher („Mensch Maier", „Mitlachen, Sportsfreunde"), und noch in den 1990er Jahren probierte er sich in „Was bin ich?" in der Kunst der witzigen Frage. Über die Lacherfolge Maiers existiert keine Statistik. Fest steht lediglich, dass seine Frage-Kollegin Alice Schwarzer bereits gackerte, wenn er nur den Mund aufmachte.

Anders als bei einem Radenkovic wirkte Maiers Witzigkeit immer etwas aufgesetzt. Nicht wenige meinten denn auch, dass er im Grunde ein verspannter und sehr ernster Typ sei. Franz Beckenbauer: „Sepp Maier ist ein Mann, der gegen sein Misstrauen ankämpfen muss. Seine Heiterkeit hat immer auch einen ernsten Hintergrund, er braucht sie, um Schwierigkeiten zu überwinden." Maier selbst bestätigte immerhin die Grundtendenz: „Ich bin kein Clown, sondern ein ernsthafter Mensch. Wenn ich will, kann ich auch lustig sein." Auf dem Platz, so viel kann gesagt werden, hatte er mit seinem Willen mehr Erfolg als bei seinen Aktionen außerhalb des Spielfelds. „Wer es beherrscht, im richtigen Moment und im richtigen Stil einen Jux zu machen", dozierte der Bayern-Keeper, „der sorgt für Begeisterung auf den Rängen." Besonders groß war sie bei der berühmten Enten-

Jagte nicht nur Bälle und Enten, sondern zuweilen auch Luftballons: der Maier Sepp.

jagd: „Wir spielten mit den Bayern im Olympiastadion gegen den VfL Bochum. Das ganze Spiel war ziemlich trostlos. Wir erhielten dann einen Elfmeter zugesprochen – es stand schon 2:0 für uns. Plötzlich sah ich rechts neben meinem Tor eine Ente niedergehen. ‚Der Elfmeter ist sowieso nicht so interessant', dachte ich mir, ‚machst halt einen Spaß.' Ich riss ein Büschel Gras aus dem Rasen und lockte die Ente an. Der Vogel zeigte sich unbeeindruckt, also schlich ich mich heran. Ich wollte die Ente natürlich nicht wirklich fangen, sondern nur ein bisschen Gaudi machen. Als ich nur noch drei Meter von ihr entfernt und sie immer noch nicht weggeflogen war, kam mir die Idee: ‚Jetzt machst du einen Hechtsprung, und wenn du sie erwischst, hebst du sie auf, streichelst sie ein bisschen und lässt sie wieder los.' Aber ich erwischte sie nicht! Ich bin ganz knapp vorbeigesprungen. Und die Ente, die war weg. Der Jubel bei den Zuschauern war natürlich groß. Von den rund 20.000, die im Stadion waren, haben 15.000 den Elfmeter gar nicht beachtet."

Ein Ravioli und Ottos Hintern

Maiers Nachfolger im Nationaltor war Toni Schumacher. Der Torhüter des 1. FC Köln, selbst ein Rheinländer, liebte es, sich unters Volk zu mischen. Während des Karnevals 1983 zog er, eine rote Pappnase im Gesicht, mit der Gesangsgruppe „De Höhner“ von Saal zu Saal. Der Mann genoss es zweifellos, in der Öffentlichkeit zu stehen. Als besonderer Witzbold aufgefallen ist er allerdings nie. Dasselbe gilt für Maiers Nachfolger im Bayern-Tor, Jean-Marie Pfaff. In einem „Nachruf“ auf ihn hieß es, dass er der erste Bayern-Spieler gewesen sei, „der bewusst und systematisch die Nähe der Fans gesucht hat“. Pfaff selbst schrieb: „Als ich noch nicht lange in München war, haben die Leute gesagt, ich würde bewusst meinen Vorgänger Sepp Maier kopieren – als Torwart-Clown und Showtalent. Das stimmt nicht. Ich spiele keine Rolle. Ich bin ein fröhlicher Mensch. Wenn mich jemand grüßt, grüße ich zurück. Und wenn ein Vater wünscht, dass ich mich mit seinem Sohn fotografieren lasse, dann tue ich das. Und lächle dabei, ein Lächeln kostet schließlich nichts.“ Pfaff pflegte sein Image als Kommunikator. Sein Unterhaltungswert indes blieb begrenzt, selbst dann, wenn er im Kino neben Thomas Gottschalk und Helmut Fischer in einer Komödie agierte („Zärtliche Chaoten“, 1987) und sich dabei unter anderem mit Hechtsprüngen nach fliegenden Kochtöpfen hervortat.

Der größte Fan von Seppl Maiers Kaspereien ist Schwede und heißt Thomas Ravelli. Es sei falsch, meinte er einmal, wenn man annähme „dass Ronny Hellström, unser langjähriger Nationaltorsteher, mein Vorbild ist“. Seine Begründung: „Der hielt seinen Kasten zwar großartig sauber, er tat nach meiner Meinung aber nichts für das Publikum. Fußball und Show gehören zusammen. Und deshalb habe ich immer versucht, so zu halten wie Sepp Maier.“ Ravelli, der bei schlechten Leistungen von den Zuschauern schon mal als „Ravioli“ beschimpft wurde, gefiel sich in der Rolle des „tobenden Clowns“. Zur Beschreibung seines Stils fand eine Zeitung folgende Worte: „Wenn ein Mitspieler gefoult wurde, brauchte man nur bis drei zählen, und Ravelli kam an den Ort des Geschehens gesprintet, beschimpfte Schiedsrichter und Gegner, fing an, vor dem pfeifenden Publikum Faxen zu machen.“ Nach dem Höhepunkt seiner Karriere, dem Gewinn des dritten Platzes bei der WM 1994, zeigte sich Ravelli allerdings nicht wild, sondern ganz lieb. Die „Süddeutsche Zeitung“ schrieb: „Was Thomas Ravelli zum Liebling des Kaders werden ließ, war seine Geste nach dem Spiel. Tausende von schwedischen Schwiegermüttern schmolzen hinweg, als sie dieses Gesicht im Fernsehen sahen. Ein Gesicht, das mit Wasser in den Augen lachte; ein Gesicht, in dem alles vor Freude zu beben schien, die großen, lustigen Kulleraugen, der weit aufgerissene Mund und selbst die hellen Bartstoppeln."

„Wir unterhalten genauso gut wie Herr Gottschalk", sagte Uli Stein zu seinem Biografen Broker Hermann. Und man mag auch tatsächlich zustimmen, dass seine Eskapaden und die Ausraster eines Oliver Kahn großen Unterhaltungswert besitzen. Ein Typ, der das Entertainment bewusst betrieb, war er allerdings genauso wenig wie der grimmige Kahn oder wie Oliver Reck, der das Publikum gleich mit einer ganzen Serie von Fehlgriffen begeisterte. Heute gibt es keinen Torhüter, den man guten Gewissens als Nachfolger eines Maier oder gar eines Radenkovic sehen könnte.

Ein Oliver Kahn hat zwar einen beträchtlichen Unterhaltungswert, verweigert aber die Rolle des Witzboldes konsequent – „Die Fans müssen wissen, dass ich kein Clown bin" –, und ein potenzieller Entertainer wie Freiburgs Richard Golz konnte sich zwar mit gewitzten Sprüchen profilieren, blieb aber während des Spiels in der Regel eher unscheinbar. „Ich habe nie an unserer Chancenlosigkeit gezweifelt", lautete sein souveräner Kommentar zu einer deftigen Niederlage, und gefragt, wie er es bei den als „Intellektuelle" verschrienen Freiburgern aushalte, bewies er einen respektablen Willen zur Vorstellungskraft: „Vor lauter Philosophieren über Schopenhauer kommen wir gar nicht mehr zum Trainieren."

So blieb der Letzte, der in einem deutschen Tor die Rolle des Clowns mit Bravour ausfüllte, der Gladbacher Wolfgang Kleff. Ähnlich wie Maier mit Karl Valentin profilierte sich Kleff in den 1970er Jahren als Doppelgänger eines Komikers. Wegen seiner Ähnlichkeit mit Otto Waalkes wurde er nur „Otto" gerufen, 1985 durfte er sogar in einem Kinofilm als Otto-Doppelgänger mitwirken. „Otto" Kleffs Devise lautete: „Wenn du keine Leistung bringst, dann bringst du niemanden zum Lachen, dann wirst du höchstens selber ausgelacht." Dem-

Wolfgang Kleff und sein Vorbild Otto.

entsprechend erledigte er immer erst seinen Job und sorgte dann für Unterhaltung.

Wenn er den Ball hinter dem Tor aufklaubte, hatte er immer eine kleine Geste für die Fans übrig. Selbst bei Auswärtsspielen verstand er es, das „feindliche" Publikum auf seine Seite zu ziehen. „Wenn die im gegnerischen Stadion mal wieder ‚Otto, Otto, Otto ist nervös' riefen, hab' ich da gestanden und mit dem ganzen Körper gezittert, den Kopf hin und her und die Hände wackeln lassen. Dann hatte ich sie." Im Spiel selbst riskierte er selten etwas. Erst zum Ende seiner Karriere, da er als Keeper von Fortuna Düsseldorf keine großen Ambitionen mehr hatte, traute er sich mehr. Eine seiner pfiffigsten Aktionen zeigte er in einem Spiel gegen Schalke 04. Ein Stürmer prescht heran, Kleff läuft ihm entgegen, bleibt dann abrupt stehen. Sein Gegner denkt an Abseits, stoppt ab und schaut unsicher nach dem Schiedsrichter. Noch ehe ihm klar geworden ist, was da läuft, hat ihm Kleff grinsend den Ball vom Fuß genommen.

Seinen berühmtesten Auftritt hatte Kleff ganz zum Schluss. Zum Ende der Saison 1983/84, er war 37 Jahre alt, wollte er eigentlich Schluss machen. Doch weil in dieser Saison alles sehr gut gelaufen war, beschloss er den Rücktritt vom Rücktritt. Fortunas Präsident Bruno Recht aber war bockig, verwies darauf, dass er bereits vor der Saison eine Absage erteilt habe; nun plane man nicht mehr mit ihm. Kleff war sauer und sann auf Rache. Die erfolgte beim letzten Heimspiel gegen Waldhof Mannheim. Nach 70 Minuten signalisiert er eine Verletzung und veranlasst seine Auswechslung. Während er sich einen Verband anlegen lässt, singen die Fans „Otto, du darfst nicht gehen". Er humpelt in die Kurve, wirft Schuhe, Stutzen und Trikot in den Fanblock. Nur die Hose lässt er an. Dann geht er zur Haupttribüne, um, wie er später sagen wird, dem Vorstand „meine Gefühlswelt deutlich zu offenbaren". Er verneigt sich, dreht sich um, lässt die Hose runter und präsentiert der Haupttribüne seinen nackten Hintern.

KAPITEL 9

ARBEITER UND TALENTE

Karrieren wie im Märchen

Jeder große Keeper hat eine Geschichte zu erzählen, wie er den Weg zwischen die Pfosten fand. Sehr oft wird über eine entscheidende Situation berichtet, über ein „Ur-Ereignis", das zum Ausgangspunkt für die künftige Karriere wurde. Typisch ist etwa die des berühmten Engländers Gordon Banks. Der kleine Gordon stand bereits mit elf Jahren im Tor einer Sheffielder Schülermannschaft. Mit 14 jedoch, als er eine Maurerlehre begann, hatte er keine Zeit mehr für den Fußball. Doch unverhofft, es ist ein Samstag im Oktober 1953, erfüllt sich sein Schicksal. Wegen eines Regengusses ist die Arbeit an der Baustelle abgeblasen worden. Banks fährt mit dem Bus nach Hause. Als er aussteigt, hat es aufgehört zu regnen. So verweilt er ein wenig an dem Sportplatz, der am Weg liegt. Dort machen sich gerade ein paar Stahlwerker für ein Spiel fertig. Einer kennt den jungen Banks von der Schule. „He, Gordon", ruft er, „kannst du uns helfen? Unser Torwart ist nicht erschienen." Banks zögert nicht lange, leiht sich ein Trikot, zieht es über seine Arbeitsklamotten und stellt sich in den Kasten. Er hält fantastisch, die Stahlwerker sind restlos begeistert und wollen ihn fortan unbedingt als Torwart behalten.

Noch schneller startete die Karriere des Spaniers Ricardo Zamora. Der kleine Ricardo, Geburtsjahr 1901, wollte immer schon Fußballer werden, am liebsten Torwart. In Sarria, einem Stadtteil Barcelonas, wuchs er auf. Ricardo war gerade eingeschult worden, da trieb er sich bereits mit Nachbarskindern auf einem Bolzplatz an der „Carretera de Sarria" herum. Bei den Größeren mitmachen durfte er allerdings noch nicht. Also spielte er meist Pelota. Bei diesem Christera-Spiel, wie es in Barcelona heißt, geht es darum, einen Hartgummiball mittels eines Schlägers wuchtig gegen eine Wand zu schleudern, um es dem Gegner möglichst schwer zu machen, den zurückprallenden Ball wieder aufzufangen. Der Ball fliegt dabei mit Geschwindigkeiten von über 200 Kilometern in der Stunde auf den Spieler zu. Wer zu langsam reagiert, kann erhebliche Verletzungen davontragen. Der reaktionsschnelle Zamora blieb immer unversehrt. Aber trotz seines Talentes im Pelota-Spiel sehnte er sich danach, auch einmal bei einem richtigen Fußballspiel mitmachen zu dürfen. Immer wieder trieb er sich am Rande eines Trainingsplatzes von Studenten herum, in der Hoffnung, dass er einmal eine Chance erhielte. Und eines Tages geschieht tatsächlich ein kleines Wunder: Wieder einmal beobachtet Zamora, neben dem Tor stehend, das Training, da zischt plötzlich eine Hochgeschwindkeits-„Bombe" knapp am Pfosten vorbei, genau auf ihn zu, und er fängt das Leder in einer derart lässigen Art und Weise, als habe ihm gerade ein Kleinkind einen Spielzeugball zugeworfen. Den anderen stehen die Münder offen. Sie laden ihn ein, sich doch mal ins Tor zu stellen. Und natürlich hat Ricardo auch jetzt keine Mühe, die schärfsten Schüsse unschädlich zu machen.

Solche Schlüsselszenen allein sind natürlich nicht mehr als ein Startschuss. Karrieren ergeben sich nur aus konstant bestätigten Leistungen. Drei Jahre lang hielt Gordon Banks bei seiner Werkself auf so überzeugende Weise den Kasten sauber, dass man sich beim FC Chesterfield für ihn zu interessieren begann. Dessen Manager Teddy Davidson begutachtete das junge Talent bei einem Spiel und bot ihm prompt, da war Banks gerade mal 17 Jahre alt, einen Profivertrag an. Ricardo Zamora benötigte für seinen Aufstieg in die sportliche Spitzenklasse keine drei Jahre, sondern nur drei Monate. Als sich seine Studentenmannschaft dem damals besten Fußballverein Barcelonas, dem Club Deportivo Español, für ein Trainingsspiel zur Verfügung stellte, waren die Verantwortlichen des katalanischen Vereins von dem kleinen Burschen im Tor begeistert. Wenig später verpflichteten sie den 16-Jährigen und setzen ihn umgehend einer Bewährungsprobe aus: Español trat beim FC Madrid an, bei jenem Verein also, aus dem später das berühmte Real werden sollte. Nach dem Spiel gab es in der Presse der spanischen Hauptstadt eine Lobeshymne auf „ein Knäbchen namens Zamora", einen Neuling im Tor, der alle Bälle „mit allen möglichen und unmöglichen schon da gewesenen und noch nie da gewesenen Mitteln gehalten hat, mit einer Leichtigkeit, als ob er ein Glas Wasser getrunken hätte".

Bis Zamora seinen ersten Titel gewann, den spanischen Pokal, musste er noch vier Jahre warten; 1920, er stand mittlerweile im Tor des Lokalrivalen FC Barcelona, war es so weit. 19 Jahre war er da alt, genau ein Jahr älter als der Engländer Frank Swift bei seinem ersten großen Erfolg. Swift, der Sohn eines Fischers aus Fleetwood in der Grafschaft Lancashire, legte wohl eine der erstaunlichsten Blitzkarrieren im Fußball überhaupt hin. Im Alter von 14 Jahren trat Frank eine Stelle im Gaswerk von Fleetwood an. Nicht, weil ihn die Stelle besonders interessierte, sondern weil Fleetwood ein Fußballteam hatte, bei dem er im Tor stehen konnte. Sein Bruder Fred war zu diesem Zeitpunkt bereits Profi-Torwart bei Blackpool, und ihm wollte er es unbedingt nachmachen. Bei einem Spiel gegen die Reserve von Manchester City wurde er von den Talentspähern des Profiklubs entdeckt und sogleich verpflichtet. Zunächst sollte sich das Talent in der dritten Mannschaft bewähren. Seine große Chance aber kam schneller als gedacht. Wegen Verletzungen der Torhüter Nummer eins und zwei wurde er schon nach wenigen Wochen ins kalte Wasser geworfen. Weihnachten 1933, einen

Tag vor seinem 18. Geburtstag, stand er im Stadion an der Main Road zum ersten Mal in der ersten Mannschaft von Manchester City. Das Debüt des Greenhorns ging gründlich in die Hose. Manchester verlor gegen Derby County mit 0:4. Frank wollte bereits das Handtuch werfen. Doch weil die beiden etatmäßigen Keeper immer noch nicht fit waren, musste er nur drei Tage nach dem missglückten Einstand erneut ran. Diesmal ging alles gut. Mit einem 3:0 über die Blackburn Rovers zog sein Klub in die vierte Runde des englischen Ligapokals ein. Swift hatte sich des Vertrauens würdig erwiesen und durfte im Tor bleiben. Manchester blieb siegreich und schlug im Finale den FC Portsmouth mit 2:1. Ganze fünf Monate nach seinem Debüt in der dritten Mannschaft von Manchester war aus dem kleinen Talent Swift bereits ein englischer Cupsieger und „Big Swifty" geworden!

Dieses Tempo war offensichtlich zu viel für den jugendlichen Himmelsstürmer. Kaum hat der Schiedsrichter – der spätere FIFA-Präsident Stanley Rous – das Finale abgepfiffen, kippt der stressgeplagte Swift wie ein Stein um. Beinahe gleichzeitig fällt auch seine Mutter auf der Tribüne in Ohnmacht. Swift bekommt einen Kübel Wasser über den Kopf, seine Mutter das Riechfläschchen. In der Loge der Royals wartet König Georg V. mit dem Pokal und den Medaillen und verfolgt gerührt, wie man dem jungen Keeper wieder auf die Beine hilft.

„Majestät hat mich gefragt, ob ich mich wieder wohl fühle", erzählte Swift hernach über die Ehrung. „Und wie wohl ich mich fühlte! Niemals in meinem Leben zuvor habe ich was Schöneres erlebt. Der Pokal und die Medaille, ich war wie im siebten Himmel."

Karrierestart auf dem Bolzplatz.

Frank Swift, Ricardo Zamora, Gordon Banks – drei Beispiele für Karrieren wie im Märchen. Natürlich: Vollkommen repräsentativ sind diese Geschichten nicht. Normalerweise geht es in einer Fußballer-Laufbahn nicht so zu wie im Märchen, erst recht nicht bei einem „letzten Mann".

Nicht nur Maspoli konnte keiner gebrauchen

In der Regel stellt sich kaum einer freiwillig ins Tor. Mehr noch als heute war in früheren Zeiten der Job zwischen den Pfosten vor allem bei Kindern äußerst unbeliebt. In den Anfangsjahren des Fußballs wurden die Unsportlichsten in die „Kiste" bzw. zwischen zwei Schulranzen gestellt, oder es ging derjenige ins Tor, der wegen einer Verletzung nicht mehr laufen konnte. Bis heute werden beim Spiel der Kinder auf der Wiese die Stolperer und die Schwächlichen ins Tor gestellt. Nach wie vor hat unter kickenden Jungs der Feldspieler einen höheren Status als der Torwart. Jeder will lieber Tore schießen als welche verhindern. Die Torwart-Position galt und gilt als Schicksal derjenigen, die eben nichts anderes können, als sich hinten reinzustellen.

Viele große Torwart-Karrieren haben daher einen wenig märchenhaften Beginn. Der uruguayische Nationaltorhüter der Jahre 1965 bis 1974, Ladislao Mazurkiewicz, spielte, wie viele andere spätere Torhüter, ursprünglich Mittelstürmer. Als er sich in einem Spiel mit seinem Klub Racing Montevideo einen dicken Knöchel geholt hatte, musste er zwischen die Pfosten. Bei Kameruns Torhüter-Idol Thomas N'Kono wurde ebenfalls eine Verletzung zum Ausgangspunkt einer tollen Laufbahn, desgleichen bei dem England-Deutschen Bernd Trautmann. Anderen wurde ihre mangelnde Fußball-Begabung zum Verhängnis, so zum Beispiel José Angel Iribar, dem baskischen Klasse-Torwart der 1960er Jahre. Schon beim Strandfußball wurde er von seinen Kameraden wegen mangelhafter balltechnischer Fähigkeiten ins Tor verbannt. Brasiliens Nationaltorhüter der 1970er Jahre, Emerson Leao, erging es nicht anders. Ausgerechnet zu große „Behäbigkeit" wurde dem Jahre später wegen seiner Geschmeidigkeit gerühmten Torhüter zum Vorwurf gemacht. Wenig Begabung zeigte auch Wolfgang Fahrian: „Weil ich ganz und gar nicht zu den Spielern zählte, die sich sonderlich hervortun konnten, war ich oft mehr Zuschauer als Mitspieler." Dennoch ging er zum Verein und wurde dort Verteidiger. Einer seiner Mitspieler erkannte jedoch bereits recht früh, dass in ihm ein anderes Talent schlummerte. „Du liegst so oft am Boden – warum wirst du nicht Torwart?"

Manch ein späterer Klassekeeper wehrte sich mit Händen und Füßen dagegen, wenn er ins Tor gestellt werden sollte. So war es bei Roque Maspoli, dem späteren Nationaltorwart Uruguays. Von ihm ist folgende Geschichte überliefert: Eines Tages trifft er sich am Strand von Carrasco mit anderen Kindern zum Fußball. Da er ahnt, welches Schicksal ihm droht, stellt er vor dem Spielbeginn eine Bedingung: „Unter keinen Umständen spiele ich den Keeper. Ich bin stark und groß und zwischen den Torstangen nutzlos." Doch den anderen ist er zu langsam und umständlich, kaum einmal erzielt er ein Tor. Schweren Herzens stellt er sich dann doch ins Tor. Sonst hätte er nicht mehr mitspielen dürfen.

Etwas schwermütig, beinahe beleidigt, meinte noch der ergraute Maspoli: „Ins Tor stellt man nur den, den man auf einem anderen Posten nicht gebrauchen kann." Seine großen Erfolge dürften ihm trotzdem etwas Trost verschafft haben. Immerhin trug der Mann, den man nicht gebrauchen konnte, einen erheblichen Teil dazu bei, dass Uruguay 1950 zum zweiten Mal Weltmeister wurde.

Der Längste muss ins Tor

Wie werden aus unbegabten Fußballern Klasse-Torhüter? Eine der unwahrscheinlichsten Karrieren machte Wolfgang Fahrian. Mit der Ulmer A-Jugend wurde er als Verteidiger zweimal württembergischer Meister und überzeugte dabei mit einer Einsatzfreude, die ihm zwei Berufungen in die süddeutsche Jugendauswahl einbrachte. Der wenig begabte Fußballer hatte damit das Limit seiner Möglichkeiten eigentlich schon überschritten. Wenn er nicht eine Chance im Tor erhalten hätte. Als die TSG Ulm 46 im Herbst 1960 wegen Verletzungen und Abgängen ohne Torwart dastand, ging Trainer Fred Hoffmann das Wagnis ein, einen absoluten Torwart-Frischling zu bringen. Fahrian hatte im März zum ersten Mal überhaupt als Notnagel zwischen den Pfosten gestanden, im Tor der Reservemannschaft. Am 4. September im Heimspiel gegen Schweinfurt absolvierte er mit 19 Jahren sein erstes Oberligaspiel. Es ging mit 2:3 verloren. Dennoch konnte er mit seinen katzenhaften Reaktionen beeindrucken. Was darüber hinaus noch fehlte, wurde im Rekordtempo „nachgearbeitet". Fast jeden Tag legte er ein Sondertraining ein, egal, ob es regnete oder ob der Boden gefroren war. So wurde aus dem Notnagel binnen kurzem ein ausgezeichneter Oberliga-Torwart. Und es dauerte nicht lange, bis er eine Berufung ins Nationalteam erhielt.

Noch spektakulärer verlief der Karrierebeginn von Erwin Ballabio, des wohl besten Torhüters der Schweiz. Auch er versuchte sich zunächst als

Kleiner Mann im großen Tor.

Verteidiger, und als solcher traf er eines Tages mit seinem FC Grenchen auf einen sehr starken Gegner. Verteidiger Ballabio und seine Nebenleute haben Schwerstarbeit zu verrichten. Alle Mühe ist jedoch vergebens. Ihr Torwart hat nämlich einen rabenschwarzen Tag erwischt. Siebenmal muss hinter sich greifen. Da wird es dem Betreuer zu bunt – er schickt den stämmigen Ballabio ins Tor. In der allgemeinen Hektik vergisst man jedoch, den Wechsel beim Schiedsrichter anzumelden. Als sich der „inoffizielle" neue Schlussmann den Ball greift, pfeift der Schiedsrichter: Handspiel! Ballabio bleibt die Ruhe selbst und pariert den fälligen Elfmeter. Der Grundstein für eine bemerkenswerte Karriere als Stammkeeper des FC Grenchen und der Nationalauswahl der Schweiz ist gelegt.

Fahrians und Ballabios Geschichten sind außergewöhnlich. Der Beginn einer normalen Torwart-Karriere verläuft in der Regel recht unspektakulär. Die Standard-Geschichte geht etwa so: Der Stammkeeper fällt aus, der Größte bzw. Schlechteste der Feldspieler muss ihn nun vertreten, und dann macht er seine Sache so gut, dass er fortan den Posten nicht mehr verlassen darf. So erging es Heiner Stuhlfauth beim FC Franken in Nürnberg. „Du bist der Längste und musst ins Tor!", befahl der Vorstand, als der bisherige Stammkeeper den Verein verlassen hatte. Nicht anders war es bei Stuhlfauths Nachfolger im Tor der Nationalmannschaft, Hans Jakob: „Eines Tages ließ unser Torwächter auf sich warten. Da wusste man sich keinen besseren Rat, als mich, den ‚langhaxigen Jackl', ins Tor zu stellen. Ich sträubte mich zunächst, aber es nutzte nichts."

Beinahe identisch lief es bei Hans Tilkowski, der beim SV Husen 19 zunächst einen Stammplatz als Rechtsaußen innehatte: „Dann brachte der Zufall seine Hand ins Spiel. Eines Tages fehlte in unserer Mannschaft der Torwart. Wer sollte einspringen? Wir überließen die Wahl unserem Spielführer. Ich ahnte nichts Arges, da trat er an mich heran: ‚Du hast doch öfter in unserer Straßenmannschaft im Tor gestanden, Hans! Komm' und springe du ein!' … Ob ich wohl dieses Buch schreiben würde, wenn ein unbekannter Junge nicht damals auf den Gedanken gekommen wäre, den Hans Tilkowski eines Tags – ein wenig gegen seinen Willen – ins Tor zu stellen?" Bei dem langjährigen dänischen Nationaltorwart Peter Schmeichel, der, als Sohn eines polnischen Pianisten, sich am liebsten an der Komposition virtuoser Ballstaffetten im freien Raum des offensiven Mittelfelds beteiligt hätte, half nur der strenge Spruch des Trainers: Der Stärkste und Mutigste musste ins Tor, und das war eben kein anderer als der Peter.

Geschichten dieser Art könnten noch viele erzählt werden. Die schönste stammt von dem jugendlichen Petar Radenkovic. Nachdem er in der B-Jugend beim OFK Belgrad auf übliche Weise wegen seiner Größe ins Tor verbannt worden war, machte er seine Sache zwar recht gut. Zufrieden aber war er dennoch nicht, und so ging er zu Onkel Buda, seinem Trainer: „‚Ich möchte aber lieber wieder mitspielen, Onkel Buda', sagte ich. ‚Wieso?', sagte Onkel Buda ganz verblüfft. ‚Spielst du im Tor nicht mit?' ‚Ach – doch nicht so richtig', murrte ich. ‚Nun will ich dir mal was sagen', meinte Onkel Buda. ‚Der wichtigste und meistbeachtete Mann auf dem Feld ist immer der Torwart! Du musst dir dabei vor Augen halten, dass ein Torwartfehler in einem Spiel nicht wieder gut zu machen ist. Ein Läufer oder Stürmer kann sich dagegen Fehler leisten, so viel er will – er kann sie durch eine einzige bessere Leistung im selben Spiel immer wieder ausbügeln! Ein Torwart aber tut immer etwas Endgültiges: Entweder er hält, dann hat er seine Sache gut gemacht, oder er lässt einen Schuss durch – dann ist es passiert und nicht mehr zu reparieren. Kapierst du?' ‚Natürlich', sagte ich. ‚Na also. Dann denke mal darüber nach, wer der wichtigere Mann ist, ein Feldspieler oder der Torwart.' Onkel Buda war ein guter Pädagoge."

Stürmer, die nicht stürmen durften

Wie Tilkowski und Radenkovic gehört auch Sepp Maier zu den zahlreichen Torhütern, die am liebsten als Stürmer berühmt geworden wären. „Mein ehrgeiziges Ziel auf dem Fußballplatz hieß: Sepp Maier, der berühmte Mittelstürmer. Tore wollte ich machen, nie im Leben welche verhindern."

Sepp Maier mit zehn Jahren vor dem Schliersee.

Doch dann musste Maier, der B-Jugend-Spieler des TSV Haar, zwischen die Pfosten, weil sich der Stammtorhüter die Hand gebrochen hatte. Vom Turnen her wusste er, wie er sich zu werfen und wie er zu fallen hatte. Trotzdem verlor der TSV in diesem Spiel, ausgerechnet gegen Bayern München, mit 0:12. Der Trainer der Bayern, Rudi Weiß, war dennoch von Maier angetan. Ohne Maier, meinte er, hätten die Haarer 30 Tore kassiert. Klar, dass Weiß Maier nach München holte. Dort blieb er natürlich im Tor und war so gut, dass er schon bald eine Berufung in die Jugend-Nationalmannschaft erhielt.

Während Radenkovic auf Onkel Budas Rat die Bude nicht mehr verließ und Maier aufgrund seines Erfolges keine Veranlassung mehr hatte, von selbst geschossenen Toren zu träumen, gab es viele andere, die sich mit dem ihnen aufgezwungenen Torwart-Schicksal lange Zeit nicht abfinden konnten. Hans Jakob zum Beispiel wollte, nachdem er in seinem ersten Spiel vier Treffer kassiert hatte, nie mehr ins Tor. „Das Torwartspielen war mir dadurch erst recht verleidet. Bis zur ersten Jugend wirkte ich dann immer als Feldspieler, meist als Linksaußen. Dann hatte ich erneut als Tormann einzuspringen." Diesmal ging es gut. Er wurde nun als großes Torwart-Talent gehandelt und durfte den Posten des letzten Mannes fortan nur noch in Ausnahmefällen verlassen. Etwas anders verlief es bei dem Ungarn Gyula Grosics. Er hatte im Kasten des AC Dorog zunächst überzeugen können. Dann aber kam ein Spiel, in dem er neunmal hinter sich greifen musste und dabei alles andere als gut aussah. Sein Trainer beorderte ihn wieder auf den Rechtsaußen-Posten. Erst als der Stammtorwart wieder einmal ausfiel und er erneut als Ersatz einspringen musste, konnte er sich bewähren und blieb fortan immer zwischen den Pfosten. Das heißt: fast immer. Denn manchmal lief er als Aushilfs-Stürmer auf.

Nicht nur manchmal, sondern sogar recht häufig spielte Manfred Manglitz eine Doppelrolle als Torwart und Feldspieler. Zu Beginn seiner Karriere stand beim Anpfiff eines Matches oft nicht fest, ob er das Ende des Spiels noch als Torwart erleben würde. Bei Bayer Leverkusen in der Zweiten Liga West trug er unter dem Torwartdress zunächst immer noch ein Spielertrikot. Ein ganz besonderes Kunststück schließlich brachte Bernd Franke fertig. Bei den Amateuren des SV Bliesen bewährte er sich auf fast allen Positionen – je nach Bedarf. Ob Verteidiger, Linksaußen oder Torwart – Bernd Franke konnte alles. Dieser Mann fiel auch Jupp Derwall auf, der sich damals um die saarländischen Auswahlmannschaften kümmerte. Derwall war von dem Allroundtalent angetan. Aber auch er konnte sich nicht entscheiden, welche Position für seinen Schützling die beste wäre. Der Trainer schickte Franke einmal als Mittelstürmer, einmal als Linksaußen, einmal als Verteidiger ins Spiel, ein anderes Mal stellte er ihn ins Tor der Saarland-Auswahl.

Eine derart lange Vorbildung als Feldspieler, wie sie Bernd Franke aufzuweisen hat, erscheint für einen späteren Torwart als wenig zweckmäßig. Grundsätzlich jedoch kann jeder Torhüter davon profitieren, wenn in ihm auch Stürmerblut fließt. „Ich würde jedem Torwächter empfehlen", so Heiner Stuhlfauths Rat, „in seinem Verein in unteren Mannschaften auch Stürmer zu spielen, denn ein Tormann soll auch das Spiel im Feld miterleben. Bevor ich ins Tor ging, habe ich in meiner Jugend einige Jahre Linksverbinder gespielt." Der gleichen Meinung war auch der Mann, der die Nürnberger Torwart-Legende dereinst aus der Nationalmannschaft verbannte. „Hat zwar der Torwächter eine von den anderen Spielern abweichende Spielart zu pflegen", schrieb der DFB-Trainer Otto Nerz in einem 1933 veröffentlichten Lehrbuch, „so kann er nur dann ein vollwertiger Spieler sein, wenn er auch in der Lage ist, im Feld zu spielen. Es ist nicht gut, wenn man sich zu früh als Torwächter spezialisiert."

Der Teilzeit-Stürmer Gyula Grosics lieferte eine genauere Begründung: „Wenn ich als Schlussmann in Aktion war und die Stürmer auf mein Tor losrannten, erkannte ich oft schon im Vorhinein ihre Absichten und war dadurch in die Lage versetzt, mein Eingreifen leichter zu gestalten, als dies einem Tormann möglich ist, der vom Stürmerspiel nicht viel Ahnung hat." Der gelernte Stürmer Sepp Maier sah es ganz ähnlich: „Ein Torwart muss, will er gut und erfolgreich sein, Spielzüge vorausahnen können. Er muss die Absichten des Gegners ‚riechen' können, um rechtzeitig ein Gegenmittel zur Hand zu haben." Und einer, der selbst als Stürmer gespielt hat, „bringt einfach ein besseres Raumgefühl mit, versteht die Möglichkeiten seiner Vorderleute klarer einzuschätzen". Maiers Rivale bei 1860 München, Petar Radenkovic, fand beinahe gleich lautende Worte: „Ich kann die Gelegenheit, die ein Gegner hat, unter Umständen sogar eher ‚riechen', als er sie selbst erkennt und beim Schopfe packt."

Dass Torjäger zu Ballfängern mutieren, kommt so häufig vor, dass man beinahe schon von einem „Normalfall" sprechen kann. Die Liste der Torhüter, die als Feldspieler begonnen haben, ist schier endlos. Neben den bereits genannten Keepern könnten noch viele Namen erwähnt werden: Willibald Kress, Jürgen Croy, Horst Wolter, Rudi Kargus, Dieter Burdenski, Harald Schumacher, Andy Köpke und viele andere stehen auf dieser Liste, auch Oliver Kahn fehlt nicht. Dennoch gibt es Beispiele für den umgekehrten Fall, den Ausnahmefall, dass ein guter Torwart sich später als ausgezeichneter Goalgetter entpuppt. Das wohl bekannteste Beispiel in Deutschland ist die Geschichte von August Lenz. Er kam mit zwölf Jahren zu Borussia Dortmund und spielte dort zunächst im Tor. In der ersten Schülermannschaft war er auch recht erfolgreich, mit 16 wechselte er allerdings in den Sturm. Vor einem Spiel ist der etatmäßige Mittelstürmer ausgefallen und so muss der Torwart vorne aushelfen. Lenz schlägt ein wie ein Frühjahrsgewitter. Er erzielt neun Tore (manche behaupten, es wären sogar elf gewesen). Danach durfte er nie mehr ins Tor zurück. Lenz wurde bester Borussen-Stürmer der 1930er Jahre und brachte es sogar zum Nationalspieler, der erste überhaupt aus Dortmund. Nur noch ein einziges Mal stand er nach seinem sagenumwobenen Stürmer-Debüt im Tor: am 5. Januar 1936 beim Spiel Arminia Marten gegen die Borussia.

Kleine Leute, ganz groß

August Lenz, der Stürmer wider willen, war nicht gerade ein Riese. Ein Foto der Dortmunder Jugendmannschaft zeigt den 14-jährigen Noch-Torwart erkennbar als Kleinsten des Teams. Sepp Maier hatte, als er beim TSV Haar ins Tor musste, ebenfalls kein Gardemaß, sondern glich, seinen eigenen Worten nach, eher einem „spindeldürren Wurzelzwerg". Selbst Minderwuchs, so zeigt sich, schützt vor Torwart nicht. Dass Lenz recht klein blieb, machte ihm als Stürmer kein großes Problem. Maier hatte das Glück, dass er sich noch zu einem zwar schlanken, aber normal großen Mann auswuchs. Ähnlich wie Maier haben viele Torhüter, die später „groß" wurden, klein angefangen. Allerdings nicht – und insofern stellt Maier eine Ausnahme dar – bei einem Klub. Denn es gilt: Nur in Fußballvereinen müssen die Größten ins Tor; beim Kick der Kinder auf den Straßen und Wiesen

BVB-Sturmlegende August Lenz 1924 als kleiner Torhüter.

sind es meist die Kleinsten, die das Torwart-Schicksal trifft.

So war es bei Uli Stein. Sein Biograf Broka Herrmann erläuterte: „Bei Uli Stein gibt es eine einfache Erklärung, wieso er im Tor steht. Uli musste immer mit seinen älteren Brüdern zu den großen Jungs, und dann hieß es: ‚Der kleine Arsch, der soll ins Tor. Draußen können wir den nicht brauchen.'" Uli Steins Urerfahrung war die des Underdogs. Er war, im wahrsten Sinne des Wortes, unter den anderen – er reichte ihnen nur bis zur Schulter. Die einzige Chance, von den „Großen" ernst genommen zu werden, bestand darin, besonders gut zu sein. Für den kleinen Stein wurde es zu einem besonderen Ansporn, nun erst recht zu zeigen, dass er was draufhatte. Er warf sich in jeden Schuss, kein Getümmel war ihm zu gefährlich. „Bald besaß ich den Ruf", so Steins Resümee der Kindheits-Erfahrungen, „der Verrückte zu sein, der nach allem hechtet, was sich bewegt – selbst auf dem Pflaster." Und noch der Erwachsene ließ mit unverhohlenem Stolz den Satz nachklappen: „Das brachte mir manchen Erfolg."

Ganz ähnlich war die Ausgangsposition für einen der Besten überhaupt, für den Prager Frantisek Plánicka. Wie Stein wurde er von den Jungs, mit denen er auf der Straße kickte, als Kleinster ins Tor gestellt. Erwartet wurde nicht viel von ihm. Doch als er sich immer wieder mit bemerkenswertem Mut den Angreifern vor die Füße warf, erwarb er sich bei allen so viel Respekt, dass er zum Stolz des ganzen Teams avancierte. Klar, dass er sich dann auch beim Verein – zunächst bei Slovan Prag, dann in der Elf von Bubenec – ins Tor stellte. Vor dem nächsten Karrieresprung wurde er jedoch erneut mit seinem alten Problem, der mangelnden Größe, konfrontiert. Er wollte unbedingt zur berühmten Sparta wechseln. Aber die wollten ihn nicht haben. Der Grund: Er sei viel zu klein für einen Torwart, das könne nichts Gescheites werden. Wütend ging der knapp 1,80 Meter große Plánicka zum Konkurrenzverein Slavia. Dort wurde er 73facher Nationalspieler und berühmtester tschechischer Torwart überhaupt. Viel Spaß scheint ihm sein so früh aufgezwungenes Torwart-Leben trotzdem nicht gemacht zu haben. Kurz vor seinem Tod sagte er: „Wenn ich meine Karriere noch einmal von vorne beginnen dürfte, würde ich auf dem Platz lieber Stürmer als Torwart sein."

Man könnte die Diagnose stellen: Viele „Kleine" werden beim Straßenkick ins Tor verbannt, wenn sie dann allerdings klein bleiben, wird ihnen in einer richtigen Fußballmannschaft kein Vertrauen mehr entgegengebracht. Je weniger Zentimeter einer misst, desto größer werden die Hindernisse auf dem Weg zum Erfolg. Einer der Nachfolger Plánickas im Tor der CSSR, Ivo Viktor, der Europameister von 1976, durfte zu Beginn seiner Fußballerlaufbahn von diesem Titel nicht einmal träumen. Mit seinem Ansinnen, Torwart zu werden, wurde der junge Ivo überhaupt nicht ernst genommen. „Was, du willst Torwart werden", lachten sie beim Fußballklub von Bernberg, als er sich dort anmeldete. „Du bist doch viel zu klein!" Mit demselben Satz wurde auch der spätere schwedische Nationalkeeper Ronnie Hellström nach dem Probetraining bei einem kleinen Verein in der Nähe von Malmö nach Hause geschickt. Das belgische Torwart-Idol Jean-Marie Pfaff durfte aus demselben Grund zunächst nicht ins Tor. Er gab nicht nach, bis er tatsächlich zwischen den Pfosten stand. Der Spätentwickler hatte dabei Glück, dass er sich noch zu einem Keeper von respektabler Größe auswuchs.

Schließlich gibt es noch die Geschichte des größten italienischen Torwarts aller Zeiten, die von Dino Zoff. Otto Janik berichtete über die ersten Versuche des siebenjährigen Dino, in dem norditalienischen Provinzkaff Mariano del Friuli bei einer Straßenmannschaft ins Tor zu kommen: „Bei einem der üblichen Gassenjungenspiele fragte ihn der ‚Kapitän': ‚Dino, wo willst du spielen?' ‚Im Tor.' ‚Das geht nicht. Du siehst ja, im Tor steht schon der Beppe. Außerdem bist zu klein.' ‚Wenn ich nicht Torwart sein darf, spiele ich gar nicht.'" Zoff blieb weiterhin klein, gab aber seinen Traum, einmal ein großer Torwart zu werden, nicht auf. Trotzig stellte sich der knapp 14-Jährige bei Inter Mailand und Juventus Turin vor. Er sei zu klein, wurde dem gerade mal 1,50 Meter großen Winzling erneut beschieden. Nun ergriff seine Großmutter Adelaide die Initiative und verordnete ihm eine spezielle Eier-Kraftdiät. Um deren Wirkung zu überprüfen, erzählte Zoff einem Journalisten, sei er damals alle paar Wochen zu einem Tischler gegangen: „Der hielt einen Meterstab an mich, verglich die Markierung vom letzten Mal: wieder nichts." Eine ganze Weile, so Zoff, sei das so weitergegangen. Doch eines schönen Tages tat sich plötzlich was. „Ich war ruckartig ein ganzes Stück gewachsen, so viel, dass der Tischler verblüfft prüfte, ob nicht von seinem Meterstab ein Stück abgebrochen war. Aber der stimmte – ich begann zu wachsen, hurra!" Als er 15 war, durfte er sich zum Probetraining in Udine vorstellen. Doch seine Körpergröße war immer noch nicht ausreichend. Auch der dortige Trainer, der Altinternationale Cesarini, schickte ihn weg mit der Bemerkung, dass er zu klein sei. Mit 18 Jahren, nach einer fünfjährigen Leidenszeit und einem Höhenzuwachs von 33 Zentimetern, war der Spätentwickler dann endlich ausgewachsen. Er hatte 1,83 Meter erreicht, „gerade das richtige Maß für einen Fußball-Torwart", wie er selbst erleichtert feststellte. Ein Jahr später hatte er es dann geschafft: Er stand im Tor der ersten Mannschaft des AC Udinese. Eine große Karriere konnte beginnen.

Frühe Talente und späte Könner

Auffallend ist, dass sich gerade unter den „Kleinen" viele finden, die von sich aus ins Tor wollen. Plánicka, Stein oder Zoff – alle wollten sie von Anfang an nichts anderes und nichts lieber, als sich im Schlamm des Torraums zu wälzen. Einer, der spätere HSV-Keeper Rudi Kargus, soll schon den Sandkasten nicht zum Buddeln, sondern ausschließlich zum Torwarttraining genutzt haben.Vom kleinen Jungen, der sich gerne in den Dreck wirft, zum großen Torwart, dessen Paraden von allen bewundert werden, ist es zwar ein weiter Weg. Aber nicht wenige sind ihn erfolgreich gegangen. „In dieser Position", so Stein, „war jeder Hechtsprung in die Pfütze nicht nur erlaubt, sondern sogar anerkannt." Einer wie Maier hat dieses Vergnügen zwar spät, aber immerhin noch als B-Jugendlicher kennen und schätzen gelernt: „Mit Wonne habe ich mich in den Dreck geschmissen, am schönsten fand ich es, wenn es ordentlich geregnet hatte, wenn ich mich im Morast richtig suhlen konnte."

Was Hänschen nicht lernt, lernt Hans nimmermehr, heißt ein Sprichwort. Und so sind viele der Auffassung, dass sich schon beim Sprung in die Schulhof-Pfützen zeigt, wer sich dereinst als ein Meister zwischen den Pfosten entpuppen wird. Der legendäre Rudi Hiden meinte einmal: „Ich bin der Meinung, dass man das Tormann-Spiel nicht einfach erlernen kann, sondern dazu, glaube ich, muss man geboren werden." In diesem Sinne wurde auch sein bekannter deutscher Kollege Willibald Kress als ein „von Natur aus hoch veranlagter" Torwart geschätzt. Der weniger berühmte Eduard Schaffer, deutscher Meister des Jahres 1948, sah sich ebenfalls als „geborenen" Torwart. Anders als Kress, der sich zunächst nur widerwillig ins Tor stellte, hatte er frühzeitig seine Liebe zur Position des letzten Mannes entdeckt: „Ich hätte nie einen anderen Posten spielen mögen." Schon in seiner Heimat in Schlesien stand er stets zwischen den Pfosten, ob im Fußball oder Handball. Der Schalker Norbert Nigbur schrieb in seiner Biografie „Wie ich wurde, was ich bin": „Du musst als Torwart geboren sein. Sonst lernt man es nie und wird kein guter Torwart." Nigbur kam schon als Jugendlicher so oft wie kaum ein anderer zu der Ehre, für die Auswahlmannschaften des DFB zu spielen. Auch Eike Immel war ein Naturtalent. Mit neun Jahren stand er erstmals zwischen den Pfosten der Eintracht Stadtallendorf. Mit 15 war er Torwart der Schülerauswahl des DFB, mit 17 hatte er einen Profivertrag von Borussia Dortmund in der Tasche.

Frühes Talent: Norbert Nigbur.

Viele Torhüter zeigten sich früh als Talente. Andererseits gibt es aber auch zahlreiche Beispiele von späteren Klasse-Torhütern, die zu Beginn ihres Fußballerlebens ganz und gar nicht als geborene Ballfänger galten. Viele bekamen sogar ausdrücklich einen gegenteiligen Bescheid. Manfred Manglitz war einer von ihnen. Ein erstes Probetraining bei Viktoria Köln endete wenig verheißungsvoll. „Nee, aus dir wird nix", meinte Trainer Hennes Weisweiler zu dem Mann, der es immerhin zum Nationalspieler bringen sollte. Einige Zeit später, im Jahr 1965, nahm der saarländische Verbandstrainer Jupp Derwall seinen Auswahl-Torhüter Bernd Franke beiseite: „Mein Gott, als Torhüter wird aus dir sicher nichts…" Zehn Jahre nach diesem Urteil sah sich derselbe Derwall zum Widerruf genötigt: „Bernd Franke ist einer der wenigen deutschen Torhüter, die dem Sepp Maier in allen Vorzügen nahe kommen." Von Italiens Fußball-Heros Giuseppe Meazza, der als Trainer von Inter Mailand den jugendlichen Dino Zoff nach einem Probetraining weggeschickt hatte, ist das reumütige Bekenntnis überliefert: „Ich muss zugeben, dass ich Dinos Talent nicht erkannt habe." Man darf also nicht gleich aufgeben, wenn das Lob erst einmal ausbleibt. Als nicht eben talentiert galt selbst Lew Jaschin. In seiner ersten Zeit bei Dynamo Moskau stakste er steif und ungelenkig auf dünnen Storchenbeinen umher. Geduld und intensives Training machten aus Jaschin den Besten der Besten.

Unter Talent, der hohen Begabung, verstand man früher ein von Gott anvertrautes Gut. Das Wort selbst leitet sich her von „Talentum“, einem bestimmten Gewicht und der diesem Gewicht entsprechenden Geldsumme. Ähnlich verhält es sich beim Pfund, von dem der Ausdruck „mit seinen Pfunden wuchern“ abgeleitet ist. Seltsam ist nur, dass es so häufig den von der Natur Beglückten nicht gelingt, ihr Talent in die Waagschale zu legen. Dieser Jammer, der sich in so vielen Bereichen zeigt, kann auch am Beispiel der letzten Männer verdeutlicht werden. Unter den ganz großen Torhütern finden sich wenige von denen, die in ihrer Jugend als hochbegabt galten. Das Supertalent Norbert Nigbur – übrigens der erste Fußballer überhaupt, der in sämtlichen Auswahlmannschaften des DFB spielte – brachte es in den Jugendmannschaften des DFB auf 18 Berufungen, schaffte als Erwachsener aber lediglich sechs A-Länderspiele. Ein anderes Jugend-Talent, Eike Immel, wurde immerhin zu 19 A-Länderspielen berufen. Von beiden hätte man sich jedoch, von den früh gezeigten Anlagen her, wesentlich mehr versprochen.

Als Nachwuchstalent galt auch der 16-jährige Mann, der 1986 das Tor in der B-Jugend des 1. FC Köln hütete. Doch der junge Lars Leese zog lieber die Handschuhe aus und wandte sich anderen Freuden des Lebens zu. Nur zum Spaß spielte er jahrelang in der Kreisliga Westerwald, der drittletzten Spielklasse, bei den Sportfreunden Neitersen. Dann wurde er doch noch Profi bei Leverkusen. Es reichte aber nur für die Ersatzbank. Ohne auch nur ein einziges Bundesligaspiel auf dem Buckel zu haben, wechselte er nach England zum FC Barnsley. Bei dem Verein, eben in die Premier-League aufgestiegen, erlebte er als 28-Jähriger den Höhepunkt seiner seltsamen Karriere: einen 1:0-Auswärtssieg beim FC Liverpool. Dann folgte der Abstieg: erst der des Vereins, anschließend sein eigener. Der Torhüter fand keinen neuen Arbeitgeber mehr und wurde wieder Amateur. Lars Leeses Profi-Traum, den Ronald Reng zu einem Buch verarbeitet hat, währte nur drei Jahre lang.

Leeses Laufbahn besteht aus einer Mischung von Zufällen, Glück und Pech. Das, was spätere Klasseleute auszeichnet, fehlt fast vollständig: Zielstrebigkeit und Ehrgeiz. Eigenschaften, die etwa ein Toni Schumacher überreichlich besaß. „Ich musste mir alles hart erkämpfen“, beichtete er, „weil ich einfach nicht besonders talentiert war.“ Mit einem unbeugsamen Willen konnte er mangelnde Fähigkeiten wettmachen. „Im Zweikampf ‚Feldspieler gegen Torwart‘ machte ich von Anfang an eine gute Figur. Ich kannte keine Angst vor Verletzungen und dachte nicht an eventuelle Gefahren.“ Er dachte nur ans Siegen und daran, der Beste zu werden. Der

Aufstieg, den er sich so sehnlich erhoffte und an dem er so zielstrebig arbeitete, blieb nicht aus. Zunächst stand er im Tor der Dürener Kreisauswahl, dann folgte die Mittelrheinauswahl, die westdeutsche Auswahl und schließlich die Jugend-Nationalelf. Da war er zwar hinter dem als äußerst talentiert geltenden Helmut Roleder meist nur zweite Wahl, aber als Erwachsener ließ das nunmehrige Torwart-Idol des 1. FC Köln den Keeper vom VfB Stuttgart weit hinter sich. Roleder war nur für eine Halbzeit Nationaltorwart – 1984 durfte er in einem Länderspiel gegen die UdSSR als Schumacher-Ersatzmann 45 Minuten ran –, Schumacher hingegen brachte es auf 76 Einsätze mit dem Adler auf der Brust.

Die größte Karriere aus dem Kreis der eher Unbegabten hat aber mit Sicherheit Oliver Kahn hingelegt. „Das habe ich öfter gehört, dass andere talentierter sind. Oh, hat man mir gesagt, da kommt ein neues Talent, was weiß ich woher. Okay, habe ich geantwortet, da ist also wieder so ein neues Talent. Dann trainiere ich eben dreimal so viel wie das Talent – und am Ende war das Talent wieder weg. Ich musste mehr arbeiten als andere, um der Beste zu sein. Ich habe früh gelernt, dass das funktioniert." Neid auf die Talente war offensichtlich nie da. Mit feiner Selbstironie bemerkte er in einem Interview: „Es wäre mir zu langweilig gewesen, mehr Talent zu haben." Da auch am anderen Pol des Kahnschen Langeweile-Spektrums eine klare Maxime eingepflanzt war – „Mittelmäßigkeit langweilt mich" –, zeichneten sich die Konsequenzen frühzeitig ab. Weil es ihm nie gelang, mit reduzierten Ansprüchen zu leben, gewöhnte er sich schon als Jugendlicher einen sagenhaften Fleiß an. Auch als Profi blieb ihm ein Leben ohne Training kaum vorstellbar. Nach der WM 1998 durfte er wie alle Nationalspieler eine Sonderpause einlegen, schon nach ein paar Tagen aber brach er seinen Urlaub vorzeitig ab und reiste ins Bayern-Trainingslager. Seine Begründung lautete, man kann es sich denken: „Langeweile".

Harte Arbeit an Shiltons Armen

Oliver Kahn träumte schon früh von künftigen Erfolgen. „Als kleiner Junge auf dem Schulhof, wenn wir in den Pausen mit einem Tennisball gekickt haben, habe ich mir immer wieder vorgestellt, wir wären in einem großen Stadion mit zehntausenden Zuschauern, mit all dem Lärm und Jubel und Fahnen überall. Ich glaube, dass ich mich damit im Unterbewusstsein vorbereitet habe, denn wenn man sich eine Situation wieder und wieder vorstellt, und sie tritt tatsächlich ein – ist man bestens gewappnet." Aber er träumte nicht nur. Er arbeitete auch daran, dass die Träume Wirklichkeit werden. Bereits in der Schülermannschaft war er äußerst strebsam, legte immer Trainings-Sonderschichten ein. Kahn: „Was ich heute kann, habe ich mir mit viel Fleiß und hartem Training erarbeitet. Besonders in der Pubertät, so mit 14, hatte ich große Probleme mit der Koordination, weil die körperlichen Proportionen durcheinander gerieten. Mit 15 fiel ich dann auch folgerichtig bei der Sichtung zur Jugendnationalelf durchs Sieb. … Später, so mit 16, habe ich mit Krafttraining angefangen, um die körperlichen Defizite aufzuholen." Kahn machte alles nur Denkbare, um sich zu verbessern. Er wollte sich später nicht vorwerfen, dass er irgendwas unversucht gelassen habe. So schaffte er den Durchbruch beim Karlsruher SC und konnte Stammtorhüter Alexander Famulla verdrängen. Aber auch das war ihm nicht genug, permanent legte er mit Torwart-Trainer Rudi Wimmer Sonderschichten ein. „Das ist ein großartiges Gefühl: Du hast alles getan! Ich habe damals trainiert, trainiert, trainiert …, mir hat diese Quälerei gefallen. Selbst im Urlaub. Urlaub war ja kein Urlaub für mich, ich habe immer gedacht, jetzt kann ich endlich all die Dinge verbessern, für die ich sonst keine Zeit habe. Dafür war der Urlaub da."

Darius Kampa, mittlerweile selbst ein überdurchschnittlicher Profi-Keeper, zählt zu den Bewunderern des Münchner Schlussmannes: „Mir imponiert Oliver Kahn, weil er durch Willensstärke und Ehrgeiz sensationell viel erreicht hat." Kahn ist tatsächlich ein gutes Beispiel dafür, was einer mit harter Arbeit und enormem Ehrgeiz erreichen kann. In der Sparte „Torhüter" ist es keineswegs das einzige. Besonders eindrucksvoll ist der Fall des Engländers Gordon Banks. Es waren weniger irgendwelche körperlichen Defizite oder mangelnde Anlagen, die dem späteren Weltklasse-Keeper im Wege standen, sondern schwerwiegende Verletzungen. Schon am Anfang seiner Karriere brach er sich den rechten Arm. Der Bruch war so kompliziert, dass die Knochen dauerhaft mit einer Schraube fixiert wurden. Kaum hatte er den Schock verdaut, folgte eine komplizierte Knieoperation. Banks überwand alle diese Rückschläge und arbeitete zäh an sich, bis er sein gewohntes Können wieder erreicht hatte. Um das zu schaffen, musste er zahllose Extra-Übungseinheiten einlegen. So deutlich wie wohl nur wenige andere erfuhr er im knochenharten Spezialtraining, was man unter dem Begriff „Arbeit" ursprünglich verstand: schwerste körperliche Anstrengung, Mühsal, Plage und Qual.

Geradezu legendär für seinen Ehrgeiz war in England auch der Banks-Nachfolger Peter Shilton. Schon als Kind machte er sich unentwegt Notizen über sein großes Vorbild, eben Gordon Banks. Ihm wollte er es unbedingt gleichtun, auch wenn ihm die körperlichen Voraussetzungen eigent-

Shilton verlängerte seine Arme – andere müssen auf ewig mit ihren körperlichen Nachteilen zurecht kommen. Seine zu kurz geratenen Extremitäten wurden Albaniens Torhüter beim Länderspiel in Dortmund am 8. April 1967 zum Verhängnis. Deutschland gewann 6:0.

lich fehlten. Mit seinen kurzen Extremitäten war er das krasse Gegenteil zum chilenischen „Condor“ Roberto Rojas, dessen Fang-Schwingen fast bis zu den Knien reichten. Als 15-Jähriger habe sich Shilton, eine künftige Torwartkarriere vor Augen, wie ein Affe ans Treppengeländer gehängt und seine Füße mit Gewichten beschwert, um so seine Arme ein paar Zentimeter zu verlängern. Offensichtlich half es sehr schnell. Bereits mit 16 Jahren startete er in der Premier-League für Leicester City seine Laufbahn. 1967 wurde er Stammtorhüter in Leicester. Gordon Banks, bisher die Nummer eins, war sauer und wechselte zu Stoke City. „Sein unbändiger Ehrgeiz, möglichst perfekt zu sein“, so Banks später, „fiel mir bei ihm schon in jungen Jahren ins Auge. Stets hat Peter Shilton so hart trainiert und an sich gearbeitet wie kein anderer. Unterlief ihm im Spiel dennoch ein Fehler, dann stachelte es im Training seinen Ehrgeiz nur noch mehr an.“ 1970 machte Shilton sein erstes Spiel für England. Auch jetzt lehnte er sich nicht zufrieden zurück, sondern tüftelte an weiteren Möglichkeiten, wie er sich noch verbessern könnte. Es fruchtete: Am Ende seiner Karriere war er mit 125 Länderspielen Rekordnationalspieler. Als er Mitte der 1980er Jahre für Southampton spielte, verlieh der dortige Präsident Lawrie Mc Menemy dem Torwart, den schon kleinste Fehler zur Weißglut brachten, den treffenden Spitznamen „Peter Perfect“.

Ehrgeiz und Disziplin, so scheint es, sind für eine Torwart-Karriere wichtiger als Talent. Die letzten Männer sind in der Regel auch die fleißigsten und ehrgeizigsten Männer auf dem Trainingsplatz. Sepp Maier war berüchtigt für seinen nimmermüden Eifer, Toni Schumacher berichtete voller Stolz: „Seit ich Fußball spiele, stehe ich eine Stunde vor Trainingsbeginn an meinem Arbeitsplatz. Ohne dass mich je einer dazu gezwungen hätte.“ Montags war beim 1. FC Köln immer trainingsfrei. Für Toni Schumacher nicht. Wenn die Kameraden daheim ihre Beine ausruhten, schuftete der trainingsbesessene Torwart und ließ sich von seinem Spezialtrainer Rolf Herings die Bälle um die Ohren schießen. Peter Shilton trainierte immer noch, wenn die anderen schon lange unter der Dusche standen. Zu erwähnen, dass auch ein Oliver Kahn mit außergewöhnlichem Trainingsfleiß glänzt, ist im Grunde überflüssig. Aber weil er's so schön formuliert, trotzdem noch ein paar Sätze. „Wie ein Klavierspieler muss ich immer wieder mein Repertoire üben, jeden Tag. Kaum jemand versteht, wie speziell das Torwartspiel ist. Ich trainiere Sprungkraft, Geschmeidigkeit, Explosivität, Fangtechnik, Flugtechnik. Ich brauche viele Muskeln und viel Kraft, aber wenn es zu viel wird, bist du holzig und unbeweglich. Das muss gut ausbalanciert sein.“ Bayern-Torwarttrainer Sepp Maier achtet dabei auf jeden Fehler. Springt er mit dem richtigen Fuß ab? Zu flach? Hat der Arm die richtige Haltung? Ist er voll gestreckt, nimmt er die richtige Hand? Zunächst war die rechte Seite Kahns Schokoladenseite, bei Hechtsprüngen nach links war er nicht ganz so gut. Kein Problem für Kahn: „Ich habe dann so lange trainiert, bis die linke Seite besser war.“

Für einen Kahn gibt es keinen normalen Trainingstag. In acht Jahren bis zur WM 2002 feuerte Maier über 100.000 Schüsse auf den Torhüter ab. Nach jedem warf er sich, als sei es der letzte in einem Endspiel. Selbst dann noch, wenn er sah, dass der Ball eigentlich nicht zu erreichen ist. „Ich sehe im Ansatz: keine Chance! Ich springe aber trotzdem. Das ist wie eine Mechanik, wie ein Automatismus. Es wäre ja eine mentale Schwäche, zu denken, den kriegst du nicht. Das kann man durch intensives Training verhindern, das so genannte Overlearning. Man muss eine Situation so lange üben und üben und üben, bis sie einem in Fleisch und Blut übergegangen ist. Ich brauche heute nichts mehr zu denken, es passiert einfach. Sepp Maier, mein Torwarttrainer, sagte immer wieder: ‚Hand raus! Du hast die Hand zurückgezogen, weil du gedacht hast, du kommst nicht mehr dran. Hand raus!‘ Und siehe da, eines Tages sah ich den Ball schon drin – und war trotzdem dran.“ Einen Ball zu halten, der unhaltbar scheint – das ist die Kahn'sche Definition von Glück. „Für diese ein, zwei Momente im ganzen Jahr, für diesen einen Millimeter, der entscheidet, ob man den Ball noch um den Pfosten dreht oder nicht, dafür arbeite ich – mit aller Disziplin. Und ich spüre in diesen Momenten sofort: Das war dieser Millimeter, die Belohnung für ein Jahr extreme Schinderei.“

Zuweilen kann sich der Ehrgeiz bis zur Besessenheit steigern. Bobby Charlton schilderte nach einer Trainingseinheit des englischen Nationalteams die Psyche seines letzten Mannes Gordon Banks mit eindrucksvollen Worten: „Er ließ uns den ganzen Tag zum ‚Shoot-out' gegen sich antreten. An diesem Morgen zum Beispiel reihten wir uns alle an der Strafraumlinie auf und bombardierten ihn mit Schüssen. Keiner traf. Er war unschlagbar. Er liebt das. Wenn ihm einer reinrutscht, sogar in einem kleinen Trainingsspielchen wie diesem, bekommt er eine unheimliche Wut. Er fängt an, vor sich hin zu grummeln und versucht herauszufinden, was schief gelaufen sein könnte. Er ist überzeugt, dass du kein Recht hast, gegen ihn zu treffen." Der Ire Pat Jennings war ebenfalls einer, der selbst im Training kaum einmal gelassen sein konnte. Sein Teamkamerad Glenn Hoddle sagte in einer Mischung aus Be- und Verwunderung: „Pat war in vielen Spielen brillant. Aber manches von dem, was er im Training geleistet hat, war absolut verblüffend. Es kam vor, dass er beim Schusstraining ein paar Bälle durchgelassen hat und dann sagte: ‚Nun ist's genug für euch.' Nach diesem Satz konntest du beim besten Willen kein Tor mehr erzielen. Er war unglaublich."

Nicht immer allerdings führt extremer Ehrgeiz zu unglaublichen Leistungen. Er kann, wie das Beispiel Oliver Kahn zeigt, zuweilen auch eher seltsame Blüten treiben. In Karlsruhe, als er noch nicht so berühmt war, nahm er einmal an einer Benefizveranstaltung teil. Kleine Kinder schossen Elfmeter auf sein Tor, für jeden Treffer sollte es Geld für einen guten Zweck geben. Es kam keine einzige Mark zusammen. Vor diesem Hintergrund ist es nicht verwunderlich, dass der Kahn'sche Ehrgeiz auch mal zum Gegenstand des Spotts werden kann. So wurde in der ZDF-Satire-Sendung „Hallo Deutschland" eine spätpubertierende Kahn-Puppe vorgeführt, die durch pure Willenskraft sogar Pickel wachsen lassen kann.

Die Schule des Milieus und die Schulung der Reflexe

Der Belgier Jean-Marie Pfaff wollte als Kind immer schon ins Tor. Dabei, meinte er, habe „auch eine Rolle gespielt, dass ich schon als junger Bursche nicht verlieren konnte und dachte, als Torhüter hätte ich den größten Einfluss auf das Endergebnis". Auch Pfaff war, das geht aus diesen Worten bereits hervor, beseelt vom torwarttypischen Ehrgeiz. Befeuert wurde der von der Sehnsucht des Underdogs nach sozialem Aufstieg. Pfaff war der Sohn eines bescheiden lebenden Artisten-Ehepaars. „Meine Kindheit war nicht gerade leicht. Als ich 14 Jahre alt war, habe ich in einer Teppichfabrik gearbeitet, die Webmaschinen geölt und geputzt. Zwei Jahre bin ich dort geblieben. Dann haben sie mich rausgeworfen. Das kam so: Während der Arbeit war mir ein schweres Stück Eisen auf den Fuß gefallen. Ich wurde krankgeschrieben. Ich bin aber mit unserer Jugendmannschaft zu einem Turnier gefahren und habe dort so gut gehalten, dass zu Hause nicht nur in Beveren die Zeitung darüber berichtete. Das bekam man in der Firma und bei der Krankenversicherung mit. Daraufhin durfte ich meine Papiere abholen. Wenig später fand ich einen neuen Job. In einer Molkerei arbeitete ich an einer Maschine, die Milchtüten verschließt. Vier Monate habe ich es dort ausgehalten. Dann ging ich zur Post. Briefe sortieren, Päckchen stapeln. Ein wichtiger Job für den Fußball, denn mein Hauptberuf war eigentlich schon der Fußball."

Aus bescheidenen Verhältnissen stammte auch der Spanier José Angel Iribar. In Zarauz, einem winzigen Fischernest am Golf von Biscaya, wuchs er auf. Zusammen mit seinen Brüdern musste er sich um das Vieh kümmern, da sein Vater, ein Schuster, zu wenig verdiente, um die sechsköpfige Familie ernähren zu können. Seine fußballerischen Fähigkeiten, die er sich bei den Spielen am Strand aneignete, wurden für ihn zu einem Sprungbrett, diesen Verhältnissen zu entkommen. Ähnliches gilt für den irischen Nationalhelden Pat Jennings. Das zweitälteste von zehn Kindern musste frühzeitig in der Fabrik arbeiten und die Familie miternähren. Sein Ehrgeiz, sagte er einmal, habe in dieser Herkunft seinen Ursprung. „Armut macht einen hungrig auf Erfolg, sie lässt einen das entscheidende Tüpfelchen härter arbeiten und kämpfen."

Nicht in Armut, aber in bescheidenen Verhältnissen wuchs Sepp Maier auf. Seine Alternative zum Fußball wäre die Arbeit als Maschinenschlosser gewesen. Er wusste schon früh, dass er das nicht wollte: „Bist du Vertragsspieler, brauchst du auch nicht mehr 44 Stunden in der Woche bei den Wanderer-Werken zu arbeiten, sondern nur noch halbtags. Als Nationalspieler möglicherweise gar nicht mehr." Mit dem Ehrgeiz dessen, der gesellschaftlich aufsteigen will, warf sich Maier in seinen Job als Fußballer. Seine eigene Erfahrung, dass er es als Kellerkind mit hartem Kampf auf den Olymp des Erfolgs gebracht hatte, verallgemeinerte er zu der These: „Ein großer Fußballer kannst du nur werden, wenn du von deiner Familie keine riesige Unterstützung zu erwarten hast. Sonst wirst du zu faul, zu phlegmatisch."

Maiers These findet nicht nur in seinem eigenen Lebensweg, sondern auch in dem seines Nachfolgers Harald Schumacher Bestätigung. Sozialisiert wurde er neben so genannten „Asozialen" und Alkoholiker-Familien in einer Arme-Leute-Siedlung. Noch beim Abschlussball des obligatorischen Schul-Tanzkurses, zu dem er mit dem alten Anzug des Vaters angetreten war, litt Schumacher unter dem Makel seiner sozialen Herkunft: „Unter all den feingemachten und herausgeputzten Mitschülern fühlte ich mich wie der Dorfprolet. Selten habe ich mich so elend gefühlt. Ich kam mir vor wie ein ‚weißer Neger' – und war fest entschlossen, mich dieser Haut schleunigst zu entledigen." Die Lösung hieß: „Sozialer Aufstieg durch Sport." Sein wichtigstes Vorbild wurde in diesem Sinn kein Torwart, sondern ein Boxer: die von Sylvester Stallone gespielte Figur des „Rocky" im gleichnamigen Film. Rocky, der Mann aus der Gosse, will sein Schicksal bezwingen. Als er den Film zum ersten Mal sah, fiel es Schumacher „wie Schuppen von den Augen": „Das bist ja du. Kein Boxer. Ein Fußball-Rocky. Ein Junge, der aus dem Schlamassel rauswill."

Der Wille, den ärmlichen Verhältnissen der Herkunft zu entkommen, bedeutet meist auch, sich vom Vorbild des Vaters zu lösen. Schumacher erlebte seinen Vater als einen Mann, der spätabends vom Bau nach Hause kam und sich dann schweigend vor den Ofen setzte: „‚Vater' – lange Jahre bedeutete das für mich: ein paar Beine vor dem Feuer." Sein Konkurrent Uli Stein, dessen Vater spurlos verschwand, hatte nicht einmal die Idee von einem männlichen Wesen, an dem man sich orientieren könnte. „Das eigentliche Defizit unseres vaterlosen Lebens", so Stein, „registrierte ich erst später, als ich auf der Suche nach Rat und Vorbild viele Enttäuschungen erlebte. Das Phänomen Ernst Happel hatte nicht zuletzt deshalb so starke Wirkung auf mich, weil der Trainer meinen Vorstellungen von einer Vaterfigur entsprach." Der vaterlose Stein versagte in der Schule, wurde mit 14 in die Volksschule zurückbeordert. Zumindest auf dem Fußballplatz wollte er den Beweis antreten, kein Versager zu sein. „Dies könnte ein Schlüssel zu meiner Besessenheit zwischen den Pfosten sein, die mich heute noch im Netz gefangen hält", meinte er in seiner Biografie.

Torhüter, die aus so genannten „normalen" Verhältnisse stammen, entwickelten in ihrer Jugend einen weniger einseitigen Ehrgeiz. Viele hatten als Kinder ganz andere sportliche Träume. Heiner Stuhlfauth wollte ursprünglich Radrennfahrer werden. Lew Jaschin spielte zunächst Eishockey – von 1951 bis 1953 stand er im Tor des ersten Teams von Dynamo Moskau –, daneben auch Volleyball und Basketball. Eishockey war neben Skifahren der einzige Sport, den der Schweizer Nationalkeeper Erich Burgener bis zu seinem 16. Lebensjahr beherrschte. Ausschließlich Basketball war die große Leidenschaft des groß gewachsenen polnischen Nationaltorhüters Jan

Tomaszewski. Österreichs Rekordmann Friedl Koncilia wollte eigentlich als Tennisspieler Karriere machen. Bodo Illgner war auf eine Schwimmer-Karriere gepolt. Als Leichtathleten, und das durchaus mit Talent, begannen Hans Jakob und Bernd Franke. Mit 15 Jahren war Jakob bayerischer Jugendmeister im Hochsprung, mit 20 lief er die 100 Meter in 11,0 Sekunden, sprang 6,80 Meter weit und 1,84 Meter hoch. Franke, aus dem ebenfalls ein passabler Zehnkämpfer geworden wäre, war saarländischer Jugendmeister im Speerwurf. Der schwedische Rekord-Torhüter Thomas Ravelli, Sohn österreichischer Eltern, die sich 1952 in Schweden als Ärzte niedergelassen hatten, war in seiner Jugend ein hervorragender Hochspringer, als 18-Jähriger übersprang er 2,06 Meter. Uruguays erster Klassekeeper José Andres Mazali brachte es über die 400 und 800 Meter sogar zum Südamerika-Meister.

Der „Schwarze Panther" aus der Oma ihrem Garten, hat viele Interessen: Skifahren, Basketball, Inlineskaten…

Zunächst mit einem anderen Sport begonnen zu haben oder diesen dann weiterhin nebenher zu betreiben, hat noch keinem Torhüter geschadet. Der berühmte Rudi Hiden zum Beispiel spielte hervorragend Tischtennis und Tennis. „Tischtennis und Tennis", meinte er, „halte ich vor allem wegen der Schulung des Auges für einen Tormann außerordentlich geeignet." Kalle Svensson, Vize-Weltmeister 1958, war viele Jahre lang Ringkämpfer. Hans Tilkowski, Vize-Weltmeister 1966, bestritt als Jugendlicher über 30 Boxkämpfe und erlernte dabei gleichsam nebenher die auch für einen Torwart unerlässliche Selbstdisziplin. Kaiserslauterns Schwede Ronnie Hellström war – gleichsam auf den Spuren Jaschins – in seiner Jugend gleichzeitig Fußball-, Handball- und Eishockeytorwart. „Von diesem Tanz auf drei Hochzeiten habe ich sehr profitiert", meinte er einmal, „denn durch die Schüsse aus kurzer und kürzester Distanz wie im Handball und Eishockey wurde mein Reaktionsvermögen sehr geschult." Und dass Jan Tomaszewski der Basketball nicht geschadet hat, zeigte sich bei einer Wette auf dem Schulsportplatz. Da hielt der 14-jährige „Tomek“ einen Elfmeter nach dem anderen. Einige Späher von Gwardia Breslau waren zufällige Zeugen, wenig später sagte das umworbene Korbball-Talent dem polnischen Basketballmeister Slask Breslau ab und heuerte beim Fußballklub Gwardia an.

Den Weg zum Fußball fanden die in fremden Gefilden debütierenden späteren Klasse-Torhüter auf unterschiedliche Weise. Heiner Stuhlfauth war das Radfahren vom Vater verboten worden, weil man da angeblich die Schwindsucht bekäme. Er war ihm später sehr dankbar und lobte ihn, weil er mit seinem Verbot den „richtigen Riecher“ gehabt habe. Anders verlief es bei Hans Jakob. Dem war es einfach zu anstrengend, ein Zehnkämpfer zu werden. Er wollte lieber zum Fußball. Und er setzte sich durch, obwohl seine Eltern, vor allem seine Mutter, davon nicht begeistert waren. Die ersten richtigen Fußballstiefel, die er sich mit dem Sammeln von Alteisen selbst verdient hatte, verfeuerte die wütende Mutter im Küchenofen. Dennoch gelang es ihm, sich im Alter von zwölf Jahren einem Fußballverein anzuschließen. Ähnliche Widerstände hatte Gyula Grosics zu überwinden. Der Fußball war sein Leben, doch seine Eltern waren damit ganz und gar nicht einverstanden. Der Ungar sollte nach dem Willen des Vaters Geigenspieler, nach dem der Mutter Priester werden; Gyula war ein begabter Musiker, aber mehr als die Musik liebte er den Fußball.

Es gibt aber auch Fälle, bei denen die elterliche Gewalt in die andere Richtung wirkte. So war es zum Beispiel bei dem Schwimmer-Kind Bodo Illgner. Er wurde von seinem Vater, einem Fußball-Hobbytrainer aus Passion, kurzerhand beim FC Hardtberg in Bonn angemeldet. Sergio Livingstone-Pohlhammer, Chiles Torwart-Held der 1950er Jahre, begann seine Laufbahn in einem katholischen Internat. Hier waren es Mönche, die eine fromme Fußball-Begeisterung als tauglichen Weg zum Seelenheil ihrer Eleven priesen. Im Falle Oliver Kahn spielte der Zufall Schicksal. Eines Tages schenkte ihm sein Großvater eine komplette Torwart-Garnitur „Modell Sepp Maier“. So gestylt ging er ins Jugendtraining des Karlsruher SC, und natürlich wurde er dann dort in den Kasten gestellt.

Viele Vorbilder und eine Torwart-Mutter

Wenn fußballbegeisterte Väter und Mönche fehlen, benötigen Torhüter, die ihren Weg machen wollen, zumindest Vorbilder. Ein solches fand Peter Shilton in Gordon Banks. Und auch Banks hatte als Kind einen großen Helden. „Bernd Trautmann, oh Mann, habe ich den bewundert. Ich habe alles zu kopieren versucht, was er gemacht hat. Ball angeln und ganz schnell wieder

Der junge Toni Schumacher mit Gattin und Mutter.

abspielen." Raimond „Balu" Aumann erklärte bereits als Sechsjähriger seinen Freunden in Augsburg, dass er einmal Nachfolger von Sepp Maier im Tor von Bayern München werden wolle. In Augsburg startete auch der Bundesliga-Torhüter des 1. FC Nürnberg, Darius Kampa, seine Karriere. 1982 guckte er natürlich die Weltmeisterschaft im Fernsehen, und da ist ihm besonders Thomas N'Kono, der „schwarze Panther" aus Kamerun, aufgefallen und im Gedächtnis geblieben: „Ich war total begeistert von ihm."

Total begeistert war der kleine Hans Jakob, als er Heiner Stuhlfauth zum ersten Mal sah. Zeitlebens schwärmte er von der Torwart-Legende des Club. Als einen der größten Höhepunkte seiner an Erfolgen nicht armen Karriere schilderte er ein Spiel im Jahr 1930, als er mit seinen Regensburgern den ruhmreichen 1. FCN mit 3:0 schlagen konnte. „Nach dieser Begegnung klopfte mir Heiner Stuhlfauth auf die Schulter, und das Lob des Nationaltorwarts war mir mehr wert, als wenn es hundert Berichterstatter gezollt hätten." Hans Tilkowski, Jahrgang 1935, schwärmte, natürlich, vom „Fußballgott" Toni Turek. Das Endspiel 1954 gegen Ungarn sah er am Fernseher: „Ungezählte, fast unhaltbare Bälle riss der Düsseldorfer damals an sich. Der Beifall verführte ihn nicht zur Schau. Sein kluges Stellungsspiel ersparte ihm unnötige Robinsonaden. Aber er konnte auch wie der Blitz in die bedrohte Ecke fliegen." Tilkowski wollte von da an nur noch Torwart werden: „Damals wollte der eine ein Fritz Walter, der andere ein Helmut Rahn werden. Ich aber dachte immer an Toni Turek. Wenn ich heute die ganz Jungen belausche, höre ich, dass sich mancher kleine Bub schon als kleiner Tilkowski fühlt." Der „kleine Bub" Uli Stein freilich bewunderte nicht Tilkowski, sondern dessen großen Konkurrenten, den „Flieger" Wolfgang Fahrian: „Bei der Weltmeisterschaft 1962 in Chile trug er eine Nummernkombination auf dem Rücken, die mich fortan auf sämtlichen Pullis und Hemden begleitete: die 22. Dies, gepaart mit dem schon fast mystischen Schwarz des Torwartdresses, zog mich in den Bann." Weit mehr als Tilkowski stand Fahrian für das, wovon der kleine Stein so sehr fasziniert war: für den „Traum vom Fliegen", für „die Lust, scheinbar schwerelos im Raum sich zu bewegen", für die Sucht nach dem „kitzligen Schwindel". Dass die 22, die Nummer des Ersatzmannes, sich in der Nationalmannschaft als Schicksalsnummer Steins entpuppen sollte, konnte er da noch nicht wissen.

Steins übermächtiger Widersacher Harald „Toni" Schumacher bekam frühzeitig ein Vorbild geradezu aufgedrängt. Seine Mutter war eine heiße Verehrerin des damaligen Nationaltorwarts, des feschen Fritz Herkenrath. Hans Reski und Ulfert Schröder berichten, dass die Mutter ihren Sohn vor anwesendem Besuch häufig aufgefordert habe: „Liebchen, mach mal Herkenrath!" Und Klein-Harald hechtete durchs Wohnzimmer wie Herkenrath. Als Prämie gab es dann eine Süßigkeit. Ein paar Jahre später nahmen Nachbarsjungen den mittlerweile achtjährigen Harald zum Fußballtraining mit. Bei Schwarz-Weiß Düren spielte der ehrgeizige Knabe zunächst im Feld auf nahezu jeder Position, vom Verteidiger bis zum Rechtsaußen. Immer wieder kam er völlig ramponiert nach Hause, was seiner Mutter sehr missfiel. Eines Tages hatte sie genug: „Jetzt suchst du dir einen festen, ruhigen Posten. Geh doch ins Tor. Das wär' doch was für dich." So kam der zwölfjährige Harald ins Tor. Und machte seine Mutter glücklich.

Kinohelden, Schlagerstars und andere Spezialisten

Nicht nur Knaben, auch gestandene Männer können sich urplötzlich in der Situation des Torwarts wiederfinden. So geschah es Schumachers Vorbild „Rocky", dem Schauspieler Sylvester Stallone, als er 1981 eine Rolle in dem Leinwand-Epos „Flucht oder Sieg" erhielt. Unter lauter fußballbegeisterten Briten mimte Stallone – was ihm nicht schwer gefallen sein dürfte – einen Amerikaner, der von der „schönsten Nebensache der Welt" keine Ahnung hat. Und für einen Ahnungslosen gibt's natürlich nur eine mögliche Position: die des Torwarts. Ähnlich Stallone, der im Film mit Stars wie Pelé und Bobby Moore auftreten durfte, musste sich auch Theo Lingen als Torwart-Laie unter richtigen Fußballern bewähren. Der Schauspieler stand in der Oberligasaison 1949/50 beim Spiel 1860 München gegen SpVgg Fürth im Tor der „Löwen“, damit die Aufnahmen für den Spielfilm „Der Theodor im Fußballtor“ möglichst realistisch würden. Für Lingen war es nicht einfach, sein Unvermögen zu vertuschen.

Noch schwieriger war es für den erprobten Nationalstürmer Max Morlock, als Torwart „echt“ zu wirken. Im März 1953 sah er sich vor einem Länderspiel gegen Österreich in Köln mit einer völlig überraschenden Situation konfrontiert. „Fritz Walter stellte uns als Kapitän dem Bundespräsidenten Heuss vor. Ich kam als Letzter an die Reihe. Fritz sagte: ‚Das ist Max Morlock vom 1. FC Nürnberg.‘ Der Bundespräsident nickte mir freundlich zu und meinte leutselig: ‚Von ihnen habe ich schon viel gehört. Sie sind der deutsche Tormann, nicht wahr?‘ Fritz schaute mich ganz entgeistert an. Ich wusste momentan auch nicht gleich, was ich sagen sollte. Aber dann dachte ich mir: ‚Den guten Papa Heuss kannst du doch jetzt nicht blamieren‘, und daher sagte ich: ‚Jawohl, Herr Bundespräsident!‘ Heuss hatte wahrscheinlich gehört, dass ich ein Mann bin, der Tore schießt. Als alter Turner hatte er sicher nicht gewusst, dass der Ausdruck ‚Tormann‘ im Fußball etwas anderes bedeutet als Torjäger. Das war auch gar nicht so wichtig. Wir haben jedenfalls noch oft darüber gelacht.“ Ob Heuss verwundert war, als man sich entschieden hatte, statt Morlock doch lieber Turek ins Tor zu stellen, ist leider nicht überliefert.

Morlock war, was er an dieser Stelle nicht erwähnte, tatsächlich auch Torwart. Jahrzehntelang galt bei Fußballspielen ein rigoroses Auswechsel-Verbot, so dass im Notfall ein möglicher Ersatz unter den Feldspielern gesucht werden musste. In der Regel wurde der vorher bestimmt. Eine Mannschaft wie die SpVgg Fürth, die in den 1920er Jahren einen Allrounder wie Lony Seiderer in ihren Reihen hatte, konnte sich glücklich schätzen. Der nominelle Stürmer war als Torwart fast genauso gut und kam als Ersatzkeeper sogar zu einem Einsatz in der Nationalmannschaft. Auch in der Nachkriegszeit hatte in der Oberliga Süd, wo Morlock spielte, jede Mannschaft einen solchen „Spezialisten“ in ihren Reihen. Dieter Lindner hieß der Mann bei Eintracht Frankfurt, Werner Olk bei Bayern München, Alfons Stemmer war es bei 1860. Und beim 1. FCN war es eben Max Morlock. Einen seiner Einsätze gab es nach dem Gewinn des Meistertitels 1948 auf einer Gastspielreise. Gegen Borussia Dortmund stand Morlock statt des verletzten Stammtorwarts Edi Schaffer im Tor. Trotz des 0:5 hieß es hinterher in den Kritiken, dass er „nicht schlecht“ gewesen sei.

Auch in den ersten Jahren der Bundesliga kam es noch häufig zu Einsätzen von Feldspielern im Tor. Bei seinem dritten Bundesligaspiel in Hamburg gegen den HSV verletzte sich Bayern-Keeper Sepp Maier bei einem Zusammenprall mit Uwe Seeler. Während sich Maier behandeln ließ, ging Gerd Müller ins Tor und zeigte eine passable Leistung. Beim Lokalrivalen 1860 München stand ebenfalls der Mittelstürmer, Rudi Brunnenmeier nämlich, parat für den Fall, dass Radenkovic ausscheiden musste. Seit das Auswechseln von verletzten Spielern erlaubt ist – die Regel wurde in der Bundesliga 1969 eingeführt – sind die Einsätze von Feldspielern im Tor seltener. Ausgeschlossen sind sie aber noch immer nicht. Wenn das Auswechselkontingent erschöpft ist, bleibt bei verletzungsbedingtem Ausscheiden des Stammkeepers auch dann nichts anderes übrig, als einen „Notnagel" in den Kasten zu stellen. Die Spieler, die auf diese Weise unfreiwillig zwischen den Pfosten landeten, heißen Michael Tarnat, Miroslav Stevic, Sunday Oliseh, Havard Flo, Boris Zivkovic und Jan Koller. Der Dortmunder Koller stellte sich im November 2002 beim Spiel gegen die Bayern in München nach der Hinausstellung von Jens Lehmann ins Tor und lieferte ein Riesenspiel ab. Der „Kicker" schrieb: „Wie Koller im Olympiastadion Flanken herunterpflückte, wie er Salihamidzic den Ball vom Fuß fischte oder wie er Ballacks Schuss parierte, als habe er sein Leben lang nichts anderes getan, das nötigte allen Respekt ab." Dass der 2,02-Meter-Riese als Ballfänger so brillieren konnte, war allerdings ganz so zufällig auch nicht. Als 15-Jähriger war der vielseitige Tscheche „letzter Mann" bei Smetanova Lhota.

Blieben zuletzt noch diejenigen zu erwähnen, die als Torhüter begonnen haben und dann was ganz anderes geworden sind. Manche, denen man es kaum zutrauen würde, standen in ihrer Jugend mit Leidenschaft im Tor. Der russische Schriftsteller Vladimir Nabokov war im Jahr 1919 während seiner Ausbildung an der Universität von Cambridge ein begeisterter Torwart, sein französischer Kollege Albert Camus stand 1930 bei Racing Universitaire Algier im Kasten, der Schlagerstar Julio Iglesias machte Anfang der 1960er Jahre als Torwart in der 2. Jugendmannschaft von Real Madrid keine schlechte Figur. Selbst berühmte Kirchenmänner bewährten sich in ihrer Jugend als „Hüter des Fußball-Heiligtums", Basil Hume etwa, der nachmalige Erzbischof von Westminster, und sogar der heutige Papst, Karol Wojtila.

Der Einzige unter den Genannten, der eine größere Fußballerkarriere aufzuweisen hat, ist Julio Iglesias. Seit er sich im Team eines katholischen Internats als „Nummer eins" zwischen den Pfosten bewährt hatte, träumte Iglesias von nichts anderem als von tollen Frauen und tollen Paraden. Wie gut er geworden wäre, konnte der Jugend-Torwart von Real Madrid dann nicht mehr unter Beweis stellen. Als 19-Jähriger hatte er einen Autounfall, im Krankenbett schrieb er, aus Frust und zum Zeitvertreib, den Song „La vida sigue igual". Es war der Start zu seiner riesigen Karriere. Beim Songfestival in Benidorm, wo er 1968 als Sieger gefeiert wurde, traf er sein großes Idol, Spaniens Torwart-Heros Ricardo Zamora, den „Göttlichen". „Siehst du, was ich geschafft habe, Don Ricardo?", sprach er ihn an: „Es war dein Vorbild, das mir diesen Erfolg ermöglicht hat. Ich konnte es im Fußball nicht erreichen, so habe ich versucht, wenigstens in der Musik so gut zu sein wie du."

Vladimir Nabokovs Begeisterung für das Torwart-Dasein hielt nur kurze Zeit an. Der Exil-Russe verlor recht schnell die Lust am harten Sport. Oft stand er verträumt mit geschlossenen Augen am Pfosten gelehnt, überließ sich seiner dichterischen Imagination und achtete überhaupt nicht mehr auf das Spiel. „Kein Wunder", gab er später zu, „dass ich bei den anderen Spielern meiner Mannschaft nicht sonderlich beliebt war." Wie viele Tore der Träumer kassieren musste, ist nicht bekannt. Anders als Nabokov war Camus ein echter Fußballfreak. Im Alter von 17 Jahren träumte der spätere Literat und Nobelpreisträger noch von einer Karriere als Fußballtorwart. Er war tief erschüttert, als eine Tuberkulose-Erkrankung seinen sportlichen Ambitionen ein plötzliches Ende bereitete. Später einmal von einem Freund gefragt, wofür er sich entschieden hätte, wenn es denn seine Gesundheit erlaubt hätte – für den Fußball oder fürs Theater – antwortete er: „Fußball, ohne zu zögern."

Immerhin war dem Autor des „Mythos von Sisyphos" Zeit genug geblieben, sein kurzes Torwart-Dasein als Schule des Lebens zu erfahren. „Ich lernte schnell, dass der Ball nie aus der Richtung kommt, aus der du ihn erwartest", schrieb er 1957 in der Zeitschrift „France Football". „Das half mir im Leben, vor allem in der Großstadt, wo die Leute auch nicht immer ganz und gar offen und ehrlich zu dir sind." Die Welt, so Camus weiter, habe inzwischen zwar viele Erlebnisse für ihn bereitgehalten, aber das, was er am sichersten über die Moral und die Verpflichtungen im menschlichen Dasein wisse, verdanke er ausschließlich dem Sport. Und die existenzielle Erfahrung des Sports – das war für ihn eben keine andere als die des letzten Mannes.

KAPITEL 10

TYPEN UND CHARAKTERE

Schillernde Gestalten und stolze Würdenträger

Torhüter sind auf dem Platz die auffälligsten Erscheinungen. Logischerweise zunächst vor allem deswegen, weil sie die Einzigen sind, die einen individuellen Kleidungsstil wählen können bzw. müssen. Seit 1909, als die Vorschrift eingeführt wurde, dass sich die Kleidung des Torhüters von der seiner Mitspieler unterscheiden muss, standen die letzten Männer vor der Qual der Klamotten-Auswahl. Erlaubt waren zunächst die Farben Scharlachrot, Königsblau und Weiß, später war dann im Prinzip alles erlaubt. Obwohl eine individuelle Farbgestaltung möglich war, bevorzugten die Torhüter meist ein eher unscheinbares Outfit, seit den 1930er Jahren wurde Schwarz zu vorherrschenden Farbe. Als Wolfgang Fahrian bei der Firma Kränzle einen gepolsterten Torwartpullover herausgab, war auch dieser zunächst nur in Schwarz erhältlich. Erst 1968 gab er eine in vielen Farben erhältliche Torwart-Kollektion Modell „Wolfgang Fahrian“ heraus, im Zwei-Streifen-Look mit Ellenbogenschutz. Als größter Tüftler auf dem Torwart-Spezialkleidungs-Markt erwies sich „Flieger“ Gerhard Heinze vom VfB Stuttgart. 1974 entwickelte er einen Pullover, der auch nach den gewagtesten Paraden immer noch wie angegossen saß. Ähnlich einem Frauen-„Body“ wurde dieses Modell mit Gurten zwischen den Beinen befestigt. Erhältlich war der „Heinze-Set“, der komplett mit passenden Hosen geliefert wurde, in den Farben Grün, Gelb, Orange und Blau. Der Heinze-Body ist zwar seit 1994 nicht mehr lieferbar, dafür sind andere eng sitzende Torhüter-Jerseys auf dem Markt, die in Farbauswahl und Design keine Wünsche mehr offen lassen.

Selbst wenn ein Gianluigi Buffon bei Inter Mailand in Rosa aufläuft, regt sich niemand auf. Manchen Torhütern scheint die Pflege eines schillernden Outfits sogar wichtiger zu sein als die Verbesserung ihrer sportlichen Qualitäten. Würde ein Titel für den „modischsten Torhüter der Neuzeit“ vergeben, dann käme für ihn nur einer in Frage: der Mexikaner Jorge Campos. Er ist wohl der einzige Keeper, der nicht wegen herausragender sportlicher Leistungen bekannt ist, sondern wegen seiner buntphantasievollen Trikot-Kreationen. 1988 begann er, eine eigene Collection von Torhüter-Jerseys zu entwickeln. Die Inspiration dafür holte er sich auf dem Meer. „Meine Erfahrungen beim Surfen in Acapulco“, so Campos, „beeinflussten meine Vorliebe für lebhafte Farben.“ Der zierliche Mexikaner war bei den Offiziellen wegen seines extravaganten Auftretens nicht immer beliebt. Aber dann erkannten sie, dass seine Popularität eine gute PR für das Image des ganzen Landes ist. So wurde der bunte Campos zu einem Symbol für die fröhliche Fußballnation Mexiko.

Postkarte aus dem Jahr 1905. Damals hatten Torhüter und Feldspieler noch einheitliche Trikots.

Mit seiner extravaganten Kleidung ist Campos eine Ausnahme. Aber auch viele andere haben ein spezielles Outfit und einen bestimmten Stil zu ihrem Erkennungsmerkmal gemacht. Zamoras weiße Mütze, Hidens schwarzer Pulli, Banks' gelbes Trikot waren regelrechte Markenzeichen. Selbst die Strümpfe und die Hosen können diese Funktion übernehmen. Bernd Helmschrot, der Dressman im Tor von Hannover 96, erregte Ende der 1960er Jahre mit weißen Knöchelschonern Aufsehen, die er über seine Stutzen zog. Freiburgs Jörg Schmadtke präsentierte sich in den 1990er Jahren in einer knielangen, gelb-blau gestreiften „Zebra-Hose". Kameruns Thomas N'Kono trat, nachdem er von seinem Vorbild Sepp Maier ein paar lange Trainingshosen geschenkt bekommen hatte, selbst bei heißesten Temperaturen nur noch „langbeinig" an. Wenn man bei der WM 1982 lange Hosen sah, wusste man: Das kann nur N'Kono sein. Und wer heute in der Bundesliga eine graue Schlabberhose sieht, der weiß, dass da nur Hertha-Schlussmann Gabor Kiraly drinstecken kann. Und welcher Torwart kreierte das kurzärmelige Trikot als modischen Clou? Genau: der Keeper von Manchester United und der französischen Nationalmannschaft, Fabien Barthez. Eine individuelle Stilisierung ist aber auch ohne spezielle Klamotten möglich. Englands ehemaliger Nationalkeeper Gil Merrick zeichnete sich dadurch aus, dass er sich grundsätzlich nur mit hochgekrempelten Ärmeln ins Tor stellte, einer seiner Nachfolger, Arsenals David

Seaman – Spitzname: „Pony“ – machte sich durch einen Pferdeschwanz unverwechselbar, der Schotte Jim „Cowboy“ Leighton beeindruckte durch besondere Lässigkeit, und der Spanier Luis Miguel Arconada zeigte sich vornehm wie ein „Lord“.

Solche Stilisierungen und Extravaganzen sagen natürlich über die Qualität eines Torhüters nicht viel aus. Im schlechtesten Fall handelt es sich lediglich um lächerliche Mätzchen. Im besten Fall aber wird die äußere Erscheinung definierendes Stilelement eines imponierenden Gesamtauftritts. Alle großen Torhüter der 1930er Jahre – Zamora, Combi und Hiden – standen für Eleganz zwischen den Pfosten. Sie wurden auf dem Kontinent zum Vorbild für eine ganze Generation von letzten Männern. In England war die Erscheinung des „First Man“ ebenfalls von großer Bedeutung. Bei den Briten, machte Leo Lemesic im November 1950 seinem Schützling Vladimir Beara klar, werde jeder Keeper als „Hüter des Heiligtums“ betrachtet. Eine gute Erscheinung sei daher unbedingt notwendig, wenn er demnächst mit der jugoslawischen Nationalmannschaft im Londoner Highbury-Stadion antrete. Und Lemesic machte Beara Mut: „Du bist groß, gut gewachsen, geschmeidig. Besser könnte keiner bei den kritischen Engländern ankommen.“ Tatsächlich beeindruckte Beara die Londoner mit einem Stil, der modisch wie sportlich gleichermaßen überzeugte.

Dass die Art des Auftretens auch heute noch wichtig ist, stellte der spanische Schriftsteller Javier Marias nach der WM 1998 heraus: „Die Spieler können herumlaufen, wie sie wollen, nur der Torwart nicht. Seine Erscheinung muss Würde ausstrahlen, nicht nur, um Respekt zu gebieten, sondern vor allem, damit sein vorwurfsvoller Blick bei dem Stürmer, der ihn bezwungen hat, tatsächlich bleibende Spuren hinterlässt und ihm das Gefühl gibt, einem Mann von Würde ein Unrecht angetan zu haben, das dieser nicht verdiente. Nichts dagegen ist schöner, als einer lächerlichen Figur einen Ball hineinzuhauen. Ramallets, Iribar und Zubizarreta sind würdige Vertreter ihrer Zunft: Dieses Element stellt eine notwendige Voraussetzung dar, ist aber nicht ausreichend. Der derzeitige französische Torwart, Barthez, fordert es geradezu heraus, dass man ihn öffentlich bloßstellt. Und das Schlimmste an ihm ist nicht etwa seine gelehrte Glatze oder sein millimetergenau gestutztes Kinnbärtchen, auch nicht seine völlig übertriebene Art. Das Schlimmste ist der kurzärmelige und charakterlose Pullover, den er so lässig trägt. Er sieht aus wie die … Karikatur eines Existenzialisten … .“ Dass sich heute viele junge Keeper – Tim Wiese (1. FC Kaiserslautern) etwa, oder Roman Weidenfeller (Borussia Dortmund) – gestylt mit Gelfrisur und Designer-Bärtchen ins Tor stellen, wird einer wie

Stilisten im Tor: Zamora, Combi, Hiden.

Marias nur mit Verachtung strafen können. Naserümpfend abwenden dürfte er sich auch von Timo Hildebrand (VfB Stuttgart), der à la Barthez kurzärmelig antritt. All diese jungen Leute werden dem Schriftsteller nicht bekannt sein. Iker Casillas hingegen sieht er regelmäßig im Stadion. Wie Marias reagiert hat, als der junge Keeper seines Lieblingsvereins Real Madrid die Barthez-Mode adoptiert hat, ist nicht bekannt. Es muss ihm vorgekommen sein wie eine Schändung des Allerheiligsten.

Persönlichkeiten mit Ausstrahlung

Über die Frage, ob ein Torhüter nur mit langen Ärmeln Ausstrahlung besitzen kann, lässt sich streiten. Unbestreitbar hingegen ist, dass ein Torhüter ohne Ausstrahlung kein überdurchschnittliches Niveau erreichen kann.

Das wusste bereits der Erfinder der „Robinsonade", Jack Robinson. In einem 1906 veröffentlichten Aufsatz („How to keep goal") ging es ihm nicht um Kleidungsfragen und auch nicht um eine Beschreibung des technischen Repertoires. Sein Thema waren die Tugenden, die ein „First Man" zu kultivieren hat. Einen Keeper von Klasse, so seine These, zeichne vor allem eines aus: Charakter. Ein letzter Mann kann so gut sein wie er will, „bestechend" wird er nur dann, wenn er, standhaft und unbeirrbar, Charakter beweist. Der Job des Torhüters scheint schon von der Kerntätigkeit her geradezu prädestiniert, starke Charaktere hervorzubringen. Ein fester Händedruck, die Fähigkeit, zupacken zu können, „gilt fast überall als Zeichen männlicher Charakterfestigkeit“, stellte der Alltagshistoriker Rudolf Schenda fest. Es ist jedoch nicht nur der sichere Griff nach dem Ball allein, der auf der Position des letzten Mannes geübt wird. Herz und Charakter zu haben ist natürlich zuallererst eine Frage der geistigen Stärke. Und diese ist kaum irgendwo im Sport so gefordert wie beim Torhüter, der permanent auf der Höhe des Spiels sein und gelassen den Überblick behalten muss. Wer viel denkt, sagen Psychologen, bildet seinen Charakter. Vielleicht finden sich auch deswegen bei den Torhütern, den Denkern unter den Fußballern, so viele mit der richtigen Mentalität.

Hervorstechende Charaktere, könnte man sagen, haben eine starke Seele. Sie wirken nicht nur äußerlich, als Erscheinung, sondern von innen heraus. Genau das ist im Begriff „Ausstrahlung“ ausgedrückt. Es gibt Torhüter mit hervorragenden sportlichen Fähigkeiten, die dennoch blass und langweilig bleiben, die weder die eigenen Spieler, noch den Gegner und auch nicht die Zuschauer überzeugen können. Sie können sich keinen Respekt verschaffen, weil sie kein Herz und keine innere Stärke haben. Steckt hingegen ein toller Typ im Torwartpullover, ein Mann mit Charakter, dann wird er immer auch durch seine Ausstrahlung wirken. Nur die Haltung macht aus einem Torhüter, so der Schriftsteller Valdimir Nabokov, einen „Hüter des Geheimnisses“. Die richtige Haltung hat ein letzter Mann nur dann, wenn ihm bewusst ist, dass es beim Hüten eines Tores um weit mehr geht als nur um das Vermeiden von Treffern. Frantisek Plánicka, der seinen Länderspielpullover wie ein „Heiligtum“ betrachtete, war das bewusst. „Ich ging nicht einfach ins Tor“, sagte er, „ich trat vor Gott.“

Viele der letzten Männer sind außergewöhnliche Männer, die sich nicht nur durch den Pullover von denen unterscheiden, die vor ihnen auf dem Platz herumlaufen. Jeder dieser Charaktere hat seine unverkennbare eigene Art, ist ein unverwechselbarer Typ. Alle Torhüter, die sich bis heute als „Große“ ihres Faches profilieren konnten, waren in diesem Sinne besondere Individuen. Ob es sich um einen extravagenten Showmann handelt wie Zamora, einen eleganten Lebemann wie Rudi Hiden, einen Typen mit „fränkischer Bierruhe“ wie Heiner Stuhlfauth, einen gelassenen Bayern wie Sepp Maier, einen coolen Engländer wie Gordon Banks, einen sachlich-nüchternen Schweiger wie Dino Zoff – jeder stand auf seine Weise als Persönlichkeit im Tor. Was sie auszeichnete war mehr als die bloße Beherrschung des Handwerks der Torwart-Künste. Es einte sie die Fähigkeit, den Platz mit einer Autorität zu dominieren, die niemand in Frage zu stellen

Mann mit Bierruhe: Heiner Stuhlfauth, Deutschlands Nummer eins der 1920er Jahre.

wagte. Leute dieses Schlages bilden gleichsam eine eigene Gattung. Der unumstrittene „Prototyp“ dieser besonders edlen Torwart-Sorte ist Lew Jaschin.

Man mag darüber streiten, ob Jaschin, technisch betrachtet, wirklich der beste Torhüter aller Zeiten war. Aber wenn es um die Präsenz auf dem Platz und die Wirkung als Persönlichkeit geht, kann es kaum einen Zweifel daran geben, dass der Russe zu Recht ganz oben auf dem Ehrenpodest platziert wurde. Der russische Nationaltorwart zeigte sich auf der singulären Position des letzten Mannes als singulärer Charakter. Immer souverän, ein vorbildlicher Sportsmann, für seine Fairness und die menschliche Wärme, die von ihm ausging, selbst von seinen Gegnern gerühmt. Innerhalb des eigenen Teams war seine Autorität so unanfechtbar, dass sich selbst der Trainer duldsam zeigte, wenn er sich in der Halbzeit unter aller Augen seelenruhig eine Zigarette ansteckte. Und wenn er auf dem Platz seine Kunst zelebrierte, zeigten sich die Fußballfans überall auf der Welt tief beeindruckt. Er war einer, der sich von der Masse abhob, ein positiver Botschafter seines Landes. Hans Blickensdörfer dichtete auf den großen Russen geradezu eine Hymne: „Der Mann mit der breiten und scheußlichen Schirmmütze eines sowjetischen Fabrikarbeiters, die er auf dem Markt als Tasche benutzen konnte für ein Dutzend Eier nebst Henne, hat die Kunst des Torehütens viel eindrucksvoller entwickelt als seine Mannschaftskameraden von Dynamo Moskau und der Nationalmannschaft die Kunst des Toreschießens. Seine Extraklasse erlaubte ihm die Befreiung vom Kollektivdenken, mit dem die Russen den Weltfußball erobern wollten. Und so wurde er in einem Land, das den Individualismus im Spiel ablehnte, ihn aber dem Torhüter nicht verbieten konnte, der erste authentische Star. Jaschin sprengte die Grenzen.“ In der Situation des „Kalten Krieges“ gab er im Westen dem „Feind“ ein menschliches Gesicht. Wenn einer wie Jaschin Russe ist, so empfanden es viele Westeuropäer, dann können die Russen insgesamt gar nicht so schlimm sein.

Auf ähnliche Weise wie Jaschin konnte Bernd Trautmann in der Nachkriegszeit eine Korrektur des Vorurteils vom „bösen Deutschen“ bewirken. Als der ehemalige Kriegsgefangene aus dem „Camp 50“ bei Ashton einen Profivertrag bei Manchester City unterzeichnen sollte, fegte ein Sturm der Entrüstung über ganz Großbritannien. Ein Deutscher, ein ehemaliger Kriegsgefangener sollte Torwart bei einem englischen Verein werden! Ein „Kraut“ als Nachfolger des legendären Frank Swift! Es hagelte Schlagzeilen wie „Kriegsverbrecher im Tor“ oder „Was soll der Nazi auf dem Platz?“ 40.000 Engländer gingen auf die Straße und drohten mit einem Boykott der Heimspiele von Manchester City, wenn der Klub den „deutschen Hunnen“ ins Tor stellen würde. Die Vereinsführung bekam eine Unmenge von Protestbriefen, die Zeitungen veröffentlichten Hunderte von empörten Leserbriefen. Trotzdem wurde der Vertrag im Oktober 1949 unterzeichnet. Nicht zuletzt, weil Frank Swift höchstpersönlich ein gutes Wort für Trautmann eingelegt und außerdem ein Rabbi eindrucksvoll an seine Landsleute appelliert hatte: „Gebt dem Deutschen eine Chance!“ Dass er tatsächlich eine bekam, hatte, so die Vermutung des Autors Peter Chapman, nicht wenig mit dem Kalkül des Managements von Manchester zu tun, dass ein Deutscher als Swift-Nachfolger besser geeignet sein könnte als ein Engländer. Kein Einheimischer wäre in der Lage gewesen, über den Schatten Swifts zu springen, jeder kleine Fehler hätte bereits ein ohrenbetäubendes

Bernd Trautmann, der blonde Deutsche im Tor von Manchester City.

Pfeifkonzert ausgelöst. Bei Fehlern des Deutschen hingegen würde es heißen, dass es ein „Kraut" eben nicht besser kann. Und wenn sich Trautmann als Supermann erweisen sollte – hätte sowieso niemand ein Problem.

Es dauerte nicht lange, bis aus dem unbekannten Schlussmann der beste Keeper Englands und aus dem „hässlichen Deutschen" ein „good bloke", ein guter Kerl, geworden war. Man sage immer, so Trautmann, „die Engländer seien kühl und zurückhaltend"; das treffe aber ganz und gar nicht zu, wenn sie einen „auf Herz und Nieren geprüft" und als einen „guten Kameraden" erkannt hätten. Zwar blieb er als Deutscher ein Außenseiter, aber eben einer, den man akzeptieren und anerkennen konnte. Ab und zu wurde er mit dem „Wüstenfuchs" Rommel verglichen, der in England bis heute zu den wenigen Deutschen gehört, deren Name Respekt einflößt. Nicht unwichtig war sicher auch, dass Trautmann 1950 eine Engländerin heiratete, und natürlich: dass er sehr gut aussah. Groß, blond, stark, auf jedem Foto mit einem sympathischen Grinsen verewigt, ein Held wie aus einem Hollywood-Film, ein Typ wie Clint Eastwood. Im Jahr 1956 war Bernd Carl Trautmann nicht nur als „Bert" adoptiert und als bester Torhüter Englands anerkannt, sondern er war der erste Torhüter überhaupt, der als „Fußballer des Jahres" geehrt wurde.

Ob es ein Mann wie Oliver Kahn mit einem Jaschin oder Trautmann charakterlich aufnehmen kann, bleibe einmal dahingestellt. Unumstritten dürfte jedoch sein, dass auch er, natürlich in der ihm eigenen Weise, im Tor zu einer Persönlichkeit herangereift ist. Kahn verzichtet auf Mätzchen und oberflächliche Markenzeichen. Man erkennt ihn nicht an einem speziellen Trikot oder einer Locke, sondern weil er der „Typ Kahn" ist. Die „Marke" Kahn ist er selbst, als Gesamterscheinung. Seine Ausstrahlung war 2002 der große Trumpf der deutschen Mannschaft. Wolfgang Fahrian hat es so ausgedrückt: „Oliver Kahn hat es geschafft, mit seiner Präsenz das Tor zu verkleinern." Damit hat er wohl auch sagen wollen, dass man die Leistung eines Torhüters nicht allein an Taten und Paraden messen darf. Von Kahn geht bereits eine Wirkung aus, noch bevor ein Ball auf seinen Kasten abgefeuert wird. Und in dieser Hinsicht zählt auch er zu den „Großen".

Einsam, pflichtbewusst und nervenstark

Mit welch' unerschütterlicher Ruhe ein Torhüter seinen Job verrichten kann, zeigte das Spiel zwischen Charlton Atheltic und dem FC Chelsea, das am Weihnachtstag 1937 an der Stamford Bridge in London stattfinden sollte. Kurz nach dem Anpfiff des Spiels verdichtet sich der Nebel.

Charlton-Keeper Sam Bartram sieht schon bald kaum mehr die eigene Hand vor den Augen. Da sich vor seinem Kasten keiner blicken lässt, geht er davon aus, dass seine Mitspieler Chelsea in der Abwehr einschnüren und reibt sich erfreut die Hände: „Offenbar zeigen die Jungs diesen Rentnern, wo der Hammer hängt!" Da sich aber auch nach mehreren Minuten nicht einmal der Schatten eines Gegners vor seinem Tor zeigt, wundert er sich doch ein wenig. Seltsam erscheint es ihm vor allem, dass es den Seinen offensichtlich nicht gelingt, trotz aller Überlegenheit ein Tor zu erzielen. Sonst hätten sie zwischendurch mal zurückkommen müssen, um sich beim Anstoß neu zu formieren. Immer wieder unternimmt Bartram vorsichtige Erkundungsausflüge bis zur 16-Meter-Linie, um zu sehen, was da vor sich geht. Er kann aber nichts erkennen. Nach einiger Zeit, als sich der Nebel etwas lichtet, sieht er plötzlich einen Polizisten auf sich zukommen. „Was um Himmels willen tun Sie hier?", stößt der hervor, gleichermaßen erschrocken wie erstaunt, das Spiel sei doch bereits vor einer Viertelstunde abgebrochen worden. Bartram wird, als er endlich in die Kabine kommt, von seinen frisch geduschten Mitspielern mit großem Gelächter empfangen.

Der letzte Mann wurde zum einzigen Mann auf dem Platz. Niemand hatte daran gedacht, dem Torwart Bescheid zu sagen. Andere Keeper, die sich im Nebel völlig verloren vorkamen, hatten immerhin das Glück, dass sie von ihren Mitspielern nicht verlassen wurden. Nur wenige Monate zuvor hatte Frantisek Plánicka im Londoner Nebel beim 4:5 gegen England nur erahnen können, wohin die Schüsse gingen. Genauso erging es Ungarns Gyula Grosics Anfang der 1950er Jahre bei einem Spiel in Budapest. Der von der Donau aufsteigende Nebel lässt ihn kaum bis zur Mittellinie blicken, so dass er keine Ahnung hat, was sich abspielt. Nach dem Abpfiff kommt Torjäger Puskas auf seinen Keeper zu und fragt: „Na, Gyula, wie viele hast du reingekriegt?" – „Drei", sagt der, „aber man sah sie kaum kommen." – „Macht gar nichts", grinst Puskas. „Ich hab vier gemacht."

Torhüter sind einsam und enorm pflichtbewusst. Manche haben sich an ihre Einsamkeit so gewöhnt, dass sie selbst dann noch auf ihrem Posten bleiben, wenn sie jeden Kontakt zu ihren Mitspielern verloren haben oder gar nicht mehr wissen, was los ist. Nicht nur im Nebel, auch bei guter Sicht sind sie vom Spiel isoliert. Torhüter sind dazu verurteilt, tatenlos zusehen zu müssen, wenn ihren Kameraden beim Versuch, einen Treffer zu erzielen, nur Stümperhaftes gelingt. Sie können nicht eingreifen und müssen geduldig warten, bis ein Ball, der eigentlich bereits im Vorfeld abgewehrt sein sollte, aufs Tor zukommt. Wehe, wenn sie dann nicht auf dem Posten sind.

Torhüter im Nebel.

Sie wissen, dass es niemanden gibt, der ihnen helfen kann, dass sie sich ganz und gar auf sich selbst verlassen müssen. Sie müssen ausgeglichen, entspannt und ruhig bleiben – egal, was passiert.

Viele gute Torhüter haben Nerven wie Drahtseile. Sie beweisen das in jedem Spiel. Manchmal zeigt sich diese torwächterspezifische Nervenstärke auch außerhalb des Fußballplatzes. Im Jahr 1924, also zu einer Zeit, in der das Fliegen noch alles andere als üblich war, setzte sich Nürnbergs Torwart-Legende Heiner Stuhlfauth erstmals in ein Flugzeug. Da er seinen Reisepass und den ihm anvertrauten Trikot-Koffer vergessen hatte, musste er seine Mannschaftskameraden am Bahnhof allein abreisen lassen. Um noch hinterherzukommen, gab es nur ein Lösung: das modernste Verkehrsmittel, das Flugzeug. „Bei recht ungünstiger Witterung startete ich am Fürther Flughafen. Der erfahrene Führer der Maschine war aber gegen den uns auf dem westwärts gerichteten Flug begegnenden Nebel machtlos. Wir suchten mit vereinten Kräften den Landungsplatz Frankfurt, konnten den ‚Rebstock' aber nicht entdecken. So blieb uns Verirrten der Luft nichts anderes übrig, als eine Notlandung auf einigermaßen durchsichtigem Gelände vorzunehmen." Stuhlfauth zeigte sich von dem Vorfall unerschüttert. „Aber deshalb fliege ich doch furchtbar gern; das kleine Intermezzo hatte für mich auch einen sportlichen Reiz, wie der Luftverkehr überhaupt für mich neben seinen praktischen Annehmlichkeiten etwas Sportliches bietet." Die Piloten der Lufthansa und der Deutschen Verkehrsflug AG wurden dem Torhüter schon bald ebenso gewohnte Weggefährten wie die Oberkellner fast sämtlicher Speisewagen auf allen deutschen Bahnstrecken.

Ungefährlich war die Sache damals aber auch weiterhin nicht. 1927 startete Stuhlfauth zusammen mit seinem Teamgefährten Hans Kalb und dem Vorstandsmitglied Dr. Hans Pelzner per Flugzeug zu einem Auswärtsspiel beim Karlsruher FV. Man kam in ein Gewitter, Dr. Pelzner musste sich übergeben. Statt des wenig flugtauglichen Doktors setzte sich auf dem Rückflug der Club-Läufer „Bumbes" Schmidt mit in das Flugzeug. Diesmal ist der Flug ruhig, doch plötzlich setzen die Motoren aus. Stuhlfauth, an Notlandungen ja bereits gewöhnt, bleibt die Ruhe selbst und zeigt keinerlei Anzeichen von Nervosität. Das Einzige, was er fürchtet, kann ja nicht mehr passieren. Aufatmend bemerkt er zu seinen Mitfliegern: „Ein Glück, dass der Pelzner nicht mit ist!" Die hören aber vermutlich nicht richtig hin, denn die zu einem Segelflieger mutierte Maschine befindet sich über einem dichten Waldgebiet. Dem Piloten gelingt es gerade noch, das Flugzeug über die letzten Baumwipfel hinwegzusteuern und auf einem dahinter liegenden Acker zu landen.

In der Ruhe liegt die Kraft

In den 1930er Jahren war Hans Jakob ein derart berühmter und anerkannter Mann, dass es sich ein Lehrer erlauben konnte, einen lateinischen Text über das Regensburger Torwart-Idol zu verfassen und diesen der 6. Klasse eines humanistischen Gymnasiums in Augsburg als Klassenarbeit vorzusetzen. Hier die korrekte deutsche Übersetzung: „Die Arbeit Jakobs, des Nationaltorwartes, der in zahlreichen Kämpfen schon das Heiligtum der deutschen Elf behütet hat, während eines Spieles aus der Nähe beobachten zu können, ist sehr interessant. Jakob ist ein für sein Spezialfach sehr begabter Spieler, der ein sicheres Auge, eine sichere Hand, die notwendige rasche Entschlusskraft und kühnen Mut zu beherztem Eingreifen besitzt. Seine größte Stärke aber ist zweifellos die unerschütterliche Ruhe, die ihn auch in den gefährlichsten Augenblicken nicht verlässt. Die Behauptung, dass manche Stürmer vor so einem Meister seines Faches ihr Selbstvertrauen verlieren, ist nicht unrichtig. Neben Jakob im Tor kann man beobachten, dass der lange Tormann dem herankommenden Stürmer scharf ins Auge sieht, während man annehmen sollte, dass sein Hauptaugenmerk auf den Ball gerichtet ist. Diesen jedoch berechnet er – und das ist wohl das

Zeichen des großen Könners – aus dem Ausdruck, den er im Gesicht des Stürmers wahrnehmen kann. Nur sehr kaltblütige Stürmer wissen um das Geheimnis, wie man einem solchen Tormann beikommen kann."

Die Unerschütterlichkeit, wie sie einem Jakob angedichtet wurde, zeichnete natürlich auch den nervenstarken Vielflieger und Motorradfahrer Stuhlfauth aus. Mit der Ruhe eines „Erzengels", schrieb einmal ein Kritiker, habe er zwischen den Pfosten gestanden. Wenn Ricardo Zamora, nach einem Satz von Roger McDonald, „die Bälle mit dem gelangweilten Gesichtsausdruck eines Mannes zu fangen pflegte, der den Kehricht im Park einsammelt", so war das nicht nur Show, sondern vor allem Ausdruck eines enormen Selbstbewusstseins. Unerschütterliche Ruhe und Besonnenheit strahlte auch Toni Turek aus. „Turek im Tor", so die Formulierung von Jürgen Altweg, „das war eine Art Lebensversicherung für die ganze Mannschaft, das war für den Gegner geradezu aufreizendes Phlegma." Wenn der nervenstarke Turek wusste, dass ein Ball knapp am Pfosten vorbeizischen würde, rührte er sich keinen Millimeter. Diese Eigenart machte nicht nur auf den Gegner, sondern auch auf seine Mitspieler ungeheuren Eindruck. Fritz Walter äußerte einmal bewundernd: „Der guckt die raus!"

Die Ausstrahlung unerschütterlicher Ruhe ist eine subtile psychologische Methode, um jeden Gegner aus der Fassung zu bringen. Stuhlfauth, Zamora und Turek waren Torhüter, denen immer wieder eine „hypnotische Wirkung" auf gegnerische Stürmer nachgesagt wurde. In einer Kritik nach einem Spiel des 1. FC Nürnberg gegen Phönix Ludwigshafen hieß es: „Die Stürmer hatten vor dem großen Heiner Stuhlfauth eine direkt hypnotisierte Angst und schossen ihm die todsichersten Bälle in seine langen Arme." Und über Ricardo Zamoras geheimnisvolle „Hypnose"-Fähigkeiten äußerte einst Alt-Bundestrainer Sepp Herberger: „Wer an ihm vorbeischoss, der verfehlte meist auch das Tor."

Toni Turek erläuterte nach dem Endspiel 1954 gegen Ungarn, wie er den magyarischen Stürmerstar Sandor Kocsis bei einer Großchance entnervt hatte: „Ich fixierte Kocsis genau, beobachtete seine Augen und die Bewegung seines ballführenden Fußes. An seinem Blick habe ich gesehen, er war etwas verwirrt und unsicher, weil ich ihm nicht entgegenkam und den Schusswinkel verkürzte. Kocsis konnte scheinbar in diesen Bruchteilen von Sekunden nicht begreifen, dass ich auf der Torlinie klebte und ihn wie hypnotisiert ansah. Kocsis hatte deshalb sicherlich unkonzentriert draufgeknallt und mir die Möglichkeit gegeben, die Fäuste hochzuwerfen." Vier Jahre später, bei der WM in Schweden, wurde Uwe Seeler zum Opfer ähnlicher Suggestivkräfte. „Der nordirische Torwart hypnotisierte mich förmlich mit seinem unglaublichen Können", lautete seine Begründung dafür, dass er Harry Gregg nicht zu überwinden vermochte.

Der Journalist Wolfgang Tobien stellte fest: „Ein Torwart muss vor allem warten können, gelassen und gespannt zugleich sein." Ruhe und Gelassenheit, so Sepp Maier, sei die erste Torwart-Pflicht: „Die ruhigen Vertreter, diejenigen, die auf allen unnötigen Schnickschnack verzichten, sind meistens die besten Keeper." Im Falle der spanischen Keeper stimmt die Aussage sogar beinahe genetisch. Bis auf den Katalanen Zamora waren fast alle spanischen Klasse-Torhüter baskischer Herkunft. Iribar, Arconada und Zubizarreta waren keine südländischen Temperamente, sondern, wie es den als diszipliniert und zurückhaltend geltenden Basken entspricht, ehe stille und introvertierte Typen. Auch einer wie der aus der Alpenprovinz Friaul stammende Dino Zoff hatte rein gar nichts von einem „heißblütigen" Italiener an sich.

Ob man allerdings solche Ruhe nur haben kann, wenn sie angeboren ist, darf bezweifelt werden. Konzentration und Gelassenheit beruhen in hohem Maß auf Fleiß. „Keine Konzentration ohne Kondition", war das Motto von Dino Zoff, der mit einer Atemkapazität von 7,5 Litern einen Wert erreichte, wie er bei Radrennfahrern üblich ist. Auch ein Sepp Maier wusste bei Ausdauerübungen mit einer erstaunlichen Kondition zu imponieren. Es mag überraschen, dass es anstrengend ist, „nur" im Tor herumzustehen. Aber 90 Minuten voller Konzentration können sehr erschöpfend sein. Weil er unablässig den Lauf des Spiels verfolgen muss, um sich auf jede mögliche Entwicklung rechtzeitig vorbereiten zu können, darf er nicht für einen Augenblick unaufmerksam sein. Es ist eine Stresssituation, ähnlich der eines Boxers. Nicht, weil man sich etwa beim Schlagen so verausgaben würde, sondern wegen der permanenten physischen und psychischen Anspannung wird dieser Sport so anstrengend. Boxer wie Torhüter können sich nicht die kleinste Nachlässigkeit leisten, weil sie in jeder Sekunde bereit sein müssen, einen Angriff zu parieren.

Gordon Banks hatte die Angewohnheit, sich während jedes Spiels ununterbrochen ein inneres Mantra vorzubeten, um eventuellen Unaufmerksamkeiten vorzubeugen: „Composure, control, concentration" – Gelassenheit, Kontrolle, Konzentration. Locker bleiben, zugleich geduldig, und dennoch voll gespannter Aufmerksamkeit. Nur mit einer extremen physischen und psychischen Fitness kann man auch in schwierigsten Lagen die Fassung bewahren. Was nach außen als natürliche Gelassenheit wirkt, ist meist das Ergebnis harter Seelen-Arbeit. Aber diese Anstrengung lohnt sich. Ein Torwart, der mit scheinbar schlafwandlerischer Sicherheit die Bälle abgreift, strahlt die Aura eines „Unüberwindlichen" aus.

Die Überwindung der Angst

Auch Torhüter haben Angst. Doch keiner darf es merken. Viele legen sich eine Maske an. „Es gibt keine unbesiegbaren Menschen", so Polens Jan Tomaszewski, doch trotzdem muss man „den Eindruck machen, als sei man einfach nicht zu bezwingen". Je unüberwindlicher ein Torhüter wirkt, desto schwerer ist er zu schlagen. Und insofern ist für einen Torhüter die Ausstrahlung beinahe noch wichtiger als sein tatsächliches Vermögen. Wer sich bloß aufplustert und die Pose des Supermannes einnimmt, der wird freilich kaum Eindruck machen. Ein letzter Mann kommt nur dann zu einer Aura der Unverwundbarkeit und Unbesiegbarkeit, wenn er kein Blender ist, wenn ein selbstbewusster Typ dahintersteckt, ein Charakter. Nur dann rutscht dem Gegner das Herz in die Hose, und nur dann kann sich auch die eigene Mannschaft an ihm aufrichten.

Was ein selbstbewusster Torhüter bewirken kann, zeigte sich am 17. Oktober 1973 im Londoner Wembley-Stadion. In der WM-Qualifikation hatten die Polen das Hinspiel mit 2:0 gewonnen. Nun sann ganz England auf Rache. Aus 100.000 Kehlen dröhnt der markerschütternde Schrei „England!" bis in die Katakomben des Stadions, wo die Polen mit schlotternden Knien auf den Anpfiff warten. „Wir waren schon vor dem Anpfiff fix und fertig", erinnerte sich Torhüter Tomaszewski an diesen aufregendsten Moment seiner Karriere. „Wir hatten wirklich Angst vor der Kulisse und der englischen Mannschaft. Die Toilette vor unserer Kabine war dauernd besetzt." Kaum ist das Spiel angepfiffen, berennen die Engländer wie wilde Stiere das polnische Tor. Tomaszewski pariert den ersten Schuss. Und mit einem Mal ist er die Ruhe selbst. Mit jedem Ball, den er erwischt, steigert sich seine Selbstsicherheit. Selbst die so genannten „unhaltbaren" Schüsse sind auf einmal kein Problem für ihn. Je mehr die englischen Stürmer verzweifeln, desto unverwundbarer fühlt sich Tomaszewski und desto mehr gelingt es ihm, seiner Mannschaft das Bewusstsein einzuimpfen: „Wir sind unbesiegbar!" Den Engländern gelingt dann zwar per Elfmeter doch noch ein Tor, da die Polen aber zuvor bereits mit 1:0 in Führung gegangen waren, hat das keine allzu große Bedeutung mehr. Mit dem 1:1 hatten sich die Polen für die WM qualifiziert. Die Engländer mussten zugucken.

Ein Torhüter muss die Ruhe nicht nur mitbringen, er muss sie auch bewahren. Jan Tomaszewski schaffte das im feindlichen Wembley-Stadion, Uruguays Roque Maspoli gelang es bei der WM 1950 im Maracanã-Stadion von Rio gegen Brasilien. Der unerschrockende Maspoli hatte sich von einer Weltrekord-Kulisse – 200.000 „feindliche" Brasilianer – nicht beeindrucken lassen. Anders war es seinem Gegenüber ergangen, dem armen Moacyr Barbosa. Manchmal, so scheint es, kann der Erwartungsdruck des eigenen Publikums schlimmer sein als die Feindseligkeit der gegnerischen Fans. Vielleicht hat sich Barbosa zu sehr von der Stimmung im Stadion nervös machen lassen und hat deswegen beim Schuss Ghiggias zum entscheidenden 2:1 zu zögerlich eingegriffen. Und womöglich ist es weit häufiger der Fall, als man denkt, dass der entscheidende Fehler – lange vor dem sichtbaren Fehler – in der Psyche passiert. „Wer sich von Stimmungen beeinflussen lässt“, so die Erfahrung des deutschen Nationaltorwarts Fritz Herkenrath, „der hat schon vor dem Kampf verloren.“ Der Grad der Nervosität hänge natürlich auch vom Geschehen während des Spiels ab, erläuterte Herkenrath weiter. „Gerade der Tormann gibt den Zuschauern immer wieder Rätsel auf. Ich kenne Tormänner, die nach ein oder zwei geglückten Abwehren über sich hinauswachsen. Kommt aber einmal ein Spiel auf sie zu, bei dem sie gleich ein Tor hinnehmen müssen, dann geraten sie aus dem Gleichgewicht und finden nicht mehr ihre normale Form. Der innere Kampf mit diesen Schwierigkeiten ist der Schlüssel zum Erfolg des Tormannes.“

Ronnie Hellström, Schwedens Keeper-Ass der 1970er Jahre, pflichtete dem bei. „Keiner kann so gefeiert, aber auch so geschmäht werden wie der Torwart“, meinte er. „Dies birgt die große Gefahr in sich, dass er sich nach Beifall euphorischer und nach Pfiffen deprimierter fühlt, als es der Situation angemessen ist.“ Hat er ein Tor kassiert und dabei vielleicht sogar einen Fehler gemacht, darf er sich dadurch nicht aus der Ruhe bringen lassen. Genauso muss er auch den Jubel über eine Glanzparade sofort wieder unterdrücken und umgehend konzentriert sein, um nicht im nächsten Moment einen harmlosen Ball aus weiter Entfernung durch seine Hände rutschen zu lassen. Ein Tor ist ein Tor. Aber jede Parade ist nur so gut wie die nächste Parade. Glücksgefühle nach gelungenen Aktionen darf man nur ganz kurz auskosten. „Maximal fünf Sekunden“, meint Oliver Kahn. Denn das Spiel geht weiter. Man ist einen Augenblick lang unkonzentriert, da kommt der nächste Ball, vielleicht ein ganz harmloser, er verspringt ein wenig, und schon ist's passiert.

Torhüter müssen besser sein als die anderen Spieler, um sich denselben Respekt zu verschaffen. „Niemals hat es den absolut fehlerlosen Torhüter gegeben – und es wird ihn auch nie geben“, so Karl-Heinz Huba. „Und von manchem großen Keeper ist bekannt, dass er erst einen banalen Fehler begehen musste, ehe er sich zu einer wirklich grandiosen Leistung steigerte. Bei anderen Giganten zwischen den Torpfosten genügte manchmal ein win-

Gordon Banks, ganz cool. Szene aus dem WM-Endspiel 1966.

ziger Fehler zu Beginn, um sie für den Rest des Spieles zu erledigen.“ Mit dem psychischen Schock muss der Keeper ganz allein fertig werden. Viele haben Schwierigkeiten, solche Bilder wieder aus ihrem Kopf zu löschen und fragen sich unentwegt: War ich schuld? Hätte ich den Ball halten können? Der Argentinier Amadeo Carrizo gestand einmal: „Immer erinnere ich mich mehr an die Tore, die ich hinnehmen musste, als an die, die ich gehalten habe.“ In einem Roman hat der Schriftsteller Joachim Seyppel den Torhüter als „Magen und Darm“ einer „Körper-Mannschaft“ beschrieben, der „leichte und schwere Brocken verdauen“ müsse. Er muss das aber nicht nur als Teil eines Teams, in dem die Läufer die Lungen sind und der Torjäger den Part des Geschlechtsteils innehat. Für ihn selbst ist es am wichtigsten, dass er auch mit den „unverdaulichen“ Bällen fertig wird. Wenn es hinter ihm eingeschlagen hat, kann ihn nur eine robuste Psyche davor bewahren, dass er anschließend von den Gegnern nicht vernascht wird.

Jan Tomaszewski hatte Glück, dass das Spiel in London mit einer guten Parade begann; er steigerte sich zu einer ganzen Serie von Paraden. Willibald Kress machte im WM-Halbfinale 1934 gegen Österreich einen Fehler und kam nicht mehr in die Spur. Am 26. November 1965, bei einem WM-Qualifikationsspiel gegen Schweden in Stockholm, überlegte Hans Tilkowski in der 44. Minute einen Tick zu lange: „Eine Minute noch bis zur Pause – und es war eigentlich nicht viel Aufregendes geschehen. Da tauchte Schwedens Mittelstürmer Grahn links von meinem Tor auf. Ich überlegte blitzschnell. Ihm entgegenlaufen? Im Tor bleiben? Ich startete los. Zu spät! Grahn köpfte den Ball über mich hinweg, Jonsson brauchte nur noch den Gnadenstoß anzubringen. 0:1 – und nur eine Minute noch bis zur Halbzeit. Ich hätte vor lauter Ärger mir selbst eine Ohrfeige hauen können. Schuldbewusstsein stieg in mir hoch. Dass mir so etwas ausgerechnet jetzt und ausgerechnet hier passieren musste!“ Die Deutschen gewannen noch, nicht zuletzt deswegen, weil Tilkowski mental sehr schnell wieder auf dem Posten war. „Am meisten aber freute mich“, atmete Tilkowski hinterher auf, „dass es mir glückte, meinen Eindruck vom ersten Schweden-Tor wieder wettzumachen. Als ich dem allein heranstürmenden Harry Bild einen Ball buchstäblich vom einschussbereiten Fuß angeln konnte, wusste ich, dass ich ‚da‘ war.“

Tilkowski war in der Lage, seinen Fehlgriff abzuhaken und sich gleich wieder auf das aktuelle Geschehen zu konzentrieren. Noch besser wäre es natürlich gewesen, er hätte überhaupt keinen Fehler gemacht. Allenfalls ein halbes Dutzend Fehler, das behauptet wenigstens der Torwart-Fan Peter Chapman, habe sich ein Peter Shilton im Lauf seiner langen Karriere zu

Schulden kommen lassen. Der Trainer der DDR-Nationalmannschaft von 1974, Jürgen Buschner, bezeichnete ähnlich verwegen die „Zuverlässigkeit", ja „Fehlerlosigkeit" als vornehmste Tugend seines Torhüters Jürgen Croy. Mit Croy im Tor gewann die DDR im einzigen deutsch-deutschen Duell der Länderspielgeschichte mit 1:0. Sepp Maier im Tor der BRD hatte daran keine Schuld. Auch in den folgenden Spielen verriet er keine einzige Unsicherheit und sorgte mit tollen Paraden für Deutschlands zweiten WM-Titel. Im Halbfinale, in der „Wasserschlacht von Frankfurt" gegen Tomaszewskis Polen, hatte er seinen größten Tag. Die Polen spielten nicht schlecht, aber im deutschen Tor stand ein überragender Sepp Maier. „Ich war so konzentriert", kommentierte er hinterher seine Leistung, „dass mir einfach kein Fehler unterlaufen konnte."

Selbst die tollsten Leistungen sind freilich schon im nächsten Spiel nur noch Vergangenheit. Was der Torwart getan hat, nützt ihm nun nichts mehr. Erneut muss er seine Zuverlässigkeit beweisen auf einer Position, die eine dauerhafte Fehlerlosigkeit nicht erlaubt. In jedem Augenblick kann es ihn erwischen. Die eigenen Leute befürchten den Fehler, die Gegner erhoffen ihn. Und irgendwann kommt er. Der Fehler, der unsichtbare Feind, liegt ständig auf der Lauer, und deswegen steht der letzte Mann unter Dauerdruck. Vor allem in einer Mannschaft, von der Siege am Fließband erwartet werden. Raum für ein Späßchen, so Oliver Kahn, gebe es da kaum. Sieg gegen Real Madrid im Halbfinale – Konzentration auf das nächste Bundesliga-Spiel – Gewinn der Deutschen Meisterschaft – Konzentration auf das Champions-League-Finale. Ununterbrochener Dauerdruck. Dazwischen keine Zeit zum Feiern. „Das Glück ist kaum da – schon hat die neue Saison begonnen, und du siehst, welcher Stress auf dich zukommt." Nie kann sich ein Torhüter eine Schwäche erlauben. „Es geht immer weiter."

Selbstvertrauen für die ganze Elf

Der Journalist Hannes Berger schrieb über den Torhüter: „Er ist der einsamste Fußballspieler auf dem Feld, während seine Kameraden vor sich das gegnerische Tor haben und hinter sich ihren Schlussmann wissen." Als Letzter, der den Erfolg des Gegners verhindern kann, ist er zugleich der Erste, dem die anderen vertrauen müssen. Daher geht die psychische Stärke – oder Schwäche – einer Elf immer vom Torwart aus. „Das Selbstvertrauen des Torwarts hat einen großen Einfluss auf die ganze Mannschaft", betonte etwa Sepp Maier. „Besitzt ein Torwart kein oder zu wenig Selbstvertrauen, dann macht er Fehler und seine Mitspieler nervös." Nordirlands Torwart-

Ikone Harry Gregg brachte es so klar auf den Punkt wie kaum ein anderer: „Als Jugendlicher interessierte ich mich nicht besonders für die Theorie des Spiels; es mag sein, dass ich auch heute noch meist aus dem Bauch heraus spiele. Heute weiß ich, dass ich die gesamte Verteidigung im Griff haben muss, wenn ich ein gutes Spiel machen will. … Wenn ich zögerlich bin oder außer Form, merken die Verteidiger vor mir sofort, dass ich Bammel habe – und stecken sich an. Man sieht einem Torhüter an, ob er selbstbewusst ist; und genauso verhält es sich, wenn er unsicher ist. Ich betrachte das als eines der wichtigsten Dinge, die ein Torhüter vor jedem Match in den Griff bekommen muss."

Ein richtiger Typ im Tor vermittelt seinen Mitspielern Stärke nach dem Motto: Solange ich hier stehe, müsst ihr euch keine Sorgen machen. Und diese Ausstrahlung muss er von der Vorbereitung des Spiels bis zum Abpfiff beibehalten. Weil er so auffällig ist wie kein anderer Spieler auf dem Platz, weil er allein in seinem Kasten und somit gleichsam auf einem Präsentierteller steht, spielt seine Gestik und Mimik eine herausragende Rolle: In seinem Gesicht spiegelt sich die Seele seiner Mannschaft. Ist er unsicher, findet auch das Team nicht zu spielerischer Souveränität. Macht er aus Nervosität einen dummen Fehler, kann die gesamte Mannschaft ihre Siegeszuversicht verlieren. Ein Gegentreffer ist noch nicht der Untergang, aber ein blödes, vom Torwart verschuldetes Tor kann ein Team schlagartig und vollständig demoralisieren. Als sich der Nürnberger Darius Kampa in einem Bundesligaspiel in der Rückrunde 2001/02 gegen Werder Bremen gleich zu Beginn des Spiels einen tölpelhaften Fehler leistete, war sein Team anschließend wie paralysiert und brachte überhaupt nichts mehr zuwege. Ein schwacher „letzter Mann" wirkt wie Valium, ein guter wie Amphetamin. In diesem Sinne ist Paraguays José Luis Chilavert, ein geradezu aufreizend selbstbewusster Keeper, als „psychisches Aufputschmittel" bezeichnet worden.

Juventus-Keeper Dino Zoff wirkte auf seine Mitspieler eher wie eine Lebensversicherung, in die man absolutes Vertrauen haben kann. Fritz Hack beschrieb ihn so: „Dino Zoff ist die Ruhe in Person, und seine Mitspieler glauben oft gar nicht, dass er überhaupt zwischen den Torpfosten steht. Der große Schweiger Zoff besitzt eine enorme Ausstrahlung, von der die gesamte Abwehr profitiert." Wenn man das gelungene Spiel einer Mannschaft als das Zusammenwirken eines Räderwerks begreift, dann war Zoff darin so etwas wie die Achse. Aber auch der scheinbar so unerschütterliche Zoff fand einmal seinen Meister. Und zwar ausgerechnet in einem, der für seine Launen und Eskapaden berüchtigt war: Uli Stein. Der extrem ehrgeizige Keeper des Hamburger SV behauptete von sich: „Ich kann einfach nicht verlieren. Und das zwingt alle zum Mitziehen, die mit mir in einem Boot sitzen.“ Wenn es schlecht lief, konnte sich Stein zu gnadenloser Kritik an seinen Teamgefährten hinreißen lassen. Dann entpuppte sich seine Unbedingtheit als Spaltpilz. An guten Tagen jedoch konnte er sein Team zum Sieg treiben. So wie am 25. Mai 1983 im Europacup-Endspiel gegen Juventus Turin in Athen. „Männer“, hatte er vor dem Spiel in der Kabine gesagt, „ihr könnt euch auf mich verlassen. Ich kriege keinen rein, ihr müsst nur ein Tor schießen.“ Felix Magath erfüllte bereits nach neun Minuten seinen Wunsch und überwand Juventus-Torwart Dino Zoff. Stein machte den Rest. „Zoff konnte nur neidisch sein auf Stein“, meinte der „Daily Mirror“, und der „Corriere dello Sport“ schrieb: „Mit Stein hätten wir auch gewonnen.“

Die Ruhe in Person: Dino Zoff.

Stein zeigte in diesem Spiel serienweise tolle Paraden. Aber das war nicht das Einzige, was ihn auszeichnete. Seine Siegeszuversicht fuhr gleichsam als „Geist“ in jeden einzelnen Hamburger Spieler. Souverän und ohne jede Hektik organisierte er seine Abwehr. Mit scharfer Stimme gab er den anderen Sicherheit und Orientierung. Er stand da mit einer sicht- und spürbaren Autorität, die allen klar machte, dass dieser Mann heute keinen Treffer zulassen würde. Stein wirkte an diesem Abend wie der Dirigent eines Orchesters, der keinen Zweifel daran lässt, dass nur das zur Aufführung gelangen wird, was in seiner Partitur steht. Stein steht mit solchen Fähigkeiten natürlich nicht allein. „Er hat die seltene Gabe, seine Mitspieler mitzureißen“, sagte Sepp Maier über Oliver Kahn. Und Udo Lattek schätzte den Lobredner Maier aus genau demselben Grund: „An ihm“, sagte er einmal, „kann sich eine Mannschaft aufrichten.“

Jeder wird älter, aber Erfahrung zählt

Es gibt im modernen Sport kaum eine Position, wo die Erfahrung so viel zählt wie beim Fußball-Torwart. Um den enormen Druck auszuhalten, der von dem Zwang zur Fehlerlosigkeit ausgeht, um auch in brenzligen Situationen immer die Besonnenheit zu bewahren, um seinen Mitspielern Vertrauen einzuflößen zu können, kurz: um Sicherheit zu haben und Autorität auszustrahlen, muss ein Torwart erst ein gewisses Alter erreichen. Allerdings gibt es auch Ausnahmen: Als Gianluigi Buffon im Jahr 2001 für die Rekordablösesumme von 38,5 Millionen Euro vom AC Parma zu Juventus Turin wechselte, war er gerade mal 23 Jahre alt. Buffon schien sein Geld wert, weil er trotz seiner Jugend sehr reif und sicher wirkte und auch unter großem Druck nie Nervosität zeigte. Auch Bodo Illgner, der 1990 mit ebenfalls erst 23 Jahren zum jüngsten Torwart-Weltmeister aller Zeiten avancierte, besaß zu diesem Zeitpunkt bereits Eigenschaften, die andere erst im Laufe der Jahre entwickeln: Spielübersicht, unerschütterliche Ruhe und eine souveräne Ausstrahlung, die sich auf jeden Mitspieler überträgt.

Grundsätzlich aber gilt ein Satz von Günter Bernard: „Torhüter sind wie Wein. Sie müssen reifen und werden immer besser." Das meint auch Oliver Kahn. „Bis du als Torwart so weit bist", sagte er einmal, „musst du reif werden. Deshalb sind Torhüter erst mit 30 top. Heute kann ich die Summe aller meiner Fähigkeiten bei Bedarf abrufen." Alte Keeper schauen auch dann, wenn es um „alles" geht, selten „alt" aus. Kahn war nicht von Anbeginn an der Kahn, den man heute kennt. Er wuchs erst allmählich in die Rolle hinein, die man von einem Torhüter erwartet: nämlich die, eine Führungsfigur zu sein. In der Saison 1996/97 profilierte er sich in dem Machtvakuum, das während des Streits zwischen Lothar Matthäus und Jürgen Klinsmann entstanden war, und schaffte so den endgültigen Durchbruch. Für Manager Uli Hoeneß war der „Kahn-Faktor" ausschlaggebend dafür, dass die Bayern trotz lang andauernder Krisen-Stimmung noch ihren 14. Meistertitel erringen konnten. Kahn habe sich, so Hoeneß, als „Vorzeigeprofi" gezeigt, „der uns über kritische Phasen hinweggerettet hat. Ein Vorbild an Einstellung." Kahn wuchs, trotz gelegentlicher Ausraster, stetig in seiner Ausstrahlung, bis aus ihm eine nahezu unanfechtbare Autorität geworden war.

Erfahrung und Autorität können Paraden natürlich nicht komplett ersetzen. Die dafür nötigen Reflexe und die entsprechende Geschmeidigkeit werden üblicherweise nur einem jungen Mann zugetraut. Manche Keeper legen jedoch auch noch im fortgeschrittenen Alter eine erstaunliche

Spannkraft an den Tag. Im letzten WM-Qualifikationsspiel gegen England 1986 zeigte Nordirlands Pat Jennings drei Minuten vor dem Abpfiff eine herrliche Parade, mit der er seinem Team ein Unentschieden rettete. Ein Reporter schrieb: „Eine weite Flanke erreicht den englischen Mittelstürmer Dixon. Der steigt hoch, herrlich senkt sich der Ball über den nordirischen Torhüter Pat Jennings hinweg in Richtung Netz. Die Fans im Wembley-Stadion springen von den Sitzen, das muss das erlösende Tor sein. Da reagiert Pat Jennings, schnellt in Richtung Querlatte wie ein 20-Jähriger, bekommt gerade noch die Fingerspitzen seiner rechten Hand unter das Leder, tippt den Ball über die Latte hinweg ins Tor-Aus." Auch beim folgenden WM-Turnier in Mexiko bekam der Nordire hervorragende Kritiken. Der „Sport" aus Zürich verlieh ihm ohne jede Einschränkung das „Prädikat Weltklasse". Zu diesem Zeitpunkt war Jennings bereits 41 Jahre alt. Sein Alter hinderte ihn nicht, die Bälle mit der Beweglichkeit eines jugendlichen Zirkusartisten aus den Ecken zu fischen.

Sepp Maier, der vermutlich nur aufgrund eines Unfalls gehindert wurde, einen Altersrekord aufzustellen, war überzeugt: „Wenn man ein sportliches Leben geführt und seine Kräfte im Tor nicht mit unnötigen Mätzchen vergeudet hat, dann kann einen kein Alter ‚vor Torwart' schützen." Kein Alter ist wohl etwas übertrieben. Aber Torhüter können sehr lange durchhalten. Pat Jennings beendete seine Karriere mit 44 Jahren. Kaum jünger waren bei ihrem letzten Spiel Ned Doig, Sam Bartram, Wilibald Kress, Amadeo Carrizo, Lew Jaschin, Dino Zoff und Uli Stein.

Wer bis ins „hohe Alter" im Tor steht, hat naturgemäß eine lange Sportlerzeit hinter sich. Torhüter-Karrieren gehören denn auch zu den längsten im Hochleistungssport. Keeper wie Jaschin, Carrizo oder Zoff waren mehr als 20 Jahre aktiv. Genauso lange war auch Antonio Carbajal Stammtorhüter der Nationalmannschaft von Mexiko und wurde in dieser Zeit Weltrekordler in Sachen WM-Teilnahmen. Von 1950 bis 1966, als er mit 37 Jahren seine Karriere beendete, nahm er an allen fünf WM-Endrunden teil – eine Leistung, die erst 1998 von Lothar Matthäus wieder erreicht wurde. Carbajal, der Mann mit der für einen Latino völlig untypischen Bärenruhe, wird bis heute in Mexiko verehrt und bekam, weil er so lange den mexikanischen Fußball personifizierte, den Ehrennamen „El Eterno", der Ewige, verliehen.

Nicht wenige kommen auch noch im hohen Alter zu großen Ehren. Dino Zoff wurde 1982 als 40-Jähriger mit Italien Weltmeister. Und der Schweizer Torwart-Heros Erwin Ballabio gewann im hohen Alter von 41 Jahren seinen ersten Titel überhaupt. Ballabio hatte seine aktive Karriere bereits beendet und war seit drei Jahren als Trainer tätig, als sein Verein FC Grenchen im Jahr 1959 ins Schweizer Pokalendspiel einzog. Eine Woche vor dem Anpfiff hat man ein Problem: Der Stammkeeper ist schon seit längerem ausgefallen, nun ist auch noch der Ersatztorwart verletzt. Trotz gut 15 Kilogramm Übergewicht überlegt der Trainer Ballabio nicht allzu lange. Er zieht sich seinen berühmten schwarzen Pullover über und stellt sich ins Tor. Und tatsächlich hält er seinen Kasten sauber. Der FC Grenchen schlägt im Berner Wankdorf-Stadion Servette Genf mit 1:0, und Ballabio darf als reaktivierter Rentner den schönsten Tag seines Torhüter-Lebens feiern.

Für jeden Sportler ist es eine schwierige Kunst, den richtigen Moment für den Abschied zu finden. Schwere Treffer hatten die Seele von Lew Jaschin vor dem Start der WM 1966 erschüttert. Der russische Nationalkeeper, zu diesem Zeitpunkt 37 Jahre alt, war bereits abgeschrieben. Jaschin empörte sich: „Da lasse ich zehn Spiele hintereinander keinen einzigen Ball passieren. Allenfalls höre ich dann ein ‚na und?'. Muss ich im nächsten Spiel einen Unhaltbaren passieren lassen, was bekomme ich da zu lesen? ‚Der Jaschin wird halt auch älter.' Am liebsten möchte ich dann aus der Haut fahren!" Er fuhr nicht aus der Haut, sondern zeigte wieder hervorragende Leistungen und stand in England im Tor wie „ein unbezwingliches Bollwerk". Noch fünf weitere Jahre mischte er auf der internationalen Bühne mit. Die besten Spieler der Welt und 100.000 Zuschauer im prall gefüllten Moskauer Lenin-Stadion bereiteten ihm einen grandiosen Abschied.

Bei seinem letzten Spiel ging Jaschin nach einer Stunde unter prasselndem Beifall vom Platz. „Ein Jammer, dass er geht", sagte damals der englische Nationalspieler Bobby Charlton. Eine Schande, dass er immer noch im Tor steht, sagten hingegen viele über den walisischen Rekord-Nationaltorhüter Neville Southall, der beim FC Everton nur deswegen noch aktiv sein durfte, weil sich die Jüngeren allesamt als Fliegenfänger erwiesen hatten. Ähnlich wie Fatty Foulkes war Southall im Lauf seiner Karriere immer mehr in die Breite gewachsen. Als „Big Nev" im März 1998 endlich als Nummer eins abdankte, war er mit den gewaltigen Rettungsringen, die sich um seine Hüften schlangen, beinahe schon eine lächerliche Erscheinung. Dessen ungeachtet dachte der 40-Jährige nicht ans Aufhören, sondern bot sich anderen Vereinen als „Notnagel" an.

Peter Shilton, der bei Pferdewetten viel Geld verloren hatte, versuchte 1995 als bereits 45-Jähriger noch einmal ein Comeback als Profi in der Premier-League. Eine Saison lang machte er seine Sache im Kasten des FC Wimbledon gut. Dass er sich danach bei Leyton Orient in der untersten

Division des englischen Ligasystems verdingte, dürfte er jedoch bereut haben. Im April 1997 wurde er mit der Begründung gefeuert, dass sein Abschlag nicht mehr weit genug käme. Hintergrund waren zwar weniger seine schlechten Leistungen als vielmehr die Tatsache, dass der Verein sich den teuren Keeper nicht mehr leisten wollte. Es war dennoch ein unwürdiger Abgang für einen Mann mit solchen Qualitäten.

Wenn der Torwart am Boden ist

Einem Torwart, der nach einer Niederlage völlig am Boden zerstört und dann tagelang nicht ansprechbar ist, könnte zum Trost eine Passage aus einem Roman von Heinz Blickensdörfer vorgelesen werden. In seinem Buch „Doppelpass an der Wolga" finden sich über die Hauptfigur, den jungen Torwart Heinz Arnold, folgende Sätze: „Als Kleiner Bub hat er's schon gewusst. Da hat er sich vom Christkind riesige Handschuhe und die Unüberwindbarkeit der furchtlosen Ritter in den Märchenbüchern gewünscht. Das war es, was er unter Torhütern verstand, aber er war noch zu klein, um zu wissen, dass es bei denen die Unüberwindlichen nicht gibt. Er wusste nicht, dass jede Mannschaft verwundbar sein muss, weil es sonst das große Spiel nicht gäbe."

Jeder Torhüter, auch und vor allem ein Spitzenmann, muss immer wieder schwere Momente verkraften. Manch einer zeigt selbst nach herben Niederlagen erstaunliche Größe. Ungarns Torwart Szabó sagte nach dem mit 2:4 verlorenen Finale gegen Italien bei der WM 1938: „Wir haben elf Menschen das Leben gerettet. Die italienischen Spieler hatten aus Rom ein Telegramm erhalten: Gewinnen oder sterben! Nun haben sie gewonnen. Ich bin stolz darauf!" 1954, als die Ungarn erneut eine Endspiel-Niederlage zu verkraften hatten, meinte Keeper Gyula Grosics selbstkritisch: „Wir haben für unsere Selbstgefälligkeit und Überheblichkeit bezahlen müssen." Das Mitgefühl seines Gegenübers Toni Turek war ihm gewiss: „Als der Abpfiff über das Spielfeld schallte, als man uns als Weltmeister feierte, da galt mein erster Gedanke den Ungarn. Wie musste ihnen jetzt zu Mute sein. Gestürzt aus allen Weltmeisterträumen, seit vier Jahren nicht mehr ans Verlieren gewöhnt und ausgerechnet jetzt das wichtigste Spiel dieser großen Siegesserie verloren. Das Spiel von Bern war wohl der deutlichste Beweis in der Fußballgeschichte, dass jedes Spiel erst gespielt werden muss und dass im Fußball eben nichts unmöglich ist."

Natürlich zeigt nicht jeder solche Contenance, und nicht allen wird Mitgefühl zuteil. Als Deutschland das Finale der WM 1986 in Mexiko gegen Argentinien mit 1:3 verloren hatte, freuten sich nicht wenige, dass Toni Schumacher, seit seinem Foul gegen den Franzosen Battiston vier Jahre zuvor der Fußball-Bösewicht schlechthin, die Niederlage beinahe allein zu verantworten hatte. Der Nationaltorwart kaute lange an dem Desaster. „Nach der Weltmeisterschaft, im August und September 1986, war ich am Boden zerstört. Tausend böse Geister bearbeiteten meine Nerven mit Schmirgelpapier. Die verpasste Flanke im Finale gegen Argentinien, das verschuldete 1:0, saß tief in mir fest." Er war kaum mehr in der Lage, seinem Torwart-Job nachzugehen, es blieb die „Unsicherheit im Tor", der „Schiss vor Flanken" verfolgte ihn. Ehrgeiziges „Übertraining, um die Angst zu verschütten", half nicht. „Am liebsten wäre ich hinter und nicht vor dem Tornetz gestanden", beschrieb Schumacher seine Situation. „Rein psychologisch bedingt, verkroch ich mich in die Defensive. Und litt an Depressionen. ‚Was wird aus dem Nationaltorwart?', ‚Schumachers Fehler'; so und ähnlich lauteten die Schlagzeilen. Beim Spiel in München: ‚Schumacher ist am verlorenen Endspiel schuld', sangen die Flachköpfe." Wenn einer Fehler macht, so zeigt das Beispiel Schumacher, muss er nicht nur gegen seine eigene Verunsicherung ankämpfen, sondern auch noch gegen das Gespött in der Presse. Der ehemalige Schalker Jens Lehmann erlebte den wohl frustrierendsten Augenblick seiner Laufbahn am 16. Oktober 1993 bei einem 1:5 gegen Leverkusen, als ihm von TV-Kommentator Jörg Wontorra nach drei haarsträubenden Fehlern das „Reaktionsvermögen einer Bahnschranke" bescheinigt wurde. Der völlig entnervte Keeper wurde zur Halbzeit ausgewechselt und war danach allseits bereits als Versager abgestempelt. Im Vergleich zu seinem Kollegen von Werder Bremen waren die Verrisse im Fall Jens Lehmann freilich noch relativ gnädig. Keiner hat so viel Spott und Häme über sich ergehen lassen müssen wie Oliver Reck nach seinen Serien-Pannen Anfang der 1990er Jahre. Die Medien können Stars machen, aber sie „können einen auch kaputt schreiben", monierte der als „Katastrophen-Keeper", „Pannen-Olli" und „Hat-kein-Zweck-Reck" veräppelte Schlussmann.

Doch man kann trotz aller medialen Schadenfreude wieder auf die Beine kommen. Geduldig aufgebaut von seinem Kölner Spezialtrainer Rolf Herings fand Schumacher ganz allmählich zu seiner alten Leistungsstärke zurück. Teamchef Beckenbauer ließ seinen Keeper nicht fallen und berief ihn am 24. September zum Länderspiel gegen Dänemark in Kopenhagen. Es ging gut, Deutschland gewann 2:0. Jens Lehmann kam vier Monate nach dem traumatischen Leverkusen-Erlebnis aufgrund einer Verletzung seines Vertreters Holger Gehrke wieder zum Einsatz und erwies sich in den

Wenn der Torwart am Boden ist … muss er wieder aufstehen.

nächsten Spielen als zuverlässiger Rückhalt seiner Mannschaft. Auch der viel geprüfte Oliver Reck – „So viele Talsohlen gibt es gar nicht, in denen ich schon drin war" – hat nie aufgegeben. Er schaffte es, aus seinen Erfahrungen zu lernen, seine schwachen Nerven zu besiegen und wieder Sicherheit zu gewinnen. Am Ende seiner Karriere resümierte er: „Das Wichtigste war mir aber, dass ich nach Siegen nie den Zampano gespielt habe und nach Niederlagen nicht eine Woche getrauert habe. Du musst immer wieder Selbstvertrauen zeigen, das habe ich in 18 Jahren immer geschafft." Besonders dankbar war er seinem Trainer, der das Vertrauen in ihn nie verloren hatte. „Wenn Otto Rehhagel nicht so zu mir gehalten hätte – ich wage zu bezweifeln, ob ich heute noch im Tor spielen würde."

Die Beispiele von Schumacher und Reck zeigen, dass ein mental starker Keeper sich nie aufgibt. Reck bewies nach seiner Pannen-Zeit noch zehn Jahre lang, dass er zu den besten Torhütern der Bundesliga zählte. Schumacher gewann wieder psychische Stärke und fand zu seinem früheren

Schumacher, niedergeschlagen. Gegen den FC Bayern hat er gerade acht Tore kassiert.

Leistungsniveau zurück. Dass das Länderspiel gegen Spanien im Oktober 1986 sein letztes blieb, hatte nicht mit seiner schwachen Vorstellung zu tun, sondern mit der Veröffentlichung seines Buches „Anpfiff". Vom DFB verbannt und vom 1. FC Köln gefeuert, wich der streitbare Schlussmann in die Türkei aus, wo er noch fünf Jahre lang spielte und als „Schumeiä" zum Helden der Fans von Fenerbahce Istanbul aufstieg.

Manche der letzten Männer brauchen lange, um sich von einem schwachen Spiel zu erholen. Andere – und das ist die seltenere Spezies – werden erst durch schlimme Niederlagen zu richtig starken letzten Männern. Das klassische Beispiel dafür ist der Pole Jan Tomaszewski. Am 10. Oktober 1971 gab er sein Debüt in der Nationalmannschaft. Die Polen hatten in Warschau Deutschland zum Gegner und verloren mit 1:3. Das Ergebnis war noch relativ „human". Das Nervenbündel Tomaszewski lud die Deutschen so oft zum Toreschießen geradezu ein, dass es für die Gastgeber leicht zu einem Debakel hätte werden können. Mit feiner Selbstironie erinnerte sich der Torwart später: „Ich war damals der populärste Mann in

Polen. Die Nation war wegen mir in zwei Lager gespalten. Die einen wollten mich aufhängen, die anderen mich verbannen."

Die polnischen Fans waren sich einig: Für den Torhüter sollte dies das erste und letzte Länderspiel gewesen sein. Drei Tage später wurden sie in ihrer Meinung bestätigt. Im Europapokalspiel gegen Bukarest bot er erneut eine miserable Leistung. Sein Verein Legia Warschau wollte auf seine weiteren Dienste verzichten und bot ihn zum Transfer an. LKS Lodz war der einzige Klub, der an dem Torwart interessiert war. Der neue Vertrag beim neuen Verein rettete ihn vor dem sportlichen „Tod". Aus Dankbarkeit hielt er Lodz bis zu seinem Karrierende die Treue. Später resümierte er: „Man wird es nicht glauben. Aber diese beiden Spiele waren die wichtigsten meiner ganzen Laufbahn. Diese beiden Tiefpunkte hatten einen ganz großen Einfluss auf meine Persönlichkeit, weil dabei die Grenzen des rein Sportlichen überschritten wurden. Ein Mensch, der etwas erreichen will, muss durch ein solches Tief hindurch, um seine eigene psychische Belastbarkeit zu erfahren." Was folgte, ist bekannt. Tomaszewski sorgte mit Weltklasseleistungen für die Qualifikation Polens zur WM 1974, und während der Endrunde war er maßgeblich am Erreichen des dritten Platzes beteiligt.

Und Kahn macht immer weiter …

Im Januar 1999 sagte Oliver Kahn: „Es gibt nichts, was mich aus der Ruhe bringt, und es wird auch nichts mehr geben." Dann aber kam der 26. Mai, die Niederlage gegen Manchester United in Barcelona. Zwei Tore in der Nachspielzeit. Die „Süddeutsche Zeitung" spottete: „Torhüter taumeln im Strafraum wie trunkene Matrosen." Kahn traf keine Schuld, aber er war bis ins Mark getroffen. Die Niederlage brachte ihn auf einen nie zuvor erlebten Tiefpunkt. Der Körper streikte, es kam zu einem völligen Erschöpfungszustand. „Obwohl ich medizinisch gesehen kerngesund war, konnte ich keine zwei Treppen mehr hochsteigen, ohne dass mein Puls auf 200 schoss und der Körper sich völlig leer anfühlte." Kahn war am Ende. „Ich bräuchte keinen Trainer, der mich motivieren muss", lautete seine feste Überzeugung. „Das Gerede über fehlende Motivation kann ich nicht verstehen", hatte er immer wieder kopfschüttelnd geäußert. „Motiviert bin ich sowieso, es geht eher darum, meine extreme Spannung runterzufahren." Nun aber war plötzlich nichts mehr da, was sich spannte oder hätte spannen lassen. Er war so ausgebrannt, dass auch die stärkste Willensanstrengung nicht half, etwas in Bewegung zu setzen. Da war nur noch „totale Leere, totale Demotivation, totale Ziellosigkeit, totale Kraftlosigkeit." Kahn musste für einige Spiele aussetzen. Auch in der Nationalmannschaft war er nicht mehr unumstritten. Seine Karriere, die sich gerade erst auf ihren Höhepunkt zubewegte, stand auf der Kippe.

Aber Kahn rappelte sich wieder auf. Das 1:2 gegen Manchester, „die Mutter aller Niederlagen", wie er selbst sagte, hatte ihn getroffen, aber nicht zerstört. Sein Lebensmotto, „Niemals aufgeben!", hatte ihn weiter vorangetrieben. „Wenn du niemals aufgibst, schaffst du es eben beim vierten Mal. Und wenn du es beim vierten Mal nicht schaffst, dann eben beim fünften Mal. Dann ist alles vergessen, was vorher war. Alles." Eine banale Aussage? Nicht, wenn man es tatsächlich durchzieht. „Die Leute sagen zu diesem Motto gern: Ja, ja, stimmt. Aber machen Sie mal weiter, machen Sie doch mal weiter, wenn Sie so viele Schläge bekommen haben. Das ist die Kunst. Und das ist es, was einen überragenden Sportler ausmacht." Als er wieder in der Spur war, konnte er auch das Positive an seinem Zusammenbruch erkennen. Der völlige K.o. sei für ihn eine enorm wichtige Grenzerfahrung gewesen. „Man weiß für die Zukunft: Hier will ich nie wieder hin. Wenn man so tief unten ist, sammelt man die Kräfte für den Weg nach ganz oben."

Der Torhüter holte nun das Letzte aus sich heraus. Er konnte und wollte das Scheitern nicht akzeptieren. Und es kam nur ein Weg in Frage, das Trauma auszulöschen. „Das kannst du nur loswerden, wenn du solch ein Finale noch einmal erlebst." Diese Erkenntnis „wirkte unfassbar motivierend, das erzeugte unglaubliche Leistungen." Nur zwei Jahre nach seiner deprimierendsten Niederlage hatte er den Gipfel erklommen. Im letzten Spiel der Bundesliga-Saison 2001 hatten die Bayern eigentlich keine Chance mehr. Die Münchner liegen in Hamburg mit 0:1 zurück, Schalke hat gegen Unterhaching mit 5:3 gewonnen. Doch in Hamburg wird nachgespielt. „Weiter! Es geht immer weiter!", schreit Kahn seinen Verteidiger Sammy Kuffour an. In der 94. Minute gelingt Andersson per Freistoß der Ausgleich, Bayern ist mit einem Punkt Vorsprung vor Schalke wieder einmal Meister. Kahn startet zum Jubeltanz mit der Eckfahne. Später kommentierte er: „Diese Momente machen süchtig, die möchte ich jede Saison erleben. Sattheit gibt es bei mir nie."

Kahn war noch nicht satt. Es kam das Champions-League-Endspiel. Die Bayern lagen zurück, verschossen einen Elfmeter, waren eigentlich, wie zuvor in der Meisterschaft, schon weg vom Fenster. Doch sie kamen noch mal wieder, und nach der Verlängerung kam Kahn und hielt drei Elfmeter. „Diese innere Stärke, dieses Rangehen ans absolute Limit", schwärmte Kahn, „das hat uns ausgezeichnet. Ich habe so etwas noch nie erlebt." Das

Trauma von Barcelona war besiegt. 1999 wusste er nicht, ob er aus dem Tief jemals wieder rauskommen würde. „Nach dem Spiel gegen Manchester waren wir am Boden zerstört. Aber heute weiß ich: Dort, wo du quasi am Ende bist, entstehen der Wille und die Kraft für neue, große Taten." Hätte Kahn allerdings auch dieses Spiel verloren – vermutlich hätte er seine Torwarthandschuhe an den Nagel gehängt.

Doch auch nach Erfolgen kann es schwer sein, gleich wieder weiterzumachen. Auch wenn es, natürlich, weitergeht und weitergehen muss. Nicht unerwartet folgte dem Champions-League-Triumph gegen Valencia ein tiefes Motivationsloch. „Es gibt nichts Problematischeres als ein erreichtes Ziel, weil man sich dann neu orientieren muss", kommentierte der Psychologe Kahn. Eine Weile lang hielt er nicht mehr ganz so souverän wie gewohnt, verlor ein wenig von seiner phänomenalen Präsenz auf dem Platz. Im entscheidenden Qualifikationsspiel zur WM hatten völlig unbeeindruckte Engländer keine Hemmungen, ihm fünf Treffer ins Netz zu setzen. Kein Tor war Kahn unmittelbar anzukreiden. Aber ein Kahn in gewohnter Form hätte aller Wahrscheinlichkeit nach keine fünf zugelassen. Der Bayern-Torhüter blieb trotz allem gelassen. „Nach dem 1:5 gegen England wusste ich, dass Hohn und Spott kommen. Aber ich wusste genauso, dass es weitergeht." Früher hatte er nach Niederlagen die Fernbedienung gegen die Wohnzimmerwand geschmettert. Seit dem Trauma von Barcelona aber – besser: seit der Überwindung des Traumas von Barcelona – war sein krampfhafter Ehrgeiz geheilt. „Einen psychologischen Fehler mache ich nie mehr: dass ich Niederlagen auf mich beziehe – wie früher. Das war fatal, weil es in gefährliche psychologische Bereiche führt: Du verlierst an Lebensqualität. Heute hängt mein Lebensgefühl nicht mehr vom Sportlichen ab. Wenn der Beruf das absolute Übergewicht bekommt, führt das zu Unzufriedenheit, die anderen Bereiche verkümmern. Das ist zu wenig, so kann man nicht leben."

Kahn blieb ruhig und fiel nicht ins Loch. Und wie nebenbei erarbeitete er sich darüber hinaus ein verändertes Image. Er war nicht mehr nur der verbissene Ehrgeizling, der alles, was ihm an körperlicher und geistiger Kapazität zur Verfügung steht, in seine Karriere als Sportler investiert. Plötzlich war da einer, der auch mal locker sein konnte. Früher habe er überhaupt nicht abschalten können, sei sogar nach einer Niederlage im Training stundenlang schlecht gelaunt gewesen. Dann aber habe er erkannt: „Immer nur Disziplin, immer nur Training, immer nur Erfolge, immer nur Ziele, das kann ja nicht alles sein im Leben." Schon im Juli 2001 berichtete er, dass er entspannter und gelassener geworden sei. „Heute empfinde ich nicht nur

Druck, sondern ab und zu auch Spaß am Fußball." Dass sich sein Image eines Tages verändern werde, habe er schon immer gewusst. „Ich sehe mich als leidenschaftlichen Sportler, der ab und zu übers Ziel hinausschießt. Ich will Erfolg haben, mehr nicht." Aber Titel seien dabei eben nicht alles. „725.000 Titel zu gewinnen ist nicht entscheidend; das totale Gefühl des unvergleichlichen Augenblicks, die tollen Erlebnisse machen es aus. Was nützt es, wenn du 100.000 Titel gewinnst und als Mensch ein Riesenarschloch bist, ein verkümmertes Nichts?" Und auf die Frage, wovon für ihn Lebensglück abhänge, antwortete er: „Von der Zufriedenheit und dem Wissen, dass ich bestimmte Dinge im jeweiligen Augenblick bewusst erlebt und genossen habe." Trotzdem würde er das, was ihn früher ausgezeichnet hat - geradezu brutalen Ehrgeiz und äußerste Verbissenheit – nie komplett verteufeln. Denn diese Eigenschaften hätten ihn erst dahingebracht, „wo ich hin wollte und jetzt bin". Mit normalem Aufwand, so eine ewig gültige Weisheit des besten letzten Mannes, könne man ein guter Torwart werden. „Ich wollte aber ein Super-Torwart werden. Ich wollte immer mehr. Dementsprechend habe ich gearbeitet." Und deswegen müsse er immer, genauso wie ein großer Pianist, jeden Tag sein Programm durcharbeiten. „Wenn ich aufhöre, konsequent zu arbeiten, beginnt ein langsamer, schleichender Prozess des Abstiegs."

So oder so – das „Weiter! Es geht immer weiter!" galt natürlich auch jetzt. Beim entscheidenden Hinspiel gegen die Ukraine in Kiew blieb er souverän. Er hatte Glück, dass in der zweiten Minute ein Ball an den Pfosten klatschte. „Wenn solch ein Ball nicht reingeht", so Kahn, „hat man ein gutes Gefühl." Dann sicherte er mit Glanzparaden das 1:1. Hinterher konnte er aufatmen: „Solch ein Spiel hat in Deutschland noch niemand erlebt, da braucht man brutale Nerven." Es kam die WM 2002, Kahn hielt überragend und wuchs zum Über-Kahn. Mit seinen Leistungen, mit seinem alle Mitspieler ansteckenden Selbstbewusstsein, mit seiner Aura als germanischer Mental-Guru sorgte er für den Durchmarsch ins Endspiel und dafür, dass Deutschland als Fußballnation wieder Selbstbewusstsein zeigen durfte. Dann kam die Niederlage gegen Brasilien. Das Ende des Märchens. Kahn selbst schrieb mit seinem entscheidenden Fehler den letzten Satz, Ronaldo setzte den Punkt dahinter.

Wäre Deutschland bei der Endrunde 2002 bis zuletzt siegreich geblieben, es hätte nur heißen können: „Kahn ist Weltmeister!" Stattdessen hieß es nun: „Ronaldo meistert Kahn." Der große Höhenflug hatte ein Ende genommen, der Torhüter war hart auf dem Boden der Tatsachen gelandet. Man hatte es schon fast vergessen, aber es ist eben doch wahr: Kein Mensch

Oliver Kahn ganz unten. Nach dem WM-Finale 2002 mied er das Siegerpodest.

ist ohne Fehler! Die „Frankfurter Rundschau“ kommentierte: „Er war ja schon nicht mehr von dieser Welt … längst heilig gesprochen, längst Denkmal, wenn auch ein penetrant Kaugummi kauendes, von dessen Reflexen Wohl und Wehe einer ganzen Nation abzuhängen schienen.“ Das konnte so nicht bleiben. „Kahn hatte zuletzt etwas Roboterhaftes“, meinte der Berliner „Tagespiegel“. „Der Fehler im Finale, dieser entscheidende Fehler, hat ihn wieder zum Menschen gemacht.“ Wegen Kahns Können wurde die deutsche Nationalmannschaft überraschend Vize-Weltmeister, wegen seines Fehlers blieb sie Vize-Weltmeister.

Nach der Final-Enttäuschung klopfte sie wieder an, die Depression. Wieder ließen seine Leistungen spürbar nach. „Ich hatte nicht genügend Aggressivität in mir“, rechtfertigte der Torwart seinen offensichtlichen Qualitätsverlust. Und dann gab es da diese „ewig an mir zehrende Frage: Wie kann ich es immer fertig bringen, dem Niveau des weltbesten Torhüters zu entsprechen?“ Zu Beginn der Saison 2002/03, als Kahn ganz gewöhnliche Tore kassierte, hielt sein Konkurrent Lehmann sogar die Schüsse, die gewöhnlich als unhaltbar gelten. „King Kahn“ wehte ein scharfer Wind entgegen. „Es fehlt der Glaube, glaube ich“, kommentierte er einmal eine Niederlage der Bayern. Kahn fühlte sich schlapp, er erwog sogar, aus der Nationalmannschaft zurückzutreten. „Ist doch scheißegal!“, erklärte er, als er in Bremen zwei vermeidbare Tore kassiert hatte. Dann wiegelte er wieder ab. „Es war mir klar, dass es unmöglich sein wird, nach der WM auf diesem Niveau weiterzuspielen.“ Aber, das wusste Kahn auch jetzt, es geht ja weiter, immer weiter. Der Torwart fing sich wieder. Im Spiel gegen Rostock, dem ersten „zu Null“ nach längerer Zeit, küsste er den Ball. „Als Torhüter habe ich eine ambivalente Beziehung zum Ball“, hatte er einmal gesagt. „Ich liebe ihn, wenn ich ihn in den Händen spüre. Und ich hasse den Ball, wenn ich ihn aus dem Netz holen muss.“ Nach dem Ball-Kuss hatte er plötzlich wieder die alte Sicherheit, auch der gewohnte Ehrgeiz war wieder da. Keine Rede mehr von Rücktritt. Nun sagte er: „Warum soll ich den Zenit meiner Leistungsfähigkeit nicht erst bei der WM 2006 in Deutschland erreichen?“ Weltmeister werden - sein letzter Auftrag. Und auf dem Weg dorthin stellte er schon mal einen neuen Rekord auf. Vom 9. November 2002 bis zum 9. Februar 2003 blieb er 803 Minuten in Folge ungeschlagen und verbesserte damit die von ihm selbst gehaltene Bestmarke um 67 Minuten. „In Japan genieße ich seit der WM den Ruf des Zero-Mans, eines Manns, der null Tore reinlässt“, kommentierte Kahn seinen Rekord. „Shinki, ein japanischer Finanz-Dienstleister, wirbt mit mir, weil er Kunden in den ersten 30 bis 60 Tagen Kredite für null Prozent anbietet.“ Von daher sei es ärgerlich gewesen, dass die Zu-Null-Serie nicht noch länger angehalten habe. Oder hat er den Ball am Ende absichtlich reingelassen? Der Torschütze zum 1:1 beim Hamburger SV hieß Takahara. Ein Japaner also.

Die Japaner nahmen es Kahn nicht krumm, dass er sich von einem Japaner besiegen ließ. Und der „Zero-Man“ macht weiter. Auch wenn es ihm zunehmend schwerfällt, sich zu motivieren. Wenn man viele Ziele erreicht hat, fehlt die Motivation. „Das ist ein Syndrom, das einen auf einmal befällt. Und dann verliert man, so ging es mir, ein bisschen die Orientierung in seinem Leben.“ Seit der überragenden WM verfolge ihn zunehmend das Problem: „Wo kannst du dir noch mal den Kick geben?“ Vom „Kicker“ gefragt, ob er sich gegenüber der WM 2002 überhaupt noch eine Steigerung vorstellen könne, sagte er: „Vom Erleben her gibt es keine Steigerung mehr, den einzigen Unterschied macht der mögliche Titel. Und der treibt mich an.“ Was immer Kahn machen wird, sein Endziel ist klar: „Alles, was ich tue, ist auf 2006 ausgerichtet.“ Auf die WM in Deutschland. Bis dahin geht es auf jeden Fall weiter. Und es soll mehr Spaß machen denn je zuvor. Einen verkrampften Kahn soll es nicht mehr geben, nur noch einen lockeren. Seit er erkannt habe, dass er seinen Job nur noch drei, vier Jahre machen könne, habe auf einmal „dieser Prozess“ angefangen: „Wenn man ins Stadion fährt und sich freut, in diesem Stadion zu spielen, und sich auf das Spiel freut. Es beginnt, Spaß zu machen. Über dieses Gefühl will ich wieder zurückkommen: Es geht nicht nur um Titel, es geht um die Freude, die dir dieses Leben gibt.“

Und wenn er zwischendurch mal wieder einen Tiefpunkt haben sollte, muss er darüber im Grunde gar nicht traurig sein. Wäre er fehlerlos geblieben im Finale gegen Brasilien, hätte er sich selbst als Denkmal auf einen Sockel gestellt. Es wäre ein hoher Sockel gewesen. Ein zu hoher Sockel. So hoch, dass er den Kontakt zu Menschen mit normalem Maß verloren hätte, so hoch, dass auch ihm selbst nur hätte schwindlig werden können, so hoch, dass außer einem totalen Absturz nichts mehr möglich gewesen wäre. Vielleicht hat ihn sein folgenreichster Fehler vor dem tiefsten Sturz bewahrt. Also kann es weitergehen. Mit einem Torwart-Menschen Kahn. Der, wie einst Boris Becker, gezeigt hat, dass nicht das Siegen allein, sondern das Hin und Her zwischen tiefen Stürzen und steilen Aufstiegen der Stoff ist, aus dem wahre Helden gebacken werden. Zu einem richtigen Typen gehören eben auch Tränen, und ein starker Charakter entwickelt sich nur dann, wenn einer mit seinen Fehlern zu leben lernt.

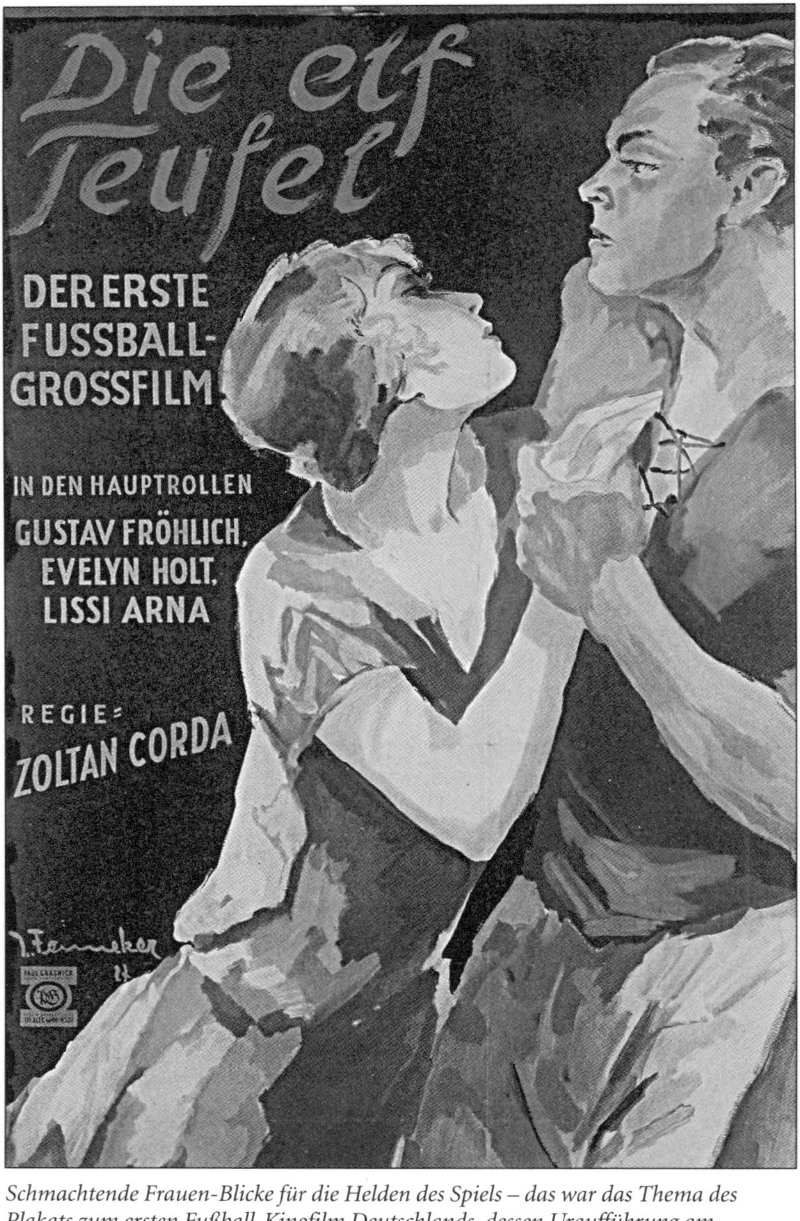

Schmachtende Frauen-Blicke für die Helden des Spiels – das war das Thema des Plakats zum ersten Fußball-Kinofilm Deutschlands, dessen Uraufführung am 28. Februar 1928 im Nürnberger Phoebus-Palast stattfand. Heiner Stuhlfauth, die Torwart-Legende des damaligen Rekordmeisters 1. FC Nürnberg, wirkte darin höchstpersönlich mit.

NACHTRAG

DIE LETZTEN MÄNNER UND DIE FRAUEN

Ein guter Torhüter, so lässt sich resümieren, muss ein beachtliches Spektrum an Fähigkeiten zeigen – von der atemberaubenden Flugparade über das coole Abfangen von Flanken, das mutige Herauslaufen und das kompromisslose Dirigieren bis hin zum souveränen Einleiten eines Angriffs. Und bewähren kann er sich nur, wenn er darüber hinaus entsprechende mentale Eigenschaften mitbringt. Nur die Kaltblütigen und Besonnenen, nur die Mutigen und Entschlossenen, nur die Engagierten und Willensstarken können als „letzte Männer" überzeugen. Und wenn sie in diesem Sinne Eindruck machen, tun sie das nicht nur als Fußballspieler, sondern auch als Männer.

In einem Artikel mit dem Titel „The Dying Art of Orgasmic Goalkeeping" beklagte David Icke Ende der 1990er Jahre, dass es in England zwar Torhüter gebe, die das eine oder das andere sehr gut beherrschen, aber keinen, der das komplette Programm anbieten kann. So wie viele sagen, dass das Toreschießen beim Fußball auch eine sexuelle Bedeutung haben kann – erstmals geäußert wurde diese Ansicht von William Pickford im Jahre 1904 –, so definierte David Icke den Klassekeeper als einen Mann, der in der Lage ist, dem Genießer den „Höhepunkt" zu verschaffen. Da er in seiner Jugend als Torwart bei Real Madrid in diesem Sinne ebenfalls keine „orgasmischen Fähigkeiten" zeigen konnte, wird es Julio Iglesias verwunden haben, dass ihm eine Karriere zwischen den Pfosten versagt geblieben ist. Bekanntlich wurde er stattdessen als Sänger berühmt und brachte mit über 100 Millionen Alben die Herzen ungezählter Frauen zum Schmelzen. Über 3.000 von ihnen soll er, seiner eigenen Aussage nach, als Mann persönlich beglückt haben. Wäre er ein erfolgreicher Fußballprofi geworden, wären es vermutlich nicht viel weniger geblieben. Denn nicht nur Schlagerstars, auch Torhüter kommen bei Frauen sehr gut an, selbst wenn Fußball nicht zu deren großen Leidenschaften zählt. Ein Passional (lat. für Legendensammlung) der letzten Männer wäre daher nicht vollständig ohne Frauengeschichten.

Julio Iglesias' großes Vorbild, Ricardo Zamora, hatte im Kontakt mit der Weiblichkeit einen eher holprigen Auftakt. Nach seinem ersten großen Sieg in Madrid war das 16-jährige Bürschchen, das damals für Barcelona im Tor stand, sofort umschwärmt. Eine junge Engländerin, die das Spiel im Stadion gesehen hatte und im selben Hotel wohnte wie die Katalanen, war auf Anhieb hingerissen. Sie führte den schüchternen Jüngling auf ihr Zimmer. Doch dem zitterten die Knie und er nahm Reißaus. „Was will sie denn von mir?", fragte der Unbedarfte einen älteren Kameraden. Der meinte: „Warte, ich geh hinauf zu ihr und frag' sie. Bleib einstweilen hier, ich sag es dir dann gleich." Nach zwei Stunden saß der zitternde Zamora noch immer am selben Fleck, bis endlich sein großer Freund ohne weiteren Kommentar zurückkam.

Es verging nicht viel Zeit, da wusste Zamora, was die Frauen von ihm wollten. Bald war der elegante Spanier von Frauen mindestens so sehr begehrt, wie er als Torhüter bei seinen Gegnern gefürchtet war. Als Zamora noch nicht wusste, wie er mit den Frauen umgehen sollte, war der Keeper der SpVgg Fürth und der Wiener Amateure, Teddy Lohrmann, bereits ein ausgewiesener Frauenliebling. Wie „sexy" seine Ausstrahlung war, geht aus einem Zeitungsbericht zu seinem ersten Länderspiel am 24. Oktober 1920 in Berlin deutlich hervor. „Was im Metropol die gefeierte Sängerin Claire Dux ist", hieß es da, „das wurde Lohrmann den 50.000 Zuschauern im Deutschen Stadion. Als dieser schön gewachsene blonde Riese im graugrünen Trikot zum ersten Mal hoch in der Luft den Ball fing – imponierend, in ruhiger, kraftvoller Sicherheit –, da ging ein Raunen durch die Massen, das sich zu stürmischer Freude steigerte." Selbst wenn er nur regungslos im Tor stand, wurde der Hüne von seinen zahlreichen Fans „wie ein Mensch gewordenes Wunder" angestarrt. Was die Zahl weiblicher Verehrerinnen angehe, sei der gut gewachsene Allroundsportler, der neben Fußball auch noch Rugby, Hand- und Wasserball betrieb, gar konkurrenzlos.

Noch berühmter als Lebemann wurde Rudi Hiden vom Wiener AC. Hiden, der „Prater-Löwe", machte sich auch als Salonlöwe einen Namen. In den Wiener Kaffeehäusern war er ebenso ständiger Gast wie in den noblen Bars, wo er sich von den schönsten Frauen verwöhnen ließ. Sein ausschweifendes Privatleben tat seinem Ruhm jedoch keinen Abbruch. Nicht nur von Frauen wurde er umschwärmt, auch bei der Jugend war er beliebt. Als ein kleiner Bursche den österreichischen Bundeskanzler um ein Autogramm bat und dann, nachdem sein Wunsch erfüllt worden war, noch ein zweites haben wollte, fragte ihn der Politiker: „Reicht dir denn das eine nicht?" Die Antwort des kleinen Wieners: „Ja, schaun's, gegen zwei Bundeskanzler-Autogramme kann ich in der Schule ein Autogramm vom Rudi Hiden eintauschen.“ Nach seinem Abschied vom österreichischen Nationalteam im Frühjahr 1933 übernahm in Wien Peter Platzer, „Der schöne Peter“ genannt, die Rolle Hidens. Hiden selbst heuerte bei Racing Paris an, erlebte in der französischen Hauptstadt einen zweiten Fußballfrühling und wurde sogar französischer Nationalspieler. Dass dieser „Hans Albers des Fußballs“ dabei den Pariserinnen gleich reihenweise die Köpfe verdrehte, war nur selbstverständlich.

Torhüter kommen bei Frauen gut an. Warum es der Brasilianer „El Jaguar“ Vasconcellos, der Ende der 1930er Jahre bei Olympique Marseille unter Vertrag stand, nötig hatte, aus Imagegründen sich selbst Blumensträuße zu schicken, die angeblich von weiblichen Verehrerinnen stammten, bleibt einigermaßen unerfindlich. Im Prinzip trifft auf alle Torhüter der Liedtext zu, der in dem Spielfilm „Der Theodor im Fußballtor“ erklang: „Der Theodor, der Theodor, der steht bei uns im Fußballtor. / Die Männeraugen werden wach, / die Mädchenherzen werden schwach, / wie der Ball auch kommt, wie der Schuss auch fällt, / der Theodor, der hält!“. Vor dem Krieg ließ der „schöne Willibald“ Kress in ganz Deutschland die Mädchenherzen schwach werden, in der Wirtschaftswunderzeit brachte Fritz Herkenrath Frauen wie Toni Schumachers Mutter Helga reihenweise zum Schmachten. Zu Bundesligazeiten zählten Rudi Kargus vom Hamburger SV und Norbert Nigbur von Schalke 04 zu den größten Frauenhelden. Die Popularität des eleganten Stilisten Kargus wurde vom ehemaligen HSV-Manager Peter Krohn einmal mit den Worten umschrieben: „Der abgelegte Torwartpullover von Rudi Kargus ist heute das, was früher die Locke von Elvis Presley war.“ Als Sänger trat der langhaarige Kargus allerdings nicht in Erscheinung. Anders sein Kollege Nigbur. In seinem Lied „Darum weißt du nichts von mir“ machte er deutlich, dass er bei Frauen wählerisch sein konnte: „Diese Nacht war / Eine Pleite, / Keine Kohle, / Keine Bräute, / Doch dann sah ich dich / Vor mir gehen, / Und von hinten / Warst du so schön / … Du kommst aus der Tür / Raus ans Licht, / Und dann sah ich es, / Dein Gesicht, / Plötzlich war mir klar, / Dass ich nichts wollte von dir.“

Privat lief es bei Nigbur mit den Frauen eher unglücklich. Zweimal wurde der Schalker Torwart während seiner Karriere geschieden. Seine erste Frau Alexandra hatte ihre liebe Not mit dem umschwärmten Ehemann. 1975 gab sie ihm nach einem Seitensprung den Laufpass. Nigburs Leistungen ließen nach, der damalige Schalker Trainer Max Merkel verbannte ihn auf die Reservebank. Der Torhüter wechselte nach Berlin zu

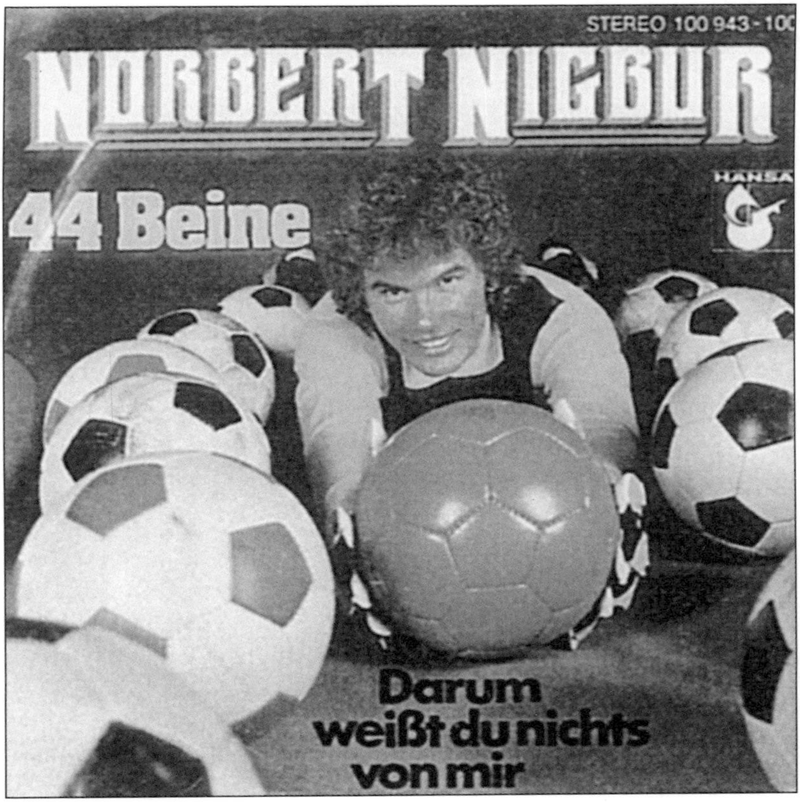

Cover einer Single von Norbert Nigbur.

Hertha BSC; 1978 kehrte er, von den Fans stürmisch begrüßt, nach Gelsenkirchen zurück. Es ging wieder bergauf, er heiratete seine zweite Frau Christine. Als ihn das Mannequin 1982 verließ, war er so geschockt, dass er im Tor kaum noch zu gebrauchen war. Er musste auf die Ersatzbank, erhielt sogar Trainingsverbot. Die Karriere eines der talentiertesten deutschen Torhüter hatte ein unrühmliches Ende gefunden.

Das Gegenteil von Nigbur war Bayern Münchens belgischer Torwart Jean-Marie Pfaff. Bei den Fans war er äußerst beliebt, bei seinen Mitspielern weniger. Es möge ihn keiner, beklagte er sich einmal bei einem Journalisten, weil er der Einzige im ganzen Verein sei, der seiner Frau treu bleibe. Pfaff scheiterte daher auch nicht an seinen Frauengeschichten, sondern an seinem Konkurrenten Aumann. Uwe Kamps hingegen, langjähriger Schlussmann von Borussia Mönchengladbach, hätte weit mehr Gelegenheiten gehabt, über Frauen zu stolpern. Ihm ist es zu verdanken, dass der Name „Bökelberg" auch in erotischer Hinsicht zum Begriff wurde. Hunderte junger Damen, so heißt es, seien nur seinetwegen ins Stadion gekommen, um den Anblick des Begehrten zu genießen. Kamps' persönliches Resümee nach zwei Jahrzehnten im Borussen-Tor bleibt vieldeutig: „Man kennt sich genau und entwickelt schon so etwas wie eine Liebe zu diesem Verein."

Kamps und all die anderen zeigen, dass nicht nur das dramatische, sondern auch das erotische Element ein Kennzeichen des Sports ist. Und das war zu allen Zeiten so. Auch das mittelalterliche Turnier war „in hohem Maße dramatisch und zugleich von stark erotischem Gehalt", stellte der Historiker Johan Huizinga fest. „Im Tragen des Schleiers oder des Gewandes der geliebten Frau, die den Duft des Haares oder des Körpers übertragen, offenbart sich das erotische Moment des ritterlichen Turniers so unmittelbar wie nur möglich. In der Erregung des Gefechts verschenken die Frauen einen Schmuck nach dem andern: Wenn das Spiel beendet ist, sitzen sie barhäuptig, ohne Ärmel da." Fielen die Turniere einmal aus, weil die Ritter ihrem kriegerischen Geschäft nachgehen mussten, war man weiblicher- wie männlicherseits gleichermaßen frustriert. Während Karls des Kühnen vergeblicher Belagerung von Neuß in der Saison 1474/75 schrieb der frustrierte Ritter Philippe de Croy aus dem Feldlager: „Ach, wo sind Damen, um uns zu unterhalten, uns zur Tapferkeit anzufeuern oder uns mit Kampfzeichen, Abzeichen, Kopftüchern und Busenschleiern zu beladen!"

Im Rahmen von Turnieren kam es nicht selten zu Aufsehen erregenden Fällen von Ehebruch. Frauen entflohen schmerbäuchigen Ehegatten, warfen sich mit wehendem Gewand dem siegreichen Helden in die Arme und ließen sich entführen. Ähnliche Fälle, nur meist mit anderer Rollenverteilung und weitaus weniger romantisch, werden auch von modernen Discorittern berichtet. Der Edelmann Oliver Kahn wurde, als er sich bei der WM 2002 zugleich stark und verletzlich zeigte, von vielen Frauen ins Herz geschlossen. Etliche Japanerinnen wünschten ihn sich gar als Vater ihrer Kinder, da sie in seiner Persönlichkeit eine perfekte Mischung aus Strenge und Güte erkannt haben wollten. Nur wenig später war aus dem noblen Helden ein gewissenloser Schurke geworden. In vielen Artikeln musste er lesen, dass er sich als Vorbild für die Jugend disqualifiziert habe, weil er in aller Öffentlichkeit seine Frau entwürdige. Im „Playboy" rechtfertigte er die Affäre, mit der er in die Schlagzeilen geraten war. Er sprach von der Mühe, „das Feuer aufrechtzuerhalten": „Gefühle werden anders." Vieles, was er tue, müsse Wettbewerbscharakter haben, „aber sich beim Sex unter Druck zu setzen, ist einfach schlecht“. An anderer Stelle verkündete der offenbar immer lockerer werdende Tormann: „Ich habe keine Angst mehr, Dinge zu tun, die mir Spaß machen.“ Im Blatt für Analysen, dem „Spiegel“, gestand der für „tabac“ werbende Keeper („Der Mann. Sein Duft.“) zwar, dass er „viele Fehler“ mache, „auf dem Sportplatz und im Leben“. Andererseits habe er aber auch einen Reifeprozess durchlebt und dabei die Erkenntnis gewonnen, „dass das Leben nicht allein aus sportlichen Titeln bestehen kann. Das Leben muss vielmehr in einer Balance sein. Aber meines bestand bis dahin nur aus Training, Hotel, Spiel, Sieg oder Niederlage und ständigem Erfolgsdruck.“ In der „Sport-Bild“ schließlich, dem Heft für Kahn-Interviews, relativierte er im August 2003 nach der Trennung von seiner Frau seine Spaß-Philosophie wieder: „Diese private Krise war der Startpunkt, noch stärker zu werden.“ Stärker im Tor, natürlich. Denn das, so Kahn, bleibe schließlich das Wichtigste: „Was mein Leben bereichert, ist ausschließlich das, was ich kann: Fußball spielen, im Tor stehen.“ Solange der starke Mann präsentiert, was er kann – nämlich mit großen Emotionen exzellent das Tor zu hüten –, dürfte er auch weiterhin die Fantasien seiner weiblichen Fans bereichern.

Und was sagen die Frauen zu alledem? Nigburs erste Frau Alexandra stellte kategorisch fest: „Mit welchem Recht duzen eigentlich alle Mädchen im Ruhrgebiet meinen Norbert? Da führt der Starkult doch zu weit!“ Eine Aussage, die etwas unspezifisch bleibt und das Torwart-Dasein ihres Norbert nicht unmittelbar anspricht. Näher ans Thema kam die Schlagersängerin Wencke Myhre, die den Torhüter mit dem Refrain feierte: „Er steht im Tor und ich dahinter“. Kahns Freundin Verena betonte hingegen, dass sie keine Lust auf die Rolle der „Spielerfrau“ habe, sondern ein Mensch mit eigenen Zielen sei. Silke Rottenberg vom FFC Brauweiler Pulheim stellt sich weder hinter das Tor noch in eine Discothek, um dort etwa einen berühmten Tormann abzugreifen. Seit Jahren steht sie im Tor der deutschen Frauen-Nationalmannschaft, und hat, wie ihre Vorgängerin Marion Isbert, bereits zweimal die Europameisterschaft gewonnen. Bis zu ihrem zwölften Lebensjahr kickte sie zusammen mit Jungs in einer Mannschaft. Dann musste sie zu den Mädchen. „Das war ganz schlimm für mich“, denn „die konnten ja bestimmt keinen Fußball spielen, dachte ich.“ Aber sie packte es an. „Nun gut, da war ich nun ein Mädchen unter vielen anderen und zu meinem Erstaunen: Die konnten ja wirklich kicken!“ Heute ist die 1998 zur Fußballerin des Jahres gewählte Torhüterin selbst auf dem Weg, ein Star zu sein, und meint: „Es gibt bestimmt auch attraktive Fußballerinnen, die man vermarkten könnte.“

Die orgasmische Kunst des Torehütens beherrschen heute auch manche Frauen, und so ist jene Theorie, welche die Professorin Dr. Karin Walser aus Frankfurt aufgestellt hat, möglicherweise auch auf Torhüterinnen anwendbar. Um zu klären, warum so viele Frauen gerade an Torhütern Gefallen finden, entwickelte sie am Beispiel von Uli Stein eine kleine Theorie zur Erotik von Torhütern und Torräumen. „Das Spiel fasziniert Frauen, weil das Ganze sich nicht auf dem unsicheren Terrain der Beziehungen abspielt wie im richtigen Leben, sondern auf einem eingegrenzten Feld mit einer begrenzten Zahl an Mitspielern, mit klaren Regeln, handfesten Ergebnissen und einem wie Uli Stein, der den Überblick behält. Er ist der starke Mann, der sich im weiblichen Raum auskennt. Er beschützt ihn umsichtig und lässt keinen weiteren hinein. Stellvertretend für das weibliche Geschlecht klärt er die alle bewegende Frage, welche Schüsse gut und welche schlecht sind, welche in den (weiblichen) Torraum gelassen und welche fern gehalten werden sollen. Uli Stein bestärkt Frauen in der Hoffnung, im Spiel der Geschlechter erfolgreich sein zu können. Auf plumpe oder brachiale Art lässt er sich nicht austricksen und nicht überwältigen von den feindlichen Männern im Feld. Er behauptet sich, er ist selbstbewusst und gestattet nur den kunstvollsten Spielern, ihm so nahe zu treten, dass der Schuss sein Ziel auch trifft. Uli Stein verkörpert den Stolz, den Frauen sich im erotischen Spiel der Geschlechter für sich und für die Männer so sehnlichst wünschen ..."

So schließt sich denn der Kreis. Im alten kultischen Spiel, als es noch keine Tore gab und alle um den Besitz des begehrten Balles kämpften, war der Letzte, der den Ball fing und in Besitz hielt, der große Held und damit zugleich derjenige, der seiner Gemeinschaft Glück und Fruchtbarkeit sicherte. Der moderne Torhüter wurde, ritterlich veredelt, zum Nachfolger dieses archaischen Ballhelden, und von dessen einstiger Bedeutung hat er bis heute einiges zurückbehalten. Karin Walser beendet ihren Text mit folgenden Worten: „Denkbar ist, dass es sich beim Spiel um den weiblichen Raum, um starke Tormänner und um die raffiniertesten und kraftvollsten Schüsse auch um eine profane Form eines modernen Fruchtbarkeitskultes handelt. Was durch technischen Fortschritt hier an unmittelbaren Zusammenhängen verloren gegangen ist, führt Fußball in seiner ursprünglichen, körperlichen Verknüpfung jeden Samstag aufs Neue vor." Anders als die Stürmer, die möglichst roh und direkt zur Sache kommen, stehen die Torhüter dabei für eine spielerische und feinfühlige Erotik. Auch in diesem Sinne sind sie eben, kurz und knapp, die letzten Männer.

ANHANG

TORWARTLEXIKON

Adam, Karl (5.2.1924)
Torhüter der legendären „Gauchel-Elf" des TuS Neuendorf, die in den 1950er Jahren mehrmals die Endrunde um die Deutsche Meisterschaft erreichte. In der Nationalmannschaft kam er trotz dreier Länderspiele 1951/52, die allesamt zu Null endeten, über die Rolle eines Reservisten nicht hinaus. Die Konkurrenz – Turek, Kwiatkowski, dann Herkenrath – war zu groß. Das „Karl-Adam-Sportgelände" in Koblenz ist seinem Gedenken gewidmet.

Aguilera, Reimundo (2.2.1948)
Katzengewandter Nationalkeeper Paraguays (18 Länderspiele 1967-1977), der mit Guarani Asuncion fünf Landesmeisterschaften erreichte.

Albertosi, Enrico (2.11.1939)
Konkurrent Dino Zoffs im Tor der italienischen Nationalmannschaft (36 Länderspiele, WM-Endrunde 1966, 1970). Albertosi gewann 1961 und 1966 mit Florenz den Pokal der Pokalsieger, 1970 mit Cagliari die italienische Meisterschaft. Im selben Jahr wurde er in Mexiko Vizeweltmeister. Im Halbfinale hütete er beim legendären 4:3 gegen Deutschland das italienische Tor. 1977 gelang ihm mit dem AC Mailand nochmals ein Pokalsieg.

Arconada, Luis Miguel (26.6.1954)
Nachfolger Iribars, setzte die baskische Tradition im Tor der spanischen Nationalmannschaft fort (68 Länderspiele zwischen 1977 und 1985). Mit Real Sociedad San Sebastian wurde Arconada 1981 und 1982 Landesmeister. Insgesamt bestritt er in der Primera Division 350 Spiele.

Aumann, Raimond (12.10.1963)
Bayern-Keeper mit den meisten Meisterschaften (216 BL-Spiele und sechs Titel zwischen 1984 und 1994), aber nur vier Länderspielen. Sein größtes Spiel absolvierte er im Herbst 1989 im Mailänder San Siro Stadion. Sensationell gewannen die Münchner gegen Inter mit 3:1. Als die Bayern Oliver Kahn vom KSC holten, wechselte Aumann zu Besiktas Istanbul, wo er 1995 Türkischer Meister wurde.

Ballabio, Erwin (20.10.1918)
Torhüter des FC Grenchen (1934-1940, 1942-1959), gilt bis heute als einer der besten Keeper der Schweiz (27 Länderspiele von 1939-1947). Ballabio gewann seinen ersten und einzigen Titel – den Pokalsieg 1959 –, als er beim FC Grenchen bereits auf die Trainerbank gewechselt war.

Banks, Gordon (30.12.1937)
Erreichte als „Banks of England" Berühmtheit. Mit seinen Vereinen (293 Ligaspiele für Leicester City, 194 für Stoke City) konnte der aus Tamworth/Staffordshire stammende Keeper keine Titel gewinnen, aber mit der englischen Nationalmannschaft war er erfolgreich. Als Nationaltorhüter (73 Länderspiele

1963-1972) nahm er an drei Weltmeisterschaften teil, 1966 wurde er im eigenen Land Weltmeister. 1973, als er bei einem Autounfall ein Auge verlor, schien seine Karriere beendet. Doch er schaffte noch ein Comeback in den USA bei den Fort Lauderdale Strikers (1975-1977). Nach Beendigung seiner aktiven Karriere versuchte er sich bei verschiedenen Vereinen als Trainer (Port Vale, Telford, Stoke).

Barbosa, Moacyr (27.3.1921)
Galt Ende der 1940er Jahre als mit Abstand bester Torhüter Brasiliens (20 Länderspiele). Mit Vasco da Gama, für das er 25 Jahre lang im Tor stand, gewann er fünf Titel. Höhepunkt war 1948 der Gewinn der inoffiziellen Südamerikameisterschaft für Vereinsmannschaften. Tiefpunkt seiner Karriere war das 1:2 gegen Uruguay bei der WM 1950. In den Augen seiner Landsleute war er der Alleinschuldige für diese als nationale Katastrophe erlebte Niederlage. Barbosa starb am 7. April 2000.

Barthez, Fabien (28.6.1971)
Französischer Nationaltorwart mit Glatzkopf und Kinnbärtchen. Wurde 1993 mit Olympique Marseille Champions-League-Sieger, 1998 Weltmeister und 2000 Europameister. Auch mit dem AS Monaco und Manchester United (seit 2000), wo er Landesmeister-Titel gewann, war er erfolgreich.

Bartram, Sam (22.1.1914)
Gilt als bester englischer Keeper, der nie eine Berufung in die Nationalmannschaft erhielt. Er bestritt 579 Ligaspiele für Charlton Athletic und beendete seine Karriere 1956, in seinem 42. Lebensjahr. Danach arbeitete er als Manager von York City und Luton Town. Er starb am 19. August 1981.

Bats, Joel (4.1.1957)
Französischer Nationaltorhüter, spielte bei Sochaux, AJ Auxerre und Paris St. Germain. Feierte bei der WM 1986 nach einer Krebserkrankung ein grandioses Comeback, als die Franzosen im Viertelfinale Brasilien ausknockten.

Baumgarten, Fritz (21.12.1886)
Arzt aus Berlin und erster Nationaltorwart des DFB. Er hütete am 5. April 1908 in Basel beim 3:5 Deutschlands gegen die Schweiz zum ersten und einzigen Mal das Tor der Nationalmann-

schaft. Der Torhüter von Germania 88 hatte in diesem im Gewitterregen ausgetragenen Spiel vor allem an seiner desorientierten Verteidigung zu leiden. Sogar ein Eigentor des Magdeburger Verteidigers Jordan musste er hinnehmen.

Beara, Vladimir (8.11.1928)
Jugoslawischer Nationalkeeper (60 Länderspiele 1950-1959), gewann mit Hajduk Split und Roter Stern Belgrad sieben Meister- und zwei Pokaltitel. 1952 errang er mit dem Nationalteam Olympia-Silber. Weniger Erfolg hatte er in Deutschland, wo er bei Alemannia Aachen und Viktoria Köln im Tor stand. Er beendete seine Karriere 1964.

Bernard, Günter (4.11.1939)
Aus Schweinfurt stammender Keeper, brachte es für Werder Bremen auf 521 Spiele, davon 287 in der Bundesliga. Fünfmal kam er als Nationalkeeper zum Einsatz (1962-1968), meist saß er allerdings als Reservist auf der Bank. 1968 hatte er keine Lust mehr auf die Rolle des ewigen zweiten Mannes.

Bonetti, Peter (27.9.1941)
Gewandter Keeper des FC Chelsea (600 Ligaspiele 1959-1979, 7 Länderspiele für England), war im Nationalteam meist Ersatzmann von Gordon Banks. Im Viertelfinale gegen Deutschland bei der WM 1970 in Mexiko (2:3) sprang er für den erkrankten Stammkeeper ein und hatte viel Pech.

Buchloh, Fritz (26.11.1909)
Stand beim zweitklassigen VfB Mühlheim-Speldorf im Tor, war aber dennoch neben dem Regensburger Hans Jakob Stammtorwart der Nationalmannschaft (17 Länderspiele von 1932 bis 1936). 1948 wurde er Trainer der isländischen Nationalmannschaft, im September 1957 war er einer der Mitgründer des Bundes Deutscher Fußballlehrer. Fritz Buchloh starb im Juli 1998.

Buffon, Gianluigi (28.1.1978)
Seit 1997 Nationalkeeper Italiens. Nach großen Erfolgen beim AC Parma (Pokalsieger 1999, UEFA-Cup-Sieger 1999) wurde Buffon im Jahr 2001, als er für 38,5 Millionen Euro zu Juventus Turin wechselte, zum teuersten Torhüter aller Zeiten.

Burdenski, Dieter (26.11.1950)
Ursprünglich Torwart des STV Horst-Emscher, stand in der Saison 1970/71 dreimal im Tor von Schalke 04, u.a. im Skandalspiel gegen Arminia Bielefeld, wo er danach einen Vertrag bekam. 1972 wechselte er zu Werder Bremen. Als er 1988 abtrat, hatte er es auf 478 Einsätze in der Bundesliga und 12 Länderspiele gebracht. Bemerkenswert war das kurze Comeback des Bremer Torwarttrainers für die Werder-Amateure im Alter von 51 Jahren.

Burgener, Erich (15.2.1951)
Langjähriger, sehr zuverlässiger Nationaltorwart der Schweiz (64 Länderspiele, 1974-1996). Mit Lausanne Sports Pokalsieger 1981, mit Servette Genf Pokalsieger 1984 und Landesmeister 1985.

Butt, Hans-Jörg (28.5.1974)
Gefürchtetster Elfmeterschütze unter Deutschlands Torleuten, dritter Mann des DFB bei der WM 2002. Beim VfB Oldenburg zum Klasse-Keeper gereift, hatte er in der Saison 2000/01 großen Anteil am sportlichen Erfolg des HSV. 2001 wechselte er zu Bayer Leverkusen.

Campos, Jorge (15.10.1966)
Mit über 100 Länderspielen ist der Mann aus Acapulco ein Denkmal im Tor der mexikanischen Nationalmannschaft. 1989 wurde Campos mit UNAM Pumas Mexikanischer Meister, 1996 wechselte er in die amerikanische MSL.

Canizares, Santiago (18.12.1969)
Spielte als Jugendlicher bei Real Madrid, kam aber als Profi bei Celta Vigo heraus. 1994 kehrte er nach Madrid zurück, konnte sich aber dort zunächst gegen Bodo Illgner und dann gegen Iker Casillas nicht durchsetzen. Seine größten Erfolge feierte der WM-Teilnehmer von 1994 und 1998 mit dem FC Valencia (Champions-League-Sieger 1998, Pokalsieger 1999).

Carbajal, Antonio (7.6.1929)
„El Eterno“ hieß er, weil er schiere Ewigkeiten im Tor des CSD León stand und auch als Nationaltorwart Mexikos enorme Ausdauer bewies (86 Länderspiele). Bereits 1948 stand er bei Olympia im Tor, danach bestritt er alle fünf WM-Endrunden bis 1966. Dieser WM-Teilnahme-Rekord wurde erst 1998 von Lothar Matthäus eingestellt.

Carrizo, Amadeo (12.6.1926)
Bärenstarker „Tarzan“ im Tor, wurde mit River Plate Buenos Aires (1943-1968) mehrfach Meister in Argentinien, im Nationalteam kam er auf 24 Spiele. 1970 wurde er in Kolumbien mit den Millónarios Bogota nochmals Landesmeister.

Casillas, Iker (20.5.1981)
Fan des Italieners Gianluigi Buffon, steht seinem Vorbild mittlerweile kaum noch nach. 1999 wurde er U-20-Weltmeister, seitdem hütet er das Tor von Real Madrid (Champions-League-Sieger 2000 und 2002). Bei der WM 2002 war der meist in kurzärmeligen Pullovern antretende Casillas Spaniens Nummer eins.

Chilavert, José Luis (27.7.1965)
Exzentrischer Keeper aus Paraguay. Galt in der zweiten Hälfte der 1990er Jahre als einer der weltbesten letzten Männer und war mit Sicherheit der torgefährlichste (über 60 Treffer, meist durch Straf- und Freistöße). Mit Guarani Asuncion (Paraguay) und Vélez Sarsfield (Argentinien) gewann er mehrere Titel (mit Sarsfield Copa Libertadores

und Weltpokal 1994). 2001 wurde Chilavert mit Racing Straßburg französischer Pokalsieger. Ende 2002 wurde der bei der WM in Korea und Japan nicht sonderlich überzeugende Keeper bei Racing gefeuert. Chilavert strebt die Teilnahme an der WM 2006 sowie das Amt des Staatspräsidenten in seinem Heimatland an.

Chomitsch, Alexej (1920)
Kräftig gebauter Torhüter von Dynamo Moskau (1944-1952) und Dynamo Minsk (1953-1955), war Vorgänger und Lehrmeister des großen Lew Jaschin.

Clemence, Ray (5.8.1948)
Clemence brachte es auf 61 Länderspiele für England (1972-1983) und über 1100 Punkt- und Pokalspiele (englischer Rekord) für den FC Liverpool und die Tottenham Hotspurs. Der mehrfache englische Meister und Pokalsieger gewann mit Liverpool 1973 und 1976 den UEFA-Cup sowie 1977, 1978 und 1981 den Europapokal der Landesmeister.

Combi, Giampiero (18.12.1902)
Immer eleganter Nationalkeeper Italiens, Weltmeister von 1934. Vorgänger von „Dino Nationale“ Zoff als Inhaber des italienischen Torhüterrekords (47 Länderspiele). Mit Juventus Turin gewann der mit seinem perfekten Stellungsspiel begeisternde Gentleman zwischen 1926 und 1933 fünfmal die italienische Meisterschaft. Combi, später auch Manager von Juventus, starb am 13. August 1956 in Turin.

Cozzi, Julio (17.9.1923)
Alfredo di Stefano bezeichnete den Keeper der Millónarios aus Bogota, der 23 Länderspiele für Argentinien aufzuweisen hat, als den besten Torhüter, mit dem er je zusammen gespielt hat.

Croy, Jürgen (19.10.1946)
Äußerst zuverlässiger Torhüter aus Zwickau, stand 94-mal im Tor der DDR (1967-1981), darunter auch beim berühmten 1:0-Sieg gegen die BRD 1974. Schon beim UEFA-Turnier der Junioren 1965, als die DDR gegen England 3:2 gewann, war Croy der beste Mann auf dem Platz. Weitere Erfolge: Olympia-Bronze 1972, Olympia-Gold 1976. 1975 erreichte er mit Sachsenring Zwickau das Halbfinale im Europapokal der Pokalsieger. Croy wurde nach der Wende in Zwickau mit großer Mehrheit zum Bürgermeister für Sport und Kultur gewählt.

Davies, Dai (1.4.1948)
Walisischer Nationaltorwart (52 Länderspiele 1975-1982) mit dem Hang, Flanken nicht immer sicher zu fangen („Dai the Drop“).

Dassajew, Rinat (13.7.1957)
Bester russischer Torhüter seit Jaschin (94 Länderspiele 1979-1990). Mit Spartak Moskau Landesmeister 1979 und

1987. Nach der überragenden EM 1988, als der „eiserne Vorhang" sich durch Gorbatschows Perestroika geöffnet hatte, wechselte er für zwei Millionen Dollar Ablöse zum FC Sevilla. Dort sah er bald nicht mehr so gut aus. Die WM 1990 wurde für ihn zum Desaster, 1991 war auch in Sevilla Schluss.

Ditchburn, Ted (24.10.1921)
Englischer Nationalkeeper (6 Länderspiele). Machte von 1946 bis 1958 418 Ligaspiele für die Tottenham Hotspurs.

Doig, Ned (28.10.1866)
Berühmter schottischer Nationalkeeper (6 Länderspiele 1887-1903), aus dem Arbroath FC hervorgegangen, schloss sich 1890 dem FC Sunderland an. Sunderland stieg in die Erste Liga auf und gewann vier Meistertitel, Doig machte in 14 Jahren 417 Ligaspiele – was damals Rekord war. 1904 wechselte er zum Zweitligisten FC Liverpool, wo er erneut für den Aufstieg sorgte. In der darauf folgenden Saison verlor der an Rheuma leidende Keeper seinen Stammplatz an Sam Hardy, kam aber noch bis 1908 sporadisch zum Einsatz. Ned Doig starb am 7. November 1919 an Spanischer Influenza.

Eichelmann, Paul (11.10.1879)
Cholerischer Klempner im Tor von Union 92 Berlin, galt neben Adsch Werner von Holstein Kiel als der talentierteste und beste deutsche Keeper der Zeit vor dem Ersten Weltkrieg. Im Jahr 1908 kam Paul Eichelmann zu zwei Länderspiel-Einsätzen. Er stand bereits beim inoffiziellen Länderspiel gegen England in Berlin am 23. November 1899 im Tor (2:13) und war damit der einzige der in sieben „inoffiziellen" Länderspielen eingesetzte Spieler, der es später zu „offiziellen" Berufungen brachte. Eichelmann starb am 7. November 1939.

Ertl, Georg (17.3.1901)
Konkurrent Heiner Stuhlfauths im Tor der Nationalmannschaft, dessen elegante Spielweise sehr gelobt wurde (7 Länderspiele zwischen 1925 und 1927). Ertl begann seine Laufbahn bei Schwaben Augsburg, wechselte dann zu Wacker München. 1936, mittlerweile Torhüter bei 1860, beendete er seine Karriere. Nach dem Krieg war er als Trainer tätig, u.a. beim BC Augsburg. Er starb am 22. Oktober 1968.

Ewert, Fritz (9.2.1937)
Torwart der Kölner Meistermannschaft von 1962, die von Tschik Cajkovski trainiert wurde und im Endspiel den 1. FC Nürnberg mit 4:0 vom Platz fegte. 4 Länderspiele (1959-1964). Gestorben am 16. März 1990.

Fahrian, Wolfgang (31.5.1941)
Absolvierte die wohl erstaunlichste Blitzkarriere in der Geschichte des deutschen Fußballs. Ende März 1960 hütete Fahrian zum ersten Mal überhaupt das Tor –

in der Reservemannschaft von Ulm 46. Bereits zwei Jahre später gab er sein Debüt als Nationaltorhüter, auch bei der WM in Chile hütete er das deutsche Tor. Nach zehn Länderspielen bis 1964 hatte der Höhenflug ein abruptes Ende, weil er bei seinem Wechsel zu Hertha BSC ein Handgeld kassiert hatte. Ende der 1970er Jahre wurde Fahrian Spielerberater und avancierte von seinem Büro in Köln aus zu einem der Branchenführer in Sachen Transfergeschäfte.

Felix, Mielli Venerando (24.12.1937)
Keeper von Fluminense Rio de Janeiro, holte 1970 in Mexiko mit Brasilien den WM-Titel. Mit herausragenden Qualitäten konnte er, trotz 55 Länderspielen, kaum einmal aufwarten.

Fillol, Ubaldo Matildo (21.7.1950)
Gefürchteter „Elfmeter-Töter", Nationaltorhüter Argentiniens (56 Länderspiele 1974-1985), Weltmeister 1978. Fillol stand in über 500 Ligaspielen im Tor, u.a. für die Vereine River Plate Argentino Juniors und Racing Club Buenos Aires. Einige Zeit spielte er auch bei Flamengo Rio de Janeiro und Atlético Madrid.

Flotho, Heinz (23.2.1915)
Reaktionsstarker „schwarzer Panther", wechselte nach einer Kriegsverletzung Hans Klodts vom VfL Osnabrück zu Schalke 04 und wurde mit den Knappen 1942 Deutscher Meister. Sein einziges Länderspiel gegen Luxemburg 1939 ging mit 1:2 verloren. Heinz Flotho starb am 29. Januar 2000.

Foulkes, William „Fatty" (4.1874)
Schwerster Nationalkeeper aller Zeiten (178 Kilogramm, 1 Länderspiel 1897), war einer der berühmtesten englischen Spieler in den Jahren zwischen 1894 und 1907. Mit Sheffield United wurde er einmal Meister und zweimal Pokalsieger. Nach einer kurzen Zeit beim FC Chelsea und in Bradford ließ er sich im Alter von 33 Jahren als Wirt nieder. Am 1. Mai 1916 starb Foulkes. Er hatte Leberzirrhose, sein Herz war verfettet.

Francillon, Henri (26.5.1946)
Nationaltorhüter Haitis (69 Länderspiele 1968-1978), war einer der Publikumslieblinge bei der WM 1974. Danach durfte er sich in der 2. Liga beim TSV 1860 München ausprobieren, brachte es aber nur auf 5 Einsätze.

Franke, Bernd (12.2.1948)
Kompletter Keeper ohne Schwächen, absolvierte für Eintracht Braunschweig zwischen 1971 und 1985 345 BL-Spiele. Seine Bescheidenheit und sein extremes Verletzungspech verhinderten, dass er es zu mehr als 7 Länderspielen brachte.

Gatti, Hugo (19.8.1944)
Typisch südländischer Showman, gewann 1976 mit Boca Juniors die argentinische Meisterschaft und 1978 gegen Mönchengladbach den Weltcup. Nach

einer Knieoperation musste er seinen Stammplatz in der Nationalmannschaft (22 Länderspiele) vor der WM 1978 an Fillol abtreten.

Gehlhaar, Paul (27.8.1905)
Spektakulärer „Zerberus" im Kasten des VfB Königsberg, der in den 1920er Jahren den Titel des Baltenmeisters so gut wie gepachtet hatte. 1928 wechselte Gehlhaar zu Hertha BSC Berlin. Viermal kam er mit Hertha ins Endspiel, zweimal blieb er Sieger. Am 24. Mai 1931 stand er in seinem zweiten und letzten Länderspiel beim 0:6 gegen Österreich zwischen den Pfosten; es war die höchste Niederlage, die eine deutsche Nationalmannschaft je hinnehmen musste. Später arbeitete Gehlhaar als Trainer und betrieb eine Tankstelle in Zehlendorf. Er starb am 12. Juni 1968.

Gilmar dos Santos Neves (22.8.1930)
Unumstritten der beste Torhüter, den Brasilien je hatte. Gewann 1958 und 1962 den Weltmeistertitel und nahm an den Weltmeisterschaften 1954 und 1966 teil. Auf Vereinsebene trug er zunächst das Trikot der Corinthians Sao Paulo (Landesmeister 1951), 1961 wechselte er zum

FC Santos und wurde dort neben Pelé zweimal Südamerikanischer Meister und Weltpokalsieger. 1969 spielte er seine letzte Saison für den FC Santos und die Nationalmannschaft (100 Länderspiele).

Golz, Richard (5.6.1968)
Langjähriger Torhüter des Hamburger SV (1987-1998), stieg 2002 mit dem SC Freiburg in die 2. Liga ab. Nach dem Wiederaufstieg will der immer fröhliche 1,99-Meter-Mann seine 400 BL-Spiele voll machen (bisher 398). Die Hoffnung auf einen Länderspiel-Einsatz hat er aufgegeben. „In einem anderen Land", so Golz augenzwinkernd, „wäre ich vielleicht Rekord-Nationalspieler geworden."

Goycoechea, Sergio Javier (17.10.1963)
Argentinischer Nationaltorhüter baskischer Abstammung. War wie sein Vorgänger Fillol als Elfmeter-Killer berühmt, konnte aber im WM-Endspiel 1990 den entscheidenden Schuss von Andreas Brehme nicht parieren. 1993 verlor Argentinien, das, mit Goycoechea im Tor, in 30 Spielen hintereinander ungeschlagen geblieben war, gegen Kolumbien mit 0:5. Es war sein letztes Länderspiel.

Grapenthin, Hans-Ullrich (2.9.1943)
DDR-Nationaltorwart (21 Länderspiele 1975-1981) und „Denkmal" im Tor des FC Carl Zeiss Jena (308 Oberligaspiele und 47 Europacup-Einsätze).

Gregg, Harry (25.10.1932)
Temperamentvoller Nationaltorhüter Nordirlands (25 Länderspiele 1954-1964). Galt, trotz eines Konkurrenten wie Jaschin, als bester Torhüter der WM 1958. 1957 wechselte er für die damalige Rekord-Ablöse von 23.000 Pfund von den Doncaster Rovers zu Manchester United, wo er sogleich seinen ersten Meistertitel einfuhr. Nach Beendigung seiner Laufbahn war er Trainer bei vielen Vereinen. 1989 kaufte er das „Hotel Windsor" in Portstewart an der nordirischen Küste.

Grobbelaar, Bruce (6.10.1957)
Exzentriker im Tor des FC Liverpool (440 Ligaspiele ab 1980), für weite Ausflüge und dumme Fehler bekannt. Vor seiner Torwartkarriere war er Dschungelkämpfer im ehemaligen Rhodesien.

Grosics, Gyula (4.2.1926)
Letzter Mann von Ungarns bester Mannschaft aller Zeiten. Gewann 1952 Olympia-Gold und nahm danach an drei WM-Endrunden teil (86 Länderspiele 1947-1962). Aufgrund des verlorenen Endspiels bei der Weltmeisterschaft 1954 gegen Deutschland durfte Grosics zeitweise in der Heimat, wo er mit Honvéd Budapest vier Landesmeisterschaften gewonnen hatte, nicht mehr spielen. Erst 1956 stand er wieder im Tor, bei Bányász Tatabánya. Dort beendete er 1962 seine Karriere. Im Juni 2002 gehörte er zu denen, die Fritz Walter das letzte Geleit gaben.

Hardy, Sam (26.8.1883)
Schöpfer des „coolen" englischen Torwart-Stils. Kam 1905 für 500 Pfund von Aston Villa zum FC Liverpool (239 Ligaspiele). Im englischen Nationalteam brachte er es auf 21 Einsätze. Hardy starb 1966.

Heinze, Gerhard (30.11.1948)
In 398 BL-Spielen stand der kleine „Flieger" im Tor des VfB Stuttgart (1967-1975) und des MSV Duisburg (1975-1982). Auf der Linie war er ein Akrobat, seine Schwächen in der Strafraumbeherrschung konnte er jedoch nie abstellen. Deswegen brachte er es auch nur zu einer Berufung in den B-Kader der Nationalmannschaft.

Hellström, Ronnie (21.2.1949)
Vermutlich bester Keeper Schwedens, begann seine Karriere 1966 bei Hammarby IF und beendete sie dort im Jahr 1986. Dazwischen lagen 84 Länderspiele, drei WM-Endrunden und 266 BL-Spiele für den 1. FC Kaiserslautern.

Herkenrath, Fritz (9.9.1928)
Nachfolger von Toni Turek und Vorgänger von Hans Tilkowski (21 Länder-

spiele 1954-1958), wurde wegen seines Sportlehrer-Diploms auch als „fliegender Schulmeister“ bezeichnet. Nach Beendigung seiner Karriere brachte es der Tormann von Rot-Weiß Essen zum Professor im Fachbereich Sport der Uni Aachen.

Hibbs, Harry (20.5.1905)
Unscheinbar auftretender Keeper von Birmingham City (358 Spiele 1924-1940) und der englischen Nationalmannschaft (25 Länderspiele 1930-1936), galt in Großbritannien als der beste Torhüter seiner Epoche.

Hiden, Rudolf (19.3.1909)
Beliebter Torhüter des berühmten österreichischen „Wunderteams“, ein gelernter Bäcker aus Graz. War nicht nur mit der österreichischen Nationalmannschaft erfolgreich (20 Länderspiele 1928-1933), sondern auch mit der französischen (3 Länderspiele 1938-1940). Für den Wiener AC und Racing Paris gewann der Show- und Lebemann zahlreiche Meisterschaften und Pokale. Nach einem bewegten Leben, das ihn durch halb Europa führte, verbrachte er, unter einer schweren Krankheit leidend, seine letzten Jahre in Wien. Verarmt und vom Publikum, das ihn so geliebt hatte, völlig vergessen, starb er am 11. September 1973.

Higuita, Jose René (28.8.1966)
Verrückter Nationaltorhüter Kolumbiens („El Loco“), war bekannt für seine weiten Ausflüge auf's Spielfeld. In Freundschaftsspielen für Vera Cruz (Mexiko) spielte er oft nur eine Halbzeit im Tor, um dann in den Sturm zu gehen. Weltweit bekannt wurde er, als er sich bei der WM 1990 im Zweikampf mit Kameruns Roger Milla verdribbelte. Wegen Verstrickungen mit der kolumbianischen Drogenmafia zu einer Gefängnisstrafe verurteilt, durfte er bei der WM 1994 nicht teilnehmen. Später begnadigt, kam er bis 1996 noch zu einigen Länderspielen, in denen er das Publikum mit Kunststücken begeisterte.

Illgner, Bodo (7.4.1967)
Zögling von Berti Vogts, wurde 1984 mit der DFB-Auswahl Europameister der U16. Als Toni Schumacher 1987 über sein Buch „Anpfiff“ gestolpert war, war der Weg für Illgner beim 1. FC Köln und in der Nationalmannschaft frei (54 Län-

derspiele 1987-1994). Der Weltmeister von 1990 war zwischen 1988 und 1994 Stammtorwart bei allen EM- und WM-Endrunden. 1996 wechselte Illgner zu Real Madrid, wo er 1997 den spanischen Meistertitel errang. Im Jahr 2000 wurde von dem jungen Iker Casillas verdrängt.

Immel, Eike (27.11.1960)
Bei der EM 1988 kurzzeitig die Nummer eins im deutschen Tor. Mit neun Jahren stand er erstmals zwischen den Pfosten der Eintracht Stadtallendorf. Mit 15 war er Torwart der Schülerauswahl des DFB. Die Bundesliga riss sich um den sprunggewaltigen Keeper, Borussia Dortmund machte schließlich das Rennen. 1986 wechselte er zum VfB Stuttgart, wo er seine beste Zeit hatte (UEFA-Cup-Endspiel 1989, Deutscher Meister 1992).

Ippig, Volker (28.1.1963)
Hausbesetzer und Fahrer eines uralten Mercedes, trat im „Aktuellen Sportstudio" mit Bauarbeiter-Schuhen auf. Trotz lediglich 65 BL-Spielen (1988-1991) St. Paulis Kultfigur Nr. 1.

Iribar, José Angel (1.3.1943)
Spanischer Nationaltorwart (54 Länderspiele 1964-1976) von Athletic Bilbao. Bei der WM 1966 musste er Lothar Emmerichs berühmten „Schuss aus unmöglichem Winkel" passieren lassen.

Jahn, Helmut (20.10.1917)
Bis heute ziemlich unbekannt gebliebener Stammtorwart der Nationalmannschaft. Dem Mann vom Berliner SV 92 gelang es im Dezember 1939, den Wiener Rudolf Raftl, den Schalker Hans Klodt und den alten Haudegen Hans Jakob als Konkurrenten um den Platz des Nationaltorwarts auszustechen. Bis 1942 kam er zu 17 Länderspiel-Einsätzen. Nach dem Krieg stand Jahn noch in Stuttgart, Neuendorf und Koblenz im Tor. Er starb am 18. März 1986 in Ludwigsburg.

Jakob, Hans (16.6.1908)
Regensburger Torwart-Idol, lieferte sich lange einen unerbittlichen Kampf mit Willibald Kress um den Posten des Nationaltorwarts. Nach der WM 1934 hieß sein Konkurrent Fritz Buchloh. Am Ende hatte Jakob beide überflügelt. Bis 1939 bestritt er 38 Länderspiele. Erst 1967 konnte ihm Hans Tilkowski den Titel als „Rekordschlussmann" abjagen. Jakob beendete seine Karriere nach 1945 als „Aushilfstorwart" bei Bayern München und dem FC Lichtenfels. Im Seniorenalter spielte er ein paarmal für Sammy Drechsels FC Schmiere. Er starb am 23. März 1994.

Jaschin, Lew (22.10.1929)
Nach Expertenmeinung der beste Torwart aller Zeiten. Im Jahr 1950 durfte Jaschin erstmals für seinen Lehrmeister Chomitsch in einem Meisterschaftsspiel

einspringen. Es unterliefen ihm so schlimme Patzer, dass er für drei Jahre auf der Reservebank schmoren musste. Dann machte er Karriere. Für Dynamo Moskau bestritt er bis 1970 813 Spiele, heraus sprangen in dieser Zeit fünf Meistertitel und drei Pokalsiege. Zwischen 1954 und 1967 stand er in 78 Länderspielen im Tor der UdSSR. Die Erfolge: Olympia-Gold 1956, Europameister 1960, WM-Endrundenteilnahme 1958, 1962 und 1966. Am 27. Mai 1971 gab er im Tor von Dynamo gegen eine FIFA-Auswahl vor 103.000 Zuschauern im Lenin-Stadion sein Abschiedsspiel. Der Kettenraucher, der sich 1985 einer Unterschenkel-Amputation unterziehen musste, starb am 20. März 1990.

Jennings, Pat (12.6.1945)
Nordirischer Torwart-Gigant (119 Länderspiele 1964-86). Startete seine Karriere mit 17 Jahren beim englischen Drittligisten FC Watford und absolvierte insgesamt über 1.100 Pflichtspiele. 1964 nahm er das Angebot von Tottenham Hotspurs an und debütierte im selben Jahr in der nordirischen Nationalmannschaft gegen Wales. Mit Tottenham gewann er 1967 den englischen

Pokal und 1972 den UEFA-Pokal. Nach dem Abstieg der Spurs kam Jennings 1977 zu Arsenal London, wo er 1979 erneut den englischen Pokal errang. Bei den Weltmeisterschaften 1982 in Spanien und 1986 in Mexiko überzeugte er mit tollen Leistungen als Torhüter der nordirischen Auswahl. Mit 41 Jahren vom FC Everton unter Vertrag genommen, wurde er 1987 noch einmal Englischer Meister. 1989, mit nunmehr 44 Jahren, beendete er seine Karriere.

Jongbloed, Jan (25.11.1940)
Spielstarker Torhüter vom FC Amsterdam und Roda Kerkrade, kam mit den Niederlanden 1974 und 1978 ins WM-Finale (24 Länderspiele).

Jürissen, Willi (13.5.1912)
Immer fesch gekleideter Tormann von Rot-Weiß Oberhausen, durfte 1935/36 sechsmal ins Tor der Nationalmannschaft. Während des Zweiten Weltkriegs war er Gastspieler des HSV. Nach dem Krieg spielte er für Oberhausen in der Oberliga West, 1949 wechselte er zur SpVgg Erkenschwick. Hier begann er auch seine zweite Karriere als Trainer. Willi Jürissen starb im Oktober 1990.

Kahn, Oliver (1.6.1969)
Seit 2001 der „King Kahn“ im deutschen Tor. Mit 21 Jahren verdrängte er Alexander Famulla aus dem Tor des Karlsruher SC. 1994 wechselte zum FC Bayern München und gewann zahlreiche nationale Meisterschaften und Pokale. International sind der Sieg im UEFA-Pokal 1996 und der Gewinn der Champions-League 2001 seine bisher größten Erfolge. In der Nationalmannschaft wurde Kahn nach der Weltmeisterschaft 1998 die Nummer eins im Tor. 2002 führte er die deutsche Auswahl quasi im Alleingang ins WM-Endspiel. Dort leitete allerdings ein Fehler von ihm die Niederlage gegen Brasilien ein.

Kampa, Darius (16.1.1977)
Neben Timo Hildebrand (Stuttgart), Roman Weidenfeller (Dortmund) und Tim Wiese (Kaiserslautern) gilt der aus dem FC Augsburg hervorgegangene Torhüter des 1. FC Nürnberg als eines der größten deutschen Torwarttalente.

Kamps, Uwe (12.6.1964)
Kleiner Tormann vom Bökelberg, bei den weiblichen Fans jedoch groß angesagt. Der Gewinner der Bronze-Medaille bei der Olympiade 1988 in Seoul machte zwischen 1982 und 2002 respektable 389 BL-Spiele für Borussia Mönchengladbach, wo er inzwischen als Torwarttrainer fungiert.

Kargus, Rudi (15.8.1952)
Mit 23 Rettungstaten bester Elfmeter-Töter der Bundesliga-Geschichte. Im Jahr 1973 löste der aus Worms stammende Kargus den Türken Özcan zwischen den Pfosten des HSV ab. 1976 holte er mit dem HSV den DFB-Pokal, 1977 den Europapokal, 1979 die deutsche Meisterschaft. Im Jahr darauf wollte ihn Trainer Branko Zebec nicht mehr haben. Der dreifache Nationalkeeper spielte dann noch für verschiedene Vereine (1. FC Nürnberg, Karslruher SC, Fortuna Düsseldorf, 1. FC Köln). Insgesamt bestritt er 408 BL-Spiele. 1990 wurde er wegen einer Hüftverletzung zum Sportinvaliden.

Kelsey, Alfred John (19.11.1929)
Keeper von Arsenal London (327 Ligaspiele 1950-62), englischer Meister 1953, Nationaltorhüter von Wales bei der WM 1958 (41 Länderspiele). Kelsey, für viele einer der britischen Top-Keeper überhaupt, starb am 18. März 1992 in London.

Kleff, Wolfgang (16.11.1946)
Wegen seiner Ähnlichkeit mit dem Komiker Otto Waalkes auf den Namen „Otto“ getaufter Torhüter von Mönchengladbach. Gewann fünf deutsche Meistertitel, einen Pokal und zwei UEFA-Cups. 1976/77 erlitt er eine Leistenverletzung und verlor seinen Stammplatz an Wolfgang Kneib. Er ging zu Hertha BSC, kehrte aber nach nur einem Jahr wieder an den Bökelberg zurück. 1982, nach 321 Bundesligaspielen,

verließ er Gladbach endgültig. Er spielte noch für Fortuna Düsseldorf und den VfL Bochum. Noch mit 46 Jahren stand er im Tor der TG Weiskirchen. 433 BL-Spiele und 6 Länderspiele (1971-1973) stehen für ihn zu Buche.

Kiraly, Gabor (1.4.1976)
Tormann mit grauer Turnhose. Nummer eins der ungarischen Nationalmannschaft, kam von Szombathely nach Berlin und steht seit 1997 im Tor von Hertha BSC.

Klodt, Hans (10.6.1914)
Nachfolger von Hermann Mellage im Schalker Tor, als „Mann mit der Schirmmütze" bekannt. Er errang drei Meistertitel und stand in 17 Spielen (1938-41) für Deutschland im Tor. Im Zweiten Weltkrieg erlitt er eine Schussverletzung am Bein und verpasste, im Lazarett liegend, den Titelgewinn des Jahres 1942. Nach dem Krieg spielte er wieder für Schalke, 1948 wechselte er zur SpVgg Beckum, wo er 1955 seine Karriere beendete. Später war er als Trainer tätig (SpVgg Beckum, Teutonia Lippstadt, Horst-Emscher). Hans Klodt starb am 8. November 1996.

Klos, Stefan (16.8.1971)
National und international erfolgreicher Schlussmann von Borussia Dortmund. Neben den Meistertiteln 1995 und 1996 gewann er mit dem Verein 1997 gegen Juventus Turin das Endspiel der Champions League und anschließend den Weltpokal gegen den Südamerikameister. In der Winterpause der Saison 1998/1999 wechselte er nach 254 BL-Spielen für den BVB zu den Glasgow Rangers nach Schottland, wo er mithalf, mehrere nationale Titel zu erkämpfen.

Köhl, Georg (19.11.1910)
Ein „Flieger" im Tor des 1. FC Nürnberg. Der gebürtige Nürnberger löste 1930 die Torwart-Legende Heiner Stuhlfauth ab. Bis 1941 kam er auf 490 Einsätze, eine Meisterschaft, zwei Pokalsiege und ein Länderspiel. Er starb am 15. Januar 1944 in einem Lazarett in Krakau an den Folgen einer schweren Kriegsverletzung.

Köpke, Andreas (12.3.1962)
Kühler Nationaltorwart mit starken Reflexen (59 Länderspiele 1990-1998). 1996 hatte der gebürtige Kieler großen Anteil am Gewinn des Europameister-Titels. Der Mann, der mit seinen Vereinen (u.a. 1. FC Nürnberg und Eintracht Frankfurt) fünf Abstiege erleiden musste, beendete seine Karriere nach insgesamt 246 BL-Spielen im Jahr 2001 in Nürnberg.

Koncilia, Friedl (25.2.1948)
Robuster Rekord-Nationaltorhüter (84 Länderspiele 1970-1985) Österreichs. Stand 1978 in Argentinien beim berühmten 3:2 gegen die BRD im Tor und war auch mit seinen Vereinen äußerst erfolgreich. Mit Wacker Innsbruck wurde er fünfmal Meister und viermal Pokalsieger. Als Keeper von Austria Wien fügte er dieser Bilanz ab 1979 noch vier Meister- und zwei Pokaltitel hinzu. Gepeinigt von einem Bandscheibenleiden beendete er seine Karriere mit 37 Jahren. 1995 hatte er ein Intermezzo als Torwarttrainer in Japan bei den Osaka Gambas.

Konrad, Otto (1.11.1964)
Ehemaliger „Mozart" im Tor von Casino Austria Salzburg. Österreichischer Landesmeister 1994 und 1995, errang mit

seinen Auftritten im Europapokal eine gewisse Bekanntheit. 1995/96 wechselte er unter Getöse zu Real Saragossa.

Kress, Willibald (13.11.1906)
Graziöser Nationaltorwart („schöner Willibald"). Wurde 1932 von Rot-Weiß Frankfurt wegen Verstößen gegen das Amateurstatut für zwei Jahre gesperrt. Er wich ins Ausland aus und gab ein Kurzgastspiel im französischen Mühlhausen. Nach seiner Begnadigung nahm er 1934 an der WM teil, wobei ihm allerdings im Halbfinale gegen die Tschechoslowakei schwerwiegende Fehler unterliefen. Seine internationale Karriere war damit nach 16 Spielen beendet. Große Erfolge hatte er noch mit dem Dresdner SC (Meister 1943, 1944, Pokalsieger 1940, 1941); seine Karriere beendete er 1949 beim FSV Frankfurt/M. Nach seinem Sportlehrerexamen in Köln war er als Trainer tätig (u.a. FSV Frankfurt, Wuppertaler SV, Wormatia Worms). Am Ende seines Lebens hatte er gesundheitliche Probleme. Er starb am 27. Januar 1989 nach mehreren Schlaganfällen.

Kubsch, Heinz (20.7.1930)
Dritter Mann bei der WM 1954, machte bis 1956 drei Länderspiele. Angeblich kam er deswegen nicht zu weiteren Länderspielen, weil ihn Herberger nach einem Spiel gegen Aachen mit einer „Fahne" ertappt hatte. Bei der SpVg. Katernberg wurde Kubsch als 17-Jähriger jüngster Oberliga-Torwart, wechselte dann zum FK Pirmasens. Er starb am 24. Oktober 1993.

Kunter, Peter (28.4.1941)
Kleiner und etwas dicklicher Keeper mit Doktortitel (Staatsexamen in Medizin 1968), machte von 1965 bis 1976 234 BL-Spiele für Eintracht Frankfurt.

Kwiatkowski, Heinz (16.7.1926)
Nachfolger von Hans Klodt, war Torwart der Schalker Oberligamannschaft von 1947-50. Er wechselte danach zu Rot-Weiß Essen, 1956 und 1957 wurde er mit Borussia Dortmund Deutscher Meister. Als Nationaltorhüter absolvierte er vier Spiele; unter anderem hütete er das Tor bei der 3:8-Vorrundenniederlage gegen Ungarn bei der WM 1954. Nach seiner Karriere arbeitete er als Reprofotograf.

Leao, Emerson (11.7.1949)
Keeper von Palmeiras und Vasco da Gama, stand bei drei WM-Endrunden im Tor Brasiliens (81 Länderspiele 1971-1986).

Lehmann, Jens (10.11.1969)
Nummer zwei der Nationalmannschaft, rüttelt nach Kräften am Thron Oliver Kahns. Lehmann kam 1987 nach Schalke und stach 1991 Holger Gehrke als Stammtorhüter aus. Mit dem FC Schalke 04 erreichte er nach langen, erfolglo-

sen Spielzeiten Mitte der 1990er Jahre wieder eine Spitzenplatzierung in der Bundesliga, 1997 gelang gegen Inter Mailand der UEFA-Pokalsieg. Im Sommer 1998 wechselte Lehmann zum AC Mailand, kehrte aber nach mäßigem Erfolg in der Winterpause zu Borussia Dortmund und damit in die Bundesliga zurück. Im Juli 2003 wechselte er als Seaman-Nachfolger für eine Ablöse von 3,5 Mio. Euro zu Arsenal London.

Leighton, Jim (24.7.1958)
Angeblich bester schottischer Keeper aller Zeiten (91 Länderspiele, vier WM-Endrunden 1982-1990). Begann seine Karriere 1978 in Aberdeen, wohin er, nach Zwischenstationen u.a. bei Manchester United, 1997 wieder zurückkehrte. Sein größter Erfolg war der Europacup der Pokalsieger mit Aberdeen 1983. In Schottland gewann er zwei Meisterschaften und vier Pokale.

Lohrmann, Theodor (7.9.1898)
Bei Frauen beliebter Keeper der SpVgg Fürth, Konkurrent des Nürnbergers Stuhlfauth in der Nationalmannschaft, bestritt 1920/22 drei Länderspiele. Nach seinem Wechsel zu den Wiener Amateuren in den Augen des DFB Profi geworden, kam er zu keinen weiteren Berufungen mehr. Nach Beendigung seiner Karriere arbeitete er als Trainer, u.a. bei Rot-Weiß Oberhausen. Er starb am 4. September 1971.

Maier, Sepp (28.2.1944)
Bester deutscher Torwart aller Zeiten. Die Erfolgsgeschichte des berühmten Bayern-Torwarts in Stichworten: Für den FC Bayern (1958-1979) 473 Bundesligaspiele, je viermal Meister und Pokalsieger, Europapokal der Pokalsieger 1967, Europapokal der Landesmeister 1974, 1975, 1976, Weltpokal 1976. 95 Länderspiele für die BRD (1966-1979), Europameister 1972, Weltmeister 1974. Sepp Maiers Karriere endete am 14. Juli 1979, als er sich bei einem Verkehrsunfall schwerste Verletzungen zuzog. Der Besitzer eines Tennisparks wurde Torwarttrainer bei Bayern und in der Nationalmannschaft.

Manga, Ailton Correa Arruda (26.4.1937)
Torhüter von Botafogo und der brasilianischen Seleçao. Sprang bei der WM 1966 im Vorrundenspiel gegen Portugal

für Gilmar ein und besiegelte mit einem Fehler die 1:3-Niederlage.

Manglitz, Manfred (8.3.1940)
Großmäuliger Schlussmann von Bayer Leverkusen, MSV Duisburg und dem 1. FC Köln, machte zwischen 1963 und 1971 257 BL-Spiele und vier Länderspiele. Durch seine Verstrickungen in den Bundesligaskandal verlor er 1971 seine Profilizenz. Nach turbulenten Jahren kaufte sich „Cassius" Manglitz eine Villa an der Costa Blanca, um dort seinen Lebensabend zu verbringen.

Maspoli, Roque Gastón (12.10.1917)
Nationalheld Uruguays, bestritt 44 Länderspiele und war beim Gewinn des Weltmeistertitels 1950 eine der Hauptfiguren. Als Trainer gewann der ehemalige Keeper von Penarol Montevideo ebenfalls viele Titel. Mit Penarol Montevideo wurde er Landesmeister, Südamerikameister (Copa Libertadores) und Weltpokalsieger; mit Uruguay gewann er 1980/81 die Copa de Oro. Seit 1990 Präsident der Trainervereinigung, wurde der mittlerweile 80-Jährige 1997 gebeten, die Auswahl Uruguays in die Qualifikation für die nächste WM zu führen. Trotz eines 0:0 in Buenos Aires gegen Argentinien war Uruguay in Frankreich nicht dabei.

Mazali, José Andres (1899)
Torwart der Wundermannschaft aus Uruguay, die 1924 und 1928 bei den Olympiaden in Paris und Amsterdam Gold gewann. Der letzte Mann von Nacional Montevideo stand in 55 Spielen im Tor Uruguays.

Mazurkiewicz, Ladislao (14.2.1945)
Uruguays Nationaltorhüter der Jahre 1965 bis 1974 (65 Länderspiele), war einer der Besten seiner Zeit. Er errang mit Penarol Montevideo sechs Landesmeisterschaften sowie den Weltcup und die Copa Südamerika.

Merrick, Gilbert Harold (1922)
Unglücklicher Torwart von Birmingham City (551 Spiele). Als Keeper der englischen Nationalelf (23 Länderspiele) musste er 1953/54 in zwei Spielen gegen Ungarn 13 Gegentreffer hinnehmen. Merrick beendete seine Karriere 1960 mit 38 Jahren als Rekordspieler Birminghams – 22 Jahre hatte er dort im Tor gestanden.

Nigbur, Norbert (8.5.1948)
Einer der besten deutschen Torhüter der 1970er Jahre. Er war der große Rückhalt des Pokalsiegers und Vizemeisters von 1972, Schalke 04. 1976-79 bei Hertha BSC in Berlin, kehrte er nach Schalke zurück und erlebte noch den Schalker Abstieg und Wiederaufstieg (355 BL-Spiele für Schalke). In der Nationalmannschaft kam er an Maier nicht vorbei (6 Länderspiele 1974-1980). Nach seiner aktiven Zeit widmete er sich seinem Hobby als passionierter Trabrennfahrer. Er spielte

noch für den VfB Hüls, Rot-Weiß Essen und den FC Luthenberg.

N'Kono, Thomas (20.7.1955)
Kameruns Nationaltorwart (110 Länderspiele), stand bis 1982 bei Canon de Yaounde im Tor, danach bei Español Barcelona (1982-1991) und dem FC Sabadell (1991-1993). Bei der WM 1982 kassierte er nur ein einziges Tor. Trotzdem schieden die Afrikaner aus, weil sie insgesamt ein Tor weniger geschossen hatten als der spätere Weltmeister Italien. Auch bei der WM 1990, als Kamerun bis ins Viertelfinale kam und dort unglücklich an England scheiterte, überzeugte N'Kono.

Olivieri, Aldo (2.10.1910)
Torhüter des italienischen Weltmeister-Teams 1938 (24 Länderspiele), wegen seiner exzentrischen Interpretation des Torwart-Spiels oftmals kritisiert und belächelt. Er begann 1929 als Tormann bei Hellas Verona, stand von 1938 bis 1942 im Tor von Juventus Turin und beendete seine Karriere 1944 in der Seria D in seiner Geburtsstadt, bei Audace San Michele. Olivieri starb am 6. April 2001 in Viareggio.

Pagliuca, Gianluca (18.12.1966)
Aus dem FC Bologna hervorgegangener Torhüter, wurde mit Sampdoria Genua zwischen 1988 und 1994 einmal Landesmeister und dreimal Pokalsieger, mit Inter Mailand gelang ihm 1998 der Gewinn des UEFA-Cups. Bei der WM 1998 stand er statt des verletzten Peruzzi im Tor der Azzurri.

Pereira, Costa (21.6.1930)
Portugals bester Torhüter aller Zeiten (63 Länderspiele). Kam als 15-Jähriger

aus der portugiesischen Ostafrikakolonie nach Lissabon zu Benfica, wo er drei Europa- und zwei Weltcupfinals im Landesmeister-Wettbewerb bestritt.

Peruzzi, Angelo (16.2.1970)
Beliebter italienischer Nationaltorhüter (26 Länderspiele), spielte bei verschiedenen Vereinen in der Seria A, große Karriere machte er bei Juventus Turin zwischen 1991 und 1999: UEFA-Cup-Sieger 1993, Landesmeister 1995, 1997, 1998, Pokalsieger 1995, Champions-League-Sieger 1996, Weltpokal 1996.

Pesch, Willi (1908)
Bei den Fans beliebter Stammtorwart der Düsseldorfer Fortuna. Deutscher Meister 1933, Finalist 1936 und Pokalfinalist 1937. In der Nationalmannschaft war er Dauer-Ersatzmann. Pesch starb bei einem Straßenbahnunfall am 15. Mai 1940.

Pfaff, Jean-Marie (5.12.1953)
Publikumsfreundlicher Nationaltorwart Belgiens (62 Länderspiele 1977-1986). 1980 wurden die Belgier mit ihm Vize-Europameister. 1986 wurde die belgische Nationalmannschaft in Mexiko

WM-Vierter und Pfaff zum Torhüter des Turniers gewählt. 1978 holte er mit dem SK Beveren den belgischen Pokal und ein Jahr später die Meisterschaft. Nach seinem Wechsel zum FC Bayern München im Jahr 1982 gewann er zweimal den Pokal und drei deutsche Meisterschaften. 1988 verließ er die Bayern wegen Streitigkeiten mit Raimond Aumann. Er wechselte zunächst nach Belgien zu Lierse SK und beendete seine Karriere 1990 beim türkischen Erstligisten Trabzonspor.

Plánicka, Frantisek (2.7.1904)
Vermutlich bester und mit Sicherheit mutigster Torwart in den 1930er Jahren. Seine Karrieredaten: 969 Spiele für Slavia Prag, acht Meister- und sechs Pokalerfolge, 73 Länderspiele für die Tschechoslowakei (1926-1938), WM-Finalist 1934. Der Beamte bei der Prager Pensionsversicherung stand noch 1968, als 60-Jähriger, für die Altherrenmannschaft von Slavia im Tor. Er starb am 20. Juli 1990.

Platzer, Peter (29.5.1910)
Gut aussehender Keeper von Admira Wien, kam zwischen 1933 und 1937 zu 31 Länderspielen für Österreich, nach-

dem der berühmte Rudi Hiden nach Paris ausgewandert war. 1939 stand er, verletzt, in der Admira-Mannschaft, die gegen Schalke 04 im Endspiel mit 0:9 unterging. Noch im selben Jahr beendete Platzer seine Torwartkarriere. Er starb am 3. Dezember 1959 nach langer Krankheit.

Preud'homme, Michel (24.1.1959)
Langjähriger Nationaltorwart Belgiens, spielte bei Standard Lüttich, KV Mechelen und Benfica Lissabon, wo er 1999 seine Karriere beendete. Obwohl er nie Trainer werden wollte, unterschrieb er im Dezember 2000 einen Dreijahres-Vertrag bei Standard Lüttich, dort also, wo er mehr als 20 Jahre vorher seine Karriere begonnen hatte.

Pumpido, Nery Alberto (30.7.1957)
Argentiniens Schlussmann bei den WM-Endrunden 1982, 1986 und 1990. Stand im Tor von Union Santa Fé, River Plate Buenos Aires, FC Genua und Real Betis Sevilla.

Quiroga, Ramos (23.7.1950)
Gebürtiger Argentinier im Tor des peruanischen Vereins Sporting Cristal. Um

Nationaltorwart seines Gastlandes zu werden, erwarb er vier Wochen vor dem WM-Turnier 1978 die peruanische Staatsbürgerschaft. War nicht unschuldig am 0:6 Perus gegen Argentinien. Der hohe argentinische Sieg verbaute den Brasilianern den Weg ins Finale.

Radenkovic, Petar (1.10.1934)
Lustigster Schlussmann der Bundesliga. Der frühere Belgrader (OFK, Roter Stern) und Nationalkeeper Jugoslawiens (3 Länderspiele, Olympia-Silber 1952) hütete das Tor von Wormatia Worms, nachdem er zuvor auf Jobsuche in München von den Bayern und in Nürnberg vom Club abgewiesen worden war. Max Merkel hielt mehr von ihm und verpflichtete ihn 1962 nach München zum Oberligisten TSV 1860. Dort wurde er als „Radi" zum berühmten und allseits beliebten Volksclown. Bis zum Abstieg der Löwen im Jahr 1970 bestritt der Jugoslawe 215 BL-Spiele. 1964 schaffte er den Pokalsieg, 1966 wurde er Deutscher Meister. Obwohl es mit 0:2 verloren ging, war jedoch das Finale im Europapokal gegen West Ham United im Mai 1965 der Höhepunkt seiner Karriere.

Raftl, Rudolf (7.2.1911)
Letzter Mann von Rapid Wien, war Torhüter der so genannten „großdeutschen" Mannschaft, die bei der WM 1938 in Frankreich mit 2:4 gegen die Schweiz unterlag und damit bereits in der Vorrunde ausschied. Er bestritt sechs Länderspiele für Österreich, und, nach der Annexion, sechs für Deutschland. Bereits zweimaliger Österreichischer Meister, wurde er 1941 nach einem 4:3 Rapids gegen Schalke 04 auch Deutscher Meister. Rudolf Raftl starb am 5. September 1994.

Ramallets, Antonio (4.7.1925)
Torhüter des FC Barcelona, Spaniens bester in den 1950er Jahren, hat 35 Länderspiele (1950-1961) und neun spanische Titel (vier Meisterschaften, fünf Pokalsiege) vorzuweisen.

Ravelli, Thomas (13.8.1959)
Schwedischer Rekordhalter in Sachen Titel: Einmaliger Pokalsieger und achtfacher schwedischer Landesmeister mit Östers Växjö und IFK Göteborg. Auch die 430 Spiele, die er von 1979 bis 1997 in Schwedens erster Liga bestritt, sind Rekord. Gar Weltrekord sind seine 143 Länderspiele für das Drei-Kronen-Team (1981-97). Wenig rekordverdächtig ist allein sein größter Erfolg: Schwedens dritter Platz bei der WM 1994 in den USA.

Reck, Oliver (27.2.1965)
Oft zu Unrecht verspotteter Top-Torhüter. Wurde mit Werder Bremen je zweimal Meister und Pokalsieger, 1992 holte er den Europapokal der Pokalsieger. Als Torhüter von Schalke 04 fügte er noch zwei Pokalsiege hinzu. Bis zu seinem Karriereende 2002 bestritt der Dauerbrenner 468 BL-Spiele (1 Länderspiel 1996).

Reitmaier, Claus (17.3.1964)
Der überzeugte Katholik, der auf der Linie glänzend reagiert, aber immer wieder die Orientierung verliert, wenn er sich von ihr lösen muss, hatte eine Karriere mit Höhen und Tiefen. Über die Stuttgarter Kickers, den 1. FC Kaiserslautern und den Karlsruher SC gelangte er zum VfL Wolfsburg, wo er im Jahr 2002, mit mittlerweile über 300 BL-Spielen, zum ältesten Spieler der Bundesliga avancierte.

Remetter, François (8.8.1928)
Französischer Nationaltorhüter (26 Länderspiele), WM-Teilnehmer 1954 und 1958, spielte bei zahlreichen französischen Vereinen.

Robinson, John „Jack“ (19.7.1878)
Erfinder der Flugparade („Robinsonade“), spielte bei Plymouth Argyle, Derby County, New Brighton Tower und ab 1899 beim FC Southampton, mit dem er zweimal ins englische Cupfinale gelangte. Zwischen 1897 und 1901 kam er zu 11 „caps“ für England. Robinson starb am 4. Mai 1949.

Roose, Leigh Richmond (27.11.1877)
Früher Nationalkeeper von Wales (24 Länderspiele), mit Doktortitel und starkem Hang zum Offensivspiel. Spielte bei zahllosen Vereinen, u.a. Aberystwyth Town, Stoke City, FC Everton, FC Sunderland, Huddersfield, Aston Villa, Arsenal London, Celtic Glasgow.

Rost, Frank (30.6.1973)
Von Dieter Burdenski aufgebauter Torhüter von Werder Bremen (1995-2002) und Schalke 04, wird als möglicher Nachfolger Oliver Kahns gehandelt.

Rough, Alan (25.11.1951)
Zuweilen ängstlicher Keeper von Partick Thistle und Hibernians Edinburgh, nahm für Schottland an drei WM-Endrunden teil (53 Länderspiele 1976-1986).

Sawitzki, Günter (22.11.1932)
Langjähriger Klasse-Keeper des VfB Stuttgart, Pokalsieger (1958) und Nationalspieler (10 Länderspiele 1956-1963). Hat als junger Mann bereits beim SV Sodingen in der DM-Endrunde 1954/55 für Furore gesorgt. 1970 hütete er mit fast 38 Jahren noch einmal in der Bundesliga das Tor des VfB.

Schmeichel, Peter (18.11.1963)
Athletischer Tormann mit der Ausstrahlung eines Ausbilders der US-Marines. Wurde 1992 mit Dänemark überraschend Europameister, war jedoch nicht nur als Nationaltorhüter (129 Länderspiele bis 2001) erfolgreich. Mit Brøndby IF Kopenhagen (1986-1991) brachte er es auf vier Landesmeisterschaften und einen Pokalsieg, mit Manchester United (1991-1999) schaffte er in England fünf Meister- und drei Pokalerfolge sowie 1999, gegen Bayern München,

den Sieg in der Champions League. Mit Benfica Lissabon wurde er 2000 nochmals Meister, 2001 hängte er eine Saison bei Aston Villa an, und auch 2002/03 hatte der wohl weltbeste Keeper der 1990er Jahre noch immer nicht genug: Mit Manchester City gewann er im November 2002 gegen seinen alten Verein Manchester United mit 3:1.

Schroijf, Viliam (2.8.1931)
Vorübergehend mit Weltklasseleistungen aufwartender Nationalkeeper der Tschechoslowakei (39 Länderspiele 1955-1965), Vizeweltmeister von 1962. Er spielte lange Zeit bei Slovan Bratislava, nach einem Abenteuer in Australien unterschrieb er 1968, bereits 40 Jahre alt, nochmal einen Profivertrag in Wien.

Schumacher, Harald „Toni“ (6.3.1954)
Streitbarer Schlussmann mit Wackelknie. In Düren groß geworden, wurde er mit dem 1. FC Köln (1972-1987) Meister und dreifacher Pokalsieger, mit Fenerbahce Istanbul errang er 1989 ebenfalls den Landestitel. Die ganz großen Erfolge hatte der Torhüter, der auch noch für Schalke 04, Bayern München und Borussia Dortmund jeweils kurzzeitig im Tor stand (464 BL-Spiele insgesamt), allerdings in der Nationalmannschaft (76 Länderspiele 1979-1986): Europameister 1980 und Vize-Weltmeister 1982 und 1986. Im April 1992 verabschiedete er sich mit einem Abschiedsspiel im Köln-Müngersdorfer Stadion gegen die Nationalmannschaft. Inzwischen hatte er sich mit dem DFB, der ihn 1987 wegen der Doping-Vorwürfe in seinem Buch „Anpfiff“ verbannt hatte, ausgesöhnt. Als Trainer gescheitert, fand er sein Aus-

kommen als Torwarttrainer, zunächst bei Borussia Dortmund, dann bei Bayer Leverkusen.

Scott, Elisha (24.8.1894)
Erster Nationaltorhüter Nordirlands (31 Länderspiele), löste kurz vor dem Ersten Weltkrieg Sam Hardy im Tor von Liverpool ab. Dort blieb er bis 1934 unangefochten. In 18 Jahren absolvierte er 467 Spiele. Seine Karriere beendete er bei Celtic Belfast. Der Keeper, der einen festen Platz in der „Hall of Fame“ des FC Liverpool innehat, starb am 16. Mai 1959.

Seaman, David (19.9.1963)
Nicht immer sattelfester englischer Nationalkeeper. Stand lange Jahre im Tor der Queens Park Rangers, konnte aber erst mit dem FC Arsenal London mehrfacher Englischer Meister und Pokalsieger werden. In der Nationalmannschaft trat er nach 1990 das Erbe von Peter Shilton an (65 Länderspiele). Gegen Ende seiner Karriere machte der einst zuverlässige Torhüter, der in seiner Karriere mehr als 1.000 Pflichtspiele bestritt, vor allem durch haarsträubende Stellungsfehler bei Weitschüssen und

Flanken von sich reden. Zum Ende der Saison 2002/03 wurde er zu Manchester City abgeschoben.

Séchehaye, Frank (3.11.1907)
Sohn eines Missionars, begann seine Karriere bei Etoile Carouge in Mozambique und avancierte dann in der Schweiz zum Rekordmann unter den Torhütern (37 Länderspiele 1927-1935). Mit Servette Genf und dem FC Lausanne errang der modebewusste Keeper vier Landestitel und einen Pokalsieg.

Shilton, Peter (18.9.1949)
Topmann, der seine Laufbahn als Nachfolger von Gordon Banks bei Leicester City begann. Hatte seine beste Zeit ab 1977 bei Nottingham Forest (Europapokal der Landesmeister 1979 und 1980). Obwohl mit 125 „caps" englischer Rekordnationalspieler, konnte er mit der Nationalmannschaft keine ganz großen Erfolge feiern. Entweder qualifizierten sich die Engländer nicht für die WM-Turniere (1974 und 1978) oder sie scheiterten vorzeitig. Bei der Weltmeisterschaft 1986 in Mexiko wurden die Engländer von den Argentiniern im Viertelfinale mit 2:1 besiegt. Das 1:0 erzielte Maradona mit der Hand. Shilton protestierte nicht, war aber von dem Weltstar enttäuscht. In den 1980er Jahren Torwart von Southampton und Derby County, wollte Shilton seine Karriere beim FC Plymouth Argyle als Spielertrainer ausklingen lassen, feierte dann aber 1995 beim FC Wimbledon noch mal ein Comeback in der Premier League. Seine letzte Station war Leyton Orient.

Sonnrein, Heinrich (28.3.1911)
Torwart von Hanau 93, war in den 30er Jahren einer der populärsten Fußballer in Hessen. 1935 nahm Hanau an der Endrunde teil. Sonnrein war so gut, dass er trotz eines Jakob, Buchloh oder Jürissen zu zwei Einsätzen in der Nationalmannschaft kam. Im Februar 1944 starb er bei den Kämpfen um Monte Cassino.

Soskic, Milutin (31.12.1937)
Nationaltorhüter Jugoslawiens (52 Länderspiele 1958-1966). Hatte Tage, an denen er unüberwindlich schien, konnte aber auch heftig patzen. 1966 wechselte der Keeper von Partizan Belgrad (vier Meistertitel, ein Pokalsieg) zum 1. FC Köln, wo er 1968 Pokalsieger wurde. In Bundesligaspielen gegen den 1. FC Kaiserslautern – am 11. Juni 1968 und am 1. Februar 1969 – erlitt er jeweils einen Schienbeinbruch. Danach konnte er seine alte Leistungsfähigkeit nicht mehr erreichen, und Soskic wurde von Manfred Manglitz verdrängt.

Southall, Neville (16.9. 1958)
Walisischer Rekord-Nationaltorhüter (93 Länderspiele) aus Llandudno. Kam 1981 von Bury zum FC Everton. Dort war „Big Nev" bis März 1998 die Nummer eins (Pokalsieger 1985 und 1987, Europapokal der Pokalsieger 1985). Mit

750 Einsätzen hält er den Spielrekord des FC Everton. Selbst deutlich sichtbare Rettungsringe um die Hüften hielten ihn nicht davon ab, seine Karriere fortzusetzen. Zuletzt hatte er bei etlichen Vereinen kurzzeitige Engagements als Notnagel und Torwarttrainer.

Sprake, Gary (3.4.1945)
Ein im Prinzip exzellenter Torwart, wurde aber wegen einiger kurioser Fehler berühmt. Der gebürtige Waliser bestritt für sein Heimatland 37 Länderspiele und brachte es für Leeds United von 1962 bis 1973 zu 508 Einsätzen.

Springett, Ron (22.7.1935)
Englischer Nationalkeeper (33 Länderspiele) von Sheffield Wednesday, Vorgänger von Gordon Banks. Dass er bei Weitschüssen öfter mal Schwierigkeiten hatte, wurde auf seine Kurzsichtigkeit zurückgeführt.

Stein, Uli (23.10.1954)
Problemkeeper mit unbestrittenen Qualitäten. Begann seine Profikarriere 1976 bei der Arminia aus Bielefeld, mit der er 1978 in die Bundesliga aufstieg, und beendete sie dort im Jahr 1997. Dazwischen lagen 436 BL-Spiele, sechs Länderspiele, zwei Meisterschaften, ein Pokalsieg und ein Europapokal der Landesmeister mit dem Hamburger SV, ein weiterer Pokalsieg mit Eintracht Frankfurt und jede Menge Aufregungen um seine extravagante Persönlichkeit.

Stepney, Alex (18.9.1942)
Eine der großen Identifikationsfiguren von Manchester United (535 Einsätze von 1966 bis 1978). Nach einer Saison bei Millwall beendete er seine Karriere bei den Dallas Tornados in den USA.

Stuhlfauth, Heiner (11.1.1896)
Bester deutscher Keeper der 20er Jahre, brachte es mit dem 1. FC Nürnberg (605 Spiele) zu fünf Meisterschaften, in der Nationalmannschaft bestritt er bis 1930 die damalige Rekordzahl von 21 Länderspielen. Sein Auskommen hatte er als Wirt einer Weinstube in Nürnberg (Sebaldusklause), in der sich die damalige Creme de la Creme des Fußballs traf. Nach dem Krieg war er als Schulsportlehrer und Werbeleiter der Shell AG tätig. Stuhlfauth starb am 12. September 1966.

Svensson, Karl Oskar (11.11.1925)
Erster Klassemann einer ganzen Reihe von schwedischen Top-Keepern (Hellström, Ravelli), trug seit seinen tollen Leistungen bei der WM 1950 den Beinamen „Rio-Kalle". Der Feuerwehrmann war mehr als zehn Jahre lang die Nummer eins in Schweden und bestritt im Finale 1958 gegen Brasilien sein 73. Länderspiel. 1962 beendete er seine Laufbahn bei seinem Stammverein Helsingborg IF. Heute steht ein Denkmal des im Jahr 2000 verstorbenen Torwarts vor dem Stadion.

Swift, Frank (14.12.1915)
Vorgänger von Bernd Trautmann bei Manchester City, bis heute eine der größten Torwart-Legenden Englands. Immer für einen Scherz gut, beeindruckte er nicht nur mit seinen Leistungen, sondern auch als Persönlichkeit. Mit Manchester City Pokalsieger 1934 und Landesmeister 1937. Bis 1949 war er Englands Nummer eins (19 Spiele). Nach Beendigung seiner Karriere wurde er Sportjournalist. Als solcher begleitete er die Mannschaft von Manchester United 1958 zu einem Europapokalspiel in

Belgrad. Auf dem Rückflug stürzte das Flugzeug am 6. Februar in München ab. Acht Spieler von ManU starben. Auch Swift gehörte zu denen, die das Unglück nicht überlebten.

Taffarel, Claudio André (8.5.1966)
U-20-Weltmeister 1985, langjähriger Nationaltorhüter Brasiliens (101 Länderspiele 1988-1998), Weltmeister 1994 und Vize-Weltmeister 1998. Kam bei International Porto Alegre heraus, gewann mit Atlético Mineiro die Copa America 1997. Mit dem AC Parma italienischer Pokalsieger 1992, UEFA-Cup-Sieger 1993, mit Galatasaray Istanbul 1999 und 2000 Landesmeister und Pokalsieger sowie UEFA-Cup-Sieger 2000. 2001 kehrte er zu Parma nach Italien zurück.

Thépot, Alexis (30.7.1906)
Französischer Nationaltorhüter (31 Länderspiele) von Red Star Olympique Paris, galt als bester Torhüter der ersten WM 1930 in Uruguay.

Thomson, Jack (1909)
Held aus Glasgow. Der talentierte Keeper gab mit 18 Jahren sein Debüt in der ersten Mannschaft von Glasgow Celtic, wurde zweimal schottischer Meister und kam zu vier Berufungen in die schottische Nationalmannschaft. Am 5. September 1931, als Celtic im Ibrox Park gegen die Rangers spielte, wurde Thomson so schwer am Kopf verletzt, dass er an den Folgen starb.

Tilkowski, Hans (12.7.1935)
Torhüter des Vizeweltmeisters von 1966, wurde zehn Jahre lang häufig in die Nationalmannschaft berufen (39 Länderspiele 1957-1967), war zwischendurch aber immer wieder mal umstritten. 1963 kam er von Westfalia Herne nach Dortmund, 1966 holte er mit den Borussen den Europapokal der Pokalsieger. 1967 wechselte er zu Eintracht Frankfurt und beendete zwei Jahre später seine Karriere nach 128 BL-Spielen. Als Trainer agierte er u.a. bei Werder Bremen und dem 1. FC Nürnberg eher glücklos.

Toldo, Francesco (2.12.1971)
Italienischer Torwartriese. Der fast zwei Meter große U-21-Europameister von 1994 hatte seinen größen Auftritt bei der Europameisterschaft 2000, als er im Halbfinale gegen die Niederlande nicht

weniger als drei Elfmeter hielt und Italien ins Endspiel brachte. Mit dem AC Mailand wurde er 1990 Champions-League-Sieger, mit dem AC Florenz italienischer Pokalsieger 1996 und 2001. Danach wechselte er zu Inter Mailand.

Tomaszewski, Jan (9.1.1948)
Körperlich beeindruckender Keeper, schaffte 1974 mit der besten polnischen Mannschaft aller Zeiten den dritten Platz bei der WM. Die Klubs, für die er spielte, sind wenig namhaft – Gwardia Wroclaw, Slask Wroclaw, Legia Warschau, LKS Lodz, Beerschot Antwerpen, Hercules Alicante. Durch seine Leistungen in der Nationalmannschaft (65 Länderspiele für Polen 1971-1981) erreichte er aber einen hohen Bekanntheitsgrad. 1976 gewann er Olympia-Silber, 1978 war er nochmals bei einer WM dabei.

„Totwart", plastinierter
Wortschöpfung der „Bild"-Zeitung (Februar 2003) für ein Plastinat Gunther von Hagens, zu sehen in der Ausstellung „Körperwelten". Es handelt sich um einen halbierten Torwart, der nach einem Ball hechtet.

Trautmann, Bernd (22.10.1922)
Ehemaliger deutscher Fallschirmjäger, schaffte den Sprung vom Kriegsgefangenen zum englischen Fußballidol im Tor von Manchester City. Berühmt wurde der gebürtige Bremer durch das Cupfinale von 1956, als er trotz eines Wirbelbruchs weiterspielte und den Sieg rettete. Nach dieser schweren Verletzung musste er ein Jahr pausieren, doch er kam zurück und spielte noch bis 1965 für Manchester City. Mit 508 Liga-Einsätzen stellte er einen neuen Rekord für Torhüter auf. Bei der WM im Jahr darauf war er Berater der deutschen Nationalmannschaft. Danach versuchte er sich als Trainer in Deutschland (Preußen Münster, Opel Rüsselsheim) sowie als Nationaltrainer rund um den Globus (Burma, Tansania, Liberia, Pakistan, Jemen, Malta).

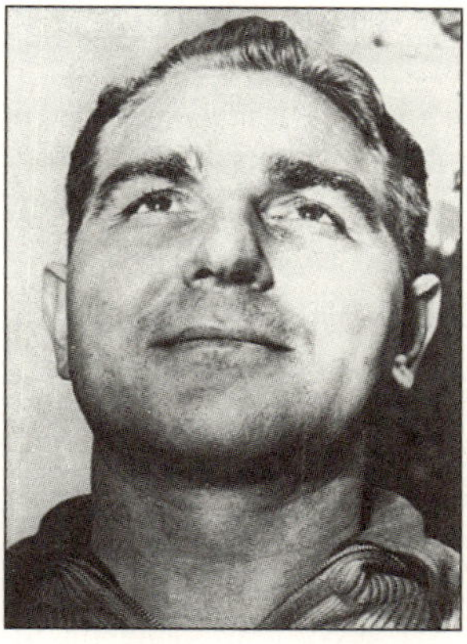

Turek, Anton (18.1.1919)
Gott im deutschen Tor. Stand zunächst bei Duisburg 1900 im Kasten, kam während des Krieges zum SSV Ulm, ging dann nach Frankfurt zur Eintracht. Als sich 1947 der Keeper der TSG Ulm 46, Helmut Henig, in seine hessische Heimat nach Frankfurt absetzte, holten die

46er „zur Strafe" den dort tätigen Turek. Er blieb bis 1950 in Ulm, spielte dann für Fortuna Düsseldorf und beendete seine Karriere bei Borussia Mönchengladbach. Seinen größten Tag hatte der Nationaltorwart (20 Länderspiele 1950-1954) natürlich bei keinem dieser Vereine, sondern, als bereits 36-Jähriger, im Finale bei der WM 1954, als er die Chancen der Ungarn gleich reihenweise unschädlich machte. Toni Turek, querschnittsgelähmt und von anderen Krankheiten geplagt, wurde nur 65 Jahre alt. Er starb am 11. Mai 1984.

van Breukelen, Hans (4.10.1956)
Zuverlässiger Nationaltorhüter der Niederlande (74 Länderspiele 1980-1992), Europameister 1988, WM-Teilnehmer 1990. Für den FC Utrecht, Nottingham Forrest und PSV Eindhoven bestritt er über 300 Liga- und 33 Europacup-Spiele.

van der Sar, Edwin (29.10. 1970)
Großer und schlanker Niederländer, gilt als Verkörperung des modernen, mitspielenden Torhüters. Als Nummer eins von Ajax Amsterdam (1990-1999) konnte er fünf Meisterschaften und drei Pokalsiege erringen, international war er ebenfalls erfolgreich (UEFA-Cup 1992, Champions League 1995, Weltcup 1995). Mit der Nationalmannschaft schied er im Halbfinale der Weltmeisterschaft 1998 in Frankreich gegen Brasilien aus. 1999 bis 2001 spielte er in Italien bei Juventus Turin, 2001 wechselte er zum FC Fulham.

Viktor, Ivo (8.11.1942)
Tschechoslowakischer Nationaltorwart (63 Länderspiele 1964-1976), Europameister 1976. Vier Landesmeisterschaften mit seinem Verein Dukla Prag.

Vollborn, Rüdiger (12.2.1963)
Dank gezielten psychologischen Aufbautrainings brachte es der in jungen Jahren übernervöse Torhüter doch noch zu einer respektablen Karriere. Für Bayer Leverkusen bestritt er 401 Bundesligaspiele (1982-1999), 1988 gewann er den UEFA-Pokal, 1993 wurde er DFB-Pokalsieger.

Werner, Adolf (19.10.1886)
Letzter Mann von Holstein Kiel, war der erste Stammtorhüter der Nationalmannschaft. Zwischen 1909 und 1912 brachte er es auf die für die damalige Zeit fantastische Zahl von 13 Länderspielen. Kein anderer deutscher Torhüter erreichte in dieser Zeit auch nur annähernd seine Qualität. 1910 gab er ein kurzes Gastspiel bei Viktoria Hamburg, verpasste daher die Kieler Teilnahme am DM-Endspiel. Am 26. Mai 1912 stand er, wieder zurückgekehrt, für Kiel zwischen den Pfosten und wurde nach einem 1:0-Endspielsieg über den Karlsruher FV doch noch Deutscher Meister. Am 1. Dezember 1923 bestritt Werner sein letztes Spiel für die wegen ihrer roten Stutzen so genannten „Störche". Das norddeutsche Fußball-Idol starb am 6. September 1975.

Williams, Bert Frederick (31.1.1922)
Englischer Nationalkeeper (24 Länderspiele), stand beim unglücklichen WM-Aus 1950 (0:1 gegen USA) zwischen den Pfosten. Begann bei Walsall, debütierte dort als 16-Jähriger. Spielte 1946 bis 1956 für Wolverhampton Wanderers (381 Ligaspiele, Pokalsieger 1949).

Wilson, Bob (13.4.1927)
„First Man" von Arsenal. Kam 1968 von Wolverhampton nach London, wo er 1970/71 das „Double" gewann. Im Cup-Finale 1971 trug er die „1" auf dem Rücken. Er war der erste Engländer, der das tat. Später wurde Wilson bei Arsenal einer der ersten professionellen Torwarttrainer.

Wolter, Horst (8.6.1942)
Ein Mister Zuverlässig im Tor von Braunschweig. Begann seine Fußballkarriere als Jugendlicher beim SC Charlottenburg Berlin. Mit 15 Jahren wechselte er zu Eintracht Braunschweig. 1967 war er Deutscher Meister und Nationaltorhüter (13 Länderspiele bis 1970). Nach Beendigung seiner Karriere wurde der gelernte Versicherungskaufmann Leiter einer Agentur.

Zamora, Ricardo (21.1.1901)
Als „Göttlicher" eine Torwart-Legende. Mit 14 Jahren begann er bei Español Barcelona seine Karriere und wechselte bereits mit 18 zum FC Barcelona, wo er 1920 den Pokal gewann. Seit 1923 stand er wieder in den Diensten von Español, 1931 wechselte er zu Real Madrid (zwei Meisterschaften und zwei Pokalsiege). Seine Karriere beendete er, nach insgesamt 473 Spielen, bei OGC Nizza (1936-1938). Mit der Nationalmannschaft (46 Länderspiele von 1920-1936) nahm er

1920 (Silbermedaille) und 1924 an der Olympiade teil. Bei der WM 1934 zeigte er im Viertelfinale gegen Italien (1:1 n.V.) eine Glanzleistung, im Wiederholungsspiel, das mit 0:1 verloren ging, konnte er wegen Verletzung nicht mehr antreten. Bei der WM 1938 nahm er nicht mehr teil, weil Spanien in den Wirren des Bürgerkriegs stand und kein Team nach Frankreich geschickt hatte. Als Trainer gewann er in den 1940ern zwei Meistertitel mit Atlético Madrid. Ricardo Zamora starb am 18. September 1978.

Zeman, Walter (1.5.1927)
Berühmtester österreichischer Torhüter nach dem Zweiten Weltkrieg, Inhaber des Landesrekordes in Sachen Vereinstiteln: Acht Meisterschaften mit Rapid Wien schaffte er von 1946 bis 1960, dazu zwei Pokalsiege. In der Nationalmannschaft stehen 41 Länderspiele (1945-1960) zu Buche, darunter das 1:6 gegen Deutschland bei der WM 1954. Der „Tiger von Hütteldorf" starb am 10. August 1991.

Zenga, Walter (28.4.1960)
Kompletter Torwart, italienische Nummer eins von 1986 bis 1992 (58 Länder-

spiele). In der Seria A machte er 369 Spiele für Inter Mailand (1983-1994), Sampdoria Genua und Padua. Mit Inter UEFA-Cup-Sieger 1991. Der Harley-Davidson-Fahrer beendete seine Karriere 1999 bei N.E. Revolution in der amerikanischen MSL.

Zörner, Carl (18.6.1897)
Jurist und Politologe (Dr. Dr.) vom SC 99 Köln, stand 1923 vier Spiele in Folge im Tor der Nationalmannschaft. Der vielseitige Sportler war nicht nur Fußballtorwart, sondern auch Wasserballer und Hockeyspieler sowie als Mitglied der Leichtathletik-Nationalmannschaft einer der besten 100-Meter-Läufer und Weitspringer Deutschlands. 1938 wurde der SA-Mann vom „Reichssportführer" von Tschammer und Osten zum stellvertretenden Leiter des Fachamtes Fußball berufen. Carl Zörner fiel am 8. November 1941 in Russland.

Zoff, Dino (28.2.1942)
Rekordmann und Institution in Italien. Der 112-fache Nationaltorhüter (1968-1983) nahm an vier Weltmeisterschaften und vier Europameisterschaften teil. 1968 wurde er mit seiner Mannschaft Europameister und 1982, mit 40 Jahren, Weltmeister. Zoffs Karriere begann 1961 in Udinese. Über Mantua und den SSC Neapel kam er 1972 zu Juventus Turin. Mit dieser Mannschaft holte er sechsmal den italienischen Titel, zweimal den Pokal und 1977 den UEFA-Pokal. Der Mann im silbergrauen Trikot verpasste in elf Jahren kein Meisterschaftsspiel für Turin und beendete seine aktive Laufbahn mit der Saison 1983 nach insgesamt 570 Punktspielen (italienischer Rekord), davon 330 in Serie. Als Trainer holte er mit Juventus Turin 1990 den

UEFA-Pokal. Anschließend versuchte er sich bei Lazio Rom – zwischenzeitlich auch als Vereinspräsident –, wohin er nach einem zweijährigen Intermezzo als Nationaltrainer (1998-2000) wieder zurückkehrte. Zoff war nach der Niederlage gegen Frankreich im Finale der Euro 2000 aus Protest gegen unsachliche Kritiken von Staatspräsident Berlusconi zurückgetreten.

Zubizaretta, Andoni (23.10.1961)
Rekord-Nationalspieler Spaniens (126 Länderspiele 1985-1998). Der aus Vitoria stammende Baske, ein ruhiger Typ mit großer Ausstrahlung, wurde bei Athletic Bilbao von der spanischen Torhüter-Legende José-Angel Iribar zu einem Keeper der Extraklasse aufgebaut und gewann zwei Landesmeistertitel sowie den spanischen Pokal. 1986 wechselte er zum FC Barcelona, wo er weitere vier Landesmeisterschaften und zwei Landespokale gewann sowie 1989 den Europapokal der Pokalsieger und 1992 den Europapokal der Landesmeister. Nach dem 0:4 im Europapokal-Finale 1994 gegen den AC Mailand wurde er zum FC Valencia abgeschoben. Im Jahr 2003 wurde er Sportdirektor in Bilbao.

NAMEN UND DATEN

Ranglisten und Ehrungen

Bei den großen internationalen Ehrungen von Fußballspielern sind Torhüter nur äußerst selten berücksichtigt worden. Sie sind schnell aufgezählt: José-Luis Chilavert wurde 1996 Südamerikas Fußballer des Jahres; Kameruns Nationalheld Thomas N'Kono wurde 1979 und 1982 Afrikas Fußballer des Jahres; der Russe Lew Jaschin war 1963 der erste und ist bis heute letzte Schlussmann, der von einer Sportjournalisten-Jury als „Europas Fußballer des Jahres" geehrt wurde. Ganz düster sieht es bei der seit 1988 durchgeführten Wahl zum „Weltfußballer des Jahres" aus. Die Jury der Nationaltrainer der FIFA-Mitgliedsländer hielt bis 2003 keinen Torhüter für würdig, weltbester Fußballer zu sein. Kahn wurde zwar 2002 – was vor ihm noch keinem Torhüter gelang – zum besten Spieler der WM gekürt; die Ehre, der Beste in Europa und in der Welt zu sein, wurde jedoch seinem Bezwinger Ronaldo zuteil. Bei den Wahlen zum Fußballer des Jahres in den einzelnen Ländern sieht es besser aus. Der Tscheche Ivo Viktor wurde bis 1976 sogar fünfmal zum „CSSR-Fußballer des Jahres" gekürt. Aber auch hier kommen die Torhüter im Vergleich zu den Feldspielern relativ schlecht weg. So schaffte es z.B. Englands Rekordnationalspieler Peter Shilton (125 Länderspiele), der in den 1970er und 1980er Jahren als bester und konstantester Torhüter galt, kein einziges Mal, „Englands Fußballer des Jahres" zu werden.

Offensichtlich tun sich die Fachleute schwer, die Torhüter entsprechend ihren Leistungen zu würdigen. Und das, obwohl sie andererseits kein Problem haben, sie durchgängig sehr gut zu bewerten, was u.a. die Noten-Ranglisten des „Kicker" zeigen. Einerseits scheinen Torhüter, laut „Kicker"-Noten, sehr konstante Leistungen zu zeigen, andererseits werden die Ranglisten in eben jenem „Kicker" alle sechs Monate kräftig durcheinander gerüttelt. Es scheint also nicht einfach zu sein, die Qualität der letzten Männer zu bewerten. Selbst Rekorde sind kein hinreichender Beweis für die Klasse von Keepern. In den unten abgedruckten Rekordlisten tauchen viele eher unbekannte Torhüter auf, die mit Sicherheit keine Weltklasse repräsentieren. Anders als beispielsweise Andreas Köpke, der Europameister von 1996. Im selben Jahr war er mit Eintracht Frankfurt abgestiegen und hat dabei öfter hinter sich greifen müssen als jeder andere Torhüter der Bundesliga – 68-mal –, dennoch wurde er zum weltbesten Torhüter gewählt. Rekorde allein sagen also nichts aus. Man muss darauf achten, unter welchen Bedingungen sie aufgestellt wurden. Die besten Rekorde darf vermutlich der Italiener Dino Zoff für sich verzeichnen. Als er in elf Länderspielen hintereinander ungeschlagen blieb, hatte er dabei so starke Gegner wie Deutschland, Brasilien und England gegen sich. Auch sein in der italienischen Seria A erzielter Langzeitrekord – in 21 Jahren ließ er pro Saison

Bernd Trautmann mit der Trophäe für Englands Fußballspieler des Jahres (1956)

Lew Jaschin bei der Ehrung für den besten Fußballer Europas 1965.

durchschnittlich lediglich 19 Treffer zu – taugt als Qualitätsmesser.

Über die Ranglisten der Torhüter kann man sich, wie über jede Rangliste, natürlich streiten. Wäre die Wahl zum „Torhüter des Jahrhunderts" nicht im Januar 2000, sondern im Januar 2003 durchgeführt worden, wäre ein Oliver Kahn mit Sicherheit unter den besten zehn dabei. Man kann auch bemängeln, dass aus der Vorkriegszeit mit Ricardo Zamora und Frantisek Plánicka lediglich zwei Torhüter Aufnahme unter die besten zehn gefunden haben. Und viele werden auch manchen großen Namen vermissen, zum Beispiel die beiden nordirischen Topleute Harry Gregg und Pat Jennings. Ranglisten können nie vollkommen gerecht sein. Und sie können auch nicht den charakterlichen Wert eines Geehrten ausdrücken. So finden sich denn auch die Orden und Auszeichnungen, die Torhüter für besondere Verdienste um den Fußball erhielten, in keiner „Rangliste". Sepp Maier erhielt 1978 das Bundesverdienstkreuz, Lew Jaschin wurde mit dem Lenin-Orden geehrt, 1985 würdigte ihn das IOC mit dem Olympischen Orden. Dem Nordiren Pat Jennings wurde 1986 von der Ulster University ein Ehrendoktor verliehen. Die höchste Auszeichnung des Weltverbandes, der FIFA-Orden, ging 1986 an Italiens besten Torhüter aller Zeiten, Dino Zoff, und 1992 an Mexikos Rekord-Tormann (fünf WM-Teilnahmen) Antonio Carbajal.

Bleibt zuletzt noch, von der seltsamsten – und gleichzeitig wohl schönsten – Ehrung zu berichten. Sie wurde dem

Tschechen Frantisek Plánicka zuteil. 1934 hatte er bei der WM in Italien brilliert und galt, trotz der 1:2-Niederlage der Tschechen gegen den Gastgeber, als Held des Turniers. Die einheimischen Fans, die „Tifosi", trugen nach dem Endspiel nicht ihren Keeper Combi sondern eben jenen Plánicka auf den Schultern vom Platz. Für seine hervorragende Leistung wollten ihm italienische Journalisten einen speziellen Preis, die Perseo-Statue, überreichen. Die Tschechen jedoch, beleidigt wegen des parteiischen Schiedsrichters und des überharten Spiels der Italiener, weigerten sich, die Ehrung anzunehmen. Erst 30 Jahre später nahm Plánicka eine Einladung des italienischen Fußballverbandes nach Rom an. Dort überreichte man ihm „zum Andenken an seine überragende Leistung bei der Weltmeisterschaft 1934 und in Würdigung seiner sportlichen Haltung" eine Goldmedaille.

Ranglisten

Welttorhüter des Jahrhunderts

(IFFHS: International Federation of Football History and Statistics)

1 Lew Jaschin (Sowjetunion)
2 Gordon Banks (England)
3 Dino Zoff (Italien)
4 Sepp Maier (Deutschland)
5 Ricardo Zamora (Spanien)
6 José Luis Chilavert (Paraguay)
7 Peter Schmeichel (Dänemark)
8 Peter Shilton (England)
9 Frantisek Plánicka (Tschechoslowakei)
10 Raúl Carrizo (Argentinien)

Welttorhüter des Jahres

(IFFHS; seit 1987 durchgeführt)

1987 Jean-Marie Pfaff, Bayern München
1988 Rinat Dassajew, Spartak Moskau
1989 Walter Zenga, Inter Mailand
1990 Walter Zenga, Inter Mailand
1991 Walter Zenga, Inter Mailand
1992 Peter Schmeichel, Manchester United
1993 Peter Schmeichel, Manchester United
1994 Michel Preud'homme, KV Mechelen
1995 José Luis Chilavert, Velez Sarsfield
1996 Andreas Köpke, Olympique Marseille
1997 José Luis Chilavert, Velez Sarsfield
1998 José Luis Chilavert, Velez Sarsfield
1999 Oliver Kahn, Bayern München
2000 Fabien Barthez, Manchester United
2001 Oliver Kahn, Bayern München
2002 Oliver Kahn, Bayern München

Die bestplatzierten Torhüter in der Wahl zu „Europas Fußballer des Jahres"
(In Klammern: Rang)

1956 Lew Jaschin, Dynamo Moskau (5)
1958 Harry Gregg, Manchester United (8)
1960 Lew Jaschin, Dynamo Moskau (5)
1961 Lew Jaschin, Dynamo Moskau (4)
1963 Lew Jaschin, Dynamo Moskau (1)
1964 Lew Jaschin, Dynamo Moskau (8)
1966 Lew Jaschin, Dynamo Moskau (7)
1970 Gordon Banks, Stoke City (8)
1972 Gordon Banks, Stoke City (7)
1973 Dino Zoff , Juventus Turin (2)
1975 Sepp Maier, Bayern München (5)
1976 Ivo Viktor, Dukla Prag (3)
1978 Ronnie Hellström, 1. FC Kaiserslautern (6)
1979 Ronnie Hellström, 1. FC Kaiserslautern (27)
1981 Dino Zoff, Juventus Turin (6)
1982 Rinat Dassajew, Spartak Moskau (6)
1983 Rinat Dassajew, Spartak Moskau / Jean-Marie Pfaff, Bayern München (6)
1984 Harald Schumacher, 1. FC Köln (7)
1985 Rinat Dassajew, Spartak Moskau (9)
1986 Helmut Ducadam, Steaua Burkarest (8)
1987 Jean-Marie Pfaff, Bayern München (17)
1988 Rinat Dassajew, Spartak Moskau (13)
1989 Peter Shilton, Derby County (5)
1990 Walter Zenga, Inter Mailand (12)
1991 Bruno Martini, AJ Auxerre (13)
1992 Peter Schmeichel, Manchester United (5)
1993 Peter Schmeichel, Manchester United (12)
1994 Thomas Ravelli, IFK Göteborg (7)
1995 Vitor Baia, FC Porto (30)
1996 Andreas Köpke, Olympique Marseille (13)
1997 Peter Schmeichel, Manchester United (8)
1998 Fabien Barthez, AS Monaco (14)
1999 Peter Schmeichel, Manchester United (17)
2000 Fabien Barthez, Manchester United (12)
2001 Oliver Kahn, Bayern München (3)
2002 Oliver Kahn, Bayern München (3)

Bester WM-Torhüter
(Lew-Jaschin-Award, seit 1994)

1994 Michel Preud'homme, Belgien
1998 Fabien Barthez, Frankreich
2002 Oliver Kahn, Deutschland (zugleich bester Spieler der WM)

Torhüter, die in ihren Ländern zum Spieler des Jahres gewählt wurden
(Auswahl)

Ivo Viktor (CSSR 1968, 1972, 1973, 1975, 1976)
Peter Schmeichel (Dänemark 1990, 1993, 1999; England 1996)
Ronnie Hellström (Schweden 1971, 1974, 1978)
Pat Jennings (England 1973, 1976)
Ubaldo Fillol (Argentinien 1975, 1977)
Michel Preud'homme (Belgien 1987, 1989)

Bernd Trautmann (England 1956)
Gordon Banks (England 1972)
Jan Jongbloed (Niederlande 1974)
Jean-Marie Pfaff (Belgien 1978)
Thomas Ravelli (Schweden 1981)
Rinat Dassajew (UdSSR 1982)
Neville Southall (England 1985)
Walter Zenga (Italien 1987)
Claudio Taffarel (Brasilien 1988)

Torhüter als „Fußballer des Jahres"

BRD:
Hans Tilkowski (1965)
Sepp Maier (1975, 1977, 1978)
Harald Schumacher (1984, 1986)
Andreas Köpke (1993)
Oliver Kahn (2000, 2001)
DDR:
Jürgen Croy (1972, 1976, 1978)
Hans-Ulrich Grapenthin (1980, 1981)
René Müller (1986, 1987)

Sepp Maiers Jahrhundert-Rangliste deutscher Torhüter

1 Oliver Kahn
2 Sepp Maier
3 Harald Schumacher
4 Hans Jakob
5 Heiner Stuhlfauth

Beste Bundesliga-Fußballer 2002

(nach „Kicker"-Noten; die besten sechs waren allesamt Torhüter!)
1 Simon Jentzsch, 1860 München
2 Frank Rost, Bremen/Schalke
3 Jörg Stiel, Mönchengladbach
4 Jens Lehmann, Dortmund
5 Darius Kampa, Nürnberg
6 Oliver Kahn, Bayern München

Rekorde

Erstliga-Torhüter, die am längsten ohne Gegentor blieben

(in Spielminuten)
Weltweit:
Mazaropi, Vasco da Gama/Brasilien 1.816 (1977/78)
Dany Verlinden, KV Brügge/Belgien 1.390 (1990)
Abel Resino Gómez, Atlético Madrid/Spanien 1.275 (1990/91)
Frankreich:
Gaetan Huard, Girondins Bordeaux 1.266 (1992/93)
Portugal:
Vitor Baia, FC Porto 1.191 (1991/92)
Sowjetunion:
Juri Bannikov, Dynamo Kiew 1.127 (1967/68)
Großbritannien:
Christopher Woods, Glasgow Rangers 1.095 (1986/87)
Österreich:
1 Marc Ziegler, FC Tirol Innsbruck 1.085 (2001)
2 Otto Konrad, Casino Salzburg 934 (1993/94)
3 Otto Konrad, Casino Salzburg 906 (1992/93)
4 Otto Konrad, Casino Salzburg 826 (1994/95)
Italien:
1 Sebastiano Rossi, AC Mailand 929 (1993/94)
2 Dino Zoff, Juventus Turin 903 (1972/73)
Deutschland:
1 Oliver Kahn, Bayern München 803 (2002/03)
2 Oliver Kahn, Bayern München 736 (1998/99)
3 Oliver Reck, Werder Bremen 641 (1987/88)

Erster Torwart, der mehr als 500 Minuten ohne Gegentreffer blieb
Harry Storer, FC Liverpool
725 (1898/99)
Erster Torwart, der mehr als 1.000 Minuten ohne Gegentreffer blieb
Panayotis Ikonomopoulos, Panath. Athen 1.088 (1965)
Erster Nationaltorhüter, der mehr als 1.000 Minuten ohne Gegentreffer blieb
Dino Zoff, Italien 1.143
(9/1972 - 6/1974)

Gegentrefferquote pro Spiel (Auswahl)

Ray Clemence (Liverpool, Saison 1978/79) 38 Spiele / 16 Gegentore (0,42)
Lew Jaschin (Moskau/Liga) 326 Spiele / 207 Gegentore (0,63)
Oliver Reck (Bremen, Saison 1987/88) 34 Spiele / 22 Gegentore (0,65)
Dino Zoff (Udinese, Mantua, Neapel, Turin/ Liga) 570 Spiele / 402 Gegentore (0,70)
Frantisek Plánicka (Spiele gesamt) 1450 Spiele / 1267 Gegentore (0,87)
Lew Jaschin (Nationalmannschaft) 78 Spiele / 70 Gegentore (0,89)
Ricardo Zamora (Nationalmannschaft) 46 Spiele / 42 Gegentore (0,91)
Eike Immel (Dortmund, Stuttgart/Liga) 534 Spiele / 829 Gegentore (1,55)

„Zu-Null-Quote“ (Cleen Sheets) von Nationaltorhütern
(Auswahl)

Dino Zoff (Italien) 57 von 112 Spielen (50,9 %)
Peter Shilton (England) 60 von 125 Spielen (48 %)
Gordon Banks (England) 35 von 73 Spielen (47,9 %)
Oliver Kahn (Deutschland, WM 2002) 5 von 7 Spielen (71,4 %)
Gordon Banks (England, WM 1966) 4 von 6 Spielen (66,66 %)

Die besten Torschützen unter den Torhütern
(bis 31.12.2002; Elfmeter/Feldtore)

1 José Luis Chilavert 58 (43/15)
2 René Higuita 41 (37/4)
3 Jorge Campos 40 (9/31)

Entwicklung der Ablösesummen (international)

1905 William Foulkes / FC Chelsea 50 Pfund
1931 Ricardo Zamora / Real Madrid 120.000 Mark
1957 Harry Gregg / Manchester United 23.000 Pfund
1972 Dino Zoff / Juventus Turin 280.000 Pfund
1988 Jim Leighton / Manchester United 750.000 Pfund
1999 Edwin van der Sar / Juventus Turin 15 Mio. DM
2000 Fabien Barthez / Manchester United 7,8 Mio. Pfund
2001 Gianluigi Buffon / Juventus Turin 38,5 Mio. Euro

Entwicklung der Ablösesummen (Bundesliga)

1986 Eike Immel / VfB Stuttgart 2 Mio. DM
1994 Oliver Kahn / Bayern München 4,6 Mio. DM
1998 Jens Lehmann / Borussia Dortmund 8 Mio. DM
2002 Frank Rost / FC Schalke 04 6,25 Mio. Euro

Entwicklung der Torwart-Jahresgehälter (Schätzungen)

1904 William Foulkes (England), 200 Pfund
1931 Harry Hibbs (England), 800 Pfund

1931 Ricardo Zamora (Spanien), 5.000 Pfund
1958 Fritz Herkenrath (Deutschland), 3.800 DM
1965 Hans Tilkowski (Deutschland), 20.000 DM
1970 Sepp Maier (Deutschland), 50.000 DM
1987 Peter Shilton (England), 1,6 Mio. DM
2001 José Chilavert (Paraguay), 3,6 Mio. DM
2002 Oliver Kahn (Deutschland), 5 Mio. Euro

Nationaltorhüter des DFB

(bis 7/2003, in Reihenfolge ihrer Debüts)

Baumgarten, Fritz (Germania Berlin/1): 05.04.1908
Eichelmann, Paul (Union 92 Berlin/2): 20.04.1908 (-1908)
Werner, Adolf (Holstein Kiel/9, Victoria Hamburg/4): 16.03.1909 (-1912)
Illmer, Eberhard (FV Straßburg/1): 04.04.1909
Riso, Hans (Wacker Leipzig/1): 03.04.1910
Schmidt, Christian (Conc. 95 Berlin/1, Stuttgarter Kickers/2): 24.04.1910 (-1913)
Faas, Robert (1. FC Pforzheim/1): 16.05.1910
Borck, Walter (MTV München/1): 17.12.1911
Weber, Albert (Vorwärts Berlin/3): 05.05.1912 (-1912)
Hofmeister, Ludwig (Bayern München/1, Stuttg. Kickers/1): 17.11.1912 (-1914)
Schneider, Johannes (VfB Leipzig/2): 26.10.1913 (-1913)
Stuhlfauth, Heiner (1. FC Nürnberg/21): 27.06.1920 (-1930)
Lohrmann, Theodor (SpVgg Fürth/3): 24.10.1920 (-1922)
Schwedler, Willy (VfB Pankow/1): 18.09.1921
Mauch, Paul (VfB Stuttgart/1): 23.04.1922
Zörner, Karl (SC 99 Köln/4): 10.05.1923 (-1923)
Kuhnt, Werner (Norden-Nordwest Berlin/1): 31.08.1924
Zolper, Karl (CfR Köln/1): 29.04.1925
Ertl, Georg (Wacker München/7): 21.06.1925 (-1927)
Wentorf, Hans (Altona 93/2): 15.04.1928 (-1928)
Gehlhaar, Paul (Hertha BSC Berlin/2): 30.09.1928 (-1931)
Kress, Willibald (Rot-Weiß Frankfurt/12, Dresdner SC/4): 10.02.1929 (-1934)
Blunk, Wilhelm (Hamburger SV/1): 20.10.1929
Wenz, Ludwig (ASV Nürnberg/1): 07.09.1930
Jakob, Hans (Jahn Regensburg/38): 02.11.1930 (-1939)
Buchloh, Fritz (VfB Speldorf/17): 04.12.1932 (-1936)
Jürissen, Willy (Rot-Weiß Oberhausen/6): 18.08.1935 (-1939)
Sonnrein, Heinrich (Hanau 93/2): 15.09.1935 (-1936)
Köhl, Georg (1. FC Nürnberg/1): 21.03.1937
Klodt, Hans (FC Schalke 04/17): 20.03.1938 (1941)
Raftl, Rudolf (Rapid Wien/6): 04.06.1938 (-1940)
Platzer, Peter (Admira Wien/2): 25.01.1939 (-1939)
Flotho, Heinz (VfL Osnabrück/1): 26.03.1939

Deyhle, Erwin (Stuttgarter Kickers/1): 29.06.1939

Jahn, Helmut (Berliner SV 92/17): 03.12.1939 (-1942)

Martinek, Alexander (Wacker Wien/1): 14.07.1940

Turek, Anton (Fortuna Düsseldorf/20): 22.11.1950 (-1954)

Adam, Karl (TuS Neuendorf/3): 21.11.1951 (-1952)

Bögelein, Karl (VfB Stuttgart/1): 23.12.1951

Kubsch, Heinz (FK Pirmasens/3): 25.04.1954 (-1956)

Kwiatkowski, Heinz (Borussia Dortmund/4): 20.06.1954 (-1958)

Herkenrath, Fritz (Rot-Weiß Essen/21): 26.09.1954 (-1958)

Sawitzki, Günter (SV Sodingen/2, VfB Stuttgart/8): 13.06.1956 (-1963)

Tilkowski, Hans (Westfalia Herne/18, Bor. Dortmund/21): 03.04.1957 (-1967)

Ewert, Fritz (1. FC Köln/4): 21.10.1959 (-1964)

Fahrian, Wolfgang (TSG Ulm 46/10): 11.04.1962 (-1964)

Bernard, Günter (Schweinfurt 05/2, Werder Bremen/3): 23.12.1962 (-1968)

Manglitz, Manfred (MSV Duisburg/2, 1. FC Köln/2): 24.04.1965 (-1970)

Maier, Sepp (FC Bayern München/95): 04.05.1966 (-1979)

Wolter, Horst (Eintracht Braunschweig/13): 22.02.1967 (-1970)

Groß, Volkmar (Hertha BSC/1): 22.11.1970

Kleff, Wolfgang (Borussia Mönchengladbach/6): 22.06.1971 (-1973)

Franke, Bernd (Eintracht Braunschweig/7): 28.03.1973 (-1982)

Nigbur, Norbert (FC Schalke 04/6): 17.04.1974 (-1980)

Kargus, Rudi (Hamburger SV/3): 20.12.1975 (-1977)

Burdenski, Dieter (SV Werder Bremen/12): 08.06.1977 (-1984)

Schumacher, Harald (1. FC Köln/76): 26.05.1979 (-1986)

Immel, Eike (Bor. Dortmund/4, VfB Stuttgart/15): 11.10.1980 (-1988)

Stein, Ulrich (Hamburger SV/6): 07.06.1983 (-1986)

Roleder, Helmut (VfB Stuttgart/1): 28.03.1984

Illgner, Bodo (1. FC Köln/54): 23.09.1987 (-1994)

Aumann, Raimond (FC Bayern München/4): 06.09.1989 (-1990)

Köpke, Andreas (1. FCN/14, Eintr. Frankfurt/25, Olymp. Marseille/20): 30.05.1990 (-1998)

Kahn, Oliver (FC Bayern München/60): 27.03.1996

Reck, Oliver (SV Werder Bremen/1): 04.06.1996

Lehmann, Jens (FC Schalke 04/2, Bor. Dortmund/14): 09.02.1999

Butt, Hans-Jörg (Hamburger SV/1, Bayer Leverkusen/2): 07.06.2000

Rost, Frank (Werder Bremen/1, Schalke 04/3): 27.03.2002

Hier schrieb nicht der Torwart Geschichte, sondern der Schütze: Lothar Emmerichs Traumtor bei der WM 1966 gegen den spanischen Keeper Iribar.

Daten zur Regelgeschichte

1840 Erwähnung von „Goalkeepern“ beim Schulfußball in Westminster.

1863 Gründung der „Football-Association“ (F.A.) und Verabschiedung der ersten Fußballregeln. Ein Torwart ist nicht erwähnt, die Torraumbreite wird auf 7,32 Meter (8 Yards) festgelegt.

1865 Begrenzung der Tore mit einer Schnur in Höhe von 2,44 Metern.

1866 Modifizierung der Abseitsregel: Ein Spieler ist nur dann abseits, wenn er bei der Ballannahme weniger als drei Gegner vor sich hat. In Sheffield werden Eckball und Freistoß eingeführt. – Verbot, den Ball zu tragen.

1869 Abstoßregel. – Verbot jeglichen Handspiels.

1870 Aufhebung des Handspiel-Verbots.

1871 Verbot des Handspiels für Feldspieler. Einführung des Torwarts: Nur er darf den Ball mit der Hand spielen, allerdings nur zur Verteidigung des eigenen Tores.

1872 Festlegung einer einheitlichen Ballgröße. – Eckstoß.

1875 Querlatte in 2,44 Meter Höhe als obere Torbegrenzung empfohlen (Pflicht seit 1883). Halbzeitpause u. Seitenwechsel werden eingeführt.

1882 Beidhändiger Einwurf.

1887 Handspiel des Torwarts nur noch in der eigenen Spielhälfte erlaubt. Er darf den Ball nicht in der Hand tragen und muss ihn nach zwei Schritten wieder freigeben.

1890 Erstmalige Verwendung von Tornetzen (Liverpool).

1891 Elfmeterregel; bei der Ausführung darf der Torwart bis auf 5,50 Meter auf den Schützen zugehen.

1892 Verbot, den Torwart zu rempeln, „außer wenn er den Ball hält oder einen Gegner hindert“. – Elfmeter muss ausgeführt werden, auch wenn die Spielzeit abgelaufen ist.

1898 „Fußball-Code“ besteht erstmals aus 17 Regeln. – Festlegung eines einheitlichen Ballgewichts. – Festlegung, dass direkt aus einem Einwurf kein Tor erzielt werden kann.

1902 Pfosten-Halbkreise (Sechs-Yard-Radius) werden durch rechteckigen Torraum („Fünf-Meter-Raum“) ersetzt. – Abstoß muss im Torraum ausgeführt werden. – Torwart darf gerempelt werden, „wenn er seinen Torraum verlässt“.

1903 Direkter Freistoß.

1904 Definition des Begriffs „gefährliches Spiel". – Indirekter Freistoß.

1906 Torwart darf beim Elfmeter den Torraum nicht verlassen. Irritieren des Schützen durch heftiges Bewegen bleibt erlaubt.

1907 Verbot des heftigen und gefährlichen Rempelns.

1909 Kleidung des Torwarts muss sich von der seiner Mitspieler unterscheiden.

1912 Strafraum („16-Meter-Raum") ersetzt die 18-Yard-Linie. – Handspiel des Torwarts ist nur noch im eigenen Strafraum erlaubt.

1913 Festlegung des Abstands des Gegners bei Freistößen (9,15 Meter).

1921 Torwart muss bei internationalen Spielen einen dunkelgelben Pullover tragen (England).

1924 Eckball darf direkt verwandelt werden.

1925 Modifizierung der Abseitsregel: Ein Spieler ist nur dann abseits, wenn er bei der Ballannahme weniger als zwei Gegner (bisher drei) vor sich hat.

1929 Torwart muss beim Elfmeter auf der Linie bleiben.

1931 Torwart darf mit dem Ball in der Hand vier Schritte machen (bisher zwei).

1936 Beim Abstoß muss der Ball den Strafraum sofort verlassen.

1937 „D-Halbkreis" am Strafraum (soll Stören unbeteiligter Spieler bei der Ausführung des Elfmeters verhindern) . – Die Regeln werden insgesamt neu geordnet.

1938 Moderne Fassung der 17 Regeln. – Torwart darf beim Strafstoß die Füße nicht bewegen, bis der Ball gestoßen ist.

1967 „Vier-Schritte-Regel" (Ballfreigabe nach vier Schritten), um das Zeitschinden des Torwarts beim Abschlag zu verhindern.

1970 Elfmeterschießen nach Verlängerung.

1983 Modifikation der „Vier-Schritte-Regel" für den Torwart.

1991 Neue Definition des Ballbesitzes des Torwarts: Es gilt als Kontrolle des Balles durch den Torwart, wenn dieser ihn mit irgendeinem Teil des Armes oder der Hand berührt.

1992 Verbot des Rückpasses zum Torwart: Berührt ein Torwart den Ball, den ihm ein Mitspieler absichtlich mit dem Fuß zugespielt hat, verursacht er einen indirekten Freistoß gegen seine Mannschaft.

1997 Torwart darf den Ball nicht länger als sechs Sekunden halten (ersetzt Vier-Schritte-Regel). Gibt er den Ball aus seinen Händen frei, darf er ihn nicht wieder aufnehmen. – Die Regel, dass der Torwart beim Elfmeter seine Füße nicht bewegen darf, wird aufgehoben.

LITERATUR

Der langjährige Bundesliga-Torwart Jürgen Rollmann schrieb, dass der Torwart „nicht prädestiniert" sei „für große Einsichten noch für große Fußballerliteratur". Ob diese Aussage zutrifft, mag hier dahingestellt bleiben. Tatsache ist jedenfalls, dass gerade Torhüter erstaunlich häufig literarisch tätig geworden sind. Vielleicht haben gerade sie ein besonderes Mitteilungsbedürfnis, insbesondere der Maier Sepp. Toni Schumacher jedenfalls hat sein Buch ausdrücklich deswegen publiziert, um „ein bisschen die Isolation des Torwarts zu überwinden, dieses seltsamen elften Spielers in einem Käfig". Neben den Biografien sind in diesem Verzeichnis auch noch einige andere Titel aufgeführt, die bei der Erarbeitung dieses Buches hilfreich waren. Ein Großteil des Inhalts verdankt sich freilich nicht Büchern, sondern zahllosen Artikeln aus verschiedenen Zeitschriften und Zeitungen (insbesondere „Kicker", „Sportbild", „Spiegel", „Tagesspiegel", „FAZ" und „Süddeutsche Zeitung") sowie Publikationen im Internet. Mittlerweile lässt sich auf elektronischem Weg beinahe zu jedem Torhüter Interessantes finden. Gute allgemeine Seiten zum Thema Torhüter sind z.B.: goaliekeeper.com, 1goalkeeper.com, goalkeepersaredifferent.com, torwart.de, keepersonly.com, torwart-akademie.de. Die erstaunliche Anzahl von Kinderbüchern zum Thema konnte im Text leider nicht berücksichtigt werden.

Biografien

Aguirre, José Fernando: Ricardo Zamora (Cliper, 1958)

Banks, Gordon: Banks of England (Arthur Barker, 1980)

Ders.: Banksy. My Autobiography (Penguin Books, 2002)

Bartram, Sam: By Himself (Burke Publishing, 1956)

Bonetti, Peter: Leaping to Fame (Stanley Paul, 1968)

Burdenski, Dieter: 18 Jahre lang die Nummer 1, (Burdenski-Werbung GmbH, 1986)

Davies, Dai: Never Say Dai (Siop y Siswn, 1986)

Fahrian, Wolfgang: Und wenn sie stürmen … (Jung, 1964)

Gregg, Harry: Wild About Football (Souvenir Press, 1961)

Gregg, Harry / Walsh, Andy / Kurt, Richard: From Munich to Maxwell (2002)

Grobbelaar, Bruce: Bruce Grobbelaar - An Autobiography (Coronet, 1988)

Herkenrath, Fritz: Mit dem Fußball um den Erdball (Crüwell, 1959)

Icke, David: In the Light of Experience (Warner Books, 1993)

Jakob, Hans: Durch ganz Europa von Tor zu Tor (Olympia, 1949)

Jennings, Pat (with Drury, Reg): Pat Jennings – An Autobiography (Collins Willow, 1983)

Kahn, Oliver: Porträt der Nummer 1 im Weltfußball (Sportverlag, 2002)

Kelsey, Jack (with Glanville, Brian): Over the Bar (Stanley Paul, 1958)

Maier, Sepp: Artist der Nation (Wila, 1978)

Maier, Sepp: Ich bin doch kein Tor (Hoffmann und Campe, 1980)

Maier, Sepp: Wer mit dem Ball tanzt (Europa Verlag, 2000)

Maier, Sepp / Stanjek, Eberhard: Viele Maiers, nur ein Sepp (Limpert, 1979)

Menzel, Roderich: Die Großen des Sports. Toni Schumacher (Hoch, 1983)

Merrick, Gil: I See It All (Museum Press, 1954)

Muylaert, Roberto: Barbosa (RMC Editora, 2000)

Nigbur, Norbert: Wie ich wurde, was ich bin (Ems, 1976)

Radenkovic, Petar: Bin i Radi … (Copress, 1965)

Reski, Hans / Schröder, Ulfert: Toni Schumacher – Sein Weg zur Weltspitze (Bastei Lübbe, 1987)

Rollmann, Jürgen: Beruf Fußball-Profi – Oder: Ein Leben zwischen Sein und Schein (Sportverlag, 1997)

Rough, Alan: Rough at the Top (John Donald Publishers, 1988)

Rowlands, Alan: Trautmann. The Biography (Breedon Books, 1990)
Salvo, Alfredo di: Amadeo Carrizo (1992)
Schmeichel, Peter (with Balsby, Egon): The Autobiography (Bridge Trade, 2000)
Schumacher, Toni: Anpfiff (Droemer-Knaur, 1987) – engl: Blowing the Whistle (W.H. Allen, 1988)
Seaman, David: Safe Hands – My Autobiography (Trafalgar Square, 2001)
Small, Leonard: The Holy Goalie (Pentland Press, 1993)
Shilton, Peter (with Thomas, Jason): The Magnificent Obsession (World's Work, 1982)
Starostin, Andrei: Lew Jaschin. In: Sterne des Sports (Sportverlag, 1972)
Stein, Uli (mit Hermann, Broker): Halbzeit. Eine Bilanz ohne Deckung (Simader, 1993)
Stepney, Alex: Alex Stepney (Arthur Barker, 1978)
Stuhlfauth, Heiner: Heinrich Stuhlfauth schildert seine Erlebnisse. Zwanzig Jahre im Tor. Serie im „Fränkischen Kurier", 30er Jahre
Swift, Frank: Football from the Goalmouth (Sporting Handbooks, 1948)
Tilkowski, Hans: Keine Angst vor scharfen Schüssen (Copress, 1965)
Trautmann, Bert (Bernd): Steppes to Wembley (Robert Hale Limited, 1956)
Trautmann, Bernd: Einmal England und zurück (Fahle, 1968)
Zenga, Walter / de Filippi, David: Uno di voi (Idealibri, 2001)

Sammelbände und Torwart-Texte

Berger, Hannes: Akrobaten zwischen den Pfosten. Mittag-Sportheft Nr. 4, 1957
Castka, Kurt: Von Zamora bis Jaschin. Berühmte Torleute aus aller Welt (Moewig, 1969)
Chapman, Peter: The Goalkeeper's History of Britain (Fourth Estate, 1999)
Fischer, Gerhard / Roth, Jürgen: Leben voller Fallrückzieher (Reclam, 2000)
Hack, Fritz: Torhüter des Jahrhunderts (Limpert, 1979)
Hazlewood, Nick: In the Way! Goalkeepers: A Breed Apart? (Mainstream Publishing, 1996)
Higuita, René: Man macht, was man kann. In: Wolfgang Frank (Hg.), Nach dem Spiel ist vor dem Spiel – Die wunderbare Welt des Fußballs (Rowohlt, 1996)
Hodgson, Francis: Only the Goalkeeper to beat (Picador, 1999)
Hoffmann, B. F.: Das große Lexikon der Bundesliga-Torhüter (Schwarzkopf & Schwarzkopf, 2003)
Huba, Karl-Heinz (Hg.): Die Großen im Tor. Helden, Gaukler, Supermänner (Copress, 1979)
Maier, Sepp / Pfaff, Jean-Marie: Das Torwartbuch (Hoffmann und Campe, 1984)
Menzel, Roderich: Die besten elf Torhüter (Hoch, 1969)
Mrazek, Karl-Heinz: Die besten Torhüter der Welt (Copress, 1996)
Riegler, Theo: Als Stuhlfauth noch im Tor stand (Porta-Verlag, 1953)

Trainingsbücher

Bischops, Klaus / Gerards, H.W. / Wallraff, Jürgen: Fußballtorwart. Das neue Training. (Meyer & Meyer, 2000)
Clemence, Ray: Clemence on Goalkeeping (Lutterworth Press, 1977)
Hargitay, György: Torwarttraining (Sportverlag, 1989)
Hoek, Frans: Torwarttraining (BLV, 1990)
Maier, Sepp: Super-Torwart-Training (Falken, 1990)
Maier, Sepp: Mit Spaß zum Erfolg – Torwarttraining mit Sepp Maier (Wero-Press, 1999)
Muders, Patric: Torwarttraining (BLV, 2000)
Shilton, Peter: Shilton on Goalkeeping (Headline, 1992)
Thissen, Gerd / Röllgen, Klaus: Torwartspiel im Fußball (Cdv, 1984; Neuauflage 1999)
Wagner, Dietmar: Torwarttraining. Ein Lehrheft für Fußballtrainer und Torwarte (Dietmar Wagner, 1984)
Wilson, Bob: You've Got to Be Crazy (Arthur Barker, 1989)

Literarisches und Kinderbücher

Amado, Jorge: Bola Fura-Redes und der Torhüter (Lamuv, 1991)
Armitage, Simon: Goalkeeper with a Cigarette. In: Dead Sea Poems (Faber & Faber, 1995)
Blank, Matthias: Peter Deutsch, der Torwart (Berga 1923)
Blickensdörfer, Hans: Doppelpass an der Wolga (Schneekluth, 1990)
Ders.: Ein Ball fliegt um die Welt (DVA, 1994)
Engelmann, Fritz: Der gestohlene Torhüter (Orel Füssli, 1964)
Galeano, Eduardo: Der Ball ist rund (Unionsverlag, 2000)
Handke, Peter: Die Angst des Tormanns beim Elfmeter (Suhrkamp, 1970)
Jordan, Paul: „Heinz, der Torwart“ und andere Sporterzählungen (Unionsverlag, o.J.)
Kelly, Stephen F. (ed.): A Game of Two Halves (Mandarin, 1995)
Kirn, Richard: Der lachende Fußball (Willmy, 1942)
Lerch, Hans: Tim, der Torwart (Moewig & Höffner, 1933)
Maier, Sepp: Mensch Maier (Komar, 1967)
Maier, Sepp: Mitlachen, Sportsfreunde (Heyne, 1971)
Marias, Javier: Alle unsere frühen Schlachten (dtv, 2000)
Max, Rainer / Moritz, Rainer (Hrsg.): Schlager, die wir nie vergessen (Reclam, 1997)
McGinniss, Joe: Das Wunder von Castel di Sangro (Ullstein, 2002)
Nabokov, Waldimir: Speak, Memory (Weidenfeld and Nicholson, 1966)
Parigger, Harald: Der Torwart schlagt zurück (Schneider, 1999)
Prominski, Marian: Der Torwart von Santa Barbara und andere Sportnovellen (Sportverlag, 1954)
Radenkovic, Petar: Das Spielfeld ist mein Königreich (Schneider, 1966)
Reng, Roland: Der Traumhüter. Die unglaubliche Geschichte eines Torwarts (Kiepenheuer & Witsch, 2002)
Renker, G.: Der teuflische Torwart (1925)
Seuberlich, H.E.: Reni und Robbi, der Torwart (Die Boje, 1950)
Seyppel, Joachim: Wer kennt noch Heiner Stuhlfauth (Piper, 1973)
Steinwart, Anne: Der Torwart ist ein Mädchen (Arena, 1993)
Toepfer, Carl: Spinne, der Torwart (Unionsverlag, 1958)
Tollmien, Cordula / Paule, Irmgard: Torwart gesucht! (Schneider, 2000)

Weitere Literatur (Auswahl)

Arlott, John(ed.): The Oxford Companion to Sports and Games (1975)
Bausenwein, Christoph: Geheimnis Fußball (Werkstatt, 1995)
Bausenwein, Christoph / Kaiser, Harald / Liedel, Herbert / Siegler, Bernd: Der Club. 100 Jahre Fußball (Tümmels, 1999)
Berbig, Roger: Sportunfälle bei Fußballtorhütern (Diss. Zürich, 1983)
Berger, Peter: König Fußball (Kolibri-Verlag, 1963)
Bitter, Jürgen: Deutschlands Fußballnationalspieler – Das Lexikon (Sportverlag, 1997)
Booth, Keith: The Father Of Modern Sport. The Life and Times of Charles W. Alcock (Parrs Wood, 2002)
Breitner, Paul / Schroeder, Bernd: Kopf-Ball (Ullstein, 1982)
Butler, Bryon: The Football League 1888-1988. The Official Illustrated History (Queen Anne Press, 1987)
Cramer, Dettmar / Jackschat, Birgit: Fußball-Psychologie (Meyer & Meyer, 1995)
Eichler, Christian: Lexikon der Fußball-Mythen (Eichborn, 2000)
Fabian, A.H. / Green, Geoffrey: Association Football, 4 Vol. (Caxton Publ., 1961)
Finn, Ralph L.: My Greatest Game (Saturn, 1951)
Glanville, Brian: The Footballer's Companion (Eyre & Spottiswoode, 1962)
Ders.: The History of the World Cup (Faber & Faber, 1980)
Gray, Muir: Verletzungen im Fußballsport (Ärzte-Verlag, 1985)
Hack, Fritz: Deutschlands Fußballasse (Moewig, 1970)
Ders.: Tore des Jahrhunderts (Limpert, 1980)
Hartmann, Waldemar / Netzer, Günter u.a.: Menschen, Tore & Sensationen – WM 1930-2006 (Wero-Press, 2002)

Heineken, Philipp: Das Fußballspiel. Association und Rugby (1896) (Reprint: 1993)
Homann, Ulrich / Nöllenheidt, Achim (Hg.): Don Hennes und die Liebe zur Liga (Klartext, 1992)
Homann, Ulrich / Thoman, Ernst (Hg.): Als die Ente Amok lief (Klartext 1989)
Horak, Roman / Maderthaner, Wolfgang: Mehr als ein Spiel (Löcker, 1997)
Keifu, R.: Fußball-Weltmeisterschaft 1930 in Uruguay (Agon, 1993)
Keppel, Raphael: Deutschlands Fußball-Länderspiele. Eine Dokumentation 1908-1989 (Sport- und Spiel-Verlag, 1989)
Körfer, Hans: Fußball auf großer Fahrt (Limpert, 1961)
Koppehel, Carl: Geschichte des deutschen Fußballsports (Limpert, 1954)
Koppehel, Carl: Der Schiedsrichter im Fußball (Limpert 1953-1966)
Leinemann, Jürgen: Sepp Herberger – Ein Leben, eine Legende (Rowohlt, 1997)
Luginsland, Peter: Das war'n halt noch Zeiten (Nürnberger Presse, 1971)
Macdonald, Tom: The World Encyclopedia of Football (Lorenz Books, 2001)
Mägerlein, Heinz (Hrsg.): Die entscheidende Sekunde. Meister des Sports erzählen (Limpert, 1961)
Magoun, Francis Peabody: History of Football from the Beginnings to 1871 (Kölner anglistische Arbeiten 31) (1938)
Marples, Morris: A History of Football (Secker & Warburg, 1954)
Mason, Nicholas: Football! The Story of All the Worlds Football Games (Maurice Temple, 1974)
Mason, Tony: Association Football and English Society 1863-1915 (Harvester, 1980)
Meisl, Willy: Soccer Revolution (Phoenix Sports, 1955)
Merkel, Max: Das Runde ist der Ball (Herbig, 1989)
Nerz, Otto / Koppehel, Carl: Der Kampf um den Ball (Prismen Verlag, 1933)
Reiber, Dieter: Jahrhundert-Fußball im Fußball-Jahrhundert (GfU, 1989)
Reski, Hans: 1. FC Köln – Die Diva vom Rhein (Kiepenheuer&Witsch, 1986)
Roher, Bernd / Simon, Günter: Fußball-Lexikon (Bibl. Inst., 1987)
Schäfer, Hans: Die Schäfer-Ballade. So erlebte ich die große Welt des Fußballs (DuMont, 1965)
Schön, Helmut: Fußball (Ullstein, 1978)
Schulze-Marmeling, Dietrich / Dahlkamp, Hubert: Die Geschichte der Fußball-Weltmeisterschaft 1930-2006 (Die Werkstatt, 2002)
Schulze-Marmeling, Dietrich / Grüne, Hardy / Skrentny, Werner / Dahlkamp, Hubert: Fußball für Millionen. Die Geschichte der deutschen Nationalmannschaft (Die Werkstatt, 1999)
Seeger, Karl (Hrsg.): Was große Sportler erlebten (Bintz-Dohnay, 1965)
Seeler, Uwe: Das große Fußballbuch der Jugend (Arena, 1974)
Skrentny, Werner: Als Morlock noch den Mondschein traf (Klartext, 1993)
Sohre, Helmut: Bundesliga intim (Lichtenberg, 1966)
Sturm, Karin / Buder, Carsten: Zwischen Strand und Stadion (Sportverlag, 1998)
Suttner, Jupp: Für Deutschland am Ball (Limpert, 1977)
Teichler, Hans-Joachim / Hauk, G. (Hrsg.): Illustrierte Geschichte des Arbeitersports (Dietz, 1987)
Tomlinson, Alan / Whannel, Garry (eds.): Off the Ball. The Football World Cup (Pluto Press, 1986)
Wagg, Stephen (ed.): Giving the Game Away. Association Football on Different Continents (Leicester UP, 1994)
Walter, Fritz: Spiele, die ich nie vergesse (Copress, 1955)
Walvin, James: The People's Game: A Social History of British Football (Mainstream Publ., 1975)
Ward, Andrew: Football's Strangest Matches (Robson, 1999)
Watt, Tom: A Passion for the Game. Real Lives in Football (Mainstream, 1995)
Young, Percy M.: A History of British Football (Stanley Paul, 1968)
Zöller, Martin u.a.: Fußball in Vergangenheit und Gegenwart 1+ 2 (Sportverlag, 1976)

Sowie zahlreiche Einzelpublikationen zu sämtlichen Weltmeisterschaften von 1930 bis 2002 und (nahezu) alle Vereinsbücher aus dem Verlag Die Werkstatt.

ZUM AUTOR

Christoph Bausenwein,
Jahrgang 1959, zählt zu den profiliertesten Fußballbuch-Autoren in Deutschland. Im Verlag Die Werkstatt erschien u.a. 1995 „Geheimnis Fußball", das nicht nur der Bayerische Rundfunk als „das beste aller Fußballbücher" bezeichnete.
Letzte Veröffentlichungen:
WAS IST WAS – Fußballbuch (2002), Das Club-Lexikon (2003), Franken am Ball (2003).